MOHAMMED IN EUROPA

1300 Jahre Geschichte, Kunst, Kultur

MOHAMMED IN EUROPA

1300 Jahre Geschichte, Kunst, Kultur

Herausgegeben
von
Francesco Gabrieli

List Verlag München

Zur Erinnerung an Paolo Minganti

Aus dem Italienischen von Johann Strauß
Fachberatung: Klaus Kreiser

Die italienische Originalausgabe erschien unter dem Titel
MAOMETTO IN EUROPA 1982 im Verlag Arnoldo Mondadori, Mailand.

Umschlagmotiv: *Der Großwesir empfängt im Topkapï eine europäische Gesandtschaft*
(Gemälde im Topkapï-Museum, Istanbul).
Frontispiz: *Süleiman der Prächtige auf der Jagd,*
türkische Miniatur aus dem Hünername (Buch der Fähigkeiten)
16. Jahrhundert, Topkapï-Bibliothek, Istanbul.

ISBN 3-471-77633-8

Umschlagentwurf: Roberto Maresca

Gesamtherstellung: Arnoldo Mondadori, Verona

Inhalt

»Allah akbar« – Gott ist groß

Ein alter Koran in der Blauen Moschee in Istanbul. »Dies ist die Schrift, an der nicht zu zweifeln ist, geoffenbart als Rechtleitung für die Gottesfürchtigen, die an das Übersinnliche glauben, das Gebet verrichten und von dem, was wir ihnen an Gut beschert haben, Spenden geben, und die an das glauben, was als Offenbarung zu dir, und was zu den Gottesmännern vor dir herabgesandt worden ist, und die vom Jenseits überzeugt sind.« (Koran II, 1-4)

Der Leser möge sein Augenmerk auf beide Elemente im Titel dieses Buches lenken: Wir beabsichtigen keine allumfassende Darstellung der Geschichte Mohammeds und damit des Islam, seiner Ursprünge, seiner Entwicklung und seiner erstaunlichen Ausbreitung, die auch heute noch auf drei Kontinenten fortdauert. Dieses Buch will vielmehr die Spuren verfolgen, die der Islam bei seinen Eroberungszügen auf jenem der drei Erdteile hinterlassen hat, der uns am nächsten ist: Europa (das sich damals weder so nannte noch sich als solches empfand, sondern erst langsam und schrittweise zum Bewußtsein seiner selbst gelangte). Wir wollen die Epoche und die Umstände in Erinnerung rufen, unter denen die Völker, die sich zur Religion Arabiens bekannten und sie weiter verbreiteten, mit dem Teil der antiken und barbarischen Welt in Berührung kamen, der einmal Europa werden sollte. Welche Folgen hatten die teils friedlichen, teils kriegerischen Auseinandersetzungen zwischen den verschiedenen Volksstämmen, die vor der Entstehung des Islam Welten trennten? Was brachten diese Völker dem Abendland, als sie in Europa eindrangen und sich auf seinem Boden ansiedelten und teilweise heimisch wurden? Wie reagierte unser lateinisches, germanisches und slawisches Abendland auf diesen Zusammenprall? Das Thema dieses Buches ist »west-östlich«, um mit Goethe zu sprechen.

Wie das Abendland seit Beginn des 7. Jahrhunderts die Entstehung und Ausbreitung der Religion des arabischen Propheten Mohammed erfuhr, damit haben sich die Historiker bereits beschäftigt; in Italien hat sich vor Jahrzehnten Malvezzi mit dem Thema auseinandergesetzt, im angelsächsischen Bereich in jüngerer Zeit Norman Daniel. Die mittelalterliche griechische und lateinische Apologetik spiegelt wider, daß die christliche Welt auf ein so bedeutendes historisches und religiöses Ereignis wie den Einbruch des Islam mit Emotionen und Spekulationen reagierte. Diese Aspekte können in einer Synthese wie der vorliegenden aber nur am Rande berücksichtigt werden. Hier sollen vor allem die Routen des arabisch-islamischen Vormarsches nach Europa, die zunächst über das umkämpfte Mittelmeer und dann in mehreren Wellen bis ins Herz unseres Erdteils führten, nachgezeichnet werden. In einer späteren, türkischen Phase wird Europa noch einmal von Osten und Süden her angegriffen.

Es sollen die Herrschaftsgebiete, die sich nach und nach in den islamischen Teilen Europas bildeten, untersucht werden: der Staat, beziehungsweise die Staaten der Iberischen Halbinsel, die kurzlebigen Emirate auf Sizilien und dem italienischen Festland und schließlich jener beträchtliche Teil Osteuropas, der vierhundert Jahre lang vom Osmanischen Reich, der letzten Macht des kriegerischen Islam, beherrscht wurde. Muslime – erst Araber und Berber, später Griechen, Türken und Slawen – haben in diesen Regionen zu unterschiedlichen Zeiten und in unterschiedlichem Maße Glauben und Sitten angenommen, Elemente der Bildung, des Rechtssystems und der Kunst empfangen und weitergegeben. Obwohl unsere Aufzählung der Völker, unter denen sich der Islam ausbreitete, unvollständig ist, zeigt sie doch, welch weiten Bogen die Diaspora spannte: Von der Wüste des Stammesvaters und Erstgeborenen drang der Islam in verschiedene geographische und ethnische Zonen, in eine ganz andersartige Welt vor; die jeweilige Akklimatisierung, die dem Islam meist auch eine Zeit der Blüte bescherte, führte zu unterschiedlichen Ergebnissen, hatte aber natürlich vor allem zwei Seiten, die der ursprünglich aus dem Orient stammenden Eroberer und die der Unterworfenen. Die Missionierungskraft des mohammedanischen Glaubens war aber fast überall so überwältigend, daß anfängliche Unterschiede und Gegensätze sich auflösten. Verschiedene Stämme machten sich den Islam zu eigen und assimilierten mehr oder weniger seine Sprache

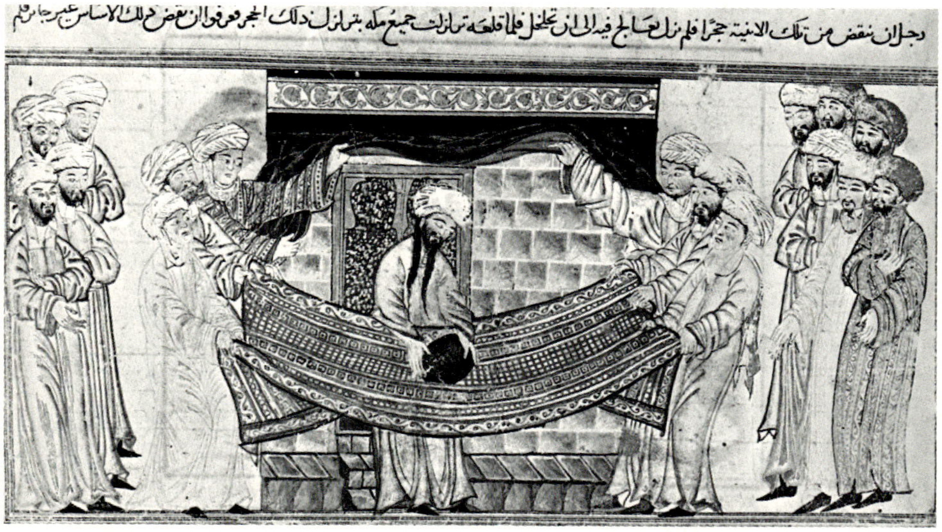

Persische Miniaturen des 18. Jahrhunderts aus der Universalgeschichte des Raschid ad-Din: Die Geburt Mohammeds. Der Prophet stellt den schwarzen Stein in die erneuerte Kaaba. In der Höhle auf dem Berg Hira empfängt er vom Erzengel Gabriel die erste Offenbarung: »Trag vor im Namen deines Herrn, der erschaffen hat, den Menschen aus einem Embryo erschaffen hat! Trag vor! Dein Herr ist edelmütig wie niemand auf der Welt, er, der den Gebrauch des Schreibrohrs gelehrt hat, den Menschen gelehrt hat, was er zuvor nicht wußte.« (Koran, XCVI, 1-5)

und seine Kultur. Selbst diejenigen Teile des islamisierten Europa, die der Religion ihrer Väter treu blieben, spürten über die materielle Vorherrschaft hinaus die politische, soziale und kulturelle Präsenz des Islam. Dies gilt gleichermaßen im Mittelalter für das arabische Spanien und, in geringerem Umfang, für Sizilien, wie während der Renaissance und in der Neuzeit für den vom Osmanischen Reich unterworfenen Teil des Balkans. Die unterschiedliche Tiefe und Fruchtbarkeit dieser Prozesse, die sich von der politisch-religiösen auf die soziale und kulturelle Ebene ausdehnten, werden auf den folgenden Seiten dargestellt.

Das ehemalige *mare nostrum* Roms, das Mittelmeer, war die erste und wichtigste Verbindung zwischen dem Islam und Europa. Bereits vor einem halben Jahrhundert entbrannte zwischen den Historikern zu diesem Punkt eine berühmt gewordene Polemik, als Henri Pirenne den Einbruch des Islam in die Region des Mittelmeeres negativ bewertete: die bis dahin erhaltene Einheit der antiken Welt sei zerstört, die Handelsverbindungen seien unterbrochen worden, und für die abendländische Wirtschaft mußten neue Wege gefunden, sie mußte umstrukturiert werden. Lombard formulierte eine Gegenthese zu der Pirennes, denn er war der Meinung, die Araber hätten mit ihren Unternehmungen gerade im Gegenteil eine neue mediterrane Welt geschaffen, die trotz der Glaubensgegensätze von wirtschaftlicher und gesellschaftlicher Einheit geprägt gewesen sei. Christenheit und Islam hätten im Mittelalter ihren eifrigen Austausch nicht nur auf den Handel mit materiellen Gütern beschränkt. Diese Sichtweise mag für den Islamwissenschaftler vielleicht der Wahrheit näher kommen, es ist aber hier nicht unsere Aufgabe, diesen Ansatz zu analysieren. Wir wollen vielmehr in großen Linien die, wenngleich geringgeschätzte, so doch unerläßliche Ereignisgeschichte (histoire événementielle) nachzeichnen. Sie ist die Grundlage jeder sozio-ökonomischen und kulturellen Bewertung. Vergegenwärtigen wir uns deshalb zunächst die beiden Phasen, in denen sich der Islam nach Westen ausbreitete, den Verlauf und die entscheidenden Augenblicke der islamischen Angriffe auf das christliche Europa.

Byzanz (»Das Land Rum«), auch dem Namen nach die Erbin Roms, war die begehrteste Beute, die sich den Arabern zur Zeit ihrer ersten Eroberungszüge darbot. Nachdem sie Syrien unterworfen hatten, zielten sie mehrmals nach dem Herzen des Oströmischen Reiches. Sie schlossen Konstantinopel zu Wasser und zu Lande ein, sie zogen quer durch Anatolien, und sie

fuhren mit ihren improvisierten Flotten am Bosporus auf. Dreimal belagerten sie die byzantinische Metropole (668, 716/17, 782), aber dreimal mußten die Fürsten aus omaijadischem oder abbasidischem Geschlecht, die die muslimischen Expeditionen anführten, den Rückzug antreten: Erst viel später, unter einem anderen Kräfteverhältnis, konnte ein anderes muslimisches Volk das erstrebte Ziel erreichen. Byzanz kämpfte gegen die arabischen Eindringlinge im Mittelmeerraum mit einer kriegerischen Kraft und Effizienz, die die Legende, nach der dieser Staat den Verfall bereits im Keim in sich getragen habe, Lügen straft.

Durch das ganze Hochmittelalter hindurch bekämpften sich die beiden Seemächte mit wechselnden Erfolgen. Zur See war Byzanz erfolgreicher und konnte lange Zeit die Muslime daran hindern, das Mittelmeer zu einem arabischen Gewässer zu machen. Zu Lande dagegen war es den Arabern ein leichtes, die byzantinischen Herrscher aus Ägypten und Nordafrika, wo sie sich gerade erst wieder etabliert hatten, zu verjagen. Nur bei den einheimischen Berbern stießen sie auf hartnäckigen und heftigen Widerstand. Auf ihrem »Sturm zum Ozean«, der eines der großartigsten Ereignisse in der Geschichte ihrer Diaspora bleibt, ließen sich die Araber weder durch wütende Aufstände noch durch zeitweilige Niederlagen aufhalten. Sidi Oqba, der legendäre Führer dieser ersten Periode, der Afrika mit Raubzügen heimsuchte, trieb sein Pferd, als er den Atlantik erreicht hatte, in die Fluten und rief Allah zum Zeugen an, daß er nicht weiter vordringen konnte.

Tatsächlich waren die endgültigen Grenzen noch nicht erreicht, denn wenn man die Säulen des Herkules überwand, konnte man auf den greifbar nahen europäischen Boden übersetzen. Wenige Jahrzehnte nach der Heldentat Oqbas, zu Beginn des 8. Jahrhunderts, vollzogen die Araber diesen für sie selbst wie für das mittelalterliche Europa schicksalhaften Schritt tatsächlich. Am Fuße jenes Berges, der von Tariq seinen arabischen Namen erhalten sollte, betraten 711 der muslimische Berber Tariq und wenig später der reinblütige Araber Musa iberischen Boden. Damit begann die eigentliche Geschichte der Araber in Europa.

Ein Kapitel dieses Buches umreißt die militärische, politische und Kulturgeschichte der Araber in Spanien, wie sie von bedeutenden europäischen Historikern wie Dozy, Codera und Lévi-Provençal im 19. und 20. Jahrhundert rekonstruiert wurde. Hier mag es daher genügen, daran zu erinnern, wie schnell die Eroberung vonstatten ging und wie plötzlich das Westgotenreich zusammenbrach. Die Araber waren bei den Einheimischen auf schwachen Widerstand gestoßen, aber in den ersten Jahrzehnten ihrer Präsenz in Spanien kam es zu Auseinandersetzungen zwischen ihnen und berberischen Muslimen. Das Emirat der omaijadischen Flüchtlinge aus dem Osten befriedete schließlich diese inneren Kämpfe. Diese dynastische Herrschaft währte zwei Jahrhunderte und

Die Miniatur oben links, vermutlich persisch, zeigt Mohammed in Gestalt einer Flamme bei seinem Auszug von Mekka nach Medina (622 n. Chr.). Mit diesem Ereignis, der Hidschra, *beginnt die muslimische Zeitrechnung; so wie das Geburtsjahr Christi den Beginn der christlichen Ära bezeichnet.*
Nach seiner Flucht vor den Quraischiten organisierte der Prophet seine Gemeinde in Medina und bereitete den Heiligen Krieg gegen seine Geburtsstadt vor. Unermüdlich predigte er gegen die vielen falschen Gottheiten und versuchte, die Menschen zum einzigen Gott, zu Allah, zu bekehren.
Auf der persischen Miniatur oben rechts ist die wunderbare nächtliche Reise Mohammeds nach Jerusalem dargestellt, bei der er auf dem sagenhaften Flügelwesen Buraq ritt, das vom Erzengel Gabriel geführt wurde.

DAS GEBET

Das Gebet (*Salat*) gehört zu den festen Pflichten jedes Muslim. Fünfmal täglich neigen sich die Gläubigen der ganzen Welt nach Mekka und vollziehen ihren Ritus. Die genaue Richtung, in der das Gebet ausgeführt wird (*Qibla*), ist in der Moschee durch eine *Mihrab* genannte Nische gekennzeichnet. Abbildung 4 zeigt ein Beispiel für einen besonders reich verzierten *Mihrab* in der Sultansloge der Selimiye-Moschee von Edirne. Innerhalb seines Bogenfelds findet sich die kunstvolle Inschrift des Koranverses (XXVI, 88–89): »...am Tag, da (den Menschen) weder Vermögen noch Söhne etwas nützen, sondern nur derjenige (auf einen guten Ausgang hoffen kann), der mit gesundem Herzen zu Gott kommt.« Dort, wo ein fester Anhaltspunkt fehlt, wird die *Qibla* vom Gläubigen, der sich zum Gebet rüstet, annähernd bestimmt. Man hat jedoch geniale Instrumente erdacht, die es erlauben, die Richtung genauer festzulegen. Ein türkisches Instrument aus dem 18. Jahrhundert zum Beispiel trägt ein Kartenbild, auf dem Mekka durch ein Stäbchen markiert ist, darüber ist ein kleiner Kompaß eingebaut (5). Auf der Rückseite des Instruments ist die große Moschee von Mekka mit der Kaʿba in ihrer Mitte wiedergegeben. Das Gebet wird im Zustand der Reinheit ausgeführt. Zunächst wird die rituelle Waschung vollzogen, wie es der Stich aus dem 18. Jahrhundert zeigt (3). Es gibt zwei Arten von Waschungen: die große Waschung (*Ghusl*) und die kleine (*Wuduʾ*), je nach der Art der Unreinheit. Als große Unreinheit gilt zum Beispiel der Zustand nach Geschlechtsverkehr oder Menstruation, während eine kleine durch den Schlaf, Verrichtung der Notdurft oder Berührung unreiner Dinge hervorgerufen wird. Unbedingt bedarf es der rituellen Reinheit, um ein Koran-Exemplar zu berühren, was erklärt, warum sich die Muslime zurückhalten, wenn eine Ausgabe des Heiligen Buches in die Hand von »Ungläubigen« gelangen soll. Die große Waschung besteht aus einer vollständigen Waschung des Körpers, während die Teilwaschung nur die Reinigung einiger seiner Teile fordert: Hände, Unterarme bis zum Ellenbogen, Mund und Zähne, Nase (durch Einatmen von Wasser), Stirn, Ohren, Hals und Füße. Bei fehlendem Wasser (eine Situation, die in der ursprünglichen Umgebung des Islam häufig war) ist eine abgekürzte Waschung erlaubt, bei der allein Gesicht, Hände und Unterarme mit Sand oder Staub abgerieben werden. Der Boden, auf dem während des Gebets Hände und Stirn ruhen, muß glatt und rein sein, daher die häufige Verwendung von Gebetsteppichen (Abb. 2: Ein siebenbürgischer Gebetsteppich des 17. Jahrhunderts mit einem *Mihrab*-Motiv). Die fünf täglichen Gebete (vor Sonnenaufgang, mittags, nachmittags, frühabends, spätabends) sind aus zwei oder mehreren Folgen von Bewegungen zusammengesetzt, die man *Rakʿa* nennt (1 und 7: Gebetshaltungen von einem Mann bzw. einer Frau

1

2

3

7

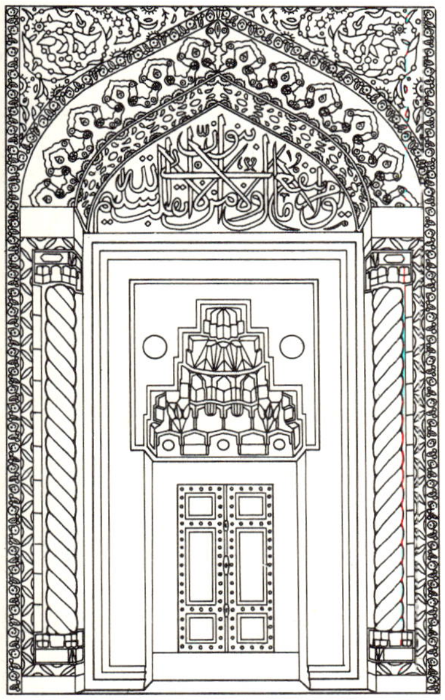

4

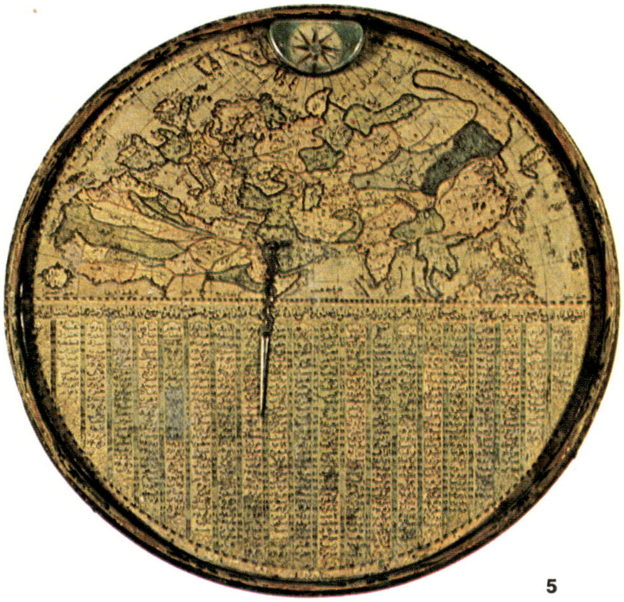

5

6

ausgeführt, nach Stichen aus dem Werk TABLEAU GÉNÉRAL DE L'EMPIRE OTHOMAN von M. d'Ohsson). Das Gebet beginnt mit dem sogenannten *Takbir*, bei dem die Formel *Allahu akbar* (Gott ist groß) ausgesprochen wird, wobei die Hände in die Nähe des Kopfs geführt werden, mit offenen, nach vorne gedrehten Innenflächen. Jeder Haltungswechsel wird von demselben Satz begleitet. Stehend und mit über den Bauch verschränkten Händen werden dann Abschnitte aus dem Koran rezitiert. Der Betende neigt sich dann rechtwinklig mit den Handflächen auf den Knien (*Ruku*^{c}), wobei er dreimal den Satz »Gepriesen sei Gott, mein Herr, der Große« (*Subhana Rabbi al-Azim*), wiederholt. Er kehrt in die aufrechte Position zurück, in der er kurz verharrt. Darauf kniet er nieder und berührt mit den Handflächen, beiden Knien, beiden Fußspitzen und der Stirn den Boden (*Sudshud*) und spricht dreimal die Formel »Gepriesen sei Gott, mein Herr, der Höchste« (*Subhana Rabbi al-A*^{c}*la*). Darauf setzt er sich auf seine Fersen, bleibt kurz in dieser Stellung und wiederholt die erste Prosternation. Man richtet sich auf und beginnt erneut mit der Folge der Gebetsbewegungen. Dies ist der vollständige, *Rak*^{c}*a* genannte Zyklus. Wenn die zu einem bestimmten rituellen Gebet vorgeschriebene Anzahl von *Rak*^{c}*as* erfüllt ist, nimmt der Betende die Sitzhaltung auf den Fersen ein (vergleiche die beiden letzten Abbildungen jeder Serie) und spricht einige Formeln und die *Schahada* (das Glaubensbekenntnis). Danach wendet er den Kopf nach beiden Seiten und rezitiert den abschließenden Gruß an Mohammed und die Gläubigen: *as-salam alaikum wa rahmat Allah* (Über Euch das Heil und die Gnade Gottes). Damit ist das Gebet abgeschlossen. In besonderen Fällen, wie auf Reisen oder während eines kriegerischen Unternehmens, sind bestimmte Formen eines eingeschränkten Gebets eher zugelassen, damit der genaue Zeitplan des Gebets eingehalten werden kann. So darf man zum Beispiel zu Pferd mit vereinfachten Haltungen beten.

erreichte im 10. Jahrhundert mit dem großen Abd ar-Rahman, der sich zum Kalifen ausrief, und mit seinem Sohn al-Hakam ihren Höhepunkt. In der ersten Hälfte des 11. Jahrhunderts stürzte dann die Omaijadendynastie, was zur Aufsplitterung der Macht in kleine lokale Dynastien (die *Reyes de taifas)* führte. Während vom Norden aus die christliche Reconquista hartnäckig an Boden gewann, lösten sich die afrikanischen Almorawiden und Almohaden in der Herrschaft ab. Danach erlebte das andalusische Arabertum seinen langsamen Niedergang, bis die katholischen Könige Ende des 15. Jahrhunderts den Reststaat von Granada zerstörten. Zu Beginn des 17. Jahrhunderts führte die Intoleranz der Habsburger zur Vertreibung der *Moriscos.* Diese sieben Jahrhunderte, die von einer romantisch-idealisierenden Legende umstrahlt sind, haben mit ihrer glänzenden und stürmischen, dramatischen und blutigen Geschichte einen sehr eigenen Charakter und sind für die Entstehung der europäischen Kultur von hervorragender Bedeutung.

Unter allen friedlichen und zugleich kriegerischen Begegnungen des Islam mit Europa zählt diejenige auf der Iberischen Halbinsel zweifelsohne zu den längsten und fruchtbarsten. Von der Landung Tariqs bis zum »Seufzer des Mohren« lebten Araber und stärker noch Berber, durch Glaube und Kultur des Islam miteinander verschmolzen, fast acht Jahrhunderte lang im Einklang mit Iberoromanen und Westgoten, mit Franken und Juden. Die einen empfingen mit der arabischen Fassung des Orosius einen Abglanz der römischen Kultur und erlebten die glanzvolle Entstehung einer frühromanischen Liebeslyrik, die sie in ihre eigene strophische Dichtung sowohl der literarischen wie der Volkssprache übernahmen. Die anderen, Mozaraber und Juden, lernten die Früchte der arabisch-muslimischen Kultur, die aus dem Osten importiert wurde, kennen und schätzen. Ein Teil davon war antikes Erbe (griechische Philosophie und vor allem Wissenschaft), das die Araber des östlichen Mittelmeerraums gerade in jenen Jahrhunderten begierig in ihre eigene Sprache übertrugen und ihrem Glauben und ihrer Kultur anglichen. Seit Beginn des 11. Jahrhunderts waren die Gelehrten des abendländischen Europa, Franzosen, Italiener, Germanen und sogar Slawen, begierig nach diesen Schätzen der antiken Weisheit, die die Araber vermittelten, und enthüllten so der lateinischen Christenheit des Mittelalters einen Teil jener antiken Kultur, die, wenn auch in geringerem Maße, Byzanz direkt überlieferte. Dieses großartige Phänomen kultureller Vermittlung vollzog sich also auf dem Boden des arabischen Spanien, mittels arabischer Versionen klassischer Texte, die ins Lateinische rückübersetzt wurden, in einem gemischtsprachigen kulturellen Rahmen und mit Hilfe von Menschen verschiedenen Glaubens (die Juden hatten an dieser Entwicklung keinen geringen Anteil). Berücksichtigt man außerdem die bereits erwähnten Einflüsse auf Literatur und Kunst (Architektur, Musik), auf Sitten und Gebräuche, so wird man verstehen, wie außergewöhnlich fruchtbar diese arabisch-lateinische Begegnung vor allem für Spanien, aber auch für die gesamte europäische Kultur war.

Die Bedeutung des arabischen Faktors für die materielle und Geistesgeschichte Spaniens ist von modernen spanischen Historikern, wie A. Castro und C. Sánchez Albornoz, verschieden bewertet worden. Man mag den arabischen Einfluß auf die spanische Geschichte positiv oder negativ sehen, für unsere europäische Kultur ist er in den Jahrhunderten ihrer ersten Ausformung zweifellos wertvoll gewesen. Zu keiner anderen Zeit und nirgendwo sonst hat diese Symbiose so üppige Früchte getragen.

Unerklärlicherweise konnten oder wollten die Araber, die sich im Verlauf weniger Jahre zu den Herren über gut zwei Drittel der Iberischen Halbinsel ge-

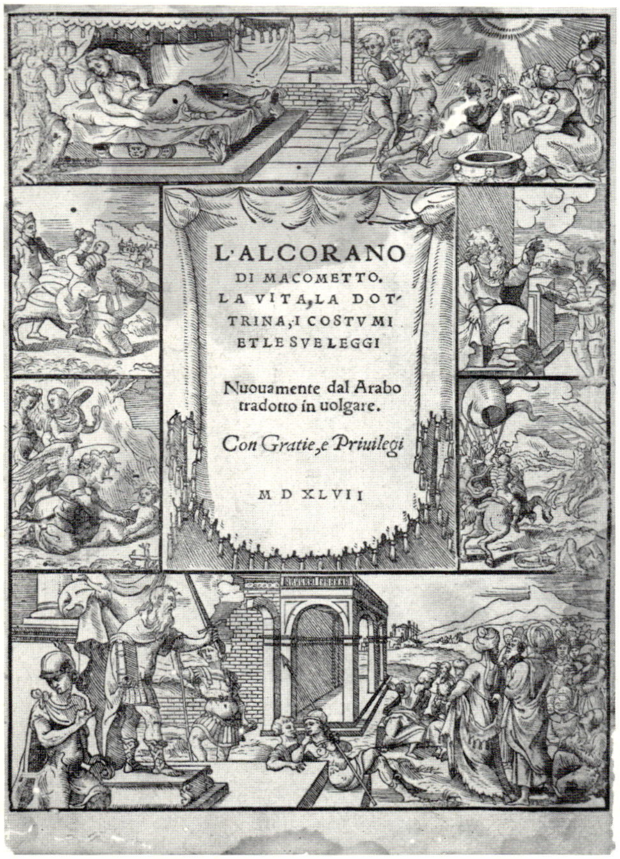
L'ALCORANO
DI MACOMETTO.
LA VITA, LA DOTTRINA, I COSTVMI
ET LE SVE LEGGI
Nuouamente dal Arabo tradotto in uolgare.
Con Gratie, e Priuilegi
M D XLVII

Abbildung links: Eine italienische Koranübersetzung von 1547. Abbildung rechts: Eine mit Miniaturmalerei verzierte Seite aus einem arabischen Koran des 15. Jahrhunderts. Der Koran ist für die Muslime das Wort Allahs. Der Erzengel Gabriel diktierte es Mohammed nach einer Urschrift, die im siebten Himmel aufbewahrt ist, in die Feder. Der Koran ist das Heilige Buch des Islam; er hat jedoch nicht nur religiöse Bedeutung: Er gilt zugleich als verbindlicher Leitfaden für die berufliche, juristische und gesellschaftliche Unterweisung, als Kompendium allen Wissens für den achten Teil der Menschheit. Durch den Koran lernt jeder Muslim arabisch lesen; viele Gläubige lernen seine 78000 Wörter auch auswendig. Das Wort Qurân *bedeutet »Lesung« oder »Vortrag«, der Sprecher ist Gott selbst. Die 114 Abschnitte, die* Suren, *sind inhaltlich recht unterschiedlich. Die ältesten, die ersten mekkanischen Suren, enthalten einen historischen Bericht in lyrisch-bildhaftem Stil, für den sich Parallelen im Alten Testament finden: Die Einzigartigkeit und Allmacht Gottes werden betont, angekündigt werden das Jüngste Gericht, Belohnung und Strafe nach dem Tod. Die jüngeren, die medinischen Suren, haben vornehmlich normativen Charakter. Sie enthalten Vorschriften und Gebote für die Religionsausübung, die Rechtsprechung und das alltägliche Leben. Für fast alle arabischen Schriftsteller ist der in Reimprosa geschriebene Koran das große literarische Vorbild.*

سورة فاتحة الكتاب

بسم الله الرحمن الرحيم
الحمد لله رب العالمين الرحمن الرحيم
مالك يوم الدين إياك نعبد و
إياك نستعين اهدنا الصراط
المستقيم صراط الذين أنعمت
عليهم غير المغضوب عليهم ولا الضالين

Links: Eine Seite aus einer türkischen Chronik; sie zeigt die Abstammung Mohammeds. Oben ist der Großvater des Propheten, Abd al-Muttalib, dargestellt. Nach der Inschrift im Bild ist sein Stammvater Seth, der Sohn Adams, mit dem er durch Noah verwandt ist. In der Mitte sieht man Mohammed selbst, verbunden mit den ersten vier Kalifen, die auf unterschiedliche Weise mit ihm in verwandtschaftlicher Beziehung stehen. Von links nach rechts: Omar, Abu Bakr, Ali und Osman. Ganz links ein Portrait Chosroes I., der zur Zeit von Mohammeds Geburt persischer Großkönig war. Nach dem Tode des Propheten, der zugleich religiöses und weltliches Oberhaupt war, stellte sich das Problem der Nachfolge für seine Ämter. Abu Bakr, der betagte Schwiegervater, war der erste in der Reihe der vier »rechtgläubigen« Kalifen. Seine Nachfolger Omar, Osman und Ali sorgten mit ihren siegreichen Feldzügen für eine rasche Ausbreitung des Islam, nachdem Syrien, Ägypten und Nordafrika Byzanz abgewonnen und das persische Sassanidenreich zerstört war.

macht hatten, die Eroberung im Norden nicht vollenden und ermöglichten damit der überlebenden christlichen Latinität, vom Norden aus zur Jahrhunderte währenden Wiedereroberung ihres Landes anzusetzen. Die arabische Welle bog vielmehr von Spanien in Richtung Nordosten ab, überwand schon früh die Pyrenäen und sickerte schließlich in Frankreich ein. Zwischen dem 8. und 10. Jahrhundert ertönte das arabische Kriegsgeschrei *Allah akbar* (»Gott ist groß«) in Aquitanien, der Languedoc und in der Provence, in den Tälern der Garonne und Rhône bis hin zum Alpenbogen. Das berühmte Treffen zwischen muslimischen Eindringlingen aus Spanien und den Truppen Karl Martells in Poitiers 732 gilt etwas zu Unrecht als Meilenstein der Geschichte, an dem der arabische Vormarsch in Europa zum Stehen gebracht worden sei. In Wirklichkeit hatte dieser Vormarsch längst den Charakter einer dauerhaften Niederlassung verloren und bestand nur noch aus kurzen Raubzügen, ähnlich den vielen anderen Einfällen der Sarazenen in Frankreich vor und nach der Schlacht von Poitiers. Narbonne war vielleicht das bedeutendste Zentrum in Südfrankreich, das die Araber mit einer gewissen Beständigkeit besetzt hielten (man glaubte sogar, dort die Reste einer Moschee wiederentdeckt zu haben). In Fraxinetum, nicht weit von Saint-Tropez, ließ sich im 10. Jahrhundert für einige Jahrzehnte eine muslimische Räuberkolonie nieder, ähnlich derjenigen, die zur gleichen Zeit in Italien am Garigliano bestand. Noch weiter entfernt, jenseits der Alpen, zogen wiederholt sarazenische Banden nach Piemont und Ligurien hinunter, ohne daß dabei irgendeine Verbindung zu den arabischen Niederlassungen in Süditalien bestanden hätte. Wie gesagt handelte es sich nur um Raubzüge. Alles in allem erlebte das merowingische und karolingische Frankreich das arabische Abenteuer nur am Rande mit, als eine gefährliche Belästigung, aber nicht als entscheidende Phase seiner eigenen Geschichte. Die Berührung der Araber mit Frankreich hat dort nur durch Ortsnamen und in der Literatur Spuren hinterlassen. Wie Poitiers steht auch der Name Roncesvalles in den Ruhmesblättern Europas verzeichnet, wird ihm sinnbildliche Bedeutung beigemessen. In Wirklichkeit war das Ereignis, dessen dichterische Überhöhung von hohem Reiz ist, nur eine bescheidene Episode im Kleinkrieg an der Grenze zwischen dem Reich Karls des Großen und dem muslimischen Spanien. Für diese erste arabische Phase sei noch die Geschichte des Islam auf der italienischen Halbinsel, vor allem im Süden und auf den Inseln Sardinien und Sizilien erwähnt. Hier blieb der Zeiger der Geschichte auf halbem Wege zwischen dem kurzen arabischen Zwischenspiel auf fränkischem Boden und dem tiefgreifenden, mehrere Jahrhunderte währenden Vordringen des Islam und seiner Blütezeit auf der Iberischen Halbinsel stehen.

Von der Eroberung Siziliens über die Konsolidierung der Herrschaft bis zum sozialen und kulturellen Überleben und schließlich völligem Verschwinden der Araber von der Insel vergehen etwa vier Jahrhunderte; in Spanien vollzog sich dies im doppelten Zeitraum, während es in Frankreich nur zu flüchtigen Streifzügen kam, ähnlich denen in Süditalien: Die Spur, die das Arabertum und der Islam in Italien hinterlassen haben, ist also weniger tief, jedoch in vielerlei Hinsicht beachtlich. Gestützt auf das um ein Jahrhundert auf den neuesten Stand gebrachte klassische und immer noch äußerst zuverlässige Werk Michele Ama-

Rechte Seite: Ein Plan der Pilgerstadt Mekka auf einer Keramik aus dem 18. Jahrhundert. Im Mittelpunkt sieht man die von einem schwarzen Brokattuch bedeckte Kaaba, die den verehrungswürdigen schwarzen Stein beherbergt. »Mitten in der Stadt«, schreibt Ludovico da Varthema, ein italienischer Reisender des 16. Jahrhunderts, »steht ein wunderschöner Tempel, vergleichbar mit dem Kolosseum in Rom . . . er ist rund, und ringsherum sind neunzig oder hundert Tore.«

ris hat der Autor zusammen mit Umberto Scerrato und anderen Fachleuten in einer neueren Veröffentlichung versucht, eine umfassende Bilanz der arabischen Präsenz in Italien zu ziehen. Hier reicht der Zeitraum, erinnern wir noch einmal daran, von 827, als die Araber aus Tunesien kommend in Mazara landeten, bis etwa 1095, als Graf Roger die normannische Eroberung der Insel abschloß und dort die Dynastie der Hauteville gründete. Aber noch das ganze normannische Jahrhundert hindurch und bis in die Epoche staufischer Herrschaft konnten sich die Araber in Sizilien als linguistische, ethnische und kulturelle Minderheit halten, bis sie zu einem kleinen Haufen rebellischer Räuber verkamen, die Friedrich II. zu Anfang des 13. Jahrhunderts nach Lucera deportieren ließ. Zur gleichen Zeit, mit besonderer Intensität aber im 9. und 10. Jahrhundert, suchten die Araber den gesamten Süden Italiens (Kalabrien, Apulien, Kampanien, die Basilikata) mit verheerenden Überfällen heim; in zwei Fällen, in Bari und Tarent, entwickelten sich daraus Emirate, die aber beide nur kurze Zeit existierten. Die sarazenische Offensive gelangte sogar bis vor die Tore Roms (846), wurde aber drei Jahre später in der Schlacht bei Ostia wieder zurückgeschlagen. Trotzdem blieben die Araber noch jahrzehntelang die Geißel des Südens, mischten sich in die Kämpfe zwischen Byzantinern und Langobarden und richteten an der Mündung des Garigliano jene Seeräuberkolonie ein, die erst 916 vernichtet werden konnte. Die sarazenischen Raubzüge und Verwüstungen, denen ganz Süd- und Mittelitalien ausgesetzt war, dauerten bis gegen das Ende des 10. Jahrhunderts an. Sardinien litt wiederholt unter ähnlichen Überfällen, bis zu Beginn des 11. Jahrhunderts ein Emir von al-Andalus (il Mugetto) in dem Versuch scheiterte, dort eine dauerhafte Herrschaft zu errichten. Daß die Araber im Italien des Hochmittelalters ganz unterschiedlich in Erscheinung traten, erklärt, warum es zweierlei Bewertungen gibt. Als sich die Araber fest in Sizilien niederließen, gaben sie der Wirtschaft und der gesellschaftlichen Fortentwicklung neue Impulse: Sie führten fortschrittliche landwirtschaftliche Techniken ein und verpflanzten ihre verfeinerte Kultur und Kunst (wenn auch in geringerem Ausmaß als in Spanien) auf die Insel, wo sie glänzende Spuren hinterlassen haben (ihre Überlebenskraft war so groß, daß wir ihre Ausstrahlung in der normannischen Periode deutlich erkennen können; am Palermitaner Hof von Roger II. wurden Griechisch und Arabisch, Französisch und sizilianische Volkssprache verwendet, sarazenische Malereien schmückten die Decke der Cappella Palatina, und

Mekka

Le siege du grant turc auec ij deles pncipaulx cōseilles
Le siege du capitaine gñal de la turquie

Oben: Ein Portrait des Süleiman Pascha, Statthalter von Bagdad, zu Beginn des 19. Jahrhunderts.

Linke Seite: Eine Miniatur aus der VOYAGE D'OUTREMER *von Bertrandon de la Broquière, in der die Belagerung Konstantinopels durch die osmanischen Türken dargestellt ist. Links im Bild sieht man islamische Schiffe, die auf dem Landweg hinter den Stadtteil Pera gezogen werden. Nachdem die expansive Kraft der Araber erschöpft war, führte das kriegerische Volk der Türken unter der Fahne des Propheten den Heiligen Krieg gegen die Ungläubigen in eine zweite Phase der Offensive. Ziel des Angriffs war das darniederliegende Byzantinische Reich. 1453 fiel Konstantinopel; es wurde nie wieder christlich. Von den Ufern des Bosporus aus warf der »Großtürke« jahrhundertelang seinen drohenden Schatten auf das Abendland. Noch in den ersten Jahrzehnten dieses Jahrhunderts beherrschte er Gebiete in drei Erdteilen.*

hier entstand das große geographische Werk Idrisis). Weitaus weniger positiv ist dagegen die Bilanz des arabischen Einflusses auf dem Festland, das die Sarazenen vor allem als Invasoren und Plünderer erlebte. Aber auch hier gab es nicht nur Verwüstungen, sondern immer wieder unterschiedliche künstlerische Einflüsse und Leistungen hellenistisch-arabischer Wissenschaft, so z.B. in der Medizin, die dank der Übersetzungen des Constantinus Africanus in Montecassino und in der Schule von Salerno weite Verbreitung fand.

Das mittelalterliche Arabertum streifte also, zerstörend und aufbauend zugleich, die italienische Halbinsel und hinterließ dort eine dauerhafte Spur. Seine philosophischen und wissenschaftlichen Werke (und sogar Werke seiner Novellistik und Erbauungsliteratur, wie für die Eschatologie das Beispiel des LIBRO DELLA SCALA belegt), wurden in Italien noch weit über die Jahrtausendwende hinaus geschätzt und bis in die Renaissance übersetzt und studiert.

Bis zum 11. Jahrhundert hatte Europa den Angriff des arabischen Islam als militärische Expansion erfahren, wenngleich es die positiven kulturellen Auswirkungen zu schätzen lernte. Gegen Ende des 11. Jahrhunderts ging es jedoch selbst zum Angriff über und wandte sich nun gegen Länder, die damals zwar seit Jahrhunderten muslimisch waren, die für die Christen aber als Heiliges Land galten und ideell noch immer gelten. Das zwei Jahrhunderte währende Unternehmen der Kreuzzüge interessiert uns hier nur als ein Zwischenspiel (dessen Motive u.a. religiöser, wirtschaftlicher, imperialistischer Natur waren). »Mohammed« wurde zum erstenmal in die Defensive gedrängt, trotzdem endete das Unternehmen für die Angreifer aus dem Abendland praktisch ergebnislos. Schlimmer noch: Während diese lange in dem Irrtum verharrten, die Idee des aggressiven Kreuzzugs lebendig halten zu können, sah sich die Christenheit einer zweiten Phase islamischer Aggression, der türkisch-osmanischen, ausgesetzt, die selbst wiederum mehrere Jahrhunderte, bis in die neueste Zeit, andauern sollte. Wieder war das Mittelmeergebiet, diesmal der Osten, das Schlachtfeld Europas.

Als das Arabertum seine materiellen und geistigen Kräfte erschöpft zu haben schien, trat an seine Stelle als neue Vorhut des Islam ein anderes, das türkische Volk, das die Araber zunächst in Zentralasien bekämpft hatten. Nach ihrer Islamisierung schwangen sich die Türken jedoch zum dynamischen und erstrangigen Vorkämpfer des islamischen Glaubens empor. Auch jetzt wirkte noch, wie in der Anfangszeit, die koranische Vorschrift und das Ideal des *Dschihad*, des Heiligen Krieges gegen die Ungläubigen. Diesmal wurde es von einem kriegerischen Stamm und einem Herrschergeschlecht, dem Osmans, verwirklicht, das sich nach dem Mongolensturm gegen die Fürstentümer des Ostens den Weg gebahnt hatte und nun vom islamisierten Kleinasien aus ehrgeizig weiter nach Europa vordrang. Es faßte dort Fuß und erhob Adrianopel (Edirne) zu seiner Hauptstadt, noch bevor es im Mai 1453 dem im Sterben liegenden Rest des Byzantinischen Reiches den Gnadenstoß versetzte. Von nun an wurde der »Großtürke«, d.h. der osmanische Sultan, von den eroberten Ufern des Bosporus aus zum großen Gegenspieler und zum Schreckgespenst für das Europa der Renaissance.

1389 hatte sich bereits in der Ebene von Kosovo (auf dem »Amselfeld«) das Schicksal des christlichen Serbien entschieden. Wenige Jahre später zerstreute Bajezid I. Jïldïrïm (Wetterstrahl) bei Nikopolis in Bulgarien ein »Kreuzfahrerheer« und drang tief in den Balkan vor. Das 15. Jahrhundert erlebte nach einem momentanen Rückschlag bei Ankara (wo Bajezid von Tamerlan besiegt und gefangengenommen wurde) die Triumphe Mehmeds II., der die byzantinische Hauptstadt und ganz Griechenland bezwang. Im 16. Jahrhundert eroberte Süleiman der Prächtige Ungarn (Schlacht bei Mohács 1526), kurz nachdem Selim I. den Mamlukenstaat vernichtet und Syrien und Ägypten dem neuen islamischen Reich der Türken einverleibt hatte. Lepanto (1571) bedeutete nur eine kurze Unterbrechung, denn die osmanische Offensive sollte noch das ganze 17. Jahrhundert hindurch als Bedrohung über Venedig und Osteuropa schweben. Erst nach der zweiten gescheiterten Belagerung Wiens (1683) beginnt sich das Schicksal der Osmanen zu wenden, eine Entwicklung, die sich dann langsam über zwei Jahrhunderte fortsetzt. Aus dem stolzen Reich Mehmeds II. und Süleimans I. wurde allmählich der »kranke Mann am Bosporus«, dem Europa einerseits Beistand und Schutz gewährte, dessen fortschreitende Ausplünderung und Verstümmelung es aber gleichzeitig begünstigte (Unabhängigkeit Griechenlands 1829, Berliner Kongreß 1878). Mit den glücklosen kriegerischen Auseinandersetzungen ging eine tiefe innere Krise einher. Im letzten Kapitel des vorliegenden Buches wird beschrieben, wie eine Elite sich der Krise bewußt wurde und vergeblich versuchte, sie einzudämmen. Die Autoren weichen damit nicht vom Thema »Islam in Europa«, ab, denn die politische Krise der Osmanen ist symptomatisch für den Konflikt zwischen dem alten islamischen Imperialismus und Universalismus und der neuen nationalstaatlichen Bewegung, die unter direktem oder indi-

rektem europäischen Einfluß herangereift war. Zu Beginn des 20. Jahrhunderts erreichte diese Krise ihr Endstadium: Auf eine erste Revolution, die wenigstens den abartigen Tyrannen Abdülhamid II. beseitigte, folgte der verlorene Weltkrieg und die endgültige Auflösung des Reiches. Mit der kemalistischen Revolution beginnt für die Türken eine neue Geschichte.
Für den osmanischen Imperialismus des 16. bis 19. Jahrhunderts war die Bildung von Barbareskenstaaten im Mittelmeerraum, die nominell Vasallen Konstantinopels waren, von großer Bedeutung. Sie übernahmen die seefahrerischen Traditionen der Osmanen und setzten sie fort; alle waren sie in jene Seeräuberaktivitäten verwickelt, die für die Muslime immer eine legitime Form des *Dschihad* blieben, und die auf den Handelsverkehr und die internationalen Beziehungen der christlichen Staaten des Mittelalters so starken Einfluß ausübten. Der Nichtfachmann unter den Lesern wird einem der folgenden Kapitel vielleicht mit Verwunderung entnehmen, was Fernand Braudel in seinem klassischen Werk über das Mittelmeer, aber auch andere Spezialuntersuchungen ans Licht gebracht haben, daß nämlich Islam und Christenheit sich auf diesem Feld zur gleichen Zeit mit gleichen Waffen bekämpft haben. Die christliche Sklavenfreibeuterei stand dem Seeräuberkrieg der Barbaresken, der im 16. und 17. Jahrhundert wieder mit Raub, Plünderung und Verschleppung in die Sklaverei die italienischen Küsten heimsuchte, in nichts nach. Den christlichen Sklaven, die die »Bagnos« von Algier, Tunis und Tripolis bevölkerten, entsprachen die maurischen Kettensklaven, die an den Rudern der Galeeren Livornos, Neapels, Genuas, Venedigs und anderer Hafenstädte des Mittelmeeres saßen. Aufklärung und Französische Revolution, die in Europa ein neues zivilisatorisches Bewußtsein schufen, bewirkten, daß diese verabscheuungswürdige Praxis auf christlicher Seite zuerst verschwand; obwohl es sich also nur um eine Frage von Zeit handelte, glaubte Europa im 19. Jahrhundert, es könne sich dem mediterranen Islam zivilisatorisch überlegen fühlen.
Welches Vermächtnis, welches Erbe hinterließ die türkisch-osmanische Herrschaft in den von ihr unterworfenen Ländern Europas? Im Vergleich zur Fruchtbarkeit der hochmittelalterlichen Begegnung zwischen arabischem Islam und Christenheit in Spanien und Sizilien erscheint uns diese zweite Periode der Begegnung weitaus ärmer und steriler. Der militärischen Überlegenheit der Osmanen entsprach keine kulturelle Überlegenheit mehr, kein geistiges oder wissenschaftliches Vermächtnis, das die Herrscher den von ihnen unterjochten Völkern hinterlassen konnten. Sogar auf dem Gebiet der Kunst, wo die Türken ein Ruhmesblatt der islamischen Kulturgeschichte füllen, hinterließen sie außerhalb der Kaiserstadt Adrianopel in den von ihnen beherrschten Ländern »Rumeliens« wenig oder nichts Bedeutendes. Im Bereich der Geisteswissenschaften war der schöpferische Funke des Islam (der jedoch häufig sich Fremdes aneignete, um es weiterzuverarbeiten) nunmehr erloschen. Alles in allem war die Türkenherrschaft weder für Griechenland noch für die übrigen Länder Osteu-

Konstantinopel, das alte Byzantion, bestand 1123 Jahre lang. Nach einer Belagerung von 53 Tagen fiel es, wechselte den Namen und wurde zu Istanbul. Bevölkerung, Religion, Institutionen, Sitten und Gebräuche änderten sich rasch; schon im Jahr der Eroberung wurde es zu einer muslimischen Stadt, zur Hauptstadt des Osmanischen Reiches. Turbantragende Sultane folgten einander auf den Thron. (Abbildung unten: Mehmed IV. im Jahre 1672; Illustration aus L'ESPION DANS LES COURS DES PRINCES) *Auf den Exerzierplätzen übten sich die Soldaten der neuen Herrscher aus dem Orient in bis dahin unbekannten Darbietungen. Wie die Abbildung links unten (aus dem* TABLEAU GÉNÉRAL DE L'EMPIRE OTHOMAN *von M. d'Ohsson, 1787–1820) zeigt, boten junge Offiziere und Pagen, die sich vor dem Sultan im* Tomaq-*Kampf maßen, keinen seltenen Anblick.*
Als Waffen dienten ihnen Lederriemen, an deren Enden Wollbälle befestigt waren; die Reitermannschaften exerzierten mit Speeren ohne Spitzen.

Das Bild der byzantinischen Stadt wurde durch den Bau der zahlreichen Moscheen grundlegend verändert. Die Silhouette der Stadt war nun von den schlanken Minaretten geprägt, von denen der Ruf des Muezzin: »La ilaha illa Allah«, ertönte. Die Glocken der christlichen Kirchen waren aus den Glockentürmen entfernt und eingeschmolzen worden. Die ehemalige Kathedrale Justinians, die Hagia Sophia, wurde, aller christlicher Symbole entkleidet, zu einer heiligen Stätte des Islam. Die Zeichnung der Tessiner Architekten Gaspare und Giuseppe Fossati, die das prachtvolle Bauwerk Mitte des vorigen Jahrhunderts restaurierten, zeigt die muslimischen Gläubigen auf ihren Gebetsteppichen.

ropas, welche die Osmanen drei oder vier Jahrhunderte lang unter ihrer Herrschaft hatten, ein zivilisatorischer Faktor. Alle Angeklagten kennen jedoch mildernde Umstände und Verteidiger, und solche hat es und wird es auch immer für das Osmanische Reich geben. Für uns bleibt es jedoch hauptsächlich das Phänomen einer barbarischen Macht, das kaum anders als literarisch und ästhetisch goutiert werden kann. Dem jungen CORNET in der kleinen Dichtung Rilkes, der aus Liebe in den Tod galoppiert, läuft nach der Überquerung der Donau, in der exquisiten Lyrik des frühen 20. Jahrhunderts, mit weißem Helm der BEYLERBEY von Yahya Kemal entgegen. Halten wir hier ein auf einem abschüssigen Gelände, das uns zum sentimentalen Ästhetizismus eines Pierre Loti führen würde.

Wie auf zwei großen Tafeln, einer für die mittelalterliche arabische und einer zweiten für die moderne türkische Periode, stellt sich uns so das Schicksal des »Islam in Europa« dar. Die heutige Wirklichkeit zeigt uns etwas Neuartiges: Dem islamischen Universalismus, der zur arabischen Expansion führte, und der Konzeption von einem muslimischen Vielvölkerstaat, die die Grundlage des Osmanischen Reiches bildete, sind der rauhe Nationalismus und der Partikularismus der verschiedenen islamischen Staaten von heute gefolgt. Ethnische und soziale Gesichtspunkte scheinen häufig Vorrang zu haben vor religiösen Motivationen, welche in der Vergangenheit dominiert hatten. In einigen Fällen (wie im heutigen Iran) scheinen Nationalismus und islamischer Rigorismus eine Verbindung einzugehen. Aber der dort wiedererstarkte Islam zeigt uns gewiß nicht mehr jenes zivilisierte und humane Antlitz, das von den ägyptischen und indischen Modernisten vor einem Jahrhundert herbeigesehnt worden war. Europa hingegen, das mit diesem Glauben des Orients so lange in Kontakt stand, hat längst den Überlegenheitskomplex verloren, den es dem Islam gegenüber an den Tag gelegt hatte, und läuft heute mehr denn je Gefahr, in das gegenteilige Extrem zu verfallen.

Das glücklichste Resultat dieser Arbeit wäre für uns, wenn bei unseren Lesern am Ende, trotz aller Verschiedenheit und Andersartigkeit, ein Bewußtsein von der Komplementarität der beiden Welten überwiegen würde. Über den Gegensätzen von Sprache, Dogma und Sitten sollte die Anerkennung eines gemeinsamen *Tauhid* (der Glaube an einen einzigen Gott) stehen, gleichsam als Sühne für soviel Gewalt, Blut und Tränen.

Die Mauern von Konstantinopel und die Mauer aus Eis

Hoffnung auf Beute und Heiliger Krieg

Bewaffnete muslimische Soldaten, dargestellt in einer Miniatur aus den Cantigas de Santa Maria, *einem Werk Alfons X. von Kastilien aus dem 13. Jahrhundert. So sahen in den Augen der Europäer die Kämpfer Mohammeds in den Jahrhunderten der Eroberungen aus. Die Verpflichtung zum Heiligen Krieg, dem* Dschihad, *gehörte zu den Geboten ihres Glaubens. Sie war die treibende Kraft hinter der unglaublich raschen Verbreitung des Islam. Der Koran sagt: »Und kämpft um Gottes Willen gegen diejenigen, die gegen euch kämpfen ... und kämpft gegen sie, bis niemand mehr versucht, Gläubige zum Abfall vom Islam zu verführen, und bis nur noch Gott verehrt wird!« (II, 190-193) Zu den Hauptaufgaben der Kalifen gehörte die Verteidigung des muslimischen Territoriums (*Dâr al-Islâm*) und seine ständige Ausweitung auf das Kriegsterritorium (*Dâr al-harb*), d. h. auf alle von Ungläubigen bewohnten Gebiete.*

»Der Wirbelsturm kam aus der großen, endlosen Wüste, wo Moses und die Kinder Israels gehaust hatten, wie der Prophet sagte: ›Wie ein Sturm wird er aus dem Süden kommen, von der Wüste her, einem Ort der Schrecken.‹ Die riesige und schreckliche Wüste, wo sich der Sturm jener Völker erhob, dehnte sich aus und überzog die ganze Erde, schlug und erschütterte sie. So erfüllte sich das Wort: ›Das vierte Tier wird das vierte Reich auf Erden sein, das an Bosheit jedes Reich übertrifft, und die ganze Erde in eine Wüste verwandeln wird.‹« Mit diesen Worten drückte der armenische Bischof Sebeos in der ersten Hälfte des 7. Jahrhunderts die Angst des Christen aus, er habe es mit einem göttlichen Werkzeug zu tun, das geschickt worden sei, um die Gläubigen für ihre bösen Taten zu bestrafen; zugleich spricht aus diesen Worten der tiefverwurzelte Schrecken des Seßhaften gegenüber dem bewaffneten Nomaden. Hier äußerte sich zum erstenmal dunkel eine Gemeinschaft, die langsam, aber beständig, nicht zuletzt durch den Vormarsch der Barbaren und die Expansion des Islam, die »Christenheit« werden sollte. Diese einsame Stimme mußte in einer Epoche, in der die Christen von der offiziellen Kirche verfolgt wurden, in deren Ohren recht befremdlich klingen, konnten sie doch ohne Abneigung auf die Bewohner der Wüsten Arabiens blicken. In der Vergangenheit hatten sie als einfache Jäger nur gelegentlich etwas erbeutet, nun waren aus ihnen aber mit einemmal disziplinierte und entschlossene Kämpfer geworden.

Nur wenige sollten sich damit aufhalten, über die wahre Natur dieses Glaubens nachzusinnen, den man später bewußt als christliche Ketzerei bezeichnete und dessen Elemente der Neuerung man damit verkannte. In Wirklichkeit konnte diese Frage auch deshalb kein sonderliches Interesse bei den Christen wecken, weil für sie viel eher die Nachricht von Bedeutung sein mußte, daß in den von den Anhängern Mohammeds so mühelos eroberten Gebieten große Toleranz gegenüber den örtlichen monotheistischen Kulten bewiesen wurde und daß man Leben und persönliches Eigentum derjenigen, die sich kampflos ergaben, respektierte. So war schnell bekannt geworden, daß man z. B. in Ägypten denjenigen, die sich den neuen muslimischen Behörden nicht unterstellen wollten, erlaubt hatte, das Land zu verlassen, und daß ihnen darüber hinaus zugestanden worden war, ihr Hab und Gut mitzunehmen. Man wußte schließlich nur zu gut, daß in ein und demselben Gebiet die Steuererhebung der Araber oft weitaus weniger drückend war, als die zuvor erduldete, und daß Priester und Kirchengüter sogar von der Zahlung der Kopf- und Grundsteuer ausgenommen waren.

Diese Überlegungen, die Schwäche des Byzantinischen und Sassanidischen Reiches und schließlich einige rein militärische Ursachen (mit ihrer leichten Bewaffnung waren die Muslime ihrem oft schwerfällig ausgerüsteten Gegner überlegen, außerdem waren sie mehr Anstrengung und Entbehrung gewohnt) wurden und werden auch heute noch angeführt, um den überraschend schnellen Vormarsch des Islam zu erklären.

Es gibt jedoch zwei Faktoren, die den neuen Geist, den der neue Glaube den muslimischen Kriegern einzuflößen vermochte, am überzeugendsten erklären: der *Dschihad* (der Heilige Krieg) und die Hoffnung auf Beute. Der erste der beiden Faktoren, dessen militärischer Aspekt immer von zweitrangiger Bedeutung gewesen ist gegenüber dem großen *Dschihad,* d. h. dem Bemühen, auf das eigene Gewissen gestützt zu handeln, um es zum Guten zu führen, enthielt die Verheißung des Paradieses für denjenigen, der bei der Verteidigung des Islam in der Schlacht fiel. Die Aufteilung der Beute, der zweite Faktor, war vom Koran vorgesehen und geregelt. Es waren in der Tat die mörderischsten Waffen, die zum

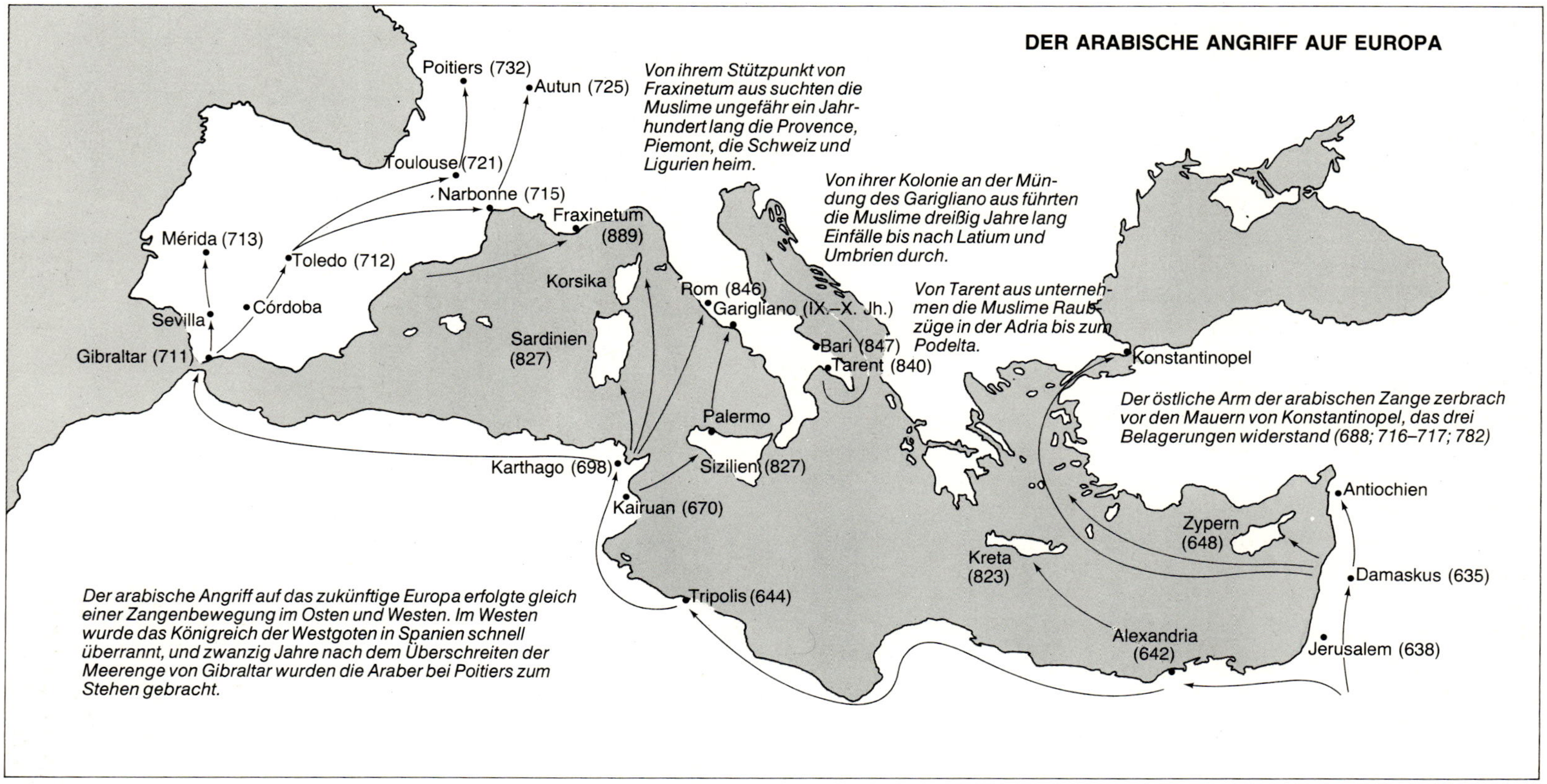

Die Karte oben zeigt den siegreichen arabischen Eroberungszug nach Westen. Er richtete sich gegen die Hauptstadt des Byzantinischen Reiches, folgte der nordafrikanischen Küste und bewegte sich von dort auf Italien, die Iberische Halbinsel und Frankreich zu.

plötzlichen Zusammenbruch des Sassanidenreiches und, von Syrien bis Ägypten, von Nordafrika bis Sizilien, zur Demütigung und Verstümmelung des Byzantinerreiches führten.

Zusammengeschweißt durch das starke Band des neuen Glaubens hatten sich die Heere der islamischen Gemeinschaft *(Umma)* im Westen und Osten der arabischen Halbinsel, von der sie ausgezogen waren, wie eine Zange geöffnet und waren zwangsläufig mit der niedergehenden persischen Macht und dem krisengeschüttelten »Neuen Rom« zusammengestoßen. Der erste Gegner konnte relativ leicht ausgeschaltet werden, die Mauern von Konstantinopel blieben jedoch unerobert. Sie symbolisierten die fortdauernde Präsenz des christlichen Feindes, des Gegners *par excellence.* Dieser Gegenspieler, der sich weiterhin der Verkündigung des islamischen Glaubens auf der ganzen Welt widersetzte, ein Feind, den es vor allen anderen niederzuschlagen galt, war jedoch auch in der Lage, Gefühle staunender Bewunderung bei allen Bewohnern des *Dar al-Islam* zu wecken; *Dar al-Islam* wurden die vom Islam bereits unterworfenen Territorien genannt, *Dar al-harb* diejenigen, deren Eroberung noch offenstand.

Runciman ist nicht weit von der Wahrheit entfernt, wenn er schreibt: »Wenn Konstantinopel gefallen wäre, ... hätte bei dem darauffolgenden Chaos ... der Islam vom Balkan aus Mitteleuropa überfluten können und wäre von solideren Grundlagen ausgegangen, als später die osmanischen Türken, da Byzanz jene Gegenden noch nicht für das Christentum gewonnen hatte. Zudem hätte nach dem Abgang von Byzanz auch der Angriff der afrikanischen Muslime auf die italienischen Küsten keine Schranken mehr gekannt. Im 9. Jahrhundert hätte sogar Rom fallen können.«

Die Schlacht der Masten

Die Schlüsselrolle Konstantinopels wurde vom zukünftigen Kalifen von Damaskus, Muᶜawija ibn Sufjan, bereits zu dem Zeitpunkt klar erkannt, als er noch *Wali* (Statthalter) von Syrien war. Auf sein Drängen hin wurde die erste militärische Expedition in die Wege geleitet, ein Seeunternehmen, mit dem man der byzantinischen Macht dort begegnen wollte, wo sie noch gefährlich stark war. Abgesehen von der Unternehmung Muᶜawijas gab es unter der Herrschaft der ersten vier Kalifen von Medina (die »rechtgeleiteten« Nachfolger Mohammeds in der Führung der muslimi-

schen *Umma)* keine weiteren Aktionen gegen Konstantinopel, die darauf gezielt hätten, Gebiete zu erobern und Völker zu unterwerfen. Allerdings wurden zahlreiche saisonale Einfälle *(Sâ'ifa),* zumeist in Anatolien, organisiert, die einerseits den Charakter von Beutezügen hatten, andererseits aber dazu dienten, den religiösen Eifer der Kämpfer des Heiligen Krieges wachzuhalten.
Nach strengen historischen Kriterien gab es eigentlich nur drei militärische Expeditionen der Araber, die sich die Niederwerfung des Byzantinischen Reiches und die Eroberung seiner Hauptstadt zum Ziel gesetzt hatten und die bis vor die Mauern von Konstantinopel gelangten. Ein 655 von Muᶜawija organisierter Feldzug konnte nicht einmal bis in Sichtweite der »Stadt der Rum« vordringen und endete mit einer Seeschlacht an den Küsten Lykiens. Wegen der zahlreichen Schiffe, die sich an dieser Schlacht beteiligten, nannten sie die Muslime *Dhât-as-Sawârî,* die »Schlacht der Masten«.
Man hat sich immer wieder gefragt, wie es möglich war, daß eine kleine Gruppe von Beduinen, die erst seit kurzem aus dem sandigen Arabien aufgetaucht waren und eher Experten für Wüstenschiffe als für Schlachtschiffe waren, ein derartiges Wagnis eingehen konnten und beinahe die Niederlage der Seemacht Byzanz herbeigeführt hätten. Die Antwort ist verblüffend einfach. Zunächst muß berücksichtigt werden, daß der Islam bis auf den heutigen Tag eine ausgeprägt städtische Erscheinung ist, in der der Beitrag der Nomaden stets marginal war. Zweitens ist daran zu erinnern, daß die verschiedenen Religionen des Nahen Ostens im Prinzip Toleranz gegeneinander übten und relativ friedlich zusammenlebten, weshalb der Islam von Anfang an mit der technischen Hilfe der christlichen und jüdischen Glaubensgemeinschaft rechnen konnte. Entschlossen, die byzantinische Macht zur See zu schlagen und eine mögliche Rückkehr in die alten Besitzungen in Asien und Afrika zu verhindern, mußte sich Muᶜawija an die christliche Gemeinde Syriens wenden, die im Gegensatz zu den Arabern schon immer Experte in der schwierigen Kunst der Seefahrt war. Man entsprach der Bitte Muᶜawijas und lieferte nicht nur die Zimmerleute, die für den Bau der neuen und die Instandhaltung der alten Wasserfahrzeuge benötigt wurden, sondern auch die Besatzung für die Kriegsschiffe. Die dem Abdallah ibn Sarh anvertraute Flotte errang einen unerwarteten und so durchschlagenden Sieg, daß der Befehlshaber der byzantinischen Flotte, Kaiser Konstans, ihn mit der Niederlage verglich, die sein Vorgänger Heraklius achtzehn Jahre zuvor ebenfalls ge-

Das Goldene Tor und zwei Ansichten der Mauern von Konstantinopel. Nachdem die alten severianischen Stadtmauern niedergerissen waren, war für die rasch gewachsene Stadt Konstantins eine neue Umfriedung notwendig geworden, die schon im 5. Jahrhundert unter Theodosius II. einer neuen, erweiterten Befestigungsanlage weichen mußte. An diesem imposanten Bollwerk scheiterte zweimal der Ansturm der Omaijadenheere.

Konstantinopel am Vorabend der islamischen Eroberung; Lageplan aus dem Liber Insularum *des Cristoforo Buondelmonti, 15. Jahrhundert, das in der Marciana in Venedig aufbewahrt wird.*

Unten und auf der gegenüberliegenden Seite: Die Stadt unter der Türkenherrschaft; Darstellungen aus dem Topkapı-Serail in Istanbul. Nach der Überlieferung war es der Christengott selbst, der dem Kaiser Konstantin dabei half, die Grenzen seiner neuen Hauptstadt festzulegen: Als Konstantin gerade mit einer Lanze die Grenzlinien markierte, wurde er gefragt, wann er denn aufhören wollte. Er antwortete: »Ich werde weitergehen bis Er, der unsichtbare Führer, der meine Schritte lenkt, mir Einhalt gebieten will.« Konstantinopel sollte das neue, das christliche Rom werden. Wie Rom war es auf Hügeln erbaut, hatte ein Kapitol, einen Kaiserpalast, einen Senat und große öffentliche Bäder. Um eine über dreißig Meter hohe Porphyrsäule, die von einer kolossalen Bronzestatue des Kaisers gekrönt war, wuchs das Forum.

gen die Araber an den Ufern des Flusses Jarmuk erlitten hatte. Offenbar gab es aber unter den überwiegend loyalen christlichen Untertanen Mu^{c}awijas doch einige, die Konstantinopel die Treue hielten. Eine Episode, die sich am Rande der Schlacht *Dhât as-Sawârî* abgespielt haben soll, beweist, daß es geheime Übereinkünfte mit dem Feind gab. Der Geschichtsschreiber Theophanes berichtet, einem Christen aus Tripolis in Syrien (derselbe, der nach einer christlichen Legende den flüchtigen Kaiser nach der Niederlage in Sicherheit gebracht haben soll) sei es möglich gewesen, in aller Ruhe die Rüstungsarbeiten der muslimischen Flotte auszuspionieren und seine Beobachtungen den Byzantinern mitzuteilen – allerdings erfolglos: ein Zeichen für die Solidarität unter den Christen, aber auch ein Beweis für die Bewegungsfreiheit, die die christlichen Untertanen im *Dar al-Islam* genossen.

Der arabische Seesieg hätte auch für die byzantinische Hauptstadt äußerst schwerwiegende Folgen haben können, hätte nicht plötzlich, wie von der Vorsehung zu ihrer Rettung bestimmt, eine schwere innere Krise die junge islamische Gemeinschaft erschüttert. Diese Krise brachte das große Schisma hervor, aus dem die schiitische Glaubensgemeinschaft entstehen sollte. Von weitaus drängenderen Problemen abgelenkt, konnte Mu^{c}awija den Erfolg nicht nutzen, den er in der Schlacht errungen hatte. Obgleich erbittert und blutig geführt, stärkte diese Schlacht jedoch das Vertrauen der Araber in ihre eigenen Mittel und nahm ihnen ihre latente Abneigung gegen das feuchte Element. Für den Augenblick sah sich Mu^{c}awija in der Verlegenheit, einen Waffenstillstand aushandeln zu müssen, um in der Heimat freie Hand zu bekommen. Byzanz ließ sich dafür einen nicht unerheblichen Tribut zahlen.

Ein muslimischer Heiliger

Zwischen 668 und 669 fand ein neuer Feldzug, der erste, der tatsächlich bis nach Konstantinopel gelangte, statt. Er wurde abermals von Mu^{c}awija, der inzwischen Kalif geworden war, organisiert. Vor allem aus politischen Erwägungen heraus wünschte er, daß sein Sohn, der zukünftige Kalif Jazid, an dem Krieg teilnehme. Da Jazid nicht sonderlich populär war, wurde er nach Chalkedon geschickt, um sich vor der muslimischen Gemeinschaft, die noch stark von religiösen Gefühlen und kriegerischen Ambitionen beherrscht war, Verdienste zu erwerben. Er erhielt den Auftrag, seine Truppen mit einer Vorausabteilung, die von Fadala ibn Umaid al-Ansari geführt wurde, zu vereinigen. Da er große Schwierigkeiten hatte, Fadala zu finden und seine Truppen mit ausreichend Proviant zu versorgen, und schließlich eine Seuche die Reihen seines Heeres lichtete, zog es Jazid vor, sich von der Front zurückzuziehen und seine Zeit mit entspannenden Vergnügungen und Müßiggang zu verbringen.

Um den drückebergerischen Prinzen an seine Pflichten zu erinnern, sandte Mu^c^awija den dringenden Befehl, er möge sich unverzüglich mit den Truppen Fadalas vereinigen, um gegen Konstantinopel vorzurücken und es zu belagern. Die Überlieferung berichtet, Jazid habe diesen Befehl so prompt befolgt und so mutig gekämpft, daß man ihm sein vorangegangenes Verhalten verzeihen und er sich auf dem Schlachtfeld den Ehrentitel *Fatâal-^c^arab,* Held der Araber, erwerben konnte. Er soll, so der arabische Bericht, bis vor die Mauern der Stadt vorgedrungen sein und in eines der Tore eine Bresche geschlagen haben. Später deckte man dieses Loch mit einer Goldplatte zu, und es wurde als »Goldenes Tor« berühmt.

Diese Belagerung, bei der Jazid seinen Mut bewies, brachte noch eine andere muslimische Legende hervor, die an die Türken weitergegeben wurde und in deren Mittelpunkt Abu Ajjub al-Ansari, ein früher Gefährte des Propheten, steht. Abu Ajjub, der türkische Eyüp, wollte um jeden Preis beim Feldzug gegen Konstantinopel dabeisein, trotz seines ehrwürdigen Alters, das es ihm ermöglicht hatte, an fast allen bis dahin vom Islam vollbrachten Waffentaten teilzunehmen. Es blieb ihm jedoch verwehrt, der Vorschrift des *Dschihad* noch einmal zu genügen, denn noch bevor er die Mauern der feindlichen Stadt erblicken konnte, erlag er auf der Reise einer Krankheit (einige übelwollende Quellen betonen, er sei an der Ruhr, dem ruhmlosen Tod so vieler Feldherren gestorben). Bevor jedoch Abu Ajjub seine Seele Gott empfahl, verlangte er von Jazid, der ihn zum Zeichen der Verehrung aufgesucht hatte, er möge ihn so nah wie möglich an der Stadt, die man erobern wollte, begraben lassen, denn die Weissagung spräche von einem heiligen Manne, dessen Grab bei Konstantinopel errichtet werden würde. Sein Wunsch wurde erfüllt, so, als ob man mit diesem Akt, gleichsam durch Zauberei und weil man die günstigen Vorzeichen erkannte, von der byzantinischen Hauptstadt Besitz nehmen könne. Sie erwies sich jedoch als unbezwingbar. Das Grab Abu Ajjubs aber wurde bald zu einer Pilgerstätte, zu der eigenartigerweise sowohl Griechen als auch Muslime kamen. Der unbezwungene Krieger, der in unseren Augen wie kein anderer die dem Krieg eigene Unduldsamkeit und Gewalt repräsentiert, verwandelte sich so nach seinem Tod in ein Symbol des friedlichen Zusammenlebens beider Religionen. Dieselbe Legende berichtet, daß in Dürreperioden die Fürbitte des alten Glaubenskämpfers mit Regen belohnt werde; so lebte das altarabische Regengebet, das *Istisqâ,* in der christlichen Welt gleichsam fort. Das Grab, das man wunderbarerweise während des siegreichen türkischen Ansturms 1453 wiederentdeckt zu haben glaubte, wurde zum Kern einer Moschee, in welcher der Tschelebi Efendi, der Großmeister des mystischen Ordens der Mewlewije, in einer eindrucksvollen Zeremonie den osmanischen Sultan mit einem Schwert umgürtet.

»Die Pilger betrachteten diese Stadt in ihrer prächtigen Größe, die Paläste, die reichen Klöster und Abteien und die großen Wunderdinge, die in der Stadt waren. Über vieles staunten sie sehr . . . Vor diesem Kloster [der Hagia Sophia] stand eine riesige Säule. Auf ihrer Spitze befand sich ein Kaiser, in Bronze gegossen, auf einem großen Bronzepferd.« (Aus einem Reisebericht des pikardischen Ritters Robert de Clari, der mit den siegreichen Heeren des vierten Kreuzzuges in Konstantinopel eingezogen war.)

Das »griechische Feuer«

Gegen Ende seines Kalifats veranlaßte Mu^c^awija zwischen 674 und 680 einen weiteren Feldzug, der unter dem Namen »Feldzug der sieben Jahre« bekannt wurde. Die Aktion war sorgfältig vorbereitet, denn

die arabische Flotte hatte es nicht versäumt, sichere Stützpunkte einzurichten, wohin sie sich im gegebenen Augenblick zurückziehen, eventuell ihre Schiffe ausbessern und überwintern konnte. 670 waren in unmittelbarer Nähe der byzantinischen Hauptstadt die Insel Chios und die Halbinsel Kyzikos erobert worden.
Da Zypern, Rhodos und Kos ebenfalls unter arabischer Kontrolle standen, konnte die Marschrichtung nicht deutlicher sein. 672 bemächtigten sich die Araber der kilikischen Küste, was Zypern und die syrische Küste vor möglichen Vergeltungsschlägen bewahrte, und eroberten schließlich auch noch Smyrna. 674 kreuzte ein arabisches Geschwader vor Konstantinopel auf und leitete eine Reihe von militärischen Operationen ein, die sich lange hinzogen, aber zu keinem Ergebnis führten. Die Aktionen der Araber dauerten den ganzen Sommer und Herbst über an, bis sie sich für den Winter nach Kyzikos zurückzogen, von wo aus sie zu Beginn des Frühjahrs erneut zum Seekrieg aufbrachen.
Wir haben festgestellt, daß die Aktivitäten der Araber ohne Ergebnis blieben. Die Stärken des byzantinischen Widerstandes lagen zum einen im Mut des jungen Kaisers Konstantin IV., zum anderen im gewaltigen Mauerwerk, das die Stadt schützte und dem die Araber wieder einmal völlig hilflos gegenüberstanden, und schließlich in einer kriegstechnischen Erfindung, die für diese Epoche von überragender Bedeutung war. Ein aus Syrien ausgewanderter Architekt, Kallinikos von Heliopolis, entdeckte eine Methode, Salpeter, Schwefel und ungelöschten Kalk so zu mischen, daß ein Explosivstoff entstand, der zu Wasser genauso gut zündete wie zu Lande. Die Mischung entfachte, war sie einmal explodiert, einen schwer zu bändigenden Brand. Sie konnte aus großer Entfernung geschleudert werden, wenn man eine bestimmte Vorrichtung, den Siphon, beifügte. Noch einfacher war es, man füllte den Sprengstoff in eine Terrakottaamphore und benutzte dann eine Lanze oder nur die Muskelkraft. Damit war das »griechische Feuer« erfunden, dessen Herstellungstechnik eines der bestgehüteten Staatsgeheimnisse der Byzantiner bleiben sollte. Für die Angreifer war das »griechische Feuer« eine echte Überraschung. Nachdem die Araber durch diese Waffe einen großen Teil ihrer Schiffe verloren hatten, mußten sie mitansehen, wie anschließend fast die gesamte übriggebliebene Flotte in einem Sturm sank. Sie sahen sich gezwungen, um einen dreißigjährigen Waffenstillstand zu bitten, und mußten dafür jährlich einen Tribut von 3000 Goldstücken, 50 Sklaven und 50 Pferden bezahlen.

Rechts: Eine Illustration aus der Synopsis. *Dargestellt ist eine Episode aus der Rebellion des Generals Thomas von Kappadokien, der mit Hilfe der kleinasiatischen Truppen und der Unterstützung des Kalifen von Bagdad versucht hatte, den Thron des oströmischen Kaisers Michael zu usurpieren (812 n. Chr.). Es handelt sich hier um ein seltenes, wenn nicht gar das einzige Zeugnis für die Anwendung des »griechischen Feuers«. Diese Erfindung des syrischen Ingenieurs Kallinikos war eine höllische brennbare Mischung aus Salpeter, Schwefel und ungelöschtem Kalk. Bei der Verteidigung von Byzanz gegen die Araber spielte das »griechische Feuer« eine wichtige Rolle. Auf der linken Seite: Der vergebliche Versuch der Araber, Edessa, die heutige türkische Stadt Urfa, von den kaiserlichen Truppen zurückzuerobern. Sie war seit 1031 von ihnen besetzt und sollte erst 1114 wieder in die Hände der Muslime fallen.*

Bald darauf starb Mu^{c}awija, der einer der hartnäckigsten Gegner Konstantinopels gewesen war. Erst unter dem Kalifen Walid ibn Abd al-Malik sollte man einen neuen Kriegszug mit dem Ziel der Eroberung Konstantinopels rüsten.

Der tiefere Grund für diese neue Konfrontation war wohl vor allem in der wachsenden Feindseligkeit Konstantinopels zu suchen, das ängstlich verfolgte, wie die neue arabische Goldwährung, der *Dinar* (aus dem griechischen *Denarion* bzw. dem lateinischen *Denarius),* sich immer mehr durchsetzte und nahe daran war, das bisher im ganzen Mittelmeerraum von Byzanz gehaltene Monopol der byzantinischen Goldwährung zu brechen. Die Araber wurden jedoch als erste aktiv und nützten die ernsten Schwierigkeiten des Gegners. Byzanz steckte gerade in einer seiner zahlreichen Krisen um die Thronfolge; diesmal traten Theodosius III. und Leon, der *Strategos* des anatolischen Themas, als Gegenspieler auf. Die Araber hatten außerdem den Vorteil, daß an der Spitze ihrer kämpfenden Truppen einer der mutigsten und fähigsten Heerführer stand, den die islamische Geschichte kennt, Maslama ibn Abd al-Malik, der Bruder des Kalifen al-Walid und seines Nachfolgers Sulaiman ibn Abd al-Malik.

Sulaiman erteilte am 5. September 715 seinem Bruder Maslama den Befehl, sich gegen Qustantinijja, wie die Araber die byzantinische Hauptstadt nannten, zu wenden.

Maslama wollte die Lage der Byzantiner ausnützen und bot Leon seine Unterstützung an. Aber der neue Kaiser demonstrierte, nachdem er im Streit mit Theodosius gesiegt hatte, daß er nicht gewillt war, dem arabischen Eindringling das Leben leicht zu machen; er mobilisierte innerhalb kurzer Zeit Widerstandskräfte von großer Wirksamkeit.

Wir wissen nicht genau, welche Vereinbarungen ursprünglich zwischen Leon III., dem Isaurier, und Maslama getroffen worden waren. Mit Sicherheit müssen wir jedoch den christlichen Quellen mißtrauen (ebenso bestimmten arabischen, die den Muslimen aus verschiedenen Gründen zwangsläufig negativ gesinnt sind), welche von einem Betrug Leons III. sprechen. In ihrer Darstellung erscheint Maslama unglaubwürdig, und nur seine Plumpheit hätte seine Naivität noch übertroffen; er wäre von Leon einfach übertölpelt worden. Außer Zweifel steht, daß der Mut und die unerschöpfliche Tatkraft des Isauriers entscheidend zur Zermürbung des Belagerers beitrugen. Maslama harrte drei Jahre lang vergeblich aus, überstand harte Winter, Versorgungskrisen und Seuchen, führte heftige Kämpfe gegen Bulgaren und Chasaren, die Leon gegen ihn hetzte, mußte noch einmal das verheerende »griechische Feuer« über sich ergehen lassen und wurde schließlich das Opfer eines Verrats. Die, vermutlich christlichen, Besatzungen einiger aus Ägypten stammender arabischer Schiffe gingen zu den Byzantinern über, verrieten den Ankerplatz der Flotte Maslamas und ermöglichten so, daß sie teilweise zerstört wurde. Diesmal war die Vorsehung auf seiten der Araber. Schließlich sandte Maslamas Vetter, Omar Abd al-Aziz, der inzwischen Kalif geworden war, den Befehl zum Rückzug. Auf dem Heimweg sanken in einem Sturm die meisten der übriggebliebenen Schiffe, und die restlichen muslimischen Soldaten wurden noch einmal dezimiert.

Dieser Feldzug ließ unter den Muslimen eine Reihe von Legenden entstehen. Um über die enttäuschende

Die vier auf diesen Seiten abgebildeten Miniaturen entstammen einer mit 574 Miniaturen illustrierten Fassung der Synopsis *des Johannes Skylitzes (811–1057). Sie befindet sich in der Madrider Nationalbibliothek. In diesem Werk findet sich eine Beschreibung der Verteidigungskämpfe des Byzantinischen Reichs, das im Süden von den Arabern, im Norden von Bulgaren und Ungarn und überdies von inneren Auseinandersetzungen bedroht wurde.*

Linke Seite Mitte und unten: Zwei Szenen aus den Kämpfen zwischen den Einwohnern von Thessaloniki und den aufständischen bulgarischen Belagerern. Das mittlere Bild zeigt das Heerlager der Bulgaren. Im Zelt sitzt der König Peter Deljan mit dem General Alusian. Untere Abbildung: Die Thessaloniker versuchen mit einem Ausfall, die Feinde in die Flucht zu schlagen.

Realität hinwegzutrösten, erzählen sie von flehentlichen Bitten Leons III., die Belagerung seiner Hauptstadt aufzuheben, und von den Antworten Maslamas, die zwar entgegenkommend waren, aber voller Verachtung gesteckt hätten. Ähnlich wie mit der Geschichte Abu Ajjubs versuchten die Araber, wenigstens symbolisch von Konstantinopel Besitz zu nehmen, indem sie eine Reihe von Heldentaten erfanden (Ritt nach Konstantinopel, Entweihung der Hagia Sophia, Raub des dort aufbewahrten, wertvollen Goldkreuzes, während al-Battal, der Held eines weiteren epischen Zyklus, vor den Toren der Stadt bereitstand, im Notfall einzugreifen).
Eine andere Legende spricht dagegen von dem Gebot Maslamas, im Herzen der byzantinischen Stadt eine Moschee zu errichten, genau gegenüber dem Kaiserpalast. Obwohl diese Erzählung viele phantastische und symbolische Elemente enthält, steckt in ihr ein Körnchen Wahrheit. Es ist bekannt, daß es für den islamischen Gottesdienst in Konstantinopel ein eigenes Gebäude gab. Wir wissen allerdings nicht, warum es zum Bau dieser Moschee kam. Vielleicht handelte es sich um ein gnädiges Zugeständnis des Kaisers, vielleicht wollte man mit dieser Entscheidung lediglich Vergeltungsschläge gegen die christlichen Gemeinden in den islamischen Ländern verhindern. Die Moschee scheint den zahlreichen muslimischen Gefangenen in der Stadt vorbehalten gewesen zu sein. Den verschiedenen muslimischen Händlern, die aufgrund besonderer Geleitbriefe dazu ermächtigt waren, sich bis zu drei Monaten in der Stadt aufzuhalten, war offenbar der Zutritt zu der Moschee verwehrt. Die Kaufleute kamen vor allem nach Konstantinopel, um mit Gold, Silber, Brokatstoffen, Rohseide, Edelsteinen, Juwelen, den sehr geschätzten bearbeiteten Seidenstoffen, Leinengeweben und Vieh, das sie damals aus der Gegend von Aleppo brachten, zu handeln. Man kann nicht behaupten, daß die muslimischen Gefangenen in Konstantinopel eine besonders harte Gefangenschaft zu erdulden hatten. In Erwartung ihres Freikaufs oder eines möglichen Austausches gegen byzantinische Gefangene in den arabischen Ländern genossen sie verhältnismäßig große Bewegungsfreiheit. Wie Levi della Vida hervorhebt, war ihnen die Ausübung ihres Handwerks oder ihres Berufs gestattet, wobei nicht einmal die Regalien des *Basileus* bei bestimmten Festen fehlten. Von den 30000 Überlebenden der Heere Maslamas (80000 waren ausgezogen) hatten viele Gelegenheit, die Lebensbedingungen eines Gefangenen in Konstantinopel kennenzulernen.
Diesmal waren die Tore der Stadt dreist verschlossen geblieben und hatten nicht einmal durch legendäre Schwertschläge Breschen erhalten. Leon III. sollte, wie vor ihm Konstantin IV., in der Erinnerung als Retter der Christenheit aus großer Gefahr weiterleben. Vierzehn Jahre später sollte auf ganz ähnliche Weise noch einem anderen Krieger, der allerdings nicht aus fürstlichem Geschlecht stammte, dieser Nachruhm zuteil werden, weil er bei Poitiers den westlichen Arm der islamischen Zange zerbrechen konnte.

Ein arabischer Kaiser in Konstantinopel

Die schweren inneren Umwälzungen, die zum Sturz der omaijadischen Kalifendynastie von Damaskus und zum Aufstieg der Abbasiden von Bagdad geführt hatten, bewirkten, daß für eine Weile die Spannungen zwischen den beiden Großmächten des Mittelmeers nachließen. Das neue Kalifat unterstrich mit der Wahl seines Sitzes deutlich seine Ausrichtung auf die iranische und zentralasiatische Welt, es verlangsamte den Vormarsch auf das Mittelmeer und ermöglichte eine byzantinische Gegenoffensive. Unter Konstantin V. gelang es daher, zu Lande bis Syrien vorzudringen, während sich zur See die Flotte Konstantinopels bereits 747 bei Zypern hatte durchsetzen können, als der *Strategos* der Zyprioten die von Alexandrien ausgesandten Schiffe versenkte.
Eine Reihe von Überraschungsangriffen in Mesopotamien und Armenien führte die byzantinischen Truppen immer näher ans Herz des Kalifats heran, aber noch einmal sollten religiöse Wirren die Bewegungen der Politik hemmen. Die Periode des Bildersturms und die spätere Wiedereinführung der Bilderverehrung bremsten die antiislamische Offensive. Zur gleichen Zeit schickte sich Bagdad unter dem Kalifen Harun ar-Raschid an, einen Höhepunkt seiner Prachtentfaltung zu erreichen. Harun, damals ein einfacher Prinz und noch nicht zum Nachfolger seines Vaters al-Mahdi bestimmt, nutzte die Spannungen aus, die das Byzantinische Reich nach dem Tod des *Basileus* Leon IV. erschütterten. Sein Erbe, Konstantin VI., war noch minderjährig, so daß seine Mutter Irene die Regentschaft führte. Ein Feldzug im Jahre 782 endete mit einem eindeutigen Sieg über die Byzantiner; Harun konnte bis zum Bosporus, nach Chrysopolis, das gegenüber von Konstantinopel lag, vordringen. Irene beeilte sich, um einen Waffenstillstand nachzusuchen. Aus verschiedenen Gründen

Den Kampf um Konstantinopel, der von 673 bis 679 zwischen Arabern und Byzantinern tobte, gewannen die Truppen des Kaisers: Ihre Flotte war schneller und wendiger als die der Araber, sie verfügten über die Erfindung eines geschickten Ingenieurs: das »griechische Feuer«; vor allem aber war es Kaiser Konstantin IV., der mit seinem eisernen Willen die arabischen Heere Muʿawijas zum Halten brachte, nachdem sie von Kleinasien über verschiedene Inseln bis an den Bosporus vorgedrungen waren.

Daß das arabische Vordringen angehalten wurde, schien gleichsam auf göttliches Eingreifen zurückzuführen. Der kaiserliche Sieg löste in ganz Europa und insbesondere auf der unmittelbar bedrohten Balkanhalbinsel ein großes Echo aus. Das aus dem 14. Jahrhundert stammende Fresko aus dem serbischen Kloster Lesnovo beschreibt das historische Ereignis in epischer Ausführlichkeit. Gegenüber dem vor ihm knienden Mu^{c}awija ist Konstantin IV. in der Haltung des Siegers dargestellt.

stimmte Harun gegen Zahlung eines jährlichen Tributs von siebzig- bis neunzigtausend Goldstücken zu und erwarb sich mit diesem Handel den Namen Raschid, »der von Gott Wohlgeleitete«.
Die Motive für die Gewährung dieses Waffenstillstandes werden wir niemals ganz aufklären können. Den Arabern war der Sieg jedenfalls durch den Verrat des *Strategos* der Bukellari, Tetzates, leicht gemacht worden. Von Theophanes wissen wir jedoch, daß das arabische Heer im Verlauf eines Rückzugsgefechts in Gefahr geraten war, von den Griechen unter Baris an der Mündung des Flusses Granikos am Marmarameer gespalten zu werden. In dieser Bedrängnis schien ein Waffenstillstand für beide Parteien von Vorteil. Seit diesem Ereignis sollten am Bosporus nie mehr im Rahmen einer größeren militärischen Operation arabische Waffen auf byzantinische treffen. Nie wieder tauchten Araber mit der Waffe in der Hand vor Konstantinopel auf, um den Blick hoffnungsvoll zu seinen Mauern zu erheben. Trotzdem mußten die Byzantiner, die auf dem Peloponnes in einem beständigen Kampf gegen Bulgaren und Slawen standen und versuchten, ganze Völkerschaften aus den anatolischen in die europäischen Provinzen umzusiedeln, um die slawischen Gebiete zu kolonisieren, neue Überfälle, Demütigungen und Tributzahlungen hinnehmen. Der Tribut von 30000 Goldstücken, der nach Haruns Sieg dem Byzantinerreich auferlegt worden war, wog selbst für den *Basileus* schwer. Nach dem stolzen Bericht der Sieger wurde er wie sein Sohn zur Zahlung von drei Goldstücken als *Dschizja* (Kopfsteuer) verpflichtet, so, als sei selbst der Nachfolger des großen

Was den Arabern unter Mu'awija (oben in einer Miniatur aus dem 15. Jahrhundert) nicht gelungen war, nämlich im Osten Europas einen Einbruch zu erzwingen, gelang im Westen den muslimischen Berbern. Ihr Eindringen vollzog sich zunächst in aller Stille: 710 n. Chr. fielen 300 maurische Fußsoldaten und 100 Reiter an der Südspitze der Iberischen Halbinsel in Spanien ein. Im Jahr darauf kam die Stunde eines unternehmungslustigen »Klienten« und Vertreters des Statthalters von Ifriqija. Sein Name, Tariq, wurde durch den Berg, bei dem er landete, Dschabal Târiq oder Gibraltar, unsterblich. Tariq begann mit dem systematischen Abbau der schwachen Herrschaft der Westgoten, die sich im 5. Jahrhundert in Spanien niedergelassen hatten (auf der Seite rechts: eine Votivkrone des Königs Rekkeswinth aus dem 7. Jahrhundert). Der Feldzug wurde bald zur größten arabischen Militäraktion in Europa, einer umwälzenden Eroberung, deren Rhythmus durch Schlachten, Belagerungen, Blut und Beute bestimmt war.

Konstantin ein einfacher *Dhimmi* (Schutzbefohlener) des Abbasidenkalifen geworden.

Die Prophezeiung, nach der einem Muslim, der den Namen eines Propheten trägt, die Aufgabe vorbehalten sei, das »neue Rom« zu erobern, sollte sich jedoch weder unter Harun noch unter einem anderen Kalifen erfüllen. Bereits früher war Sulaiman Abd al-Malik, der immerhin den Namen Salomos, der im Islam als Prophet gilt, trug, um diese Hoffnung betrogen worden. Der erwartete Eroberer, der den gleichen Namen wie der höchste Prophet des Islam tragen sollte, würde kein Araber sein, und folglich konnte eine ganze historische Periode als vorläufig abgeschlossen gelten.

Der Berg Tariqs und der Rio Barbate

Während die islamische Zange – mit wechselhaftem Kriegsglück – im Osten in der Macht Konstantinopels ein gewaltiges Hindernis fand, schien sie im Westen lange Zeit auf überhaupt keine Grenzen zu stoßen.

Nachdem Amr ibn al-As Alexandria und Ägypten, das damals bedeutendste Zentrum hellenistischer Kultur, erobert hatte, wandte sich der Islam der Kyrenaika und der Pentapolis zu und stürzte sich schließlich auf die ehemalige römische Provinz Africa, die mehr oder minder dem heutigen Tunesien entsprach und deren Namen unter den Arabern zu Ifriqija wurde.

Nach einem ununterbrochenen Ritt gelangte Oqba ibn Nafi an die äußerste Westgrenze Afrikas, und nur der Ozean konnte seinen Vorstoß bremsen. Er trieb sein Pferd in die Fluten und rief Gott zum Zeugen an, daß nur diese Wasser ihn daran hinderten, die Offenbarung Mohammeds und die Verehrung des wahren Gottes bis an die Grenzen des Erdkreises zu tragen. Bald nach der endgültigen Vertreibung der Byzantiner aus Karthago 698 brachen die Araber von Qairawan aus zu einer Reihe von Überfällen gegen die dem christlichen Feind verbliebenen Stellungen, von denen das kleine Exarchat Septem (später Ceuta) besonders ins Auge fiel, auf. Der Westgotenkönig Witiza scheint übrigens dem Exarchen Julian von Spanien aus derart wirkungsvoll geholfen zu haben, daß sich Julian, der gegen den Usurpator Roderich feindselige Gefühle hegte, später mit dem Sohne Witizas, Agila, solidarisierte. Die gängige arabische Überlieferung besagt jedoch, der Exarch habe Roderich gehaßt, weil seine Ehre gekränkt worden war. Angeblich hatte der Westgotenkönig Julians Tochter Florinda, als sie sich am Hof von Toledo aufhielt, wo sie zusammen mit anderen adeligen Kindern standesgemäß erzogen wurde, Gewalt angetan. Der *Comes* Julian soll danach ohne zu zögern die Muslime um Hilfe gebeten und sich deshalb an den damaligen *Wali* von Ifriqija, Musa ibn Nusair, gewandt haben. Dem Statthalter fiel es nicht schwer, der Bitte zu entsprechen. Allerdings wurde nicht genau geklärt, welche Gegenleistung der Muslim erhalten sollte. Vielleicht glaubten Julian und Musa, im Westgotenland sei mehr als genug Beute zu erwarten, um die muslimischen Truppen zu entschädigen, und wollten den Kriegszug in diesem Sinne begrenzen. Der Kalif al-Walid hatte zudem aus Damaskus die Ermahnung gesandt, die Grenzen der islamischen Gemeinschaft nicht über das treulose Meer hinweg auszudehnen.

Bereits 710 konnten der Berber Tarif ibn Malik und unter seinem Befehl 300 Soldaten und 100 Reiter zum ersten Überfall aufbrechen. Nach ihrer Rückkehr wurde dem Berber (oder Perser) Tariq ibn Zijad eine größere Expedition anvertraut. Er war ein *Mawla,* ein freigelassener Sklave, der seinem ehemaligen Herrn als Schutzbefohlener unterstand. Auch diesmal stellte Julian die Schiffe zur Verfügung, und etwa 7000 Mann konnten ungehindert auf dem Felsen landen, der als der Berg Tariqs, heute Gibraltar, in Erinnerung bleiben sollte. Mit weiteren 5000 Mann Verstärkung drang Tariq ins Landesinnere vor und stand nach kurzer Zeit König Roderich gegenüber, der bis dahin im Norden mit der Unterdrückung von Aufständen beschäftigt gewesen war.

Die innere Verfassung des Westgotenreiches war nicht die beste. Schwere Hungersnöte, die das Land in

Die Mauren waren auch durch die Pyrenäen nicht aufzuhalten. Die kleinen Berberpferde zogen über die Gebirgspässe direkt auf die Ebenen Frankreichs zu. Bei Poitiers jedoch wurde die bereits abgeschwächte Angriffsaktion vom fränkischen Heer blockiert (732 n. Chr.). S. 30 und 31 unten: Darstellungen der beiden Heere aus christlicher Sicht. Links das arabische und fränkische Heer auf dem Schlachtfeld vor der Schlacht von Poitiers, rechts ein Zusammenstoß der gegnerischen Reitereien.

drei aufeinanderfolgenden Jahren heimgesucht hatten, und Erbfolgestreitigkeiten hatten die sozialen Spannungen fühlbar verschärft. Trotzdem hätte die Niederlage des gotischen Heeres vermieden werden können, hätten nicht Flucht und Verrat den Ausgang der Schlacht bestimmt. Nachdem sich ein Teil der Anhänger Agilas vom Schlachtfeld zurückgezogen hatte, konnten die Araber schließlich am 19. Juli 711 ihre Gegner am Rio Barbate (andere sprechen vom Guadalete) vernichtend schlagen. Einige Chronisten berichten sogar, Roderich selbst sei in der Schlacht gefallen. Auch nach diesem glücklichen Sieg leisteten die Westgoten den Arabern in Ecija, Córdoba und Toledo noch heftigen Widerstand. Erst mit Hilfe der »fünfte Kolonne«, der mit dem Regime Unzufriedenen, konnten sie auch diese Städte erobern. Tariqs Vormarsch nahm bald ein solches Ausmaß an, daß der Berber, entgegen den früheren Befehlen, aus einem Überfall einen regelrechten Eroberungszug machte.
Die Reihen der Muslime erhielten zunehmend Verstärkung durch Freiwillige, die bis dahin von den Westgoten in Leibeigenschaft gehalten oder stark diskriminiert worden waren, was Tariq ermöglichte, seine Strategie grundlegend zu verändern; dadurch erweckte er den Groll Musas, der sich von seinem eigenen Untergebenen überrumpelt und in den Schatten gestellt sah. Da die Eroberung jedoch begonnen und die bisherige Beute reich war, ließ Musa unter seinem eigenen Befehl ein neues Expeditionskorps aufstellen, um in eigener Regie Ruhm und Reichtum zu gewinnen. Der *Wali* von Ifriqija schiffte sich im Juni 712 mit 18000 Mann ein und landete auf der *Dschazîra al-Chadrâ'*, dem heutigen Algeciras. Daß Musa nicht als bloßer Nachahmer Tariqs erscheinen wollte, können wir daraus ersehen, daß er eine neue Marschrichtung wählte. Er zog siegreich nach Medina Sidonia und besetzte östlich von Sevilla und Mérida neue Festungen. Erst nachdem Mérida, das ein Jahr lang hartnäckigen Widerstand geleistet hatte, am 30. Juni 713 kapitulierte, befahl Musa seinem Schutzbefohlenen Tariq, sich mit ihm zu vereinigen. Nachdem er ihn hart getadelt und bestraft hatte, machten sich die vereinigten arabischen Heere daran, bei Segovia den letzten Widerstand der Westgoten zu brechen.
Die Muslime ließen sich in der westgotischen Hauptstadt Toledo nieder. Sie leiteten die neue Epoche mit der Prägung von Münzen ein, die mit zwei Sprachen in arabischen und lateinischen Schriftzeichen versehen wurden. Dem *Tauhid* (Bezeugung der Einzigkeit Gottes) in lateinischer Sprache und dem Jahr des Herrn wurde zuweilen das Jahr der *Hidschra* (Zeitpunkt der Auswanderung Mohammeds von Mekka nach Medina) zur Seite gestellt.
Nach der Winterpause bereitete sich Musa wahrscheinlich darauf vor, gegen die Pyrenäen und die Narbonnensis vorzustoßen, als ihn der strikte Befehl erreichte, nach Damaskus zurückzukehren und sich beim Kalifen al-Walid einzufinden, um über die bisherigen Operationen Rechenschaft abzulegen. Musa ließ in den eroberten Städten, soweit möglich, jüdische Besatzungstruppen zurück und reiste in die Omaijadenhauptstadt. Dort erwartete ihn ein unrühmliches Schicksal.
Der arabische Geschichtsschreiber Ibn Hajjan berichtet, die Araber hätten bereits zur Zeit Tariqs ihre ersten Eroberungszüge in das Languedoc, nach Roussillon und in das fränkische Septimanien unternommen. Einige Stoßtrupps gelangten über das Rhônetal sogar bis nach Avignon und Lyon, konnten dort ihre Stellungen aber nicht halten. Der merowingische Hausmeier Karl, der versuchte, das gesamte Rhônetal zu befestigen, zwang sie, sich nach Narbonne zurückzuziehen. Belagerungen, Siege und Niederlagen wechselten in rascher Folge, und einige Städte fielen abwechselnd in fränkische oder arabische Hand. Dieses Los traf Gerona, Avignon und sogar Narbonne, wo sich wie in der Auvergne und den provenzalischen Alpen bis auf den heutigen Tag Spuren muslimischer Herrschaft erhalten haben. In Septimanien war der arabische Druck besonders stark. Barcelona fiel bereits in die Hände der Araber, als Abd al-Aziz ibn Musa ibn Nusair *Wali* von Córdoba war. Er hatte von seinem Vater Musa die Regierung Andalusiens, das *Bilâd al-Andalus,* wie die Araber das von ihnen eroberte Gebiet in Spanien nannten, übernommen. Manche muslimische Autoren haben die Vermutung

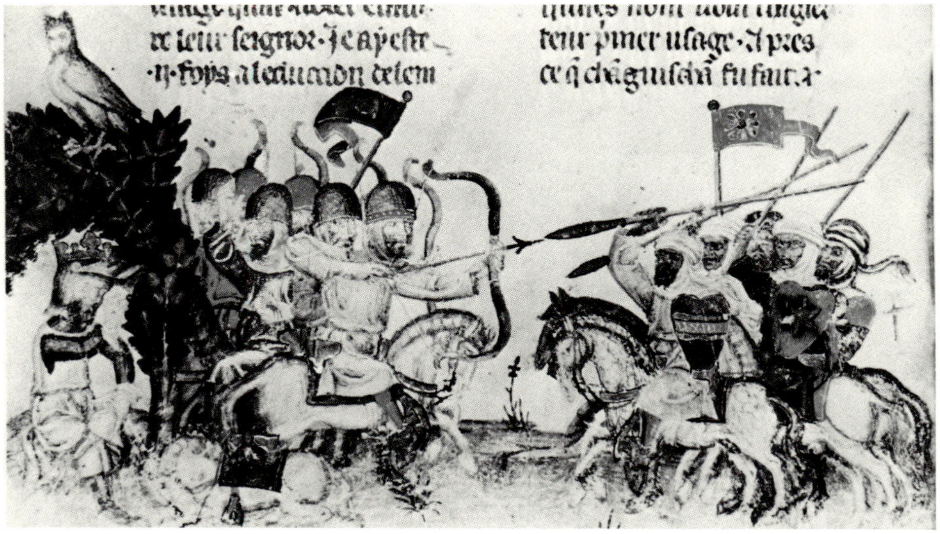

geäußert, Musa hätte den phantastischen Plan gehabt, über Europa nach Syrien zu gelangen. Sie vergessen einerseits, daß die geographischen Kenntnisse der Araber der damaligen Zeit äußerst beschränkt waren, andererseits, daß die mitteleuropäischen Wälder mit ihren möglichen Hinterhalten den Arabern große Schwierigkeiten bereiteten. Die eigentlichen Antriebskräfte für den spanischen Feldzug waren die zu erwartende Beute, das Gebot des *Dschihad* und die Abenteuerlust der Araber. Den unerwarteten Sieg und die daraus erwachsende achthundertjährige Herrschaft in Spanien verdankten sie der extremen Schwäche des Westgotenreiches. In den fränkischen Besitzungen jenseits der Pyrenäen hätten sie ihren Erfolg nicht wiederholen können, da die dortige Herrschaft weitaus fähiger und gefestigter war. Der

karolingische Hausmeier hatte die schwachen »Faulenzerkönige« in der Herrschaft abgelöst, und die Lage in den fränkischen Ländern war so stabil, daß der unruhige arabische Grenznachbar eine Zeitlang von den Kriegern der aquitanischen Mark in Schach gehalten werden konnte. Fürst Eudo war es bereits 719 gelungen, dem Ansturm des Samh ibn Malik al-Chaulani (des Soma der christlichen Quellen) bei Toulouse zu widerstehen und ihn 721 erfolgreich zurückzudrängen. Anbasa ibn Suhaim al-Kalbi konnte jedoch vier Jahre später, nachdem er die Narbonnensis fest in seiner Hand hatte, Carcassonne erobern und in Nîmes eindringen. Von dort wandte er sich gegen das Rhônetal, zog die Saône bis nach Burgund hinauf und stieß schließlich, nachdem er sich am 25. August 725 Autuns bemächtigt hatte, bis Luxeuil vor.

Das Pflaster der Märtyrer

Der *Wali* von al-Andalus Abd ar-Rahman ibn Abdallah al Ghafiqi, der noch vom *Wali* von Ifriqija abhängig war, befahl 732, in Pamplona arabische und berberische Truppen zusammenzuziehen. Sie sollten bei Roncesvalles die Pyrenäen überqueren und in fränkisches Territorium vordringen. Da ein Überfall großen Ausmaßes geplant war, übernahm der *Wali* selbst die Leitung der Operation. Die Unternehmung konnte erst in der Nähe des heutigen Moussais-la-Bataille aufgehalten werden, das heute allgemein als der äußerste Punkt der muslimischen Expansion in Westeuropa gilt.

Die Stoßkraft des muslimischen Heeres war so beachtlich, daß Fürst Eudo diesmal den feindlichen Vormarsch nicht bremsen konnte. Nach einer Niederlage an der Dordogne mußte er wider Willen seinen Rivalen, den mächtigen Hausmeier Karl, um Hilfe bitten. Ungehindert konnten die muslimischen Soldaten Bordeaux und die benachbarten Abteien, die wertvolles Kirchengerät besaßen, plündern. Araber und Berber hatten sich gerade aufgemacht, die fabelhaften Reichtümer der Basilika von St. Martin in Tours, der »Roma gallica«, zu rauben, als Karl mit seinen austrasischen Truppen und Soldaten aus allen Teilen des fränkischen Reiches auftauchte.

Roy und Deviosse haben uns in anschaulichen Bildern die buntgemischte Schlachtenreihe Karls beschrieben: Franken aus Austrasien mit ihren *Franciscas,* furchterregenden zweischneidigen Äxten mit kurzen Stielen, mit denen sie ihren Feind harpunieren konnten; Gepiden, Krieger aus Hessen und Franken, die mit groben, haarigen Bärenfellen bekleidet waren; Sachsen, die schwere Beidhandschwerter mit sich führten; Alemannen und Baiern kämpften mit ihren gefürchteten Lanzen; die Nachhut bildeten die Bewohner der fernen germanischen Marken. Sie waren schwarz bemalt und nur mit Weidenschilden und rudimentären Keulen und Knüppeln aus Eichen- und Tannenholz bewaffnet. Die Fußtruppen und Reiter der gegnerischen Armeen standen einander mit einer Mischung aus Staunen, Kriegsdurst und Furcht gegenüber; feinnervige, wendige, aber wenig widerstandsfähige arabische Pferde neben schwerfälligen, mächtigen fränkischen. Die Schlacht konnte beginnen.

Wie immer ergriffen die Araber die Initiative. Mit dem Ruf *Allah Akbar* (»Gott ist groß«) stürmten sie gegen die Franken vor, die *immobiles permanentes sicut zona rigoris glacialiter manent adscricti et arabes gladio enecant,* »unbeweglich ohne zu wanken, wie eine Mauer aus Eis aneinandergedrängt, die Araber

Links: Muslimische Musikkapelle auf einer Miniatur von al-Wasiti aus dem Jahr 1237 (Paris, Bibliothèque Nationale). Unten rechts: Karolingischer Krieger mit Beidhandschwert auf einem Fresko des Betsaales des hl. Benedikt in Malles. Die Feinde, gegen die die Araber jenseits der Pyrenäen kämpften, waren ein buntes Gemisch von mächtigen nordischen Kriegern, größtenteils Fußsoldaten: »in Wolfsfelle gehüllt, mit zerzausten Haaren, die über die Schultern hingen«. (Hitti)

mit dem Schwert töteten«. Die Muslime versuchten vergeblich, mit ihrer gewohnten Taktik die gegnerische Schlachtordnung aufzubrechen *(al-karr wa l-farr)*: sie wichen plötzlich zurück, um in einem Überraschungsangriff neuerlich vorzustürmen. Die Franken mit ihrer soliden Bewaffnung hielten dem Gegner nicht nur unerschütterlich stand, sondern antworteten Schlag auf Schlag. Mit geschlossenen Reihen konnte Karl zum Gegenangriff übergehen und bis ins muslimische Feldlager, in dem sich die Beutestücke stapelten, vordringen. Die Schlacht dieses Tages war entschieden, als sogar der stolze arabische Statthalter im Kampfgetümmel fiel.

Das fränkische Heer erzielte einen klaren taktischen Vorteil, trotzdem endete die Schlacht nicht mit einem eindeutigen Sieg. Die Muslime waren vor allem strategisch unterlegen, und der Einbruch der Nacht überzeugte sie schließlich, daß es sinnlos sei, diese blutige Schlacht ohne den Befehlshaber fortzusetzen. Dank ihrer leichten Kriegsausrüstung konnten sich die Muslime erfolgreich absetzen. Am nächsten Morgen stand Karl vor einem menschenleeren Feldlager, fand nur noch die reichen aquitanischen Beutestücke vor. (Die Franken hüteten sich, diese ihren rechtmäßigen Besitzern zurückzugeben.) Karl sah sich gezwungen kehrtzumachen.

Es ist müßig, sich zu fragen, was geschehen wäre, wenn die Muslime nicht auf eine »Mauer aus Eis« gestoßen wären. Die Bedeutung dieser Schlacht, an der ein fränkischer Hausmeier und ein arabischer Statthalter persönlich teilnahmen, sollte jedoch nicht unterschätzt werden. Die einen behielten sie als ruhmreiche Schlacht von Poitiers in Erinnerung, die anderen als *Balât asch-schuhadâ'*, als »Pflaster der Märtyrer«. Für den Islam blieb der gescheiterte Überfall eine unselige Episode, während Karl an Bedeutung gewann und daraufhin den Namen Martell (»Hammer«) erhielt. Er konnte seine und seiner Nachkommen Vormachtstellung festigen und mit der Schlacht von Poitiers den Weg ebnen, der es später Karl dem Großen ermöglichen sollte, die Christenheit zu verteidigen und das Reich im Westen wieder herzustellen. Es ist kein Zufall, daß Karl nach der Legende sein Schwert, gleichsam EX VOTO, in der Kirche der hl. Katharina in Fierbois niedergelegt hat und daß Jeanne d'Arc es dort siebenhundert Jahre später wiederfindet, um Frankreich damit abermals gegen Fremdherrschaft zu verteidigen.

Links: Ein fränkischer Reiter zu Pferde, bewaffnet mit der gefürchteten zweischneidigen Axt, genannt Francisca, *mit der man den Feind aufspießen und erschlagen konnte (Miniatur aus einer karolingischen Handschrift). Unten: Ein Bruchstück aus einem alten ägyptischen Fresko dokumentiert Aussehen und Bewaffnung der ersten Krieger des Islam. Diese Kampfeinheiten, die sich vor allem aus den Beduinen der Wüste rekrutierten, waren sehr beweglich, leicht bewaffnet, ritten auf kleinen Pferden oder Kamelen und lebten vom Ertrag ihrer Plünderungen.*

*Ein abendländischer Historiker berichtet, daß in der Schlacht von Poitiers die fränkischen Krieger im Eifer des Gefechts ein Karree gebildet hatten. Sie standen Schulter an Schulter, fest wie eine Mauer, stark »wie ein Eisblock«. Der Ansturm der leichten Reiterei der Araber brach vor ihnen zusammen. Ohne zu weichen: ». . . erschlugen die Franken mit Schwerthieben alle Angreifer. Sogar der Anführer der muslimischen Streitkräfte wurde wenig später getötet (*HISTORIAE FRANCORUM SCRIPTORES*).*

DIE ARABER, DAS MEER, DIE SEGELSCHIFFAHRT

Dokumente, die eine unmittelbare technische Rekonstruktion der arabischen Seefahrt erlauben – die Geschichte überliefert, wie bedeutend sie war –, sind außerordentlich selten, seltener als die ohnehin spärlichen Nachrichten über die mittelalterliche Seefahrt innerhalb und außerhalb des Mittelmeers. Daher sind die Zeichnungen (5 und 6), die Miniaturen aus den MAQAMAT wiedergeben, von einem gewissen Interesse. Es handelt sich allerdings um arabische Schiffe aus dem 13. Jahrhundert, als die Araber schon fünf Jahrhunderte lang auf Kriegs- und Handelsfahrten die Meere befahren hatten. Man beachte auf Abbildung 6 den Antrieb durch Ruder, in diesem Fall vielleicht behelfsmäßig, weil das Schiff eine Havarie erlitten hat (der Mast ist gebrochen). Man muß daran erinnern, wenn hier Angaben zur Segelschiffahrt zusammengestellt werden, daß im Mittelmeer für militärische Zwecke meist Ruderschiffe benutzt wurden. In der Ruderschiffahrt bestanden in bezug auf Fahrzeuge und Techniken keine grundlegenden Unterschiede zwischen dem christlichen und dem islamischen Seewesen.

Der *Sanbuq* (7) ist ein typisches Fahrzeug der arabischen Marine, wenn auch nicht sehr alten Ursprungs. Man hat bemerkt, daß sowohl die Form seines Schiffskörpers als auch die Takelung mit zwei nach vorne geneigten Masten und Lateinsegeln an die wohlbekannte Karavelle erinnern. Diese Beobachtung führt zu der davon unlösbaren Frage des wechselseitigen Einflusses zwischen der christlichen und der islamischen Seefahrt im Mittelmeer.

Die Vorteile, welche das Lateinsegel bei der Fahrt »gegen den Wind« oder, genauer gesagt, »beim Wind«, bietet, werden sicherlich durch das umständliche Manöver geschmälert, welches erforderlich ist, um die Windseite zu wechseln, sei es durch Drehung des Bugs oder des Hecks durch den Wind (1, 2, 3, 4). Neben dem in den Zeichnungen wiedergegebenen Manöver bestand die Übung, das Segel zu streichen und wieder zu setzen.

Es gibt zwei bedeutende Errun-

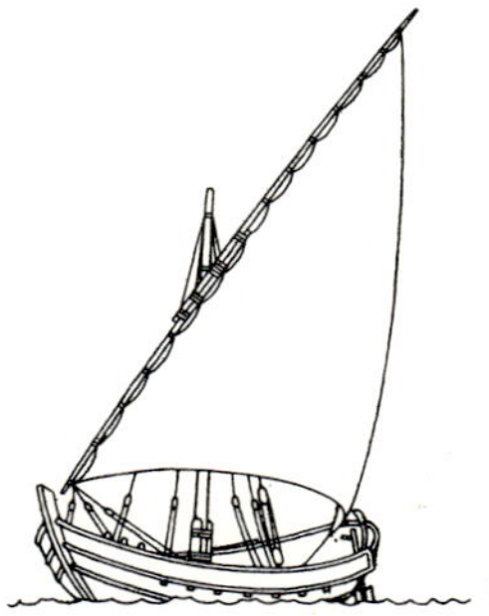

1

2

3

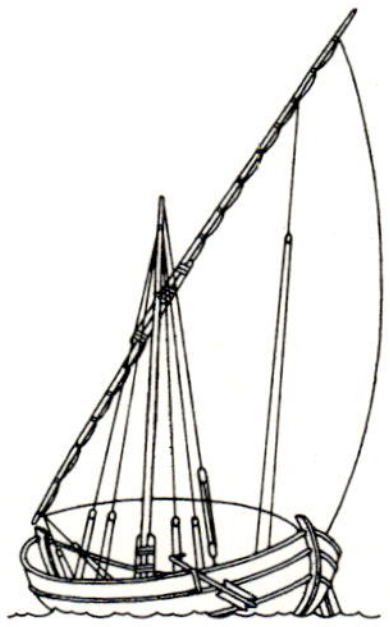

4

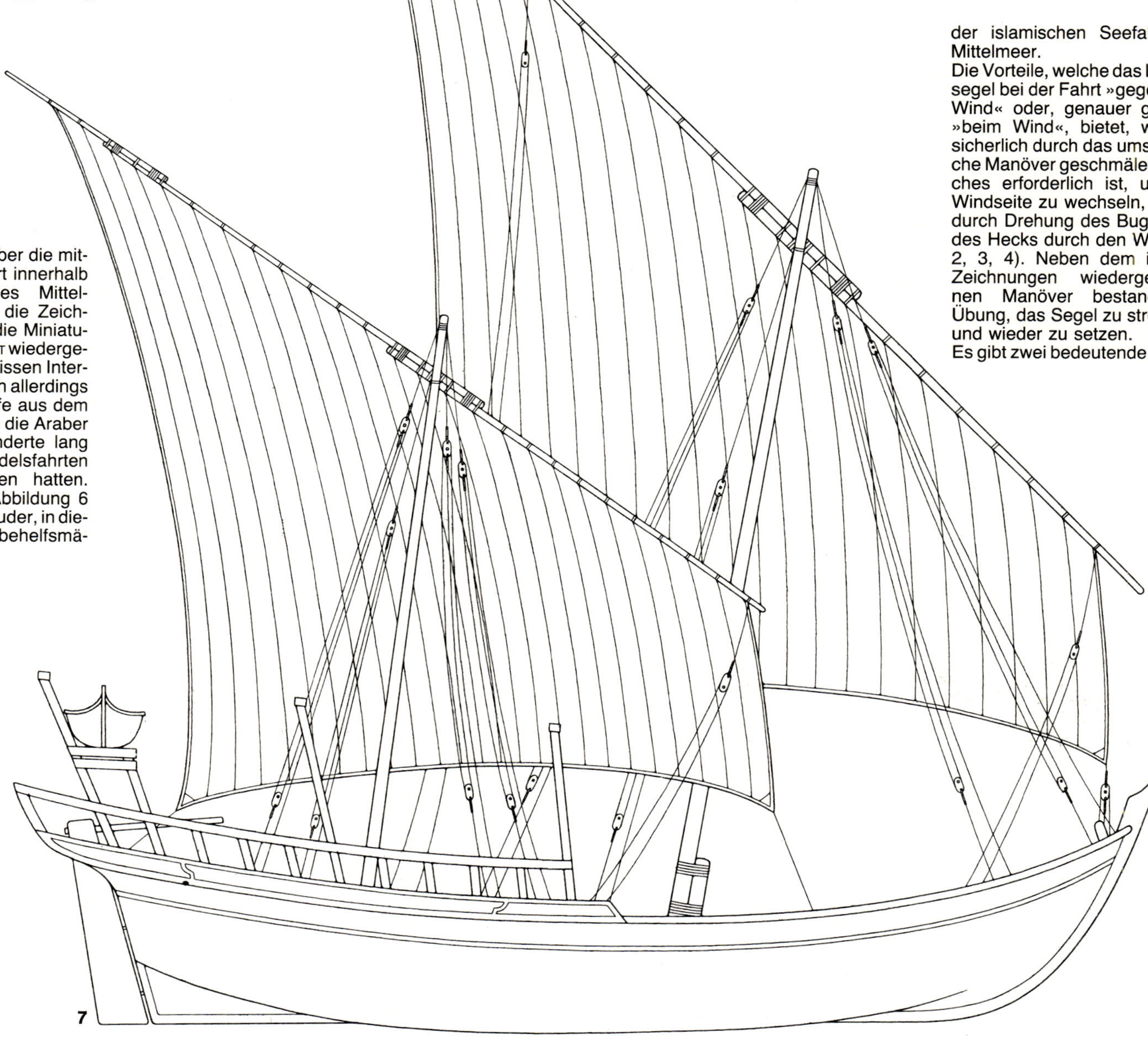

7

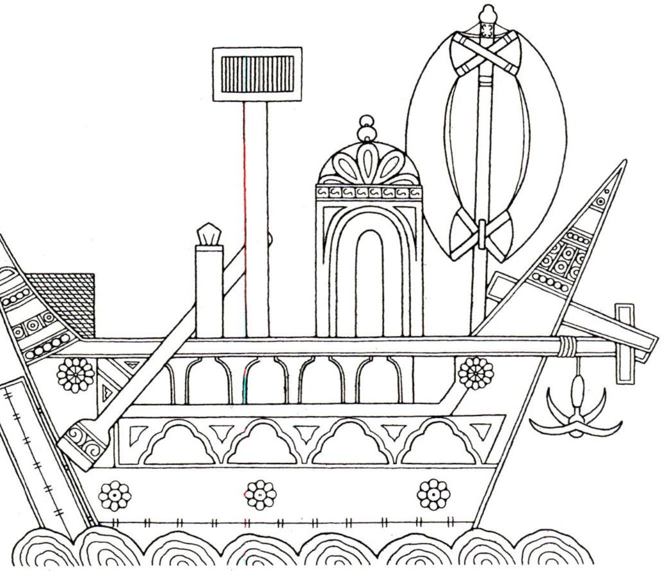

5

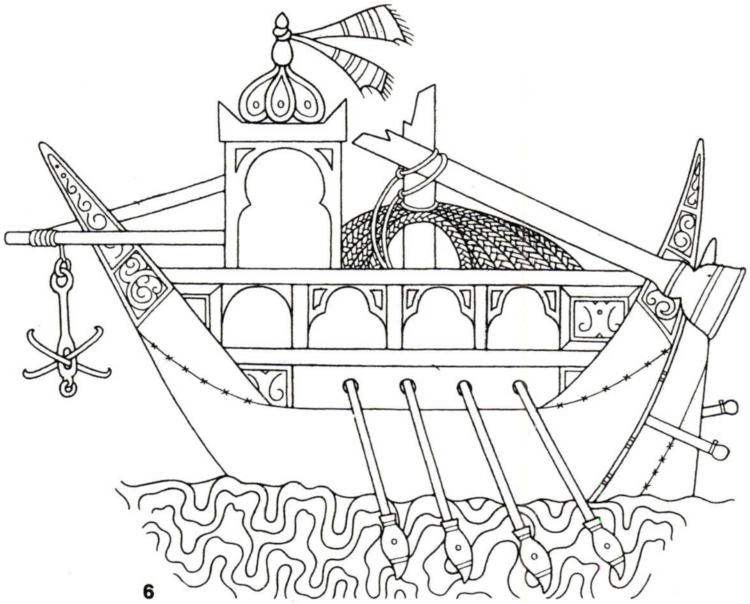

6

genschaften in der Geschichte der Seefahrt, die untrennbar mit dem Namen der Araber verbunden sind: Der Magnetkompaß, vermutlich eine von den Arabern dem Westen vermittelte chinesische Erfindung, und das Lateinsegel. Das dreieckige Lateinsegel eignet sich besser als ein viereckiges Segel, um gegen den Wind zu kreuzen, das heißt, in eine Richtung zu fahren, bei der das Schiff einen Winkel unter neunzig Grad zum Wind einnimmt. Es beherrscht die Seefahrt auf dem Mittelmeer vom Ende der römischen Epoche bis zum Ausgang des Mittelalters. Es verdankt seinen Namen nordeuropäischen Seeleuten, welche es für eine Besonderheit der »Lateiner«, das heißt der Völker Südeuropas, hielten. Sein Ursprung ist unklar, vielleicht wurde es am Nil entwikkelt, vielleicht ist es von fernöstlichen Formen abgeleitet. So viel steht fest, daß es die Araber waren, welche es überall dort verbreiteten, wo das Meer von islamischer Marine befahren wurde: im Mittelmeer und im Indischen Ozean, von Suez bis zur Straße von Malakka. Da es keine eindeutig auslegbaren Originalquellen gibt, sollen zwei »westliche« Rekonstruktionen eine Idee von der arabischen Seefahrt im Mittelmeer während des Mittelalters geben. Die erste ist eine Umsetzung eines mittelalterlichen Mosaiks aus Venedig und zeigt Einzelheiten der Takelung mit einem Lateinsegel. Die zweite betrifft ein mittelalterliches Frachtschiff. Es ist interessant, daß seine Form den römischen Last- und Troßschiffen ähnelt.

Der einzige größere Unterschied ist die Ersetzung des viereckigen römischen Segels durch ein Lateinsegel. Beide belegen die Fortdauer der Schiffstypen und Konstruktionstechniken, welche sich in der römischen Kaiserzeit herausgebildet hatten, im Mittelmeer während des Mittelalters. Beide haben noch das doppelte Seitenruder (ab einer bestimmten Krängung, das heißt, einem Überlegen des Schiffskörpers unter Winddruck, wird das leeseitige Ruder benutzt bzw. je nach Fahrt abwechselnd das lee- und luvseitige). Das praktischere, in der Mitte eines Spiegelhecks eingehängte Steuerruder, eine Errungenschaft aus dem Norden, wird erst im Spätmittelalter erscheinen (5; 6). Es scheint, daß das von den Arabern gebrauchte Lateinsegel häufig trapezförmig war; das gilt zumindest für die Segel des *Sanbuq* (7), ein typisches arabisches Wasserfahrzeug, das noch heute in Gebrauch ist. Das abgebildete Beispiel ist im Roten Meer zu Hause. Vergleichbare *Sanbuqs* durchquerten den Indischen Ozean von Afrika nach Indien innerhalb einer jahreszeitlich bestimmten Seefahrt, die sich die Umkehrung der Windrichtung bei den Monsunen zunutze machte, denn nach einem arabischen Seefahrerwort »segeln nur Wahnsinnige und Christen gegen den Wind«. Das zweifache Überqueren des Indischen Ozeans mit den Monsunen war von größter Bedeutung für den Handel mit Gewürzen. Sie wurden von Indien zu den Häfen des Roten Meeres gebracht. Von dort aus wurden sie von den Stapelplätzen Ägyptens und der Levante in die übrige islamische Welt und durch Vermittlung von Kaufleuten der Städte des Mittelmeerraums auch in Europa verteilt. Man weiß von der Stellung, die Venedig für viele Jahrhunderte in diesem gewinnträchtigen Handel einnahm.

8

9

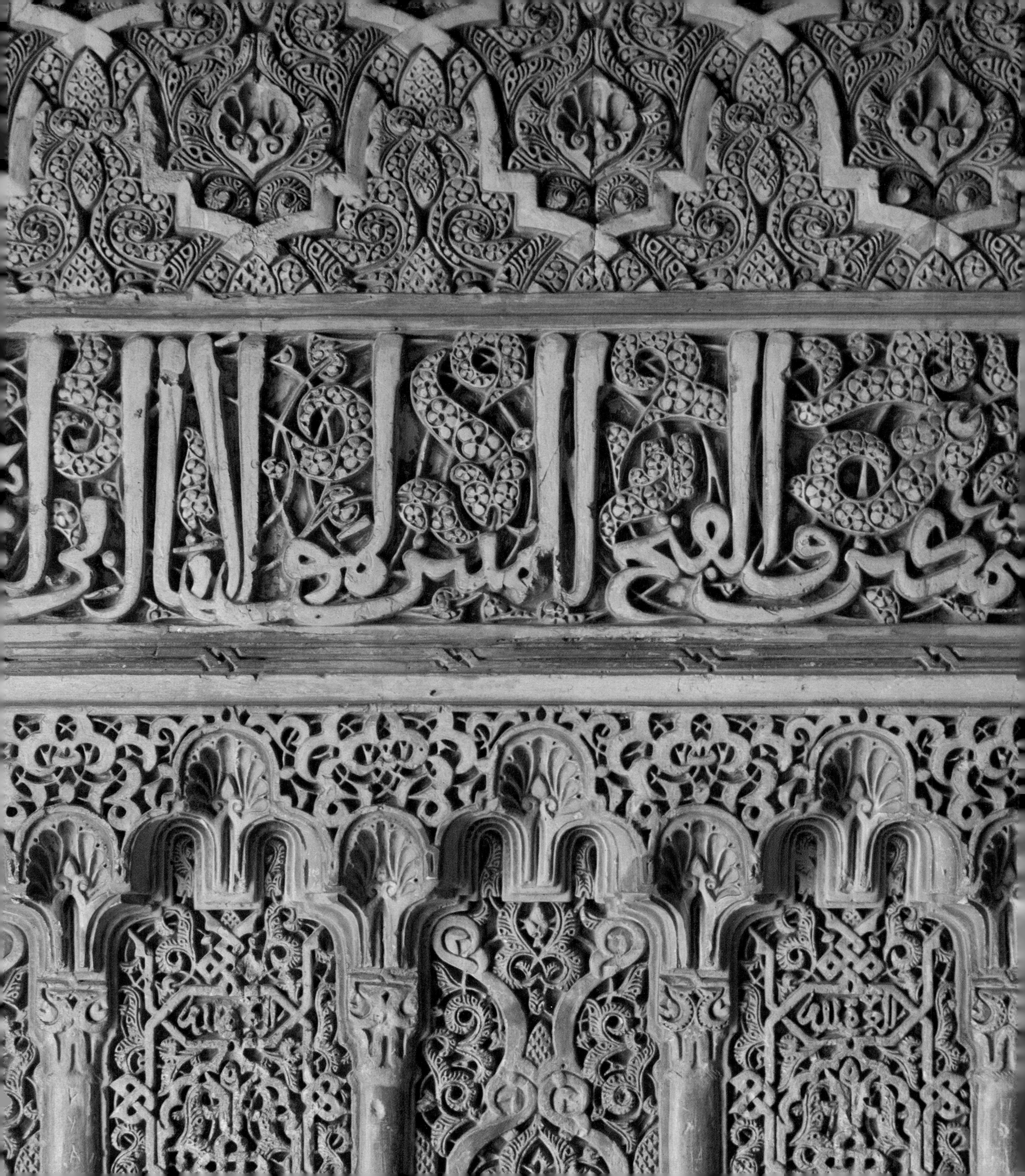

Das muslimische Spanien

Araber und Mozaraber

Die Araber des *Bilad al-Andalus* brauchten fast ein halbes Jahrhundert, um ihr Eroberungswerk zu vollenden und in den besetzten Gebieten eine angemessene Verwaltungsstruktur aufzubauen. Sie mußten den letzten feindlichen Widerstand brechen, insbesondere den der Westgoten, die sich nach Asturien zurückgezogen hatten.

Musas Sohn, Abd al-Aziz, war nur eine kurze Frist als Statthalter beschieden, da islamische Widersacher, vielleicht sogar angestiftet von seiner Frau Egilona, der Witwe des letzten Westgotenkönigs, ihm ein tragisches Ende bereiteten. Mit dem Versuch, Sieger und Besiegte zu versöhnen, hatte er sich in islamischen Kreisen Feinde geschaffen. Das Schicksal Musas war kein Einzelfall, denn fast alle von Damaskus eingesetzten Gouverneure regierten nur für kurze Zeit. Ein Grund dafür war, daß sich auf andalusischem Boden die Stammesfehden zwischen den Föderationen der Qais und der Kalb (die aus den südlichen bzw. nördlichen Teilen der arabischen Halbinsel stammten) wiederholten, die auch entscheidend waren für die Schwächung und den Sturz des Kalifats von Damaskus. Es war vorherzusehen, daß die Araber, die sich zunächst in der Minderheit befanden, aber fast alle Privilegien für sich beanspruchten, den Widerstand der berberischen Bevölkerung provozierten. Die Berber waren zwar das Rückgrat der kämpfenden Truppen, wurden aber meist in untergeordnete Stellungen abgedrängt. So war also die islamische Herrschaft in Spanien zunächst noch recht brüchig.

Vor diesem Hintergrund ist die Ankunft eines syrischen Armeekorps unter der Führung von Baldsch ibn Ijad al-Quschairi zu sehen. Der Kalif Hischam hatte ihn nach Ifriqija gesandt, um einen Berberaufstand niederzuschlagen. Nachdem Baldsch dort mit seinem Auftrag gescheitert war, suchte er mit seinen Truppen Zuflucht in al-Andalus. Der *Wali* von Córdoba hatte seine Hilfe angeboten, in der Hoffnung, er könne sich der Truppen Baldschs bedienen, um bei sich selbst eine Berberrebellion niederzuschlagen, die das ganze muslimische Spanien zu erfassen drohte. Die Syrer besiegten die Berber, und bald war Baldsch der eigentliche *Wali* von al-Andalus.

Baldsch zeichnete sich zwar durch jugendlichen Elan aus, es mangelte ihm aber an militärischem Scharfblick, deshalb fand er in einer weiteren Schlacht der Syrer gegen die neu gegründete arabisch-berberische Koalition den Tod. Da sein Armeekorps trotzdem ein unübersehbarer Machtfaktor blieb, wollte man klare Verhältnisse schaffen. 743 bot man deshalb den Soldaten an, sich in bestimmten Gebieten niederzulassen, die ihnen nach dem bewährten syrischen System des *Dschund* zur Verfügung gestellt wurden. Das *Dschund*-System war wohl der byzantinischen Themen-Verfassung nachgebildet und bestand aus einem Militärbezirk, in dem Männer angesiedelt wurden, die, wenn es die Lage erforderte, kurzfristig zu den Waffen gerufen werden konnten. (Der Begriff *Dschund* kann auch noch andere Bedeutungen haben.) Die Männer, die in al-Andalus in *Dschund*-Bezirken (*qurâ mudschannada*) lebten, erhielten keinen Sold, sondern Konzessionen, deren Erträge sie einbehalten durften. Da die *Dschunds* im Laufe der Zeit die geforderte Bereitstellung von Truppen vernachlässigten, wurde eine neue Heeresorganisation für al-Andalus notwendig. Man warb nun Söldner an und berief Freiwillige ein, die alle gut bezahlt wurden. Vorzugsweise wurden sie aus denjenigen Gruppen ausgewählt, die sich im Zuge der ersten Eroberungsphase im Lande niedergelassen hatten *(Baladi)* oder im Gefolge Baldschs gekommen waren *(Schâmi)*. Noch später sollten die Söldner zum Kernstück des Heeres werden, weshalb auch fränkische und galizische Soldaten und selbst solche aus nichtmuslimischen Gebieten rekrutiert werden konnten. Die Emire und Kalifen von Córdoba schätzten ihre Fähigkeiten sogar

Detail aus dem Dekor des Alhambrapalastes in Granada. Die Geschichte der Araber in Spanien ist die einer zugleich friedlichen und kriegerischen Begegnung zweier Welten. Auf einen europäischen Grundstock wird die Kultur und Religion fremder Stämme aufgepfropft. Eine gegenseitige Durchdringung vollzieht sich, die im Land auch nach der Vertreibung der Fremden unauslöschliche Spuren hinterlassen hat.

Die Eroberung Spaniens durch die Araber, die im Jahr 710 n. Chr. wie harmloser Raubzug begonnen hatte, verwandelte sich schnell in eine dauerhafte Besetzung, so daß drei Jahre später der omaijadische Kalif von Damaskus in Toledo zum Herrscher der besetzten Gebiete ausgerufen wurde. Nach dem Sieg über die Westgoten wechselte Spanien Regierung und Namen und wurde zu al-Andalus. Bereits 717 war fast die ganze Halbinsel erobert, und 756 gab Abd ar-Rahman I., nachdem er als Emir von Córdoba anerkannt war, dem Lande endgültig eine feste staatliche Ordnung und machte es von der Oberhoheit des Kalifen von Damaskus unabhängig. Auf der Karte zeigen die gestrichelten Linien die Ausdehnung der islamischen Herrschaft in den Jahren 850, 1100, 1200 und 1257 n. Chr.

so hoch, daß sie sie häufig zu ihrer Leibwache beriefen.

Die islamische Gemeinschaft in Spanien war gezwungen, mit einer großen Zahl von Anhängern anderer Religionen, mit Christen und Juden, zu leben, denen sie den Sonderstatus von *Dhimmis* verlieh. Da die muslimische Gesellschaft ihrem Wesen nach nicht zwischen Religiösem und Profanem unterscheidet, garantierte der Status des *Dhimmi* nicht nur eine Reihe von Rechten, sondern enthielt auch viele gesellschaftliche Beschränkungen.

In der muslimischen Gesellschaft waren die Angehörigen monotheistischer Offenbarungsreligionen verpflichtet, eine Kopfsteuer, die *Dschizja,* zu entrichten, was die freie gotische Bevölkerung fast als Beleidigung empfand, hatte doch ihr eigenes, altes Regime Vergleichbares nur den Sklaven abverlangt. Die Landbesitzer mußten außerdem eine Art Grundsteuer, *Charadsch,* zahlen, die aber wie die *Dschizja* nicht übermäßig hoch war. Wer diese Steuern zahlte, dem wurden persönliche Unversehrtheit, Respektierung des Eigentums und freie Religionsausübung garantiert. Die jeweiligen religiösen Autoritäten, Bischöfe und Rabbiner, mußten über die persönlichen Rechte und Pflichten ihrer Gläubigen wachen.

Zumindest theoretisch sollte die *Dschizja* nach einem Zeremoniell entrichtet werden, welches deutlich unterstrich, daß sowohl die Christen, wohl oder übel besiegte und unterworfene Feinde, als auch die Juden, die immerhin die Eroberung teilweise angeregt hatten und seit dem ersten Einfall der Araber in Spanien loyale Kollaborateure gewesen waren, als Untertanen zweiter Klasse zu gelten hatten. Bisweilen wurden die *Dhimmis* gezwungen, ihre Kleidung entsprechend ihrer unterschiedlichen religiösen und sozialen Stellung besonders zu kennzeichnen (ein Brauch, dem viel später im Königreich Kastilien auch die muslimischen Untertanen nachkommen mußten). Es war ihnen verboten, sich nach arabischer Mode zu kleiden, und sie durften keine muslimischen Sklaven besitzen. Sklaven, die den muslimischen Glauben annahmen, mußten sie die Freiheit gewähren. Sie durften keine gesattelten Pferde reiten und keine Waffen tragen. Es war ihnen verboten, schlecht über den Propheten und die von ihm geoffenbarte Religion zu sprechen, und sie durften keine muslimischen Frauen heiraten, obwohl es für Muslime selbstverständlich war, Christinnen oder Jüdinnen zur Frau zu nehmen. Sie durften keine Kirchenglocken läuten, ihre Gotteshäuser mußten aber immer geöffnet bleiben, damit Muslime, wann immer es ihnen gefiel, drei Tage lang ihre Gastfreundschaft in Anspruch nehmen konnten. *Dhimmis* wurden in besondere Stadtteile verwiesen, waren also zur Ghettobildung gezwungen. Sie durften nur Gebäude bewohnen, von denen aus man keinen Einblick in muslimische Häuser hatte. Für das gleiche Verbrechen wurde ein *Dhimmi* anders bestraft als ein Muslim. All diese Benachteiligungen und noch eine Reihe Unfreundlichkeiten mehr hatten einzig den Zweck, den *Dhimmi* an seine untergeordnete Stellung zu erinnern und den Muslim daran, daß er der herrschenden Elite angehörte.

Um der Objektivität willen sei jedoch darauf hingewiesen, daß die meisten der Bestimmungen nur selten dem Buchstaben getreu befolgt wurden. Die Entwicklung des Handels, der Kultur und sogar des Verteidigungssystems drängten in al-Andalus in eine Richtung, die ein weitverbreitetes Gefühl grundsätzlicher Toleranz möglich machte. Die Umgangsformen der Juden und Christen, aber auch ihr Denken und Fühlen erfuhren eine Arabisierung. Muslime aus anderen Ländern, aber auch die meisten Juristen *(Faqih)* und Religionsgelehrten (Mehrzahl: *^{c}Ulamâ'*) waren über diesen Verlauf schockiert. Die arabischen Christen *(Musta^{c}rib,* daraus entwickelte sich Mozaraber) hatten entscheidenden Anteil an der Entstehung der glänzenden, eigenständigen Kultur von al-Andalus. Aber nicht alle Christen hatten ein friedliches Verhältnis zur muslimischen Bevölkerung. Wir haben bereits dargestellt, daß die Westgoten sich nach Asturien geflüchtet hatten und, gefangen zwischen den kantabrischen Picos de Europa, gleichsam in den Golf von Biskaya getrieben worden wären. Andere Unabhängigkeitskämpfer schlossen sich ihnen an und fristeten mit ihnen ein, selbst für diese Epoche, unbeschreiblich elendes und primitives Dasein. Um 718 gründeten sie unter der Führung des Pelagius ein staatliches Gemeinwesen. Pelagius, ein Würdenträger aus der Zeit des Königs Egica, wollte zunächst seinen armseligen Königshof in dem von Lévi-Provençal als »bescheidenen Weiler« bezeichneten Cangas de Onís einrichten, mußte aber vor dem anhaltenden Druck der Muslime auf eine noch unkomfortablere Grotte im Berg Auseva, Covadonga genannt, ausweichen. Nach dem Volksglauben soll ihm die Jungfrau Maria persönlich erschienen sein, um ihn über sein unglückliches Los hinwegzutrösten und ihm die strahlende Zukunft der Christenheit, die er so bescheiden repräsentierte, zu bestätigen. Bei dieser Gelegenheit soll sie die muslimischen Angreifer auch gleich in die Flucht geschlagen haben.

Auch das christliche Paradies kam nicht umhin, ein Heer von heiligen Kriegern und Kriegerinnen aufzubieten, die den Anblick von Blut (auch Ungläubiger) nicht fürchteten, sondern Geschmack am Kampfgetümmel fanden. Allen voran der weißgekleidete heilige Krieger, der wundertätige Missionar des heidnischen Spanien, der – was noch unwahrscheinlicher klingt – dort begraben liegen soll; der Bruder (manche sagen sogar, der Zwillingsbruder) Jesu Christi, der Sohn des Donners, der heilige Jakob Boanerges, Santiago Matamoros, der der spanischen Christenheit bald eine Leitfigur und der Gegenspieler des »ketzerischen« Mohammed wurde.

Ob nun wegen der Gleichgültigkeit der Muslime oder weil die Mutter Gottes übernatürliche Hilfe gewährte – es gelang Pelagius, dem letzten Goten, wie Lope de Vega ihn nennt, sein kleines Königreich zu retten und 737 seinem Sohn Fafila die Herrschaft zu übertragen. Ihm folgte Alfons I., der Katholische, auf den Thron, der als der eigentliche Begründer des Reiches beider Asturien gilt.

Während seiner langen Regierungszeit nutzte Alfons I. geschickt die unruhige Lage im *Bilad al-Andalus* aus, das damals von einem Berberaufstand erschüttert wurde, und dehnte die asturischen Grenzen beträchtlich aus. Er drang bis nach Astorga (im heutigen Nordportugal) vor, bis ins sogenannte Altkastilien, wo er einen großen Teil Galiziens eroberte, und bis zu den südlichen Hängen des kantabrischen Gebirges und nach Alava. Zwischen seinem Königreich und dem muslimischen Teil des Landes entstand allmählich ein Niemandsland, in dem sich die meisten der bewaffneten Zusammenstöße zwischen Christen und Muslimen abspielten. Die asturische Grenze entlang des Dueros, von seiner Mündung bis Burgo de Osma, konnte bald befestigt werden; im Norden grenzte Asturien an baskisches Gebiet. Die muslimische Grenze verlief etwas nördlich von Coimbra, durchquerte die Estremadura, erreichte Toledo, wandte sich schließlich gegen Tudela und endete in der Umgebung Pamplonas. Seine starke Position erlaubte es Alfons I. 755, ohne Mühe einen Angriff des *Wali* von Córdoba, Jusuf ibn Abd ar-Rahman al-Fihri, zurückzuschlagen. Ein Jahr später schlug ein syrischer Prinz den Statthalter und machte aus al-Andalus ein von der übrigen muslimischen Welt unabhängiges Emirat.

Trotz der unversöhnlichen Gegensätze zwischen dem christlichen und dem muslimischen Spanien gab es beständige und sogar ausgeprägte Kontakte zwischen den beiden Kulturen. So hat die kastilische Sprache dem Arabischen viel zu verdanken, aber auch Kunst, Technik, Wissenschaft, Militärwesen, Landwirtschaft und Verwaltung beeinflußten sich wechselseitig. Christlich-spanische Redewendungen wie *Quem dominus undique exaltet* für einen König, *custodiat illam Deus* für eine Stadt, *qui sit beata requies* für einen Herrscher sind bewußte Nachbildungen entsprechender islamischer Segenswünsche. Der *Zabazoque* oder der *Almotacén,* die den *Paz del mercado,* die Einhaltung der Marktordnung, überwachten, indem sie Gewichte, Maße und die Qualität der verkauften Waren überprüften, entsprachen genau dem *Sâhib as-sûq* und dem *Muhtasib* in al-Andalus.

Oben: Das Säulenkapitell (Paris, Musée de Cluny) trägt den Namen von al-Hakam II. (961–976 n. Chr.), dem Kalifen, der Córdoba verschönerte, Moscheen, Schulen und Spitäler errichten ließ und aus der Universität der Stadt die bedeutendste Lehranstalt ihrer Zeit machte.

Unten: Ein spanischer Emir, der wegen der Bedrohung durch die Franken Karls des Großen Rat hält (Miniatur aus der ENTRÉE D'ESPAGNE*). Rivalitäten und Gegensätze zwischen Arabern und Europäern konnten nützliche Kontakte zwischen den beiden Volksgruppen nicht verhindern.*

Die teils friedliche, teils kriegerische Begegnung zwischen Christentum und Islam brachte eine neue Gefühlswelt und andere Sitten hervor. Bisweilen wurden auch alte Sitten, wie zum Beispiel der Gebrauch öffentlicher Bäder, wieder eingeführt. Daß die Christen unbefangen orientalische Ornamente und Waffen, Gerätschaften und Kleider verwendeten, beweist, wie offen sie gegen die neuen Einflüsse waren. Die Juden waren das großartige Bindeglied, die Vermittler zwischen den beiden Kulturen. Probleme traten erst viel später auf, als die spanischen Christen versuchten, die Verdienste des Islam zu leugnen und alles, was sie direkt oder indirekt an die langen Jahrhunderte politischer und kultureller Abhängigkeit hätte erinnern können, verleugneten und verdammten. So wurden 1567 die öffentlichen Bäder zerstört, weil sie »die Kräfte und den kriegerischen Geist der Männer schwächten« (A. Castro).

Daß so viele Gläubige die Sitten und Gebräuche des Feindes annahmen, hatte auf christlicher Seite natürlich schon viel früher Besorgnis und Protest geweckt. So kennen wir sehr wohl die Worte des Christen Alvaro, der um die Mitte des 9. Jahrhunderts in Córdoba das Christenvolk verurteilte, weil es die Heilige Schrift vernachlässigte und sich statt dessen für die Sprache und die Literatur der Muslime interessierte. Die Mozaraber hatten sich kulturell so weit angepaßt, daß man unter ihnen ohne weiteres Personen antreffen konnte, die arabische Werke mit größerer Anmut als die Anhänger Mohammeds selbst verfassen konnten. Sie schätzten die Gesellschaft überzeugter Muslime, mit denen sie gelehrte Gespräche über Philosophie oder Theologie führen konnten. Bei solchen Gelegenheiten bewiesen sie, daß sie die Sprache, in der der Koran abgefaßt war, vollendet beherrschten.

Trotzdem bewahrten sich die spanischen Christen ein stolzes Bewußtsein ihrer Andersartigkeit und Besonderheit und verleugneten niemals die Religion ihrer Väter, die das unerläßliche Bezugssystem ihrer eigenen kulturellen Identität blieb. Natürlich gab es auch Christen, die zum Islam übertraten, entweder weil seine verfeinerte Kultur eine starke Anziehung auf ihren Intellekt ausübte oder weil sie den sozialen Aufstieg anstrebten. Muslime alten Glaubens begegneten diesen Neubekehrten oder Adoptierten *(Muwalladûn)* stets mit Mißtrauen, da sie sich häufig auf die Seite der latenten Opposition schlugen, die sich, geführt von Berbern, Juden und Mozarabern, im Innern des muslimischen andalusischen Staates regte. Als sich im 9. Jahrhundert unter den Mozarabern eine Sehnsucht zum Märtyrertod ausbreitete und diese

Im Verlauf des 8. Jahrhunderts brachen innere Zwistigkeiten zwischen den Führern der Araber in Spanien aus. Karl der Große, der Frankenkönig »mit dem blühenden Bart«, schaltete sich ein und unterstützte die Sarazenenfürsten gegen den Emir Abd ar-Rahman. Sein Kriegszug über die Pyrenäen endete mit der Vernichtung der vom tapferen Roland befehligten fränkischen Nachhut, die von den Basken im Paß von Roncesvalles überfallen worden war.

Episode glorifiziert wurde, drohten sich die eigentlich guten Beziehungen zu den Herrschenden im Lande zu verschlechtern.
Die Hartnäckigkeit, mit der viele Mozaraber den Tod suchten, indem sie mitten in der Moschee oder auf öffentlichen Plätzen antimuslimische Parolen ausriefen, grenzte an Selbstmord. Das Regime ließ sich zu harten Reaktionen provozieren, da es überzeugt war, daß es sich bei den Beleidigungen um eine ungewöhnliche Form politischer Opposition handelte. Für die Unzufriedenheit gab es viele Gründe, vor allem regte sich der Unmut aber über die außerordentlichen steuerlichen Belastungen, die (neben dem gesetzlich festgelegten Zehnten und *Dschizja* oder *Charâdsch)* in den vorangegangenen fünfzig Jahren von 600000 auf 5,5 Millionen Dinar angewachsen waren.
Man wird schwerlich die im Gesetz ausdrücklich vorgesehene Strafe auf antimuslimische Äußerungen als religiöse Verfolgung werten können. Als Beweis für diesen Umstand mag gelten, daß der Wettlauf um die himmlische Glückseligkeit ebenso plötzlich abbrach wie die Unterdrückungsmaßnahmen der Behörden, nachdem zwischen 851 und 858 etwa dreißig Christen hingerichtet und der Hauptanstifter dieser Martyrien, Eulogius, ermordet worden waren.

Die Ankunft des Immigranten

Der blutige Zusammenbruch des Omaijadenkalifats und der Triumph der Abbasiden machten sich in al-Andalus unmittelbar bemerkbar und bestimmten dessen zukünftige Geschicke. Der ständige Wechsel der von Damaskus ernannten Statthalter hörte schlagartig auf. Abd ar-Rahman ibn Mu^{c}awija und einer seiner Brüder (der bald darauf starb), beide Neffen des verstorbenen Kalifen Hischam ibn Abd al-Malik, konnten dem Blutbad, das die neuen Kalifen anrichteten, entkommen.
Abd ar-Rahman flüchtete zunächst nach Nordafrika, nutzte aber dann geschickt die angespannte Lage in al-Andalus, die sich nach den Umwälzungen im Osten noch verschärft hatte, aus. Zu dieser Zeit war die qaisitische Partei an der Macht, mußte aber gegen ihre kalbitischen Gegenspieler kämpfen. Dem Omaijadenprinzen gelang es, einige syrische Einheiten aus dem ehemaligen Truppenkontingent des Baldsch für seine Sache zu gewinnen. Die Kalbiten und ein großer Teil der andalusischen Berberbevölkerung, die mit ihrer untergeordneten Stellung unzufrieden waren, hatten ihm ebenfalls Unterstützung zugesichert. Derart gestärkt konnte er die Auseinandersetzung mit dem andalusischen *Wali* Abd ar-Rahman al-Fihri, der sich seit langem von Fraktionen praktisch unabhängig gemacht hatte, wagen. Am 15. Mai 756 schlug er ihn vor den Toren Córdobas. Bald darauf zog der siebenundzwanzigjährige Prinz als Sieger in die Stadt ein, die er zum Mittelpunkt seines Emirats machen und wo er, nach den Worten Gabrielis »dem im Osten für immer verdunkelten Ruhm seines Geschlechts« zu neuem Leben verhelfen sollte.
Nachdem Abd ar-Rahman, der den Beinamen *ad-Dachîl* erhielt, das Land befriedet hatte, machte er sich an die Neuordnung des Staatswesens, die notwendig geworden war, da al-Andalus nun ein vom Rest der islamischen *Umma* unabhängiges Emirat war.
Während die Christen Asturiens dem neuen Regime

Die Katastrophe von Roncesvalles inspirierte das erste und berühmteste der »Chansons de geste«, das CHANSON DE ROLAND, *ein bewegendes Beispiel für die Dichtung der Ritterepik. Die Miniaturen auf diesen Seiten (14.–15. Jahrhundert) zeigen Ausschnitte aus dem unglücklich verlaufenen Feldzug. Auf Seite 40 (von oben nach unten): Karl der Große begrüßt Roland. Die Schlacht im Paß von Roncesvalles. Der Tod Rolands. Auf dieser Seite oben: Kampf vor den Mauern einer Stadt, vermutlich Saragossa.*

kaum Ärger bereiteten, versuchten an den Westgrenzen die Franken unter ihrem damaligen König Karl dem Großen, einem Neffen Karl Martells, 778, ihre Besitzungen über die Pyrenäen hinweg auszudehnen. Karl wollte sich nicht in eine riskante Auseinandersetzung mit den Muslimen einlassen, glaubte aber, er könne ungehindert in das Niemandsland, als das der Norden der Iberischen Halbinsel angesehen wurde, vordringen.

Der Neffe des Siegers von Poitiers fühlte sich als Verteidiger der Christenheit und entschloß sich deshalb zum Feldzug. Nachdem er die Unterwerfung der baskischen Bevölkerung erzwungen hatte, wandte er sich gegen Pamplona und ließ dessen Befestigungen schleifen; dann zog er gegen Saragossa (Zaragoza). Karl hatte aber mit der Belagerung des antiken Caesaraugusta kein Glück. Kurze Zeit vorher hatte er in mehreren Feldzügen die Sachsen zwar besiegen, sie aber nicht völlig unterwerfen können. Als den Frankenkönig nun die Nachricht von einem Aufstand der Sachsen erreichte, beschloß er, die Belagerung Saragossas sofort abzubrechen. Auf dem Rückmarsch geriet jedoch seine Nachhut in einen Hinterhalt der Basken, die möglicherweise von einigen muslimischen Abteilungen Verstärkung erhalten hatten. Die schwere Bewaffnung der Franken, mit der sie 46 Jahre zuvor ihren Sieg bei Poitiers errungen hatten, erwies sich für das Gelände, auf dem sie sich nun bewegten, als gänzlich ungeeignet. Am 15. August mußten sie deshalb mitansehen, wie ihre Nachhut, darunter der Pfalzgraf Anselm, der Seneschall Egginhard und der Pfalzgraf Roland, Markgraf der Bretagne, vernichtet wurde. Neben dem Cid Campeador sollte Roland zur Symbolfigur der Christenheit im Kampf gegen den Islam in Europa werden. Vom 11. Jahrhundert an wird er, ähnlich wie Rodrigo Díaz de Vivar, in einem der beeindruckendsten *Chansons de geste,* das in Form und Inhalt an ähnliche epische Dichtungen muslimischen Ursprungs erinnert, als Held besungen. Trotz der bitteren Erfahrungen von Roncesvalles und obwohl Karl der Große seine Pläne fallenließ, blieb der fränkische Einfluß in Spanien weiterhin spürbar. Dies traf besonders für Septimanien und das Gebiet von Gerona zu, das sich 785 den Franken freiwillig anschloß, und für die Region von Barcelona, die sich allmählich sowohl aus ihrem muslimisch- und christlich-spanischen Kontext löste als auch vom benachbarten Frankenreich abgrenzte.

Als der blonde Neffe Hischams Abd ar-Rahman, der »Falke von Quraisch«, wie ihn sein abbasidischer Rivale Dscha^cfar al-Mansur nicht ohne Bewunderung nannte, am 30. September 788 in Córdoba starb, hinterließ er ein stolzes Lebenswerk: Er hatte das blaue Banner der Omaijaden in ganz al-Andalus aufgepflanzt und konnte das Land befriedet seinen Nachfolgern übergeben.

Unter dem Sohn und Nachfolger Abd ar-Rahmans, Hischam, gewann das Emirat weiter an Stärke. Unter seiner Herrschaft wurde es zur Gewohnheit, regelmäßig zu bestimmten Jahreszeiten – gewöhnlich im Sommer – in die christlichen Gebiete einzufallen. Mit diesen *Sa'ifas* wollte man keine weiteren Territorien erobern, sondern plündern und damit indirekt psychologischen Druck auf die asturischen Christen und auf jene mozarabischen Untertanen ausüben, die vielleicht geneigt waren, ihre Loyalität gegenüber den omaijadischen Behörden in Frage zu stellen.

Mit Hischam setzte sich in al-Andalus, wie auch im

übrigen islamischen Westen, die sunnitische Rechtsschule des Malikismus durch. Spanien lieferte dem Islam eine Reihe hervorragender Gelehrter und Juristen, die zu den sichersten Stützen des Omaijadenregimes wurden. Hischams Emirat konnte keine bleibenden Spuren hinterlassen, da der Sohn des Immigranten nach knapp sieben Jahren starb. Seinem Sohn und Nachfolger Abu l-Asi al-Hakam eilte der Ruf voraus, er sei hart und streng; er bestätigte dieses Vorurteil bald, nicht weil sein Charakter so war, sondern weil die Regierung Härte und Strenge erforderte. Die mozarabische Gemeinde wie auch seine eigenen muslimischen Untertanen bereiteten al-Hakam zahlreiche Probleme. Er regierte stets mit äußerster Härte, als hinge von seinem Verhalten das Schicksal der Dynastie ab. Die furchtbare Züchtigung, die Toledo erlebte, wurde an Grausamkeit noch bei weitem von der blutigen Niederschlagung des Aufstandes der Bewohner der Vorstadt *(Rabad)* Córdobas übertroffen. Die Überlebenden wurden ausnahmslos vertrieben, eine Maßnahme, die zum Aufstieg der Stadt Fes beitrug und dafür verantwortlich war, daß sich muslimische Seeräuber für lange Zeit auf Kreta niederließen. Unter der Herrschaft al-Hakams setzte aber auch jener Prozeß der Verschmelzung der verschiedenen ethnischen und religiösen Gruppen ein, der den spezifischen andalusischen Typus mit seinen körperlichen und geistigen Besonderheiten hervorbrachte.
Die *Muwallads,* denen man oft unterstellt hat, sie hätten eher aus menschlicher Berechnung denn um des ewigen Heils willen ihren Glauben gewechselt, vermischten sich, ähnlich wie Mozaraber und Berber, hauptsächlich mit Arabern. Unter al-Hakam wird die Leibwache des Emirs, die aus den berühmten »stummen« Sklaven bestand (sie sprachen nicht arabisch), dem Befehl des *Comes* der Mozaraber (das höchste zivile Amt in der christlichen Gemeinschaft) unterstellt, und dieser wird sogar mit der unpopulären Aufgabe betraut, die nichtkoranischen Steuern von den Muslimen einzutreiben. Dies sollte ihn das Leben kosten, als Abd ar-Rahman II., der Sohn al-Hakams, den Thron bestieg. Er war schon zu Lebzeiten seines Vaters als *Walad* designiert worden (wörtlich »Sohn, Knabe«; in diesem Zusammenhang gleichbedeutend mit Erbe, weshalb im Spanischen der Ausdruck *Infant* gebraucht wird) und kann in mehr als einer Hinsicht als zweiter Begründer des andalusischen Emirats der Omaijaden gelten. Er verfocht eine aufgeklärte Kulturpolitik, die al-Andalus über seine engen provinziellen Grenzen hinausführte und ihm einen außergewöhnlichen Rang im islamischen Kulturkreis verschaffte. Abd ar-Rahman II. leitete ein großartiges städtebauliches Programm ein, dessen Ergebnis sich mit dem Glanz der abbasidisch regierten Welt messen konnte. Das Verwaltungssystem und das Hofzeremoniell der Abbasiden nahm er sich sogar zum Vorbild: Der Emir wurde so gleichsam unfehlbar und unnahbar. Nur die Rechtsgelehrten *(Faqih)* sollten bisweilen den Mut finden, ihm vorsichtig entgegenzutreten oder zu widersprechen.
Das neue Selbstbewußtsein des Staates von Córdoba wurde durch die Anordnung unterstrichen, Münzen im *Dar as-Sikka* (daher das Word *Zecca,* Zechine), im Emiratspalast Alcázar prägen zu lassen. Außerdem wurden *Tiraz*-Manufakturen eröffnet, die vollständig denen in Konstantinopel, die schon die Abbasiden und später andere Dynastien kopiert hatten, nachgebildet waren. Es wurden dort kostbare Stoffe mit dem

Miniaturen aus dem KOMMENTAR ZUR APOKALYPSE *des Beatus von Liébana, der im 8. Jahrhundert Abt von Valcavado (León) war. Dieser Miniaturtypus geht auf ein verlorengegangenes hispanisch-westgotisches Vorbild zurück, zu dem unverkennbar mozarabische Züge getreten sind. Die spanischen Christen unter muslimischer Herrschaft wurden Mozaraber genannt und nahmen viele Elemente der arabischen Kultur an. Es gab eine besondere arabisch-christliche Literatur und auch eine mozarabische Liturgie. Die Abbildung auf der gegenüberliegenden Seite stellt das Neue Jerusalem dar, wie es von Johannes beschrieben wird: in jeder der zwölf Nischen befindet sich ein Apostel. Jedem der Apostel wird einer der in der Apokalypse erwähnten Edelsteine zugeordnet: Jaspis Petrus, Saffirus Andreas, Carcedon Judas, Zmaragdus Simon Zelotes, Sardonix Bartholomeus, Sardinis Jacobus, Berillus Filippus, Topation Thomas, Crisofasus Jacobus, Jacinctus Matheus, Ematites Mathias. Auf dieser Seite oben: Der Engel der Kirche von Laodikäa. Unten: die Ruinen von Babylon.*

Namen des Emirs hergestellt, die anläßlich bestimmter Gelegenheiten Dienern des Herrschers oder ausländischen Gästen überreicht wurden. Es wurden aber auch staatliche Monopole errichtet, und man bemühte sich um Handelsbeziehungen zum Orient, mit dem nahen Nordafrika und der europäischen, besonders der slawischen Welt.

Durch den Fund der sogenannten »*Dirham*-Schätze«, aber auch aus arabischen, persischen, byzantinischen, hebräischen und russischen Schriftquellen wissen wir, daß über den Handelsweg, der von Narbonne über Verdun, Mainz, Prag und Kiew nach der Chasarenhauptstadt Itil (in der Nähe des heutigen Astrachan) führte, regelmäßig Luxusgüter und kostbare Stoffe gegen Sklaven, Bernstein und Pelze eingetauscht wurden. Dieser rege Handelsverkehr schlief erst gegen Ende des 12. Jahrhunderts, als Córdoba sich von der Metropole eines mächtigen Staates wieder in eine einfache Stadt verwandelte, ein.

Kontakte zur übrigen islamischen Welt wurden auch über den *Haddsch,* das heißt durch die vorgeschriebenen Pilgerfahrten nach Mekka, aufrechterhalten. Seit der Regierungszeit Abd ar-Rahmans II. versuchte man mit geschickter Propaganda, die hervorragendsten Köpfe des Islam nach al-Andalus zu locken, wo man ihnen bestmögliche Bedingungen garantierte. Um diesen eigenen Ansprüchen zu genügen und um die Einfälle normannischer Piraten abzuwehren, sah sich das Emirat veranlaßt, in der Nähe von Sevilla die ersten Schiffswerften zu bauen und eine eigene Flotte zu rüsten, die sich bald mit der der mächtigen afrikanischen Fatimiden-Dynastie messen konnte.

Pachina bei Almería (so genannt nach einem Wachtturm – auf arabisch *al-Marijja* –, der dort stand), wo aus einem Bündnis zwischen Seeleuten und Landbewohnern eine Art Seerepublik entstand, symbolisierte die Bedeutung des Emirats als Seemacht. Die Republik blieb bis 955 lebendig, bis der Kalif Abd ar-Rahman III. den Ort zur Hauptstadt eines Verwaltungsbezirks machte und bedeutende bauliche Veränderungen vornehmen ließ. Die Präsenz der von Córdoba ernannten Regierungsbeamten führte zu einer Schwächung der Autonomie und schließlich zum Niedergang der Stadt. Bereits im 11. Jahrhundert war Pachina wieder ein einfaches Dorf. Wie wir bereits erwähnt haben, arbeitete der Staatsapparat seit Abd ar-Rahman II. nach abbasidischem Muster, das wiederum in vielen Punkten dem byzantinischen Hof nachgebildet war. Auf politischer Ebene kam es auch zu einigen bedeutenden Kontakten zwischen Córdoba und Konstantinopel, so 840, als eine byzantinische Gesandtschaft an den Hof des Emirs kam, um ein Bündnis gegen die Abbasiden vorzuschlagen; das sollte jedoch ohne konkrete Folgen bleiben. Ein anderer, kultureller Kontakt unter dem ersten Omaijadenkalifen Abd ar-Rahman an-Nasir sollte wesentlich bedeutsamer werden. In den Jahren 948-49 brachten Gesandte aus Konstantinopel eine griechische Abschrift der MATERIA MEDICA des Dioskurides und ein Werk des lateinisch-spanischen Geschichtsschreibers Paulus Orosius nach al-Andalus. Da die Araber und vor allem die Araber aus al-Andalus einen hervorragenden Ruf als Übersetzer der Werke des klassischen Altertums genossen, wurden die Bücher dem Mönch Nicolas und dem Juden Hasdai ibn Schaprut anvertraut, die im Jahr 951 arabische Ausgaben anfertigten. Lévi-Provençal ist allerdings der Ansicht, die oben erwähnte Gesandtschaft sei möglicherweise mit

Oben und rechts: Die Moschee von Córdoba, ein wahres Wunderwerk maurischer Kunst, wurde von Abd ar-Rahman I. begonnen, der sie mit riesigen Mengen Goldes aus der den Westgoten abgenommenen Beute finanzierte. Nach Erweiterungen unter den nachfolgenden Kalifen bedeckte das Gebäude schließlich eine Fläche von 274 x 157 Metern. Im Inneren stützt ein Wald von 665 Säulen die Decke. Sie wurde von Bronzelaternen erhellt, die man aus Kirchenglocken hergestellt hatte. Von der Decke hingen 200 Leuchter, von denen angeblich ein einziger bereits tausend Lichter trug.

Die Mauren waren eifrige Bauherrn. Der oft »maurisch« genannte Baustil vereinigt in Wirklichkeit Elemente unterschiedlicher Herkunft: Man findet Anklänge an römische, byzantinische und sassanidische Bauten, die die Mauren in den eroberten Gebieten gesehen und studiert hatten. In Spanien übte auch die westgotische Architektur, und sei es durch ihre Roheit, einen gewissen Einfluß aus. Die hohe Baukunst war, wie allgemein die Architektur des Mittelalters, überwiegend religiös bestimmt, auch wenn es zahlreiche Reste von Profanbauten gibt: Paläste, Brücken, Wasserleitungen, Türme und Stadtmauern. Auch nach dem Ende der islamischen Besetzung erhielt sich der typische Baustil der muslimischen Tradition noch lange auf lokaler Ebene und erhielt den Namen Mudéjarkunst.
Unten: Die Brücke von Alcántara bei Toledo, von den Römern erbaut und von den Arabern im Jahr 997 restauriert. Sie wurde 1258 und zu Beginn des 15. Jahrhunderts wiederaufgebaut und erhielt 1484 einen Wachturm im Mudéjarstil. *Oben rechts: Säulengang und Turm von San Miguel de la Escalada im gleichnamigen Kloster. Es ist eines der charakteristischsten mozarabischen Denkmäler, von den Mönchen Córdobas 913 gegründet. Rechts: Eingangstür des Vorraums zum Kapitel der Kathedrale von Toledo, ein Werk, das zu Beginn des 16. Jahrhunderts geschaffen wurde.*

einer anderen aus dem Jahre 949 verwechselt worden, die Konstantin VII. Porphyrogenetos entsendet hatte und zu deren Empfang der zivile und militärische Apparat Córdobas in seiner ganzen Pracht aufgeboten wurde.

Diese Entfaltung zur großen Handels-, See- und Kulturmacht machte es unabdingbar, dem Aufbau und der Schulung angemessener militärischer Kräfte größte Sorgfalt zu widmen. Vor allem im Languedoc, im Baskenland und in der Gascogne wurden deshalb neue Soldaten ausgehoben, die die muslimische Schlagkraft beträchtlich erhöhten (welche in Wahrheit gar nicht so muslimisch war: Bereits unter dem ersten Emir zählte das Heer 40000 Christen oder – nach Sánchez-Albornoz – wenigstens 30000, ganz zu schweigen von den 150 »Stummen« aus dem Languedoc und der Narbonnensis, die 805 in der Leibgarde al-Hakams dienten und die er, wie auch später der nasridische Sultan von Granada, Muhammad V., aufgrund ihrer Zusammensetzung als die ergebensten schätzte).

Unter Abd ar-Rahman II. wurden zahlreiche Aquitanier, Provenzalen, Slawen und Italiener in die Garde aufgenommen, die damit eine Stärke von 5000 Mann erreichte, darunter 3000 Reiter. Wurde so der andalu-

sische Kriegsapparat immer furchterregender und vollkommener, ließ es sich der Emir doch gleichfalls angelegen sein, seinen Staat durch öffentliche Bauten zu verschönern, würdig der Rolle, die man spielen wollte. Allem voran wurde das *Bab as-sudda* (wörtlich »Throntor«), worunter man den ganzen Alcázar des Emirs verstand, erweitert und verändert; dabei spielte auch die verbreitete Gewohnheit, nicht die Räumlichkeiten der vorangegangenen Emire zu bewohnen und die *Harems* der Vorgänger unter den eigenen Schutz zu stellen, eine Rolle. Die zahllose Dienerschaft, die für das Zeremoniell wie für die alltäglichen Dienstleistungen erforderlich war, die Ausstattung der Moscheen und öffentlichen Bäder im Inneren, die Münze und der *Tiraz,* die der persönlichen Aufsicht des Emirs unterstanden, die zivilen Ämter und die für die Truppen der Leibwache vorgesehenen Gebäude – das alles machte diese Neubauten absolut notwendig. Auf den Terrassen des Palastes wurden Glasveranden errichtet, von wo aus der Blick über das Panorama von Córdoba schweifen konnte; der Emir selbst sollte in einem neuen Gebäude wohnen und sich am sanften Plätschern der Springbrunnen, deren Wasser geschickt aus der nahen Sierra Morena hergeleitet wurde, ergötzen.

Neben der Hauptstadt sollten Sevilla, Mérida und Murcia vom Ehrgeiz des Bauherrn Abd ar-Rahman II., der auch für religiöse Bauwerke hohe Summen Geldes ausgab, Zeugnis ablegen. Symbol der omaijadischen *Pietas* war vor allem die Große Moschee von Córdoba. Im Jahr 743, damals noch eine christliche Kathedrale, wurde sie bereits zur Hälfte besetzt. Vierzig Jahre später war sie ausschließlich Stätte des islamischen Gebets. Die christliche Gemeinde der Stadt erhielt eine Entschädigung von 100000 *Dinar* (etwa 500 Kilo Gold). Die Große Moschee wurde mehrfach, erst 833 und dann 848, umgebaut und vergrößert (später, 961 und 988, ließen al-Hakam II. und Almansor ebenfalls bauliche Erweiterungen vornehmen). Ähnliche Arbeiten wurden an der Moschee von Sevilla durchgeführt, während man in Jaén eine neue große Moschee errichtete. Seine Frauen ermunterte Abd ar-Rahman II., in verschiedenen Landesteilen *Waqfs* (fromme Stiftungen) zu gründen.

Dieser riesige und kostspielige Aufwand resultierte aus den ansehnlichen Reichtümern, die nach al-Andalus flossen, und die Abd ar-Rahman – um mit Lévi-Provençal zu sprechen – zu »einem der reichsten Männer der Mittelmeerwelt« hatten werden lassen. Der Emir hatte nämlich nicht nur die Staatskasse (*Bait al-mâl*) und den persönlichen Schatz des Vaters überaus reich gefüllt vorgefunden, er hat auch selbst dazu beigetragen, daß sich das normale Steueraufkommen stark erhöhte, der ganze andalusische Handel Auftrieb erhielt und so die staatlichen Einkünfte sich beinahe verdoppelten. Beliefen sich die gewöhnlichen Steuererträge unter al-Hakam auf 600000 *Dinar,* so gelang es Abd ar-Rahman, sie auf etwa eine Million zu erhöhen. Als das Land in den Jahren 822/23 und 846 von schweren Hungersnöten heimgesucht wurde, konnte er sie dank dieses Reichtums überwinden, indem er kostenlos an die Bevölkerung das notwendige Korn verteilen ließ.

Aber auch das großzügigste Engagement des Emirs hätte den nach wie vor provinziellen Charakter von al-Andalus nicht zu verändern vermocht, hätten seine Städte nicht eine wahre Invasion von Künstlern, Wissenschaftlern und Denkern erlebt. Sie wurden angelockt von der bevorzugten Stellung, die man im omaijadischen Emirat allen gebildeten Menschen einräumte. Abd ar-Rahmans II. persönliche Interessen trugen beträchtlich zur Entstehung dieses Kosmopolitentums bei: Vertraut mit den Geheimwissenschaften und außerordentlich beschlagen in der Jurisprudenz der malikitischen Schule liebte er es, sich mit Musikern, Dichtern, Philosophen und Astrologen zu umgeben, unter denen wir besonders Abbas ibn Firnas, Jahja al-Ghazal und Zirjab erwähnen möchten.

Der Salon Rico im Palast der Residenz von az-Zahra. 936 begann Abd ar-Rahman III. mit dem Bau; im Jahr 945 ließ er sich mit seinem prunkvollen Hofstaat dort nieder. Die Residenz entstand auf Anregung der Konkubine des Kalifen, az-Zahra, »die Strahlende«, und nach ihr trägt sie auch den Namen. Nach der Überlieferung wurde hierfür das Geld einer Vorgängerin dieser Konkubine verwendet. Der Sohn Abd ar-Rahmans, al-Hakam II., ließ in den Jahren 971–75 bedeutende Erweiterungsarbeiten vornehmen. Das weitläufige Gebäude befand sich innerhalb einer rechteckigen Umfriedung von etwa 800 x 1120 m. Es umfaßte 400 Zimmer und Wohnungen für Tausende von Sklaven und Leibwächtern. Angeblich sollen 10000 Arbeiter mit 1600 Tragtieren daran gearbeitet haben.

Abbas ibn Firnas entdeckte eine Formel zur Herstellung von Kristall; er war ein erfahrener Okkultist und der Schöpfer erlesener Dichtungen, ein Geist also, den wir als Renaissance-Menschen bezeichnen würden. Als ein früher Wegbereiter menschlicher Flugversuche erlangte er Berühmtheit. Mit einer seinem Körper angepaßten Konstruktion aus Seide und Federn stürzte sich Abbas eines Tages von der Rusafa (die nach dem Willen Abd ar-Rahmans I., als nostalgische Erinnerung, einem von seinem Großvater Hischam in Syrien errichteten Bauwerk nachgebildet worden war) und konnte nach einem geglückten Fluge unversehrt landen. Auch Jahja ibn al-Hakam al-Bakri, wegen seines anmutigen Äußeren al-Ghazal (die Gazelle) genannt, war ein lebhafter und faszinierender Geist, ein Dichter bissiger Satiren, die weder den Adel noch den Emir selbst verschonten. Bekannt wurde al-Ghazal dadurch, daß er mit Geschick mehrere Córdobaner Gesandtschaften an den Hof von Konstantinopel und – nach einer Überlieferung, die Dozy eindrucksvoll wiedergibt – sogar zu den normannischen Völkern führte.

Niemand jedoch konnte sich mit dem Iraker Zirjab messen – sein richtiger Name war Abu l-Hasan Ali ibn Nafi –, der gewissermaßen ein früher Brummel Córdobas war (Brummel, George Bone, 1778-1840, war ein gefeierter Modeheld in England). Zirjab diktierte der gehobenen muslimischen Gesellschaft Spaniens weiße Sommerkleidung (weiß war zwar die Farbe der Dynastie, für die gehobenen Schichten aber auch die Farbe der Trauer), zarte Farben für Frühling und Herbst und für die rauhe Jahreszeit vornehmlich Grau (darin wirklich ein Brummel!). Er entwarf für das starke wie für das schwache Geschlecht einen voll-

Die Abneigung gegen die figürliche Darstellung der Gottheit regte die muslimischen Künstler zu einer Verfeinerung der dekorativen und geometrischen Elemente an. Das dabei erreichte hohe Niveau in der Dekoration von Gebrauchsgegenständen zeigen die Abbildungen auf diesen Seiten. Oben: Kaufmannskasse aus der Schule von al-Azhar, Kairo. Links: Elfenbeindöschen, mozarabisch. Rechts: Kästchen aus Holz mit Silberbeschlag, islamisch-spanisch, 10. Jahrhundert.

Unten: Ein Elfenbeindöschen aus Zamora, das 964 im Auftrag Hakams II. für seine Lieblingsfrau angefertigt wurde.
Unten: Bronzene Moscheelampe, granadinisch, 1305.
Rechts: Bronzelöwe, islamisch-spanisch, 11. Jahrhundert, Bronzeguß mit eingravierten Ornamenten, ursprünglich Wasserspeier einer Fontäne. Die hispanisch-maurische Schule leistete Hervorragendes in der Verarbeitung von Metallen, bei Relief- und Schnitzdekor und bei den als damasziert bekannten goldenen und silbernen Intarsienarbeiten.

ständigen Schönheitskatalog und setzte den Brauch der Enthaarung für Frauen und den kurzen Haarschnitt für Männer durch. Eleganter Komponist, feinsinniger Musiker und Kenner erlesener Kochkunst in einer Gesellschaft, die – im Gegensatz zum übrigen Europa – bereits Kristallgläser und Bestecke kannte, führte Zirjab eine völlig neuartige Speisenfolge für Festmähler ein. Danach hatte ein Mahl mit Suppen und Brühen zu beginnen, es folgten Fleisch- oder Fischgerichte, und mit Obst und Desserts (Süßigkeiten aus Honig, Mandeln und Nüssen, Mandelkuchen und Marzipan) sollte ein Menü seinen Abschluß finden.

Auf der Tafel der andalusischen Feinschmecker fehlte nur selten der Wein. Die gestrengen Hüter der islamischen Moral ersuchten den Emir vergeblich, den Weinanbau zu untersagen. Da der Verzehr von Trauben durchaus erlaubt war, wurden die Forderungen nach prohibitionistischen Maßnahmen *ante litteram* einfach ignoriert. Die heiteren Gesellschaften der jungen und weniger jungen muslimischen Genießer (und in seinen Privatgemächern sogar der Emir und seine engsten Freunde) konnten auch weiterhin, *for de porta* und fern von neugierigen Blicken, von der willkommenen Komplizenschaft nichtmuslimischer Gäste, die ihnen die geeigneten Örtlichkeiten zur Verfügung stellten, profitieren, um dem berauschenden Getränk des Bacchus die gebührende Ehre zu erweisen.

Ein wiedererrichtetes Kalifat

Die Zeit verhältnismäßiger Ruhe im Inneren des Emirats sollte sich im wesentlichen auch nach dem Tod Abd ar-Rahmans II. unter seinen Nachfolgern Muhammad I. und al-Mundhir fortsetzen. Die Erweiterung der Großen Moschee durch Muhammad I. läßt darauf schließen, daß die Bevölkerung ständig wuchs und al-Andalus im Wohlstand lebte. Obgleich man ihn bezichtigt hat, die Wirksamkeit der Staatsverwaltung beeinträchtigt zu haben, kommt ihm doch das große Verdienst zu, den oft verderblichen Einfluß des Harems und der Eunuchen spürbar eingeschränkt zu haben. Vor allem unter Abd ar-Rahman II. hatten sie verschiedentlich bestimmend in die Politik des Emirats eingegriffen.

Der Harem des Emirs war nicht nur der den Frauen vorbehaltene Trakt des Hauses, in dem immer neue Sklavinnen und Konkubinen verschiedener Herkunft aufgenommen wurden. In ihrer Abgeschlossenheit von der Außenwelt beschäftigten sie sich – gemeinsam mit den rechtmäßigen Ehefrauen (nach dem Gesetz höchstens vier) – nicht nur mit der Pflege des Körpers und des Geistes, um das Interesse ihres Gemahls wachzuhalten; sie spannen auch gefährliche politische Intrigen, die bisweilen weittragende Auswirkungen hatten.

Unter den Sklavinnen des Harems war die Stellung einer *Umm Walad* äußerst begehrt. *Umm Walad* wird nach dem muslimischen Gesetz jede Sklavin, die dem Gatten und Gebieter einen Sohn geboren hat. Mit seiner Einwilligung konnte sie nach dem Tod des Vaters wieder die Stellung einer freien Frau erlangen, und er bewahrte sie davor, an etwaige neue Herren verkauft zu werden. Rivalitäten zwischen den Frauen waren unvermeidbar, sobald eine von ihnen versuchte, die Gunst des Herrschers für sich und ihren Sohn

zu gewinnen, was dem Sohn einen mehr oder minder großen Anteil an der Macht und seiner Mutter eine ehrenvolle Stellung sicherte. Die Sklavinnen und Konkubinen hatten auch deshalb eine gewichtige Stellung, weil der Emir ihnen den Vorzug gab vor seinen rechtmäßigen Ehefrauen, die zumeist von vornehmer Herkunft waren. Auf diese Weise behielt der Emir freie Hand, denjenigen zum Thronerben zu bestimmen, der ihm der Fähigste erschien; auf diese Weise vermied er, daß sich die Familien seiner rechtmäßigen Ehefrauen in seine Angelegenheiten einmischen und Druck auf ihn ausüben konnten. Dieses Phänomen, dem man auch an anderen Fürstenhöfen, etwa dem abbasidischen, begegnet, hatte zur Folge, daß fast alle Emire und Kalifen von Córdoba Söhne von Sklavinnen waren. Da die meisten dieser Sklavinnen hellhäutig waren, ist es kein Zufall, daß die

DIE SCHRIFT: MITTEILUNG UND ORNAMENT

Da ihre Religion es verbot, lebende Wesen – Menschen und Tiere – abzubilden, haben die Araber ihr Alphabet in mannigfaltigen dekorativen Formen angewandt. Es gibt zahlreiche Abarten der arabischen Schrift, die sich beträchtlich voneinander unterscheiden. Das islamische Glaubensbekenntnis: »Es gibt keinen Gott außer Allah, und Mohammed ist der Gesandte Gottes« (*la ilaha illa llah, Muhammad rasul Allah*), ist hier (1) in vier verschiedenen Dukten geschrieben: Von oben nach unten folgen aufeinander die im osmanisch-türkischen Bereich weitverbreitete *Riqᶜa*-Schrift, das in den arabischen Ländern im engeren Sinn verbreitete *Nas'chi, Diwani* in einer prunkvollen Variante als typische Kanzleischrift und *Kufi* bzw. Kufisch, ein seit frühislamischer Zeit gebrauchter Duktus, der später für Inschriften und dekorative Zwecke eingesetzt wurde. Es gibt noch weitere Dukten. Die persischsprachige Welt hat zum Beispiel eine besondere Schriftform, die manchmal *Farsi* (persisch) genannt wird, übernommen; in Nordafrika bedient man sich vor allem des *Maghribi* (»westlich«)-Duktus. Eine weitere Form, das *Thuluth*, eignet sich besonders für ornamentale Inschriften. Mit der Verbreitung des Typendrucks setzen sich heute allerorten die *Nas'chi*-Zeichen durch. Ein besonders schönes *Kufi* wurde in einem Koran-Exemplar aus dem 8. oder 9. Jahrhundert, welches in der Ambrosiana in Mailand aufbewahrt wird, angewandt (2). Das fein ausgeführte Ornament auf der rechten Seite markiert den Anfang eines Kapitels (*Sura*) des Korans, in diesem Fall der *Sura* VII »Die Höhen«, welche mit der mysteriösen Buchstabengruppe *alif-lam-mim-sad* beginnt. Ihr zweiter Vers lautet: »Dies ist eine Schrift, die zu dir herabgesandt worden ist. Du sollst dich ihretwegen nicht bedrückt fühlen. (Sie ist zu dir herabgesandt) damit du mit ihr warnst, und (als) eine Mahnung für die Gläubigen.« Die Buchstaben des arabischen Alphabets haben eine unterschiedliche Form, entsprechend ihrer Stellung innerhalb eines Worts, das heißt je nachdem, ob sie am Anfang, in der Mitte, am

1

2

3

4

Ende oder getrennt geschrieben werden. Es folgen die Namen der Buchstaben und ihre Lautwerte: *alif* (graphische Unterstützung für ein Zeichen, das die plötzliche Öffnung zu einem Laut oder seine Unterbrechung markiert, darüber hinaus kann es die Längung des Vokals a andeuten); *ba* (b); *pe* (p); *ta* (t); *tha* (wie das th in englisch »thing«, in türkischer Aussprache wie »s«); *dschim* (wie italienisch »gioco« mit stimmhaftem g); *tschim* (stimmlos, etwa wie in englisch »chamber«); *ha* (stimmloser spirantischer Pharyngal); *cha* (entspricht dem »ach«-Laut in deutsch »Nacht«); *dal* (d); *dhal* (stimmhaft, etwa wie das »th« in englisch »this«, im Türkischen wie z=stimmhaftes »s« gesprochen); *ra* (gerolltes »r« wie italienisch »Roma«); *za* (zwischenvokalisches »s« wie in deutsch »Rose«); *že* (wie in französisch »journal«); *sin* (stimmloses »s« wie deutsch »er las«); *schin* (sch); *sad* (emphatisch, das heißt durch Hebung der Hinterzunge produziertes »s«); *dad* (emphatisches »d«, im Türkischen wie »z«); *ta* (emphatisches »t«); *za* (emphatisches »z«), im Türkischen wie »z«); *ᶜain* (ohne Äquivalent in europäischen Sprachen, stimmhafter Spirant, der durch Verengung der Stimmritze mit gleichzeitiger Hebung des Kehlkopfs gegen die Pharynx erzeugt wird); *ghain* (velarer Spirant »gh«, entspricht etwa dem norddeutschen »Zäpfchen-r«); *fa* (f); *qaf* (q, »hinteres k«=stimmloser velarer Verschlußlaut); *kaf* (k); *ga* (g, nur im Persischen); *saghïr nun* (markiert ehemalige Nasale im Osmanisch-Türkischen); *lam* (l); *mim* (m); *nun* (n); *ha* (h); *waw* (stimmhafter bilabialer Reibelaut wie in englisch »water«, kann daneben Träger von Vokalzeichen sein); *ja* (i, Träger von Vokalzeichen). Die Buchstaben *pe*, *dschim*, *tschim*, *ž*, *ga*, *saghïr nun* kommen hier nur in der türkischen Variante des arabischen Alphabets vor. Die Buchstaben des arabischen Alphabets sind in großartige Ornamente verwandelt worden. Die Alhambra von Granada steht für die Anwendung der Schrift in der höfischen Kunst (in dem Medaillon der Abbildung 3 sind Verse des Dichters Ibn Zamraq, die sich auf die Alhambra beziehen, geschrieben: »Die Zwillinge – gemeint ist das Sternbild – strekken die Hand des Einverständnisses aus, und der Vollmond beugt sich zu ihnen vom Himmel herab, indem er ganz im Vertrauen flüstert.« Das Inschriftband [Abbildung 4] wiederholt mehrmals den Satz: »Gelobt sei Gott für seine Gnade!«). Ein bescheideneres Beispiel findet sich auf einer türkischen Stickerei des 19. Jahrhunderts (6). Einen Kunstzweig für sich bildet der Aufbau komplexer Schriftbilder aus einzelnen Buchstaben, besonders im türkischen Bereich. In manchen Fällen werden die Buchstaben an einer Achse gespiegelt. Das an seiner Spitze gespaltene Schwert Alis (7) wird von der Beschriftung umgeben: »Hilfe, o Gott, dessen Majestät groß sein möge, o Mohammad, o Ali, o Fatima, o Hasan, o Husain.« Man vergleiche die Schrift in einem anderen Beispiel (9) des gespiegelten Schriftbilds: »Es gibt keinen Gott außer Ihm, meinem Herrn und dem Herrn der beiden Welten.« Ein Quadrat (8) wird aus dem vierfach kufisch geschriebenen Namen Mohammed gebildet. Immer wieder wird aus der kufischen Schreibung von »Es gibt keine Macht und keine Kraft außer bei Gott, dem allmächtigen« eine Moschee gestaltet (11). Aus *Diwani*-Buchstaben werden die Umrisse eines Bootes (*qajïq*) zu (10), folgendem Satz gebildet: »Ich nehme meine Zuflucht bei Gott vor dem verfluchten Satan. Im Namen des barmherzigen und gütigen Gottes. O Gott, o Öffner der Türen, eröffne (uns) das Beste.«
Die Tendenz zur Abstraktion wurde bei den islamischen Künstlern zweifellos durch das Verbot, Abbilder von Menschen und Tieren herzustellen, begünstigt. So fragte ein persischer Maler Ibn Abbas, einen der Gefährten des Propheten: »Aber nun werde ich keine Tiere mehr malen und mein Handwerk nicht mehr ausüben können?« – »Ja,« lautete die Antwort, »aber du kannst die Tiere köpfen und dich bemühen, sie Blumen ähnlich werden zu lassen.«

5

Namen der Buchstaben	am Ende	in der Mitte	am Anfang	einzeln stehende
alif	ـا	ـا	ا	ا
ba	ـب	ـبـ	بـ	ب
pe	ـپ	ـپـ	پـ	پ
ta	ـت	ـتـ	تـ	ت
tha	ـث	ـثـ	ثـ	ث
dschim	ـج	ـجـ	جـ	ج
tschim	ـچ	ـچـ	چـ	چ
ha	ـح	ـحـ	حـ	ح
cha	ـخ	ـخـ	خـ	خ
dal	ـد	ـد	د	د
dhal	ـذ	ـذ	ذ	ذ
ra	ـر	ـر	ر	ر
ž	ـز	ـز	ز	ز
je	ـژ	ـژ	ژ	ژ
sin	ـس	ـسـ	سـ	س
schin	ـش	ـشـ	شـ	ش
sad	ـص	ـصـ	صـ	ص
dad	ـض	ـضـ	ضـ	ض

Namen der Buchstaben	am Ende	in der Mitte	am Anfang	einzeln stehende
ta	ـط	ـطـ	طـ	ط
za	ـظ	ـظـ	ظـ	ظ
ᶜain	ـع	ـعـ	عـ	ع
ghain	ـغ	ـغـ	غـ	غ
fa	ـف	ـفـ	فـ	ف
qaf	ـق	ـقـ	قـ	ق
kaf	ـك	ـكـ	كـ	ك
ga	ـگ	ـگـ	گـ	گ
saghïr nun	ـڭ	ـڭـ	ڭـ	ڭ
lam	ـل	ـلـ	لـ	ل
mim	ـم	ـمـ	مـ	م
nun	ـن	ـنـ	نـ	ن
ha	ـه	ـهـ	هـ	ه
waw	ـو	ـو	و	و
ya	ـي	ـيـ	يـ	ي

Ziffern

1 ١	2 ٢	3 ٣	4 ٤	5 ٥
6 ٦	7 ٧	8 ٨	9 ٩	0 ٠

6

7

8

9

10

11

rötlichblonde Haarfarbe und blaue Augen ein vorherrschendes Merkmal wurden.
Der Harem fand für seine Verschwörungen und harmlosere Intrigen in den Eunuchen natürliche Verbündete. Infolge des besonderen operativen Eingriffs, dem sie sich unterziehen mußten, herrschte unter den Eunuchen eine hohe Sterblichkeit. Sie waren deshalb sehr kostspielig, weshalb man sie vor allem bei Hofe fand, zuweilen aber auch in den Häusern der einzelnen Provinzgouverneure, der reicheren Familien des Adels *(Châssa)* und des Großbürgertums des Landes, wo sie oft Vertrauensstellungen innehatten. Obwohl auch Muslime den Handel mit Eunuchen betrieben, hielten das Monopol auf diesem Gebiet doch die jüdischen Kaufleute; Hauptumschlagplatz für dieses Gewerbe war Verdun. Die unglücklichen Opfer waren meist Männer und Knaben, die auf Raubzügen überall in Europa gefangen worden waren. Knaben im vorpubertären Alter waren bevorzugte Personen, da die Käufer ihr ruhiges Gebaren und ihre weichen Bewegungen, die sie bewahrten, besonders schätzten. Männer, die nach der Geschlechtsreife entmannt wurden, behielten dagegen die sekundären Geschlechtsmerkmale, waren starken Gefühlsschwankungen unterworfen und neigten bisweilen zu aggressiven Ausbrüchen.
Unter dem Emir Abdallah erlebten das wirtschaftliche Wachstum und der bis dahin genossene Wohlstand in Andalusien einen empfindlichen Rückschlag. Wie so häufig wurde die Verantwortung für die Krise des Landes kurzerhand dem Emir Abdallah persönlich angelastet. Dieses Urteil ist falsch, weil es die Auswirkungen einer drückenden wirtschaftlichen Krise übergeht, die in jener Zeit das ganze muslimische Spanien erschütterte. Die unpopulären Maßnahmen, mit denen Abdallah der Krise zu begegnen suchte, taten seiner Volkstümlichkeit – die nie besonders groß gewesen war – weiteren Abbruch und bescherten dem Land an die dreißig Aufstände.
Omar ibn Hafsun, ein *Muwallad,* der bereits zur Zeit der beiden Vorgänger Abdallahs in al-Andalus Aufsehen erregt hatte, nutzte die allgemein verbreitete Unbotmäßigkeit, die das Werk des Immigranten und seiner fähigen Nachfolger zu zerstören drohte, für sich aus. Der großmütige und schlaue Gegner des Emirs besaß in reichlichem Maße Qualitäten wie etwa seine Ritterlichkeit, die ihn zu einer fast legendären Gestalt werden ließ, einer Art Robin Hood der Randgruppen von Berbern, *Muwallads,* Juden und Christen. Den Christen näherte er sich später an, indem er, wie er sagte, den Glauben seiner (angeblich) westgotischen

Ein Blick auf das Alltagsleben: Lautenspieler aus den CANTIGAS *von Alfons X. (13. Jahrhundert); Schachspieler aus dem* LIBRO DEL AJEDREZ *(13. Jh.); Würfelspieler, ebenfalls aus einer Handschrift von Alfons X. Gewohnheiten des muslimischen Lebens, auch solche der volkstümlichen Unterhaltung, fanden auf der Iberischen Halbinsel und von dort aus in Europa weite Verbreitung. So auch die orientalische Musik, die Zirjab, ein Anhänger der Bagdader Schule, in Spanien einführte, als er 822, mit einem reichen Schatz von Liedern und seinen eigenen Fähigkeiten als raffinierter Tonkünstler ausgestattet, in Córdoba ankam. Durch seine Anregungen wurde Córdoba zu einem bedeutenden Musikzentrum, einem berühmten Herstellungsort von Musikinstrumenten und zum Sitz eines Konservatoriums für andalusische Musik, das von anderen Städten, Sevilla, Toledo, Valencia und Granada, nachgeahmt wurde. Der importierte Musikstil war typisch für den islamischen Osten. Die schrittweise Entdekkung griechischer und pythagoräischer Werke übte jedoch eine nachhaltige Wirkung auf Theorie und Praxis der europäischen Musik aus. Von den ersten Zentren schwärmten muslimische oder arabische Musiker aus, waren an den Höfen von Aragonien und Kastilien zu Hause, hatten unter den iberischen Volksgruppen wie auch außerhalb der spanischen Grenzen ihre Zuhörerschaft und beeinflußten zweifelsohne die provenzalischen Troubadoure.*

Vorfahren annahm. Auch sein *Cursus honorum* sollte sich nicht allzusehr von dem des Räuberhauptmanns aus dem Wald von Sherwood unterscheiden. Von nicht geringer Herkunft – sein Vater war ein reicher Grundbesitzer – war Omar nach einem Mord, den er aus ungeklärten Motiven begangen hatte, zum Räuberleben getrieben worden. Seither war sein Dasein ein ständiges Umherziehen; er kämpfte gegen die Truppen des Emirs, kehrte dann aber in die Legalität zurück und diente in dessen Leibwache, er zeichnete sich bei einer *Sa'ifa* in Alava und unter den Mauern von Pancorvo aus. Angeekelt von der dünkelhaften Atmosphäre bei Hofe nahm er am Ende sein altes Leben als Gesetzloser wieder auf. Im Jahr 891 erlitt Omar bei Córdoba, wohin er seine Scharen mit unglaublicher Verwegenheit geführt hatte, eine schwere Niederlage.

Karten- und Schachspiel gehören zu den Spielen, die aus dem Orient eingeführt wurden. Die Araber hatten die alte Praxis des Schachspiels, des »Spiels des Königs« (Schah), *von den Persern gelernt, die es ihrerseits von den Indern übernommen hatten. Es fand in Spanien Eingang, wo es bereits im 8. Jahrhundert bekannt gewesen zu sein scheint. Eine erste Beschreibung in einer europäischen Sprache erfolgte im 13. Jahrhundert durch Alfons X., König von Kastilien und León, der sich leidenschaftlich für die Verbreitung islamischer Kultur einsetzte. Die Miniatur auf Seite 52 zeigt solche Schachspieler, einen Christen und einen Araber. Es handelt sich um eine christliche Buchmalerei mit symbolischem Gehalt. Die Miniaturen auf dieser Seite stammen aus dem 15. Jahrhundert. Sie zeigen zeitgenössische arabische Kleidung und zwei Szenen von Trinkgelagen und Gastmählern mit Lautenspielern.*

Die Aufruhrstimmung sollte sich sogar bis in die Grenzmarken, die *Thughûr,* ausbreiten. Die Vermutung lag nahe, daß dem einundzwanzigjährigen Abd ar-Rahman III., der in der Nacht vom 15. zum 16. Oktober 912 seinem Großvater Abdallah, der im Alter von 68 Jahren gestorben war, nachfolgte, nur eine kurze Regierungszeit beschieden sein würde. Die Hauptsorge des neuen Emirs galt der Wiederherstellung der angeschlagenen fürstlichen Autorität. Ein günstiges Ventil zur Freisetzung der aufgestauten Spannungen und Energien war die Wiederaufnahme der saisonalen Feldzüge gegen die christlichen Reiche der Halbinsel. Bei dem sehr kurzen Feldzug von Monteleón, zwischen 912 und 913, gelang es, siebzig Festungen und dreihundert Stellungen von zweitrangiger strategischer Bedeutung zurückzuerobern. Im darauffolgenden Jahr wurde der unbeugsame Ibn Hafsun, der drei Jahre später an einer Krankheit starb, zur Kapitulation gezwungen. Er war bereits damals in einer Verfassung, in der er keinen Schaden mehr anrichten konnte.

Toledo, das bei Aufständen gegen die Omaijaden-Hauptstadt immer an erster Stelle stand, hatte bislang widerstanden. Da die Stadt über reiche Vorratslager verfügte, konnte die alte Hauptstadt der Westgoten, die vergeblich König Ramiro II. von Asturien und León um Hilfe angerufen hatte, erst nach zweijähriger Belagerung erobert werden.

Schließlich schlug man auch gegen die Christen von Asturien und Pamplona eine entschiedenere Politik ein. Nachdem sie ihre Hauptstadt von Oviedo nach León verlegt hatten, lebten die Christen in Asturien seit 911 in einer Phase verhältnismäßiger Ruhe und konnten zuweilen sogar einen militärischen Erfolg

erringen. Abd ar-Rahman III. entschloß sich deshalb 918 und 919, seinem *Hadschib* (dem ersten Amtsträger des Emirs) Badr ibn Ahmad den Oberbefehl in den Feldzügen zu übertragen; sie endeten mit einem Sieg über die Truppen des Königs Ordoño II. Damit nicht zufrieden, führte im Jahr darauf der Emir persönlich den sogenannten Feldzug »von Muez« und fügte den Christen die schmerzlichste Niederlage seit Beginn der muslimischen Besetzung Spaniens zu. Im Feldzug von Pamplona, 924, wurde sogar die Hauptstadt des Königs von Navarra, Sancho I. Garcés, von den Heeren Abd ar-Rahmans III. eingenommen; erst in Ramiro II. fand der Emir einen ebenbürtigen Gegner.

Der *Imperator* und *Rex Magnus* Ramiro (der mit solchen Titeln vielleicht dem kalifalen Pomp, den Abd ar-Rahman III. seit kurzem pflegte, zu begegnen suchte, sicher jedoch den Anspruch nach Wiederherstellung einer gotischen Einheit und außerdem die politische Vormachtstellung seines Reiches unterstreichen wollte) konnte bereits 933 über die gegen Osma marschierenden arabischen Heere einen Erfolg erringen. 933 gelang Ramiro und seinen kastilischen und navarresischen Verbündeten (und mit Unterstützung des muslimischen Rebellen Omaija ibn Ishaq al-Quraschi) in einem Vorstoß, für den 100000 Mann aufgeboten worden sein sollen und den Abd ar-Rahman »Feldzug der Allmacht« *(Ghazwat al-Qudra)* nannte, bei Simancas ein großartiger Sieg. Abd ar-Rahman III. entkam dem anschließenden Gemetzel unter den Muslimen mit knapper Not, verlor aber einen sehr wertvollen Koran, den er stets bei sich trug. Von da an marschierte der Omaijade nicht mehr an der Spitze seiner Truppen sondern überließ anderen diese riskante Aufgabe.

Erst der Tod Ramiros ermöglichte einen muslimischen Gegenangriff mit einer Reihe von glücklichen Offensiven, durch die man jedoch nie das Territorium des *Bilad al-Andalus* auszudehnen beabsichtigte, sondern nur darauf aus war, Tribute aufzuerlegen und das Eigentum des Feindes zu plündern. Diese Feldzüge waren möglich, weil man über einen sehr beweglichen Kriegsapparat verfügte, in dem Abteilungen von eingezogenen Wehrpflichtigen dienten, Söldner meist berberischen oder nordafrikanischen Ursprungs und Kämpfer für den Heiligen Krieg, welche an der spanischen Front ständig den Christen gegenüberstanden und bereitwillig die Gelegenheit ergriffen, dieser verdienstvollen religiösen Pflicht zu genügen.

Die Gesamtzahl der Soldaten Córdobas schwankte zwischen 30000 und 35000 Mann, darunter etwa 20000 Wehrpflichtige. Die Söldner galten unbestrit-

Auf dieser Seite: Beispiele arabisch-spanischer Keramik. Links: Schalen mit Lüsterdekor aus Manises (Valencia). Unten: Alhambra–Vase aus Granada, 13. Jh. Das Zentrum der Keramikindustrie im Westen war Valencia. Besonders gesucht waren in Europa auch islamische Gewebe. Heute noch gebräuchliche Ausdrücke wie Damast, Mousselin *(aus Mossul),* Baldachin *(aus Bagdad), um nur einige Beispiele zu nennen, zeigen, wie weit die Verbreitung orientalischer Stoffe reichte. Als die Nachfrage zunahm, wurden die fernen Märkte durch einheimische Industrien ersetzt. In Spanien entstand eine Produktion, die deutlich das islamische Vorbild nachahmte, das im 11. und 12. Jahrhundert seine Blütezeit hatte. Das rechts abgebildete islamisch-spanische Gewebe wird in der Kathedrale von Autun aufbewahrt. Es zeigt ein klassisches Motiv mit phantastischen Wesen, die in Medaillons gefaßt sind. Das sassanidische Vorbild ist leicht zu erkennen.*

ten als die diszipliniertesten und waren am besten ausgerüstet, was ihnen übermäßig viel Macht eintrug und à la longue zum Zusammenbruch des Omaijadenkalifats beitrug. Während die Christen Schwierigkeiten hatten, zu einem erschwinglichen Preis ein gutes Pferd aufzutreiben, nahm die Schar der Berittenen auf muslimischer Seite laufend zu und entschied mehr als einmal den Ausgang einer Schlacht zugunsten der wendigeren Muslime.

Zur Bewaffnung der Reiter, die Spezialsättel benutzten, gehörten Lanzen und Streitäxte, die Fußtruppen waren größtenteils mit Piken und eisenbeschlagenen Keulen ausgerüstet. Die Schwerter und Dolche in großer Vielfalt fehlten natürlich weder bei den einen noch bei den anderen. Gemeinsam mit den Bogenschützen hatten Spezialabteilungen von Schleuderern und Lanzenwerfern die Aufgabe, vor dem Hauptansturm die gegnerischen Reihen zu verwirren. Falls Schutzkleidung vorhanden war, bestand sie meist aus Kettenhemden oder Lederpanzern, die durch Metallplatten verstärkt waren; daneben gab es aber auch Helme, Bein- und Armschienen. Die Regierung bot ununterbrochen ein Heer von Handwerkern auf, die regelmäßig eine Art staatliches Zeughaus, die *Chizânat as-silâh,* belieferten, in dem alle Ausrüstungsgegenstände aufbewahrt wurden. Man verfügte über zahlreiche Kriegsmaschinen wie zum Beispiel Katapulte, Ballisten und Wurfschleudern, die bei Belagerungen eingesetzt wurden. Das andalusische Heer besaß aber auch den nötigen logistischen Apparat (Tragtiere, Feldküchen, Zelte) und bot seinen Männern Dienste besonderer Art an, indem eine Anzahl von Frauen im Gefolge des Heeres mitziehen durfte, um für die körperliche und seelische Entspannung der Kämpfer zu sorgen.

Nachdem er die Lage im Innern konsolidiert und eine großzügige Außenpolitik in die Wege geleitet hatte, unternahm der achte omaijadische Emir von al-Andalus zu Beginn des Jahres 989 den bedeutendsten und ehrgeizigsten Schritt in seiner brillanten Laufbahn. Er ernannte sich selbst zum Kalifen und legte sich den *Laqab* (Beiname) *an-Nasir li din Allah* (siegreicher Kämpfer für die Religion Gottes) zu. Der Rückgriff auf die Bezeichnung *Chalîfat rasûl Allâh* (Kalif, Nachfolger oder Stellvertreter des Gesandten Gottes, d. h. des Propheten Mohammed) verwies auf ein ganz bestimmtes Aktionsprogramm und forderte sowohl die heterodoxe Dynastie der Fatimiden wie auch die der abbasidischen Rivalen heraus.

Der neue Titel wurde jetzt auf den Münzen und den kostbaren Stoffen des *Tiraz* besonders hervorgehoben. Man sollte von den Omaijaden von Córdoba nicht länger als von »Söhnen von Kalifen« *(Banu l-Chalâ'if),* Königen *(Malik)* oder einfachen Emiren *(Amîr)* sprechen. Von nun an würde man den traditionellen Ausdruck *Amîr al- mu'minîn* gebrauchen, den man in ungenauer Übersetzung oft mit »Beherrscher der Gläubigen« wiedergegeben hat, der aber seit der Zeit des zweiten Kalifen von Medina, Omar, etwa die gleiche Bedeutung hat wie der Titel *Chalîfat rasûl Allah.* Das Hofzeremoniell wurde noch formeller und strenger, und der Kalif, der sich dem Volk nur selten und zu besonderen Anlässen zeigte, durfte nur noch ehrfürchtig in der dritten Person angeredet werden. Um die Distanz zu seinen Untertanen noch hervorzuheben, ließ der Kalif seit 936 im Nordwesten seiner Hauptstadt eine seinem neuen Rang angemessene Residenz bauen, obwohl Córdoba mit seinen 700

Das Innere der Kirche von Santa Maria la Blanca. Dieses Gebäude im Mudéjarstil, *heute eine christliche Kirche, war die älteste Synagoge von Toledo. Gegründet 1180, im 13. Jahrhundert wiedererrichtet und 1405 in eine Kirche umgewandelt, befindet sie sich im ehemaligen Judenviertel der Stadt, der Judería. Die jüdische Kolonie spielte nicht nur kulturell, sondern auch politisch eine tragende Rolle im islamischen Spanien und während der ersten Jahrhunderte der* Reconquista. *Bekannt ist, daß jüdische Gelehrte an der Übersetzung arabischer und hebräischer Werke ins Lateinische mitwirkten. Bei dieser bedeutenden Tätigkeit taten sich die Übersetzer der Schule von Toledo besonders hervor, auch und vor allem in den zwei Jahrhunderten, die auf die Rückgewinnung durch die Christen im Jahr 1085 folgten. Die Größe der arabisch-jüdischen Kultur wird uns durch das Werk vieler hervorragender Persönlichkeiten bezeugt, es sei nur an den Philosophen und Dichter Salomon ibn Gabirol (ca. 1022–1058) erinnert, den Astronomen Abraham ibn Hijja (gest. 1136) und vor allem an den Philosophen und Juristen Mosche ben Maimon, den Abendländern unter dem Namen Maimonides bekannt (1135–1204). Aus dem heimatlichen Córdoba siedelte er nach Kairo über, wo er auch die Funktion des Hofarztes bei Saladin ausübte. Es war folglich kein Zufall, wenn zu Beginn des 13. Jahrhunderts die Juden in Granada eine beherrschende Stellung einnahmen. Hier wurde Samuel ibn Neghralla, Talmudgelehrter, Grammatiker, Dichter, ab 1207 Vorsteher der bedeutenden israelitischen Gemeinde der Stadt, und – wenn auch nur für kurze Zeit – oberster Beamter bei Hofe.*

Moscheen und 300 öffentlichen Bädern damals eine der größten und prächtigsten Städte der Erde war. Es wurden 10000 Arbeiter angestellt, die besten Architekten, Bildhauer und Maler sowie Mosaikfachleute aus byzantinischer Schule. Zwanzig Jahre nach Beginn der Bauarbeiten konnte die neue Hauptstadt eingeweiht werden und erhielt galanterweise nach einer Lieblingsfrau an-Nasirs den Namen Madinat az-Zahrâʾ, die Stadt az-Zahrâʾs. In der Hoffnung, aus der Nähe zum Kalifenhof persönliche Vorteile schlagen zu können, siedelten sich dort bald die geschicktesten Handwerker, die Angehörigen des mittleren und oberen Bürgertums, die vermögendsten Kaufleute und die Beamtenschaft des komplexen Regierungsapparates an. Die zahlreichen Verwaltungsbeamten unterstanden weiterhin der Autorität des *Hadschib,* der wegen der Unzugänglichkeit des Kalifen zum zweiten Mann im Staate geworden war. Er entsprach genau dem abbasidischen Wesir, der allein dem Kalifen Rechenschaft schuldete, und war dazu ausersehen, die gesamte Zentral-, Militär- und Provinzverwaltung des Staates zu leiten und für die Aufrechterhaltung der öffentlichen Ordnung zu sorgen. Er führte sogar des öfteren die saisonalen Feldzüge gegen die christlichen Feinde an.

Ihm unterstanden die verschiedenen Minister *(Wazîr),* die mit der Leitung der einzelnen Verwaltungsressorts betraut waren und wie ihr Vorgesetzter großzügig aus der Staatskasse entlohnt wurden. Die Wesire führten den amtlichen Schriftverkehr und verwalteten die Finanzen; sie waren verpflichtet, über alle Ein- und Ausgaben genau Buch zu führen. Der Kalif an-Nasir ließ diese Beamten unter die Aufsicht von vier Sonderbeauftragten stellen, die die Korrespondenz mit den Provinzen und Grenzgebieten zu überprüfen hatten, die darüber wachten, daß die administrativen Entscheidungen des Kalifen auch ausgeführt wurden, und die die Bittschriften der Untertanen an den Kalifen erledigten.

Die Verbindungen zu den Verwaltungen der Randgebiete gewährleistete ein gut funktionierender Postdienst *(Barîd,* aus dem lateinischen *veredus),* der einem sehr einflußreichen Beamten unterstand, welcher auch für die Sicherheit des Straßennetzes sorgte. Wie ein regelrechter Spionageabwehrdienst hatte er Nachrichten für die Hauptstadt zu sammeln und weiterzuleiten und garantierte, daß die Kuriere stets frische Pferde erhielten. Um die vielschichtige militärische und administrative Struktur zu erhalten und der Staatskasse angemessene Einkünfte zu sichern, benötigte man ein ausgeklügeltes Finanzsystem. Die Einnahmen kamen aus Tributen von Vasallen, aus gesetzlich festgelegten und außerordentlichen Steuern, aus Gabellen und Zollgebühren.

Tributpflichtig waren vor allem einige Familien und Persönlichkeiten, die sich in verschiedenen Teilen von al-Andalus eine gewisse Selbständigkeit erkämpft hatten, ohne daß sie die Oberhoheit Córdobas in Frage stellten. Sie hatten sich verpflichtet, jährlich einen bestimmten Geldbetrag zu zahlen. Nach einer koranischen Vorschrift mußte jeder Muslim auf seine Erträge eine Art Zehnten als gesetzliche Abgabe an die Obrigkeit entrichten. Sobald sich die Notwendigkeit ergab, konnten darüber hinaus außerordentliche Steuern erhoben werden, d.h. Zahlungen, die über den Zehnten der Muslime und die *Dschizja* und den *Charadsch* der *Dhimmis* hinausgingen. Diese außergewöhnlichen Abgaben waren sehr unbeliebt, nicht

Eine weitere Spur für die jüdische Präsenz in Toledo ist die ehemalige Synagoge. 1366 erbaut, wurde sie nach der von den christlichen Königen 1492 dekretierten Vertreibung der Juden in die Kirche der Santa Maria del Tránsito umgewandelt.

zuletzt deshalb, weil die Regierenden häufig damit Mißbrauch trieben. Um diese Steuern abzukassieren, bediente man sich bestimmter Personen, die die geschätzten Summen jeweils im voraus an die Staatskasse entrichteten und die es übernahmen, diese Beträge wieder einzutreiben (wobei sie fast immer mehr verlangten als sie bezahlt hatten). Es liegt nahe, daß die Beamten der zentralen Steuerverwaltung, die für die staatliche Buchführung verantwortlich waren, selten lange auf ihren Posten blieben. Man forderte häufig Rechenschaftsberichte von ihnen und – etwas weniger häufig – ihren Kopf.

Der Herrscher bezog aus einer Kasse, in die zu Kriegswie zu Friedenszeiten ein Fünftel der staatlichen Einkünfte und ein bestimmter Anteil aus den Einnahmen auf den Märkten flossen, eine persönliche Apanage. Aus demselben Budget wurden die Kosten für den Hofstaat, der Sold für die Leibwache und die Entschädigungen und Pensionen, auf die einige Verwandte des Herrscherhauses einen Anspruch hatten, bestritten.

Die Rückeroberung Spaniens vollzog sich in zwei Akten, die durch ein langes Zwischenspiel getrennt sind. Gegen die Mauren vereinten sich die Herrscher der christlichen Königreiche in Spanien, französische Fürsten und Ritter, die teils abenteuerlustig, teils vom Ideal der Kreuzzüge beseelt waren, Schiffe aus Pisa und Genua und neue militärisch-religiöse Orden. Die Päpste erkannten denjenigen, die sich aktiv am Kampf beteiligten, Namen und Privileg eines Kreuzfahrers zu. Anfänglich handelte es sich eher um Handstreiche, die die Muslime in den Grenzgebieten zermürben und in Schach halten sollten, als um eine dauerhafte Besetzung von Territorien. Aber im 11. Jahrhundert nahm die Auseinandersetzung an Schärfe zu, da der erneuerte religiöse Eifer und die Vorstellung von einem Kampf des vereinigten Abendlandes gegen den Islam dazu ermunterte.

Die Bibliothek von Córdoba

Die glanzvolle Periode, die unter der Herrschaft Abd ar-Rahmans begonnen hatte, setzte sich unter seinem Nachfolger al-Hakam II. fort. Dieser nahm im Jahre 961 den *Laqab al-Mustansir billah* (der durch Gott den Sieg erhält) an.

Obwohl dies kaum möglich scheint, sollte sein fünfzehn Jahre währendes Kalifat noch prächtiger werden als das seines Vaters. Nicht zuletzt dank der persönlichen Neigungen des neuen Kalifen erlebten die Künste und Wissenschaften unter al-Hakam II. eine nie gekannte Blüte. Mit der kulturellen Entwicklung ging ein Anstieg der Bevölkerungszahl des Kalifats einher, ein untrügliches Zeichen für den wirtschaftlichen Wohlstand. Córdoba zählte nunmehr in seiner Innenstadt *(Madîna),* die durch sieben Tore abgeschlossen war, und mit seinen einundzwanzig Vorstädten *(Rabad)* 300000 Seelen, eine Einwohnerzahl, die Paris erst im 14. Jahrhundert erreichen sollte. Wenige Jahre später beherbergten »Groß-Córdoba« und die Städte Madinat az-Zahrâ' und Madinat Zâhira zusammen beinahe eine halbe Million Einwohner.

Die Große Moschee wurde noch einmal erweitert und verschönert, und die spanisch-maurische Kunst erlebte eine unvergleichliche Blüte. In einem Land, das für sein hohes Bildungsniveau und die Liebe zu den Büchern berühmt war, spiegelte die Privatbibliothek

Die Auseinandersetzung zwischen dem Islam und den Christen kannte wechselndes Kriegsglück. Entscheidend war 1212 der christliche Sieg bei Las Navas de Tolosa. Der vollständige Sieg über die Almohaden bedeutete den Zusammenbruch ihrer Herrschaft. Die Beute der christlichen Heere war groß (auf der Abbildung oben links: eine arabische Standarte, eine Trophäe, die die Christen in dieser Schlacht erbeuteten. Sie wird im Real Monasterio de las Huelgas in Burgos aufbewahrt.) Nach dem Sieg bei Las Navas de Tolosa fiel eine muslimische Festung nach der anderen. Die Balearen wurden zwischen 1229 und 1236 erobert (unten links und rechts: die Eroberung von Palma de Mallorca, Details auf einem Fresko aus dem 13. Jahrhundert, aus dem Museo de Arte Catalana in Barcelona). Córdoba kapitulierte 1236 vor Ferdinand III. von Kastilien, Valencia 1238, Sevilla 1248, Cádiz 1250. Mit der Eroberung dieser Stadt senkte sich der Vorhang über den ersten Akt der Reconquista. *Die christlichen Könige waren nunmehr damit beschäftigt, sich untereinander zu bekämpfen. Dieses Intermezzo sollte zwei Jahrhunderte dauern, bis Kastilien und Aragonien den Kampf gegen die Mauren wiederaufnahmen und sie endgültig von der Halbinsel vertrieben.*

al-Hakams II. besser als alles andere das Goldene Zeitalter wider, welches das Kalifat von Córdoba damals erlebte. Die gewaltige Menge von 400000 Handschriften sollte in der Folgezeit, zur Zeit der *reinos de taifas,* nur noch Ibn Abbas, ein reicher Wesir des »Slawenfürsten« Zuhair von Almería, in seiner Bibliothek zusammentragen. Eine Zeitlang schien es, als ob al-Hakam II. für seine Bibliothek keinen direkten Erben haben sollte, ja, es stand sogar zu befürchten, daß die Dynastie, die unmittelbar vom Immigranten abstammte, aussterben würde. Wie so häufig in der islamischen Gesellschaft Andalusiens stellte sich nämlich heraus, daß die sexuellen Vorlieben des Kalifen von ganz besonderer Art waren. Ihm wurde trotzdem ein Sohn geboren, nachdem eine Konkubine, Subh, so schlau war, sich ihrem erhabenen Gatten zum Zeugungsakt im Ephebenkleid eines Jünglings zu präsentieren. Die Frucht dieser kuriosen Umarmung sollte sterben, aber es wurde ein neuer männlicher Nachkomme gezeugt, Abu l-Walid Hischam, der später für eine nicht sehr glückliche Fortsetzung der Omaijadendynastie sorgte. Noch minderjährig wurde er 976 mit dem *Laqab al-Mu'ajjad billah* (der von Gott siegreichen Beistand erhält) der Nachfolger seines Vaters.

Der schwächliche Sohn al-Mustansirs hätte dem Staat sicher bald schwersten Schaden zugefügt, wäre nicht durch eine jener eigenartigen Fügungen der Geschichte eine Persönlichkeit mit überragenden Eigenschaften und Ambitionen auf dem Schauplatz al-Andalus aufgetreten. Abu Amir Muhammad ibn Abi Amir al-Ma^cafiri, später bekannt unter dem *Laqab al-Mansur* (der durch Gott Siegreiche), von Nichtarabern zu »Almansor« verballhornt, führte die Machtpolitik, die Abd ar-Rahman III. und al-Hakam II. eingeleitet hatten, weiter und baute sie aus. Beim Tode al-Hakams II. war er Inspekteur der in Córdoba stationierten Söldnertruppen gewesen. Durch geschickte Allianzen, von denen er sich im geeigneten Augenblick ohne Skrupel wieder zu lösen wußte, und durch die Unterstützung, die ihm die Mutter des jungen Kalifen Hischam II. gewährte, deren Geliebter er auch bald wurde, sollte Ibn Abi Amir sehr schnell zum *Hadschib* und damit in Wahrheit zum unumschränkten Herrscher von al-Andalus werden. Bei den aufsehenerregenden Feldzügen gegen die christlichen Gegner führte er sein Land mit harter Hand.

Er war klug genug, in einem Land, das der Omaijadendynastie größte Anhänglichkeit bewies, die dynastische Frage nicht aufzuwerfen. Der junge Hischam blieb nominell Kalif, wurde jedoch mit allen erdenklichen Bequemlichkeiten verwöhnt und in seinen Palästen mit so viel Luxus überhäuft, daß er Ibn Abi Amir in der Führung der Staatsgeschäfte freie Hand ließ. Der neue *Sajjid* (Herr) und »edle Herrscher« *(Malik karîm)* widmete sich der Reformierung des bereits sehr mächtigen Heeres und beraubte es fast vollständig seines Stammescharakters. Zu diesem Zweck umgab er sich mit Europäern, die als Kinder geraubt oder gekauft und gemäß islamischer Lebensformen erzogen und ausgebildet worden waren. Diese Slawen – da sie oft slawischer Herkunft waren, nennen wir sie Slawen (arabisch *Saqâliba)* – wurden einflußreiche Soldaten und Verwalter, die ihrem Herrn und seiner Familie bedingungslos ergeben waren. Zu einem späteren Zeitpunkt wurden ihnen berberische Abteilungen angeschlossen, so daß das Heer auf eine Stärke von 60000 bis 70000 Mann anwuchs. Mit einer solchen Streitmacht war Almansor in der Lage, innerhalb von zwanzig Jahren nicht weniger als siebenundfünfzig militärische Expeditionen durchzuführen und die christlichen Königreiche im Norden und Nordwesten sommers wie winters heimzusuchen. Nachdem al-Hakam II. bereits 974 in der Schlacht von Gormaz León, Navarra und Kastilien Niederlagen beigebracht hatte, eroberte Almansor 981 Zamora und Simancas, 985 Barcelona, und 988 gelang ihm sogar die Einnah-

Nach dem Zerfall des Omaijadenkalifats und dem Niedergang seiner Hauptstadt Córdoba im Jahr 1031 blühte Sevilla auf. Es wurde zur Hauptstadt eines unabhängigen Reiches, das zuerst von der Dynastie der Abbasiden, dann von den Almorawiden und schließlich von den Almohaden regiert wurde, die sie mit zahlreichen Bauwerken ausstatteten. Als Alfons III. sie für die Christenheit eroberte, sah er eine Stadt vor sich, die durch die Pracht ihrer Bauten und Denkmäler glänzte. Am Horizont zeichneten sich die Umrisse des Torre del Oro und das Minarett der großen Moschee ab, heute der Glockenturm (Giralda genannt) der Kathedrale (beide Bauwerke sind im Vorder- bzw. Hintergrund der Abbildung links oben zu sehen), und vor allem der beeindruckende Gebäudekomplex der Alcazaba, die den Alcázar, Festung und Bleibe der Maurenfürsten, einschloß. Der Alcázar wurde in der Folgezeit zwischen 1364 und 1366 von Pedro dem Grausamen grundlegend umgestaltet, so daß daraus das vollendetste und höchstentwickelte Beispiel des Mudéjar*stils entstand. Die Bilder auf diesen Seiten zeigen einige Ansichten des großartigen Palastes. Man sieht, daß noch Jahrhunderte nach dem Ende der islamischen Herrschaft der maurische Geschmack weiterlebte, Zeichen einer Kultur, die unauslöschlich geworden war. Oben: eine Flucht von Säulenbögen auf den Patio de las Muñecas. Unten und rechts: Ausschnitte aus dem Gesandtschaftssaal, dem schönsten Raum des Alcázar, dessen Dekor auf Pedro I., den Grausamen zurückgeht, mit einer aus Holz gearbeiteten vergoldeten Kuppel von 1420.*

me und Zerstörung Leóns. Daß es Almansor gelang, mit seinem Heer das ehrwürdigste Heiligtum des christlichen Spanien, das Symbol für den Widerstand und den Stolz eines ganzen Volkes, zu erobern und zu plündern, blieb seine bedeutendste Tat. Die Zerstörung des Heiligtums von Santiago de Compostela im Jahr 997 schien die militärische und politische Vorherrschaft des Islam endgültig zu besiegeln. Die Stadttore ließ man von einer riesigen Zahl von Gefangenen fortschleppen, um damit die Große Moschee von Córdoba zu schmücken. Zu ihrer Ausleuchtung verwendete man ausgerechnet die Kirchenglocken von Santiago als Lampen. Die Beute, die Almansor von seinen Feldzügen mit nach Hause brachte, war so groß, daß angeblich wegen des Überangebots die Preise für Sklaven auf den muslimischen Märkten Spaniens völlig zusammenbrachen. Indem er sich als strenger Wächter islamischer Moral gebärdete, sicherte sich Almansor die Unterstützung der frommen Bevölkerungsteile. Er ließ sogar die berühmte Bibliothek al-Hakams von allen Büchern säubern, die nicht eindeutig orthodoxen Inhalts waren. Almansors Herrschaft war so unangefochten, daß der amiridische Diktator sich veranlaßt sah, es dem Kalifen an-Nasir nachzutun und selbst Städte erbauen zu lassen. Das neue Schmuckstück Andalusiens, diesmal war es östlich von Córdoba angelegt, sollte Madinat Zâhira heißen, die »leuchtende Stadt«. Alle für die Verwaltung des Kalifats erforderlichen Regierungsgebäude wurden dorthin verlegt. In Zukunft empfing er hier wie ein absolutistischer Herrscher die Gesandtschaften der tributpflichtigen Staaten und all derjenigen, die zu dem mächtigen *Bilad al-Andalus* freundschaftliche Beziehungen unterhielten. Hier lebte er in Zu-

kunft mit seinen verschiedenen Frauen, von denen zwei Töchter spanischer Monarchen waren. Die Tochter Sancho Garcés II. Abarca von Navarra, schenkte ihm einen Sohn, der ihm, immer noch unter Hischam II., im Amt des *Hadschib* folgen, jedoch das Lebenswerk des Vaters ruinieren sollte. Von einer anderen Frau Almansors, der Tochter des Königs von León, Bermudo II., ist uns die grobe Antwort überliefert, die sie ihren christlichen Begleitern, die sie ihrem Bräutigam zuführten, gab, als sie um Fürsprache bei Almansor für ihr Königreich baten. Die junge Dame, die nach der Überlieferung Teresa hieß, soll entgegnet haben: »Den Lanzen der Krieger und nicht den Schenkeln seiner Frauen vertraut ein Land den Schutz seiner Ehre an.« Ein Satz voller Verachtung also, und ihre Glaubensgenossen sollten bald unter Beweis stellen, welch unauslöschlichen Eindruck er bei ihnen hinterlassen hatte.

Almansors Macht war so groß, daß er ohne viel Mühe alle Christen der Halbinsel im Zustand der Unterwerfung halten konnte. Im Jahr 1000 wurde eine Koalition, die der Graf von Kastilien, Sancho García, angeregt hatte, und an der sich Asturier, Leonesen und Navarresen beteiligten, von Almansor in der Schlacht von Peña Cervera mit leichter Hand zerschlagen. Zwei Jahre später starb der amiridische Diktator. Als er, bekleidet mit seinem Kettenhemd, im Hof des Alcázar von Medinaceli begraben wurde, trauerten die Muslime und vor allem sein Heer, die Christen dagegen jubelten. Nach dem grollenden und noch immer ängstlichen Kommentar des CRONICON BURGENSE fuhr er direkt »zur Hölle«.

Der Zerfall des Kalifats setzte eigentlich erst nach dem Tod von Almansors Sohn *al-Muzaffar* (der Triumphator) ein. Sein Stiefbruder Abd ar-Rahman Sanchol (oder Sanchuelo), der ihm unter dem Beinamen *al-Ma'mun* nachfolgte, war daran nicht ganz unbeteiligt. Was in zweieinhalb Jahrhunderten mit Geduld, großem Geschick und Glück aufgebaut worden war, erlebte in knapp zwanzig Jahren einen elenden und abrupten Niedergang. Um einen so plötzlichen und endgültigen Verfall zu erklären, dürfte jedoch die Unfähigkeit des neuen amiridischen *Hadschib*, der die Unverfrorenheit besaß, sich zum Erben des schwächlichen Kalifen Hischam II. ausrufen zu lassen, nicht ausreichen. Die sozialen und ethnischen Spannungen im Omaijadenreich trugen sicher genauso dazu bei. Möglicherweise war Almansors Regime einerseits zu sehr unter berberischen Einfluß geraten, andererseits bestand in al-Andalus seit jeher die Neigung zum Partikularismus. Es steht fest, daß Hischam II. das Opfer einer Verschwörung

Die Abbildungen auf diesen Seiten zeugen von Phantasie und Vielfalt der Ornamentik in der islamischen Kunst Spaniens. Von links: Detail einer Fliese, wo arabische Schriftzeichen rein dekorativ verwendet sind (17. Jahrhundert). Detail einer Tür der Alhambra in Granada; Gruppe von vier Fliesen aus dem 16. und 17. Jahrhundert. Auf Seite 63: eine weitere Dekorfliese aus der Alhambra; Ausschnitt aus dem Alcázar von Sevilla; zwei Dekorfragmente der Alhambra in Granada. Die weite Verbreitung von farbigen Kacheln, wie man sie noch heute in Spanien und Portugal antrifft, ist eindeutig arabisches Erbe. Dies beweist auch das Wort azulejos *selbst, das für diese Erzeugnisse verwendet wird.*

Der Glanz des Dekors in der islamischen Kunst ist wohl eine Folge des alten semitischen Verbots der figürlichen Darstellung von Menschen und Tieren. Die Phantasie der Künstler konzentrierte sich daher auf die Ornamentik. Sie kam in nichtfigürlichen und geometrischen Formen zum Ausdruck, in verschlungenen Vierecken, Kreisen, Sternen, unterbrochenen Linien. Pflanzliche Elemente, Zweige und Blüten am Rande der Stilisierung fanden Verwendung, man machte sich die Schönheit der Schrift zunutze und verwandelte sie in ein Kunstwerk. Die verschieden kombinierten Motive bildeten die Arabeske, den bezeichnendsten Ausdruck für die Neigung zur Abstraktion in der islamischen Ornamentik, wie sie in allen Bereichen der Kunst, von der Architektur bis zur Keramik, von den Miniaturen bis zu den Textilien vorkommt.

wurde, die unter anderem die Mutter des verstorbenen al-Muzaffar und Mitglieder derselben Omaijadenfamilie angestiftet hatten. Hischam II. wurde zur Abdankung gezwungen und der Omaijade Muhammad ibn Hischam ibn Abd al-Dschabbar, der dann unter dem Beinamen *al-Mahdi billah* (der von Gott Rechtgeleitete) als Muhammad II. regierte, *manu militari* an die Macht gebracht.
Die Unfähigkeit des Nachfolgers Hischams II. wurde nur noch von seiner Grausamkeit übertroffen. Der neue Kalif entschied, daß Madinat az-Zahra dem Erdboden gleichgemacht werden sollte und ließ Sanchuelo ermorden. Daraufhin brachen im Lande Unruhen aus, die zu einem weiteren Vertrauensverlust beim Volk führten, das zudem unter dem aufrührerischen Verhalten und den Gewalttätigkeiten der Berber und der zahlreichen Soldaten, die unter Almansor und al-Muzaffar gedient hatten und von al-Mahdi entlassen worden waren, litt. Die Christen zogen aus dieser neuen Lage natürlich sofort ihren Gewinn. Sie trauten ihren Augen nicht, als sie so Zeugen des Selbstmords eines Regimes wurden, das sie bis dahin so grausam unterdrückt hatte. Am 30. November 1031 wurde in Córdoba offiziell das Ende des Omaijadenkalifats verkündet. Angewidert von der offenkundigen Unregierbarkeit des Landes und von den ehrgeizigen Gelüsten gieriger und unfähiger Aufwiegler sprachen sich die Bürger der Stadt für eine Republik aus, die von einem Rat von Notabeln regiert werden sollte. Sein eigentliches Ende hatte das Omaijadenkalifat im Grunde aber schon am 9. Mai 1013 gefunden, als die Berber die Stadt geplündert, den Kalifen Hischam II. (dem es gelungen war, noch einmal an die Macht zurückzukehren) getötet und das unschätzbare bibliophile Erbe al-Hakams II. vernichtet oder verschleudert hatten. In diesem Augenblick wurde der edelste Teil der andalusischen Kultur für immer vernichtet.

Die Mulûk at-tawâ 'if

Da sich kein neuer Führer fand, der die auseinanderstrebenden Kräfte aufzuhalten vermochte, zerfiel al-Andalus innerhalb kurzer Zeit in eine Reihe kleiner und größerer Republiken, Fürstentümer oder Königreiche. Sie wurden oft von der sogenannten Aristokratie der Feder oder des Schwertes regiert, Juristen oder Militärs also, die die Gelegenheit nutzten, ihrem Ehrgeiz und ihrem mehr oder minder großen Organisations- und Regierungstalent freien Lauf zu lassen.

Ein seltenes Zeugnis für maurische Kleidung des 15. Jahrhunderts ist in den Gewölben der Sala de los Reyes in der Alhambra von Granada erhalten. Es handelt sich um zehn auf Leder gemalte Gestalten (hier sind sechs davon abgebildet), die vielleicht Maurenkönige darstellen oder, was noch wahrscheinlicher ist, die Sitzung des Diwan, *des Rats der Oberhäupter von Granada.*

Araber, Berber oder »Slawen«, die sich nach dem Ende der Amiridendiktatur selbständig gemacht hatten, sicherten sich in den verschiedenen Landesteilen der Iberischen Halbinsel persönliche Machtbereiche, in denen sie regierten *(Reinos de taifas)*.
In Dénia (wo später einer der kultiviertesten und glänzendsten Fürstenhöfe von ganz al-Andalus, der ehrgeizige Pläne im Mittelmeer verfolgte, seinen Sitz hatte) herrschten Slawen, in Granada etablierte sich ein ziridisches Berberfürstentum und in Sevilla, das bald zur bedeutendsten Stadt von al-Andalus aufsteigen sollte, ein arabisches.
Bereits 1023 hatte sich der Richter *(Qâdi)* Abu l-Qasim Muhammad ibn Abbâ aufgrund seiner unbestreitbaren Fähigkeiten die Wertschätzung der Bürger von Sevilla erwerben können, so daß die Stadt ihre Geschicke bald ihm und seinen Nachkommen anvertraute. Mit dem Sohn des *Qadi, al Mu^{c}tadid billah* (der auf Gott Vertrauende), brachte die Abbasidendynastie einen fähigen Regenten hervor. Er strebte die Vorherrschaft über die Reste des einstmals großen Kalifats von Córdoba an und versuchte, sich dadurch zu legitimieren, daß er einen Töpfer, der Hischam II. zum Verwechseln ähnlich sah, als den Omaijadenkalifen ausgab und sich von ihm zum *Hadschib* ernennen ließ. Er behauptete, Hischam habe der Verwüstung Córdobas glücklich entrinnen können und sei nach langem Umherirren in den Osten geflüchtet, wo er die verschiedensten Berufe ausgeübt habe.
Auch unter *al-Mu^{c}tamid ^{c}ala Allah* (der auf Gott Vertrauende) dehnte sich Sevilla zu Lasten der benachbarten *Taifas* aus. Al-Mu^{c}tamid verfügte zwar nicht über die politischen und militärischen Fähigkeiten seines Vaters, erwies sich aber als ein Dichter von Format und wurde wegen seiner künstlerischen Einfühlsamkeit geschätzt.
Trotzdem konnte er nicht verhindern, daß unter seiner Herrschaft Córdoba erobert wurde. Zur selben Zeit begründete nämlich Alfons VI., der auf seinem Haupte die Kronen von León (wo die Idee der Wiedererrichtung des Gotenreiches besonders lebendig war) und Kastilien vereinigte, seine militärische Macht. (Gerade Kastilien, mit seinen unverbrauchten Kräften, wurde zum wahren Vorkämpfer und Inspirator der Ideale der *Reconquista*.)
Die endgültige Eroberung Toledos durch Alfons VI. – die Stadt war schon vorher Kastilien und León tributpflichtig gewesen – rief in den Reihen der Muslime große Bestürzung hervor, brachte sie aber nicht dazu, ihre Zwistigkeiten zu überwinden. Wenig später geriet sogar Sevilla in den Status eines *mudéjar* (von *mudaddschal* – tributpflichtig, christlicher Vasall). Im Jahr 1078 rüstete Alfons VI. zu einem Feldzug, mit dem er anscheinend das Land endgültig erobern wollte. In dieser Atmosphäre, in der man ängstlich auf eine unmittelbar bevorstehende, entscheidende Aktion des christlichen Königs wartete, sahen die schwachen Könige der *Taifas (Mulûk at-tawâ'if)* keinen anderen Ausweg mehr, als den mächtigen Almorawidensultan Jusuf ibn Taschfin anzuflehen, ihnen im Namen der gebieterischen Verpflichtung zum *Dschihad* gegen die ungläubigen Christen beizustehen.
1086 zog eine Gesandtschaft, bestehend aus dem Wesir von Sevilla, Abu Bakr ibn Zaidun, und den *Qadis* von Badajoz, Córdoba und Granada nach Marrakesch, wo ihr nordafrikanischer Glaubensgenosse vor kurzem seine Hauptstadt errichtet hatte. Der Herrscher der sittenstrengen Berberkrieger, die eine Rückkehr zur ursprünglichen Reinheit des Islam

Die Personen der Sala de los Reyes in der Alhambra sind dunkelhäutig, und ihre Gesichter umrahmt meist ein geschnittener Bart mit zwei Spitzen. Als Kopfbedeckung tragen sie einen Turban, von dem aus ein langer Schleier auf die Schultern fällt. Bekleidet sind sie mit dem Albornoz *oder* Burnus, *einem schweren Wollmantel, der bis zur Erde reicht. Darunter hat man sich eine einfache Tunika vorzustellen. An den Füßen tragen sie Lederschuhe. Am samtenen Wehrgehänge mit goldenen Beschlägen hängt ein zweischneidiges Schwert mit breiter Klinge. Die Malereien beweisen auch, daß sich die Künstler der Alhambra nicht allzusehr um die Abneigung des Islam gegen die Darstellung menschlicher Wesen kümmerten. Es handelt sich jedoch um Bilder von christlichen Künstlern, wahrscheinlich aus Sevilla.*

predigten und an einer buchstabengetreuen Auslegung der heiligen Schriften festhielten, gab seine Zustimmung, so daß bald darauf Jusuf mit einem großen Heer und einem beeindruckenden Gefolge von Gesetzesgelehrten und religiösen Würdenträgern in Algeciras landen konnte.

Die erste Reaktion Alfons' VI. auf die Ankunft der verschleierten afrikanischen Krieger war, sich von Saragossa, das er gerade belagerte, zurückzuziehen. Der »König beider Religionen«, der *Imperator totius Hispaniae,* war jedoch überheblich genug zu glauben, er werde mit den Neuankömmlingen ein leichtes Spiel haben. Er setzte sich also gegen die Almorawiden und ihre andalusischen Verbündeten in Marsch. Bei Zallaqa in der Nähe von Badajoz mußte er eine vernichtende Niederlage hinnehmen und wäre selbst beinahe im Kampf gefallen. Der almorawidische *Amîr al-muslimîn* (der Emir der Muslime) schiffte sich wenig später, nachdem er die Huldigung der andalusischen Kleinfürsten entgegengenommen hatte, wieder nach Afrika ein.

Das Königreich von Alfons war jedoch weder klein noch zerbrechlich, so daß er innerhalb kurzer Zeit wieder ein Heer aufstellen konnte. Er hatte aus der Niederlage bei Zallaqa gelernt, als er wieder gegen die *Muluk at-tawa'if* zu Felde zog. Seine Angriffe konzentrierte er auf die starke und nahezu uneinnehmbare Festung Aledo. Daraufhin erflehten die andalusischen Fürsten noch einmal die Intervention des Almorawidensultans; Jusuf kam diesmal als Besatzer und neuer Herr nach Spanien. Die Ankunft der Almorawiden wurde von allen, außer den andalusischen Fürsten, mit Freuden begrüßt, weil damit die bereits verloren geglaubte militärische und politische Sicherheit wiedergewonnen war. Die religiösen Würdenträger nahmen die Almorawiden mit besonderer Befriedigung in al-Andalus auf, da ihnen deren orthodoxe Strenge in dem neuen Staat, der im Entstehen begriffen war, eine wichtige Rolle sicherte. Selbst das Volk akzeptierte die neuen Machthaber bereitwillig, da es in seinem eigenen Interesse lag, ein Regime anzuerkennen, das den Koran wieder wortgetreu auslegte und nur die gesetzlich festgelegten Steuern einforderte, es dagegen ablehnte, auch die außerordentlichen Steuern zu erheben, an die sich die Bewohner von al-Andalus seit langem hatten gewöhnen müssen.

Die Annehmlichkeiten, der bequemere und luxuriöse Lebensstil der andalusischen Städte ließ die mönchischen Krieger schon bald die spartanischen Bauten der *Ribat* (daher der Ausdruck *al-Murâbitûn,* Almorawiden) vergessen. Nachdem 1090 Granada besetzt worden war, kam Sevilla an die Reihe, danach stellten

Mit dem Niedergang nach dem Fall von Córdoba wurde Granada Hauptstadt eines kleinen Königreiches, das Muhammad ibn Jusuf ibn Nasr, genannt al-Ahmar, *der Ahnherr der Nasridendynastie, gegründet hatte. In dieser Stadt, der letzten Barriere im Verteidigungskampf gegen die wachsende Macht der Christen, entfaltete sich zweieinhalb weitere Jahrhunderte lang arabische Kultur auf die großartigste Weise (1238 bis 1492). Muhammad, der sich* al-Ghalib, *der Siegreiche, nannte, baute auf einer Anhöhe, die von tiefen Tälern durchfurcht war, ein Gebäude auf, das das berühmteste des muslimischen Spanien werden sollte: die Alhambra, d. h. »die Rote«, vielleicht wegen der Farbe ihrer Mauern. An der Stelle befand sich bereits eine omaijadische Festung aus dem 11. Jahrhundert. Al-Ghalib ließ Ausbauten vornehmen, errichtete Mauern und den ersten der Paläste. Im Verlauf zweier Jahrhunderte wurde die ursprüngliche Festung durch Säle, Säulengänge und Höfe erweitert. Gärten, Brunnen und großartige Dekorationen schmückten sie und erregten allgemeine Bewunderung. Hier hielten die Nasriden Hof in einer Weise, die den vergangenen Glanz der Omaijaden wiederaufleben ließ.*
Die Protektion der Herrscher lockte Scharen von Künstlern und Literaten an. Granada wurde zur reichsten Stadt Spaniens und zum Zufluchtsort für Muslime, die den Angriffen der Christen zu entgehen suchten. Hier einige Teilansichten aus dem Palast mit seinem großartigen Dekor. Links: Ecke eines Saales. Daneben: Die Kuppel der Sala de las dos Hermanas. Auf der rechten Seite: ein Juwel der arabischen Kunst in Spanien, mit dessen Bau 1377 begonnen wurde, der Löwenhof (Patio de los Leones) *mit einer Ansicht des berühmten Alabasterbeckens, das von zwölf Löwenfiguren getragen wird.*

die Almorawiden Almería, Murcia, Dénia und Játiva unter ihre Herrschaft. Die wiedergewonnene Einheit konnte jedoch nicht darüber hinwegtäuschen, daß das rohe und grobschlächtige Wesen der Afrikaner den Spaniern völlig fremd blieb. Als sich zeigte, daß die Almorawiden nicht in der Lage waren, dem leonesisch-kastilischen und aragonesischen Druck zu widerstehen, und sie den Fall von Saragossa und die Eroberung des Ebrotals nicht verhindern konnten, traten auch ihre übrigen Unzulänglichkeiten deutlich zutage. Sie waren außerstande, die Gesellschaft vernünftig zu verwalten und dem Handels- und Verkehrswesen die nötigen Impulse zu geben. Zur wachsenden Feindseligkeit der Muslime gesellte sich bald der Haß der jüdischen und mozarabischen Gemeinden. Die Juden wurden regelrecht erpreßt; auf diesem Wege versuchten die Almorawiden die Defizite, die sich zwangsläufig in den Bilanzen des Staates ergaben, auszugleichen. Die Mozaraber mußten ihre Ausrottung und schließlich 1126 und 1137 ihre Deportation nach Marokko erleiden, weil sie den christlichen Fürstentümern der Halbinsel und insbesondere dem kriegerischen aragonesischen Herrscher Alfons I. El Batallador Wohlwollen entgegengebracht hatten.
Entscheidend für den Zusammenbruch der Almorawiden war jedoch, daß sich in Afrika selbst die berberischen Almohaden *(al-Muwahhidûn,* »Unitarier«) unter ihrem geistigen und politischen Führer Abu Abdallah ibn Tumart erhoben und behaupteten. Der Grund ihrer Revolte gegen die Almorawiden lag in tiefgreifenden theologischen und doktrinären Meinungsverschiedenheiten begraben, die so weit gingen, daß die Almohaden die Almorawiden als falsche Gläubige anprangerten, deren Blut zu vergießen statthaft sei.
Berührungspunkte mit Spanien ergaben sich durch die Bewegung der *Murîdûn* oder Novizen, die in der Lehre Ibn Qasis und im Gedankengut Ibn Masarras und Ibn al-Arifs eine Anleitung für ihren Kampf gegen die Almorawiden gefunden hatten. Während 1145 die Almohaden und ihr Anführer, der *Amir al-mu'minin* Abd al-Mu'min, bei Tlemcen einen bedeutenden Sieg über die Almorawiden errangen, landete zur gleichen Zeit ein weiterer Teil ihrer Truppen auf Verlangen Ibn Qasis, der damals Herr über Mértola und Silves war, in Spanien. Wenig später gelang es ihm, der Almorawidenherrschaft auf der Iberischen Halbinsel endgültig ein Ende zu setzen. Man spricht von der »zweiten Periode der *Reyes de taifas«,* da diese Zeit von dem Zerfall der Autorität der Nachkommen Jusuf ibn Taschfins gekennzeichnet war.
Vor allem der letzte Sproß der Dynastie, die lange

Zeit Saragossa regiert hatte, Muhammad ibn Jusuf ibn Hud, und Ibn Mardanisch, der Re Lobo der christlichen Überlieferung, hatten sich damals ausgezeichnet. Erst nach dem Tod von Ibn Mardanisch (1172) schlossen sich Murcia und Valencia dem Almohadenreich des Abd al-Mu'min an. Hätte er noch die Balearen erobert, hätte sich Abd al-Mu'min rühmen können, die muslimische Einheit Spaniens wiederhergestellt zu haben. Die Balearen sollten jedoch bis 1185 in der Hand der almorawidischen Banu Ghanija, die durch ihre Seeräuberunternehmungen schnell traurige Berühmtheit erlangten, bleiben.
Von Sevilla aus, das die Almohaden zur zweiten Stadt ihres Reiches nach Marrakesch erklärten und das auch nach dem Sieg über die Almorawiden die Hauptstadt blieb, in der der Mu'minidenkalif residierte, gingen die neuen Herren über Spanien zum Angriff auf ihre christlichen Feinde über. Benachteiligt durch die Teilung des Reiches, die Alfons VII. erzwungen hatte, mußten sie 1195 bei Alarcos erneut eine Niederlage hinnehmen.
Während aber das eigentliche Interesse der Almohaden ihrer Herrschaft in Afrika galt, kämpften die Christen trotz aller Rückschläge, trotz der sich ständig wiederholenden dynastischen Rivalitäten und trotz ihres stark egoistischen feudalen Bewußtseins in einer Umwelt, die sie als die ihrige empfanden. Es nimmt daher nicht wunder, daß es Papst Innozenz III. siebzehn Jahre nach Alarcos gelingen konnte, Kastilier, Aragonesen-Katalanen, Leonesen und Navarresen zu einem neuen Kreuzzug gegen den Islam zusammenzuzwingen. Am 16. Juli 1212 konnten sie in einer Schlacht bei Las Navas de Tolosa endlich an den Muslimen Rache nehmen und deren letzte Hoffnungen zerstören. Dieses Ereignis setzte nicht nur der Herrschaft der Almohaden in Spanien ein Ende, sondern erwies sich auch als entscheidend für die *Reconquista.*
Ferdinand III. von Kastilien und Jakob I. von Aragon, der Eroberer, gewannen 1236 die alte Omaijadenhauptstadt für die iberische Christenheit zurück. Die Große Moschee ließ der Kastilierkönig in eine Kathedrale umwandeln. Die Kirchenglocken, welche Almansor mehr als zwei Jahrhunderte zuvor aus dem Heiligtum von Santiago rauben und in der Großen Moschee als Lampen hatte installieren lassen, wurden im Triumphzug zur neuen, dem Apostel geweihten Kirche in Compostela zurückgeführt.
Nach einem vorher vereinbarten Teilungsplan eroberten die Heere Kastiliens und Aragons eine nach der anderen die Städte, die das *Bilad al-Andalus* gebildet hatten (darunter Granada, Niebla und Jérez). Nach einer Belagerung zu Wasser und zu Lande mußte im Dezember 1248 auch Sevilla kapitulieren. Damit ging eine politisch verworrene und wildbewegte Ära, die jedoch reich war an geistigen Errungenschaften, zu Ende. Sie gereicht dem Islam auch heute noch zur Ehre und birgt ein Vermächtnis für unsere abendländische Kultur.

Der rote Palast von Granada

Für die Möglichkeiten, die ein geschickter und ehrgeiziger Politiker in einer Zeit des Übergangs wie der Periode zwischen dem Ende der Almohadenherrschaft und dem Vorstoß der kastilischen und aragone-

sischen Truppen nach Andalusien ausschöpfen kann, bietet die Karriere von Muhammad ibn Jusuf ibn Nasr, dem Stammvater des Nasridengeschlechts von Granada, ein beredtes Beispiel. Nach einer kühlen Analyse der Situation, die in diesen schwierigen Jahren entstanden war, begriff Muhammad ibn Jusuf ibn Nasr, daß es nur einen einzigen Weg gab, die völlige Absorption der Muslime durch die Christen zu verhindern: Sie mußten sich zu Vasallen des Herrschers von Kastilien erklären. Bereits im Mai 1237 zog Muhammad in Granada ein und wurde so der erste nasridische Sultan der Stadt. Wenig später erkannten weitere Städte, darunter Almería und Málaga, seine Oberhoheit an. Ein Versuch Muhammads I., seinen Spielraum gegenüber Kastilien zu erweitern, scheiterte. Er mußte sich der überlegenen christlichen Macht unterwerfen, und erst, nachdem er an Ferdinand III. einen

Der Palast der Alhambra in Granada: Doppelbogenfenster, Stalaktit-Bogen und Dekorationen. »Ich denke an ein in Stein gehauenes Denkmal, dessen glänzender Schleier aus Perlen besteht und das den Platz mit dem Glanz der Edelsteine erhellt«, liest man in den Versen, die das Becken des Löwenbrunnen umsäumen. Marmor, farbiger und durchbrochener Stuck, geschnitzte und vergoldete Holzarbeiten und Fliesenmosaike verleihen den Gebäuden eine märchenhafte Anmut. Die Architektur geht im Dekor auf, und die Bildhauer übertreffen die Architekten, indem sie eine Kunst schaffen, die man als »feminin« bezeichnet hat, und die dem Betrachter wie ein lieblicher Traum erscheint, ein Meisterwerk, dessen »Vollkommenheit an Dekadenz grenzt, und die als der letzte vollendete Ausdruck einer Kultur erscheint, die im Begriff steht, für immer von der Iberischen Halbinsel verbannt zu werden«. (John D. Hoag)

hohen Tribut bezahlt hatte, erreichte er einen langjährigen Waffenstillstand. Zumindest theoretisch sollte das Nasridensultanat von da an für immer Vasall und Tributpflichtiger des Königreichs Kastilien bleiben. Nachdem er sich in der alten ziridischen Festung Alhambra (»die Rote« – vielleicht wegen ihrer Mauern oder wegen der Farbe der Lehmhügel, auf denen sie erbaut ist) eingerichtet hatte, verstand es Muhammad I., sein Reich in den zwanzig Friedensjahren, die er ausgehandelt hatte, mit Geschick und Augenmaß zu ordnen.
Als Ferdinand III. sich anschickte Sevilla zu erobern, konnte er mit der Unterstützung Muhammads I. rechnen – ähnlich vielleicht wie 1236 bei der Einnahme Córdobas. Ferdinands Nachfolger, Alfons X., schickte sich gleichwohl an, das muslimische Sultanat, zusammen mit den kleineren Territorien von Niebla und Jérez, die damals von Ibn Mahfuz und Abu Amr ibn Abi Chalid regiert wurden, seinem Reich einzuverleiben. Das Kräfteverhältnis stand eindeutig zugunsten des christlichen Königs, weshalb Muhammad I. keine andere Wahl blieb, als die hafsidischen Herrscher von Tunis und später die berberischen Banu Marin, die gerade in Marokko an die Stelle der Almohaden getreten waren, um militärischen Beistand zu bitten.
1264 landeten merinidische Freiwillige in Tarifa und vollzogen, nach den Eroberungszügen Tariqs und Musas, die dritte und letzte afrikanische Intervention in Spanien.
Die granadinische Gegenoffensive, in deren Verlauf es gelang, 1265 vorübergehend Jérez, Lébrija und

Die Baukunst, die in Anlehnung an die Bezeichnung Moros, *der in Spanien für die muslimischen Invasoren aus Afrika verwendet wurde, als »maurisch« bekannt ist (der Ausdruck stammt wiederum aus dem lateinischen* Mauri*), ist die Frucht der Begegnung zwischen künstlerischen Traditionen des östlichen Islam, die durch die Omaijaden kamen, und berberisch-muslimischen, in einer Landschaft, die durch die antike römische Kultur und westgotische Elemente geprägt war.*

Die maurische Kunst erreichte ihren Höhepunkt zwischen dem 13. und dem 15. Jahrhundert. Sie erlosch jedoch nicht mit der christlichen Reconquista *von 1492, sondern fand ihre Fortsetzung in der* Mudéjar-*Tradition. Die Alcazaba von Almería (auf der linken Seite) ist eine alte maurische Festung, die der Kalif Abd ar-Rahman im 8. Jahrhundert erbauen ließ. In der Folgezeit wurde sie von den ersten unabhängigen Herrschern von Almería vergrößert. Die mächtige Zitadelle umfaßte drei Mauerreihen, die von zahlreichen Türmen verstärkt wurden, die längs eines ruinenübersäten Hügels verliefen. Sie wurde 1522 durch ein Erdbeben beschädigt. Ein weiteres Beispiel für ein maurisches Bauwerk ist rechts (Mitte), das sogenannte Baño de la Cava auf dem Tajo neben einem alten Turm. Nach einer alten Legende badete hier die Tochter des Grafen Julian, als der letzte Westgotenkönig Roderich sie erblickte und sich in sie verliebte. In Wirklichkeit sind die übriggebliebenen Trümmer Teile einer Brücke, die ihrerseits auf einer römischen Konstruktion erbaut wurde. Der Name kommt von* Caba, *Prostituierte. So bezeichneten die Christen die Tochter des Grafen Julian, die, nachdem ihr Gewalt angetan wurde, das verhängnisvolle Eingreifen der Muslime verursacht hatte. Unten: eine Ansicht von Córdoba. Die alte Kalifenhauptstadt beweist durch das Gewirr ihrer engen Gassen die ursprünglich arabische Ansiedlung. Rechts: Die Puerta del Sol in Toledo, ein Meisterwerk maurischer Kunst, das der Orden der Hospitalier zu Beginn des 14. Jahrhunderts errichten ließ.*

Utreia zu erobern und die Anerkennung der Oberherrschaft Muhammads I. über Murcia zu erreichen, wurde von Alfons X. und seinen aragonesischen Verbündeten aufgehalten und zurückgeschlagen. Granada wurde wie bereits 1244 belagert. Der Widerstand der Einwohner und die Schwierigkeiten der Christen, ein großes Heer in die *Vega* von Granada zu bringen und es während der langen Belagerungszeit mit Nachschub zu versorgen, brachte die Aktion Alfons' schließlich zum Scheitern.
Als Muhammad I. 1273 starb, hinterließ er seinen Nachfolgern ein Sultanat, das, wenngleich es Kastilien tributpflichtig blieb, diesem doch die Stirn bieten konnte. Es gewährleistete die Sicherheit in einem Gebiet, das sich von Ronda im Westen bis nach Elvira im Osten zehn Tagereisen und von der Mittelmeerküste bis zu den Nordgrenzen eine Tagereise erstreckte. In Granada, in einer der mildesten Klimazonen Spaniens, lieferten Juristen, Historiker, Mystiker, Grammatiker, Mathematiker, Astronomen, Geographen und Ärzte den Beweis für die unglaubliche Lebenskraft dieser Kultur, die noch 1356/57 in der Lage war, neben dem üblichen, auch in anderen muslimischen Städten vorhandenen Lazarett ein richtiges Hospital *(Mâristân)* einzurichten. Überreste dieses Krankenhauses existierten bis 1843 in den Mauern Granadas, was von der Lebenskraft dieser Stadt zeugt, in deren vier Vorstädten um die Wende des 14. zum 15. Jahrhundert nicht weniger als 50000 Araber, Berber und vor allem Juden lebten, so daß die Stadt *Gharnât al-Jahûd*, Juden-Granada, genannt wurde. Die Stadt in der Größenordnung von Rom oder Florenz pflegte

lebhafte Handelsbeziehungen zum übrigen Europa und zu Nordafrika. Handel, Handwerk und Landwirtschaft wurden derart gefördert, daß Granada bald bekannt war für den hohen Ertrag seines Bodens und die auserlesene Qualität seiner Erzeugnisse.
Dies alles und selbst das Verteidigungssystem, bestehend aus einer starken Flotte und der zeitweiligen Unterstützung der Meriniden, hätte nicht ausgereicht, um à la longue die ungestüme Kraft und die ungebrochene Feindseligkeit der Christen abzuwehren. Granada hat es immer verstanden, mit machiavellistischem Geschick die zahlreichen inneren Spannungen seiner Gegner auszunutzen. So kam die Rivalität zwischen Kastilien und Aragon im 14. Jahrhundert sehr gelegen. Muhammad II. vermochte sogar in Kastilien, das damals wegen der Ansprüche eines Infanten von Cerda und der Minderjährigkeit Ferdinands IV. in einer dynastischen Krise steckte, einzufallen. Der Sultan begnügte sich mit den Eroberungen, die er gemacht hatte (vielleicht aus Furcht, Kastilien könne angesichts der Gefahr seine Einheit wiederfinden), kehrte in sein Territorium zurück, akzeptierte einen Waffenstillstand und fügte sich politisch wieder in den Stand des Vasallen. Noch im dritten Jahrzehnt des 14. Jahrhunderts war Granada

Als die Macht der Araber schon geschwächt und ihr ursprünglicher Eroberungsdrang schon erlahmt war, scheinen die muslimischen Herrscher von einer tiefen Liebe zum Leben und seinen Annehmlichkeiten erfaßt worden zu sein, einer Liebe zu der von Menschenhand veredelten Natur, zu kühlen Gärten mit Wassern und Pflanzen. Granada, der letzte islamische Zipfel auf spanischem Boden, besitzt in der Alhambra und im Generalife hervorragende Beispiele von Gebäudekomplexen, die ein sanftes Lebensideal widerspiegeln. Der Generalife (Abbildung oben), der – wie bereits sein arabischer Name sagt – sich an erhöhter Stelle befand (Dschannat al-ᶜarîf *bedeutet Garten des Baumeisters), war die Sommerresidenz der Kalifen von Granada. Er besteht aus zahlreichen Bauten. Was ihn so faszinierend erscheinen läßt, ist die heitere Verbindung von Bauten, duftenden Gärten, klaren Wassern und delikater Ornamentierung. Über den Bau gibt es nur spärliche Nachrichten. Ein Datum, 1319, wird für die Fertigstellung der – im übrigen noch öfter umgeänderten – Dekorationen erwähnt. Unten: der Patio de los Arrayanes (Myrtenhof) in der Alhambra. Im Vordergrund das Wasserbecken, das fast den ganzen Raum einnimmt; ein weiteres Beispiel einer gefälligen und feingegliederten architektonischen Konzeption.*

mächtig genug, um mit merinidischer Hilfe eine Art Kreuzzug zum Scheitern zu bringen, in dem, trotz aller möglichen Eifersüchteleien und Revanchegelüste, die Truppen Kastiliens, Aragons, Navarras, die Franzosen Philipps von Valois, die Johanniter, Eduard III. von England und der böhmische König Johann II. von Luxemburg Seite an Seite kämpften.
Eine langanhaltende Periode heftiger Erbfolgestreitigkeiten (ein Übel, von dem also auch die Granadiner nicht verschont blieben) endete erst, als Muhammad V., der sich als der wohl fähigste Sultan von Granada erweisen sollte, den Nasridenthron bestieg. Weil Pedro I., der Grausame, von Kastilien und sein Stiefbruder Heinrich von Trastamara einen Streit auszutragen hatten, konnte sich Muhammad V. einer längeren Friedensperiode erfreuen.
Als er am 16. Januar 1391 starb, hatte er sein Sultanat in politischer und kultureller Hinsicht auf einen Höhepunkt geführt, der in der blühenden Wirtschaft des Landes, der Stärke der Flotte und in den großartigen Restaurations- und Verschönerungsarbeiten, die zwischen 1354 und 1391 an der Alhambra vorgenommen worden waren, seinen Ausdruck fand. Nach dem Tod Muhammads V. erlebten jedoch die Ideale der *Reconquista,* die lange Zeit darniedergelegen hatten, in Kastilien einen neuen Aufschwung. Nach einer Phase der Auseinandersetzungen, in der trotzdem eine gewisse Überlegenheit der granadinischen Waffen spürbar war, mußte der christliche Sieg bei Antequera 1410 wie eine erste Alarmglocke für das Nasridensultanat geklungen haben. Einundzwanzig Jahre später machte der eindeutige Sieg der Christen in der Schlacht bei la Higueruela derartige Ahnungen beunruhigend konkret und führte zu jenem Niedergang, der im letzten Jahrzehnt des 15. Jahrhunderts seinen Abschluß fand. Unterbrochen wurde diese Abwärtsbewegung noch einmal vorübergehend durch die Herrschaft des Sultans Abu l-Hasan Ali, den Muley Hacén der christlichen Texte. Als sich nämlich die Kronen von Kastilien und Aragon (das in der Vergangenheit oft der heimliche Verbündete Granadas mit antikastilischer Stoßrichtung gewesen war) vereinigten, nützte auch das taktische Geschick Muhammad ibn Sa^cds, des Bruders von Abu l-Hasan Ali, nichts mehr.
Abu Abdallah, dem Boabdil der spanischen Überlieferung, war es bestimmt, die letzte und entscheidende Belagerung, die der Feind gegen die muslimische Stadt führte, zu erleben. Aus dem Feldlager von Santa Fé kamen die Unterhändler, die der Stadt die endgültigen Übergabebedingungen diktierten und den Bewohnern Unverletzlichkeit der Person und des Eigen-

»Ein schlanker Jüngling ließ am Morgen die Becher kreisen, während hell die Morgenröte leuchtete. Der Garten gab uns seine Anemonen, die ambragleiche Myrte duftete... (Ibn az-Zaqqaq, 12. Jahrhundert). Die obige Abbildung zeigt eine Miniatur aus einer arabischen Handschrift des 14. Jahrhunderts, im Besitz der Universität Edinburgh. Es handelt sich um ein Picknick, einen Ausflug mehrerer Personen, die festlich vereint im Freien speisen. Unten: ein weiterer Ausschnitt aus dem Generalife, der Beckenhof, der mit Myrten und Blumen bepflanzt ist. In seiner Mitte fließt ein von Fontänen gesäumter Kanal.

DIE MOSCHEE

Die Moschee (*Masdschid*) ist die Gebetsstätte der Muslime. Sie unterscheidet sich deutlich von den Kultorten der Christen oder Juden, weil sie nicht so sehr als ein Heiligtum, sondern als sowohl religiöser als auch politischer und kultureller Bezugspunkt für die Gemeinde betrachtet wird. Das Urbild, das von den Moscheen arabischen Typs nachgeahmt wird, hat man in der Behausung des Propheten in Medina erkannt: ein rechteckiger, eingefriedeter Hof mit einem überdachten Bereich für das Gebet. Nach und nach traten weitere Bestandteile hinzu: Aus dem Bedürfnis, die Gläubigen an die Gebetszeiten zu mahnen, entsteht das Minarett (12: Die berühmte Giralda von Sevilla, eine typisch nordafrikanische Stilschöpfung, ist heute in die Kathedrale einbezogen), von ihm aus richtet der Muezzin (arab. *Muʾadhdhin,* türk. *Müʾezzin*) den Ruf zum Gebet *(Salat).* Ein weiteres mit der Zeit hinzugekommenes Element ist der Waschungsbrunnen in der Hofmitte oder unmittelbaren Nachbarschaft der Moschee. Er erlaubt den Gläubigen, sich vor dem Gebet zu reinigen (4: die beiden Brunnen der Großen Moschee von Aleppo). In jeder Moschee ist die genaue Gebetsrichtung durch die *Mihrab*-Nische angegeben. (3: *Mihrab* der Yeschil Türbe in Bursa, dem Grabbau Mehmeds I.) Der Betende wendet sich in die Richtung der Kaʿba von Mekka. Diese wird als ursprüngliche, vom Propheten Abraham (Ibrahim), dem wahren Gott, errichtete Gebetsstätte aufgefaßt. Neben dem *Mihrab* erhebt sich häufig eine Kanzel, der *Minbar* (8: *Minbar* der Selimiye-Moschee Edirnes), von der aus der *Imam* als Gebetsleiter oder ein politischer Machthaber während des gemeinschaftlichen Freitagsgottesdienstes eine Ansprache an die Gläubigen richtet. Im Inneren weiträumigerer Moscheen postiert sich ein Muezzin auf einer *Dakka* genannten Plattform, um den Ruf vor dem Gebet zu wiederholen und um auch den Gläubigen in den hinteren Reihen das Gefühl zu vermitteln, dem rituellen Ablauf zu folgen (10: Plattform aus der Selimiye-Moschee in Edirne). Die Berührung mit den unterschiedlichsten Kulturen hat zu einer äußerst vielfältigen Entwicklung der Moschee geführt, wobei häufig ziemliche Unterschiede zwischen der Architektur bzw. Raumauffassung der arabischen Moschee auf der einen und der türkisch-persischen auf der anderen entstehen.

Moscheen wurden häufig an

1

2

3

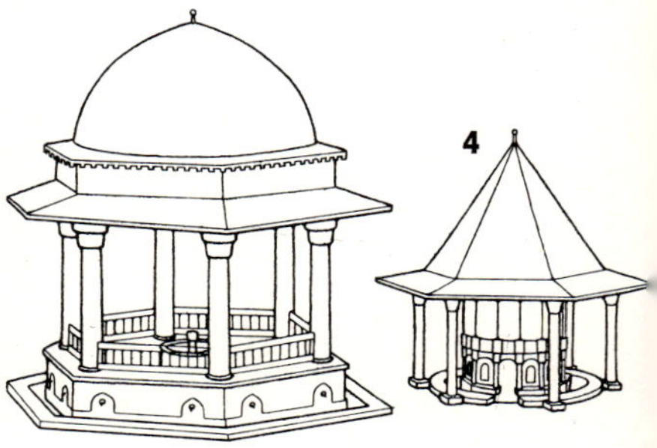

4

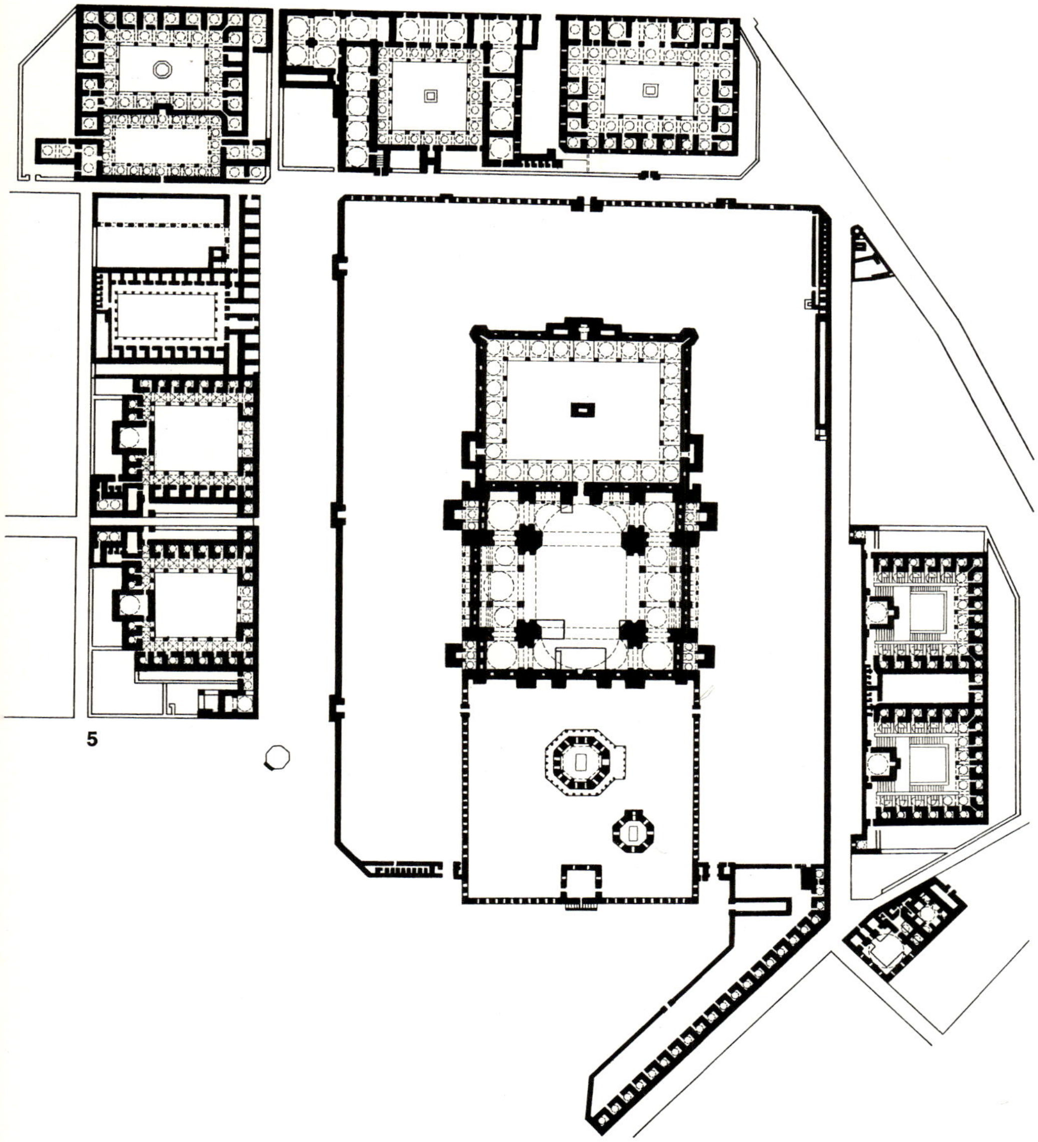

5

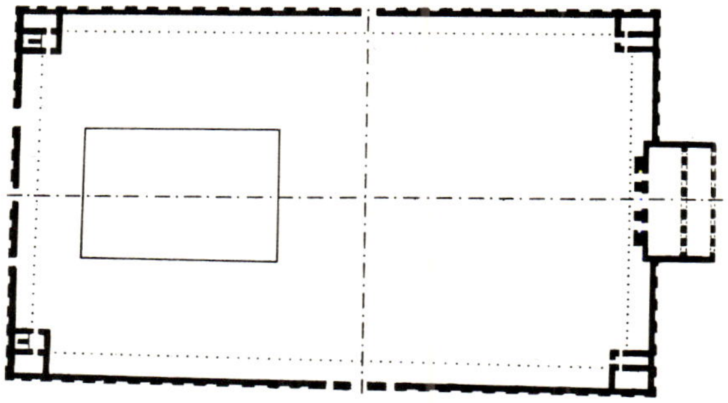

6

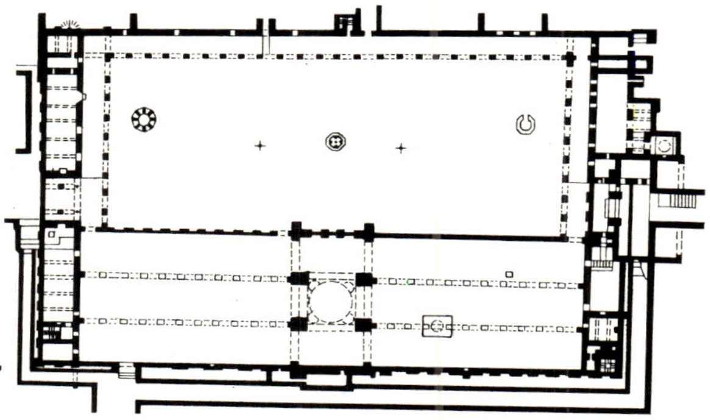

7

Stelle älterer, vorislamischer Kultstätten errichtet oder überdecken solche. Das gilt u. a. für die großen Moscheen von Mekka und Córdoba, die Hagia Sophia Istanbuls, den Felsendom in Jerusalem oder die Omaijaden-Moschee von Damaskus. Letztere wurde im 8. Jahrhundert vom Kalifen al-Walid (7) an der Stelle eines heidnischen Tempels, welcher später in eine Johannes dem Täufer geweihte Kirche (6) umgewandelt wurde, errichtet. Die unterschiedlichen Lösungen der Bauaufgaben sind äußerst originell: In Córdoba erlaubte ein System übereinandergestellter Bogen eine der Weite der Halle angemessene Höhenentwicklung, obwohl man bereits vorhandene Säulen von geringer Höhe benutzen mußte (9). Auch die Kuppeln der Großen Moschee von Córdoba neben dem *Mihrab* weisen eine geniale Lösung der Überleitung vom Tambur der Kuppel zum Quadrat, auf der sie ruht, auf (11). Im Falle der großen Süleymaniye-Moschee in Istanbul, von Süleiman dem Prächtigen gestiftet, schlug der Baumeister Sinan eine ganz neue Lösung des Schemas »Kuppel mit zwei Halbkuppeln« vor (1: Aufriß; 5: Gesamtplan des Stiftungskomplexes; 2: Teilansicht des Vorhofs). Wie bei vielen anderen Moscheen bildete die Süleymaniye die Krönung eines großen Komplexes von verschiedenen Bauwerken, die dem Unterricht in den Religionswissenschaften oder wohltätigen Zwecken dienten.

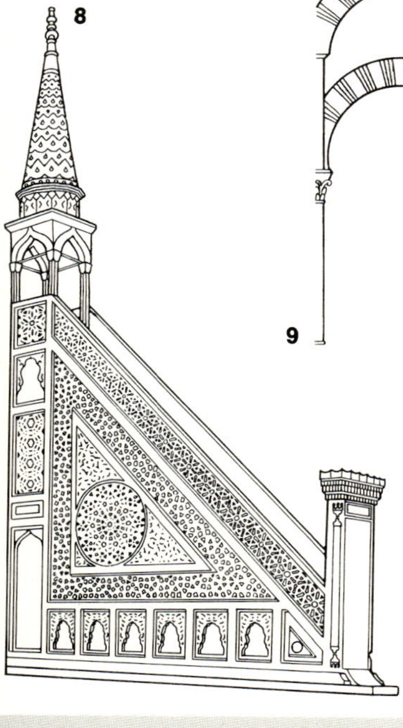

8

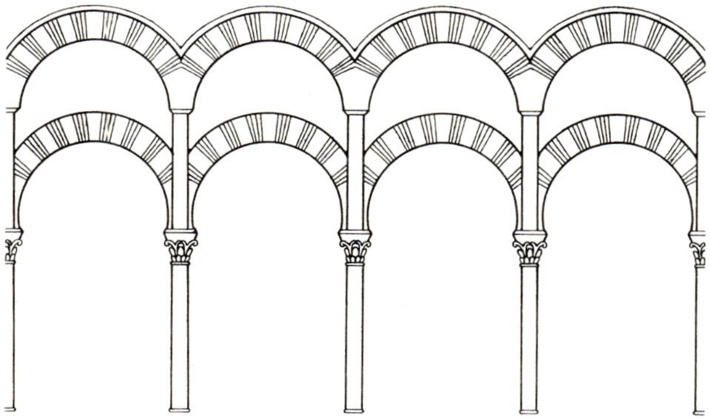

9

11

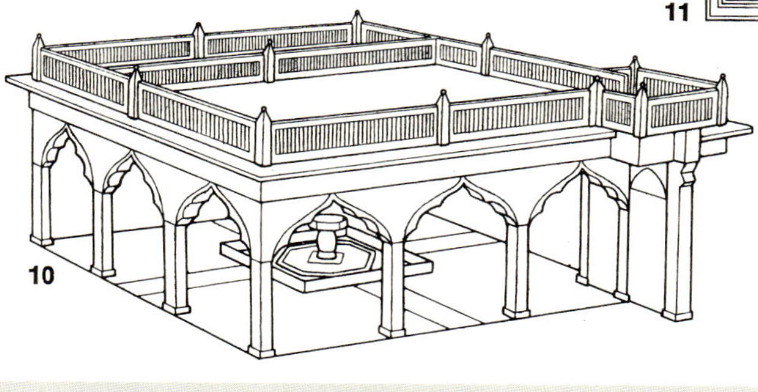

10

12

Unten links: Der letzte muslimische Herrscher von Granada, Boabdil, übergibt (am 2. Januar 1492) den katholischen Königen die Schlüssel von Granada. Dies war der letzte Akt der Reconquista. *(Relief von Felipe Biguerny in der königlichen Kapelle von Granada; 16. Jahrhundert.) Unten rechts: eine Episode aus der Schlacht von la Higuerela, die Plünderung der Stadt Santa Fé. Fresko von Granello und Fabricio Castello (1587) im Schlachtensaal des Escorial in Madrid. Das Fresko erinnert an den Sieg, den Ferdinand II., König von Kastilien und León, 1491 vor den Mauern Granadas errang und der über das Schicksal des letzten maurischen Königreiches auf der Iberischen Halbinsel entschied. Nach diesem Jahr war der Niedergang Granadas mit dem Fall der Stadt und der Verbannung Boabdils nach Afrika abgeschlossen.*

tums, freie Religionsausübung und das Tragen von Blankwaffen zusicherten.
Im Jahr 1492, einige Monate früher als vereinbart, öffneten sich die Tore Granadas den siegreichen Armeen. Auf der Alhambra wurde die Fahne Kastiliens gehißt, und die katholischen Könige gingen daran, sich im Roten Palast einzurichten, in dessen Räumen der nasridische Wahlspruch daran erinnerte, daß es keinen Sieger außer Gott gebe.
Die jüdische Gemeinde wurde von der iberischen Halbinsel vertrieben, und einige Monate später brachen drei kastilische Schiffe zur Entdeckung eines neuen Kontinents auf. Beide Ereignisse trugen dazu bei, daß man das Jahr 1492 als das Ende einer Epoche und den Beginn eines neuen Zeitalters bestimmt hat.

Die Vertreibung der Moriscos

Mit der Eroberung Granadas war jedoch die Geschichte der muslimischen Anwesenheit in Spanien noch nicht zu Ende. Die »Übergabebedingungen« garantierten den Muslimen theoretisch einige Rechte; aber wie so oft nach langen Kriegszeiten, verstanden es die *Reconquistadores* nicht, mit dem Frieden umzugehen. Die Versprechungen Isabellas von Kastilien und Ferdinands von Aragon sollten sich bald als trügerisch erweisen. Friedlich oder mit Gewalt versuchte man, die Muslime zur Religion Christi zu bekehren – ein Unterfangen, das den Zeitgenossen verdienstvoll erscheinen mußte. Die Muslime antworteten mit Empörung, und es kam innerhalb kürzester Zeit in verschiedenen Teilen von al-Andalus zu Aufständen, die wiederum »pragmatisch« beantwortet wurden. Die islamischen Untertanen wurden vor die Wahl gestellt, entweder zum christlichen Glauben überzutreten oder das Land zu verlassen. Bereits damals gab es eine große Anzahl von Menschen, die das Exil auf fremder Erde dem Los der Verfolgung vorzogen und nach Nordafrika oder ins Osmanische Reich auswanderten. Die Mehrheit gab jedoch vor, das Evangelium anzunehmen, griff in Wirklichkeit aber auf die vom Islam durchaus gestattete *Taqijja* zurück, die Möglichkeit also, den wahren Glauben im Augenblick drohender Gefahr zu verbergen. Nicht zu Unrecht begegnete man diesen sogenannten *Moriscos,* denen man das christliche Paradies aufgezwungen hatte, mit Mißtrauen, waren sie doch verdächtig,

Moriscos von Aragonien, Andalusien, Katalonien und Murcia das Land, das ihre Heimat genauso gewesen war wie die der Christen.
Der Exodus von 300000 bis 500000 Menschen führte zum Ruin der nordafrikanischen Gebiete, da deren soziale und wirtschaftliche Struktur eine tiefgreifende Veränderung erfuhren. Die Vertreibung der *Moriscos* zog aber auch den Zusammenbruch des spanischen Gewerbes und der Landwirtschaft nach sich, da weite Gebiete der Iberischen Halbinsel entvölkert wurden, was schließlich entscheidend zur Entstehung der großen Krise beitrug, in die das Land im 17. Jahrhundert geraten sollte. Man kann sich kaum einen traurigeren und beschämenderen Abschied der islamischen von der christlichen Kultur in Spanien vorstellen.

Oben, und unten rechts: Schwert und Tunika Boabdils aus der königlichen Waffenkammer in Madrid. Oben rechts: Wappen der Herzöge von Cardona: Die angekettete Figur stellt Boabdil dar.

im Herzen Muslime geblieben zu sein. Man vermutete in ihnen die fünfte Kolonne ihrer ehemaligen Landsleute, die als Korsaren schon seit langem die Küstenregionen Spaniens heimsuchten.
Aber auch diejenigen Muslime, die seit langem loyale Vasallen der Christen gewesen waren, gerieten verstärkt unter Druck. Die Krone unternahm kaum etwas, um die Intoleranz der Sieger, vor allem des Adels und der Kirche, zu zügeln. Es dauerte nicht lange und der Gebrauch der arabischen Sprache sowie das Tragen arabischer Kleidung wurden verboten, öffentliche Bäder, islamische Feste und Gebräuche abgeschafft. 1568 wagten die *Moriscos* in ihrer Unzufriedenheit noch einmal einen Aufstand, der aber von den christlichen Behörden mit solcher Grausamkeit unterdrückt wurde, daß der Graben zwischen den beiden Parteien unüberbrückbar tief wurde.
Nachdem sowohl Johanna die Wahnsinnige als auch Karl V. und Philipp I. eine zögernde Haltung eingenommen hatten, erließ Philipp III. am 22. September 1609 eine Verordnung, der zufolge die *Moriscos* von Valencia sich innerhalb von drei Tagen, wenn erforderlich zwangsweise, nach den Berberländern einzuschiffen hatten. Am 28. Dezember traf die *Moriscos* von Kastilien, der Mancha und der Estremadura das gleiche Schicksal; 1614 verließen schließlich auch die

ISLAMISCHE BAUKUNST

1

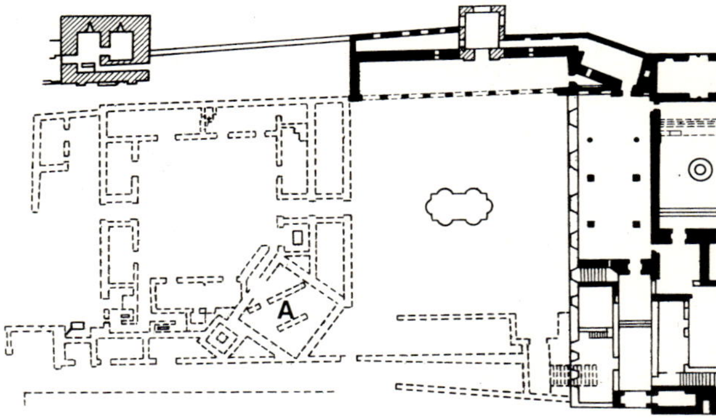
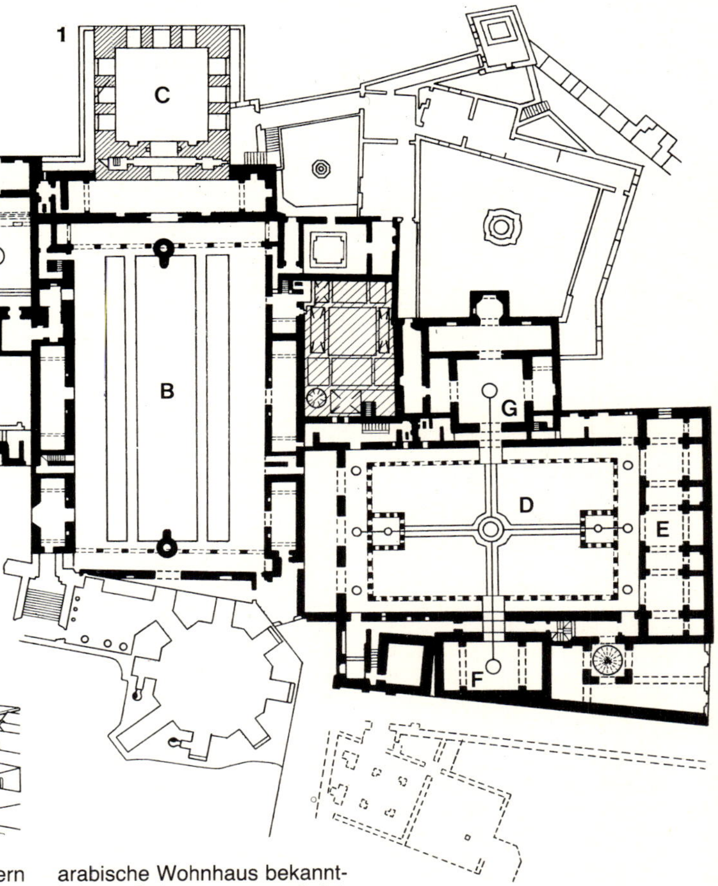

Die islamische Zivilisation ist städtisch und durch den Handel geprägt. Die Hauptknotenpunkte der islamischen Stadt sind Bauwerke, die der Religion, der Verwaltung und dem Handel und Wandel dienen. Der Mittelpunkt der Stadt ist die Moschee, in der man sich zum gemeinschaftlichen Freitagsgebet versammelt (s. S. 74). Daneben, als Ausdruck der Untrennbarkeit des Politischen und Religiösen, der Palast des Herrschers (1: Plan der Alhambra von Granada, S. 134 das Topkapï-Serail Istanbuls) und die Unterkünfte der Garde, die, zusätzlich zu den Stadtmauern (6: ein Tor von Granada), für die Verteidigung der Stadt sorgte. Das Wirtschaftszentrum ist der Schauplatz der gewerblichen Produktion, des kleinen Tauschhandels und der großen Transaktionen (2: Blick auf zwei Markthallen im Großen Basar von Istanbul; 3: ein *Chan*, eine innerstädtische Karawanserei in Kairo mit zwei Warengeschossen und drei Wohngeschossen). Während das arabische Wohnhaus bekanntlich nach innen gewandt ist, kennt die türkische Wohnbauweise Holzhäuser mit Vorsprüngen und zahlreichen Fenstern (5: Häuser in Istanbul, 4: Turmhaus mit überkragendem Wohnteil aus Holz in einem montenegrinischen Dorf). Das öffentliche Bad, als Erbe des klassischen Altertums, stellt in jeder islamischen Stadt einen bedeutenden »Dienstleistungsfaktor« dar und ist gleichzeitig ein Ort der Begegnung (10: Istanbuler Bad aus dem 18. Jahrhundert). Wie im Falle des Abendlands gründen die Wurzeln der Architektur und des Städtebaus in den antiken Hochkulturen (Mesopotamien, Hellenismus, Rom, Byzanz), jedoch hat die islamische Fortentwicklung, eine eigene unverkennbare Originalität.

2

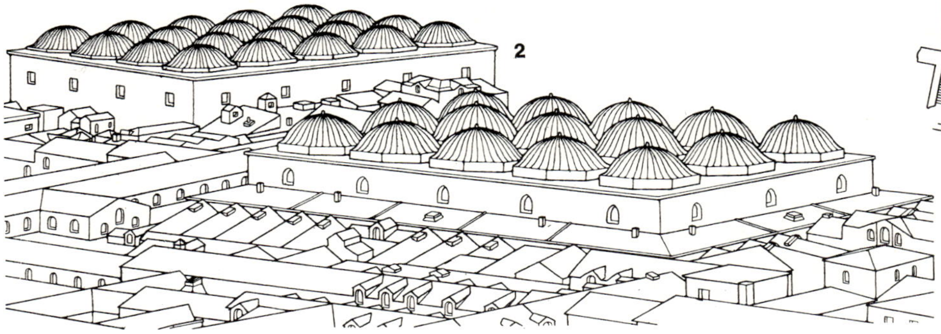

3

4

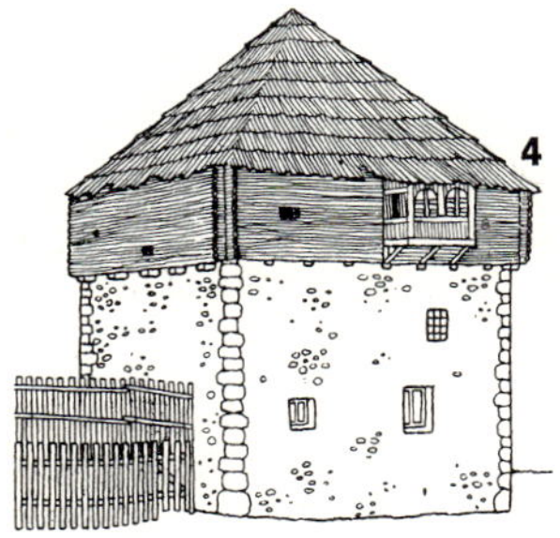

5

6

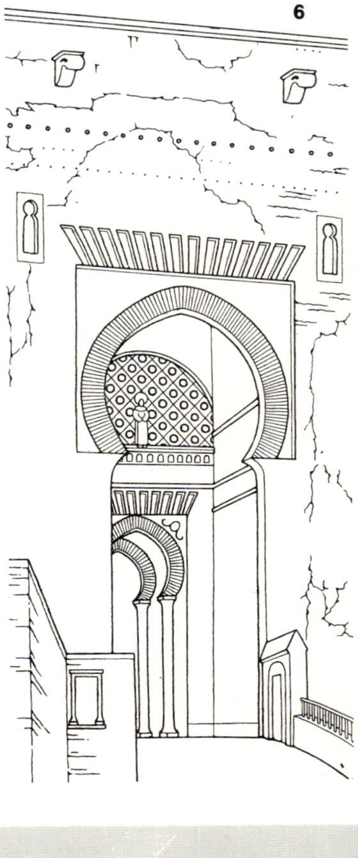

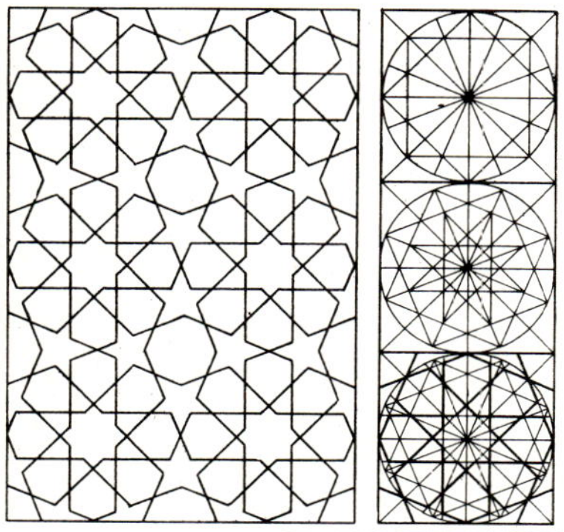

7

8

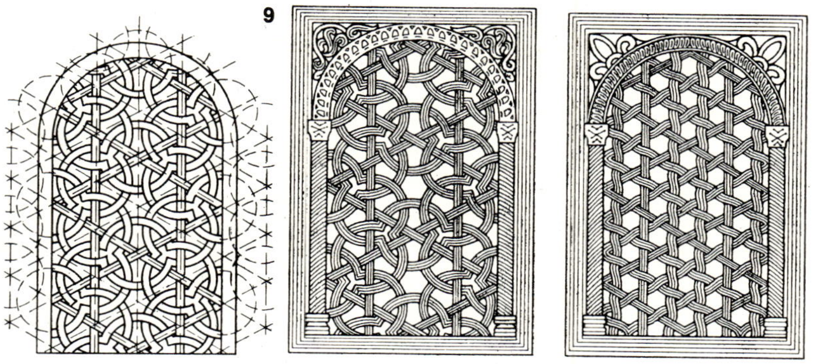

9

Zum Beispiel haben bestimmte Motive des Baudekors Vorläufer in der spätromanischen Architektur, doch erleben sie in der islamischen Kunst eine reiche und originelle Entwicklung (7: geometrisches islamisches Muster und sein Aufbau durch einen achtstrahligen Stern, der durch in einem Kreis eingezeichnete Quadrate erzeugt wird; 8: Arabesken, welche ein von dem klassischen Blattrankenornament abgeleitetes Thema weiterentwickeln; 9: Fenster der Moschee von Damaskus mit Gittern aus Marmor-Flechtwerk. Daneben die geometrische Analyse mit dem Raster aus gleichseitigen Dreiecken). Unter den Bauwerken, welche die islamische Anwesenheit in Europa hinterlassen hat, wurde die Alhambra von Granada als »letzter vollkommener Ausdruck einer Kultur, die dazu verurteilt war, für immer von der Iberischen Halbinsel verbannt zu werden«, bezeichnet (J. D. Hoag). Der Palast der letzten muslimischen Herrscher Spaniens stellt einen phantastischen Komplex aus Höfen, Gärten, Brunnen und überreich geschmückten Sälen, die im Wesentlichen auf das 14. Jahrhundert zurückgehen, dar (1,A: Moschee-Ruine; B: Myrtenhof; C: Saal der Gesandten; D: Löwenhof, E: Thronsaal; F: Saal der Abencerrajes; G: Saal der beiden Schwestern). Ein berühmtes Beispiel türkischer Architektur ist das sogenannte Tschinili Köschk (Çinili köşk), das 1473 im Bereich der äußeren Mauern des Serails von Istanbul errichtet wurde (11). Es ist wahrscheinlich das Werk eines iranischen Baumeisters und vielleicht von einem timuridischen Vorbild in Mittelasien abgeleitet. Im Gegensatz zur späteren türkischen Architektur, welche sich der allmächtigen Gegenwart der justinianischen Hagia Sophia nicht entziehen kann, hat es keinen byzantinischen Einfluß. Mit seinem quadratischen Grundriß und dem in einer Zentralkuppel gipfelnden Aufriß (12) rückt es in die Nähe der reichsrömischen Architektur. Auch der Küchentrakt des Topkapï-Serails Istanbul mit seiner Folge hoher Kamine (13, 14), von dem großen Architekten Sinan nach dem Brand von 1574 wiedererrichtet, ist interessant. Er zeigt die funktionalen Seiten der islamischen Baukunst.

10

11

12

13

14

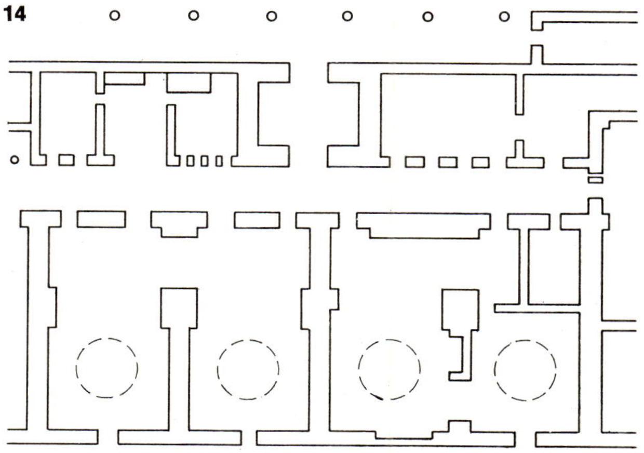

Die Emire in Italien

Seeräuberei und Heiliger Krieg

In einer alten arabischen Chronik, in der sich geschichtliche Tatsachen, legendenhafte Elemente und offenkundige Anachronismen überlagern, finden wir einen detaillierten und farbigen Bericht über den ersten Angriff der Muslime auf sizilianisches Gebiet. Wir befinden uns im Jahre 652, und der Führer des Kriegszuges heißt Mu^{c}awija ibn Hudaidsch. Der Geschichte können wir kaum mehr entnehmen; die Chronik hingegen kümmert sich wenig um Daten und Namen und läßt uns statt dessen an den Dialogen und Wortgefechten zwischen den ersten Eroberern und den ersten Verteidigern teilhaben. Ein fiktiver König von Sizilien macht sich mit hartnäckiger Dreistigkeit über die muslimischen Angreifer lustig, obwohl sie ihm in großer Zahl und wohlbewaffnet gegenüberstehen. Sie sind sich ihrer Stärke und des göttlichen Beistandes, der sie schützt, wohl bewußt. Befragt, wer sie denn seien, behauptet ein nicht näher bezeichneter Sprecher: »Wir sind die Araber, deren Ruf bis an die Grenzen der Erde gelangt ist, bis zu den Gipfeln der Berge und den Weiten der Meere. Der allmächtige Gott schickte uns einen Propheten, der unter uns der Größte an Beredsamkeit, Wahrhaftigkeit und Seelenadel war.« Der König von Sizilien fragt nun nach dem Grund für ihr unerwünschtes Erscheinen und erhält zur Antwort: »Wisse, das alleinige Ziel, um dessentwillen wir hierhergekommen sind, ist es, euch dazu zu bewegen, unsere Religion anzunehmen, an Gott und seinen Gesandten zu glauben, das Gebet zu verrichten, Almosen zu geben und den Vorschriften und Geboten Gottes zu gehorchen.«

Es ist müßig, danach zu forschen, wieviel Wahrheit in dieser Chronik verborgen ist. Auch wenn sich die Dinge anders abgespielt haben sollten, helfen uns die Aussagen des Muslims den Sinn, den eine Episode wie die Eroberung Siziliens für die »andere Seite« gehabt haben mag, zu erfassen. Die schändlichen Räuber der abendländischen Chroniken werden hier zu Paladinen eines edlen Heiligen Krieges, und in diesem Spiel der Umkehrung der Parteien werden selbstverständlich alle negativen Wertungen der einen Seite unmittelbar auf die andere übertragen. Diese Überlegungen reichen natürlich nicht aus, um ad hoc zu einer Neubewertung der muslimischen Unternehmungen auf italienischem Boden zu gelangen. Zu viele und zu tief verwurzelte Vorurteile – nicht nur in der breiten Öffentlichkeit – stehen dem entgegen. Nach der gängigen Meinung haben die Araber, oder vielmehr die »Sarazenen« (ein Ausdruck, der bis heute einen Hauch von »Schreckgespenst« behalten hat), in Italien eher eine räuberische Episode der Piraterei aufgeführt, als ein Kapitel eigentlicher Geschichte geschrieben. Anders als die Piraten der Literatur weckte diese Seeräuberei nicht einmal eine Vorstellung von Romantik und Heldenmut. Es scheint, als habe sich alles auf einige unselige Überfälle beschränkt, auf der Suche nach einer Beute, die – was die Sache noch prosaischer macht – immer »fett« gewesen sein soll. Gehörten zu dieser Beute auch noch menschliche Wesen, vor allem Frauen, drängt sich natürlich sofort der Gedanke an die orientalischen Märkte und Harems auf, wodurch sich der Schauder noch erhöht. Unbestreitbar hat es auch solche Dinge gegeben, aber es wäre übertrieben zu behaupten, ein paar Verbrecherbanden sei es gelungen, sich einige Jahrhunderte lang an bestimmten Orten festzusetzen, und sie hätten auch noch Zeit gehabt, Höfe, diplomatische Vertretungen und stehende Heere zu unterhalten, Wissenschaft, Kunst und Literatur zu pflegen.

Niemand würde auf den Gedanken kommen, diese Episoden mit den späteren Einfällen der Kreuzfahrer in islamische Gebiete zu vergleichen; und dennoch handelt es sich um Phänomene, die zwar nicht identisch, aber vergleichbar sind. Die Angst, die die Sarazenen an der italienischen Küste verbreiteten,

Links: Ausschnitt aus dem Apsisbereich der Kathedrale von Palermo. Mit dem Bau des großartigen Gebäudekomplexes wurde 1185 begonnen. In der Folgezeit wurde er erweitert, umgebaut und restauriert. Der hier wiedergegebene Ausschnitt stammt aus der Normannenzeit. Die sich überkreuzenden Bögen und der vielfarbige Intarsiendekor weisen unzweifelhaft auf ein islamisches Vorbild hin.

entspricht der Panik, die die »Franken«, eine allgemeine Bezeichnung der Araber für alle Kreuzritter, in Syrien, Ägypten oder Jerusalem auslösen sollten. Die Angriffe auf Palermo, Syrakus, Rom oder Genua wiederholten sich in ganz ähnlicher Weise bei Antiochien, Akkon, Sidon und Tyrus, und auch die Szenen, die diesen Belagerungen folgten, waren auf der einen wie auf der anderen Seite die gleichen: »Die Franken gingen am Abend jenes Tages zum letzten entscheidenden Ansturm über und bemächtigten sich der Stadt mit Gewalt ... Die Stadt wurde geplündert, die Einwohner gefangengenommen und in die Gefangenschaft geführt, ihre Reichtümer und Güter beschlagnahmt.« »Die Stadt wurde geplündert, die Männer gefangengenommen, Frauen und Kinder in die Sklaverei verschleppt, und in die Hände der Sieger fiel unermeßliche und unschätzbare Beute an Gütern und Kostbarkeiten.« Diese beliebig gewählten Ausschnitte aus Texten arabischer Chronisten der Kreuzzüge beziehen sich auf den Fall von Beirut und Tripolis: Wie man sieht, waren Plünderung und Verschleppung in die Sklaverei keine ausschließlich orientalischen Praktiken. Es muß auch betont werden, daß die stabile und dauerhafte Herrschaft der Muslime in Sizilien nicht mit einem Phänomen endete, das in irgendeiner Weise mit der *Reconquista* in Spanien zu vergleichen ist. Sizilien wurde wieder von einem fremden Volk erobert, den Normannen, die in ihrer Mentalität und Kultur der einheimischen Bevölkerung noch ferner standen als die Araber. Sieht man von der gemeinsamen Religion ab (die Christianisierung der Normannen war damals jedoch noch sehr jung und oberflächlich), kann man sagen, daß die Bevölkerung Siziliens und Süditaliens sich im allgemeinen jenen neuen Herren aus dem Norden nicht besonders verbunden fühlte. Zu Beginn des 11. Jahrhunderts schrieb ein Klostervorsteher an Papst Leo IX.: »Der Haß der Italiener auf die Normannen hat solche Ausmaße angenommen, daß es für einen Normannen, selbst wenn es sich um einen Pilger handelt, fast unmöglich geworden ist, italienische Städte zu durchreisen, ohne angegriffen, entführt, all seines Eigentums beraubt, geprügelt oder in Ketten geworfen zu werden – wenn er nicht seinen Geist in einem stinkenden Gefängnis aufgibt.« Es fehlt nicht an Beispielen für die Zusammenarbeit von Muslimen und Christen gegen die Normannenherrschaft, so zum Beispiel bei Troina, wo 1062 Graf Roger unter dramatischen Umständen über vier Monate lang von den vereinigten Heeren der Sarazenen und Griechen belagert wurde.

Es ist klar, daß eine über zweihundert Jahre währende

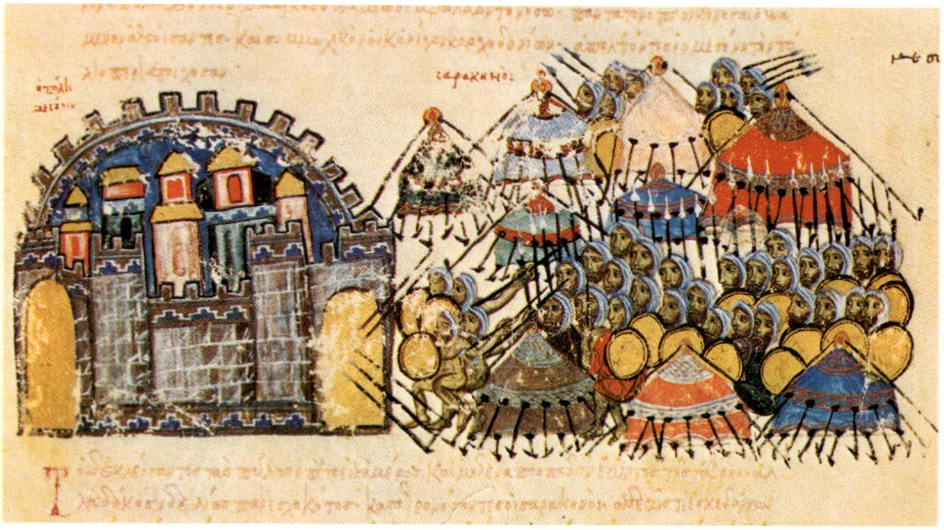

Präsenz in einem bestimmten Gebiet eine tiefe Wirkung auf alle Aspekte des Lebens haben muß: also nicht nur auf die materielle Seite einer Kultur, wie etwa auf die politische und wirtschaftliche Ordnung eines Staates, seine sozialen Einrichtungen, die Künste und die Arbeit, sondern auch auf gewisse Denkweisen und Anschauungen. Bestimmte Neigungen, die mit dem islamischen »Lebensstil« eingeführt worden waren und die sowohl in der normannischen Zeit wie auch später unter der Stauferherrschaft fortlebten, lieferten greifbare Beweise für diese These.

Auch nach dem Ende des arabischen Abenteuers in Italien blieben Sizilien und der südliche Teil der Halbinsel, d.h. diejenigen Gebiete, die durch die Anwesenheit der Muslime am stärksten geprägt worden waren, für mindestens zwei weitere Jahrhunderte maßgebliche Anziehungspunkte für die Kultur ganz Europas. Der Glanz und der Wohlstand des Normannenreiches und der Stauferherrschaft zeigen uns sehr genau, wie groß die Bedeutung Süditaliens für die mittelalterliche Kultur war. Die von den Muslimen angerichteten Schäden können gar nicht so irreparabel gewesen sein, wie man immer vermutet hat, da gerade die verachteten Sarazenen eine nicht unbedeutende Rolle bei der Schaffung dieses Reichtums und dieser Kultur gespielt haben. Wenn auch Blut vergossen worden war und unterschiedliche Religionen die gegnerischen Lager unüberwindbar trennten, kann eine Dankesschuld doch nicht geleugnet werden.

Von Afrika nach Palermo

Im Jahr 761 kam ein Mann namens al-Aghlab vom arabischen Stamm der Tamin mit dem Heer, in dem er einen hohen Rang einnahm, nach Ifriqija, wo er sich durch seinen Kampfesmut auszeichnete. Sein Sohn Ibrahim ibn Aghlab bewahrte und mehrte den Ruhm der Familie. Im letzten Jahr des 8. Jahrhunderts gelang es ihm, eine militärische Erhebung gegen den Statthalter von Qairawan (Kairuan), Harun ar-Raschid, der ein Milchbruder des Kalifen von Bagdad war, niederzuschlagen. Er unterbreitete dem Kalifen persönlich das Angebot, ihn, Ibrahim ibn Aghlab, gegen eine jährliche Zahlung von 40000 *Dinar* zum Statthalter des gesamten Gebietes zu ernennen. Der Kalif stimmte zu, und so wurde Ibrahim im Jahr 800 offiziell zum Statthalter von Ifriqija ernannt. Die islamische Welt vollzog damit im selben Jahr, in dem im Abendland das Römische Reich wiederbelebt wur-

Die Araber in Italien, dargestellt in der Chronik des byzantinischen Geschichtsschreibers Skylitzes. (Madrid, Nationalbibliothek.)

Seite 82 oben: Auf einem Blatt der Handschrift ist die Belagerung Capuas und Benevents (oben) dargestellt, mit dem Verhör eines Gefangenen durch den Emir und der Hinrichtung des Gesandten von Capua (unten). Unten: Das Feldlager der Araber vor Messina. Auf dieser Seite oben links: Der byzantinische Admiral Nasar, Sieger über die Araber bei den Liparischen Inseln und im Golf von Neapel (879), zeigt bei seiner Rückkehr nach Konstantinopel dem Kaiser Basileios I. die den Arabern abgenommene Beute. Rechts: Kaiser Konstantin IX. Monomachos schickt dem Rebellen Maniakes eine Botschaft. Dieser byzantinische General hatte den Arabern Syrakus und einen Teil Siziliens wieder entrissen. Unten links: Die siegreiche Seeschlacht der Flotte von Neapel, Gaeta und Amalfi über die Muslime bei Ostia (849). Aus einem Fresko des 16. Jahrhunderts in den Vatikanischen Museen.

de, einen Schritt, der nicht weniger weitreichende Folgen haben sollte, nämlich, um mit Gabrieli zu sprechen, »den ersten Schritt zur Spaltung des Einheitsreiches der Kalifen«. Die Ernennung Ibrahims zum Statthalter der Provinz Ifriqija war sicher nicht der einzige Grund für diese Spaltung, es steht aber außer Zweifel, daß sie ein deutliches Symptom darstellt. Für uns ist vor allem der Umstand von Bedeutung, daß sich in Qairawan ein faktisch unabhängiges und erbliches Herrschergeschlecht einrichtete, das nach dem Namen seines Begründers aghlabidisch genannt werden sollte. Die Aghlabiden regierten das ganze 9. Jahrhundert über und führten immerhin ein Unternehmen wie die Eroberung Siziliens durch.

Wie wir bereits gesehen haben, griffen die Muslime Sizilien seit dem Jahr 652 immer wieder an. Eineinhalb Jahrhunderte lang wiederholten sie diese Überfälle mehr oder weniger häufig, ohne damit etwas zu bewirken, was mehr als eine flüchtige Erwähnung in den Chroniken wert gewesen wäre. Mit dem Auftritt der Aghlabiden in Nordafrika begann ein neuer Abschnitt in der Geschichte der Insel, die, an der äußersten Grenze des Byzantinischen Reiches gelegen, als das »Sibirien des Reiches« (um einen Ausdruck von Michele Amari zu gebrauchen) gelten konnte. Man hat wahrscheinlich die Dekadenz, die Korruption im Byzantinischen Reich und den Verfall seiner Institutionen überbewertet und damit, ähnlich wie im Fall des Osmanischen Reiches im 19. Jahrhundert, den chronischen Kranken unserer Geschichtsbücher konstruiert. Das byzantinische Sizilien bot zu jener Zeit zwar kein trostloses, aber doch ein eher armseliges Bild – sieht man von der immer noch recht wirksamen militärischen Macht, vor allem von der Flotte, ab.

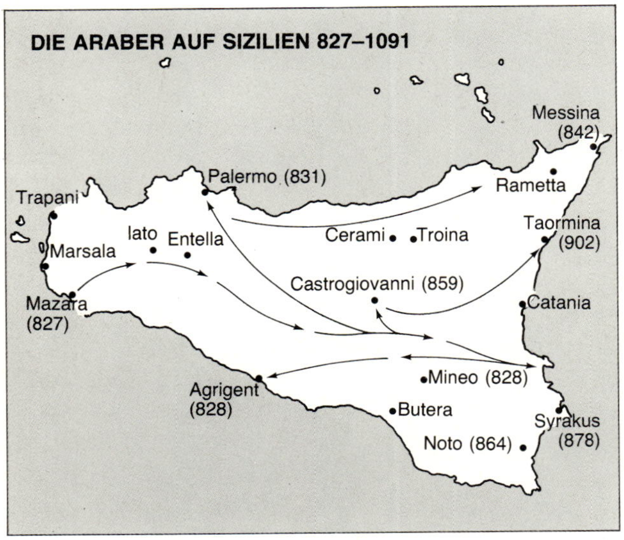

Das war etwa die Lage, als ein Offizier der byzantinischen Flotte mit Namen Euphemius zum Anstifter oder Opfer (je nach Version der Legende) einer Intrige mit amourösem Hintergrund wurde. Was immer in Wirklichkeit vorgefallen sein mochte, fest steht jedenfalls, daß der beleidigte Euphemius plötzlich nach Afrika aufbrach und den Aghlabidenemir Zijadat Allah, den Sohn Ibrahims, aufforderte, militärisch einzugreifen und sich Siziliens zu bemächtigen. Als Gegenleistung für dieses großzügige Angebot wollte er sich mit dem Titel und den Insignien des Kaisers begnügen.

Am Hofe Zijadat Allahs erwog man lange die Zweckmäßigkeit eines solchen Unternehmens. Zunächst konnte sich weder der Emir noch sonst irgend jemand dafür begeistern, aber dann ließen sie sich durch den flammenden Aufruf Asad ibn al-Furats, eines siebzigjährigen Greises, umstimmen. Dieser Jurist der malekitischen Rechtsschule genoß wegen seiner Gelehrsamkeit und seines bedeutenden Werkes einen vorzüglichen Ruf. Der Auftritt des Gelehrten wurde zu einem Meilenstein in der Geschichte der Eroberung Siziliens durch die Araber, da er das Unternehmen nicht nur anheizte und vorantrieb, sondern auch zu seinem mutigen und genialen Anführer wurde. Es ist beeindruckend, wie sich dieser alte Mann, der ohne die geringste militärische Erfahrung war, beseelt vom Eifer für den Heiligen Krieg, an die Spitze eines Heeres stellte und für seine Überzeugung mit dem Leben bezahlte. »Als sähe man Cicero mit angelegter Rüstung sich ins Zeug werfen«, meinte Amari. In dem knappen Jahr von der Landung bei Mazara 827 bis zu seinem Tod vor den Mauern von Syrakus 828 gelang es diesem Cicero trotzdem, das muslimische Heer äußerst geschickt zu führen. Dem zahlenmäßig weit überlegenen byzantinischen Heer konnte er sogar eine bemerkenswerte Niederlage beibringen.

Asad hatte die fest umrissene Vorstellung von einer dauerhaften Eroberung, denn die Muslime unterschieden bei den religiösen Zielen eines Heiligen Krieges klar zwischen einer Eroberung und einem gewöhnlichen Überfall. Das bei Mazara begonnene Unternehmen erwies sich als ein unaufhaltsamer Eroberungszug. Obwohl die islamische Armee nach den Berichten der Chronisten von Pest und Hunger dezimiert wurde, setzte sie auch nach dem Tod Asads ihren Zug fort und zerstörte sogar die Flotte, mit der sie auf die Insel gekommen war, um zu vermeiden, daß sie in die Hände der Byzantiner fiel. Die Muslime besetzten Mineo und belagerten erfolglos Castrogiovanni (das heutige Enna), wo den »falschen Kaiser« Euphemius ein schmachvoller Tod ereilte. Selbst als

Ibn Hauqal, ein irakischer Reisender und Geograph, der die Stadt 973 besuchte, beschrieb Palermo unter der Araberherrschaft: »Die Stadt besteht aus fünf Stadtteilen, die nicht sehr weit voneinander entfernt sind. Der erste ist die große Stadt, das eigentliche Palermo, das von einer hohen und gut zu verteidigenden Steinmauer umgeben ist und von Händlern bewohnt wird. Auch die zweite Stadt, die den Namen ›Die Auserwählte‹ trägt, ist von einer steinernen Mauer umgeben, die allerdings nicht mit der ersten vergleichbar ist. Dort residiert der Sultan mit seinem Gefolge. Es gibt dort zwei Bäder, eine kleine, aber gut besuchte Moschee, das Gefängnis, das Marinezeughaus und den Diwan, *d. h. den Gerichtssaal. Das Viertel der Slawen ist ansehnlicher und volkreicher als die beiden vorhin erwähnten Städte. Dort liegt der Hafen. Es gibt verschiedene Quellen dort, deren Wasser zwischen diesem Viertel und der Altstadt fließen: Die Grenze zwischen den beiden ist nur an diesen Wassern erkennbar. Die meisten Märkte befinden sich dagegen zwischen der Moschee und dem Neuen Viertel ... Auch Geldwechsler und Gewürzkrämer halten sich außerhalb der Stadtmauern auf; ähnlich die Schneider, Waffen- und Kesselschmiede, Getreidehändler und all die anderen Gewerbe. Die Metzger aber verfügen in der Stadt über mehr als fünfzig Läden ... Die langgestreckte Stadt enthält auch einen Markt, der sie von Osten nach Westen durchzieht. Er ist von einem zum anderen Ende gepflastert und ein schöner Handelsplatz für verschiedene Arten von Waren. Hinzuzufügen ist auch, daß hier mehr als dreihundert Lehrer vorhanden sind, um die jungen Leute zu unterrichten.«*

sich die Lage der Muslime spürbar verschlechtert, legen sie die Waffen nicht aus der Hand. Amari berichtet, wie sie statt dessen damit beginnen, im Namen des Aghlabidenemirs Muhammad ibn Abi l-Dschawari, des neuen Feldherrn und Nachfolgers Asads, Münzen zu prägen.
Nachdem sie den kritischsten Augenblick dank der Hilfe einiger Truppenkontingente aus Spanien und Nordafrika überwinden konnten, setzten die Muslime ihren Vormarsch in Sizilien, wenngleich langsamer und in Etappen, so doch unaufhaltsam, fort. Man hat diese langsame Vorgehensweise mit dem Tempo anderer islamischer Eroberungszüge derselben Periode, vor allem mit dem Verlauf in Spanien, verglichen. Es gilt jedoch bei solchen Vergleichen verschiedene Faktoren zu berücksichtigen, so etwa die Heftigkeit des Widerstandes, der dem Eroberer entgegengesetzt wurde. Nachdem sie Palermo (831) eingenommen und sofort zur islamischen Hauptstadt der Insel erhoben hatten, erlebten die Araber auf Sizilien bis zum

Kartographische Darstellungen sizilianischer Orte. Links oben: Caltagirone mit seinen bedeutenden Wasserläufen. Links unten: Cefalà Diana mit dem Gebäude der öffentlichen Bäder im Vordergrund.
Unten: planimetrische Rekonstruktion des arabischen Palermo. (V. di Giovanni, La Topografia . . . *1886–90)*

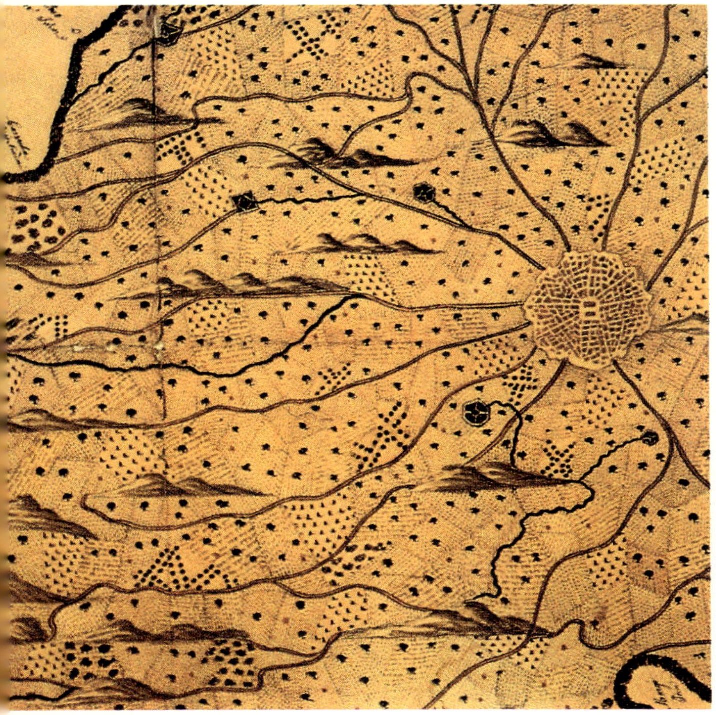

Das Innere des Bades von Bagni di Cefalà, unweit von Palermo. Über der Quelle wurden Thermen errichtet, für die man gewöhnlich das 11. Jahrhundert als Entstehungszeit ansetzt. Es handelt sich vielleicht um das einzige bedeutende Denkmal aus arabischer Zeit, das in Sizilien erhalten geblieben ist. Der Hauptraum ist spitzbogenförmig und wird durch drei von Marmorsäulen gestützte Bögen unterteilt.

Abschluß ihres Eroberungszuges keine bedeutenden militärischen Rückschläge mehr, wenn man von der schweren Niederlage bei Caltavuturo (881) absieht. Auf erbitterten Widerstand stießen die Muslime zweifellos bei befestigten Städten wie Castrogiovanni, das, wie wir bereits gesehen haben, erfolglos belagert wurde und erst durch einen Handstreich erobert werden konnte (859); das Schicksal von Syrakus, dessen Belagerung uns in der Chronik des Mönchs Theophilus dramatisch geschildert wird, stellt vielleicht die leidvollste Episode im Konflikt zwischen Muslimen und Christen in Italien dar. Anderen Städten wie Taormina, Rametta, Demona und Aci gelang es mehrmals, den Ansturm abzuwehren. Ihr Widerstand schien unüberwindlich zu sein.

Im letzten Viertel des 9. Jahrhunderts brachte vor allem eine doppelte Reihe innerer Auseinandersetzungen der Muslime den islamischen Vormarsch in Italien zum Stehen. Einerseits entwickelte die sizilianische Kolonie ausgeprägte autonomistische Neigungen gegen das afrikanische Mutterland, andererseits wuchs auf Sizilien selbst die Rivalität zwischen den beiden wichtigsten Bevölkerungsgruppen der Kolonie, d. h. zwischen Arabern und Berbern. Die Berber spielten innerhalb der Gesellschaft der Eroberer eine eindeutig untergeordnete Rolle gegenüber den Arabern, die die militärische und politische Elite stellten. Der *Dschund,* das Militär also, bestand in seiner Führungsschicht ausschließlich aus Arabern, was offensichtlich zu einer klaren Diskriminierung bei der Vergabe von Ämtern und bei der Verteilung von Land führte. Vor allem in Fragen des Grundbesitzes kam es zu blutigen Auseinandersetzungen zwischen den Parteien. Vom Herbst 886 bis zum Frühjahr 887 tobte zwischen Arabern und Berbern bzw. zwischen Palermo und Girgenti (Agrigent), den »Hochburgen« der beiden jeweiligen Parteien, ein regelrechter Bürgerkrieg. Um die inneren Streitigkeiten zu schlichten und der unruhigen Kolonie jegliche Unabhängigkeitsbestrebungen auszutreiben, ging der Herrscher vom Qairawan, Emir Ibrahim ibn Ahmad (Ibrahim II.), mit äußerster Härte vor.

Ibrahim II. (875-902) gilt als die bedeutendste und rätselhafteste Gestalt der gesamten islamischen Geschichte in Italien. Die Darstellungen, die Historiker von ihm geben, zeigen einerseits einen weisen und großen Staatsmann, einen großartigen Förderer ziviler und militärischer Unternehmungen, auf der anderen Seite einen abscheuerregenden, blutrünstigen Despoten, der zu den unmenschlichsten Gewalttaten fähig war und es liebte, Ströme von Blut fließen zu lassen. Einige muslimische Chronisten versuchen seinen eigentümlichen Charakter damit zu erklären, daß er unter der »schwarzen Galle« gelitten habe. Für uns ist es heute schwer zu entscheiden, ob wir seinen Verleumdern oder seinen Anhängern recht geben sollen. Auf jeden Fall war seine politische Standfestigkeit für die Geschichte des sizilianischen Islam von entscheidender Bedeutung. Nach einer stürmischen Periode, in der wiederholt Emire abgesetzt wurden, entschied sich Ibrahim II. 899, seinen Sohn Abdallah auf die Insel zu schicken. Seine Regierung dauerte allerdings nicht lange, da Ibrahim ihn zu Beginn des Jahres 902 in die Heimat zurückrief, ihm die Regierungsgeschäfte übergab und selbst nach Sizilien aufbrach. Nachdem er ein Vierteljahrhundert lang regiert hatte, beschloß Ibrahim II. also, sich persönlich dem Heiligen Krieg und einem gottgefälligen Leben zuzuwenden. Sein Plan war großartig: Mit einer geflickten Kutte bekleidet wollte er an der Spitze eines furchterregenden Heeres die letzten Widerstandsnester in Sizilien ausheben, Süditalien erobern, Rom unterwerfen, von dort die Pilgerfahrt nach Mekka fortsetzen und über den Bosporus nach Kleinasien übersetzen. Auf diesem Marsch hätte er schließlich Konstantinopel erobert, das, mehr noch als Rom, wie keine andere Stadt auf der Welt für die Muslime das universale Reich und die universale Herrschaft verkörperte. Der triumphale Vorstoß war jedoch von kurzer Dauer. Nur die erste Etappe des Unternehmens, die endgültige Eroberung Siziliens, endete glücklich mit dem Fall von Taormina. Nachdem Brachimus, wie ihn die abendländischen Chronisten nennen, nach Kalabrien übergesetzt hatte, belagerte er Cosenza und richtete an die Abgesandten der Stadt folgende verachtungsvolle Worte: »Kehrt zu den Euren zurück und sagt, daß ich mich Italiens annehmen werde und mit den Bewohnern so verfahre, wie es mir gut dünkt! Erwartet mich also, Rom möge mich erwarten, die Stadt des alten Peter mit seinen germanischen Kriegern. Dann wird Konstantinopel an die Reihe kommen!« Im Oktober 902 starb Ibrahim plötzlich an einer Ruhrerkrankung, und damit fanden auch seine Pläne ein Ende. Mit seinem Tod ging der Stern der Aghlabiden endgültig unter, während in Nordafrika ein neuer aufging, der der Fatimiden, die einen weiteren Abschnitt in der Geschichte des westlichen Islam einleiten sollten.

Der Höhepunkt des sizilianischen Islam

Die Revolution, die in Ifriqija stattfand, war das Werk einer islamischen Sekte, der Fatimiden, die so genannt wurden, weil sie behaupteten, von der Tochter Mohammeds, Fatima, und ihrem Gemahl Ali abzustammen. Abu Abd Allah, ein Abgesandter dieser Sekte, hatte bei dem Berberstamm der Kutama, der sich dem Aghlabidenregime heftig widersetzte, ein fruchtbares Terrain für seine Verkündigung gefunden. Nach dem Tod Ibrahims wäre als einziger sein Sohn Abd Allah, der Sizilien bereits eine kurze Zeit lang regiert hatte, in der Lage gewesen, den revolutionären Ansturm zu zügeln. Da aber sein eigener Sohn, Zijadat Allah, der selbst unfähig war, die hereinbrechende schwere Krise zu bannen, ihn ermorden ließ, war es ein leichtes für die fatimidische Partei, an die Macht zu gelangen. Sie ließ einen angeblichen Nachkommen der Fatima, Ubaid Allah, der den Königsnamen al-Mahdi annahm, 909 zum Kalifen ausrufen.
Der Machtwechsel lief, was Sizilien betraf, nicht völlig problemlos ab. Mit dem Ende des Aghlabidengeschlechts lebten die autonomistischen Bestrebungen, die Ibrahim unterdrückt hatte, wieder auf. Außerdem versuchte die neue Dynastie in ihrem sektiererischen Charakter, ihre eigenen Lehren, die die orthodoxe Mehrheit als ketzerisch ablehnte, durchzusetzen. Vermutlich waren beide Momente dafür verantwortlich, daß es in der sizilianischen Kolonie zu einem ernsthaften Aufstandsversuch gegen die neuen Herren kam. Obwohl die Revolte von einem frommen Orthodoxen, Ibn Qurhub, angeführt wurde und obwohl sie sich bescheidener militärischer Siege rühmen konnte, blieb ihm ein dauerhafter Erfolg versagt. Die Interessen des Kalifen lagen mehr im Osten, so daß die sizilianischen Aufständischen zwar von Bagdad eine schöne Anerkennungsurkunde erhielten, aber mit keiner wirkungsvollen Hilfe rechnen konnten. Der Aufstand hatte 913 begonnen und endete tragisch im Jahr 916, als al-Mahdi Ibn Qurhub selbst, seine Söhne und seine Getreuen hinrichten ließ.
Neben dieser Episode zeichnete sich die Zeit, in der Sizilien unmittelbar den Fatimiden unterstand, auch noch durch andere Wirren aus. Diese konnten jedoch die Macht der Zentralregierung nicht mehr nennenswert erschüttern. Die Fatimiden behandelten die Belange der Kolonie mit einem gewissen Fingerspitzengefühl und mit verhältnismäßiger Duldsamkeit, d.h., daß die heikelsten Probleme oft durch die Absetzung eines Emirs und die Einsetzung eines den Sizilianern genehmeren Mannes gelöst wurden.
Im Jahr 948 kam es zu einem radikalen Wandel, als ein fatimidischer Vertrauensmann namens Hasan al-Kalbi nach Sizilien geschickt wurde, um einen erneuten Aufstand niederzuschlagen. Die Familie dieses Emirs, die sogenannten Kalbiten, sollten die Insel nun über ein Jahrhundert lang regieren. Die Bindungen zur Zentralgewalt wurden immer loser, vor allem seit 973, als die Fatimiden ihre Interessensphäre weiter nach Osten verlagerten und ihren Hof nach Ägypten, in die neue Hauptstadt Kairo, verlegten. Wenn auch

Der Ponte dell'Ammiragliato in Palermo, heute teilweise im ausgetrockneten Flußbett eingesunken, verband eine Zeitlang die beiden Ufer des Oreto, der jetzt umgeleitet ist. Georg von Antiochien, »der Emir der Emire«, ließ ihn 1113 erbauen. Es handelt sich um eine solide Konstruktion mit sieben Bögen von unterschiedlicher Höhe.

Sizilien in der Praxis ein unabhängiges Fürstentum blieb, sollten die Kalbiten als treue Vasallen doch niemals ihre formellen Beziehungen zu ihren Herren aufgeben.

Unter der Kalbitenregierung genoß die Insel bis zum Ende des Jahrhunderts eine Zeit relativer Ruhe. Die Kräfteverhältnisse auf Sizilien blieben grundsätzlich die gleichen wie zur Aghlabidenzeit, das heißt, mit einer starken muslimischen Mehrheit im Westen, im Val di Mazara, einem ausgeglicheneren Verhältnis im Südosten, im Val di Noto, und einem christlichen Übergewicht im nördlichen Teil der Insel, im Val Demone. Obwohl also die Muslime das Land nicht überall gleichmäßig kontrollierten, war Sizilien nunmehr ein fester Bestandteil der islamischen Welt. Der Heilige Krieg in Italien, der in der stürmischen Zeit des Machtwechsels eine deutliche Abschwächung erfahren hatte, wurde nun wieder mit besonderer Energie aufgenommen. Die ersten kalbitischen Emire, Hasan al-Kalbi, seine Söhne Ahmad und Abu l-Qasim sowie dessen Sohn Dschabir, konnten eine Reihe bedeutender Siege erringen, deren hervorragendster der über das kaiserliche Heer Ottos II. in Kalabrien war (982).

Im Inneren Siziliens entspannte sich die Lage, nachdem ein permanenter Heiliger Krieg die erste islamische Periode auf der Insel deutlich geprägt hatte. Auf diesem Fundament konnte eine verfeinerte und elegante Kultur entstehen, in der Wissenschaft und Literatur gediehen und die Hofpoeten die ritterlichen Tugenden des Herrschergeschlechts von Palermo verherrlichten. Dieser Zustand, der einerseits eine wahre Goldene Ära für den sizilianischen Islam darstellte, trug andererseits den Keim des Zerfalls bereits in sich. Der arabische Adel, der, wie wir gesehen haben, die treibende Kraft bei der Eroberung gewesen war, erfuhr in dieser Zeit eine Schwächung. Der Heilige Krieg und die Bürgerkriege hatten die Geschlechter dezimiert, die Neuankömmlinge aus Afrika und den anderen Teilen der islamischen Welt konnten die entstandenen Lücken aber nicht schließen, denn es handelte sich größtenteils um Kaufleute und Handwerker. Gemeinsam mit der beträchtlichen Anzahl von ehemaligen Christen, die zum Islam übergetreten waren, gewannen sie zunehmend an Bedeutung. Diese Entwicklung machte aus Sizilien einerseits jenes reiche und fruchtbare Land, als das das Mittelalter die Insel kannte; andererseits ging mit dieser Machtverschiebung eine langsame und stetige Schwächung des Staates und seiner Verteidigungskraft einher, die schließlich zur völligen Zersplitterung der Macht und zum Zusammenbruch der zwei

Drei Ausschnitte aus Bauten der Normannenzeit. Links: eine Nische, geschmückt mit dem kaiserlichen Adler, unter dem eine Fontäne entsprang, die einen Teich mit Wasser versorgte. Rechts oben: Mosaik mit dem Motiv der zwei Pfauen vor einer Palme im Saal des Königs Roger im Normannenpalast von Palermo. Unten: Ausschnitt aus einer Holzdecke im arabischen Stil in der Cappella Palatina, gleichfalls in Palermo. In all diesen Werken aus dem 12. Jahrhundert verspürt man den dekorativen Geschmack der Muslime. Ihren Höhepunkt erreichte die islamische Kultur in Sizilien nach dem Zusammenbruch der muslimischen Macht, im 11. Jahrhundert. Zu dieser Zeit wird die von den Normannen besetzte Insel zur Begegnungsstätte dreier Kulturen, die sich gegenseitig beeinflussen.

Jahrhunderte währenden islamischen Herrschaft in Sizilien führen sollte.

Die ersten Symptome dafür machten sich in der zweiten Linie der Kalbiten, die 983 mit dem Emir Dscha^{c}far an die Macht kam, bemerkbar. In diese Periode fällt zwar auch die Herrschaft des Emirs Jusuf (990-98), der sich durch eine vorzügliche Regierung, durch Großmut und Gerechtigkeit auszeichnete, der Niedergang stand aber unwiderruflich fest, nachdem Jusuf aufgrund einer Lähmung gezwungen war, seinen Söhnen die Macht zu übertragen. Sie ließen sich in Streitigkeiten mit der Ziridendynastie, die damals in Ifriqija regierte, ein, aber nicht einmal ein kurzfristiges Bündnis mit Byzanz vermochte die Kalbiten vor dem Zusammenbruch zu retten. Nach einem kurzen Zwischenspiel der Ziriden auf Sizilien kam es zu einer Restauration der Kalbitenherrschaft, die aber kaum mehr als nominelle Bedeutung erlangte. Der letzte Emir aus diesem Geschlecht, Hasan as-Samsam, sollte nur noch über Palermo gebieten, bis er schließlich von seinen eigenen Untertanen um 1053 abgesetzt wurde.

In die kurze Zwischenherrschaft der Ziriden fällt eine Episode, die, für sich betrachtet, nicht entscheidend war, die jedoch erheblich an Bedeutung gewinnt, wenn man sie als einen Vorgriff betrachtet, als regel-

rechte Generalprobe für die normannische Eroberung. Auf Befehl Kaiser Michaels IV. landete 1038 eine byzantinische Streitmacht auf Sizilien, die den Auftrag hatte, die Insel den Muslimen zu entreißen. Das Heer war aus verschiedensten Völkerschaften zusammengesetzt: Russen, Bulgaren, Griechen, einer kleinen, aber starken normannischen Abteilung und aus den schrecklichen Warägern, skandinavischen Kriegern, die vom Helden der nordischen Sagas, Harald Hardrade, geführt wurden. Den Oberbefehl hatte Georgios Maniakes, der tapfere General, der in Syrien seinen Mut und seine Fähigkeiten unter Beweis gestellt hatte. Maniakes war in jeder Hinsicht eine Persönlichkeit von ungewöhnlicher Statur. »Ich selbst habe diesen Mann gesehen«, berichtet uns ein byzantinischer Geschichtsschreiber, »und wurde in Erstaunen versetzt. Die Natur hatte in seiner Person alle Eigenschaften vereinigt, um aus ihm einen großen Heerführer zu machen. Er war über drei Meter groß, so daß die Menschen, um ihm ins Angesicht zu schauen, den Kopf nach hinten neigen mußten, wie um die Spitze eines Hügels oder eines hohen Berges zu sehen. Sein Antlitz war weder schön noch gefällig, sondern erinnerte an einen Sturm. Seine Stimme klang wie ein Donner, und seine Hände schienen dazu geschaffen zu sein, Mauern niederzureißen und Bronzetore einzudrücken. Er stürzte los wie ein Löwe, und sein Stirnrunzeln war schrecklich anzuschauen. Alles andere bei ihm war ebenmäßig. Alle die ihn zum erstenmal sahen, erkannten, daß sämtliche Beschreibungen von ihm, die sie gehört hatten, von der Wirklichkeit übertroffen wurden.«
Da der Widerstand der Muslime von Messina nicht besonders überzeugend war, wurden die Truppen unter der Führung einer so außergewöhnlichen Persönlichkeit schnell Herr der Lage und fügten den herbeigeeilten arabischen Verstärkungen bei Rametta eine schwere Niederlage zu. Dieser glänzende Anfang berechtigte die Byzantiner zu den schönsten Hoffnungen; aber der muslimische Widerstand vermochte sich ziemlich schnell neu zu ordnen und dem blitzartigen Vorstoß des Maniakes Einhalt zu gebieten. Die Byzantiner zogen nun einige Jahre ohne nennenswerte Erfolge im Ostteil der Insel umher, und nur hier und da gelang es ihnen, ein Kastell oder kleinere befestigte Städte zu erobern. 1040 entschlossen sie sich schließlich, Syrakus ernsthaft zu belagern. Aus dem Norden eilten mächtige arabische Fußtruppen herbei, um den Byzantinern in den Rücken zu fallen; aus den Belagerern wurden also bald Belagerte. Aber schon beim ersten Angriff gelang es Maniakes, durch ein geschicktes Manöver die Truppen der

Feinde zu zerstreuen. Dies hätte ein entscheidender Augenblick in der Geschichte Siziliens werden können, wäre nicht Maniakes das Opfer einer klassischen Palastintrige geworden. Er wurde genau im falschen Augenblick nach Konstantinopel zurückgerufen und in den Kerker geworfen. Bevor er in Ungnade fiel, hatte er sich jedoch noch einen Teil des Heeres zum Feind gemacht, darunter die normannische Abteilung, die auf das Festland zurückkehrte und das Unternehmen aufgab.
Das christliche Heer geriet ohne seinen fähigen Befehlshaber und nach dem Abfall einiger seiner besseren Kampftruppen bald in große Verlegenheit und mußte langsam den Rückzug antreten. Nachdem 1042 auch Messina wieder verlorenging, unternahm die byzantinische Seite keinen ernsthaften Versuch mehr, Sizilien den Muslimen wieder abzunehmen. Das oströmische Reich hatte die Insel dreieinhalb Jahrhunderte lang beherrscht und weitere zweihundert Jahre mit wechselndem Kriegsglück gegen die Heere des Islam um die Insel gekämpft. Nun trat es aus der Geschichte Siziliens ab.
Das Ende der muslimischen Herrschaft über Sizilien war jedoch nur aufgeschoben. Das normannische Kontingent, das sich während des mißglückten Feldzuges gut bewährt hatte, war damals zu klein, um selbständig nennenswerte Erfolge zu erzielen. Die kriegerischen Fähigkeiten dieses Volkes und der Mut einiger seiner Repräsentanten waren jedoch bereits aufgefallen; so hatte sich Wilhelm von Hauteville auf den Mauern von Syrakus den Beinamen »Eiserner Arm« erworben. Nach ihrer Rückkehr auf das Festland sollten die Normannen bald zu einer weit furchterregenderen Kraft werden und nunmehr, da sie den Weg kannten, auf eigene Faust jenes Unternehmen wagen, bei dem andere gescheitert waren. Der Erfolg sollte auf ihrer Seite sein.

Der normannische Kreuzzug

Gegen Mitte des 11. Jahrhunderts hatte die muslimische Herrschaft auf Sizilien auch den letzten Anschein einer rechtsbegründenden und zentralisierten Macht verloren. Nachdem der letzte Kalbitenfürst abgesetzt war, verwaltete sich Palermo durch seine *Dschamâ^{c}a,* eine Notabelnversammlung, selbständig. In den übrigen Regionen der Insel entstanden kleinere Militärherrschaften, an deren Spitze jeweils ein eigener Befehlshaber stand, der sogenannte *Qâ'id* (daraus wurde das sizilianische Wort *gaito).* Sie ähnelten – wenn auch in kleinerem Maßstab – den *Reyes de taifas* in Spanien. Die bedeutendsten dieser kleinen Fürsten waren Ibn Mankud, *Qa'id* von Trapani, Marsala, Mazara und Sciacca, der Herr von Catania, Ibn Maklati, und Ibn al-Hawwas, der Castrogiovanni und Girgenti regierte. Zu diesen dreien gesellte sich unerwartet ein gewisser Ibn ath-Thumna, der, nachdem er Syrakus in Besitz genommen hatte, Ibn Maklati angriff, ihn tötete und dann die Herrschaft über Catania, wie auch Ibn Maklatis Frau Maimuna, beanspruchte. Maimuna war die Schwester Ibn al-Hawwas', und da sie mit ihrem neuen gewalttätigen Gemahl unzufrieden war, lief sie zu ihrem mächtigen Bruder, sich über ihn zu beschweren. Daraufhin brach zwischen den beiden *Qa'ids* ein wütender Kampf aus, in dem zu-

Auf dieser und der rechten Seite: Ausschnitte aus der Holzdecke im Mittelschiff der Cappella Palatina in Palermo. Die Herkunft der Malereien ist ungewiß. Einige schreiben sie muslimischen Künstlern aus Sizilien zu, andere Künstlern aus Obermesopotamien oder aus der ägyptischen Schule der Fatimiden. Man nimmt an, daß sie auf die erste Hälfte des 12. Jahrhunderts, genauer auf das Jahrzehnt zwischen 1140–1150 zurückgehen. Man erkennt hier Anregungen des iranisch-mesopotamischen Stils und das Vorbild der dem abbasidischen Kalifenhof des 9. Jahrhunderts eigenen Ikonographie, die später in der ganzen islamischen Welt Verbreitung fand. Themen sind das Hofleben und die Vergnügungen des Fürsten, heitere Gastmähler mit Musikern und Tänzerinnen, Jagd und Unterhaltungen, dazwischen finden sich Darstellungen realer und phantastischer Tiere, Rankenwerk und kufische Schriftzeichen. Es handelt sich um den größten Zyklus islamischer Malerei, der bis auf den heutigen Tag erhalten ist.

nächst Ibn al-Hawwas eindeutig die Oberhand zu behalten schien. Als nun Ibn ath-Thumna keinen Ausweg mehr sah, hielt er es für angeraten, sich an Roger, den Normannen, in Mileto zu wenden und ihn um ein schnelles Eingreifen zu ersuchen. Er folgte damit im Grunde einer Mode dieser Epoche: sowohl Julian in Spanien als auch Euphemius in Sizilien hatten sich fast identisch verhalten. Den Normannen war allerdings das zögernde Verhalten, das die vorsichtigen Aghlabiden zwei Jahrhunderte zuvor an den Tag gelegt hatten, fremd, und zwar deshalb, weil es, wie Amari schreibt, »einfach nicht möglich sein konnte, daß sie das Gottesgeschenk, das jenseits der Meerenge vor ihren Augen lag, nicht begehrten«.

Die ersten Normannen waren zu Beginn des 11. Jahrhunderts nach Italien gekommen und hatten dann in überraschend kurzer Zeit ihren Aufstieg vollendet. Obwohl sie anfangs eine fast räuberische Bande von Söldnern gewesen waren, hatten sie das Geschick besessen, sich perfekt in die Streitigkeiten und Kämpfe einzumischen, die damals den südlichen Teil der Halbinsel zerrissen. Da die byzantinischen und langobardischen Interessen gegeneinander standen und einige andere Herrscher, die noch partikularistischer waren, sich bald auf die eine, bald auf die andere Seite schlugen, war es geradezu folgerichtig, daß die Normannen als eindeutige Sieger aus diesen Konflikten hervorgingen. Ihre Vorherrschaft war bereits in weiten Teilen Süditaliens gefestigt, als sich der »Verräter« Ibn ath-Thumna an Roger wandte und ihm auf einem silbernen Tablett die Eroberung Siziliens anbot. Im Jahr zuvor hatten die Normannen bereits einen zaghaften, erfolglosen Versuch unternommen, sich Messina zu nähern. Diesmal erschien jedoch die Sache in einem anderen Licht. Die vereinigten Heere Rogers und seines Bruders Robert Guiscard waren zwar nicht besonders groß – bei einer groben Schätzung kommen wir auf etwa 500 Mann –, aber die Situation erwies sich als äußerst günstig. Ibn ath-Thumna unterstützte die Normannen nicht nur mit beträchtlichen Truppenkontingenten, sondern er lieferte den neuen Eroberern, was viel entscheidender war, eine plausible Rechtfertigung für ihr Eingreifen. Wahrscheinlich hätten sich einige Festungen nicht ohne einen Schwertstreich den normannischen Eindringlingen ergeben, wäre nicht ein muslimischer Herrscher den Belagerern zur Seite gestanden. Zumindest formal ging es für sie darum, sich einem neuen *Qa'id* zu unterwerfen, und nicht darum, sich den Ungläubigen zu ergeben. Das soll allerdings nicht heißen, daß die Eroberung Siziliens durch die Normannen, die im Februar 1061 begonnen hatte, rei-

Links oben: Silbertauschierte Messingkanne. Das Dekor stellt Hof- und Jagdszenen dar. Dieses Beispiel syrischer oder ägyptischer Handwerkskunst wird auf das Ende des 13. Jahrhunderts datiert und weist den Einfluß syrisch-mesopotamischer Vorbilder auf. Zusammen mit einem Wasserbecken diente die Kanne zum Händewaschen nach dem Essen (Bologna, Museo Civico).
Oben: Messinggefäß, das früher mit Gold und Silber eingelegt war. Wie das vorangehende Stück stammt es aus Ägypten oder Syrien und wurde zu Beginn des 14. Jahrhunderts angefertigt. Das Dekor zeigt Enten im Flug und den Namen des Sultans Muhammad Qalaun (Palermo, Nationalgalerie).

bungslos verlief. Roger und Robert – und nach dem Tod Roberts Roger allein – hatten beträchtliche Hindernisse zu überwinden. Die Streitigkeiten zwischen den Brüdern Hauteville, die prekäre Lage in Süditalien und der verzweifelte, aber hartnäckige Widerstand Ibn al-Hawwas' trugen sämtlich dazu bei, daß der normannische Vormarsch auf der Insel alles andere als blitzartig ablief.

Trotzdem wurden spektakuläre Siege errungen. Im Jahr 1061 erlitten die Araber bei Castrogiovanni eine schwere Niederlage. Die Berichte, denen zufolge 15000 Araber von 700 Normannen überwältigt wurden, scheinen allerdings maßlos übertrieben. Aber nicht einmal das direkte Eingreifen der Ziriden aus Ifriqija vermochte für den sizilianischen Islam eine Wende herbeizuführen. Nachdem in einer ersten kurzen Phase der Kampf offensichtlich unentschieden geblieben war, arteten die Meinungsverschiedenheiten und Feindseligkeiten zwischen »afrikanischen« und »sizilianischen« Arabern wieder einmal zu einem Bürgerkrieg aus. Diese Auseinandersetzungen gehörten zwar nicht zu den blutigsten, waren aber trotzdem von Bedeutung, da Ibn al-Hawwas 1064 endgültig vom Schauplatz verdrängt wurde. Die »Afrikaner« hatten in diesem Streit zwar die Oberhand behalten, wurden aber ihrerseits 1068 von den Normannen bei Misilmeri geschlagen und entschlossen sich daraufhin zur Heimkehr. Die Reste der ehemals blühenden Kolonie Sizilien überließen sie ihrem Schicksal. 1072 fiel Palermo, und die Normannen machten es zu ihrer Hauptstadt. Sie führten also, was später noch oft vorkommen sollte, zum erstenmal arabisches Erbe weiter.

Die Eroberung schien nun auch für die Muslime endgültig, denn sie strichen Sizilien aus ihren Annalen. Vor dem endgültigen Untergang tauchte jedoch noch einmal eine Persönlichkeit auf, die ihren berühmten Vorgängern Asad ibn al-Furat und Ibrahim II. an Hartnäckigkeit nicht nachstand. Die christlichen Chroniken, die einzigen, die ihn erwähnen, nennen den Mann, dessen richtiger, arabischer Name Ibn Abbad war, Benavert. Nach dem Biographen Rogers, Gottfried Malaterra, war er »äußerst schlau, wagemutig, ein erfahrener Anführer und Meister in Täuschungen und Kriegslisten«.

Seine Laufbahn als Guerillero begann in der Nähe von Catania, als er Giordano, den unehelichen Sohn Rogers, und Hugo von Jersey, den Stellvertreter des Grafen, überlistete. Es gelang ihm auch, in der Nähe von Syrakus fast alle noch vorhandenen muslimischen Truppen um sich zu scharen und den Normannen zu

Oben: Vorderseite einer Bronzeschale mit Silberverzierungen. Wahrscheinlich handelt es sich um ein Werk von Handwerkern aus Täbris in Persien aus der ersten Hälfte des 13. Jahrhunderts. Auf dem Boden ist eine Jagdszene dargestellt (Bologna, Museo Civico). Links: Bronzebüchse mit eingravierter Verzierung, eine spanisch-islamische Arbeit aus dem 12. oder 13. Jahrhundert (Arezzo, Museo della Cattedrale). Diese Metallgegenstände zeigen die grundsätzliche Einheitlichkeit der stilistischen Elemente innerhalb des riesigen Gebietes der vom Islam eroberten Länder.

Wasser und zu Lande Widerstand entgegenzusetzen. Als Roger 1081 gerade damit beschäftigt war, die Befestigungen von Messina in großartiger Weise wieder aufbauen zu lassen, eroberte Benavert Catania zurück, wurde aber bald darauf durch einen heftigen normannischen Gegenschlag wieder vertrieben. 1083 unternahm er eine Expedition nach Kalabrien, überfiel Nicotra und Reggio und kehrte dann nach Syrakus zurück. Die normannische Antwort ließ nicht auf sich warten: Am 5. März lieferte die Flotte des Grafen Roger den Rebellen im Hafen von Syrakus eine Schlacht. Die normannischen Bogen- und Armbrustschützen brachten die Araber derartig in Bedrängnis, daß sie sich gezwungen sahen, die normannischen Boote zu entern. Benavert griff mit seinem Schiff die Galeere Rogers an, wurde aber im Verlauf des Gefechts so hart bedrängt, daß er, von einem Lanzenstoß getroffen, zurückweichen mußte. Als der Muslim versuchte, sich durch den Sprung auf ein anderes Schiff zu retten, stürzte er ins Wasser und wurde von seiner schweren Rüstung in die Tiefe gezogen.

Mit dem Tod Benaverts war zwar der Widerstand nicht gebrochen, aber auf symbolische Weise endete damit die Geschichte der muslimischen Herrschaft über Sizilien. Fünf Monate später ergab sich das belagerte Syrakus, im folgenden Jahr Castrogiovanni und Girgenti. Dann kam Butera an die Reihe, und schließlich kapitulierte 1091 auch Noto, der letzte muslimische Stützpunkt. Im selben Jahr unterwarf Roger auch endgültig Malta, das seit 869 von den Muslimen besetzt gewesen war. Die Normannen hatten genau dreißig Jahre benötigt, um ihre Eroberungszüge zu vollenden.

Im folgenden Jahrzehnt, bis zum Tod des Grafen Roger 1101 in Mileto, genoß Sizilien, nach all den Jahren der Mühsal, eine Zeit des Friedens und der Ruhe. Die tolerante Politik Rogers ersparte den auf der Insel verbliebenen Muslimen die Repressionen, die so oft auf einen Machtwechsel folgen. Sieht man von einer unbedeutenden Revolte 1093 in Pantelica ab, so lohnte die islamische Bevölkerung ihrem neuen Herrn seine Toleranz mit Gehorsam und Treue.

In dieser ersten normannischen Periode bescherten die Muslime nicht nur durch ihren Fleiß den Staatskassen beträchtliche Einnahmen, sie wurden auch in militärischer Hinsicht zu einem bedeutenden Faktor. Das normannische Heer wurde durch die massenhafte Einberufung von Muslimen beträchtlich erweitert; in einigen Chroniken wird von beinahe 20000 Arabern im Gefolge Rogers berichtet: »Die braunen Zelte der Sarazenen erschienen zahllos«, schreibt Amari. »Man sah die Hügel bedeckt von ihren Ochsen, von Vieh

Skurrile Beispiele zoomorpher Darstellungen in der islamischen Metallkunst. Auf dieser Seite oben: der berühmte Greif, den die Pisaner von den Arabern erbeuteten. Dieser Bronzeguß mit Eingravierungen hat beträchtliche Ausmaße – er ist einen Meter hoch – und gehörte möglicherweise zur Verzierung eines Brunnens. Er wird teils für eine fatimidisch-ägyptische Arbeit gehalten, teils für eine spanisch-muslimische des 11. Jahrhunderts. Die Inschriften auf der Brust und den Seiten der Skulptur wünschen dem Besitzer Gesundheit und Wohlstand (Pisa, Camposanto). Unten: Aquamanile in Form eines Hahns, Bronzeguß mit eingraviertem Dekor, spanisch-muslimische Arbeit des 12. Jahrhunderts (Cagliari, Pinacoteca). Rechte Seite: ein weiteres Wassergefäß, in Form eines Hirsches. Bronzearbeit aus Ägypten, fatimidische Periode, 11. Jahrhundert (Neapel, Museo di Capodimonte). Die islamische Metallkunst hatte ihre ältesten Produktionszentren im Gebiet des Iran und Untermesopotamiens, wo sie anfänglich sassanidische Einflüsse aufnahm. Weitere Zentren bildeten sich später im nördlichen Irak, in Syrien, Ägypten und Spanien. In Italien fehlen entsprechende Anhaltspunkte, die das Vorhandensein einer einheimischen Produktion beweisen. Nach Sizilien, das traditionell den Einflüssen der verschiedenen islamischen Kunstprovinzen offenstand, müssen jedoch zahlreiche Exemplare von Metallskulpturen gelangt sein. Man nimmt an, daß die Bekanntschaft mit diesen realistischen oder phantastischen Bronzetiergestalten einen bedeutenden Einfluß auf die romanischen Bildhauer Süditaliens ausgeübt hat.

Unten: Die unter Wilhelm I. um 1160 erbaute Kirche von San Cataldo in Palermo spiegelt in ihren drei Kuppeln auf Trompen arabisches Formgefühl wider. Mit ihren Scharen von Künstlern, Technikern und Arbeitern, die die Bedürfnisse der neuen Herren zu befriedigen wußten, blieb die muslimische Gesellschaft der Insel auch nach der normannischen Eroberung lebendig. Der Campanile gehört zur Santa Maria dell'Ammiraglio oder Martorana genannten Kirche.

und Ziegen, als ob die Herden Labans und Jakobs zusammen weideten.«

Der Erzbischof von Canterbury, der heilige Anselm, hatte zu jener Zeit Gelegenheit, sich länger im normannischen Lager bei Capua aufzuhalten. Er gewann allmählich das Vertrauen der Muslime, die ihm schließlich Zeichen so großer Hochachtung erwiesen, daß er glaubte, sie seien bereit, dem Islam abzuschwören, hätten sie nicht den Zorn Rogers fürchten müssen, der sich jedem Widerruf aufs schärfste widersetzte.

Die Normannen nutzten aber nicht nur auf militärischem Gebiet das arabische Erbe. In der Staatsverwaltung war die *Dohana de secretis,* eine Art königliches Schatzhaus, eine genaue Nachahmung des *Diwan at-tahqiq* der islamischen Zeit. Die Kataster, genannt *Defetarí,* behielten in leicht veränderter Form ihren ursprünglichen arabischen Namen bei *(Daftar).* Titel, Kostüme und Zeremoniell am Hofe Rogers II. waren islamischen Vorbildern nachempfunden. Der König selbst nahm arabische Beinamen wie *al-malik al-mu^{c}azzam al-qiddîs* (»der große und heilige König«), oder wie *nâsir an-nasrânijja* (»Verteidiger der Christenheit«) an. Die Titelgebung der Normannenkönige auf Münzen war typisch arabisch. So wurde Roger II. zum *al-mu^{c}tazz billâh* (»der durch Gott Mächtige«), Wilhelm I. *al-hâdi bi amri llâh* (»der Führer auf Gottes Befehl«) und Wilhelm II. zu *al-musta^{c}izz billâh* (»der durch Gott Verherrlichte«).

Während der gesamten Zeit ihrer glanzvollen Herrschaft verstanden es die Normannen, vorgefundene islamische Elemente für sich zu benutzen und auf unnachahmliche Weise mit den übrigen Bestandteilen ihres Staatswesens zu verschmelzen. Die muslimische Gemeinschaft Siziliens bestand zwar unter der normannischen Herrschaft weiter, aber die einen sanken zu Leibeigenen herab, während die anderen erfolgreiche Kaufleute wurden oder sogar hohe Ämter bei Hofe bekleideten. Letztlich nahm aber ihre Bedeutung immer mehr ab, so daß sie unter der Herrschaft Tankreds, Graf von Lecce (1190-94), schließlich einen letzten Aufstand versuchten. Er wurde niedergeschlagen, und die Rebellen mußten sich in die Berge des Landesinneren zurückziehen. Hier endete praktisch die Geschichte der Muslime Siziliens, obwohl sie in der staufischen Epoche noch einmal zu Helden eines Dramas werden sollten.

Islamisches Leben in Sizilien

»Kolonisten und reisende Händler; Araber, Berber, Perser, Tataren und Neger, gemischt unter Sizilianer, Griechen, Langobarden und Juden; die einen tragen lange Gewänder und Turbane, andere Pelze, wieder andere sind halbnackt; ovale, viereckige und runde Gesichter jeglicher Hautfarbe und Art des Profils; Bart- und Haartracht verschieden in Farbe und Form; eine Vereinigung von Aussehen, Tracht, Sprachen, Haltung und Sitten aller Völker des muslimischen Reiches.« Diese farbenprächtige Beschreibung gibt Amari von der buntgemischten Gesellschaft Palermos zur Zeit der muslimischen Herrschaft. In den Provinzen haben die Dinge wahrscheinlich etwas anders ausgesehen, da die verschiedenen Bevölkerungsgruppen in den einzelnen Gebieten homogener verteilt waren. Das Bild, das Amari von Palermo zeichnet, dürfte jedoch für das Sizilien des 9. bis 11. Jahrhunderts sehr charakteristisch gewesen sein.

Die muslimischen Eroberer haben die alte Ordnung in Sizilien zwar nicht vollständig ausgelöscht, aber doch eine bedeutende Umwälzung auf allen Gebieten des Lebens herbeigeführt. In den östlicher gelegenen Regionen der Insel konnte sich die christliche Bevölkerung eine gewisse Unabhängigkeit gegenüber den

Eroberern bewahren, die allerdings immer mehr abnahm, nachdem die byzantinische Unterstützung ausblieb. Andere Bevölkerungsschichten wurden regelrecht versklavt, wobei diese Sklaverei nicht schlimmer war als jene, die im Abendland praktiziert wurde. Die Mehrheit der Christen lebte in einem Vasallenverhältnis in der Mitte zwischen diesen beiden extremen Gruppen. Wie in Spanien unterlagen diese Vasallen oder »Schutzbefohlenen« *(Dhimmis)*, wie das islamische Recht sie bezeichnete, einer Kopfsteuer *(Dschizja)*, als Steuer auf die Person, und einer Grundsteuer *(Charâdsch)* für den Landbesitz. Eine der unmittelbarsten und deutlichsten Maßnahmen der muslimischen Eroberer war die vollständige Aufteilung des Großgrundbesitzes, der zur byzantinischen Zeit weit verbreitet war und erst durch die normannische Eroberung wieder eine Blütezeit erreichen sollte. Das islamische Recht sieht grundsätzlich vor, daß vier Fünftel der Gebiete, die durch den Heiligen Krieg erobert werden, als Beute *(Fai')* zu betrachten sind und folglich unter den Kämpfern aufgeteilt werden müssen. Das restliche Fünftel *(Chums)* fällt dem Oberhaupt der Gemeinschaft, vor allem also dem Kalifen oder der örtlichen Autorität zu. Diese Vorschrift wurde in Sizilien nicht sehr streng befolgt, und außerdem ist der Brauch des *Iqtâ^c* überliefert, d. h. an die Kämpfer wurden bestimmte Ländereien als Lehen vergeben. Trotzdem wurde im Zuge der Eroberung der Großgrundbesitz in eine Vielzahl kleiner Landgüter aufgeteilt, was wiederum große Freiheiten und äußerste Vielfalt bei der Kultivierung des Bodens zur Folge hatte. Vor allem die Berber mit ihrer großen Erfahrung zeichneten sich auf diesem Gebiet aus. Die großartige Entwicklung der Landwirtschaft Siziliens hatte ihren Ursprung in dieser Umstrukturierung.

Die Kultivierung des Bodens war Grundlage und notwendige Kraftquelle, um die Eroberung zu unterstützen und zu bewahren. Das militärische Vorgehen dagegen diente zu ihrer unmittelbaren Verwirklichung. Da der Krieg aus dem Leben der Muslime Siziliens nicht wegzudenken, also ein grundlegendes Element war, entwickelten sie eine ungewöhnliche Organisation und hohe technische Fertigkeiten. Schon in der Frühzeit des Islam hatten die Araber ihre militärische Erfahrung im Kampf gegen zahlenmäßig überlegene und kriegserfahrenere Heere unter Beweis gestellt. Daß der islamische Vorstoß so mörderisch verlief, war zum Teil auf die große strategische Beweglichkeit und die daraus resultierende Überlegenheit der Araber über ihre Feinde zurückzuführen: die großen Bewegungen in Wüste und Steppe, die langen Märsche und ihre Fähigkeit, Strapazen durchzustehen, all das waren Faktoren, die sie den gegnerischen Heeren besonders gefährlich erscheinen lassen mußten. Die nomadisch-beduinischen Truppenkontingente sorgten bei schnellen Einfallskriegen und ihren Raubzügen für eine beträchtliche Stoßkraft, während die seßhaften Städter unter ihnen größere Disziplin und Ordnung in der offenen Feldschlacht garantierten. In taktischer Hinsicht waren die Muslime jedoch den bedeutenden Heeren ihrer Zeit leicht unterlegen. Daraus erklärt sich vielleicht ihre Neigung, große Schlachten von gut geschützten Verteidigungsstellungen aus zu führen, wo sie den feindlichen Angriff abwarten konnten. Sobald sich der erste Ansturm gegen das Zentrum der muslimischen Schlachtordnung erschöpft hatte, gestattete den Arabern ihre größere Beweglichkeit, in kurzer Zeit ein neues Zentrum aufzubauen und gleichzeitig mit der Reiterei einen Angriff auf die Flügel zu provozieren – der fast immer die Entscheidung brachte. Nach den spärlichen Angaben der Quellen gelang es Asad ibn al-Furat im ersten Jahr des sizilianischen Unternehmens zunächst, das byzantinische Heer zu besiegen, und dann, unter ungünstigeren Bedingungen, bei Syrakus erfolgreich Widerstand zu leisten. Die Muslime verfügten nämlich über eine große Vielfalt von

Unten: eine Ansicht der Kirche und des Klosters von San Giovanni degli Eremiti in Palermo, errichtet 1132 von König Roger II., der dabei Teile einer ehemaligen Moschee benutzte. Ein eindrucksvoller Bau der Normannenzeit, dessen gewölbte Kuppeln einen durchaus orientalischen Eindruck vermitteln.

Kriegsmaschinen, für deren Konstruktion und Benutzung sie vielgerühmte Experten ihrer Epoche waren. Bei der Belagerung von Syrakus benutzten sie zum Beispiel wundersame Schleudern, welche die Geschosse gleichsam in gerader Linie abzuschießen vermochten, als handle es sich um moderne Artillerie. Ein Augenzeuge, der diese furchterregenden Maschinen sah, als sie die Sarazenen im Dienste der Normannen einsetzten, war davon derart betroffen, daß er sie die »Töchter des Erdbebens« nannte.

Über andere Belagerungstechniken sind nur Zeugnisse aus der normannischen Zeit erhalten geblieben, wir können aber annehmen, daß es sich um die gleichen Maschinen handelt, die die Muslime für ihren eigenen Eroberungszug verwendet haben. So setzte zum Beispiel Roger II. bei der Belagerung von Montepelose (1133) geschickte arabische Pioniere ein, die sich auf einem beweglichen Turm einer der Bastionen näherten und den Graben, der sie umgab, mit Mauerstükken zuschütteten, die sie mit Hilfe von großen Haken aus dem Gemäuer der Bastion selbst herausgerissen hatten. Versuchten die Belagerten Feuer zu schleudern, wurde dies sofort mit Wasser aus einer riesigen Holzdusche gelöscht. Zu See schließlich verstanden es die Araber, die seefahrerischen Techniken der unterworfenen Völker sowohl im Bereich der Konstruktion wie auch der Navigation auf kluge Weise zu übernehmen, so zum Beispiel (in Nachahmung der Griechen) den Gebrauch von Brandschiffen, der zwischen dem 8. und 9. Jahrhundert eingeführt wurde.

Eine der Stärken der militärischen Organisation der Muslime in den besetzten Gebieten waren die sogenannten *Ribât*, die Grenzgarnisonen. Diese Stützpunkte, die im Grenzland zwischen islamischem Territorium und den Gebieten der Ungläubigen eingerichtet wurden, nahmen ständig Freiwillige auf, die im Bedarfsfall einer schnellen Mobilmachung zur Verfügung standen. Sizilien war so ein Grenzland, deshalb gab es dort Garnisonen dieses Typs in Fülle. Über die Bewohner des *Ribâts* von Palermo ist uns eine wenig schmeichelhafte Beschreibung erhalten, die von dem Reisenden Ibn Hauqal stammt, der die Insel zur Kalbitenzeit besuchte: »An den Meeresufern sind viele *Ribât* gelegen, voll von Schergen, übel beleumundeten Kerlen, Aufrührern, Alte wie Junge, Schurken aller Sprachen, die sich die Schwiele der Niederwerfung auf die Stirn gemacht haben, um dort Almosen einzuheimsen und über ehrbare Frauen herzuziehen. Die meisten sind Vermittler von Schmutz und abscheulichen Lastern hingegeben. Diese ziehen in die *Ribât*, nichtswürdig wie sie sind, Leute ohne Dach, ein wahres Gesindel.« Man muß hier jedoch ergänzen, daß Ibn Hauqal weder für den sizilianischen noch für den westlichen Islam im allgemeinen große Sympathien empfand. Ihm war jeder Anlaß willkommen, Schmähungen gegen seine Religionsgenossen auf der Insel auszustoßen, und es ist anzunehmen, daß er sich in seinem verschollenen Werk »LASTER UND TUGENDEN DER SIZILIANER« weitaus mehr über die Laster als über die Tugenden ausgelassen hat.

Neben den Kriegern der *Ribât* kommen die Lehrer in den bissigen Beschreibungen des Reisenden am schlechtesten weg. Er beschuldigt sie, »die gewöhnlichste Stellung, den niedrigsten der Berufe und das abartigste der Gewerbe« zu vertreten. Der Sizilianer, der sich diesem elenden Beruf widmete, konnte nach Meinung Ibn Hauqals nur ein »armseliger Tropf« sein, der »für beschränkt und hirnarm gehalten wird«, außerdem ein Drückeberger, da der Lehrerstand von der Verpflichtung zum Heiligen Krieg ausgenommen war. Aber nicht nur die Lehrer, sondern alle Sizilianer konnten sich nach Ibn Hauqal einer »absoluten Vorrangstellung in der Unwissenheit« rühmen, weil sie – zu viele rohe Zwiebeln aßen! Dieser Speise wurde angeblich so maßlos zugesprochen, daß sie »ihre Einbildungskraft verdunkelt, die Hirne verletzt, die Sinne gestört, den Verstand verwirrt, den Geist abge-

Oben: Der einem kleinen Kreuzgang ähnelnde Hof des Palazzo Rufolo in Ravello ist Teil eines Gebäudekomplexes, den die bedeutendste Familie des Ortes zur Anjouzeit zwischen dem 13. und 14. Jahrhundert erbauen ließ. Auf der rechten Seite oben: Ansicht des Kreuzgangs von Monreale, der auf das letzte Viertel des 12. Jahrhunderts zurückgeht. Unten: der Paradieskreuzgang in Amalfi, erbaut zwischen 1266 und 1268 als Grabstätte für Adlige. Diese Architekturbeispiele verweisen alle auf islamische Vorbilder: Die ungestüme Verschlingung der Spitzbögen im Paradieskreuzgang; die Intarsien und das verschwenderische Dekor der kleinen Säulen, die um den Kreuzgang von Monreale verlaufen, und das Arabeskenfries über der Loggia des Hofes im Palazzo Rufolo.

stumpft und den Blick vernebelt hatte. Ihre körperliche Verfassung ist dermaßen heruntergekommen, daß es fast niemals vorkommt, daß sie die Dinge unmittelbar wahrnehmen.«
Der Bericht Ibn Hauqals über das kalbitische Sizilien und vor allem über Palermo ist für uns, trotz der zahlreichen Schmähungen, von äußerstem Interesse, da wir über keine einzige andere Quelle verfügen. Die Hauptstadt Siziliens war damals eine echte Metropole, in der mindestens dreihundert- bis dreihundertfünfzigtausend Menschen gelebt haben sollen. Die Stadt verfügte, einschließlich der Vorstädte, über beinahe fünfhundert Moscheen, was in der islamischen Welt, sieht man von Córdoba ab, für die damalige Zeit einmalig war.
Läßt man die Vororte und einige unbedeutende Randzonen beiseite, so gliederte sich die Stadt in fünf große Bezirke: die Altstadt, das Cassaro *(al-Qasr)*, war von dicken Mauern umschlossen und bildete den Stadtkern Palermos. Hier wohnten der einheimische Adel und die Kaufleute, und hier lag auch die Große Moschee, in der ein Holzkasten hing, der angeblich die sterblichen Überreste des Aristoteles enthielt. Der Stadtteil La Calsa *(al-Châlisa,* die Auserwählte), in dem sich der Sitz der Regierung, der Emirspalast, verschiedene Ämter, das Zeughaus und das Gefängnis befanden, war ebenfalls von einer Mauer umgeben. Zum Stadtviertel der Slawen *(Hârat as-Saqâliba)* gehörte auch der Hafen, so daß in diesem Bezirk hauptsächlich Seeleute und ausländische Kaufleute wohnten. Im Moscheenviertel *(Hârat al-Masdschid)* und im Neuen Viertel *(Hârat al-Dschadîda)* wurden die Märkte abgehalten und hatten die Zünfte und verschiedene Berufsgruppen, nach Gewerben getrennt, ihre Niederlassungen.
Auch nach dem Niedergang der muslimischen Herrschaft blieb Palermo eine große und blühende Stadt. Sie wurde, wie wir gesehen haben, in der Normannenzeit als Hauptstadt bestätigt und durch neue Einflüsse bereichert, ohne daß sie jene charakteristischen Züge verloren hätte, deren Beschreibung wir oben gelesen haben. Der berühmte andalusische Reisende Ibn Dschubair, der während der Herrschaft Wilhelms II. nach Sizilien kam, rühmte die Metropole, deren Bild noch immer von zahlreichen Moscheen geprägt war: »Alt und schön, glänzend und anmutig zeigt sie sich mit verführerischem Äußeren stolz zwischen Plätzen und Ebenen, die ein einziger Garten sind. Breit sind ihre Wege und Straßen, und durch die seltene Schönheit ihres Anblicks blendet sie dich.« Das normannische Palermo durfte sich zudem einiger Bauwerke rühmen, die Ibn Hauqal bei seinem Besuch der Stadt

Prunkliebe«. Trotz der relativ islamfreundlichen Politik des Königs löste die Lage vieler Männer und Frauen islamischen Glaubens in Ibn Dschubair jedoch Trauer aus und veranlaßte ihn zu bitteren Überlegungen. Menschen, die ihren Glauben verheimlichten, Gläubige, die mit Gewalt zur Religion der christlichen »Polytheisten« bekehrt wurden, ein Vater, der es sogar vorzog, sich von der eigenen Tochter zu trennen, damit sie in ein muslimisches Land gebracht werden konnte: All das geschah in einem Land, das über zwei Jahrhunderte lang islamisch gewesen war. »Dinge, die blutige Tränen weinen und die Herzen vor Schmerz stillstehen lassen«, schließt Ibn Dschubair und wünscht, daß sich die Lage bald ändern möge. Wann immer er auf Sizilien zu sprechen kommt, fügt er hoffnungsvoll hinzu: »Gott möge es den Muslimen zurückgeben!«

Oben links und hier oben: Gesamtansicht und Ausschnitt von hölzernen geschnitzten Läden im fatimidischen Stil aus der ersten Hälfte des 12. Jahrhunderts, heute in der Apsis der Barockkapelle der Kirche der Martorana oder Santa Maria dell'Ammiraglio in Palermo. Seitlich: islamische Anregungen in der romanischen Skulptur Apuliens: der Bischofsstuhl in der Kathedrale von San Sabino in Canosa, ein Werk des Romualdus für den Bischof Ursus aus der zweiten Hälfte des 11. Jahrhunderts. Er wird von zwei Elefanten gestützt, die durch muslimische Bronzefiguren inspiriert zu sein scheinen. Dagegen sind byzantinische Motive im Dekor mit Pflanzen- und Tierdarstellungen feststellbar.

noch nicht hatte bewundern können; so der herrliche Palazzo Reale oder die Kirche der Martorana, die Ibn Dschubair ohne zu zögern das »schönste Bauwerk der Welt« nannte.

Als dieser gottesfürchtige Muslim auf dem Rückweg von seiner Pilgerfahrt nach Mekka in Sizilien Station machte, hatte die Gesellschaft der Insel offensichtlich eine Umwälzung erfahren. Aus den früheren »Beschützten« waren nunmehr die Herrschenden geworden, während die ehemaligen Herren jetzt das Los der Vasallen trugen. Der König glich zwar den Muslimen insofern, als er »eingetaucht in die Genüsse des Herrschens lebte« und »durch seine gesetzgeberischen Anordnungen, sein Zeremoniell, durch Rangverteilung unter seinen Edlen, seine Ehrfurcht vor der Erhabenheit des Königtums und seine offenkundige

Der andalusische Reisende verließ die Insel im Frühjahr 1185. Sein frommer Wunsch wurde nicht erhört.

»Die lange Erde«

Man kann schwerlich behaupten, die arabischen Geschichtsschreiber hätten den Unternehmungen ihrer Glaubensgenossen auf dem italienischen Festland besondere Aufmerksamkeit geschenkt. »Die lange Erde« (*al-ard al-kabîra*), wie sie die Halbinsel nannten, hat keine dauerhafte islamische Niederlassung erlebt, die die Mühe gelohnt hätte, auch nur ein paar Zeilen darüber zu verlieren. Während der ganzen Zeit der muslimischen Herrschaft auf Sizilien bekam das übrige Italien, wenn auch in unregelmäßigen Abständen, die Anwesenheit der Araber zu spüren.

Medaillon mit Löwenmaske auf einem Flügel des Bronzetors des Mausoleums von Bohemund in Canosa. Das Stück stammt wahrscheinlich aus dem Beginn des 12. Jahrhunderts und ist von einer pseudokufischen Inschrift umrahmt. Auf diesem Tor sind byzantinische und islamische Stilelemente verschmolzen. Oben links: Teilstück aus dem Emporengeländer, das sich ehemals in San Giovanni Fuoricivitas in Pistoia befand und heute im örtlichen Diözesanmuseum steht (um 1270). Das geometrische Muster des mit Glasplättchen auf Goldgrund eingelegten Marmorstücks verrät die direkte islamische Herkunft. Oben: Geländer des Chors der Kapelle von Sant'-Aspreno al Porto in Neapel. Das Dekor ist die Wiedergabe eines Textilmusters mit typisch sassanidischen Tier- und Pflanzenmotiven (9.–10. Jahrhundert).

Wie wir weiter unten sehen werden, übten der Norden und die Adriaküste auf die Muslime eine besondere Anziehung aus. Doch blieben vor allem die südlichen, die tyrrhenischen Gebiete betroffen. Da uns fast immer die entsprechenden orientalischen Quellen fehlen, ist es äußerst schwierig, die Geschichte und die Lebensverhältnisse dieser islamischen Vorposten genau zu rekonstruieren. Selbst Namen sind, wenn sie überhaupt auftauchen, nicht wiederzuerkennen, da sie in den christlichen Quellen verballhornt wurden. Die Grenzen, innerhalb derer sich diese Vorgänge abspielten, sind sehr weit gespannt. Zahllose Kämpfe, Intrigen und Allianzen zwischen Papst und Kaiser, unabhängigen Fürstentümern und langobardischen sowie byzantinischen Herren erlaubten es den Muslimen, sich in einigen Gebieten der Insel niederzulassen und am dortigen Leben aktiv teilzunehmen. Oft wurden sie von einer Partei gegen die andere ausgespielt, und der Widerstand, auf den sie stießen, war zu zerrissen, als daß sie hätten zurückgedrängt werden können. Wie schwach die islamischen Niederlassungen in Wirklichkeit waren, zeigte sich immer dann, wenn ein starkes und entschlossenes christliches Bündnis zustande kam. Dann wurde die »Sarazenenplage« kurzerhand ausgerottet.

Die Muslime Siziliens bedrohten als erste die italienische Region Kalabrien, weil sie ihr natürlicher Nachbar und leicht zugänglich war. Während ihrer Herrschaft über die Insel, als sie versuchten, den Byzantinern einige ihrer Besitzungen zu entreißen, hatten die

Links: Holzschrein mit Elfenbeineinlage und schwarzem Fugenkitt. Ein Werk, das vielfach für sizilianisch gehalten wird, aber wahrscheinlich einem ägyptischen Künstler des 12. Jahrhunderts zuzuschreiben ist (Palermo, Schatz der Cappella Palatina). Den feingearbeiteten Dekor des Kästchens bilden Kreise und Girlanden, die Tierfiguren, Sphingen und eine lange poetische Inschrift umschließen. Sie beginnt mit den Worten: »Ich bin der Garten der edlen Schar. Du, Auge, das Du mich siehst, bleibe eingesperrt in meine Räume . . .«, beschreibt weiter die Schönheit des Gegenstandes und den Gebrauch, für den es bestimmt sein will und endet mit Segenswünschen für den Besitzer.

Araber des öfteren Anlaß, die Meerenge zu überqueren. In der Regel verbanden sie mit diesen Streifzügen keine wirklichen Eroberungsabsichten, selbst wenn sie sich kurzzeitig auf dem Festland niederließen, wie zum Beispiel in Reggio, dessen Moschee nach wenigen Jahren wieder verschwunden war. Einzig Ibrahim II. verfolgte mit seinem Kriegszug nach Kalabrien (902) konkrete Ziele, wurde jedoch, wie wir gesehen haben, vor den Mauern von Cosenza zum Stehen gebracht. Nach dem Tod des Aghlabiden demobilisierte das Expeditionskorps und kehrte umgehend nach Sizilien zurück. Palermo hat offensichtlich, abgesehen von diesem einzigen »offiziellen« Versuch, keine weiteren Unternehmungen dieser Art geplant. Die Araber nutzten zwar gelegentlich günstige Bedingungen für sich aus, ihre Präsenz in Italien beschränkte sich aber immer auf eine eher offiziöse Ebene und war dann auf die Initiative einzelner zurückzuführen. Ein typisches Beispiel liefert uns das Bündnis, das 835 die Muslime Siziliens mit dem Konsul von Neapel, Andreas, schlossen. Der Konsul verhalf den Emiren zur Eroberung Messinas und erhielt als Gegenleistung arabische Truppenkontingente für den Kampf gegen seinen Feind Sicard, den Fürsten von Benevent. Diese »gottlose« Allianz zwischen Muslimen und Christen hielt mit kurzen Unterbrechungen länger als sechzig Jahre und mußte in den Augen Roms als wahrhaft skandalös erscheinen. Papst Johannes VIII. versuchte mit allen erdenklichen Mitteln, mit Drohungen und Exkommunizierungen, solche Bündnisse zu verhindern, erzielte jedoch nicht immer die gewünschte Wirkung. So folgten nach einiger Zeit andere unabhängige Fürstentümer wie Gaeta und Amalfi dem Beispiel Neapels. Gerade die Gaetaner hatten die Araber 846 bereits vor ihren Mauern erlebt und wußten, daß sie mit ihnen handelseinig werden mußten. Sie zogen es also vor, sich mit ihnen zu verbünden und sie für ihre eigenen Kämpfe gegen den Kirchenstaat oder gegen Capua zu benutzen, statt ihren Handel ständig beeinträchtigen und ihre Stadt belagern zu lassen. In den vierziger Jahren des 9. Jahrhunderts hielten sich in Süditalien noch zwei weitere islamische Banden auf, die von Apolaffar (möglicherweise Abu Dscha^{c}far) und die von Massar (Ma^{c}schar). Sie waren jeweils von den Langobarden Sigonolf und Radelchis, die einander bekämpften, angeworben worden.

In dieser stürmischen Periode drang 846 eine muslimische Abteilung bis nach Rom vor. Sie überwand die schwachen Befestigungsanlagen, die Gregor IV. wenige Jahre zuvor hatte errichten lassen, und plünderte die Außenbasiliken von Sankt Peter und Sankt Paul. Auf dem Rückzug raubten die Araber Fondi aus und versuchten vergeblich, Gaeta zu belagern. Drei Jahre später wurde ein neuer, diesmal weit umfangreicherer Angriff auf die Ewige Stadt geplant und ausgeführt. Araber aus Nordafrika, denen sich weitere Truppenteile unbekannter Herkunft angeschlossen hatten, machten Sardinien zu ihrer Operationsbasis. Von dort aus brachen sie 849 zur römischen Küste auf, und es kam in den Gewässern von Ostia zu einem Zusammenstoß zwischen der christlichen und der muslimischen Flotte. Wie ein Wunder des Himmels brach ein Sturm los, der die muslimische Streitmacht praktisch vernichtete, dadurch behielten die Christen die Oberhand. Papst Leo IV., der die antiislamische Liga zustande gebracht hatte, ließ von den arabischen Gefangenen solidere Verteidigungsanlagen errichten; das Stadtgebiet, das damals mit hohen Mauern schützend umbaut wurde, trägt noch heute den Namen *Città leonina*.

In Apulien, das sie *Ankubarda* (Langobardien) nannten, waren die Muslime wesentlich erfolgreicher. Um 840 eroberte ein Heerführer namens Saba (auch in diesem Fall ist es schwierig, den arabischen Namen zu rekonstruieren) Tarent und machte daraus eine Operationsbasis für Raubzüge an der gesamten Adria bis hinauf zum Po-Delta. Nachdem er der venezianischen Flotte zwei Niederlagen hatte beibringen können, versuchte Saba vergeblich, Bari zu erobern. Einige Jahre später sollte dieses Unternehmen einem berberischen Freigelassenen aus Sizilien namens Chalfun gelingen. Nachdem er 847 die apulische Hauptstadt erobert hatte, rief Chalfun das Emirat von Bari ins Leben, eine einmalige Erscheinung in der ganzen islamischen Geschichte in Italien. Das Emirat exi-

stierte kaum fünfundzwanzig Jahre, war aber die einzige offizielle und anerkannte Niederlassung der Araber, die jemals auf der Insel existierte. Obwohl sie sizilianischer Herkunft waren, errichteten die drei Emire, die in Apulien regierten, d. h. Chalfun selbst, Mufarradsch ibn Sallam und der schreckliche Saudan, einen kleinen, unabhängigen Staat, der sogar von den Kalifen in Bagdad offiziell anerkannt wurde. Und auch jenseits der italienischen Grenzen rief dieses kleine Emirat deutliche Besorgnis hervor und weckte die Aufmerksamkeit Kaiser Ludwigs II. Die Zwistigkeiten der Christen untereinander verhinderten zunächst einen wirkungsvollen Gegenschlag, und erst nach einigen fruchtlosen Versuchen gelang es dem fränkischen Heer, gemeinsam mit seinen langobardischen Verbündeten, Bari zurückzuerobern (871). Einige Jahre später (880) konnten die Byzantiner Tarent zurückgewinnen und damit der islamischen Herrschaft in Apulien ein Ende setzen. Italien hatte sich seiner Sorgen damit aber noch nicht entledigt. Eine Gruppe von Muslimen, die in Agropolis bei Salerno stationiert gewesen waren, konnte sich aufgrund eines Abkommens mit Gaeta auf dem Hügel von Traetto, oberhalb der Mündung des Garigliano, einnisten. Die Räuberkolonie, die offenbar von Sizilien abhängig war, konnte dreißig Jahre lang wachsen und gedeihen. Sie unterstützte die Verbündeten Gaetas und unternahm auf eigene Faust im weiten Umkreis Raubzüge, die bis ins hohe Latium und nach Umbrien führten. Über diese Kolonie ist, abgesehen von den (gewöhnlich unkenntlichen) Namen einiger Anführer wie Muca, Trierah, Allik, nur wenig überliefert. Es steht jedoch fest, daß das Lager am Garigliano nach und nach Züge eines städtischen Gemeinwesens annahm und daß die Muslime der Kolonie nicht nur dem Kriegshandwerk nachgingen. In Friedenszeiten trieben sie auch Handel, und als Docibile, der damalige Herrscher Gaetas, seinen Fürstenpalast errichten ließ, stellten sie ihm ihre Fähigkeiten als Baumeister zur Verfügung. Mit erheblicher Verzögerung gelang es schließlich Johannes X., abermals eine antiislamische Liga zusammenzuführen. Daß in dieser Liga die Truppen Kaiser Berengars, der Byzantiner, der Langobarden, Neapels und des widerstrebenden Gaeta vereinigt waren, gibt eine Vorstellung davon, wie sehr man sich von den Muslimen bedroht fühlte. Obwohl die Araber höchsten Mut und Entschlossenheit bewiesen, mußten sie einem so machtvollen Bündnis zwangsläufig unterliegen. Die Ortschaft, in deren Nähe das blutige Treffen (915 oder 916) stattfand, wird seither zum ewigen Gedenken Vattaglia genannt.

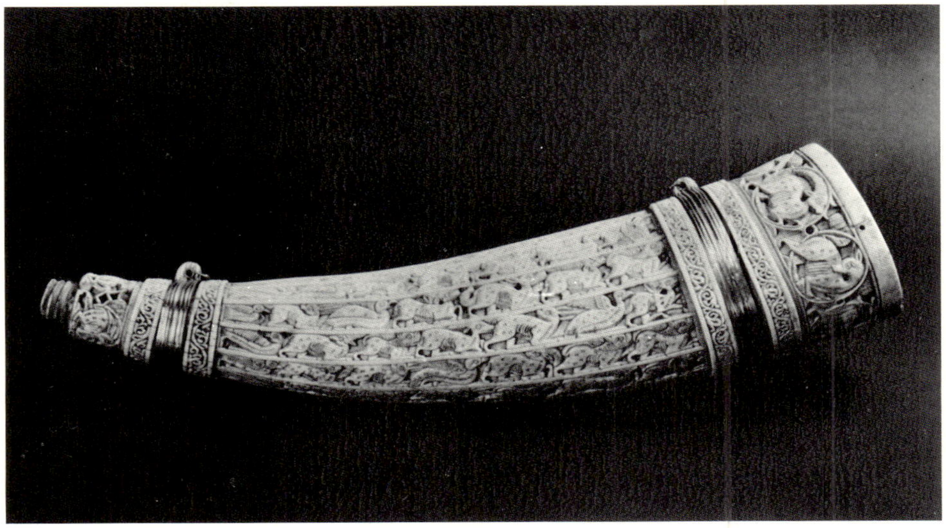

Oben: Hifthorn oder Olifant mit Elfenbeinschnitzereien, süditalienische Arbeit aus dem 11. Jahrhundert (Florenz, Museo del Bargello). Phantastische und reale Tiergestalten iranischen Ursprungs drängen sich im Mittelteil des Horns, eingeschlossen von Ringen, auf denen noch einmal Tierfiguren und zarte Palmetten abwechseln. Auf Seite 102 rechts unten: Platte mit Elfenbeinschnitzereien. Zwischen vegetabilen und geometrischen Motiven befinden sich zoomorphe Gestalten. In der Mitte ein abendländischer Krieger, der von einem Löwen angegriffen wird. Das aus dem 12. bis 13. Jahrhundert stammende Werk wird Künstlern aus Sizilien oder Spanien zugeschrieben.

Eine vergleichbare Situation wie am Garigliano entstand sehr viel weiter nördlich in der Provence, als die Kolonie Fraxinetum (889) gegründet wurde. Einige Chroniken berichten, ein kleiner Haufen von Muslimen aus Spanien sei durch einen Sturm an die provenzalische Küste in dem heutigen Golf von Saint-Tropez verschlagen worden. Die Schiffbrüchigen entdeckten im Hinterland ein außergewöhnlich gut geschütztes Terrain und begründeten an dem Platz, an dem heute La Garde-Freinet liegt, eine Niederlassung, die fast ein Jahrhundert lang bestehen sollte. Sie errichteten Mauern und bauten Befestigungsanlagen, von denen noch heute Reste erhalten sind. Die Zahl der Bewohner des Stützpunktes nahm rasch zu, so daß sie bald zu einer gefürchteten Macht wurden.
Sie unternahmen immer häufiger Raubzüge in der gesamten Provence, in Piemont, in der Schweiz und in Südfrankreich, ohne daß sie auf nennenswerten Widerstand gestoßen wären. Erst 972 gelang es dem Grafen Wilhelm von Arles, dem zukünftigen Grafen der Provence, die Heere fast aller provenzalischen und ligurischen Herrscher zu einem Kreuzzug um sich zu scharen, der um 975 seinen Abschluß finden sollte. Der Kampf war hart, aber eine nach der anderen wurden die sarazenischen Banden aufgespürt und zerschlagen. Nur Fraxinetum schien uneinnehmbar. Aber die Geschichte wiederholt sich: Ein Araber namens Aimon war wütend, weil man ihm eine wunderschöne Jungfrau, die ihm als Beute zustand, vorenthalten hatte; er öffnete den Christen die Tore der Bergfestung. Die Feinde richteten unter der Besatzung ein Blutbad an und vernichteten die gefürchtete Räuberkolonie. Die »lange Erde« war zum letztenmal Schauplatz islamischer Waffentaten gewesen.

Auch auf den größeren Inseln, Sardinien und Korsika, fielen die Muslime wiederholt ein, konnten jedoch keine dauerhafte Herrschaft begründen. Gegen Anfang des 11. Jahrhunderts plante schließlich ein fähiger und unternehmungslustiger spanischer Freigelassener namens Mudschahid (aus den christlichen Quellen als Mugetto bekannt), nachdem er sich Dénias und der Balearen bemächtigt hatte, eine großangelegte Eroberung Sardiniens. Es gelang Mugetto zunächst (1015), den Widerstand der Einheimischen zu brechen und einen großen Teil der Insel zu besetzen. Diesmal aber schlugen die Christen ohne langes Zögern wirkungsvoll zurück. Im Jahr 1016 stellte eine Flotte von Genuesen und Pisanern die Flotte Mudschahids und vernichtete sie. Er mußte Sardinien und auch seinen Eroberungsplan endgültig aufgeben. Das Schicksal der islamischen Herrschaft in Italien, die immer nur zeitweilig und in Teilgebieten erfolgreich gewesen war, war zu diesem Zeitpunkt bereits endgültig besiegelt. Danach kam es nur noch hier und da zu einem Aufflackern, das über die engen lokalgeschichtlichen Grenzen hinaus keine Bedeutung erlangte.

Die Epigonen

Am Ende des 12. und zu Beginn des 13. Jahrhunderts, d.h. in der Zeit der Anarchie, die der Thronbesteigung Friedrichs II. vorausging, hatten die letzten in Sizilien verbliebenen Muslime bereits jegliche politische und wirtschaftliche Bedeutung verloren. Die meisten hatten Palermo und die anderen großen Zentren der Insel verlassen und sich in den Bergen des Landesinneren, im Herzen des Val di Mazara, gesammelt, das deshalb den Namen »Sarazenenmark« erhielt. Da sie, im Gegensatz zu vielen ihrer Glaubensgenossen, der Versuchung widerstanden hatten, nach Nordafrika zu emigrieren, waren sie fest entschlossen, auf Sizilien zu bleiben. Für diese letzten Muslime war Sizilien das Land ihrer Väter, und deshalb mußte diese Erde auch sie wohl oder übel am Leben erhalten. Sie waren willens und bereit, sich jedem zu widersetzen, der in irgendeiner Weise versuchte, sie ihrer letzten, wenn auch unbedeutenden Besitzungen zu berauben. Es ging ihnen also nicht mehr so sehr darum, anachronistische Eroberungszüge zu unternehmen, sondern sie wollten nur die eigene Existenz retten. Sie verübten nur noch kleinere Aufstände oder schlossen sich denjenigen Parteien an, die ihre Interessen besser vertreten konnten. Ihr Traum von der

Ein Beispiel kultureller Wechselwirkung ist das in arabischer Sprache verfaßte apokryphe Evangelium von der Kindheit Jesu, von dem wir hier eine Seite mit dem Weinwunder wiedergeben (Florenz, Biblioteca Laurenziana). Dieses Evangelium entstand 1299 in Mardin in Obermesopotamien, im Bereich der im 6. Jahrhundert gegründeten syrisch-jakobitischen Kirche, welche die arabische Besetzung Syriens beifällig aufgenommen hatte. Das Evangelium enthält mehrere aus dem Koran übernommene Darstellungen und ist mit 54 Federzeichnungen ausgestattet.

Selbständigkeit endete paradoxerweise in dem Augenblick, als Friedrich II., der »muslimischste« Herrscher, den das Abendland je erlebte, auf sie aufmerksam wurde. Obwohl er ihnen in intellektueller Hinsicht Offenheit und Wohlwollen entgegen brachte, nahm Friedrich II. in politischer Hinsicht gegen die Muslime eine äußerst rigorose Haltung ein. Die islamische Gemeinschaft in den Bergen Siziliens war ein ständiger Unruheherd und deshalb eine schwere Belastung. Der Kaiser plante nicht, die Gemeinschaft physisch auszurotten, sondern wollte sie – weitaus klüger – neutralisieren und zu seinen Getreuen machen. Dieser Plan weckte natürlich bei den Muslimen keine Begeisterung; sie organisierten sofort einen begrenzten, aber entschlossenen Aufruhr. Ein gewisser Mirabetto, d.h. Ibn Abbad, der den gleichen Namen trug wie Ibn Abbad-Benavert und vielleicht von ihm abstammte, entfachte um die Stützpunkte Iato und Entella einen äußerst zähen Widerstand. Zu Beginn der zwanziger Jahre umzingelten die Truppen des Kaisers die Stadt Iato, und Ibn Abbad beschloß, sich gegen den Willen seiner Tochter Friedrich zu ergeben. Nach den Vereinbarungen hätten Leben und Eigentum der Rebellen verschont werden sollen, aber die arabische Chronik berichtet, daß sich die Christen nicht an diese Abmachungen hielten, sondern Ibn Abbad auf heimtückische Weise umbrachten. Seine Tochter, deren Name uns nicht überliefert ist, verschanzte sich daraufhin in der Stadt Entella und versuchte mit allen Mitteln, den Tod ihres Vaters zu rächen. Morgens wie abends führte sie persönlich die Überfälle, die mit den wenigen verbliebenen Männern noch möglich waren, an. Der Mut der Verzweiflung ersetzte die fehlenden Truppen. Für Friedrich war das Problem nicht leicht zu lösen, da er es mit einem intelligenten Feind, der über tausenderlei Hilfsquellen verfügte, zu tun hatte. Das »Mannweib *(Virago)* von Entella«, wie die Heldin des letzten muslimischen Widerstands genannt wurde, bewies in ihrem Kampf soviel Energie und Schlauheit, daß Friedrich anfing, sie zu bewundern, und ihr – nach der oben erwähnten arabischen Chronik – folgende Worte schrieb: »Es ist mir klar geworden, daß es keine andere Frau auf der Welt gibt außer dir, von der ich einen Sohn haben möchte. Komm also, damit sich dies erfülle. Wenn du weiter auf deinem Standpunkt beharrst und in die Hände der Franken fällst, werden sie dich in Stücke hauen. Wähle also den dir genehmeren Teil!« Hochmütig überging die Rebellin den Heiratsantrag, statt dessen versprach sie, trotz des Ungleichgewichts der Kräfte, auf jede Boshaftigkeit des Feindes mit einem Gegenschlag zu antworten. »Solange ich atmen kann«, schrieb sie stolz, »gebe ich die Hoffnung nicht auf, dich eines Tages in meine Hände zu bekommen. Ich werde dich bekämpfen und dir Fallen stellen, bis alle Vorräte auf dieser Festung verbraucht sind und meine Verteidiger nicht mehr weitermachen. Bin ich an diesem Punkt angelangt, wirst du schon sehen, was ich machen werde!« Als die Lage für die Rebellen von Entella unhaltbar geworden war, zog es die »Virago« vor, sich der drohenden Gefangenschaft zu entziehen und nahm Gift.
Nachdem der Widerstand endgültig gebrochen war, konnte Friedrich II. seinen Plan verwirklichen und mit den ersten Deportationen der überlebenden Muslime nach Apulien beginnen. Das Unternehmen war jedoch weder einfach noch schnell zu realisieren. Viele Muslime kehrten aus Heimweh wieder heimlich nach Sizilien zurück, und noch 1239 mußte der Kaiser verfügen, daß sich die gesamte islamische Bevölkerung innerhalb der Mauern von Lucera aufzuhalten habe. So entstand die arabische Niederlassung in der Stadt am Tavoliere und ihre Legende. Das »Lucera der Sarazenen«, die Stadt »der Erinnerung und der Phantasie«, in der, abgeschnitten von der übrigen muslimischen Welt, ungefähr 20000 Muslime lebten, verband ihr Schicksal in unauflöslicher Weise mit demjenigen des Staufergeschlechts.

Wilhelm II. der Gute, König von Sizilien, wird von einem arabischen Arzt, den ein arabischer Astrologe begleitet, behandelt. Miniatur aus dem LIBER AD HONOREM AUGUSTI *des Petrus von Ebulo, um 1200 (Bern, Bürgerbibliothek). Die arabische Medizin hatte einen ausgezeichneten Ruf, und die Fortschritte, die die Ärzte in der Verwendung von Heilsubstanzen machten, waren beachtlich. Der arabische Arzt war von den sizilianischen Fürstenhöfen nicht wegzudenken. Gleichzeitig Philosoph, Metaphysiker und Weiser, wurde er bisweilen von einem Gelehrten der Astrologie begleitet, jenes Zweigs der Astronomie, der vorgab, den Einfluß der Gestirne auf Geburt, Leben und Tod jedes Dings und jedes Lebewesens bestimmen zu können.*

Friedrich II. verstand es, mit den Muslimen nach der Deportation richtig umzugehen. In Kriegs- und Friedenszeiten wußte er ihre Dienste für sich zu nutzen, machte sie zu seinen treuesten Untertanen und rekrutierte aus ihren Reihen seine kaiserliche Leibwache. Wir können uns vorstellen, wie diese arabischen Reiter und Bogenschützen bei Cortenova und Faenza die Feinde Friedrichs mit dem Schlachtruf (wohl ohne die feine lateinische Aussprache) *Miles Romae! Miles Imperatoris!* in Angst und Schrecken versetzten, ähnlich den mamluckischen Reitern der kaiserlichen napoleonischen Garde, die bei Austerlitz oder Waterloo unter dem Schlachtruf *Vive l'Empereur* Ruhm und Ehre einheimsten. Wenn wir von der Legende absehen, so können wir über diese letzte Phase des Arabertums in Italien eigentlich sehr wenig sagen, denn wir sind leider über Leben und Taten dieser Muslime nur spärlich unterrichtet. Da sie, wie wir bereits angedeutet haben, von der übrigen islamischen Welt völlig isoliert lebten und eine sehr kleine Minderheit waren, können wir annehmen, daß ihre kulturellen Leistungen nicht sehr bedeutend waren. Es muß jedoch noch einen Keim geistigen Lebens gegeben haben; wir besitzen Dokumente, die belegen, daß sie noch in der Lage waren, ein gutes Schriftarabisch zu schreiben. Friedrich oder sein Sohn Manfred sollen, was noch genauer untersucht werden müßte, in Lucera sogar eine wissenschaftliche Lehranstalt errichtet haben, in der jeder Zweig der spekulativen Wissenschaften gepflegt wurde. Gesichert ist, daß das Leben der Muslime in Lucera zwar nicht romantisch und märchenhaft, aber doch in verhältnismäßig ruhigen Bahnen verlief, solange ihre Herren sie beschützten. Sie müssen gewußt haben, daß der Untergang der Staufer auch ihr eigenes Ende bedeuten würde. Wir finden sie daher bei Benevent auch dann noch an der Seite Manfreds, als ein Verrat in seinen eigenen Reihen den Verlauf der Schlacht und den Ausgang der Ereignisse ankündigte. Bei Tagliacozzo erlebten sie im Gefolge Konradins den endgültigen Untergang der Staufer mit. Im neuen Reich der Anjou sollte für eine Gemeinschaft, die trotz ihrer Verluste noch reich genug war, den Neid der Nachbarn zu erregen, kein Platz mehr sein. Im Sommer 1300 regte Karl II. einen »Kreuzzug« an, der von Giovanni di Barletta durchgeführt und in dessen Verlauf »Lucera dei Saraceni« völlig ausgelöscht wurde.

Es mutet fast wie eine Art strafender Gerechtigkeit der Geschichte an, daß gerade Apulien, welches Zeuge des Blutbades unter den letzten Arabern in Italien geworden war, erleben mußte, wie einige Jahrhunderte später erneut islamische Heere an seinen Küsten auftauchten, nachdem die Osmanen die Araber in der Rolle der Bannerträger des Islam abgelöst hatten. Konstantinopel war erst wenige Jahre zuvor gefallen, und die Furcht vor dem »Großtürken« hatte sich wie ein Lauffeuer in ganz Europa ausgebreitet. Im Sommer 1480 bewegte sich eine osmanische Flotte von vierzig Galeeren, sechzig Einmastern und vierzig Transportschiffen mit 18000 Mann, darunter siebenhundert Reiter, auf die italienische Küste zu. Zunächst schien es, als sei eine Landung bei Brindisi geplant, die Flotte drehte jedoch gegen Otranto ab, wo sie am 28. Juli anlegte. Bereits am 11. August hatten die Osmanen die Stadt in ihrer Hand.

Der rasche Fall der Stadt, der Tod von 800 Menschen und die Türkenfurcht lösten eine Serie von Anschuldigungen unter den christlichen Staaten aus: Jeder beschuldigte den anderen, er habe zu halbherzig Widerstand geleistet, zu wenig Glaubensstärke bewiesen oder gar mit den Heiden paktiert. Nicht einmal der Heilige Stuhl war vor Angriffen gefeit, ihm warf man freundschaftliche Beziehungen zu den Muslimen vor. Die eigentliche Zielscheibe war jedoch Venedig, und der Verdacht, es habe in der Affäre von Otranto zwischen der Serenissima und Istanbul ein heimliches

Oben: der Löwenturm des Kastells von Lucera. Die Festung stand im Mittelpunkt eines erregenden Abschnittes in der Geschichte der Araber in Italien. Kaiser Friedrich II. zog dort zwischen 1224 und 1246 die Sarazenen Siziliens, die auf der Insel zu einem Unruheherd geworden waren, zusammen. Dadurch, daß er ihnen Schutz gewährte und aus ihren Reihen seine kaiserliche Leibgarde rekrutierte, machte er sie zu seinen treuesten Untertanen. Die Stadt wurde zu einer arabischen Insel von einigen zehntausend Einwohnern, die abgesondert von ihrer Umgebung lebten, zu einer blühenden landwirtschaftlichen Militärkolonie mit Moscheen anstelle von Kirchen und mit islamischen Lebensformen. Links: Bischofsstuhl, genannt »der Stuhl Petri« in San Pietro in Castello, einer alten Kathedrale in Venedig. Die Rückenlehne besteht aus einer muslimischen Grabstele, die auf das 12. Jahrhundert datiert werden kann.

Einvernehmen bestanden, mochte nicht ganz unbegründet sein. Trotzdem konnte sich der christliche Widerstand sehr schnell formieren, und Ferrante von Aragon zwang die Türken nach einer Blitzaktion, ihre Besatzungstruppen zu verringern und sich auf Otranto zu beschränken. Als Ferrante die Übergabe der Stadt forderte, antwortete Istanbul um so entschiedener: Wenn neben Otranto nicht auch Brindisi, Lecce und Tarent übergeben würden, erschiene der Sultan, Mehmed II., persönlich, um Italien mit 100000 Fußsoldaten, 18000 Reitern und einer furchterregenden Zahl von Geschützen zu erobern. Diese Erklärung alarmierte die Italiener derart, daß Papst Sixtus IV. sich veranlaßt sah, mit einem riesigen Aufwand an Geldmitteln einen Kreuzzug großen Stils zu organisieren. An dem Bündnis beteiligten sich der Heilige Stuhl, die Könige von Neapel und Ungarn, die Fürstentümer Mailand und Ferrara und die Republiken Genua und Florenz, Venedig hielt es für zweckmäßiger, sich elegant aus der Affäre zu ziehen. Trotzdem gab die Stärke der Liga Anlaß zu großen Hoffnungen (man dachte sogar schon an die Rückeroberung Konstantinopels), aber es gelang lediglich, am 10. September 1481 die Osmanen aus Otranto zu verjagen. Der Aufenthalt der Türken hatte damit kaum länger als ein Jahr gedauert.

Noch episodenhafter waren die Auftritte der Osmanen in den norditalienischen Provinzen: Fast dreißig Jahre lang, von 1472 bis 1499, wurden Friaul und Venetien in unregelmäßigen Abständen von Raubzügen heimgesucht. Die Piraten waren aber in der Regel nicht auf Eroberung aus, sondern suchten vielmehr Menschen oder Vieh zu erbeuten. Eine Folge von Angriffen im Osten und Westen des Tagliamento, die sich gegen die Stadt Udine und die Grafschaft Pordenone richteten, und Vorstöße bis Mestre und Treviso könnte die Venezianer veranlaßt haben, gegen eine so »große und fürchterliche« Macht wie die osmanische behutsam vorzugehen, um so mehr, als nach den Worten eines Zeitgenossen »li turchi sono velenthomini, et li christiani sono putane« (»die Türken sind anständige Leute, die Christen dagegen bestechlich«). So lassen sich, zumindest teilweise, die zweideutigen Beziehungen Venedigs zu den Muslimen, die der Lagunenstadt den Beinamen »Konkubine des Türken« eintrugen, erklären. Zu Beginn des 16. Jahrhunderts operierte die Serenissima an den Grenzen Italiens immer häufiger im Einvernehmen mit dem osmanischen Heer und setzte in ihren Kriegen gegen Padua oder Verona sogar muslimische Truppen (insbesondere Türken und Albaner) ein.

Verschiedene politische Probleme machten in der Folgezeit jedes Einverständnis zwischen Venedig und den Osmanen zunichte, und die Beziehungen der beiden Staaten zueinander wurden zunehmend durch ein Klima offener Konflikte gekennzeichnet. Trotzdem unternahmen die Muslime einen weiteren Versuch, auf italienischem Boden Fuß zu fassen: Fast sechzig Jahre nach dem Überfall auf Otranto wurde Apulien noch einmal zum Schauplatz einer osmanischen Invasion. Sultan Süleiman der Prächtige hatte, im Einverständnis mit Franz I., König von Frankreich, eine großangelegte militärische Operation ersonnen, um Italien in die Zange zu nehmen. Auf dem Landweg von Norden her kommend sollten sich die Franzosen mit den Osmanen, die vom Süden aus vorstießen, vereinigen, um gemeinsam zu vollenden, was Mehmed II. nicht gelungen war. Ein plötzlicher Sinneswandel der Franzosen brachte die geplante Operation jedoch zum Scheitern. Die osmanischen Truppen des Lutfi Pascha, die der Flottenführer Chaireddin Barbarossa 1527 ausgesandt hatte, mußten nun die ganze Bürde dieser Unternehmung allein tragen. Unter diesen Umständen konnten sie nicht viel ausrichten; es gelang ihnen, Castro, Ugento und einige andere, unbedeutendere Festungen einzunehmen, dann wurden sie zur vorzeitigen Heimkehr gezwungen.

Unten: Thron des Abtes, bemalte Holzschnitzerei, im Heiligtum von Montevergine bei Avellino; eine süditalienische Arbeit aus dem 12. Jahrhundert. Der islamische Einfluß ist erkennbar am Dekor der Rückenlehne, in die Motive von Stoffen eingeschnitzt sind mit Medaillons, die phantastische Tierwesen umschließen.

*Auf diesen Seiten: Miniaturen aus: »Die Kunst mit Vögeln zu jagen« (*DE ARTE VENANDI CUM AVIBUS*), dem berühmten Falknereitraktat, das Kaiser Friedrich II. in lateinischer Sprache verfaßte (13. Jahrhundert, genaue Entstehungszeit unbekannt). Der Hof Friedrichs II. war eine Stätte fruchtbarer Begegnung zwischen arabischer, byzantinischer, italienischer und europäischer Kultur der Zeit und zog Philosophen, Wissenschaftler, Ärzte und Dichter an. Um den Traktat zu schreiben, berief der Kaiser Falknereiexperten »tam de Arabia, quam de regionibus undecumque« – sowohl aus Arabien, als auch allen sonstigen Gegenden, zu sich.*

Strenggenommen war diese Episode die letzte offizielle Aktion der Muslime in Italien. Aber auch noch lange Zeit danach mußten die Bewohner der Halbinsel die blitzartigen und oft bedrohlichen Überfälle der Barbareskenseeräuber erdulden. Dies ist jedoch ein anderes Kapitel der Geschichte, auf dessen Bedeutung und Auswirkungen in einem der folgenden Kapitel eingegangen wird.
Wenngleich ihre militärische Präsenz unterbunden oder zumindest auf ein Minimum reduziert worden war, boten die Handelsgeschäfte den Muslimen noch lange Zeit die Gelegenheit, italienische Küsten anzulaufen. Die Existenz eines türkischen Kauf- und Lagerhauses, des »Fondaco dei Turchi« in Venedig, das fast bis in unser Zeitalter bestand, stellt den letzten friedlichen Akt in der Geschichte muslimischen Lebens in Italien dar. Dies gilt für die Vergangenheit; daß heute wieder Muslime in Italien auftauchen, hat andere Ursachen, andere Begleitumstände und andere Ziele als in der Vergangenheit. Die Probleme, die aus diesem neuerlichen Zusammenleben zu erwachsen scheinen, müssen erst noch untersucht werden.

Vom Amselfeld bis vor die Tore Wiens

Teilansicht eines der Gemächer der Valide Sultan *im Harem des Topkapï zu Istanbul. Der Sultanspalast auf der Akropolis des alten Byzanz war das Zentrum des türkischen Reiches. Die Mutter des Sultans, die* Valide Sultan, *hatte die höchste Stellung im Harem und war die wichtigste Frau des Reiches. Die Frauen des Harem waren Sklavinnen verschiedenster Herkunft. So war auch die erste Dame des Reiches bisweilen keine Türkin. Die erste einflußreiche* Valide Sultan *war eine Venezianerin, Cecilia Venier-Baffo, genannt Nur Banu (»Frau Licht«), Gattin Selims II. und Mutter Murads III. Es scheint, daß sie mit Sebastiano Venier verwandt war, der die venezianische Flotte bei Lepanto anführte und später Doge wurde. Als fromme Konvertitin zum Islam wurde sie nicht, wie im folgenden andere Sultansmütter, zur Ursache von Familientragödien. Mit ihrem Heimatland unterhielt sie weiterhin so gute Beziehungen, daß der venezianische Senat sie als die »so große und von der ganzen Republik so einzigartig geliebte und geschätzte Kaiserin« bezeichnete.*

Träume, Wunder, Derwische

»Osman war seit langem in die Tochter Edebalïs verliebt, eines Scheichs aus Adana im Lande Karaman, welcher jedoch seine Zustimmung zur Heirat versagte. In einer Nacht, in der er bei dem Scheich zu Gast war, träumte Osman, er liege neben Edebalï am Boden und aus diesem wachse der Mond hervor, der, voll geworden, in die Brust des schlafenden Jünglings versinke. Aus seinen Lenden wuchs wunderbarerweise ein Baum empor und breitete seinen Schatten bis zum äußersten Gesichtskreis der drei Teile der Erde aus. Der Kaukasus, der Atlas, der Taurus und der Hämus waren die vier Pfeiler der Welt, und vier Flüsse, Tigris, Euphrat, Nil und Ister (Donau), entsprangen aus diesen Bergen und umspülten die Wurzeln des Baumes. Die Flüsse und Meere erschienen von Schiffen bedeckt, auf den üppigen Feldern und in den Tälern erblickte man Städte, über deren Turmspitzen der Halbmond funkelte. Die Blätter des großen Baumes, der aus Osman gewachsen war, hatten die Form von Schwertern, die ein furchtbarer Wind gegen die Städte bog, zuvörderst gegen Konstantinopel, ›das dort gelegen ist, wo sich zwei Meere und zwei Erdteile treffen, und das wie ein zwischen zwei Saphiren und zwei Smaragden gefaßter Diamant den Edelstein des Ringes erdumfassender Herrschaft bildet‹. Eben wollte sich Osman diesen Ring an den Finger stecken, als er erwachte.« Nach der Auslegung dieses Traumes war den Nachkommen Osmans und der Tochter des Scheichs (die vom Vollmond symbolisiert wurde) die Kaiserwürde bestimmt. Als Edebalï dies vernahm, gab er seine Zustimmung zur Heirat. Dieser Traum wurde auf den anatolischen Hochebenen, vom Gründer der Dynastie der Osmanen (türkisch *Osmanlï*) geträumt. Er sollte ein neues Volk, die Türken, seiner Bestimmung zuführen, für Jahrhunderte den islamischen »Kreuzzug« gegen das christliche Europa anzuführen.

Joseph von Hammer berichtet in seiner seit Anfang des 19. Jahrhunderts erschienenen großen Geschichte des Osmanischen Reiches von diesen und anderen Träumen und Wundern, die die Entstehung der neuen Mittelmeermacht begleitet haben sollen, und entschuldigt sich gleichzeitig, daß er auf die Fabeleien der traditionellen osmanischen Geschichtsschreibung zurückgreift. Aber selbst wenn uns die Motive bekannt erscheinen, weil wir sie ohne weiteres in anderen Kulturkreisen wiederfinden können, symbolisieren der Traum und seine unmittelbaren Folgen in treffender Weise die Entstehung des Reiches, zu dessen Gründung Osman und seine Nachkommen, scheinbar von sicherer Hand, geführt wurden. Da wir dieses Kapitel über wunderbare Ereignisse mit einem Traum, der einem Buch des 19. Jahrhunderts entnommen wurde, eingeleitet haben, müssen wir auch wie im Fortsetzungsroman des vergangenen Jahrhunderts einen Schritt zurückgreifen, da das Osmanengeschlecht nicht als Findelkind auf den Stufen einer Kirche (oder besser einer Moschee) ausgesetzt wurde. Die Turkvölker, zu denen die Sippe Osmans gehörte, hatten sich schon früh wegen ihrer kriegerischen Begabung die Achtung der islamischen Welt erobert. Ihre Islamisierung begann in Zentralasien, von wo sie nach Westen wanderten. Im Zentrum der islamischen Welt, in Irak und in Persien, sollten sie es bald zu Macht und Einfluß bringen, erst unter den Seldschuken, die die eigentlichen Herren des Abbasidenkalifats in Bagdad wurden, dann unter den Osmanen. Der Christenheit war mit dem Seldschukensultanat von Rum bereits eine neue Gefahr erwachsen. Nun wanderten unter dem Druck der großen Mongoleneinfälle immer neue Stämme türkischer Nomaden aus Zentralasien nach Westanatolien an die Grenzen von Byzanz. Die Legende berichtet, daß der Vater Osmans, Ertoghrul, in der ersten Hälfte des 13. Jahrhunderts dem Seldschuken Ala ed-Din gegen die Mongolen beistehen sollte und sich in ritterlicher Weise für den Schwächeren entschied. Zum Dank erhielt er an

»Derwisch« kommt von einem persischen Wort, das »arm« oder »Übungen der Askese hingegeben« bedeutet. Die sogenannten Tänze der Derwische, die schon immer die Neugier des Abendlandes an der islamischen Welt weckten, wie es auch die beiden obigen Stiche aus dem 19. Jahrhundert zeigen, stellen in Wirklichkeit Übungen zur mystischen Versenkung dar. Die wandernden Derwische, Mystiker aus Zentralasien, bildeten ebenfalls einen bedeutenden Faktor innerhalb der Gesellschaft des entstehenden Osmanenstaates.

der Grenze zum Byzantinischen Reich ein Gebiet, das so gelegen war, daß er bald mit Konstantinopel direkt in Berührung kommen konnte. Bevor die Osmanen für die Byzantiner zur ernsthaften Herausforderung wurden, bedrohte sie vor allem Umur Bey, der türkische Herrscher von Aydïn. Er trug den *Dschihad*, den Heiligen Krieg, aufs Meer hinaus, mischte sich zwischen 1342 und 1345 in die inneren Machtkämpfe des Byzantinerreiches ein, schickte seine Leute nach Europa, nach Thrakien, und beteiligte sich an den europäischen Bürgerkriegen. Bei diesen Kämpfen, an denen die vorosmanischen Türken mitwirkten und an denen auch Männer aus der Warägergarde, Alanen, Turkopolen (zum Christentum bekehrte türkische Söldner), Griechen, Almogávares (Bezeichnung arabischen Ursprungs der katalanischen Söldner) und Slawen teilnahmen, muß durch dieses phantastische Völkergemisch eine Atmosphäre geherrscht haben, die einem modernen *Heroic-fantasy*-Roman angemessen wäre. So war die Wirklichkeit, aus der unser Europa entstand. Die Osmanen wendeten bei ihren Interventionen das gleiche Schema an wie ihre Vorgänger und mischten sich in die inneren Kämpfe der Byzantiner ein – allerdings mit größerem Erfolg. Orchan, der erste Sproß des Baumes, der aus Osman erwachsen sollte, konnte mit der Eroberung Gallipolis 1354 in Europa festen Fuß fassen. Es war eine wunderbare, durch ein Erdbeben begünstigte und folglich gottgewollte Eroberung. Auch der Sohn Orchans, Süleiman, der die Bezwingung Europas anführen sollte, hatte seine prophetische Vision.

Eines Abends hielt er sich zwischen den Säulen des Tempels der Proserpina im antiken Kyzikos auf. Die in Mondlicht getauchten Säulen erschienen Süleiman als die Überreste eines Palastes, den Salomo für die Königin von Saba errichtet hatte. Süleiman betrachtete das Meer, worin sich die Ruinen des Tempels spiegelten, und auf einmal schien ihm, als ob Paläste und Tempel aus der Tiefe des Meeres emporstiegen und unter dem Wasserspiegel Flotten dahinsegelten, während geheimnisvolle Stimmen erklangen. Hinter ihm, im Osten, vereinigte der Mond durch ein Silberband Asien mit Europa. Süleiman erkannte diesen Mond als denselben, den sein Großvater Osman geträumt hatte, und erhielt so die Gewißheit, daß seinem Geschlecht ein europäisches Schicksal bestimmt sei. Obwohl Süleiman also ausersehen schien, seinem Vater nachzufolgen, starb er sehr früh und wurde als erster seines Geschlechts auf europäischem Boden begraben. Mit diesem Akt wurde ein Zeichen gesetzt für den Besitzanspruch auf jene Erde.

Aus verschiedenen Ursachen, die sich mit der Zeit noch erhärteten, waren die Osmanen nunmehr eine Macht des alten Erdteils geworden. Die Kreuzzüge konnten deshalb letzten Endes keine dauerhaften Erfolge mehr erzielen. Natürlich gab es unter den christlichen Staaten auch Zwistigkeiten, die eine gemeinsame Aktion verhinderten, obwohl Päpste und byzantinische Kaiser immer wieder versuchten, angesichts der muslimischen Gefahr die christliche Einheit wiederherzustellen. Man muß sich aber vergegenwärtigen, daß die Situation im gegnerischen Lager die gleiche war. Das heranwachsende Osmanische Reich war nur eine kleine Grenzmark in einer islamischen Welt, die für einen Gegenkreuzzug ihrerseits in ihrer Ideologie des Heiligen Krieges gegen die Ungläubigen hätte einig sein müssen. Die christlichen europäischen Mächte, die Interessen auf dem Balkan verfolgten und sich den Osmanen entgegenstellen konnten, waren Venedig, Ungarn und Litauen. Venedig war wohl mehr an seinem Handelsimperium als an ideologischen Kriegen interessiert; Ungarn hatte sich aus Interesse an seiner eigenen Großmachtpolitik zum Beschützer der Staaten Osteuropas aufgeworfen und war wegen seiner Ansprüche auf die dalmatinischen Küsten in Gegensatz zu Venedig geraten; Litauen, das damals mit Polen vereinigt war, suchte einen Zugang zum Schwarzen Meer. Der große Traum der Gründung eines serbischen Reiches, das an die Stelle eines byzantinischen treten sollte, hatte sich mit dem Tod Duschans 1355 verflüchtigt, und weitere Ambitionen in dieser Richtung sollten sich als unrealistisch erweisen. Die Osmanen konnten deshalb über die natürlichen Aufmarschwege entlang der griechischen Küste bis Saloniki, dann weiter über die Flußtäler von Mariza, Struma und Wardar in den Balkan eindringen und schließlich nach der Überwindung der gebirgigen Zonen entlang der Flußtäler von Isker, Jantra und Morawa ins Herz des Balkans, in das Donaubecken, vorstoßen. Dem Serbenkönig Lazar und dem bosnischen König Tvrtko I. gelang es zwar, einige Siege über die Osmanen zu erringen, so daß es zu einer Koalition von Serben, Bosniern, Bulgaren, Walachen und Albanern kam. Das Schicksal Europas war aber trotzdem besiegelt, als Sultan Murad I. 1389 mit Hilfe seiner christlichen Vasallen in der entscheidenden Schlacht auf dem Amselfeld, dem Kosovo polje, die antiosmanische Koalition schlug.

Da die Osmanen nunmehr fester Bestandteil Europas und damit zum Teil Europäer waren, handelte es sich bei ihren ersten Feldzügen gegen Europa in Wirklichkeit um europäische Bürgerkriege. Da sie im Spiel der Bündnisse selbstverständlich als mögliche Gesprächspartner von Christen akzeptiert wurden, die Schutz gegen andere, stärkere christliche Mächte suchten, waren die Osmanen auch in politischer Hinsicht Europäer geworden. Für Intellektuelle wie den Herzog von Burgund und Philipp von Mézières, der beim Kreuzzug von Nikopolis wieder auftauchen wird, war die ideologische, die religiöse Ebene von Bedeutung. War der Intellektuelle gleichzeitig Politiker, so nahm er in der Regel eine ambivalente Haltung ein. Das hatte nichts mit Glaubensschwäche zu tun, sondern am Ausgang des Mittelalters gab es eine Art unbemerkter Trennung zwischen der Ebene des Realen, die den Gesetzen der Ökonomie und den geschichtlichen Abläufen unterlag, und der Ebene der Ideale. Man konnte sich einerseits aufrichtig für ein Ideal einsetzen und andererseits doch dagegen handeln. Die einfachen Leute im *Dar al-Islam* und im *Dar al-harb* lebten dagegen ein gemeinsames Leben und hatten die gleichen Empfindungen. Die türkische Invasion hatte in Anatolien bereits eine gemischte Gesellschaft aus Christen und Muslimen hervorgebracht, und die Repräsentanten der beiden Religionen hatten Varianten der jeweiligen Glaubensrichtung verbreitet, die jedem geistigen Abenteuer offenstanden; religiöse Formen, die den Grenzgängern angepaßt waren, Menschen also, die weder an religiöse Bindungen noch an rationalisierte Formen des Heiligen gewöhnt waren. Der bedeutende Mystiker Dschelaleddin Rumi (man hat ihn sogar für den bedeutendsten Mystiker der Menschheit gehalten), der seine Verse in persischer Sprache in Anatolien niedergeschrieben hat, wurde in der Nähe eines christlichen Heiligen begraben, und christliche und islamische Heilige und Heiligtümer wurden bald miteinander verwechselt.

»Die Derwische formten einen großen Kreis und begannen ihre Übung, indem sie wiederholt ›Allah‹ ausriefen. Bei jedem Ausruf beugten sie Kopf und Körper nach vorne und taten einen Schritt nach rechts, so daß der ganze Kreis in schnelle Bewegung geriet.« So beschrieb im letzten Jahrhundert der englische Arabist Edward Lane den »Tanz« der Derwische. Unten: Tanzende Derwische auf einer türkischen Miniatur in der Bodleian Library in Oxford.

Der unaufhaltsame Vormarsch in Südosteuropa, der die Türken zweimal (1529 und 1683) bis vor die Mauern Wiens brachte, war ein langwieriger Vorgang: Die erste Stadt, die in Europa erobert wurde, war Gallipoli (1354). Rechts: Die Ankunft Bajezids I., der die christlichen Kreuzfahrer bei der Belagerung der Stadt Nikopolis an der Donau überrascht und besiegt (türkische Miniatur). Auf dieser Seite: weitere militärische Aktionen auf türkischen Miniaturen aus dem 16. Jahrhundert, die aus der Bibliothek des Topkapï stammen. Unten: zwei Ausschnitte aus der Darstellung der Eroberung von Konstantinopel (1453). Oben rechts: türkische Galeeren auf der Donau während der Feldzüge Süleimans in Ungarn. Oben links: die Türken vor Belgrad (1521). Unmittelbar darunter: türkisches Feldlager (Venedig, Museo Correr).

Mit seiner ungestümen revolutionären Kraft fegte der neu entstehende Osmanenstaat alle herkömmlichen Strukturen hinweg – so etwa die Stammesbindungen, die die türkischen Stämme aus Zentralasien mit in den äußersten Westen Asiens gebracht hatten – und schuf auf der Grundlage eines neuen Prinzips die neue Einheit, den *Ghazi*staat, der die unruhigsten und lebenskräftigsten Elemente der beiden gegnerischen Religionen absorbierte. Der *Ghazi* war der Kämpfer für den islamischen Glauben, der den Gesetzen der *Fütüwwet* (aus dem arabischen *Futuwwa*) gehorchte, d.h. dem Verhaltenskodex des edlen Ritters der Wüste. Dieser Kodex hatte bereits Organisationsformen von politischer Bedeutung hervorgebracht. Wie wir gesehen haben, hatte sich der Vater Osmans gemäß solcher Gesetze verhalten, indem er dem schwächeren Kämpfer half.

In Anatolien waren die *Achi* einer der Grundpfeiler der neuen Gesellschaft, und Edebali wurde einer ihrer Anführer. Die *Achi* waren eine Organisation von jungen Handwerkern, die sich vom Verhaltenskodex der *Fütüwwet* leiten ließen und sich zum Ziel gesetzt hatten, den Islam zu verbreiten und Frömmigkeit gegen den Nächsten zu üben. In Zeiten, in denen ein Machtvakuum entstanden war, übernahmen sie auch Regierungsaufgaben. Zu einem weiteren entscheidenden Faktor in der Geschichte des Nahen Ostens und Südosteuropas wurden die wandernden Derwische oder Mystiker, die aus Zentralasien gekommen waren. Der junge Osmanenstaat wurde zum Anziehungspunkt für Mystiker und Kämpfer, die ihrer unbefriedigenden Wirklichkeit überdrüssig waren.

Die »Wanderprediger« des 11. und 12. Jahrhunderts in Europa folgten der gleichen Unruhe wie die türkischen Nomaden, die zu einem Heiligen Krieg gegen das christliche Europa aufbrachen, oder die Kreuzritter, Reisende in Sachen Kreuzzug gegen den islami-

Von Osman, der den Beinamen Ghazi *(Kämpfer für den Glauben, 1258?–1324) erhielt, und von dessen Namen sich die Bezeichnung »Osmanen« herleitet, bis zu Mehmed VI. der 1922 abgesetzt wurde, zählt der Stammbaum der Osmanlï im Laufe von annähernd sechseinhalb Jahrhunderten 36 Sultane. Der Titel Sultan beinhaltet nur die Anerkennung einer bestehenden Herrschaft. Der osmanische Titelträger war jedoch Erbe dreier universalistischer Überlieferungen: Als Teil der islamischen Gemeinschaft, der* Umma, *erbte er die Idee des Kalifats, als Teil der turko-mongolischen Völkerschaften die Reichsidee Dschingis Chans, und schließlich aufgrund der Eroberung nach der Einnahme von Konstantinopel die römisch-byzantinische imperiale Doktrin. Unten: Selim III. (1789–1807) empfängt einen Botschafter (Ausschnitt).*

schen Orient. Wie die *Achi*, so sollten auch die *Ghazi*, die religiösen Bruderschaften, und die Zünfte eine entscheidende Rolle bei der endgültigen Eroberung Anatoliens und beim Übergang nach Europa spielen. Sie mußten sich dabei gleichsam in die Rollen aufteilen, die die *Achi* in sich vereinigt hatten: die des Kämpfers, die des Mystikers und die des Handwerkers. Ein *Chalife,* Nachfolger des größten zentralasiatischen Mystikers, Ahmed Jesewi, sandte Hadschi Bektasch, den Gründer des Ordens der Bektaschije, nach Anatolien; Hadschi Bektasch seinerseits beauftragte Sarï Saltïq, den Islam nach Europa zu tragen und Drachen zu töten; er wurde schließlich an sieben verschiedenen Orten begraben. Das historische Bursa, die erste anatolische Hauptstadt des Osmanenreiches, wurde zu einem Mittelpunkt der Mystik. In der legendenumwobenen Geschichte Orchans wird diesem von vierzig wunderbaren Helden Hilfe zuteil, die sich, wie in der Legende von der Eroberung Spaniens durch die Araber, als Kannibalen ausgeben, um die Europäer in Angst und Schrecken zu versetzen.
Gleichzeitig mit der Eroberung des Balkans und der Entstehung des Reiches wurden der Orient und der Okzident von großen sozialen Stürmen, von wirtschaftlichem Druck und religiöser Aufbruchstimmung heimgesucht. Der Hundertjährige Krieg, der Bauernaufstand der *Jacquerie* nördlich von Paris 1358, die Volksaufstände in der ersten Hälfte des 16. Jahrhunderts, die Schwarze Pest, die genuesische Schiffe von den Häfen des Schwarzen Meeres nach Konstantinopel und dann in den Mittelmeerraum einschleppten, und schließlich die Unfähigkeit, neue Technologien zur Ausbeutung der natürlichen Rohstoffquellen zu entwickeln, um so den Erfordernissen der wirtschaftlichen und sozialen Veränderungen gerecht zu werden, all diese Probleme schienen den neuen Eindringlingen Tür und Tor zu öffnen. Da die wirtschaftlichen und religiösen Krisen mit Zweifeln an den verschiedenen Plänen des Christentums einhergingen, war es den *Tekke*, den Konventen der religiösen Orden auf europäischem Boden, ein leichtes, die Konversionen zum Islam zu fördern. Die Bogomilen in Bulgarien und Bosnien fühlten sich vermutlich dem Islam näher als dem Christentum, und auch die orientalischen Christen sollen den Turban der Tiara des Papstes vorgezogen haben. Derartige Meinungen ließen die Osmanen jedenfalls durch ihre Propagandisten, ihre fünfte Kolonne in Europa, verbreiten. Darüber hinaus boten sie eine Ordnung, eine Sicherheit bezüglich der eigenen Rechte und Pflichten, wie sie für die Bauern auf dem Balkan und in den europäischen Provinzen bis dahin unvorstellbar gewesen war. Der *Dschihad* wurde also als »Kreuzzug« zur »Befreiung der armen Teufel« dargestellt und schlug damit ein Thema an, das in der europäischen Politik auf lange Zeit immer wiederkehren sollte und auch heute seine Aktualität noch nicht völlig eingebüßt hat.

Aus den Tiefen des Tartaros

»Mohammed in Europa« ist auch heute noch mit einem exotischen Hauch umgeben, aber die Existenz eines europäischen Islam ist trotzdem allgemein anerkannt. Daß es auch einen »Mohammed im Eis« gegeben haben könnte, einen nordischen Islam also, erscheint zunächst eher als ein Produkt der Phantasie. Als jedoch im 10. Jahrhundert arabische Reisende an den Zusammenfluß von Kama und Wolga gelangten, trafen sie dort auf eine Bevölkerung, die sich über Zentralasien bereits dem Islam angeschlossen hatte. Es handelte sich um die Bulgaren, ein Turkvolk, dessen Nachkommen sich zum Teil auf dem Balkan niedergelassen hatten und dem heutigen Bulgarien seinen Namen gaben.

Rechts: der Sultan zu Pferde mit seinem Gefolge. Türkische Miniatur aus dem BUCH DER FESTE *von Ahmed III. (1703–1730; Topkapï-Bibliothek), das die Zeremonien und Feierlichkeiten beschreibt, die 1720 anläßlich der Beschneidung von vier Sultanssöhnen stattfanden. Das Buch hat ein älteres Vorbild: das* BUCH DER FESTE *von Murad III. Letzteres wurde nach den Feierlichkeiten anläßlich der Beschneidung des Prinzen Mehmed, die 52 Tage dauerten (1583), angefertigt. Beide Bücher verzeichnen die Empfänge, Feste, künstlerischen Darbietungen und Feuerwerke und schildern in lebhaften Farben das Leben in der Hauptstadt des Osmanischen Reiches. Unten rechts: ein Porträt Ahmeds III. auf dem Thronsessel, das im Topkï aufbewahrt wird.*
Oben: Unter den berühmten Bildnissen Mehmeds II., des Eroberers von Konstantinopel, ist dieses aus der Topkapï-Bibliothek weniger bekannt als das Gemälde Bellinis.

Der Herrscher der Wolgabulgaren, der *Jïltuwar*, war Vasall des *Chaqans* der Chasaren, des einzigen Turkvolks, das sich zu einer nicht missionierenden Religion, dem Judentum, bekehrt hatte. Mit dem Ende der Chasarenherrschaft 965 wurden die Bulgaren jedoch unabhängig. Ihre Hauptstadt Bulghar war ein bedeutendes Handelszentrum für russische, muslimische und chasarische Kaufleute. Die Bulgaren beschränkten sich jedoch nicht nur auf die Funktion eines wirtschaftlichen Bindeglieds zwischen entfernten Völkerschaften, sondern wirkten auch als Verkünder des Islam bei anderen türkischen Nomadenvölkern und bei den im 10. Jahrhundert noch heidnischen Russen. Der Fürst von Kiew, Wladimir, der den wahren Glauben suchte, lud sie sogar zu einem Disput mit den Vertretern der Hauptreligionen ein.
Das Bulgarenreich wurde von einem anderen Nomadenvolk, den Mongolen, vernichtet, deren Heere größtenteils aus Turkvölkern bestanden. Seßhafte Völker haben die Nomaden immer als schreckliche Bedrohung erfahren, weil sie in ihnen Werkzeuge des strafenden Gottes gesehen haben. Als der gotische Geschichtsschreiber Jordanes die Hunnen eine »fast« menschliche Rasse nannte, war dies vielleicht noch die schmeichelhafteste Bezeichnung für ein Volk, das zuweilen mit den Türken in Verbindung gebracht wird. Durch den vordergründigen Verweis auf den klassischen Tartaros, die Hölle oder eine noch tiefere, von Ungeheuern bewohnte Region, wurden aus den »Tataren«, einem mongolischen Stamm, dessen Namen man allgemein für alle turkomongolischen Völker benutzte, die Tartaren. Dank der »psychologischen Kriegführung« und der fürchterlichen Kriegstechniken der reitenden Bogenschützen der Steppe, schienen die Mongolen, die auf unerklärliche Weise aus geheimnisvollen Gegenden aufgetaucht waren, tatsächlich wie verhext und mit geheimnisvollen Kräften ausgestattet. Die »Fast«menschen konnten bis ins Herz Europas und an die Adria vordringen, und ihr Anführer Batu, ein Neffe Dschingis Chans, gründete einen eigenen Staat, die Goldene Horde (Horde ist ein türkisch-mongolisches Wort, *Ordu*, was so viel wie Heer, Lager heißt). Da er in der Tradition Dschingis Chans religiöse Toleranz walten ließ, konnte er zum *Sain Chan*, dem guten Fürsten, werden.
Der ursprüngliche Schamanismus der Mongolen, eine erlebte und nicht begrifflich ausgearbeitete Religion, konnte zunächst neben dem Christentum, dem Judentum und dem Buddhismus bestehen. Aber bereits Berke, der Nachfolger Batus, sollte zum Islam übertreten. 1258 mußte Berke gegen seinen Willen Hülägü für die Einnahme Bagdads, und damit für die Ab-

schaffung des Abbasidenkalifats, Truppen zur Verfügung stellen. Da jedoch die mongolische Einheit zu zerbrechen drohte, verbündete sich Berke mit dem Mamluken Baibar I., der bis dahin als einziger einen mongolischen Überfall hatte abwehren können, und erkannte sogar die Autorität des Kalifen von Kairo an, eines Abbasiden, der dem Massaker von Bagdad entronnen war. Nie zuvor hatten die west-östlichen Beziehungen eine derartige Entwicklung genommen wie zur Zeit der Kreuzzüge und der Mongoleneinfälle. Der Sieg Baibars, der Übertritt Berkes zum Islam und die Gründung eines europäischen Osmanenreiches bildeten zusammen jedoch eine islamische Schranke, die eine christliche Expansion verhinderte. Da Hülägü die Einheit der mongolischen Welt, in der die nestorianische Richtung des Christentums bereits eine gewisse Ausbreitung gefunden hatte, anerkannte, wäre eine solche Expansion vielleicht möglich gewesen. Für das Ägypten Baibars war es aber von entscheidender Bedeutung, die Beziehungen zur Goldenen Horde aufrechtzuerhalten, da gegen Mitte des 13. Jahrhunderts die Mamluken die Macht übernommen hatten (*mamlûk* bedeutet im Arabischen »im Besitz befindlich«). Die Mamluken waren ursprünglich als Sklaven (oft mit ihrer eigenen Zustimmung) für militärische Aufgaben vorwiegend von den nördlichen Küsten des Schwarzen Meeres, also aus Gebieten der Goldenen Horde, importiert worden. Dieses Verfahren war in der islamischen Welt seit langem üblich, denn sowohl bei den türkischen Milizen der Kalifen von Bagdad als auch bei der »Stummen Garde« der Omaijaden von Córdoba, der Sarazenengarde Friedrichs II., und später den gefürchteten Janitscharen handelte es sich um Sklaven. Da die Goldene Horde Gelehrte, Handwerker und Künstler aus Ägypten aufnahm, gab es auch auf kulturellem Gebiet enge Beziehungen. Der neue islamische Staat im Osten Europas hatte aber noch weitere, ideologisch zuverlässigere europäische Muslime zu Nachbarn. Indem die Osmanen nach Europa eindrangen, versperrten sie der Goldenen Horde und ihren Nachfolgern den Zugang zum Mittelmeer. Die Osmanen waren aber selbst Träger der Idee von einem Weltreich, das mehrere Elemente der Überlieferung, der islamischen, der byzantinischen und der turkomongolischen, in sich aufnehmen sollte. Die direkten Nachfolger Berkes waren keine Muslime, aber 1313 übernahm der Chan Özbeg (dessen Name noch heute fortlebt: Er ist in der Bezeichnung für die Usbeken Zentralasiens erkennbar) die Macht und leitete die ununterbrochene Reihe der islamischen Chane ein.

Kämpfer für den Glauben

Nachdem die Osmanen nach Europa übergegangen waren, gewannen sie alle für den Ausbau ihres Reiches wesentlichen Schlachten. Wie aber kämpfte dieser osmanische Kriegsapparat, der im 16. Jahrhundert unter Süleiman dem Prächtigen als unüberwindbar gelten sollte? Die Türken, die aus den weiten Ebenen Zentralasiens auftauchten, waren in den großen Zusammenstößen zwischen Nomadenvölkern und Seßhaften die letzten Protagonisten. Wie Hunnen und Mongolen waren sie daher vorzügliche Reiter und gewandte Bogenschützen. In ihren europäischen Kriegen waren sie zwar nicht mehr das geheimnisvolle Volk, das aus dem Nichts auftauchte, um alte Kulturen in Angst und Schrecken zu versetzen, aber vielleicht erschienen die schrecklichen Kriegstechniken des osmanischen Heeres, das zum Teil aus Europäern bestand, um so furchtbarer, je vertrauter es aussah. Die Reiterei war die wichtigste Waffengattung. Sie bestand aus *Sipahis* (Ritter, die in den verschiedenen Provinzen ein Lehen erhalten hatten und die in früheren Zeiten auch Christen sein konnten, da man von den *Sipahis* keine Konversion zum Islam verlangte) und Pfortensklaven, d.h. den Sklaven des Sultans

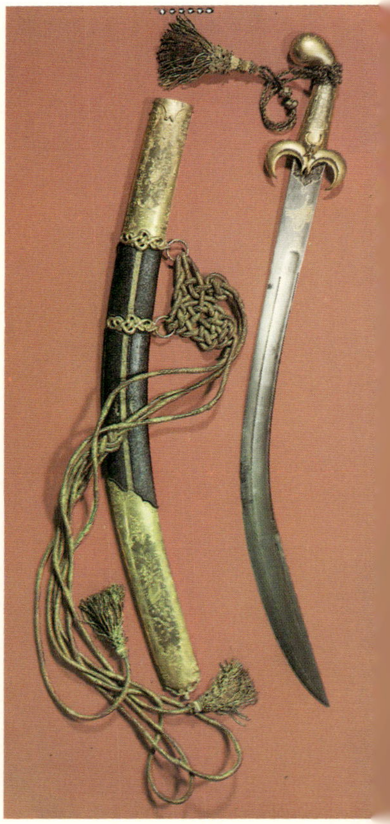

Kaftane Mehmeds II. (links) und Bajezids II. (rechts) aus den kostbaren Sammlungen des Topkapï. Es war eine Tradition des osmanischen Hofes, die Gewänder des Sultans nach seinem Tode zu katalogisieren, zu versiegeln und sie im sogenannten Schatzhaus des Silahdar *(Waffenträger) aufzubewahren. Heute besitzt das Topkapï-Museum eine einzigartige Sammlung von alten Brokat- und Samtgewändern, unter anderem 21 Kaftane Mehmeds II., 72 von Süleiman, 13 von Ahmed I., 30 von Osman II. und 27 von Murad IV. Die Gewänder der Sultane und der Mitglieder des Hofes wurden in Palastwerkstätten mit eigenen Webstühlen angefertigt. Die türkischen Textilien des 16. und 17. Jahrhunderts waren auch in Ungarn, Polen, Frankreich und Italien sehr begehrt, was zu einer stürmischen Entwicklung dieses Handwerks in Istanbul führte, bis die Behörden die Zahl der Werkstätten beschränkten. Auf der linken Seite: eine türkische Rüstung sowie Blank- und Feuerwaffen aus den Sammlungen des Topkapï. Die Feuerwaffen kamen aus dem Abendland zu den Türken. Geschütze, die wahrscheinlich über Venedig auf den Balkan gelangten, fanden vielleicht schon in der ersten Schlacht auf dem Amselfeld Anwendung (1389). Sicher setzten sie die Serben, Vasallen der Osmanen, in der Schlacht bei Ankara (1402) ein, in der Bajezid von Tamerlan geschlagen wurde. Schließlich war die Artillerie auch beim letzten Sturm auf Konstantinopel erfolgreich, als ein berühmtes Achtmetergeschütz, Werk eines ungarischen Geschützgießers, seine Stimme ertönen ließ. Handfeuerwaffen wurden nicht so rasch eingeführt.*

(*Qapïqulu*), einer neuen Variante der Mamluken also. Die *Qapïqulu* zeichneten sich durch vollendete Disziplin aus und stellten gewissermaßen die erste reguläre Infanterie Europas dar, da sie in der Lage waren, auf jedem Terrain zu operieren und ohne zusätzliche Hilfe Verteidigungsstellungen zu errichten. Aus dieser Truppe wurden die berühmten Janitscharen (*Jeni Tscheri*, Neue Truppe), bei denen wir wieder jene für unsere profane abendländische Betrachtungsweise geheimnisvolle Verbindung zwischen Geistigem und Materiellem finden. Nach der Überlieferung hat Hadschi Bektasch persönlich dem neuen Korps seine charakteristische Kopfbedeckung überlassen, deren weiße Filzlappen angeblich den Ärmel des segnenden Beschützers darstellten und den die *Achis* später zu ihrer Kopfbedeckung gemacht hatten. Dem Sultan fiel ein Fünftel aller Kriegsgefangenen zu, und in der Folgezeit wurde aus diesen Sklaven das Janitscharenkorps zusammengestellt. Die jungen Männer, ausschließlich Christen, wurden gemäß der Institution der *Dewschirme* ihren Familien geraubt und für den Krieg im islamischen Glauben unterwiesen. Sie tauchten vermutlich erstmals unter Sultan Murad I. auf. Historisch gesichert ist, daß sie enge Verbindung zu der religiösen Bruderschaft der Bektaschije pflegten, die von Hadschi Bektasch gegründet worden sein soll. Ihre sonderbare Symbolik, die sie aus Tätigkeiten in der Küche abgeleitet und von denen sie auch einige ihrer Rangbezeichnungen entliehen hatten, sollte offensichtlich den Augen des Nichteingeweihten etwas verbergen. Die Janitscharen besetzten in der Schlachtordnung des Heeres das Zentrum, das mit allen verfügbaren Mitteln, mit Pfählen, Wagen und schließlich mit zusammengeketteten Geschützen befestigt wurde. Vor der Entwicklung der Neuen Truppe wurde das Zentrum vermutlich von Bogenschützen zu Fuß gehalten. Geschützt von der Infanterie befand sich darin der Sultan mit seiner Leibgarde. Die Reiter der *Qapïqulu* bildeten die Flügel, waren aber nur eine Art Reserve, denn vor

ihnen stand eine leicht bewaffnete Infanterie aus Irregulären. Die eigentlichen Flügel bildeten die *Sipahis* der Provinzen; rechts standen – wenigstens in den europäischen Schlachten – die Ritter Rumeliens (*Rum eli*, Land von Rum, Europa), links die Anatoliens. Allen voran kämpften die *Aqïndschï*, eine leichte Reitertruppe, die für Störaktionen vorgesehen war. Es ist bemerkenswert, wie modern einige taktische Konzepte der Osmanen waren. Sie setzten zum Beispiel Reserven ein, die zeitweilig dem Blick des Feindes entzogen waren, und die dann eine Begegnung entscheiden konnten. Mittelalterliche Chroniken nennen für die Stärke dieses Heeres astronomische Zahlen; die muslimischen und christlichen Truppen dürften aber in der Schlacht von Nikopolis jeweils kaum mehr als 20000 Mann umfaßt haben, während Bajezid II. in seinem Feldzug in der Moldau etwa über 60000 Mann verfügte. Angesichts der schwierigen Nachschubmöglichkeiten jener Zeit müssen die Heere Süleimans des Prächtigen und des Großwesirs Qara Mustafa Pascha bei der ersten (1526) und der zweiten (1683) Belagerung Wiens wirklich enorm gewesen sein, selbst wenn die üblichen Schätzungen von 250000 und 500000 Mann übertrieben scheinen.

Obwohl die Janitscharen das Zentrum der Schlachtordnung bildeten, waren es selbst auf dem Höhepunkt der osmanischen Macht nie mehr als 16000 Mann. Insofern blieb in einem Reich von so riesiger Ausdehnung die Reiterei auch weiterhin die Hauptstreitmacht. Die Rekonstruktion der osmanischen Kriegsstrategie mag zu schematisch sein, da diese mit Sicherheit im Laufe der Zeit den veränderten Bedingungen angepaßt werden mußte. Aber in den ersten großen europäischen Schlachten konnte das befestigte Zentrum gerade deshalb widerstehen und einen Sieg über die zu impulsiven christlichen Reiter ermöglichen, weil es von Fußsoldaten verteidigt wurde: so geschehen 1396 bei Nikopolis, als Ritter aus ganz Europa, darunter Ungarn, viel berühmter französischer Adel und der Hospitalierorden von Rhodos in einem Kreuzzug vergeblich versuchten, längst überholte Ideale wiederzubeleben. »Ideologe« des neuen Angriffs auf den Islam war Philipp von Mézières, ein ehemaliger Berater des Königs von Zypern, Peters I. von Lusignan, der seinerseits einer der eifrigsten Verfechter einer Rückkehr zum Geist der ersten Kreuzzüge war.

Philipp von Mézières war der Begründer der Ritterschaft von der Passion Jesu Christi, eines kämpferischen Ordens, der sich zunächst die Eroberung der heiligen Stätten zum Ziel gesetzt hatte, im wesentlichen aber ein Instrument zur geistigen Wiedergeburt

Auch als die Grenzen des Byzantinischen Reichs enger geworden waren, blieb Konstantinopel mit seinen weitreichenden Handelsbeziehungen weiterhin eine kosmopolitische Stadt. Noch mehr galt dies vielleicht für Istanbul, das Herz eines Reiches, das sich über Europa, Asien und Afrika erstreckte. Ein bezeichnendes Beispiel: Zur Zeit Süleimans ließ man Datteln, Pflaumen und Rosinen aus Ägypten kommen, Honig aus Kreta, Butter über das Schwarze Meer von der Moldau. Eisgekühlte Sorbets wurden mit Schnee hergestellt, der in Filzsäcken auf Maultieren vom mythischen Olymp zum Marmarameer und von dort mit dem Schiff in die Hauptstadt transportiert wurde, wo er in besonderen Schächten aufbewahrt wurde. Später kam aus Zypern ein berühmter Wein, den Selim II. so sehr schätzte, daß er eine ganze Flasche mit einem Zug leerte.

*Auf diesen zwei Seiten: Szenen aus dem Leben in Istanbul nach Illustrationen einer türkischen Handschrift, die im Museo Correr in Venedig aufbewahrt wird. Unten: Pferdemarkt und Inneres eines Karawanserais. Auf der Seite 120 links, von oben nach unten: der Basar, zwei Läden und der Staatsrat (*Diwan*). Rechts: vor dem Kamin in einem Privathaus.*

des Rittertums, zur Reinigung des einzelnen Ritters und damit der gesamten Christenheit sein sollte. Aber gerade der Kreuzzug von Nikopolis spiegelt jene erwähnte Diskrepanz zwischen Anspruch und Realität wider. Will man nämlich den christlichen Chroniken glauben, so verhielten sich die Ritter zügellos und taten selbst der christlichen Bevölkerung des Balkans Gewalt an.
Das Treffen von Nikopolis gibt uns ein anschauliches Beispiel für die beschriebene Taktik: der französische Adel griff mit seiner schweren Reiterei als erster an, konnte die Irregulären überrennen, drang in das befestigte Zentrum vor, um dann, erschöpft und in Unordnung geraten, plötzlich der Hauptmacht der feindlichen Kavallerie gegenüberzustehen. Diese Vorgehensweise zeigt zwar, daß die christlichen Krieger große Anstrengungen unternahmen, aber auch, daß es ihnen an taktischer Intelligenz fehlte. König Sigismund von Ungarn hatte vergeblich zur Vorsicht gemahnt und empfohlen, den Osmanen zuerst die leichte ungarische Reiterei entgegenzuwerfen, die ihren Gegnern in Technik und Gewandtheit gleichkam. Aber die allzu hochmütigen Franzosen schlugen seinen Rat in den Wind. König Sigismund zog es unter diesen Umständen vor, die Schlacht nach eigenem Gutdünken zu führen. Er wurde von den Serben im osmanischen Heer besiegt, konnte sich jedoch, zusammen mit dem Großmeister der Johanniter, auf ein Schiff retten. Bei seiner Durchfahrt durch den Bosporus mußte er schmachvoll mit ansehen, wie die christlichen Gefangenen am Ufer aufgestellt wurden. In die Gefangenschaft wurden aber nur diejenigen geführt, für die man sich ein hohes Lösegeld versprach; alle anderen wurden aus Rache dafür, daß die Christen vor der Schlacht ihre muslimischen Gefangenen ermordet hatten, niedergemacht.
Daß der Feind grausam sei, ist ein Argument, das in jedem Krieg von jeder Seite ausgeschlachtet wird. In der langen Auseinandersetzung mit dem Orient, dem Osmanischen Reich, setzte sich schließlich das Abendland durch, und wie so oft sind die Beurteilungen oder die Propaganda des Siegers zur »Geschichte« geworden und machen unsere Bildung aus. Nach zeitgenössischen Berichten soll sich der Weiße Ritter der Christenheit, Johann Hunyadi, auch »Janko« genannt (für die Italiener dann »Bianco«), daran ergötzt haben zu speisen, während vor seiner Tafel türkische Gefangene in Stücke gehauen wurden. Da das türkische Wort für Echo, *Jankï*, ganz ähnlich klingt wie der Name Janko, wurde Johann Hunyadi für die Türken ein Echo des Schreckens. Kurze Zeit nach Hunyadi wurde ein gewisser Vlad Fürst der

DIE JANITSCHAREN

A

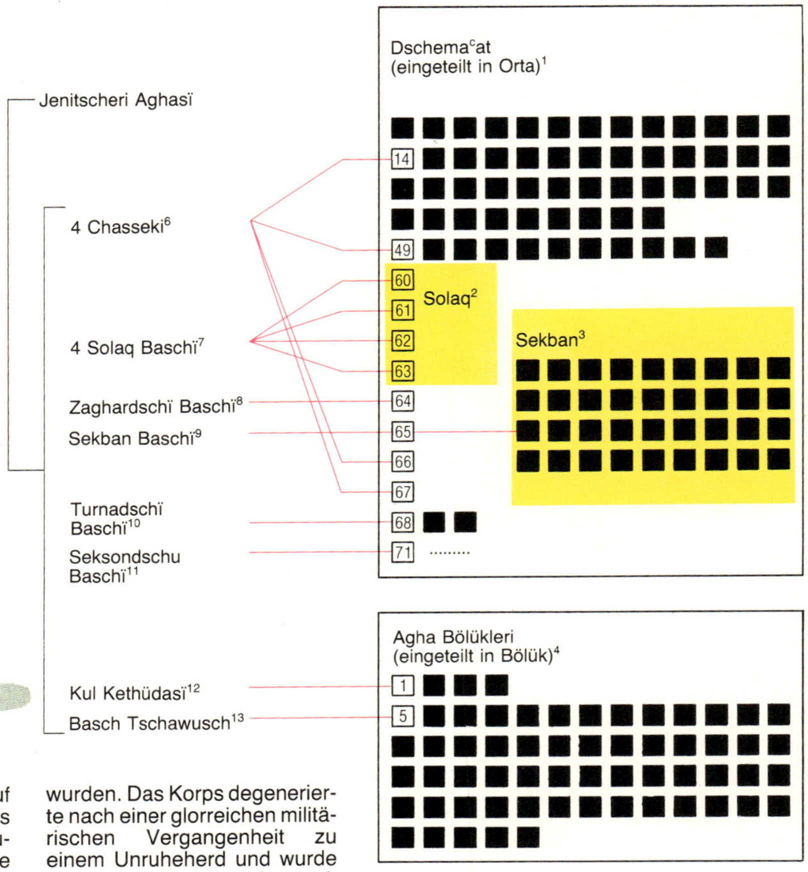

B

Die Janitscharen, welche auf der türkischen Miniatur aus dem 16. Jahrhundert (B) zusammen mit Pagen zwei hohe Würdenträger eskortieren, bildeten den Kern der türkischen Kriegsmacht. Sie wurden im 14. Jahrhundert von Sultan Murad I. als Fußtruppe gegründet, und man weiß, daß es sich anfangs um Jünglinge handelte, die unter den christlichen Familien des Reiches zwangsweise ausgehoben und im Geist des islamischen Glaubens erzogen wurden. Das Korps degenerierte nach einer glorreichen militärischen Vergangenheit zu einem Unruheherd und wurde 1826 unter Blutvergießen aufgelöst. Ursprünglich war das Korps (*Odschak,* »Herd, Feuerstätte«) aus der *Dschemaᶜat* oder »Versammlung« (1) zusammengesetzt, die sich ihrerseits in *Ortas* (Regimenter) gliederte.
Unter Mehmed II. wurden als 65. *Orta* die *Sekban* (3), welche früher den Sultan auf der Jagd begleiteten, eingegliedert. Es bestand aus 34 Infanterie- und einer Kavallerie-Einheit (*Bölük*). Später fügte man die 61 *Agha Bölükleri* (4) hinzu. Oberbefehlshaber des Korps war der *Jenitscheri Aghasï* (A). Andere hohe Befehlshaber waren der *Sekban Baschï* (9), der *Kul Kethüdasï*, der »Oberaufseher der Sklaven«, der zugleich Adjutant des Oberbefehlshabers, Abgeordneter des Korps beim Sultan und Kommandant des ersten *Bölük* war (12); der *Zaghardschï Baschï* oder »Oberster der Hundeführer«, Kommandant der 64. *Orta* (8); der *Seksondschu Baschï* oder »Oberster der Bluthundführer«, Kommandant der 71. *Orta* (11); der *Turnadschï Baschï* oder »Oberster der Kranichhalter«, Kommandant der 68. *Orta* (10); die vier *Chassekis* (»Auserlesene«), Kommandanten der 14., 49., 66. und 67. *Orta*, sie begleiten den Sultan auf seinen Ausritten, insbesondere wenn er sich zur Moschee begibt (6):

E

F

G

C

D

der *Basch Tschawusch*, »Oberster der ›Unteroffiziere‹«, Kommandant des 5. *Bölük* (13); die vier *Solaq Baschï* (7), Kommandanten der 60., 61., 62. und 63. *Orta*, welche aus Bogenschützen (*Solaq* bedeutet »Linkshänder«) bestanden, die die Leibgarde des Sultans bildeten (2).

Westliche Künstler (darunter Gentile Bellini, F) haben öfter das Aussehen dieser furchterregenden Krieger festgehalten. Dargestellt sind hier der Oberkommandierende zu Fuß (D) und zu Pferd (E), Offiziere (A: ein *Tschorbadschï*, C: ein *Bölük Baschï* oder Oberhaupt eines *Bölük*) und Soldaten (G, H, I, wobei G, mit einem Stock ausgerüstet, Polizeiaufgaben versieht), und Jünglinge in Erwartung ihrer Rekrutierung (L, M). Der Offizier, der ein *Orta* oder *Bölük* kommandierte, hatte den gleichen Rang wie ein Oberst der abendländischen Armeen und nannte sich *Tschorbadschï*, was so viel wie »Suppenkoch« oder »Suppenverkäufer« bedeutet. In den Kasernen jedes *Orta* oder *Bölük* befanden sich zwei oder drei Kupferkessel; sie umzustürzen bedeutete das Signal zu einer Revolte. Daneben gab es einen noch bedeutenderen Kessel, das *Qazan-i scherif*, den »heiligen Kessel«, um den sich die Janitscharen während eines Aufstands versammelten. Man glaubte, daß die Welt unterginge, wenn man ihn von seinem Platz entfernte und an seiner Stelle einen Eimer Wasser ausgösse. Die Fahne des Korps war weiß und trug bestimmte, in Silberstickerei ausgeführte koranische Verse (XL, 1): »Wir haben dir einen offenkundigen Erfolg beschieden...«; jede Abteilung führte Standarten mit Emblemen, welche sich die Soldaten auf den Arm oder das Bein tätowieren ließen.

H

I

L

M

N

Walachei, der wegen seiner Grausamkeit auch der Pfähler genannt wurde und eines der Vorbilder ist für die Drakula-Legende. Man sollte aber trotzdem nicht ins gegenteilige Extrem verfallen, wie das zum Teil die Orientalisten tun, die, weil der Orient so lange nicht verstanden wurde, nun den Christen die Rolle der Bösewichter und den Muslimen die Rolle der Guten zuweisen. Wer diese Zeit studieren möchte, sollte sich vor Augen halten, daß die Empfindungen der Menschen in beiden Lagern nicht zu vergleichen sind mit denen unserer heutigen Zeit; es geht nicht darum, zu rechtfertigen, sondern darum, einseitige Urteile zu vermeiden.

Johann Hunyadi, Woiwode von Siebenbürgen, erwies sich als der mächtigste Feind der Osmanen. Zwischen 1441 und 1442 gelang es ihm, sie bei ihren Feldzügen in Siebenbürgen zu besiegen und damit der Begeisterung in Europa für den neuen Kreuzzug neuen Auftrieb zu geben. Nach dem Wunsch Papst Eugens IV. bildete sich eine Koalition aus Ungarn, Polen, Böhmen, Walachen und Deutschen, der sich etwas später auch noch Serben, Bosnier, Bulgaren und Albaner anschlossen und der es gelang, Edirne zu bedrohen.

Oben und rechte Seite: Miniaturen aus dem Buch der Feste *von Ahmed III. Sie zeigen Tänze, Musik, Wettkämpfe, Festbeleuchtung und verschiedene Lustbarkeiten in Anwesenheit des Sultans. Rechts oben: Miniatur aus dem* Buch der Feste *von Murad III. mit den Vorbereitungen zu einem Feuerwerk. Die Puppen sollen Europäer darstellen. Bei der Parade der Zünfte defilierten mehrere Tage lang Handwerker und Arbeiter aller Gewerbe mit den Symbolen ihrer Tätigkeit vorüber. Auch die Bettler hatten ihre eigene Zunft.*

*Oben: der Eingang zum kaiserlichen Topkapï-Palast und das Brunnenhaus (*Sebil*) Ahmeds III.; Illustration zu* A JOURNEY THROUGH ALBANIA AND OTHER PROVINCES OF TURKEY IN EUROPE AND ASIA TO CONSTANINOPLE DURING THE YEARS 1809 AND 1810 *von J. C. Hobhouse. Das Tor ist das* Bab-ï Hümayun, *das kaiserliche Tor. In den beiden Seitennischen wurden die Köpfe der Würdenträger, die auf Befehl des Sultans enthauptet worden waren, ausgestellt. Der Brunnen wurde 1728 über einem früheren byzantinischen Brunnen errichtet. Man rechnet, daß beim Fall Konstantinopels die griechische Bevölkerung etwa 60000 Personen betrug und daß Mehmed II., nachdem er Konstantinopel zur Hauptstadt erhoben hatte, ungefähr 45000 weitere Bewohner ansiedelte. Zwei Jahrhunderte später zählte Istanbul, einschließlich der Vorstädte, nach einigen Schätzungen sieben- bis achthunderttausend Einwohner, deren Zahl bei der Geburt der türkischen Republik auf mehr als eine Million angestiegen war.*

1444 schloß man einen Waffenstillstand, der im Namen des Evangeliums und des Korans beschworen wurde. Dem Abgesandten des Papstes, Kardinal Giuliano Cesarini, gelang es jedoch, den König von Ungarn und Polen, Ladislaus, davon zu überzeugen, daß der Schwur, da er einem Ungläubigen geleistet worden war, nichtig sei. Die neuen Kreuzfahrer konnten bis Warna vordringen, Angst und Schrecken eilten bis nach Edirne voraus. Bei Warna wiederholte sich jedoch die Schlacht von Nikopolis, da die Disziplin und die taktische Überlegenheit der Osmanen triumphierten. Als Ladislaus den Tod fand, sah Sultan Murad seinen Wunsch nach Rache für den Wortbruch, die er vom Gott des Korans und von dem der Bibel erfleht hatte, erhört. In der zweiten Schlacht auf dem Amselfeld 1448 trat Hunyadi erneut gegen die Osmanen an und warf dem osmanischen Zentrum eine weitere Infanterie, bestehend aus Deutschen und Böhmen, entgegen. Mit ihren Feuerwaffen gelang es, die Janitscharen in Schach zu halten, an den Flügeln gab jedoch die christliche der zahlenmäßig überlegenen osmanischen Reiterei nach.
Die Ungarn waren deshalb so gefährlich, weil sie nach den Osmanen der einzige europäische Staat waren, der über eine schlagkräftige leichte Reiterei verfügte, die wie die osmanische mit Bogen und Lanzen bewaffnet war. Hunyadi hatte außerdem in den Kriegen gegen die Hussiten eine Technik erlernt, die die turkomongolischen Völker bereits beherrschten (ob die Goten in ihren Kriegen gegen Byzanz oder die nordamerikanischen Kolonisten im Kampf gegen die Rothäute, jedes Volk, das gezwungen ist, Wagen im Kampf einzusetzen, erlernt diese Technik). Auch die Osmanen verteidigten das Zentrum ihrer Schlachtreihe durch Wagen, die von Feuerwaffen gedeckt wurden. 1526 bei Mohács hatten sie ihre Geschütze aneinandergekettet und konnten so ihr Zentrum gegen den Ansturm der ungarischen Reiterei, die zur herkömmlichen Leichtfertigkeit der christlichen Ritter zurückgekehrt war, halten. Die osmanischen Geschütze versetzten der ungarischen Unabhängigkeit bei Mohács den Todesstoß. Die Schlachtordnungen, die man sich im 16. Jahrhundert gegen die Osmanen ausdachte, waren von Unentschlossenheit gekennzeichnet. Einerseits fürchtete man sich vor dem osmanischen Angriff und neigte dazu, in den Verteidigungsstellungen zu bleiben, um nicht zu dem furchtbaren osmanischen Zentrum vorzudringen; andererseits wollte man der Attacke zuvorkommen, da man auf die Überlegenheit der christlichen Pikenträger und Arkebusiere über die Kavallerie vertraute. Die Unsicherheit war berechtigt, denn außer Hunyadi hatte sich nur der Albaner Georg Kastriota, auch Skanderbeg genannt und für Papst Calixtus III. der *Athleta Christi* (der Iskender Bey der Türken), als den Osmanen ebenbürtig erwiesen. Er hatte seine Erfolge jedoch nur deshalb errungen, weil er das gebirgige Terrain seiner Heimat zu nutzen gewußt hatte.
Im 16. Jahrhundert entschied die Weiterentwicklung der Feuerwaffen über die Zukunft der Kriegskunst. Vermutlich über Venedig gelangten Geschütze nach italienischem Modell auf den Balkan, und vielleicht konnte man schon bei der ersten Schlacht von Kosovo (1389) ihren donnerähnlichen Hall vernehmen. Nach der Niederlage wurden die Serben zu Vasallen der Osmanen. In der unglücklichen Schlacht von Ankara (1402) setzten sie ihre Geschütze dann wieder ein. Ähnlich den Ungarn Sigismunds bei Nikopolis, die nach dem überstürzten französischen Angriff allein weitergekämpft hatten, verteidigten bei Ankara die Serben als einzige neben den Janitscharen Sultan Bajezid, den »Wetterstrahl«, gegen Timur Lenk, Timur den Lahmen, unseren Tamerlan. Dank der Hilfe europäischer Fachleute konnten die Osmanen mit den technischen Fortschritten mithalten, und bei der endgültigen Belagerung Konstantinopels 1453 stellten sie sich durch ihren wirkungsvollen Einsatz der Artillerie sogar in die vorderste Reihe. Die berühmte Kanone des ungarischen Geschützgießers Urban war acht Meter lang und feuerte 600 Kilogramm schwere Geschosse ab, denen nicht einmal die Mauern Konstantinopels standhalten konnten.
Die Einführung der Arkebuse dauerte etwas länger. 1428 unterstützten 200 italienische Arkebusiere die Ungarn bei der Belagerung der serbischen Festung Golubac, die von den Osmanen gehalten wurde. Die

Janitscharen, die trotz ihrer islamischen Umgebung und weil sie eben die »Neue Truppe« waren, auch neue und andersartige Traditionen entwickelt hatten, übernahmen die neue Waffe als erste. Die Arkebuse fand aber trotz Verbots auch im Volk, unter den *Re^{c}aja* (Herde), die ebenfalls über keine traditionellen Kriegsmethoden verfügten, Verbreitung. Der Bürgerkrieg zwischen den Prinzen Selim und Bajezid und 1559 die Revolte Bajezids gegen seinen Vater Süleiman den Prächtigen, in deren Verlauf beide kämpfenden Parteien Rebellenbanden aus verarmten Bauern, Studenten der Medresen (der Schulen der islamischen Lehre) in ihren Dienst stellten, gaben gleichfalls Gelegenheit, die Arkebuse als Waffe endgültig einzuführen.

Als diese Rotten plötzlich ihrer kriegerischen Verpflichtung enthoben waren, bildeten sie zusammen mit den *Sipahis*, die man ihrer Lehen beraubt hatte, jene Banden, die dann Anatolien unsicher machten. Trotz der Bedrohung, die sie verbreiteten, waren diese Rebellen, die sich mit Arkebusen bewaffneten, die sie aus Westeuropa, aus Ragusa (Dubrovnik) oder Algier einschmuggeln ließen, für das osmanische Heer unentbehrlich, da sich die Reiter jeder Neuerung verweigerten. In der traditionellen Gesellschaft der *Sipahis* verkörperten die traditionellen Waffen für ihren Träger einen besonderen Wert, weshalb man die Verwendung von Kriegswerkzeug, das als niedrig und eines mutigen Kämpfers unwürdig angesehen wurde, ablehnte. Es mag verwunderlich klingen, aber ein weiterer Grund für ihre Weigerung war in ihrer Eitelkeit begründet: Schußwaffen waren auch deshalb verpönt, weil man sich bei ihrer Benutzung beschmutzte (die peinliche Sauberkeit der türkischen

Istanbul aus der Luft gesehen. Im Vordergrund auf dem Nordufer des Goldenen Horns Beyoğlu (an der Stelle des alten Galata und Pera). Jenseits der Brükke, die das Goldene Horn überspannt, die historische Altstadt. Auf der Halbinsel links befindet sich das Serail. Im Hintergrund das Marmarameer.

Krieger ist bekannt). Außerdem wollte man sich nicht dem Spott seiner Gefährten aussetzen, weil die Munitionskassette ihren Träger unbeholfen erscheinen ließ.

Noch zu Beginn des 18. Jahrhunderts zogen die osmanischen Reiter die Blankwaffe dem Gebrauch von Schußwaffen vor und waren in der Lage, ihre dünnen, feingeschliffenen Säbel mit derart teuflischem Geschick zu gebrauchen, daß sie den Gegner in wenigen Augenblicken in Stücke zu zerhauen vermochten. Seit dem 16. Jahrhundert sahen sich die Osmanen aber zunehmend und mit immer ernsteren Folgen vor das Problem gestellt, mit einem Gegner zu kämpfen, der immer massiver jene niedrigen Instrumente, die Feuerwaffen, einsetzte.

Die schreckliche Schweizer Pike, eine Blankwaffe, die zur Königin der Schlachten werden sollte, sollte merkwürdigerweise der osmanischen Mentalität völlig fremd bleiben. Man konnte sich nie dazu durchringen, ihren Gebrauch wirklich einzuführen. Die neue Kriegskunst – oder das wissenschaftlich durchdachte Massaker – bestand aber gerade in der Verbindung von Feuerwaffen mit der Pike. Die Technisierung der Tötungsmethoden, die die Welt in den folgenden Jahrhunderten erleben mußte, ist ein anderes und traurigeres Kapitel. An dieser Stelle können wir vorläufig festhalten, daß die christlichen Glaubenskämpfer nach der Unentschiedenheit im Spätmittelalter nun bereitwillig jede Methode übernahmen, die zur Erringung eines Sieges, der allerdings immer weniger den Charakter einer religiösen Notwendigkeit trug, nützlich war. Auch die osmanischen *Ghazis* veränderten sich unter dem sozialen und wirtschaftlichen Druck der neuen Zeit. Sie verloren die Kraft, die sie ins Herz Europas getragen hatte, und blieben teilweise den Wertvorstellungen einer vergangenen Epoche merkwürdigerweise treu, obwohl diese in der veränderten Wirklichkeit keine Rolle mehr spielten.

Die Legende vom »Roten Apfel«

»Unser Kaiser wird kommen, wird einem ungläubigen Fürsten das Reich nehmen, wird noch einen roten Apfel nehmen und ihn in seine Gewalt bringen, so daß, wenn sich bis zum siebten Jahr nicht das Schwert der Christen erheben wird, er bis zum zwölften Jahr ihr Herrscher sein wird. Er wird Häuser errichten, Weinberge anlegen, die Gärten mit Zäunen umgeben, Söhne zeugen. Nach dem zwölften Jahr der Inbesitznahme des roten Apfels wird das Schwert der Christen auftauchen, das den Türken in die Flucht schlagen wird.« Dieses »türkische Orakel« wurde 1548 erstmals ins Italienische übersetzt und fand in Europa weite Verbreitung: eine Weissagung, nach der »Unser Kaiser«, d. h. der *Padischah*, der osmanische Sultan, den »Roten Apfel« erobern sollte, um am Ende wieder nach Asien zurückgedrängt zu werden. Der »Rote Apfel«, *Qïzïl elma*, wurde vielfach gedeutet, da für »rot« ein Begriff benutzt worden war, »*Qïzïl*«, der eher geistige als materielle Assoziationen weckte. Die Vermutung lag nahe, *Qïzïl elma* sei Konstantinopel, aber die Frage war, ob jene »sieben Jahre« wörtlich oder symbolisch zu verstehen waren. Es konnte auch Rom gemeint sein. Die Deutschen prophezeiten 1660 dagegen, ihre Erbfeinde, die Türken, würden bis zum »Roten Apfel« von Köln vordringen und dann von den Franzosen als den Begründern der universalen Monarchie besiegt werden. Der italienische Übersetzer des Orakels schrieb im 16. Jahrhundert: »Man muß wissen, daß diese Weissagung nicht im Alkoran steht, sondern in anderen Büchern, denen sie große Achtung und Verehrung bezeugen. Sie haben nämlich auch unsere Propheten und dazu viele weitere aus ihrer Nation.« Noch um die Wende vom 17. auf das 18. Jahrhundert verfaßte ein türkischer Dichter, Sabit, folgende Zeilen: »Wohlan, er trinke den granatapfelfarbenen Wein aus der birnenförmigen Tasse / bis zum *Qïzïl elma* möge sein Kinn herrschen, das dem Apfel gleicht.« Der »Rote Apfel« symbolisierte also etwas Begehrenswertes, ein Imperium, das Reich, das das Geschlecht Osmans bewußt und ohne Unterlaß zu erlangen suchte.

Rechts: das Innere der Moschee Ahmeds I. in Istanbul. Unten: Die berühmte Silhouette der Hagia Sophia erhob sich einst hinter einer Reihe von malerischen türkischen Häusern mit ihren charakteristischen Vorsprüngen. Das große Bauwerk, das Anthemios von Tralles und Isidor von Milet Mitte des 6. Jahrhunderts für Justinian errichtet hatten, wurde noch am Abend der Eroberung der Stadt von Mehmed II. aufgesucht. Der Sultan gab sofort den Auftrag, die Kirche in eine Moschee umzuwandeln. Die prächtige Architektur Justinians, Höhepunkt der spätrömischen Baukunst, war ein anregendes Vorbild für die osmanische Architektur. Auch die Moschee, die Sultan Ahmed I. von dem kaiserlichen Architekten Mehmed Agha errichten ließ, eine der letzten großen Moscheen der klassischen osmanischen Periode, wurde von der Hagia Sophia inspiriert. Die zwischen 1609 und 1617 erbaute Ahmed-Moschee ist wegen der Farbe der Fliesenverkleidung als Blaue Moschee bekannt.

Es wird daher von Nutzen sein, sich dieses Reich, das für orientalisch gehalten wird, dessen Herz aber in Europa an der Donau lag, näher anzusehen. Die Vorstellung von einem Weltreich finden wir bei vielen Völkern, sie wird nur jeweils entsprechend den unterschiedlichen historischen Bedingungen anders ausgelegt. Das Geschlecht Osmans erbte als Bestandteil der islamischen *Umma* die Idee des Kalifats, als Teil der turkomongolischen Völker war es aber auch Erbe der Reichsidee, wie sie sich unter Dschingis Chan herausgebildet hatte; im Zuge seiner Eroberung machte es sich schließlich auch noch die Idee des Römischen Reiches von Byzanz zu eigen. Osman hatte sich als *Ghazi* bezeichnet, und allein dieses Ghazitum sollte seinen Anspruch auf Überlegenheit gegenüber jedem anderen islamischen Herrscher rechtfertigen. Der Titel *Sultan* bedeutete nur die Anerkennung einer faktischen Macht. Die Osmanen zogen für ihre Herrscher, die als einzige der Pflicht des Heiligen Krieges nachkamen, stets die Bezeichung *Padischah* vor.

Schon unter dem dritten Sultan, Murad I., zeichnete sich deutlich ab, daß das Reich sich aus Vasallenstaaten zusammensetzen sollte. Nach der sogenannten »Serbenniederlage« (1371) erkannte selbst der byzantinische Kaiser Johannes V. die osmanische Oberherrschaft an und begleitete den Sultan als dessen Gefolgsmann auf seinen Kriegszügen. Mit dem vierten Sultan, Bajezid, auch »der Wetterstrahl« genannt, setzte sich allmählich die Vorstellung des weitgehend zentralisierten Staates durch, und Bajezid führte auch die erste osmanische Belagerung Konstantinopels durch. Tamerlan, der sich aufgrund seiner Macht für den Erben Dschingis Chans hielt, sollte das Byzantinische Reich, das fast nur noch die Hauptstadt umfaßte, retten. Tamerlan war sich jedoch seines Anspruchs auf die Weltherrschaft nicht ganz so sicher wie das Geschlecht Osmans. Er akzeptierte nämlich auch andere Regierende als seinesgleichen und wechselte zum Beispiel Briefe mit dem König von Frankreich. Die Christenheit versäumte aber die Gelegenheit, eine gemeinsame Strategie zu entwickeln. Tamerlans Sieg bei Ankara bescherte ihm nur vorübergehend Erfolg, und der Umstand, daß Bajezid sich der Gefangenschaft durch Selbsttötung entzog, besiegelte noch lange nicht die Geschicke seines Geschlechts. Daß Bajezid, trotz des Anspruchs seines Bezwingers Tamerlan, der wahre Erbe des Reiches Dschingis Chans war, beweist unter anderem die Treue, die dem osmanischen Herrscherhaus (wie dem Dschingis Chans) 600 Jahre lang entgegengebracht wurde. Ähnlich wie einst der ungeheuer mächtige Chan erfüllte die Osmanendynastie, nachdem dem *Ghazi*sultan die Rolle des Weltherrschers zuerkannt worden war, das Ideal, die Welt in »Ordnung«, im Gleichgewicht, zu halten und alle Religionen aufzunehmen.

Nach dem Tod Bajezids (1403) stritten vier seiner Söhne um die Macht. Einer von ihnen, Musa, hegte sowohl für die christliche wie auch für die muslimische Bevölkerung Sympathien und unterstützte den Juristen, Philosophen und Mystiker Scheich Bedreddin. Die Hoffnung auf einen Sieg Musas belebte auch die Reichsidee wieder. Musa aber unterlag, und der Scheich wurde gehenkt (1416), nachdem er eine Art kommunistischer Revolte angeführt hatte, in der das Volk für die religiösen Ideen Bedreddins und für eine irdische Gütergemeinschaft gekämpft hatte. In Europa erwarten häretische Muslime bis auf den heutigen Tag Bedreddins Wiederkehr. Der Kampf zwischen alten und neuen Eliten und der Widerstand der alten muslimischen Geschlechter gegen die Entstehung des Zentralstaates mit seinen islamisierten Christen (die Positionen waren jedoch niemals klar, und die Bündnisse wechselten) hatten das Reich in Gefahr gebracht. Bajezid unterlag, weil er von einem Teil seiner Familie verraten worden war. Mehmed I. stellte zwar die Einheit des Staates wieder her, aber erst Mehmed II. schuf die festen Fundamente des Reiches.

Wie alle alten Städte mit vielen Holzbauten erlebte auch Istanbul schreckliche Feuersbrünste. Die hier in einer türkischen Handschrift des Museo Correr abgebildete fand 1660 statt. Etwa eine Generation zuvor war eine der periodischen Pestepidemien ausgebrochen (1637), die pro Tag 500 Opfer forderte, während gleichzeitig eine Hungersnot herrschte.

Murad II. hatte seinem Sohn Mehmed II. in frühester Jugend die Macht übertragen, sie jedoch wieder an sich genommen, nachdem Ladislaus seinen Eid gebrochen hatte. Als Sultan wollte Mehmed II. etwas Großes leisten, um seine eigene Autorität zu stärken. Seine erfolgreiche Belagerung Konstantinopels vom 6. April bis zum 29. Mai 1453 sollte seine und die Macht des Reiches sichern. Zuvor hatten schon Bajezid I., Musa und Murad II. vergeblich versucht, die Stadt zu erobern. Nun stellte sich der Großwesir Tschandarlï Chalil gegen die Pläne Mehmeds II. Seine Zeitgenossen beschuldigten Tschandarlï sogar des Verrats, für den er nach der Eroberung mit dem Tod büßen mußte. Abgesehen von dieser Affäre standen hier jedoch zwei Auffassungen vom Staat gegeneinander, die des Großwesirs, der einem Staat den Vorzug gegeben hätte, der durch die Bindungen der Vasallen stark war, und die des Sultans, der ein Reich schaffen wollte, das alle unterworfenen Völkerschaften einschloß.

Der Fall Konstantinopels hatte eine verheerende Wirkung auf das christliche Europa, das gerade im Begriff war oder vielmehr mit dem Gedanken spielte, einen neuen Kreuzzug vorzubereiten. Bereits hundert Jahre vorher hatten die Türken die Byzantiner mit dem angekündigten Kreuzzug verspottet. Der letzte Kaiser, Konstantin XI. – sein Name hatte prophetischen Charakter, hieß doch der letzte weströmische Kaiser Romulus Augustulus –, fand 1453 den Tod, als er sich zur Verteidigung der Mauerbresche, durch die die Janitscharen hereinströmten, ohne Reichsinsignien in den Kampf stürzte.

Die Mauern Konstantinopels waren nur von einer Handvoll Männer verteidigt worden, da man glaubte, die Jungfrau Maria würde sie beschützen, so, wie der heilige Petrus die schwächsten Stellen der Mauern Roms beschützt hatte, als der Byzantiner Belisar sie verteidigte. In den früheren Jahrhunderten hatte die heilige Jungfrau nur einmal ihren Schutz versagt, nämlich 1204, als ein Kreuzfahrerheer seltsamerweise Konstantinopel eroberte, anstatt das Heilige Grab zu befreien. Jetzt, nachdem die Stadt, die alle für uneinnehmbar gehalten hatten, gefallen war, entsetzte sich die Christenheit darüber, daß die heilige Jungfrau plötzlich ihren Schutz entzogen hatte, und noch dazu im Kampf gegen Ungläubige. Das Ende der Welt schien nahe. Enea Silvio Piccolomini schrieb in einem seiner Briefe, daß die Weltherrschaft nun in der Hand der Türken sei. Im Osten sei die Christenheit von diesen und den Tataren, im Westen, auf spanischem Boden, von den Sarazenen eingekreist; Piccolomini schien bereits das Schwert der Türken zu verspüren:

Links: Auf dieser türkischen Miniatur aus dem Hünername, *dem »Buch der Fähigkeiten« (16. Jahrhundert), ist ein berühmtes Bauwerk der klassischen Zeit zu sehen, die »Schlangensäule«. Als Erinnerung an den Seesieg der Griechen über die Perser bei Platää stand sie vor dem Apollotempel in Delphi. Die drei Schlangen, aus denen sie gebildet war, hielten einen Dreifuß mit einem goldenen Gefäß, das entfernt wurde, bevor Konstantin die Säule in seine Hauptstadt bringen ließ. Da sie in den Schlangen ein Sinnbild des Dämonischen sahen, gefiel das Bauwerk weder Christen noch Muslimen. Die Köpfe der Schlangen wurden wiederholt verstümmelt. Der Patriarch von Konstantinopel persönlich soll, mit einem Hammer bewaffnet, versucht haben, das beunruhigende Denkmal zu zerstören. Nach einer anderen Legende zerschlug Mehmed II. einer der Schlangen den Kiefer durch Keulenschläge. Tags darauf erlebte die Stadt eine Invasion von Schlangen, und der Sultan ordnete an, daß das Bauwerk nicht weiter beschädigt werden solle. Unten: Auch diese Miniatur aus dem 17. Jahrhundert, die wie die obere aus der Topkapï-Bibliothek stammt, zeigt neben dem Eingang zum Kaiserpalast und zum Hof der Janitscharen ein Denkmal aus der vorosmanischen Zeit. Die Kirche der hl. Irene, eine der ältesten christlichen Kultstätten von Byzanz, die von Konstantin ausgebaut wurde und Sitz des zweiten Ökumenischen Konzils war (381 n. Chr.). Da sie sich innerhalb des Palastbezirks befand, wurde sie von den Türken in ein Zeughaus umgewandelt. In der Nähe befand sich die Platane der Janitscharen, vor der die Gardesoldaten ihre Küche hatten.*

Imminet iam in nostris cervicibus Turcorum gladius, et nos interim intestina gerimus bella... Nachdem dieser Humanist unter dem Namen Pius II. Papst geworden war, versuchte er, die Christenheit gegen den gemeinsamen Feind zu einen, und schrieb sogar einen langen und gelehrten Brief an Mehmed den Eroberer, um ihn von der Überlegenheit des christlichen Glaubens zu überzeugen. Er versprach, ihn nach seiner Taufe als Kaiser des Ostens anzuerkennen. Der Brief wurde nie abgeschickt. Der Eroberer hatte übrigens ein ganz anderes Ideal, denn er fühlte sich als der Führer Asiens, der in Europa einfiel, um nach Jahrhunderten die Invasion Alexanders des Großen in Asien zu erwidern.

Diese Revanche Asiens führte, als neue *Ghazis*, die Sturmtruppen der *Aqïndschïs*, die zur Durchführung der alljährlichen Einfälle an den Grenzen stationiert waren, bis in Sichtweite der Serenissima; im Süden fiel für kurze Zeit Otranto in die Hand der Osmanen. Der neue Universalstaat nahm also auch materiell Gestalt an. Über den Charakter seines damaligen Herrschers streiten sich allerdings auch heute noch die Gelehrten. Ein Urteil, das schon ziemlich lange besteht und in der abendländischen Welt immer wieder hervorgeholt wird, besagt, er sei ein blutrünstiges Ungeheuer gewesen; eine andere Bewertung, die vor allem in der türkischen Welt nachklingt, erklärt ihn zum gerechtesten aller Herrscher.

Mehmed der Eroberer war ein osmanischer Türke aus einem Geschlecht, in dem in der weiblichen Linie das europäische Blut vorherrschte. Einerseits von der islamisch-türkischen Kultur geprägt, sah er sich andererseits als Erbe der großen europäischen Reiche. Sein lebhaftes Interesse an der zeitgenössischen westeuropäischen Kultur entsprang dem Wunsch, eine Welt kennenzulernen, die er trotz der Entfernung als die seine empfand und die in seine Staatsauffassung Eingang gefunden hat. Seine Grausamkeiten waren typisch für die europäische Welt überhaupt und entsprechen denen, auf die man zuweilen in der Geschichte der italienischen Renaissance in sado-erotischer Verschlüsselung, wie sie das 19. Jahrhundert liebte, besonders hinweist.

Gerade die italienischen Herrscher wurden häufig des Paktierens mit dem Feind beschuldigt. Gian Galeazzo Visconti, Herzog von Mailand, war bezichtigt worden, die Pläne des Kreuzzugs von Nikopolis verraten zu haben; und Filippo Maria benutzte die Freundschaft seines Vaters mit den Osmanen, um zwischen ihnen und Sigismund, der gerade zum Kaiser gewählt worden war, einen Frieden zu vermitteln, da er ihre Unterstützung gegen Venedig suchte. Und Sigismondo Pandolfo Malatesta, Herr von Rimini, wurde angeklagt, er habe den Eroberer nach Italien locken wollen; bekannt ist auch die Freundschaft Bajezids II. mit Francesco II. Gonzaga, die von einem italienischen Humanisten in Versen besungen worden ist. Unter Bajezid II. kehrte man jedoch zur kulturellen Tradition des Islam zurück, und die Gemälde abendländischer Künstler aus dem Palast Mehmeds II. wurden im Basar von Istanbul verhökert.

Links oben und unten: zwei Ansichten aus dem Aufenthaltsort der Frauen im Topkapï-Palast, dem Harem. Der Name Topkapï – Kanonentor – ist relativ jung: er geht auf Ahmed III. (1703–1730) zurück, der ein Gebäude errichten ließ, dessen Eingangstor von zwei Geschützen flankiert war. Durch einen Brand wurde es 1863 zerstört. Vorher war der Gebäudekomplex unter dem Namen »Neues Serail« bekannt.

Rechts: Luftansicht des nördlichen Teils des Sultanspalastes in Istanbul. Im Hintergrund das Mamarameer.
Links: die kaiserlichen Gemächer, ein Teil des Haremsbezirks im Topkapï. Im 16. Jahrhundert zum Teil von dem großen Architekten Sinan errichtet, wurde es im 18. Jahrhundert unter dem Sultan Osman III. restauriert und umgebaut. Oben: die Bibliothek Ahmeds III. im dritten Hof des Topkapï. Sie enthält ungefähr 6000 Bände, darunter unveröffentlichte griechische und arabische Handschriften. Andere Sultane pflegten andere Interessen: Murad IV. (1623–1640), der mutige Eroberer von Bagdad, der grausam war und häufig die Todesstrafe verhängte, soll sich angeblich gern in einen Kiosk in der westlichsten Ecke des Palastbezirkes zurückgezogen haben, wo er, mit einer Arkebuse bewaffnet, auf Vorbeigehende geschossen haben soll.

Die osmanische Welt schien ihr Interesse nun wieder dem Osten zuzuwenden. Nach der Absetzung seines Vaters Bajezid II. besiegte Selim I. zunächst den großen Herrscher Persiens, Schah Ismail, der ebenfalls Türke war und nach der Niederlage bei Tschaldiran nie mehr gelächelt haben soll. Anschließend unterwarf Selim die Mamluken in Ägypten und machte sich damit zum Beschützer der beiden Heiligen Stätten des Islam, Mekka und Medina. Das osmanische Weltreich, Erbe des byzantinischen Reiches und der Tradition Dschingis Chans, nahm nun deutlicher die Züge eines orientalischen Staates an, und nach einer im 17. oder 18. Jahrhundert entstandenen Überlieferung soll der letzte Abbasidenkalif von Kairo, al-Mutawakkil, nach Istanbul gebracht worden sein, um das Kalifenamt an den osmanischen Sultan zu übertragen. Die europäischen Janitscharen liebten aber diese fernen Regionen nicht, und unter Süleiman dem Gesetzgeber, oder Süleiman dem Prächtigen, spielten sich die wesentlichen Ereignisse wieder in Europa ab. Trotzdem wurden häufig Feldzüge in den Nahen Osten unternommen, um nach dem nötigen Hinterland für den Heiligen Krieg zu suchen, und selbst die Expedition ins ferne Indien diente nur der weiteren Ausdehnung dieses grundsätzlichen Kampfes.
Europa aber blieb der Hauptkriegsschauplatz, was der Umstand beweist, daß, als für das osmanische Heer schwierigere Zeiten anbrachen, schon der geringste territoriale Verlust in Europa das gesamte Reich zu bedrohen schien, und gerade die Ereignisse in diesem Teil des Reiches gaben Anlaß, vom Niedergang der Osmanen zu sprechen. Wenn der *Ghazi*staat gegen andere islamische Staaten zu kämpfen hatte, geriet er immer etwas in Verlegenheit. In solchen Fällen verlangte man eine religiöse Rechtfertigung durch ein *Fetwa*, d.h., ein Experte der islamischen Lehre mußte erklären, der Krieg sei notwendig, um die Glaubenskämpfer bei der Erfüllung ihrer heiligen Pflicht vor verräterischen Angriffen zu schützen. Behauptete Bajezid, »der Wetterstrahl«, zur Zeit des Kreuzzugs von Nikopolis, er habe Rom erobert, so hatte Süleiman der Prächtige immer den »Roten Apfel« als Ziel vor Augen und hielt sich im Gegensatz zu einem Schwindler wie Karl V., dem Kaiser des Heiligen Römischen Reiches, für den wahren Cäsar. Dieser Gegensatz führte zwangsläufig zu einer Freundschaft zwischen Süleiman und Franz I. von Frankreich, der die Osmanen für die einzige Macht hielt, die in der Lage war, ein Gegengewicht zu Karl V. zu bilden, und den kleineren europäischen Nationen daher gestattete, ihre Unabhängigkeit zu bewahren. Franz I. übernahm also die Politik der italieni-

DAS TOPKAPÏ-SERAIL – HERZSTÜCK DES REICHES

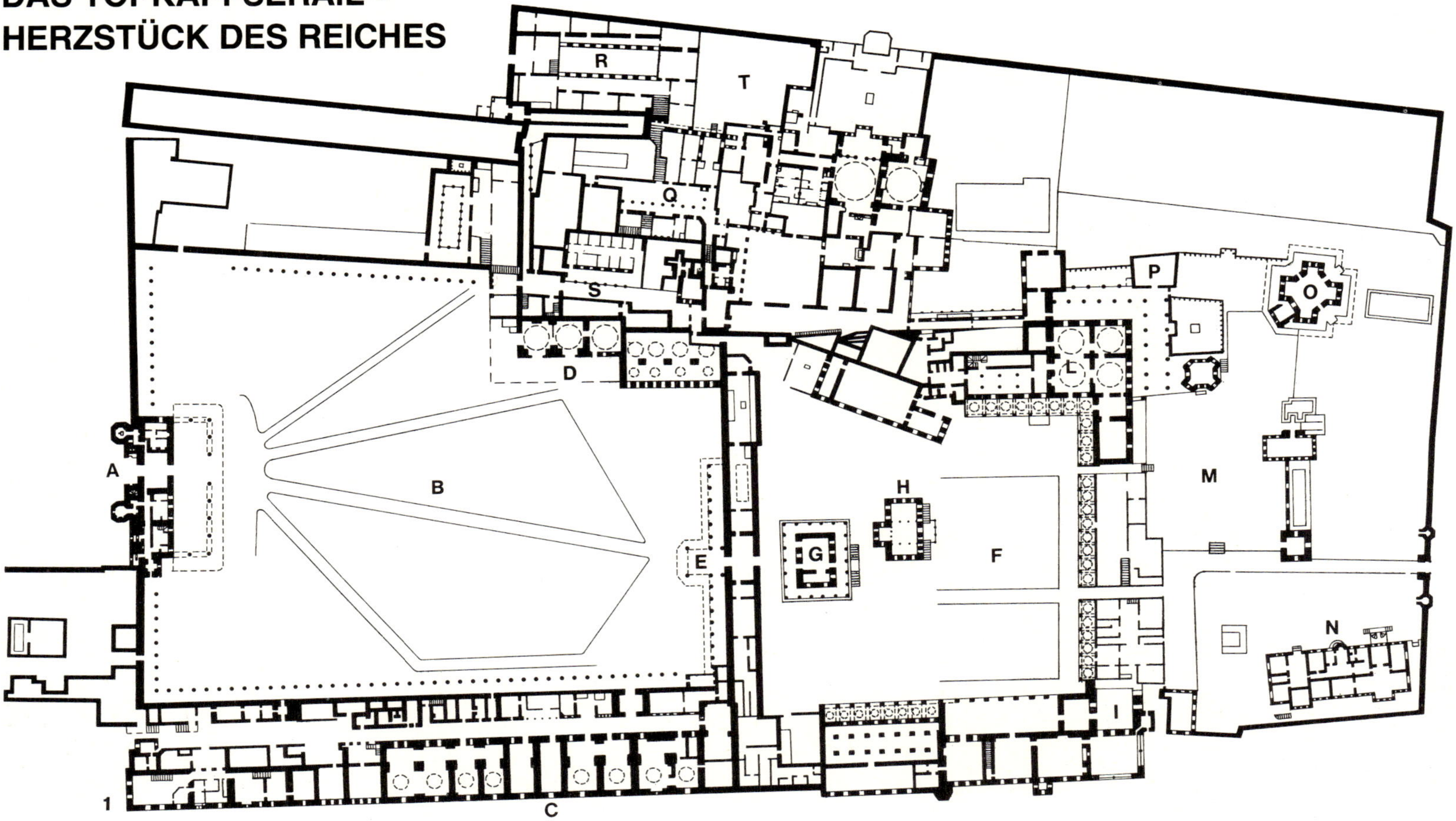

1

Der kaiserliche Palast von Topkapï erstreckt sich über die Serail-Spitze, die Goldenes Horn, Bosporus und Marmara-Meer voneinander trennt. Das Topkapï-Serail (4) in Istanbul galt über Jahrhunderte als das Herz des Osmanischen Reichs. Der Palast (1: Plan des wichtigsten Teils des Komplexes, um den sich der zweite, dritte und vierte Hof gruppieren) wurde nach und nach ausgebaut. Seit Mehmed dem Eroberer wurden ständig neue Gebäude hinzugefügt, so daß innerhalb des Baukomplexes die unterschiedlichsten Stilrichtungen nebeneinander zu finden sind – vom strengen Stil aus der Zeit der Eroberung bis zu jüngeren Formen, in denen Barock- und Rokoko-Elemente aus dem Westen anklingen. Man betritt das kaiserliche Areal durch das Bab-ï Hümayun genannte Tor zwischen der Hagia Sophia und dem Brunnen Ahmeds III. Auf dem Stich (5) sehen wir den Zug der Frauen des Sultans durch dieses Tor gehen. Hinter der Pforte öffnet sich der erste Hof, in dem einst die berühmte Platane der Janitscharen stand, unter der sich die Soldaten der Leibgarde ihre Mahlzeiten zubereiteten. Ein zweites Tor, das Orta Qapï (Mittleres Tor, A), gewährt den Zugang zum eigentlichen kaiserlichen Palast. Hinter diesem Tor, das alle, außer dem Sultan, der zu Pferd bleiben konnte, zu Fuß passierten, liegt der zweite Hof (6, B). Die lange Reihe kleiner Kuppeln und Kamine bedeckt den Küchentrakt zur Rechten (C). Links, unterhalb eines kleinen Turmbaus, befindet sich das Qubbealtï (D), wo die Sitzungen des kaiserlichen *Diwan* stattfanden und neu bei der Pforte akkreditierte Gesandte (7) empfangen wurden. Im Hintergrund des zweiten Hofes öff-

2

3

4

net sich ein weiteres Tor, das Bab-ï Saadet (Tor der Glückseligkeit, E), Zugang zu den Privatgemächern des Sultans. Unmittelbar hinter dieser Tür befindet sich das Arz Odasï (G), ein Empfangspavillon für ausländische Gesandte (3). Dahinter liegt die Bibliothek Ahmeds III., eine unter mehreren des Serails (H). Die Gebäude, welche den Hof umgeben, dienten unter anderem als Schule für die Pagen des Sultans, als Residenz des Oberhaupts der Weißen Eunuchen und der kaiserlichen Leibärzte und Barbiere. Rechts am Ende des dritten Hofs, dort wo heute die reiche osmanische Schatzkammer ist, befindet sich einer der ältesten Bauteile des ganzen Serails, der Pavillon Mehmeds des Eroberers (I). Links am Ende desselben Hofs liegt der Zugang zu der mit dem Propheten und seinen unmittelbaren Nachfolgern verbundenen Reliquiensammlung (L). Im vierten Hof stößt man auf Pavillons und Terrassen aus verschiedenen Epochen. Rechts befindet sich der Kiosk von Sultan Abdülmedschid, der im 19. Jahrhundert von einem französischen Architekten erbaut wurde (N), links steht der sogenannte Bagdad-Kiosk, der 1638 im Andenken an die Eroberung dieser Stadt fertiggestellt wurde (O). Hier befinden wir uns über der Serail-Spitze mit seiner prächtigen Aussicht auf den Bosporus und das Goldene Horn. Zu dieser Terrasse öffnet sich das Sünnet Odasï (P), das heißt, der Raum, in dem die Prinzen beschnitten wurden. Endlich bestand ein großer Teil des Serails aus dem Harem (2). Dieser Bereich umfaßt mehr als zweihundert Räume: Schlafräume, Salons, Bäder und Höfe, die, wie das übrige Serail, wiederholt neu- und umgebaut wurden (Q: Hof für die Damen des Harems; R: Hof des Hospitals für die Damen; S: Hof der schwarzen Eunuchen; T: Garten des Harem). Harem (in arabischer und türkischer Aussprache *Harim*) hat die Bedeutung eines heiligen, unverletzlichen Ortes und bezeichnet daher die Aufenthaltsräume der Frauen. Nach dem islamischen Recht darf der Gläubige bis zu vier Ehefrauen zur gleichen Zeit und eine unbestimmte Anzahl an Konkubinen haben. Die ersten Sultane hatten sich häufig mit Christinnen vermählt, aber ab dem 16. Jahrhundert werden legitime Gattinnen zunehmend abgelehnt, weil sich der Sultan nun für zu mächtig hielt, um sich mit anderen Familien zu verbinden (in der Spätzeit werden die Eheschließungen wieder aufgenommen). Diejenigen unter den Konkubinen, welche ein Kind geboren hatten, nahmen den Titel *Chasseki* an und erhielten einen höheren Rang. Eine *Chasseki*, die als erste einem Knaben das Leben schenkte, folgte im Rang unmittelbar der Sultansmutter (*Valide Sultan*).

5

6

7

Rechts: Das Schlafzimmer, oder im weitesten Sinn die Wohnung der Valide Sultan, *der Mutter des Sultans, wird nach den kaiserlichen Gemächern als der wichtigste Teil des Harems angesehen. Die Wände und die Dekke sind mit Fliesen aus der Zeit Mehmeds IV. (1648–1687) geschmückt. Oben und unten links: weitere Ausschnitte aus dem herrlichen Dekor der Räume des Topkapï. Oben rechts: die Unterkunft der schwarzen Eunuchen, ebenfalls im Haremsbezirk des Topkapï. Eine romantische Skizze des Haremslebens hat Frances Elliot, die nach Istanbul reiste, gezeichnet: »Man konnte den Obersten der schwarzen Eunuchen sehen, wie er, behängt mit glitzernden Goldplättchen, die wie Glöckchen klangen, einen Schwarm von Prinzessinnen anführte. Ein anderer Eunuch war damit beschäftigt, die tiefverschleierte würdevolle* Valide *zu begleiten, die sich mit ihrem Gefolge von Sklavinnen auf Besuch zu ihrem Sohn begab. Ein dritter überwachte die Sultanin, während sie sich zum Bad begab oder neue Sendungen von Schönheiten erwartete. . . . Es waren darunter albanische, griechische, georgische und tscherkessische Mädchen, die entweder von Piraten geraubt oder auf den Sklavenmärkten erworben worden waren. Alle waren in einer Weise parfümiert, geschminkt und gekleidet, die Aufmerksamkeit erregen mußte. Eine Art Zauberwelt, in der die Eunuchen herrschen und in der der Sultan, trotz der häufigen Wechsel, wie eine Gottheit gepriesen wird.«*

schen Staaten, die die »Türkenfurcht« für ihre politischen Ziele benutzten. Als Franz I. ihn um Hilfe ersuchte, ging Süleiman unverzüglich darauf ein, obwohl sich der König von Frankreich in der Vergangenheit nicht als einer der Treuesten erwiesen hatte. 1538 hatte er Karl V. sogar die Beteiligung an einem Kreuzzug versprochen und Süleiman damit das für seinen Angriff auf Italien notwendige Ablenkungsmanöver versagt. Es scheint, als habe Franz I. vorwiegend als Politiker gehandelt, während Süleiman seine Aufgabe in einen weit größeren Rahmen stellte und sich seiner kaiserlichen Rolle genau bewußt war. Vielleicht galt für Franz aber auch noch das alte Prinzip, demzufolge Verpflichtungen gegen Ungläubige nicht bindend waren.

Die Herrschaft Süleimans des Prächtigen gilt als der Höhepunkt der osmanischen Machtentfaltung, als ein Gipfel, von dem es nur noch den Abstieg geben konnte. Doch der Abstieg oder auch Niedergang, gegen den sich diese dekadente Welt oft überraschend und unerklärlich aufbäumte, dauerte jedoch so außerordentlich lange, daß wir unsere Beurteilungskriterien in Frage stellen müssen. Als der habsburgische Kaiser und der osmanische Sultan sich beim ersten Friedensschluß außerhalb Konstantinopels, 1606 bei Zsitvatorok, gegenseitig den Cäsarentitel zuerkennen, bedeutet dies den faktischen Verzicht auf die Weltherrschaft. Zu Beginn des 18. Jahrhunderts erkannte man sogar die Existenz zweier Häupter der islamischen Gemeinschaft an, der Osmanen und der indischen Groß*moghule* in ihrem jeweiligen Herrschaftsgebiet. Noch als die Muslime Indiens ihn um Hilfe gegen die Portugiesen baten und die Muslime Zentralasiens seine Unterstützung gegen die Russen forderten, bezeichnete sich Süleiman der Prächtige in seiner Antwort als *Chalîfe-i Rû-ji zemîn*, also als Kalif der Erdoberfläche, der seinen Anspruch aus göttlichem Recht herleitete. Erst sehr viel später, als der Niedergang augenscheinlich geworden war und die materielle Stärke gegenüber der außerordentlichen Macht des christlichen Europa unangemessen schien,

betonte man seltsamerweise wieder die geistige Autorität des osmanischen Kalifen, der in einer islamischen Welt, die nunmehr unter die Herrschaft der Ungläubigen gefallen war, die einzige unabhängige Instanz darstellte.

Die osmanischen Institutionen

In Europa paßte sich der osmanische Staat, obwohl er ein islamischer blieb, den verschiedenen örtlichen Gegebenheiten an und wurde so zu einer eigenständigen politischen Schöpfung, die zur Zeit Süleimans des Prächtigen ihre Vollendung erreichte. Im Verlauf dieses schöpferischen Prozesses war man dazu übergegangen, die europäischen Länder zu annektieren, anstatt ihre Herrscher zu Vasallen zu machen (Beziehungen bestanden nicht zwischen Nationen, sondern zwischen Regierenden). Schließlich gewann das Reich aber eine Ausdehnung, die nur noch schwer überschritten werden konnte; so war Ungarn auf die Dauer zu weit entfernt, um eine kaiserliche Provinz werden zu können.

Das islamische Gesetz gestattet es, von der sonst unumgänglichen Verpflichtung zum Heiligen Krieg abzusehen und einen Waffenstillstand mit den Feinden zu schließen, wenn eine Fortsetzung des Krieges unmöglich wird. Angrenzende Länder konnten deshalb als Zeichen ihrer Unterwerfung unter die islamische Herrschaft auch Tribute entrichten, was Venedig, Polen und sogar die Habsburger taten, während Frankreich als Vasall betrachtet wurde. Natürlich betrachteten sich in diesen Fällen die Christen selbst nicht als Vasallen, machten aber zu ihrem eigenen Nutzen Zugeständnisse, um eine Waffenpause zu erreichen und neue Kräfte zu sammeln. Andere Herrscher, so die Fürsten der Walachei und der Moldau, waren tatsächlich Vasallen des Sultans. Sie waren verpflichtet, bestimmte Naturalien an Istanbul zu liefern, und mußten vom Sultan bestätigt werden, obwohl sie oft eine eigenständige oder sogar den Osmanen feindlich gesonnene Politik verfolgten. 1711 wurde ihr Status sogar noch einmal verändert, indem sie einer direkteren osmanischen Aufsicht unterstellt wurden. Siebenbürgen bezahlte ebenfalls Tribute, doch die Kontrolle war hier weniger drückend. Den verschiedenen Fürsten, die vom Sultan bestätigt wurden, theoretisch aber Vasallen sowohl der Osmanen als auch der Habsburger waren, gelang es sogar, gegen ihre Herren Aktionen durchzuführen.

Ein ganz besonderer Fall war Ragusa (Dubrovnik), das niemals von osmanischen Truppen betreten worden ist und praktisch bis zur napoleonischen Besetzung 1806 unabhängig blieb. Dieser »selbständige Teil des Osmanischen Reiches« war mit Sicherheit für das Imperium von Nutzen. Es verfügte mit Ragusa an seinen Grenzen über ein wichtiges Handels- und Informationszentrum, das nach Westen geöffnet war. Der Kosakenhetman sollte für kurze Zeit Vasall werden, während der Krimchan, ein Muslim und Nachkomme Dschingis Chans, als Unterworfener galt, obwohl er Anspruch auf besondere Rücksichtnahme hatte. In den europäischen Gebieten, die direkt der Herrschaft des Sultans unterstanden, gab es auch Sonderstatuten, wie die Selbstverwaltung von Athen und Rhodos, wo eine Familie dieses Vorrecht ausübte, oder die Befreiung von jeglicher Einmischung, wie in den nordalbanischen Bergregionen, die im Kriegsfall fähige Kämpfer stellten. Ähnlich wie in Nordalbanien war die Lage Montenegros, das gegen Ende des 18. Jahrhunderts unter seinem Fürstbischof von Četinje von Selim III. die volle Unabhängigkeit erhielt. Gebiete mit unterschiedlichen Graden von Selbständigkeit gab es auch in Griechenland oder im Donauraum, so daß der staatliche Organismus weitaus stärker gegliedert und differenzierter war, als der Gemeinplatz vom »orientalischen Despotismus« glauben machen will.

Während es in den Vasallenstaaten – zuweilen auch gegen die Abmachungen – nur muslimische Garnisonen geben durfte, kam es im europäischen Teil des Reiches neben den gewaltsamen Umsiedlungen zu einem starken Zustrom von Türken, die sich mit Vorliebe in den tiefer gelegenen Regionen niederließen und die Christen in die Gebirgszonen abdrängten. Die muslimischen Ansiedlungen auf dem Balkan hatten zumeist städtischen Charakter, mit Stadtvierteln, die deutlich von denen der Christen abgesondert waren. Wie viele Muslime es in einer Stadt gab, hing jeweils von der Art der Eroberung ab: War die Stadt belagert worden, verlangte man nach dem islamischen Gesetz die Übergabe. Unterwarf sich die Stadt daraufhin, durften die Bürger und ihr Besitz nicht angerührt werden. Nach einer gewaltsamen Eroberung wurden die Einwohner dagegen in die Sklaverei geführt und durch neue Siedler ersetzt.

Die Provinzverwaltung war, um ein modisches Wort zu gebrauchen, pluralistisch aufgebaut. Der *Beylerbeyi*, der Statthalter der größten territorialen Einheit, der Provinz, hatte keinen Einfluß auf die Entscheidungen des *Qadi*, des Richters, und beide waren unmittelbar dem Sultan unterstellt. Die Provinzen, die *Beylerbeyliks*, waren wiederum in *Sandschaks*

Oben: Tscherkessensklavinnen. Rechts: das Bad des Sultans. Oben: Inneres eines öffentlichen Kaffeehauses in Istanbul. Drukke des 19. Jahrhunderts. Es war Süleiman I., der einem Araber die Eröffnung der ersten Kaffeestube in Istanbul gestattete, aber die Neuerung wurde nicht überall gutgeheißen. Manche bezeichneten den Kaffee als den »schwarzen Feind des Schlafes und der Liebe«.

(Fahnen) unterteilt, an deren Spitze jeweils ein Militärgouverneur stand. Die Dörfer, die einen *Sandschak* bildeten, erhielten die *Sipahis* für ihre Kriegsdienste als Lehen übertragen; den Bauern wurde lediglich Land zum Nießbrauch zugewiesen.

Die komplexe Struktur des gesamten Staatsaufbaus diente einem fest umrissenen ideologischen Ziel: der Aufrechterhaltung des »Gleichheitskreises«. Danach gründete sich der islamische Staat auf die Autorität des Sultans, die wiederum der Bestätigung durch die Klasse der »Militärs« bedurfte. Für den Unterhalt des Militärs war Reichtum erforderlich, der vom Volk produziert werden mußte. Das Volk konnte aber nur arbeiten, wenn Gerechtigkeit herrschte, und Gerechtigkeit gab es nur in der Harmonie. All diese Tätigkeiten entfalteten sich in einer Umgebung, die einem Garten vergleichbar war, der von den Mauern des Staates geschützt wurde. Der Staat wurde gestützt vom heiligen Gesetz, der *Scheriat* (arabisch *Scharī^{c}a*), das nur respektiert wurde, wenn es auf der Macht des Sultans basierte. Dann war der Kreis geschlossen und garantierte das Gleichgewicht zwischen den Klassen, den »Militärs«, *Askeri*, und dem Volk, der Herde, den *Re^{c}aja*. Als »Militärs« galten nicht nur die Soldaten, sondern auch die Angehörigen der Verwaltung und die Geistlichen, die Experten des islamischen Rechts (*Ulema*). *Re^{c}aja* waren diejenigen, die durch ihre Arbeit Reichtum produzierten und Steuern zahlten. Nur mit der persönlichen Hilfe des Sultans konnte man aus dem Volk in die Klasse der »Militärs« aufsteigen.

Der Unterteilung in Klassen war die Gliederung in *Millets* übergestülpt, d.h. in »Nationen«, wobei der Begriff eine andere als die moderne westliche Bedeutung hatte. Jede *Millet* war nämlich an eine der Hauptreligionen gebunden. So gab es eine orthodoxe und eine armenische Nation, die seit der Zeit Mehmeds des Eroberers offiziell anerkannt war. Die jüdische *Millet* war zwar de facto anerkannt und praktisch voll funktionsfähig, erhielt aber erst 1839 auch de jure diesen Status. Das Oberhaupt der orthodoxen Nation war der Patriarch von Konstantinopel, der als solcher auch ein hoher Amtsträger des osmanischen Staates war. Seine Autorität beschränkte sich nicht nur auf den religiösen Bereich, sondern er wurde auch in Fragen der Rechtsprechung und der Gesetzgebung gehört. Die wenigen Katholiken unterlagen seiner Jurisdiktion, während die kleineren christlichen Sekten der armenischen Nation zugeordnet waren. Lediglich die Muslime stellten keine eigene *Millet* dar, da sie Mitglieder der *Umma*, der Weltgemeinschaft der wahren Gläubigen, waren.

Die unterworfenen Christen mußten zwar nicht konvertieren, waren aber zur Zahlung einer Steuer, der *Dschizje* (arabisch *Dschizja*), verpflichtet; sie mußte von jedem Mann, der älter als zwölf Jahre war, bezahlt werden und wurde je nach sozialem Status des Betreffenden festgelegt. Seit der Gründung der europäischen Herrschaft gab es jedoch Übertritte zum

Islam. Die Konvente (*Tekke*) der Derwische bildeten natürliche Anziehungspunkte für diejenigen, die in einer Welt der raschen Veränderungen Sicherheit suchten, und oft entstanden um eine *Zawije*, eine von Derwischen gegründete Herberge, mehrere Dörfer. Der Islam fand besonders in Bosnien, wo die herrschende Klasse muslimisch geworden war, und im 17. und 18. Jahrhundert auch in Albanien große Verbreitung. Sieht man von der *Dewschirme*, der Knabenlese, die dem Sultan seine *Qapïqulu* lieferte, ab, so kam es zu Zwangsübertritten erst später. Da die Sklaven hohe Positionen erreichen konnten, wurden mit der Zeit freiwillig Knaben angeboten.

Der Sultan war der absolute Herrscher über den Staat, der *Memâlik-i mahrûse-i schâhâne*, über die (von Gott) »wohl geschützten kaiserlichen Besitztümer« (des osmanischen *Padischah*). Um ein Reich zu regieren, das von den Wüsten Arabiens bis vor die Tore Nordeuropas reichte, bedurfte es eines Instruments, das wie ein verlängerter Arm, wie eine Erweiterung der Macht des Sultans wirkte; dieses Werkzeug stellten die persönlichen Sklaven des Sultans dar, die man aus nichtmuslimischen Familien holte, um sie im islamischen Glauben und in der Treue zum Hause Osmans zu erziehen. Die jungen Sklaven wurden entweder zum inneren Dienst, *Enderun*, d.h. zum persönlichen Dienst beim Sultan, oder für den äußeren Dienst, *Birun*, eingezogen. Jeder Jüngling des inneren Dienstes erhielt eine hervorragende Ausbildung in den klassischen Disziplinen und in der Leibeserziehung und mußte außerdem einen Beruf erlernen (selbst die Sultane wurden in einem Handwerk ausgebildet, in Erinnerung an den Initiationscharakter einer solchen Lehre). Aus dem *Enderun* konnte man in den *Birun* überwechseln und eine seiner Abteilungen, zum Beispiel als Janitscharenagha, als Kommandant, leiten. Die Aghas konnten den Palast aber auch verlassen, um zu *Beylerbeyis* oder *Sandschakbeyis* aufzusteigen, und seit Mehmed dem Eroberer begann man sogar, das Amt des Großwesirs, das eine Zeitlang den großen alten osmanischen Geschlechtern vorbehalten gewesen war, an Personen christlicher Herkunft zu übertragen, die den Dienst im Sultanspalast durchlaufen hatten. Der Großwesir war der Stellvertreter des Sultans und führte den Vorsitz über den *Diwan*, eine Art »Ministerrat«, in dem die höchsten Amtsträger des Staates vertreten waren. Obwohl jede endgültige Entscheidung beim Sultan lag, gelang es einigen Großwesiren, sich zu den tatsächlichen Herren im Reiche zu machen. In der Regel war dieser Posten aber äußerst gefährlich und endete für viele Wesire mit einer Verurteilung.

Über seine Ankunft in Modon, in dem von den Osmanen beherrschten Griechenland, das er während seiner Orientreise von 1806 besuchte, schreibt Chateaubriand: »Wir betraten die Stadt. Wir kamen in eine Straße, oder vielmehr in ein richtiges Feldlager, das mich sofort an den gelungenen Ausdruck von M. de Bonald erinnerte: ›Die Türken lagern in Europa.‹ Es ist kaum zu glauben, wie weitgehend diese Worte in ihrem ganzen Bedeutungsumfang und in jeder Hinsicht stimmen.‹ »Jene Tataren von Modon saßen mit übergeschlagenen Beinen vor den Türen, in kleinen Läden, vor Holztischen und im Schatten elender Tücher, die von einem Haus zum anderen gespannt wurden. Sie rauchten ihre Pfeifen, tranken Kaffee. Ganz entgegen den Vorstellungen, die ich mir über die Schweigsamkeit der Türken gemacht hatte, lachten und plauderten sie untereinander und machten dabei einen Heidenlärm.« Was auch immer Chateaubriand, der für die Türken keine Sympathie empfand, davon gehalten haben mag, das osmanische »Lager« hatte in Europa Wurzeln geschlagen und die kleineren oder größeren Spuren, die man davon auf dem Balkan findet, reichen weiter als man denkt. Ein Beispiel dafür sind die malerischen Häuser »alla turca«. Wenn man deren Verbreitung folgt, kann man gleichsam die Wege der Eroberung vom Goldenen Horn bis zur Donau nachverfolgen. Links oben: Türkische Häuser im Dorf Koprivstica in Bulgarien. Links unten: Straße mit türkischen Häusern in Tetovo in Mazedonien (Jugoslawien).

Der ganze Apparat basierte auf einer äußerst verwikkelten Bürokratie, die im Unterschied zu *Enderun* und *Birun* zum großen Teil aus gebürtigen Muslimen bestand. In den Kreis der Experten der traditionellen und Rechtswissenschaften, der *Ulema*, wurde man nur dann aufgenommen, wenn ein Mitglied des *Ulema*-Korps die Eignung anerkannte. Zu den *Ulema* gehörten auch die Interpreten des heiligen Gesetzes (*Müfti*) und die Richter (*Qadi*). Oberhaupt der *Ulema* war der *Scheichülislam*, der wie die anderen *Müftis* Gutachten (*Fetwas*) herausgeben konnte, die auf dem religiösen Recht gründeten. In der Folgezeit übte er auch die Kontrolle über die *Qadis* aus und nahm den gleichen Rang ein wie der Großwesir, obwohl er nicht dem kaiserlichen *Diwan* angehörte. Dem *Scheichülislam* und den obersten *Qadis* fiel die Aufgabe zu, dem neuen Sultan die Treue zu geloben und so seine Wahl zu bestätigen, oder, wenn sie den Treueschwur verweigerten, seine Absetzung zu legalisieren. Die Ernennungen für die verschiedenen Ämter sollten stets vom Willen des Sultans abhängen, und er behielt sich auch das Recht vor, *Qanun*, Gesetze zu erlassen, die von der *Scharîʿa*, dem religiösen Recht, abwichen. Die oberste Autorität blieb also beim Sultan, aber es kam oft zu Gegensätzen zu den *Ulema*.

Dieser komplizierte und vollendete Aufbau litt jedoch unter einem grundsätzlichen Widerspruch. Er war auf die Erhaltung des »Gleichheitskreises« ausgerichtet, was voraussetzte, daß das einmal erreichte Gleichgewicht bewahrt wurde. Der *Ghazi*staat, der Heilige Krieg als rechtfertigendes Element für die Überlegenheit und sogar die Existenz des osmanischen Staates waren jedoch ein dynamisches Prinzip; es sollte sich erweisen, daß beide Ideale nebeneinander nicht zu verwirklichen waren.

Die Erben der Goldenen Horde

Der Staat der Goldenen Horde war aus den Eroberungen der Dschingis-Chaniden hervorgegangen. Das Volk hatte sich aber bald türkisiert, da es in den Eroberungsheeren viele Türken gab, die sich in Gebieten anderer Turkvölker niederließen, mit denen sie sich vereinigten. Die Tataren der Goldenen Horde hatten nach der Konstituierung ihres Staates Christen zu Vasallen, was der orthodoxen Kirche die Möglichkeit gab, den Zusammenhalt der unterworfenen slawischen Völker zu unterstützen und eine einheimi-

Links: typische Holzhäuser im Istanbuler Stadtviertel Eyüp. Diese weniger bedeutende Architektur, die durch ihre Holzerker, Balkone und Fensteranlagen eine hübsche Wirkung erzielt, sieht man auf vielen alten Drucken von der osmanischen Hauptstadt. Heute verschwinden die Häuser leider nach und nach. Oben: malerische Ecke an einem schönen türkischen Hause das in Makrynitsa, Griechenland, heute noch zu sehen ist.

sche Kultur zu fördern. Die Osmanen hatten auf dem Balkan die gleiche Bindung gestattet, indem sie die orthodoxe Kirche offiziell anerkannten. Auf dieser Grundlage sollten die neuen Nationalismen in Rußland und auf dem Balkan entstehen. Innere Gegensätze führten zum Verfall der Goldenen Horde, und im 15. Jahrhundert entstanden neue Chanate: in Kazan am Wolgaknie, in Astrachan am Wolgadelta und das mächtigste schließlich auf der Krim *(Qïrïm)*. Die Goldene Horde kämpfte zwar ums Überleben, aber über ihr Erbe sollte zwischen den muslimischen Nachfolgestaaten und dem christlichen Großfürstentum Moskau entschieden werden. Das Großfürstentum gewann immer mehr an Bedeutung und konnte bereits 1380 den Tataren auf einem »Schnepfenfeld« *(Kulikovo polje)* am Don eine unerwartete Niederlage beibringen. Was von der Goldenen Horde noch übriggeblieben war, wurde 1502 von den Krimchanen endgültig besiegt. Bereits 1475 hatte sich jedoch der osmanische Sultan die Tributpflicht des Krimchans gesichert. Im selben Jahr wurde übrigens das genuesische Caffa *(Kefe)*, der letzte italienische Stützpunkt im Schwarzen Meer, erobert und zu einer osmanischen Provinz.

Einzig das Chanat der Krim, das weiterhin von Polen, Moskowien und der Walachei Tribute einzog, war somit in der Lage, der aufsteigenden Macht Moskaus entgegenzutreten. Iwan der Schreckliche, der sich zum Zaren hatte ausrufen lassen, eroberte bereits in den Jahren 1552 bis 1557 Kazan und Astrachan. Nach der russischen Überlieferung hatten die Künste der Zauberer von Kazan diesmal versagt, nachdem sie den ersten russischen Ansturm hatten zurückwerfen können, indem sie vorzeitiges Tauwetter beschworen.

Nun war das Ende nahe, und die Chroniken berichten von den Abschiedsworten der Witwe eines der letzten Chane: »Wo sind Feste und Freuden? Wo die Größe deiner Lanzenreiter und Fürsten? Wo Gesang und Tanz deiner Gemahlinnen und Jungfrauen? Ströme von Milch und Honig flossen, während heute Ströme von Blut und Tränen fließen.« Eine geflügelte Schlange soll sich in die Lüfte erhoben haben, um die Stadt zu verlassen. 1552 wurde Kazan von den Russen im Sturm genommen. Während des Angriffs riefen sie: »Gott ist mit uns!« Die Verteidiger, die das gleiche von sich annahmen, antworteten in einer anderen Sprache: »Allah, Allah!« Da die Tataren den Tod der Übergabe vorzogen, wurden sie niedergemetzelt. Es wird berichtet, daß die orthodoxe Liturgie in einer feierlichen Messe die letzten Phasen der Erstürmung skandiert habe. Die Überlebenden wurden als Sklaven verkauft. Nachdem 1579 ein Brand in der Stadt gewütet hatte, fand ein von Visionen geleitetes Mädchen unter der Asche eine Ikone, auf der die Gottesmutter mit dem segnenden Jesuskind abgebildet war. Man hatte sie wohl während der Tatarenherrschaft verborgen halten können. Das Bildnis der heiligen Jungfrau von Kazan sollte zu einem Symbol für die Rolle der orthodoxen Kirche werden.

Es gibt eine These, die besagt, die Bekehrung der Tataren zum Islam anstatt zum Christentum habe verhindert, daß sie sich mit den Slawen vermischten und zu den Gründern des russischen Staates wurden. Die Geschichtsschreibung ist mit Sicherheit niemals unparteiisch, und jedes uns überlieferte historische Ereignis spiegelt die Ideologie des Chronisten wider. Sowohl vor- wie nachrevolutionäre russische Geschichtsschreiber haben der Tatarenherrschaft immer

Die Stiche auf diesen Seiten stammen aus der Istoria dello stato presente dell'Imperio ottomano, *die 1673 in Venedig erschien. Das Interesse Venedigs am Türkischen Reich zu dieser Zeit steht außer Zweifel. Der Krieg um Candia (Kreta) ist noch nicht lange vorüber, und wenige Jahre später nimmt die Serenissima am Krieg Österreichs gegen die Türken teil, der ihr vorübergehend (1684–1699) wieder die Herrschaft über Morea (Peloponnes) verschaffen wird. Trotzdem ist das Werk eine Übersetzung: Wie das Titelblatt anzeigt »wurde es in englischer Sprache vom Herrn Ricaut Esqu., Sekretär des Herrn Grafen V. Vinchelfey, außerordentlicher Botschafter Karls II., des Königs von England«, bei Mehmed IV. verfaßt. Von links nach rechts: der Großwesir; der Oberste der schwarzen Eunuchen; Kleidung der Damen des Serail; der Turbanträger des Großherrn; der Oberaufseher der Gärten, ein Meldeoffizier, ein Zuckerbäcker, ein* adschem oghlan *(junge christliche Pfortensklaven, von denen viele Janitscharen wurden). Über die Janitscharen schrieb der venezianische Gesandte Gianfrancesco Morosini (man weiß, daß die venezianischen Diplomaten genaue und vorurteilsfreie Beobachter der Wirklichkeit waren): »Sie sind furchtbar stolz darauf, behaupten zu können:*

›Ich bin der Sklave des Großherrn‹, da sie wissen, daß dies eine Art Regierung oder Konförderation von Sklaven ist, wo der Oberbefehl ihr Vorrecht ist.«

wieder die Schuld an den negativen Aspekten ihrer eigenen Kultur zugeschoben, indem sie der Kultur ihrer ehemaligen Beherrscher jeglichen Wert abgesprochen haben. Keine Nation, so behaupteten sie, sei jemals so »verrufen und verhaßt gewesen, wie das Tatarenchanat der Krim«.

Die Krimchane waren Mitglieder des Hauses Giraj und Abkömmlinge Dschingis Chans. Sie waren mit einer Autorität göttlichen Ursprungs ausgestattet, die selbst von den osmanischen Sultanen geachtet wurde. In der osmanischen *Tughra*, dem Monogramm des regierenden Sultans und seines Vaters, das jeder offiziellen Urkunde als Siegel aufgedrückt wurde, stand deshalb der Titel *Chan* allein dem Vater, dem Verstorbenen also, zu. Das Schema der *Tughra* sollte erst im 18. Jahrhundert, nach dem Niedergang der Krimchane, dahingehend verändert werden, daß der

Titel nun auch dem regierenden Sultan zuteil wurde. Die Krimchane waren theoretisch Vasallen, handelten aber häufig autonom; wie bedeutend das Haus Giraj war, beweist die Erbfolgeordnung des Osmanischen Reiches. Sollte das Geschlecht Osmans aussterben, fiel den Krimchanen der erste Anspruch zu. Die Krim war vor allem an Aktionen im Norden, in Polen und Moskau interessiert, was sie 1571 unter Beweis stellte, als der Chan Devlet Giraj Moskau plündern ließ und Iwan den Schrecklichen zur Zahlung eines Tributs verpflichtete, der bis zu Peter dem Großen in Kraft bleiben sollte. Den Osmanen lag vor allem daran, sich den Weg nach Zentralasien offenzuhalten, da die dortigen türkischen Nomaden eine Reserve für ihre Heere darstellten. Der Großwesir Sokollu wollte Don und Wolga, dort wo sie den geringsten Abstand zueinander hatten, mit einem Kanal verbinden, um eine Flotte zur Eroberung Astrachans ins Kaspische Meer bringen zu können. Gleichzeitig hätte er so die Safawidendynastie einkreisen können, die aus der *Schīʿa* eine Waffe gegen die Osmanen geschmiedet hatte. Der Kanalbau konnte nicht verwirklicht werden, und der Feldzug brachte nicht die erhofften Erfolge. Der Krimchan, der den Feldzug nur widerwillig begleitet hatte, wurde für dessen Scheitern verantwortlich gemacht.

1591 wurde der letzte große Versuch unternommen, gegen den begehrten Norden, gegen Moskau, den »Roten Apfel« der Giraj, vorzustoßen, aber Chan Ghazi Giraj II. Bora (Sturm) wurde verwundet und besiegt. Wie so viele Herrscher zwischen Istanbul und Zentralasien war auch Giraj Bora ein Dichter, von dem ein westlicher Reisender sagte: »Er wurde von allen für einen zweiten Mark Aurel gehalten.« Ein seltsam klassischer Vergleich für das Oberhaupt eines angeblich »barbarischen« Staates. Noch überraschender ist, daß dieser »Barbarenstaat« von einem venezianischen Gesandten als »Republik« bezeichnet wurde: Nachdem der Adel der Goldenen Horde auf die Krim übergesiedelt war, wirkten die Oberhäupter der großen Klans, wie der der Schirin, als Gegengewicht zur Politik der Chane, die sie gemeinsam auf einer Versammlung wählten. Als die Giraj versuchten, sich unabhängig zu machen, unterstützten diese Klans die osmanische Politik, und als der Chan am Ende des 17. Jahrhunderts völlig dem Sultan unterstellt war, traten sie für die Selbständigkeit ein. Wie der Safawidenschah Ismail schuf sich auch der Chan eine dem Janitscharenkorps nachempfundene Truppe aus tscherkessischen Sklaven, um sich gegen die Klans durchzusetzen.

Zeugnisse der Osmanenherrschaft in Europa. Links: eine Moschee in Sarajewo und die Bäder des Daut Pascha bei Skoplje in Mazedonien. Ähnlich wie das Bild der römischen Welt durch Thermen, Theater und Amphitheater geprägt wurde, so ist das der türkischen durch Bäder und Moscheen bestimmt. Und doch behagte Europa, das die Französische Revolution durchgemacht hatte, diese Welt nicht. Ein weiteres Zitat von Chateaubriand, gefühlsmäßig von Groll bestimmt, deutet die Meinung an, die eine Zeitlang im Abendland verbreitet war: »Um euch seht ihr eine stumme Menge, die, wie es scheint, unbemerkt vorübergehen möchte, die immer so wirkt, als wolle sie sich den Blicken ihres Herrn entziehen. Ihr geht ständig von einem Basar zu einem Friedhof über, als ob die Türken nur zum Kaufen, Verkaufen und Sterben auf der Welt wären ... Keinerlei Zeichen von Freude, kein Anschein von Glück zeigt sich dem Betrachter: nicht ein Volk erblickt man, sondern eine Herde, die ein Imam führt und ein Janitschar abschlachtet. Es gibt kein anderes Vergnügen als die Ausschweifung, keine andere Strafe als den Tod. Manchmal ertönt aus dem Inneren eines Kaffeehauses der wehmütige Klang einer Mandoline, und ihr bemerkt ruchlose Knaben, die schamlose Tänze aufführen, vor einer Sorte von Affen, die um kleine Tische herum sitzen. Mitten unter den Gefängnissen und Bädern erhebt sich ein Serail. Ein Kapitol der Sklaverei: dort bewahrt ein heiliger Wächter sorgfältig die Pestkeime und die primitiven Gesetze der Tyrannei auf. Bleiche Anbeter schwirren pausenlos um den Tempel und bringen ihre Köpfe dem Götzen dar. Nichts kann sie vom Opfer abhalten ...«

Das furchterregende Tatarenheer stützte sich jedoch immer auf die Reiterei, die innerhalb kürzester Zeit mobilisiert werden konnte. Die Marschreihen von jeweils tausend Pferden konnten zusammen eine Stärke von 80000 Reitern und 200000 Pferden umfassen, da jeder Tatar Vorräte und Reservepferde mit sich führte. Auf diese Weise war jeder Reiter in der Lage, eine große Beute zu transportieren, ohne dadurch behindert zu werden. Nach einem Sieg über ein Tatarenheer konnte Sobieski zum Beispiel 44000 Gefangene befreien, die in die Sklaverei geführt werden sollten. Da die osmanischen Heere inzwischen auf einem riesigen Kriegsschauplatz kämpften, waren die tatarischen Reiter immer unentbehrlicher geworden. Die Krim, die einmal ein selbständiger und entscheidender Faktor in der Politik Osteuropas gewesen war, verblutete schließlich über dieser Aufgabe.

Wo die Osmanen auf den Widerstand von Österreichern, Ungarn und ähnlichen Gegnern stießen, spielte sich auf dem Balkan eine Auseinandersetzung ab, die für die Zukunft Europas entscheidend sein sollte, auch wenn wir diesen Faktor gewöhnlich nicht anerkennen. Einen gebildeten Westeuropäer mag es verblüffen, daß man mit Blick auf das 17. Jahrhundert einem Großwesir Köprülü Fazîl Ahmed Pascha die gleiche Bedeutung für die Geschicke des Abendlandes beimessen kann wie dem Sonnenkönig Ludwig XIV. Seine Verwunderung wird sich noch steigern, wenn er erfährt, welche Bedeutung die Taten und die Ideen eines litauischen Götzenanbeters, eines berittenen tatarischen Bogenschützen oder eines Zaporoger Kosaken von »jenseits der Stromschnellen« des Dnjepr gerade für seine Welt haben. Auch aus diesen kriegerischen Zusammenstößen entstand das heutige Europa. Wäre der Versuch Litauens geglückt, gestärkt durch die Union mit Polen, das Schwarze Meer zu erreichen, ein anderes Europa hätte entstehen können. Stephan der Große von der Moldau zog es jedenfalls angesichts der regelrechten Kolonisierungsaktion und der Aggression seiner christlichen Glaubensbrüder vor, sich unter osmanische Oberhoheit zu stellen.

Die Beziehungen zwischen den Tataren und Nordeuropa waren jedoch nicht nur feindselig: Wilna war ein Ort der Zuflucht und ein Zentrum für die Erziehung adliger Tataren gewesen, und Hadschi Giraj, der Gründer der Dynastie, war in Troki in Litauen geboren worden. Im 17. Jahrhundert verbündeten sich die Krimtataren mit den Polen und sogar mit ihren traditionellen Feinden, den Kosaken vom Dnjepr, gegen den osmanischen Sultan und gegen Polen selbst. Es wiederholten sich die altvertrauten Bilder, in denen Steppenreiter die Reiche der Seßhaften überfallen. Die Osmanen griffen unbewußt zu einer bewährten byzantinischen Strategie, als sie noch »barbarischere« und »wildere« Steppenreiter, die Noghaier, in die Schlacht warfen. Als mehr und mehr Noghaier sich in die Reihen der Tataren eingliederten, um gemeinsam mit ihnen zu kämpfen, setzte Rußland gegen die Tataren wieder andere »Barbaren«, die mongolischen und buddhistischen kalmückischen Reiter, ein.

Eingeschlossen zwischen dem russischen und dem osmanischen Koloß konnte die kleine Krim nicht überleben und wurde 1783 von Rußland unter Potemkin annektiert. Wie in China war es die von den Reitern verachtete Artillerie, die die Erben der Nomadenreiche endgültig besiegte.

Zeugnisse der Osmanenherrschaft in Europa: links: eine Festung in Griechenland, genannt »Die Große«. Unten: Minarette auf Rhodos. Rechts: Brücke und Minarette von Mostar (Jugoslawien).

Alte und neue Gegner

Europa hat verschiedene Kämpfer gegen die Gefahr des osmanischen Islam aufgeboten. Manche von ihnen traten nacheinander auf den Plan, als wollten sie sich in einem erschöpfenden Kampf abwechseln; andere gingen gemeinsam vor und unterstützten sich mehr oder weniger loyal. Venedig, einer der ältesten Gegner, hatte sein Handelsimperium, dessen Charakter eine besonders wachsame Politik erforderte, zu verteidigen. Die venezianische Flotte konnte lange Zeit ihre technische Überlegenheit aufrechterhalten, bis die Osmanen dank einer außergewöhnlichen organisatorischen Anstrengung die Situation zu ändern vermochten. Die *Aqïndschï*, die neuen *Ghazis*, konnten in einem Krieg, der von 1463 bis 1479 dauerte, auf dem Festland bis in Sichtweite Venedigs vordringen, und die Serenissima mußte der Zahlung eines Tributs zustimmen. Bajezid II. ließ für die Aktionen der neuen *Ghazis* des Meeres die Flotte so lange ausbauen, bis sie den gleichen Standard wie die Venedigs erreicht hatte. Mit Sicherheit ließen sie sich dabei von Europäern helfen und übernahmen die venezianische Technik, denn ihr seefahrerischer Wortschatz ist von zahlreichen italienischen Ausdrücken durchsetzt. Beurteilungen des Osmanischen Reiches sollten übrigens immer dessen übernationalen Charakter berücksichtigen, statt von unseren heutigen nationalen Gegebenheiten auszugehen.

Im 16. Jahrhundert traten auch der vorherrschenden Handelsmacht Venedig neue Widersacher entgegen. 1559 gewährt Süleiman der Prächtige König Franz I. von Frankreich dank ihres Bündnisses, eine Kapitulation, über die bereits seit 1536 verhandelt worden war und die Frankreich Handelsprivilegien einräumte. Die osmanische Flotte schien unter Süleiman dem Prächtigen unschlagbar geworden zu sein. Obwohl die Schlacht bei Preveza 1538 keine entscheidende war, kam dem Sieg der Osmanen große psychologische Bedeutung zu, da es ihnen gelungen war, eine Koalition Habsburgs mit Venedig und dem Papst hinzuhalten. Eine ähnliche psychologische Bedeutung kam der Schlacht von Lepanto 1571 zu, in der die angeblich unbesiegbare osmanische Flotte vernichtet wurde. Sie konnte jedoch in so kurzer Zeit wieder aufgebaut werden, daß Don Juan d'Austria, der Anführer der bei Lepanto siegreichen Flotte der Verbündeten, 1572 darauf verzichtete, erneut die Initiative zu ergreifen. Die Osmanen hatten 1571 Venedig Zypern entreißen können und damit letzlich das Ziel ihres Seegefechts erreicht. Rhodos war ebenfalls gefallen, aber Malta, wohin die Johanniter übersiedelt waren, konnte im Jahr 1565 erfolgreich verteidigt werden. Von den großen Inseln des östlichen Mittelmeeres war nur noch Kreta übriggeblieben; aber 1669, nachdem sie 22 Jahre lang erfolgreich alle Angriffe abgewehrt hatten, mußten die Venezianer, die mit Sicherheit nicht die Zuneigung der einheimischen Bevölkerung hatten erwerben können, auch ihre Herrschaft über Kreta abtreten. Da die Osmanen einer regelrechten gesamteuropäischen Koalition gegenübergestanden hatten, waren der organisatorische Aufwand dieser Eroberung und die damit verbundenen Kosten derartig hoch, daß sie nicht unerheblich zum Niedergang der osmanischen Macht beitrugen. Die Machtverhältnisse sollten lange Zeit so bleiben wie unter der Regierung Süleimans des Prächtigen, weshalb man eher von einem Stillstand als von einem Niedergang sprechen

Oben: das Gebiet der osmanischen Expansion in Südosteuropa mit den Daten der Eroberung einiger Städte und den wichtigsten Schlachten.
Rechts unten: die Belagerung von Wien 1683 durch den Großwesir Merzifonlu Qara Mustafa Pascha und die darauffolgende Schlacht, in der die vom polnischen König Johann Sobieski und dem Herzog Karl von Lothringen geführten Kaiserlichen die Türken besiegten.

sollte. Das beweisen auch die Feldzüge in Europa, die mit einem großen Materialaufwand vorbereitet wurden. Die Gegner machten Fortschritte und konnten ihre materielle Macht ausdehnen, da Veränderung ein unerläßliches Element ihrer Kultur war.

Nach Süleiman dem Prächtigen versuchte der Großwesir Sokollu Mehmed Pascha, ein Bosnier, der über die *Dewschirme* in den Palast gekommen und dort erzogen worden war und einer der bedeutendsten Staatsmänner wurde, die Ordnung aufrechtzuerhalten und die Funktionsfähigkeit der staatlichen Einrichtungen zu gewährleisten. Köprülü Mehmed Pascha, der Gründer einer »Dynastie« von Großwesiren, der von 1656 bis 1710 »regierte«, sollte ähnlich vorgehen. Oberstes Ziel war immer noch die Aufrechterhaltung des »Gleichheitskreises«, also des Gleichgewichts zwischen den gesellschaftlichen Klassen. Dieses Ideal unterschied sich nicht nur von dem der Feinde, es lief diesem sogar zuwider. Arnold J. Toynbee zitiert einen Brief, den der chinesische Kaiser Ch'ien Lung 1793 einem Gesandten König Georgs III. von England mitgab, in dem es heißt: »Bei der Regierung der weiten Welt habe ich nur ein Ziel, nämlich eine vollkommene Regierung aufrechtzuerhalten und den Staatsaufgaben zu genügen. Fremdartige und teure Gegenstände interessieren mich nicht.« Er war der Meinung, es sei nicht möglich, die chinesische Kultur nach England zu verpflanzen – was für ihn der einzig vernünftige Grund für die Reise des englischen Abgesandten gewesen wäre! Die Osmanen der damaligen Zeit hatten zwar den Wert der fremdartigen und kostspieligen Erfindungen begriffen, konnten sie aber nur bis zu einer bestimmten Grenze selbst übernehmen. Da sie ihren Staat auf den Prinzipien des islamischen Glaubens aufgebaut hatten und ihre Gesellschaft sich an diese Traditionen gebunden fühlte, konnten sie Technologien, die aus einer anderen Lebensauffassung heraus entwickelt worden waren, nur bedingt übernehmen. Hätten sie sich dieses technische Wissen angeeignet, wäre der Sieg für sie erreichbar geworden; zur Verteidigung der islamischen Welt hätten sie sich aber eines Mittels bedient, das importiert und dieser Welt fremd gewesen wäre.

1618 brach im christlichen Europa der Dreißigjährige Krieg aus, jene schreckliche Epoche, der die Osmanen an der europäischen Front eine Periode verhältnismäßiger Ruhe verdankten. Der Preis für diese Ruhepause war allerdings hoch, denn die Osmanen hatten an den Neuerungen, die diese »Schule des Krieges« hervorbrachte, keinen Anteil. Die Kriegführung wurde immer mehr zu einer Frage der Technik, zu einer säkularisierten Tätigkeit selbst da, wo man auch weiterhin von Kreuzzügen sprach. Die Feuerwaffen wurden immer massiver zum Einsatz gebracht, die Karrees der Pikeniere, die gegen die Kavallerie antraten, wurden immer beweglicher, und selbst die Kavallerie spezialisierte sich derart, daß die gesamte Heeresmasse größeren Zusammenhalt gewann und leichter lenkbar wurde. Die Osmanen dagegen

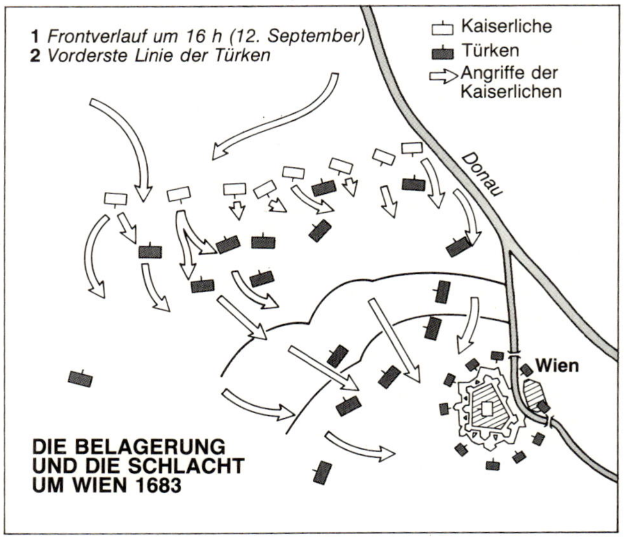

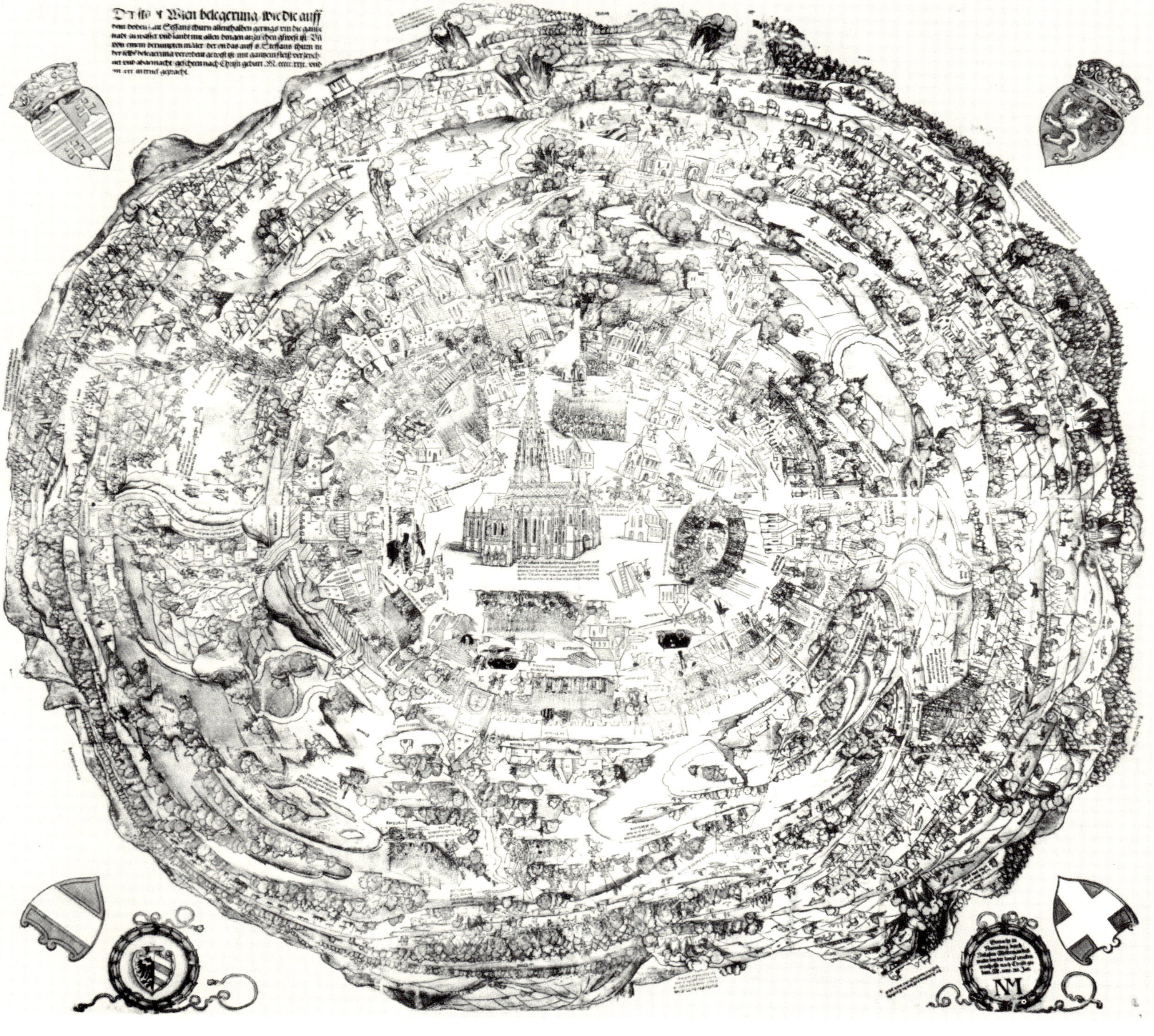

Die Belagerung Wiens durch die Türken, Holzschnitt von Niklas Meldemann. Es handelt sich um die erste Belagerung Wiens, die von Süleiman I., dem Prächtigen, vom 26. September bis zum 16. Oktober 1529 geleitet wurde. Zu diesem Zeitpunkt erscheinen die Türken noch absolut unbesiegbar. Paolo Giovio schrieb damals in seinen Commentari delle cose dei Turchi *(1531): »Ihre Disziplin beim Waffendienst geht auf ein Gerechtigkeitsempfinden und eine Strenge zurück, die die der alten Römer übertreffen. Aus drei Gründen sind sie unseren Soldaten überlegen: Sie gehorchen ihren Führern blind, sorgen sich in der Schlacht nicht um ihr Leben, halten es lange ohne Brot und Wein aus und begnügen sich mit Gerste und Wasser.«*

kämpften weiterhin mit traditionellen Methoden, und ihre bevorzugte Waffe blieb der Säbel.
Der Großwesir Köprülü Fazïl Ahmed Pascha griff 1663 noch einmal Europa an, als sei die Epoche, in der Süleiman der Prächtige gegen den »Roten Apfel« von Wien marschiert war, wiedergekehrt. Wie früher nahmen an dem Feldzug christliche und tatarische Vasallen teil, und die Osmanen traten als Befreier der armen Leute auf, diesmal, um sie vom habsburgischen Joch zu erlösen. Aber 1664 konnte Raimund Montecuccoli seine taktische und strategische Überlegenheit unter Beweis stellen, indem er die neue Invasion zum Stehen brachte. Mit dem größten Sieg, den die Christen bis dahin in offener Feldschlacht erringen konnten, schlug er die Osmanen in der Schlacht von St. Gotthard an der Raab.
Trotz ihrer antiquierten Methoden blieben die Osmanen das Schreckgespenst der Christenheit und erreichten 1676 auf Kosten Polens ihre größte Ausdehnung auf europäischem Boden. Im Frieden von Zórawno (am Dnjestr) wurden ihnen die östliche Ukraine und Podolien zugesprochen. Montecuccoli schreibt in seinen MEMORIE: »Ich habe viele Türken gesehen, sei es, erschlagen durch die Christen auf dem Felde, sei es, bezwungen hinter den eroberten Palisaden, wie sie sich, auch vor der Übergabe, eigensinnig töten und verbrennen ließen. Ich habe sie vor Zrincovahr erlebt, wie sie bei voller Mittagshitze auf Posten standen, nur durch ihre Schilde geschützt. Keinen Schritt wichen sie zurück, noch verlangsamten sie ihr Werk durch den Tod so vieler, die, einer nach dem anderen von unseren Schlägen getroffen, fielen. Ich habe gesehen, wie sie sich mit dem Säbel im Mund zweimal auf die Mauern stürzten und einmal gegen die Raab, um vor unseren Augen schwimmend überzusetzen ... In der Befolgung ihrer Gesetze, der Anweisungen, in Schlafsälen gemeinsam zu leben, des Stillschweigens, der Gebete usw. sind sie äußerst gehorsam, ebenso gegenüber ihren Offizieren und in der Schnelligkeit, Befehle auszuführen. Im Essen sind sie mäßig, im Wassertrinken sparsam und damit zufrieden, einmal am Tag Reis und Hammelfleisch zu essen.«
Solche Kämpfer standen auch noch 1683 zur Verfügung, als der Großwesir Qara Mustafa Pascha, der in seiner Jugend vom großen Köprülü Mehmed erzogen worden war, als zweiter nach Süleiman dem Prächtigen vor die Tore Wiens zog. Qara Mustafa behauptete, er wolle nach der Eroberung der Stadt den Rhein hinaufziehen, um den König von Frankreich, Ludwig XIV., zu besiegen und dann nach Rom weiterziehen, wo er aus Sankt Peter einen Stall für die türkischen Pferde machen wollte. Da sich im Herzen Europas die

Rechts: Die Belagerung Wiens von 1529 auf einer türkischen Miniatur aus dem HÜNERNAME *(»Buch der Fähigkeiten«). Auf der einen Seite die Befestigungsanlagen der Stadt, auf der anderen längs der Donau Artillerie und Feldlager der Türken, In dem Zelt im Vordergrund hält Süleiman Kriegsrat ab. Er entschließt sich danach, die Belagerung aufzuheben und die Winterquartiere aufzusuchen.*
Oben: Die Belagerung Wiens 1683, gesehen von abendländischer Seite, auf einem Gemälde des Wiener Zeughauses. Auf der rechten Seite oben: Darstellung einer Prophezeiung über das Ende des Türkischen Reiches, die im 16. Jahrhundert in Europa verbreitet war: Der Großtürke wird den »Roten Apfel« erobern, und danach »wird das Schwert der Christen erscheinen, das den Türken in die Flucht schlagen wird!« (Aus der HISTOIRE GÉNÉRALE DES TURCS)

Rechts: *Graf Marsigli passiert die Türken durchs Sieb, um sie zu untersuchen, aus dem* STATO MILITARE DELL'IMPERIO OTTOMANO, INCREMENTO E DECREMENTO DEL MEDESIMO *(1723) des Bolognesers Luigi Ferdinando Marsigli, eines wissenschaftlich gebildeten Reisenden und kaiserlichen Soldaten. Unten: Die Türken ergeben sich dem Prinzen Eugen nach der Belagerung von Belgrad (1717). Im Jahr danach wird der Friede von Passarowitz abgeschlossen. Die Kräfteverhältnisse haben sich verändert, und das Osmanische Reich beginnt einen langwährenden Niedergang.*

Umstände der Eroberung Konstantinopels zu wiederholen drohten, flohen nicht nur die Bürger aus Wien, sondern auch der Kaiser. Der König von Frankreich, der sich einem vergleichbaren Vorstoß Köprülü Fazïl Ahmeds entgegengestellt hatte, versuchte nunmehr im Rahmen seiner antihabsburgischen Politik, dem Kaiser seine möglichen Verbündeten abspenstig zu machen. Wie immer zogen mit den Osmanen auch christliche Truppen; aus Siebenbürgen unter Michael Apafi, aus Ungarn unter dem Patrioten Imre Thököly und aus der Moldau und der Walachei. Daß Qara Mustafa überhaupt besiegt wurde, war allein dem Eingreifen Karls von Lothringen und Johann Sobieskis, der nach den Worten von Papst Innozenz' XI. das »Bollwerk der Christenheit« war, zu verdanken. Zur Strafe für seine Niederlage ließ der Sultan Qara Mustafa erdrosseln, wodurch er den einzigen Menschen verlor, der in der Lage gewesen wäre, einen neuerlichen Rachefeldzug gegen die Christen zu leiten.

Ein anderer großer Feldherr, Eugen von Savoyen, sollte beweisen, welche Rolle ein genialer Befehlshaber spielen konnte, wenn er die modernsten Kriegstechniken beherrschte. In der Schlacht an der Zenta (1697) gelang es ihm, das osmanische Heer, das gerade mit Transportproblemen kämpfte, beim Übergang über die Theiß zu überraschen. Die Truppen Prinz Eugens, deren eigene Verluste lächerlich gering blieben, gewährten kein Pardon, sondern lieferten ein wahres Gemetzel, ein vollendetes Beispiel für rationale Kriegführung. Zwanzigtausend Osmanen wurden getötet, 10000 ertranken und nur wenige tausend konnten entkommen. Unter den Toten befanden sich der Großwesir und viele hohe osmanische Würdenträger. Auch bei Peterwardein 1716, als die Janitscharen bereits kurz vor dem Sieg standen, gelang es Prinz Eugen, das Kriegsglück noch einmal zu wenden; und auch diesmal fiel der Großwesir, nachdem er sich in einem letzten Angriff an die Spitze der Reiterei gesetzt hatte. Die Janitscharen hätten jedoch allenfalls noch eine Schlacht gewinnen können, denn die Machtverhältnisse in Europa hatten sich damals bereits für immer verschoben.

Der Frieden von Karlowitz 1699 wurde zu einer bedeutenden Wendemarke in der Geschichte Europas: Nach der Eroberung Ungarns stand Österreich kurz davor, auf dem Balkan einzudringen, und auch ein anderer gefährlicher Feind kündigte sich bereits an – Rußland. Wir haben diesen Gegner der Osmanen bereits im Kampf um die Nachfolge der Goldenen Horde kennengelernt; nun suchte er unter Peter dem Großen, der sich zum Verteidiger der östlichen Christenheit aufgeworfen hatte, neue Erfolge zu erringen. Den Osmanen gelang es jedoch, die russischen Truppen am Pruth einzuschließen, und der Zar konnte möglicherweise nur deshalb der Gefangenschaft entgehen, weil der Großwesir sich hatte bestechen lassen – was unter einem Sokollu oder Köprülü unmöglich gewesen wäre.

Noch im Krieg von 1736 bis 1739 konnten sich die Osmanen gegen Österreich und Rußland behaupten, was beweist, daß dieses Imperium kurz vor seinem endgültigen Niedergang noch über eine verblüffende Lebenskraft verfügte. Im weiteren Verlauf des 18. Jahrhunderts wurden die Osmanen von den verschiedenen europäischen Staaten immer mehr als Werkzeug benutzt. Während die einen das Osmanische Reich im Interesse des europäischen Gleichgewichts erhalten wollten, planten andere seine Aufteilung, und Katharina die Große griff sogar einen alten Traum wieder auf und entwarf den »Großen Plan« der Wiedererrichtung eines Griechischen Kaiserreiches unter der Führung ihres Neffen. Der Vertrag von Kütschük Kainardscha 1774 gestattete Rußland, einen sicheren Stützpunkt am Schwarzen Meer zu erwerben, und lieferte ihm gleichzeitig einen Vorwand, sich zur Schutzmacht für die christlichen Völker unter osmanischer Herrschaft zu erheben. Andererseits wurde zum erstenmal in einem internationalen Vertrag den Osmanen die religiöse Autorität des Sultan-Kalifen zugestanden, der im italienischen Vertragstext als »supremo califfo maomettano« bezeichnet wurde.

Die Frage der Anerkennung der geistigen Autorität des Zaren und des Sultans über ihren territorialen Machtbereich hinaus sollte neben anderen Gründen Anlaß für die folgenden Kriege werden. Rußland unterlief in dieser Frage ein politischer Irrtum, ähnlich dem Italiens, das nach dem Libyenkrieg von 1911/1912 die geistige Autorität des osmanischen Kalifen anerkannte und erlaubte, daß sein Name während des Freitagsgebets in der Moschee genannt wurde; tatsächlich hatte es mit diesem Akt die politische Macht des Kalifen anerkannt.

Zu den politischen und militärischen Ereignissen traten wirtschaftliche und soziale Veränderungen, die unser Bild von der osmanischen »Dekadenz« abrunden. Was wir aber heute aufgrund unserer Kenntnis der Vergangenheit mit sicherem Urteil konstatieren, konnte für den zeitgenössischen Beobachter keineswegs als gesichert gelten: Noch zu Beginn des 18. Jahrhunderts hegte man durchaus Zweifel am Niedergang des Osmanischen Reiches. Zwar hatten die Osmanen seit dem 16. Jahrhundert selbst eine Krise wahrgenommen und versucht, sie zu erklären und Abhilfe zu schaffen, heute können wir aber erkennen, daß es für diese Krise viele und komplexe Ursachen gab: Der ständige Bevölkerungszuwachs führte im letzten Jahrzehnt des 16. Jahrhunderts im gesamten Mittelmeerraum zu einem Rückschlag gegenüber der bisherigen Entwicklung. Eine ständig wachsende Inflation erschütterte die Grundwährung des Reiches, den silbernen *Aqtsche* (»Weißling«). Diese Finanzkrise provozierte ihrerseits wiederum Aufstände unter den Janitscharen und beim Volk von Istanbul. Als Vasco da Gama das Kap der Guten Hoffnung umsegelte, schürte das die Krise noch weiter, obwohl die Folgen erst richtig spürbar wurden, nachdem die aktiveren Holländer und Engländer den Platz der Portugiesen eingenommen hatten.

Wir haben bereits angedeutet, daß es den Osmanen Schwierigkeiten bereitete, die Grenzen ihres Staates über einen bestimmten Bereich hinaus auszudehnen. Süleiman der Prächtige hatte 1529 beinahe fünf Monate, vom 10. Mai bis zum 26. September, benötigt, um bis nach Wien vorzudringen, so daß ihm für die Eroberung der Stadt nur ein einziger Monat zur Verfügung stand. Da die *Sipahis* nicht allzulange von ihren *Timar*-Gütern fernbleiben konnten, mußte man ein Berufsheer aufbauen, dessen Unterhalt die örtlichen Finanzkassen schwer belastete; so wuchsen die Janitscharen von wenigen Tausend auf 50000 Mann Ende des 19. Jahrhunderts an. In der ersten Hälfte des 17. Jahrhunderts wurde die »Knabenlese« (*Dewschirme*) abgeschafft und der Dienst im Janitscharenkorps beinahe erblich. Mit der Möglichkeit zu heiraten und lukrative Tätigkeiten auszuüben wurde das Korps endgültig seines ursprünglichen Wesens beraubt. In zunehmendem Maße wurde daraus eine Organisation, die lediglich darauf ausgerichtet war, durch Übergriffe die Privilegien ihrer Mitglieder zu verteidigen. Vom 16. bis zum 18. Jahrhundert wurden allmählich alle Grundlagen staatlicher Organisation von der Krise erfaßt. So hatte die Vergabe von Lehen an die *Sipahis* ursprünglich das zweifache Ziel, sowohl dem Heer als auch der Provinzverwaltung eine stabile Grundstruktur zu liefern. Solange die Zentralmacht stark und funktionsfähig gewesen war, hatten Staatsländereien vorgeherrscht; nun entstand aus den Lehensgütern privater Großgrundbesitz (*Tschiftlik*). Die Provinznotabeln, Personen, die aus allen sozialen Schichten stammten (Christen wie Muslime), übernahmen Verwaltungsaufgaben oder besorgten die Steuereintreibung. Der Weg wurde frei für neue Normen der Ausbeutung, und es entstand ein Wirtschaftssystem, das sowohl nach innen wie auch im Außenhandel auf die Erwirtschaftung von Höchstgewinnen ausgerichtet war. Seit dem 18. Jahrhundert finden sich unter diesen Neureichen die begütertsten Landbesitzer, die *A^{c}jan*, die zuweilen ihren eigenen Staat im Staate schufen. Die Regierung war nur noch in der Lage, die geschaffenen Tatsachen abzusegnen. Ende des 18. Jahrhunderts waren Osman Paswanoghlu, der Pascha von Vidin, und Ali von Tepelen, der Pascha von Janina, für den Sultan sogar zu einer ernsten Bedrohung geworden. Ali von Tepelen konnte besiegt werden, während sich der Pascha von Vidin schließlich doch in die staatliche Organisation fügte. Die Klasse der *Askeri* (»Militärs«) war in wachsendem Maße von Korruption gekennzeichnet, und zu bestimmten Zeiten versuchten auch die höfischen Kreise Einfluß auf die Staatsgeschäfte zu gewinnen. Diese Tendenzen wurden nicht zuletzt durch die Methoden

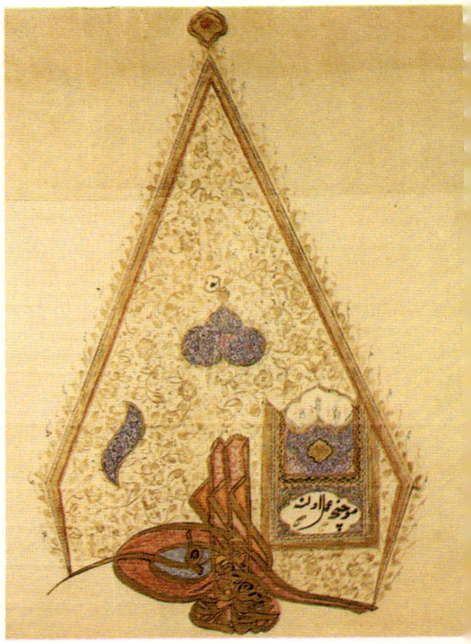

Ein Reisender des 16. Jahrhunderts berichtet, daß der osmanische Großherr »keine in Silber oder anders geschnittene Siegel verwendet, wie es bei uns üblich ist, sondern seine Unterschrift oder sein Zeichen nur mit der Feder macht«. Jede offizielle Urkunde, die die kaiserliche Kanzlei herausgab, erhielt diese »Unterschrift«, genannt Tughra, *die von geschickten Kalligraphen ausgeführt wurde. Auf der rechten Seite links oben: die* Tughra *Murads III. Darauf steht geschrieben:* Murad schah ibn Selim schah chan el-muzaffer da'ima. *(›Murad Schah, Sohn des Schahs und Chans Selim, der immer Siegreiche.‹) Abgesehen von den Namen blieben die Bestandteile und die Struktur gleich. Unter Mahmud I. (rechte Seite links unten) erhält zum erstenmal der regierende Sultan den Titel* Chan. *Ebenfalls auf der rechten Seite links in der Mitte und oben: zwei* Tughras *des unglücklichen Reformers Selim III. Nebenstehende Seite rechts: die* Tughra *des erfolgreicheren Mahmud II.*

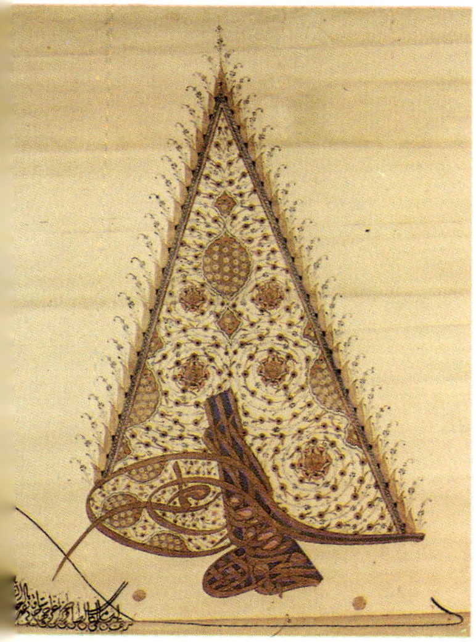

unterstützt, mittels derer man inzwischen im Hause Osman die Erbfolge zu regeln suchte. Nach der Schlacht von Kosovo hatte Bajezid I. seinen Bruder Jakub ermorden lassen, weil er bei der Truppe zu hohes Ansehen genoß. Da eine genaue Regelung der Erbfolge fehlte, kam es soweit, daß über das Erbe in einem regelrechten Kampf um Leben und Tod entschieden wurde. Daß nur der Stärkere überleben konnte, wurde dann als Gottesurteil empfunden. Die Prinzen bereiteten sich auf diesen Kampf in den Städten Anatoliens vor, wo jeder seinen eigenen Hof hielt, der jeweils dem in Istanbul nachgebildet war – man betrachtete dies als die beste Vorbereitung auf die Regierungsgeschäfte. Seit dem Ende des 16. Jahrhunderts, als diese Einrichtung abgeschafft wurde, führten die Prinzen das Leben von Gefangenen. Eingeschlossen in den *Qafes*, den Käfig, eine besondere Abteilung des Harems, verbrachten sie Jahre ihres Lebens in Ungewißheit über ihre Zukunft. Mit der Zeit wurde auch die Tradition des Brudermordes abgebaut, die Durchsetzung menschlicher Prinzipien in der Erbfolge sollte jedoch für dieses Reich, das völlig von der Dynastie Osmans abhing, katastrophale Folgen haben. Schließlich wirkte sich auch die explosionsartige Entwicklung des Handels in den abendländischen Staaten negativ auf die Geschicke der osmanischen Herrschaft aus. Bereits im 15. Jahrhundert, als die »Franken« (Westeuropäer) Mehmed dem Eroberer fränkische Stoffe als Geschenk übersandten, merkte der große türkische Dichter Zentralasiens, Mir Ali Schir Newai an, die »Franken« hätten mit ihren Stoffen begonnen, die islamische Welt auszuplündern.

Diese Behauptung wurde mit der Zeit immer zutreffender. Im Zuge ihrer kapitalistischen Entwicklung wußten die abendländischen Nationen sich die Vorherrschaft im Seehandel zu sichern und trugen dazu bei, die Entstehung des Kapitalismus in der islamischen Welt zu verhindern. Die Anhäufung von Reichtümern aus reinem Selbstzweck war im osmanischen Wirtschaftssystem nicht besonders hoch angesehen. Die wesentliche Aufgabe des regierenden Herrschers bestand vielmehr in der Kontrolle über die Preise und in der Überwachung der Qualität der Waren. Die mächtigen Zünfte, die sich an die Ideale der *Fütüwwet* gebunden fühlten, handelten in diesem Sinne. Produziert werden sollte immer nur soviel, als zum Leben erforderlich war. Diese Prinzipien, die von den *Ulema* unterstützt wurden und der »modernen Welt« zuwiderliefen, verhinderten die Entwicklung industrieller Produktionsmethoden. Nur diejenigen Kaufleute, die sich dem Außenhandel widmeten, waren solchen Einschränkungen nicht unterworfen und konnten große Reichtümer anhäufen.

Es sei außerdem darauf hingewiesen, daß, außer einigen wenigen Türken, vor allem griechische, armenische und jüdische Kaufleute den Handel mit Europa, der schließlich vorherrschend wurde, betrieben. Aber auch dann verhinderte die abendländische Überlegenheit im Mittelmeerhandel die Entstehung eines eigenen orientalischen Kapitalismus. Die osmanische Regierung begünstigte Importe, vernachlässigte aber den Export und setzte diese Politik auch dann noch fort, als die Krise sich abzeichnete. Ein Staat, der im wesentlichen darauf abgestellt war, seinen Bürgern die lebensnotwendigen Güter zur Verfügung zu stellen, konnte diese Krise nicht bewältigen. Verglichen mit anderen Staaten verfolgte das Osmanische Reich gegenüber den abendländischen Kaufleuten eine denkbar freundliche Politik, aber gerade diese Kaufleute und die europäischen Staaten insgesamt sollten in erheblichem Ausmaß die wirtschaftlichen Schwierigkeiten des Reiches mit hervorbringen. So führten abendländische Kaufleute gefälschte osmanische oder beschädigte westliche Münzen, die einen geringeren Wert hatten, ins Osmanische Reich ein. Die Staaten des Westens verstärkten zwar ihren wirtschaftlichen Druck, die Gesellschaft veränderte sich aber vor allem im Inneren und zu einem großen Teil aufgrund einer eigenen inneren Dynamik.

Reis und Papier

Landwirtschaft und Handwerk

Im 16. Jahrhundert ließ Sultan Murad III. für den Uhrmacher und Astronomen Taqi ed-Din in Istanbul eine Sternwarte erbauen. Die zeitgenössische türkische Miniatur (links) aus einem SCHAHENSCHAHINAME *(Buch des Königs der Könige) zeigt die wissenschaftliche Arbeit in dieser Sternwarte: Taqi ed-Din ist vermutlich der Astronom hinter der Bank, der in der linken Hand ein Astrolabium hält. Unter den Wissenschaften gehört die Astronomie vielleicht zu denjenigen Gebieten, auf denen der islamische Beitrag am bedeutendsten war. Die zahlreichen Beobachtungen in der Positionsastronomie, die die Araber auf dem Hintergrund der klassischen ptolemäischen Tradition im Mittelalter gesammelt hatten (die erste islamische Sternwarte geht auf die Zeit des Abbasidenkalifen al-Ma'mun [813–833] zurück), wurden zu einer der Grundlagen für die astronomische Revolution Kopernikus' und Keplers. Auch die islamischen Leistungen in der Vervollkommnung des Gebrauchs von nicht-optischen Beobachtungsinstrumenten (d. h. ohne Linsen) sind durch die Verfeinerung der Methoden bedeutend. Man hat unter anderem interessante Übereinstimmungen zwischen den von Taqi ed-Din beschriebenen Instrumenten und denen des berühmten dänischen Astronomen Tycho Brahe festgestellt.*

In den vorangegangenen Kapiteln haben wir die jahrhundertelange Präsenz der Muslime in Europa mit ihren militärischen und politischen Auswirkungen nachgezeichnet. Diese teils kriegerischen, teils friedlichen Begegnungen führten aber auch in weitesten Bereichen zum Austausch materieller und geistiger Errungenschaften. Als die islamische Kultur in weiten Teilen der damaligen Welt auf den Plan trat und ungestüm expandierte, änderten sich auch in wichtigen Bereichen Leben und Denken des Abendlandes. Aus religiöser Sicht blieb der Islam zwar der Hauptfeind, den man um so mehr fürchtete, je weniger man ihn kannte, es steht jedoch außer Zweifel, daß die Europäer andere Aspekte der muslimischen Welt als Ausdruck einer fortgeschrittenen und verfeinerten Kultur, die der abendländischen geistig und technologisch überlegen war, anerkannten. So wurde das große Erbe der antiken Welt sowohl im Westen wie im Osten von der arabischen Kultur aufgenommen, neu überdacht und dann in einer großen Synthese verschmolzen, die in den anderen Kulturen zwangsläufig tiefe Spuren hinterlassen mußte. Die These, wonach der islamischen Zivilisation lediglich eine Vermittlerrolle zugekommen sei, berücksichtigt nur die halbe Wahrheit, wohingegen die Auffassung, die Muslime seien in verschiedensten Bereichen die eigentlichen und ersten Entdecker gewesen, ihre Verdienste zu hoch bewertet.

Im Gegensatz zu ihren wissenschaftlichen und philosophischen Leistungen wurde ihr Beitrag zur materiellen Produktion bis heute zu wenig beachtet. Im Zuge ihrer Expansion auf europäischem Boden führten die Muslime aber neuartige Methoden und Erzeugnisse ein und entwickelten bekannte Techniken weiter und vervollkommneten sie: Dies galt sowohl für die Landwirtschaft als auch für die Textilproduktion, die Tierzucht und die Verwendung bestimmter Gewürze und Speisen. Ihre Fähigkeit zur Synthese erlaubte es der islamischen Welt, sowohl im Fernen Osten wie im fernen Westen die bedeutendsten Errungenschaften der antiken Kulturen zu adaptieren. Indem sie ihre eigenen Kenntnisse und Methoden hinzufügten, schufen sie eine harmonische und vollendete Symbiose.

Der bedeutendste Beitrag im Bereich der materiellen Produktion war sicher die Einführung neuer landwirtschaftlicher Techniken und Produkte. Die Araber der Wüste hatten im Kampf gegen die Härten ihres Klimas besondere Bewässerungstechniken entwickelt, die, sobald der Islam mit den Kulturen Mesopotamiens und Persiens in Berührung kam, vervollkommnet wurden. Auf die Bewässerungskultur nahmen die Muslime den spürbarsten Einfluß und veränderten damit nicht nur die Wirtschaft, sondern bisweilen auch das Landschaftsbild weiter Teile des Mittelmeerraumes. Wir wissen zum Beispiel, daß es im römischen und westgotischen Spanien zwar Bewässerungskulturen gab und daß die Muslime diese hydraulischen Systeme übernahmen, wir wissen aber auch, daß sie sie mit der perfekten Technik, die sie aus Asien übernommen hatten, ausbauten. *Acequias*, der Name der Rinnsale, die unter Ausnutzung des Höhenunterschiedes zur Bewässerung auf die Felder hinabflossen, weist bereits auf deren arabischen Ursprung (*as-Sâqija*) hin. Die *Noria* (ein Begriff den wir im Spanischen, Italienischen und Französischen finden), eine ausgefeilte mechanische Vorrichtung zum Heben des Wassers, ist nichts anderes als die von den Arabern eingeführte *Nâᶜûra*. Die sogenannte Regenfeldwirtschaft (die Araber nennen sie *Baᶜl*) scheinen die Araber nach ihrer Ankunft nicht verändert zu haben. Das heißt jedoch nicht, daß sie diese Form der Bewirtschaftung vernachlässigt hätten, denn sowohl in Spanien als auch in Sizilien wurde der Getreideanbau, insbesondere der Anbau von Weizen, auch unter muslimischer Herrschaft im großen Umfang weitergeführt. Der Olivenanbau, der in Spanien bereits vor der islamischen Eroberung betrieben worden war, wurde von den Muslimen sogar merklich ausgedehnt: Das Öl aus der Gegend von Aljarafe (aus dem arabischen *asch-Scharaf*) war zu Recht wegen seiner Qualität geschätzt.

Vom 8. bis zum 11. Jahrhundert (grob gerechnet) tauchten in Europa bemerkenswert viele neue Kulturpflanzen auf. Einige dieser Pflanzen wurden zum zweitenmal eingeführt, da man sie bereits im Altertum angebaut hatte und sie deshalb bekannt waren. Mit dem Ende des Römischen Reiches verkümmerten viele dieser Kulturen allmählich oder verschwanden völlig aus Südeuropa, während sie in der islamischen Welt übernommen und weitergepflegt wurden. So fanden im ganzen Mittelmeergebiet der Spinat, Bananen, Zitronen und Orangen Verbreitung. Die Artischocke (ein arabisches Wort: *al-Charschûf*) wurde seit dem 11. Jahrhundert in Spanien angebaut und sollte in der Folgezeit in ganz Europa heimisch werden. Die Aprikose, die bereits im 1. Jahrhundert v. Chr. angebaut worden war, tauchte nach langer Abwesenheit wieder auf. Das aus Indien stammende Zuckerrohr ist für das 10. Jahrhundert sowohl in Sizilien als auch in Spanien bezeugt. Der Reis, der zunächst auch den Arabern unbekannt war, wurde zur selben Zeit als völlig neue Kulturpflanze in Europa eingeführt. Er kam aus Indien und Untermesopotamien und fand allmählich in Europa Verbreitung, zunächst durch die Araber in Spanien und in Italien, dann durch die Osmanen auf dem Balkan.

Eine weitere Neuerung, die die Muslime in Europa einführten, war die Verwendung bestimmter Gewürze, vor allem von Zimt, Muskat, Nelken, Kardamom, Safran und Ingwer. Die Ernährungsgewohnheiten und der Geschmack änderten sich dadurch derart, daß Maxime Rodinson im Mittelalter für Europa allgemein eine Neigung zum kulinarischen Exotismus feststellen konnte. In der damaligen europäischen Küche wurden mit Vorliebe zahlreiche »sarazenische« Brühen und Saucen »auf Sarazenenart« zubereitet, ein altes italienisches Kochbuch führt den *savore tartaresco perfettissimo* an, und nach den Mahlzeiten nahm man gerne Süßigkeiten zu sich, eine orientalische Gewohnheit, die sich ja bis auf den heutigen Tag erhalten hat. Welcher Wertschätzung sich die islamische Kochkunst erfreute, wird unter anderem dadurch belegt, daß Wilhelm II. von Sizilien sich einen muslimischen Küchenmeister hielt. Die Vorliebe für die arabische Küche blieb jedoch nicht nur auf die Fürstenhöfe beschränkt, denn sogar der hl. Bernhard sah sich veranlaßt, die allzu weltliche Hingabe an eine derartig verfeinerte Ernährungsweise zu verurteilen.

Im Gegensatz zu den Kulturpflanzen verursachte der Import neuer Tierarten keine revolutionären Veränderungen. Während der muslimischen Herrschaft lernte Europa als völlig neue Spezies lediglich das Kamel und den Büffel kennen. Das Kamel konnte in Europa nie wirklich heimisch werden, da es immer nur in geringer Zahl eingeführt und vor allem für militärische Zwecke verwendet wurde. Als starkes und sanftes Arbeitstier sollte der Büffel dagegen in der Landwirtschaft verhältnismäßig große Verbrei-

Das Wort »Noria«, das Rad zur Hebung von Wasser, kommt aus dem arabischen Nâʿûra. *Auch der Gegenstand wurde von den Arabern, welche die Bewässerungstechniken weiterentwickelten und ihren Gebrauch verbreiteten, eingeführt. Eine arabische »Noria« ist auf der Miniatur links unten dargestellt. Die Abbildung stammt aus einer spanischen oder marokkanischen Handschrift aus dem 13. Jahrhundert, die die tragische Liebesgeschichte von Bajad und Rijad schildert. Weitere Hinweise auf das Landleben im islamischen Spanien findet man auf mozarabischen Miniaturen. Oben: Heuernte und Weinlese, dazu eine Weinpresse; aus einer katalanischen mozarabischen Handschrift des 12. Jahrhunderts, der* EXPLANATIO IN DANIELEM *des hl. Hieronymus. Rechts: eine ungewöhnliche Methode, um auf eine Palme zu steigen. (Aus einer mozarabischen Apokalypse des 11. Jahrhunderts.)*

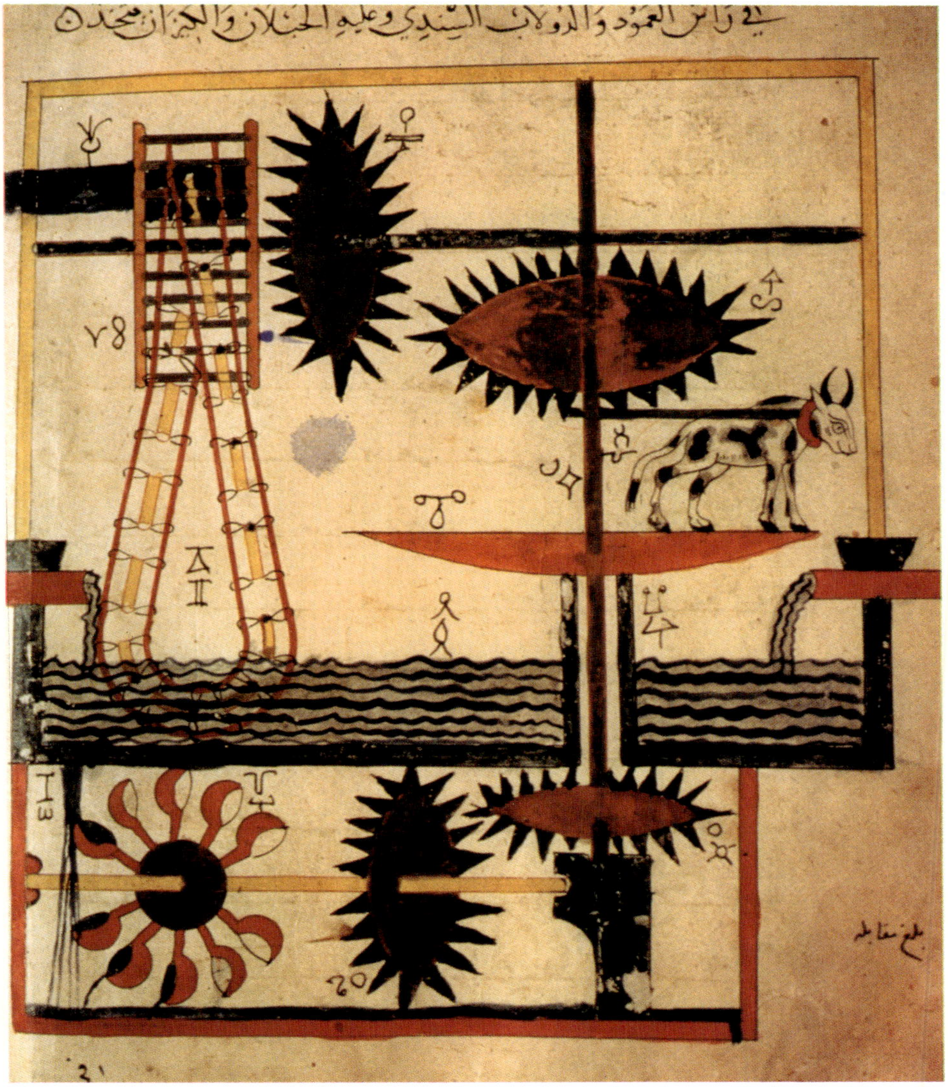

tung finden, obwohl ihn einige islamische zoologische Traktate für unruhig und schlaflos erklärten, weil er bisweilen von einem Wurm befallen wäre, der ihm das Gehirn zerfresse. Trotzdem wurde er im mittelalterlichen Europa, im Osten wie im Westen, ebenso häufig eingesetzt, wie in Indien, wo er herstammte. Andere Tiere wie Pferde oder Schafe waren im Abendland zwar bekannt, durch Kreuzung mit islamischen und speziell mit berberischen Tieren wurden jedoch neue Rassen gezüchtet, die den bisher bekannten oft überlegen waren: Man denke in diesem Zusammenhang nur an die reinrassigen Araberpferde oder an die Merinoschafe.

Die islamische Welt nahm jedoch nicht nur Einfluß auf die Nutzung der natürlichen Ressourcen, sondern in erheblichem Maße auch auf die Entwicklung von Industrie und Handwerk. Das bedeutendste europäische Zentrum für die Kunst der Glasverarbeitung verdankt seine Entstehung vermutlich der verfeinerten muslimischen Technik in diesem Handwerk. Im Bereich der Textilherstellung nahm die islamische Welt unbestritten eine Vorrangstellung ein: Die Teppichherstellung, die fortschrittliche Woll- und Leinenverarbeitung und die Einführung der Baumwolle in Europa (auch Kattun ist ein arabisches Wort: *Qutn*) sind nur einige Beispiele für die Leistungen des Islam in diesem Bereich. Höchstes Ansehen genossen im mittelalterlichen Abendland die Erzeugnisse des *Tirâz*, der Manufakturen der islamischen Fürstenhöfe. In Palermo übernahmen die Normannen die Manufaktur und erweiterten sie. Auf diese Weise sind uns einige erlesene Beispiele feinster Textilkunst erhalten geblieben. Lange bevor sie im übrigen Europa eingeführt wurde, lernte das muslimische Spanien bereits

In seinem AUTOMATEN *oder* BUCH DER KENNTNIS SINNREICHER VORRICHTUNGEN *zeigt al-Dschazari, indem er ein Schöpfrad, verschiedene Zahnradwerke und andere einfallsreiche Vorrichtungen kombiniert, dieses Beispiel eines komplizierten Apparates zur Hebung des Wassers. Die Energie liefert ein Tier, das auf einer kreisenden Plattform seine Runden dreht.*

Oben: eine mechanische Vorrichtung aus dem Buch der Kenntnis sinnreicher Vorrichtungen *des al-Dschazari. Rechts: eine mechanische Uhr in Form eines Elefanten.*

die Seide kennen. Nach einer legendenhaften Überlieferung soll sie der Astrologe und Dichter al-Ghazal 840 von einer diplomatischen Mission aus Konstantinopel mitgebracht haben.

Die bedeutendste Errungenschaft, die das Abendland im Hochmittelalter aus dem Orient empfing, ist jedoch wahrscheinlich das Papier, das der Chinese Ts'ai Lun im zweiten Jahrhundert erfunden haben soll. Chinesische Handwerker, vermutlich Kriegsgefangene, stellten es seit dem Ende des 8. Jahrhunderts regelmäßig in Samarkand her. 794/95 ließ der Wesir Harun ar-Raschids, Dscha'far, in Bagdad die ersten Papiermühlen bauen, und im 9. Jahrhundert führen die Aghlabiden das wertvolle Produkt in Nordafrika ein. Mitte des 10. Jahrhunderts hielt das Papier schließlich von dort aus seinen Einzug in Spanien. Die Epoche von Papyrus und Pergament war zu Ende gegangen, und mit der Aneignung des Papiers beginnt ein neuer Abschnitt in der Kulturgeschichte Europas.

Die Wissenschaften

Der Wissenschaftshistoriker Alexandre Koyré hat die antike wissenschaftliche Welt als eine Welt des »à peu près« entschieden von der Neuzeit als einer Welt der »Präzision« abgegrenzt. Wollte man dieser Definition folgen, würde man bei der Einordnung der wissenschaftlichen Leistungen des Islam in gewisse Verlegenheit geraten. Einerseits können die muslimischen Wissenschaftler als Vorläufer der »Präzision« gelten, andererseits verharrte die islamische Wissenschaft in mehrfacher Hinsicht auf einem »mittelalterlichen« Stand, wobei der Begriff »mittelalterlich« nicht unbedingt abwertend verstanden werden sollte. Für die Wissenschaften gilt das gleiche wie für den Beitrag der Araber zur Weiterentwicklung der materiellen Produktion. Hier wie dort trugen die Muslime die wissenschaftlichen Erkenntnisse der Antike zusammen, überdachten sie, faßten sie genauer und brachten sie in ein Gesamtsystem ein. Man sollte also die erfinderischen Fähigkeiten der islamischen Welt nicht überschätzen, aber auch nicht den Wert der originären wissenschaftlichen Beiträge, die der Islam erbracht hat, zu gering bemessen.

Nach Alessandro Bausani (auf dessen Werk wir uns im Folgenden mehrfach stützen) bestand der vielleicht wichtigste und originellste Aspekt der islamischen Wissenschaften darin, möglichst allen Bevölkerungsschichten wissenschaftliche Kenntnisse zu vermitteln. Dies geschah nicht durch die Popularisierung der Erkenntnisse – was in der muslimischen Welt undenkbar gewesen wäre –, sondern vor allem durch die Verbreitung der Schrift, die im Islam zweifellos weiter fortgeschritten war als in der Antike oder im Abendland des Mittelalters. So entstand jenes weitverbreitete und stabile Corpus wissenschaftlicher Erkenntnisse, das auf die europäische Kultur so starke Auswirkungen haben sollte. So wie die islamische Welt in ihren Anfängen ein riesiges Übersetzungs-

Das Buch der Kenntnis sinnreicher Vorrichtungen *von al-Dschazari (um 1206) enthält fünfzig mechanische Apparate, wie Wasseruhren und Fontänen. Einige davon sind von praktischem Nutzen, andere nur Spielereien, die aus der alexandrinischen Tradition herrühren. Der Text al-Dschazaris stellt den Höhepunkt einer langen Überlieferung von Schriften über Mechanik dar: »Dieser Zweig der Wissenschaft, der im Arabischen* Ilm al-hijal *genannt wurde, stand im Geiste des Muslimen immer in Verbindung mit den Geheimwissenschaften und der Zauberei, wie es auch der Ausdruck selbst zeigt, dessen Wurzel List oder Schlauheit bedeutet.« (Seyyed Hossein Nasr, Islamic Science, London 1976.) Rechts: zwei Miniaturen des 15. Jahrhunderts aus dem* Kitâb al-hajawân *(Buch der Tiere) des Dschahiz (9. Jahrhundert), der bekanntesten islamischen Tierkunde.*

werk aus dem Sanskrit, dem Mittelpersischen, dem Syrischen und dem Griechischen erstellt hatte, so fertigte man im mittelalterlichen Europa ein unübersehbares Werk an Rückübersetzungen aus dem Arabischen (oft auf dem Umweg über das Hebräische) und übersetzte auch die späteren arabischen Bearbeitungen. Spanien war das wichtigste Verbindungsglied für diese Art der Weiterverbreitung. Besonders verdienstvoll war die Arbeit der Übersetzerschule von Toledo mit ihrem berühmtesten Vertreter, Gerhard von Cremona (1114–1187). Aber auch Sizilien hatte einen, wenn auch geringeren, so doch keineswegs unbedeutenden Anteil an der Verbreitung islamischer Wissenschaften in Europa. Die normannischen und staufischen Herrscher, insbesondere Friedrich II., leisteten ebenfalls einen beachtlichen Beitrag.

Unter allen Wissenschaften weist die Astronomie zweifellos die deutlichsten Spuren des islamischen Einflusses auf. Um eine Vorstellung davon zu geben, was die Wissenschaft von den Gestirnen dem Islam verdankt, könnten wir hier eine lange Liste von astronomischen Fachausdrücken, von Sternennamen und Bezeichnungen von Instrumenten aufführen, deren arabische Herkunft bis heute erkennbar geblieben ist. Statt dessen wollen wir stellvertretend lediglich den Titel eines Werkes nennen: Almagest. Dieser Begriff ist zunächst insofern aufschlußreich, als er die Stationen widerspiegelt, die die Wissenschaft der mittelalterlichen Welt durchlief. Anfang des 9. Jahrhunderts wurde das astronomische Hauptwerk des Ptolemäus, die Megiste Syntaxis, von den Arabern übersetzt und fand in der muslimischen Welt unter dem Titel Al-Madschasti (mit vorangestelltem arabischen Artikel *al + Megiste*) Verbreitung. Nachdem Gerhard von Cremona das Werk aus dem Arabischen ins Lateinische übertragen hatte, hielt es unter dem etwas veränderten Titel Almagest 1175 seinen Einzug in Europa. Bis heute bleibt unverständlich, warum diese Übersetzung des Werkes aus dem Arabischen praktisch für lange Zeit die einzig bekannte und verbreitete blieb, obwohl fünfzehn Jahre zuvor dieselbe Schrift des Ptolemäus in Sizilien direkt aus dem griechischen Urtext übersetzt worden war. Diese Version blieb fast völlig unbekannt.

Die muslimische Kultur reicherte die wissenschaftlichen Erkenntnisse der Antike aber auch mit originellen neuen Elementen an. Es ist zwar sicher richtig, daß die islamische Astronomie niemals über das ptolemäische Weltbild hinauskam, aber andererseits wurden die griechische Kosmologie im allgemeinen und die Astronomie im besonderen in der islamischen Zeit in zahlreichen Punkten ergänzt, verbessert und vervollständigt. In der muslimischen Welt wurden nämlich die wissenschaftlichen Erkenntnisse Persiens und Indiens in großem Umfang berücksichtigt und mit den Früchten der eigenen Forschungen zusammengeführt. Vor allem in der abbasidischen Epoche und besonders unter dem Kalifat al-Ma'muns (813–833), einem Förderer der Künste und Wissenschaften, war der Islam eifrig bemüht, die astronomischen Kenntnisse zu vertiefen. Zu dieser Zeit, in der viele ara-

bische Übersetzungen fremdsprachiger Texte entstanden, wurde auch die erste islamische Sternwarte errichtet. In den beiden darauffolgenden Jahrhunderten, in denen die islamische Wissenschaft auf diesem Gebiet vielleicht ihren Höhepunkt erlebte, traten Astronomen wie al-Farghani (Alfraganus), al-Battani (Albatenius) und az-Zarqali (Azarquiel) auf. Die Verballhornung ihrer Namen beweist, daß sie auch im alten Erdteil weithin bekannt und geachtet waren.

Nach dem Modell der orientalischen Sternwarten wurden nun allmählich auch im Abendland erste Observatorien errichtet. Azarquiel, den wir bereits erwähnt haben, benutzte im 11. Jahrhundert die Sternwarte von Toledo, um seine weltberühmten astronomischen Tafeln (die daher TABULAE TOLETANAE genannt wurden) auszuarbeiten. Ein anderer Astronom, Dschabir ibn Aflah, stellte seine Himmelsbeobachtungen auf dem berühmten Turm der Giralda in Sevilla an. Will man die Bedeutung dieser Beiträge zu jener Zeit richtig einschätzen, sollte man sich daran erinnern, daß, wie Carlo Alfonso Nallino hervorgehoben hat, »in Europa die Zeit Tycho Brahes (1546–1601) kommen muß, bis man auf Sternwarten und Beobachtungen stößt, die denen des muslimischen Mittelalters vergleichbar sind«.

Das mittelalterliche Europa ließ sich aber nicht nur von der Astronomie, sondern auch von der arabischen Astrologie, deren Studium damals kaum von dem der Nachbarwissenschaft zu trennen war, faszinieren. Bausani hat festgestellt, daß es vor allem drei Begriffe waren, bei deren Weiterentwicklung sich die europäische Astrologie vor allem auf die islamische stützte, da diese Prinzipien in der islamischen Kultur bereits eine lange Entwicklung durchgemacht hatten: erstens das persönliche Horoskop, das unter dem Namen *judicia nativitatum* bekannt war; zweitens eine Art politisch-moralischer Astrologie, die nicht das Leben eines Individuums untersuchte, sondern die großen Zyklen und Revolutionen; schließlich die sogenannte »fragende« Astrologie, die versuchte, das Resultat bestimmter Handlungen und Unternehmungen aufgrund der Position der Gestirne im Augenblick der Befragung vorauszubestimmen. Keiner dieser Begriffe war der antiken Astrologie unbekannt, aber der Islam hat sie weiter ausgebaut und mit größerer Genauigkeit bestimmt. Daß der islamische Einfluß auf die abendländische Astrologie womöglich noch größer war als auf die Astronomie, davon geben die zahlreichen Lehnworte aus der arabischen Fachsprache und der Ruhm des Astrologen Abu Ma^{c}schar (unter dem Namen Albumasar bekannt) in Europa beredt Zeugnis.

Das bekannteste Beispiel für den Beitrag der Muslime auf dem Gebiet der mathematischen Wissenschaften sind mit Sicherheit die sogenannten arabischen Ziffern, die sie im Abendland eingeführt haben. Die antike Welt kannte die Verwendung von Positionsziffern nicht, und auch die islamische Zivilisation übersah anfänglich ihre Existenz. Anstelle der Zahlen, wie wir sie heute verwenden, benutzten die Araber die Buchstaben ihres Alphabets, indem sie jedem Buchstaben einen bestimmten Zahlenwert zuordneten, oder sie schrieben die Zahlen in Buchstaben aus. Arabisch ist an unseren Ziffern also nur ihr Name (»Ziffer« wie übrigens auch *zero,* stammen beide von dem Terminus *Sifr*), denn in Wirklichkeit stammen sie aus Indien. Von dort wurden diese Zahlzeichen in die islamische Welt übernommen, die sie dann wiederum an das Abendland weiterreichte. Merkwürdigerweise setzte sich der Gebrauch dieser Zahlzeichen in Europa schneller durch als unter den Arabern, bei denen die »indischen« Zahlen lange Zeit eine eher begrenzte Verwendung fanden und nur in besonderen Fällen benutzt wurden. Ein Italiener aus Pisa, Leonardo Fibonacci, lernte die Ziffern im Verlauf seiner Reisen in die islamische Welt kennen und sah sofort, welche Bedeutung und Verwendungsmöglichkeiten sie haben konnten. Mit seinem LIBER ABBACI, das er 1202 verfaßte, wurde er zum Vorkämpfer für die Verbreitung dieser Entdeckung in Europa. Es gelang ihm, zu beweisen, daß dieses System dem von den Römern verwendeten überlegen war.

Mit der Einführung der arabischen Ziffern wurde ein neues Kapitel in der Geschichte der mathematischen Wissenschaften eröffnet. Einen bedeutenden Beitrag zu dieser Entwicklung lieferte auch die lateinische Übersetzung des KITÂB MUCHTASAR FI HISÂB AL-

Das mittelalterliche Abendland war stets für den Zauber der Erzeugnisse des Tiraz, *der Manufakturindustrie der islamischen Fürstenhöfe, empfänglich. Auf diesen Seiten: einige Beispiele aus dem reichen Erbe kunsthandwerklicher Erzeugnisse.*

Oben: Türkische Keramik, sogenannte Rhodos-Ware, 17. Jahrhundert. Unten: Moscheenlampe aus emailliertem Glas, 14. Jahrhundert. Links: Bruchstück eines Seidengewebes aus dem 11. Jahrhundert, arabisch-spanischer Herkunft.

Oben: spanisch-maurische Keramik aus dem 16. Jahrhundert; Unten: kleine spanisch-maurische Amphore aus dem 17. Jahrhundert; Beispiele für die lange Tradition islamischer Einflüsse in der spanischen Welt. Rechts: türkische Stickerei aus Janina (Griechenland), aus dem 18. Jahrhundert.

DSCHABR WA L-MUQÂBALA, das vom ersten großen muslimischen Mathematiker al-Chwarizmi verfaßt worden war. Übersetzt wurde das Werk von Gerhard von Cremona. Aus dem Titel der lateinischen Version (LIBER MAHUMETI FILII MOYSIJ ALCHOARISMI DE ALGEBRA ET ALMUCHABOLA) wurden zwei wichtige Termini technici abgeleitet: »Algorithmus« vom Namen des Verfassers und »Algebra« von dem Wort *al-Dschabr*. Diese beiden Beispiele mögen genügen, um anzudeuten, welche Bedeutung dieser Text für die Entwicklung der abendländischen Mathematik hatte. Das Werk al-Chwarizmis ist nicht sosehr wegen der Neuheit und Vollkommenheit seiner algebraischen Methoden, die im allgemeinen auch den Griechen schon bekannt waren, für die Wissenschaftsgeschichte von Interesse, sondern, weil es die Wissenschaft aus den Gleichungen der Geometrie gelöst hat.

Nach al-Chwarizmi erlebten die mathematischen Studien in der islamischen Welt einen gewaltigen Aufschwung, und seither beeinflußte die Mathematik mehr oder weniger unmittelbar die Wissenschaft in Europa. Die bedeutendsten Vertreter dieser Blütezeit lebten alle zwischen dem 9. und frühen 10. Jahrhundert: Thabit ibn Qurra, der christliche Araber Qusta ibn Luqa an-Nairizi (der Anaritius der lateinischen Texte) und Ibn ad-Daja al-Misri, dessen Buch DE PROPORTIONE ET PROPORTIONALITATE im Mittelalter eine gewisse Bedeutung erlangte. Zahlreiche Begriffe der griechischen Mathematik, die für das mittelalterliche Abendland verlorengegangen waren, wurden dank der Bemühungen der Brüder Banu Musa wiederentdeckt. Vor allem einer der beiden, Ahmed, erwarb sich besondere Verdienste, und Gerhard von Cremona übersetzte ein von ihm verfaßtes Traktat ins Lateinische. Besonders spürbar wurde der Einfluß der muslimischen Mathematiker auf dem Gebiet der Trigonometrie. Erst die Verbesserungen, die die Muslime in der Trigonometrie vornahmen, machten den Aufschwung der astronomischen Wissenschaften bei den Arabern möglich. Sie führten auch den Begriff des »Sinus« (eine Nachbildung eines mißverstandenen arabischen Wortes), der ursprünglich aus Indien stammte und noch den Griechen unbekannt war, in Europa ein. Grundsätzlich können wir festhalten, daß die Erstellung genauer Funktionentafeln und die Entdeckung zahlreicher trigonometrischer Beziehungen wahrscheinlich die bedeutendsten Beiträge des Islam zur Wissenschaft der Mathematik darstellen.

Will man die Erkenntnisse, die die islamische Medizin dem Abendland vermittelt hat, in wenigen Zeilen zusammenfassen, so gerät man in große Verlegenheit. In der reich ausgeschmückten Legende um die Entstehung der Medizinschule von Salerno klingt noch etwas von der Bedeutung dieser muslimischen Leistung nach: So sollen bei der Gründung der Schule der Araber Abdela, der Grieche Pontus, der Jude Helinus und der Lateiner Salernus zusammengewirkt haben. Neben dieser Legende wissen wir von dem Beitrag des Constantinus Africanus, der historisch weitaus besser belegt ist. Constantinus Africanus war ein arabischer Kaufmann, der zum Christentum konvertiert und nach Italien übergesiedelt war. Er hatte wertvolle medizinische Handschriften mitgebracht, von denen er lateinische Übersetzungen und Zusammenfassungen anfertigte. Die Übersetzung der großen medizinischen Werke des Islam, so der CONTINENS des Rhazes und der CANON des Avicenna, um nur zwei Beispiele zu nennen, waren Meilensteine in der Geschichte der Medizin. Rhazes (dessen Name richtiger ar-Razi lautet) lebte im 9./10. Jahrhundert und war mit Sicherheit der bedeutendste muslimische Arzt, denn die spätere medizinische Wissenschaft basierte größtenteils auf seinem umfangreichen Werk. In der wissenschaftlichen Literatur jener Zeit finden sich kaum Berichte, die vergleichbar wären mit seinen außergewöhnlichen klinischen Beobachtungen. Avicennas CANON genoß in der abendländischen Welt ein derartiges Ansehen, daß er bis zum 18. Jahrhundert als maßgebliches Lehrbuch der Medizin benutzt wurde.

Auch im Bereich der Medizin wurden die wissenschaftlichen Erkenntnisse vorzugsweise von Spanien aus von einer Reihe hervorragender muslimisch-andalusischer Ärzte von Ost nach West weitervermittelt. Der bedeutendste Chirurg der islamischen Welt war der Spanier Abu l-Qasim az-Zahrawi (der Abulcacis oder Albucasis der lateinischen Texte), dessen chirurgische Lehren die europäische Medizin stärker beeinflußten als die der übrigen islamischen Welt. Die berühmte Ärztedynastie der Avenzoar (Ibn Zuhr), deren bedeutendster Sproß, Abu Marwan Abd al-Malik, als der wichtigste islamische Kliniker nach Rhazes gelten kann, war ebenfalls spanischer Herkunft. Da in den muslimischen Ländern, vor allem in Ägypten, Augenkrankheiten weit verbreitet waren, erzielte die islamische Medizin in der Augenheilkunde ihre besten Ergebnisse. Abu l-Qasim al-Mausili und Ali ibn Isa (dem mittelalterlichen Abendland als Canamusali und Jesu Haly bekannt) waren die hervorragendsten in einer langen Reihe von Augenärzten. Die zügige Erforschung der Physik im allgemeinen und der Optik im besonderen ermöglichte in der islamischen Welt auch einen raschen Fortschritt in der Augenheilkunde. Wir wollen uns darauf beschränken, für dieses Gebiet auf das Werk Alhazens (Ibn al-

Links: Miniaturenblatt aus einem unvollständig erhaltenen astrologischen Traktat türkischer Herkunft (erste Hälfte des 15. Jahrhunderts, Sarajewo, Orientalisches Institut). Es stellt die Sonne im Zeichen des Schützen dar, in Opposition zu Jupiter und Mond. In den Kästen unten sind die Planeten dargestellt. Eine ähnliche Art der Darstellung findet man in der Miniatur unten: das Tierkreiszeichen des Skorpions in einem arabischen Traktat. Es ist bekannt, daß die abendländische Astrologie der Anziehungskraft der arabischen Astrologie erlag. Sich hauptsächlich auf sie stützend, entwickelte sie die Theorien vom persönlichen Horoskop, die Astrologie der großen Zyklen von Ereignissen und die »fragende« Astrologie, d. h. die von der Position der Gestirne abgeleitete Vorausschau des Ausgangs bestimmter Ereignisse.

Aus der klassischen Astronomie entlehnte die islamische Astronomie die Gruppierung der Sterne in imaginären Konstellationen wie Gestalten von Tieren, menschlichen Wesen oder Gegenständen. Beispiel hierfür sind z. B. der arabische Himmelsglobus (rechts) von 1085 im Museo di Storia della Scienza, Florenz (unten: seine Segmentierung, die einige vertraute Sternbilder wiedererkennen läßt), oder das berühmte BUCH DER FIXSTERNE *von Abd ar-Rahman as-Sufi (903–986). In der gleichen Tradition steht die auf Seite 160 abgebildete Miniatur (unten links), die das Sternbild des* Bootes *(Rinderhirt) darstellt. Sie stammt aus einem Text von Ulugh Beg, einem timuridischen Herrscher und Astronomen (1393–1449), der die berühmte Sternwarte von Samarkand erbaute.*

Haitham) hinzuweisen, das schon für sich genommen in der Geschichte des wissenschaftlichen Denkens eine bedeutende Rolle gespielt hat. Wie vielleicht kein anderes wissenschaftliches islamisches Werk beeinflußte sein KITÂB AL-MANÂZIR, das von Gerhard von Cremona unter dem Titel OPTICAE THESAURUS übersetzt wurde, das mittelalterliche Abendland. Dank dieser Schrift Alhazens lernte Europa die wichtigsten optischen Theorien des Altertums und die Originalbeiträge des großen muslimischen Physikers kennen: Die Experimente mit der *Camera obscura*, die Studien über die Netzhaut, über die Natur des Lichts und die Gesetze der Reflexion und der Strahlenbrechung gehören zu den bedeutendsten Leistungen im Werk Alhazens, der nicht weit davon entfernt war, die optische Linse zu entdecken.

Wir konnten in diesem Rahmen die Leistungen der islamischen Wissenschaft nur flüchtig skizzieren. Einige Persönlichkeiten, die als bedeutende islamische Wissenschaftler gelten, haben wir übergangen, da sie dem mittelalterlichen Europa unbekannt waren. So zum Beispiel al-Biruni (10./11. Jahrhundert), der mit der gleichen Kompetenz über Mathematik, Astronomie, Astrologie und Physik schrieb; so Omar Chaijam (11./12. Jahrhundert), den Europa erst im

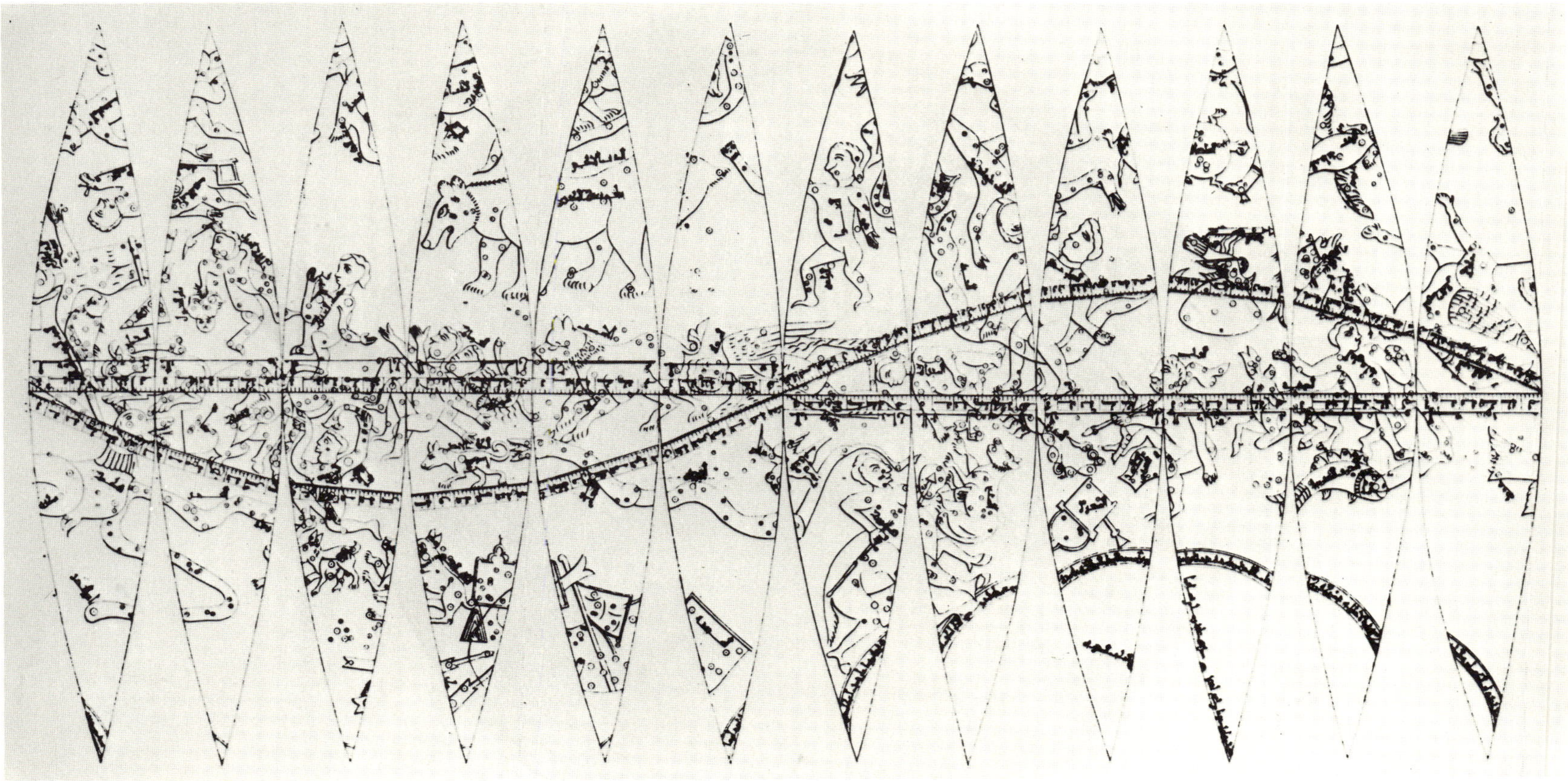

DAS ASTROLABIUM

Das flache Astrolab ist das wichtigste Instrument der älteren Astronomie. Die Muslime vervollkommneten es, auch wenn es offensichtlich – zumindest theoretisch – schon früher bekannt war (Beispiele haben sich aber nicht erhalten). Die Bezeichnungen *Asturlab* bzw. *Usturlab* sind vom griechischen *astrolábos* bzw. *astrolábon órganon* abgeleitet. Bei dem von Ptolemaeus in seinem ALMAGEST unter diesem Namen erwähnten und beschriebenen Instrument handelt es sich jedenfalls nicht um ein flaches Astrolab, sondern um eine Armillarsphäre. Das flache Astrolab gründet auf der Theorie der stereographischen Projektion, die sich bis auf den Griechen Hipparchos (um 150 v. Chr.) zurückführen läßt. Das älteste bisher bekannte datierte stammt von 927/28. Eines der ältesten Beispiele scheint das aus dem Museum für Geschichte der Naturwissenschaften in Florenz zu sein (1) – falls es wirklich im 11. Jahrhundert angefertigt wurde. Es ist freilich im einem Behälter aufbewahrt, der eine lateinische Inschrift trägt, nach der »es aus Spanien gebracht und angefertigt wurde, als die Frühjahrstagundnachtgleiche auf den 15. März fiel, d.h. im Jahre 1252«.

Es besteht ein offensichtlicher Widerspruch zwischen dieser Jahreszahl und den astronomischen Angaben auf dem Instrument, das heißt der ekliptikalen Länge der Sterne. Der Stern Regulus steht hier bei 15° im Tierkreiszeichen Löwe, heute würde er bei 30° stehen. Wegen der Präzession (Vorrückung der Tagundnachtgleichen), welche die Längenwerte alle 72 Jahre um etwa einen Grad verschiebt, kommt ein Zeitpunkt vor mehr als 1000 Jahren in Frage (die Araber rechneten allerdings mit 1° in 66 Jahren, das ergäbe Ptolemaeus = 138 n. Chr. + 825 Jahre = 963, also grob annähernd die Mitte des 10. Jahrhunderts). Auf der kreisförmigen Scheibe oder *Safiha* (in lateinischen Texten des Mittelalters *saphea, alzaphea, azaphea*) findet sich die stereographische Projektion (des Himmels) vom Pol aus. Zu einem Astrolab konnten auch mehrere dieser Scheiben gehören, welche man entsprechend der geographischen Breite austauschte. Im Fall der Astrolabien für die nördliche Hemisphäre, und nur diese beschäftigen uns hier, ist der Mittelpunkt der Projektion der Südpol und die Projektionsebene der Himmelsäquator. Die stereographische Projektion hat den Vorzug »äquivalent« zu sein, da den Kreisen der Sphäre Kreise auf der Projektionsfläche entsprechen und die Winkel erhalten bleiben. Bei dieser Projektion nennt man die Kreise gleicher Höhe über dem Horizont *Almukantarat* (in anderen mittelalterlichen Handschriften auch *almicantar* oder *almicantarat*). Der Horizont bildet folglich den Almukantarat 0°. Das arabische Wort *al-Muqantar* bedeutet »in Form eines Brükkenbogens gebogen« und ist sicherlich von der Form, die diese Linien auf den Astrolabien annehmen, abgeleitet. Auf dem Florentiner Astrolab (1) sind die Almukantarate von 6 zu 6 Grad aufgezeichnet; in anderen Fällen von 2° zu 2° oder 5° zu 5°. Schwieriger ist die Projektion von Bögen gleichen

1

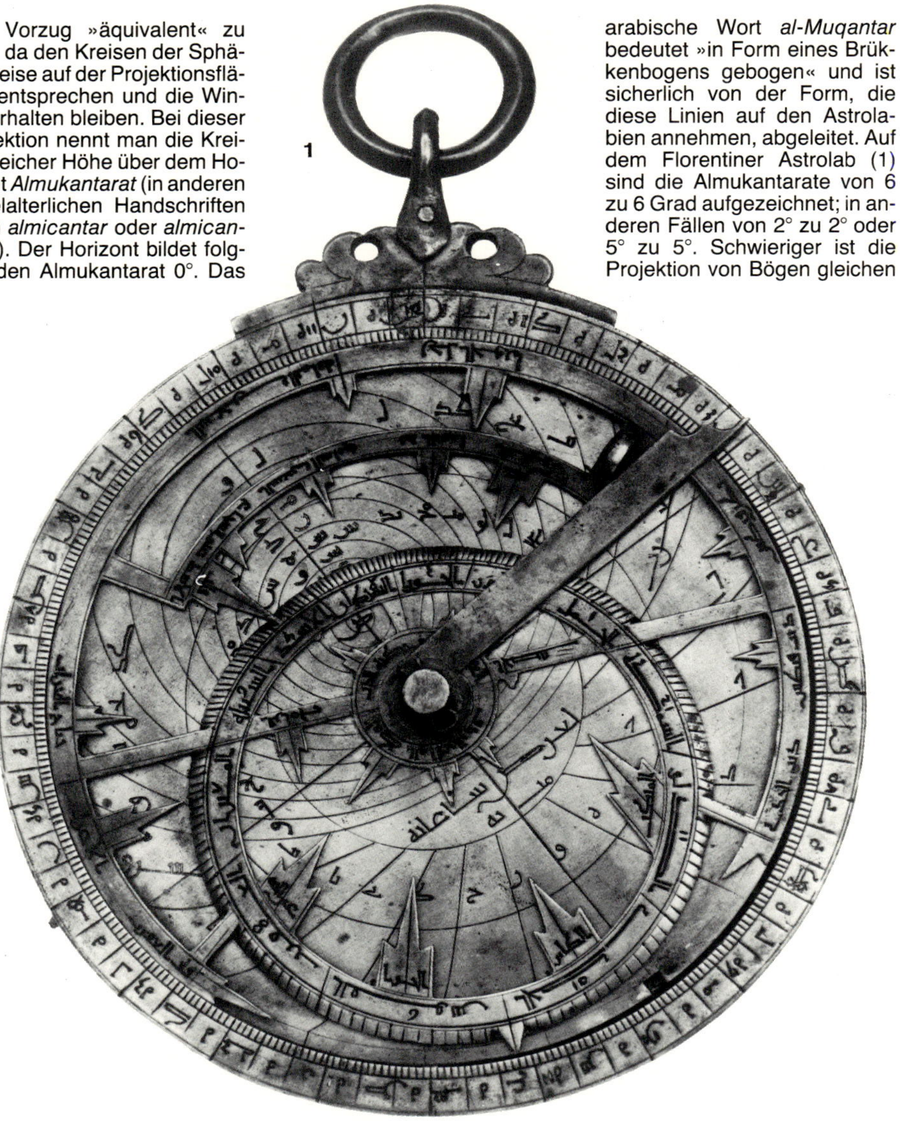

2

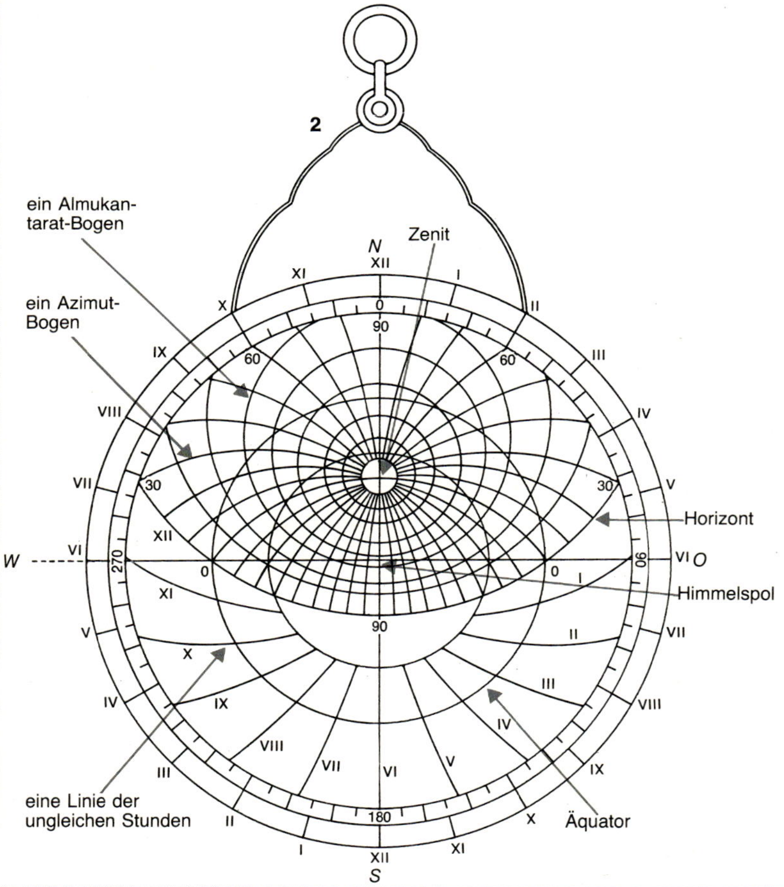

3

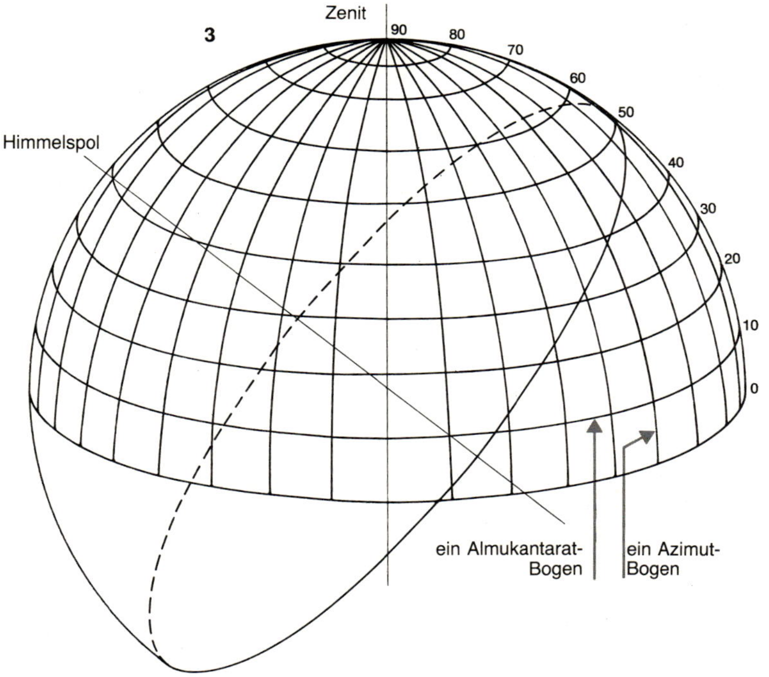

Azimuts: auch dies ist ein arabischer Terminus. *As-Sumut* heißt »die Richtungen« und bedeutet die Winkeldistanz zwischen dem Fußpunkt des Höhenkreises eines Sterns auf dem Horizont und dem Ost- oder Westpunkt. Auf der Umzeichnung einer Scheibe (2) folgen sowohl Azimute als auch Almukantarate im Abstand von 10° aufeinander. Die mit I bis XII bezeichneten Linien entsprechen den sogenannten »ungleichen« oder »temporalen Stunden« (erste, zweite usw.; die sechste Stunde ist die Mittagsstunde). Sie ergeben sich bei der Aufteilung der Zeit vom Sonnenaufgang bis -untergang in zwölf gleichmäßige Abschnitte für den Tag bzw. der Zeit von Sonnenuntergang bis -aufgang für die Nacht. Natürlich entstehen so unterschiedliche Stundenlängen je nach Jahreszeit. Unseren Stunden gleicher Länge entsprechen sie nur an den Äquinoktien, wenn Tag und Nacht jeweils 12 Stunden haben, die man dann »Äquinoktialstunden« nennt.

Mit der *Safiha* an der Stelle des Himmelspols verzapft ist eine durchbrochene, drehbare Metallscheibe, welche die Projektion des Äquators mit den verschiedenen Deklinationskreisen (Himmelsbreite vom Äquator an gerechnet) und die Ekliptik darstellt. Im allgemeinen wird der Himmel bis zum Wendekreis des Steinbocks projiziert (ca. 23°30' S), der auf diese Weise den äußersten Kreis dieser zweiten Projektion bildet, welche über der darunterliegenden gedreht werden kann. Wegen ihrer Form nennt man sie auch »Netz« (auf arabisch *Ankabut*, »Spinnennetz«, daher lateinisch auch *aranea*).

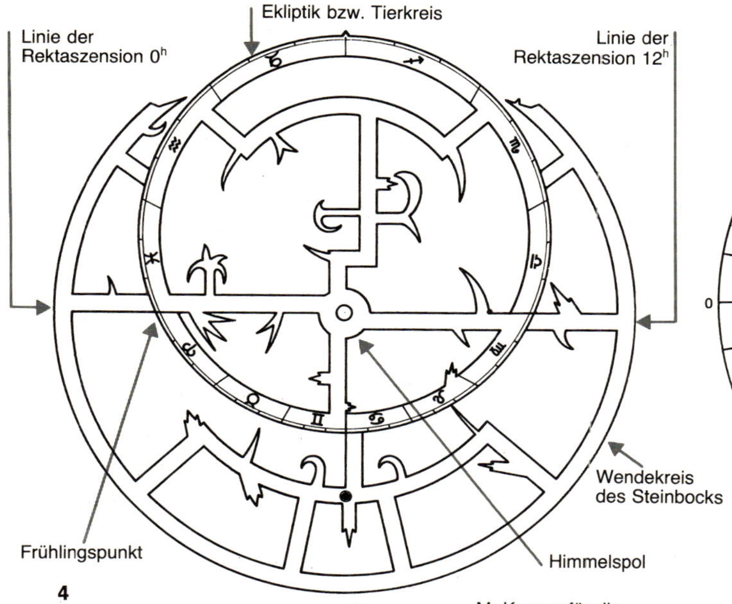

4

5

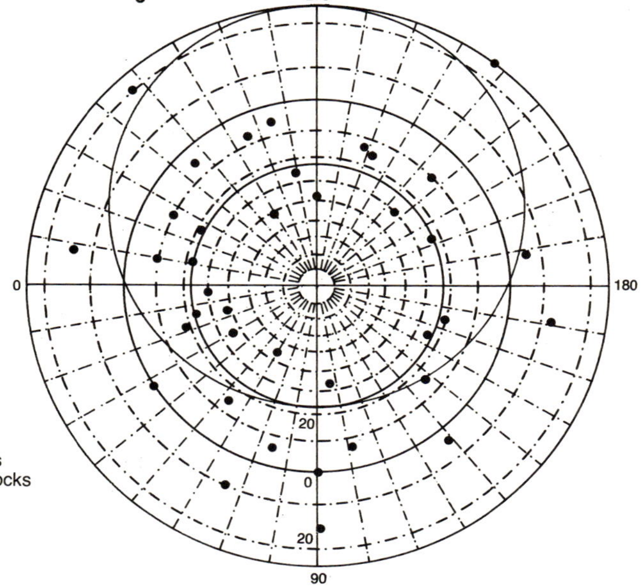

6

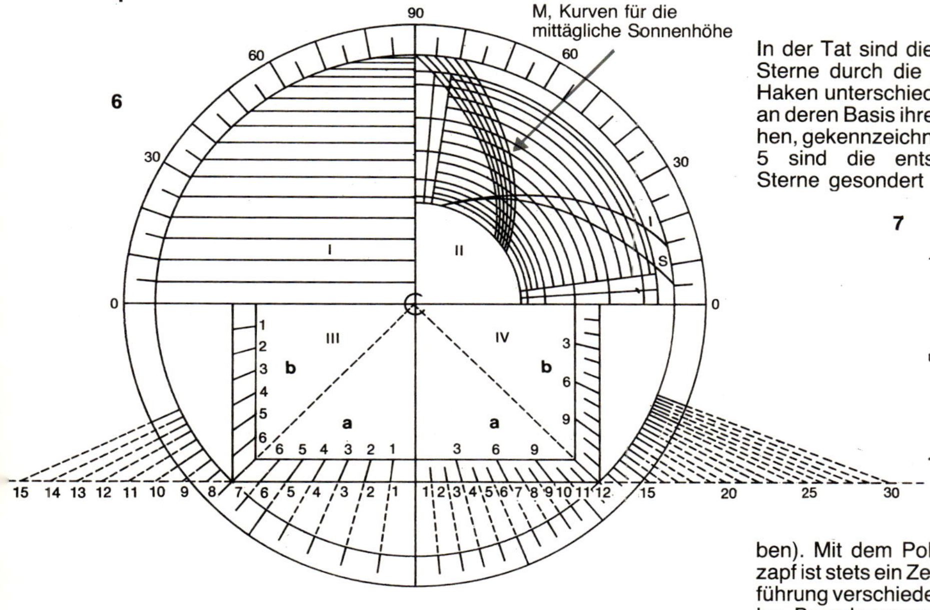

In der Tat sind die wichtigsten Sterne durch die Spitzen von Haken unterschiedlicher Form, an deren Basis ihre Namen stehen, gekennzeichnet (4; in Abb. 5 sind die entsprechenden Sterne gesondert hervorgehoben). Mit dem Pol bzw. Drehzapf ist stets ein Zeiger zur Ausführung verschiedener manueller Berechnungen verbunden (sichtbar bei Abb. 1). Komplexer und variantenreicher ist die Rückseite eines Astrolabs (6). Sie hatte in der Regel eine Alhidade (von *al-Idada*) mit Visierlöchern, die mit dem Mittelpunkt verzapft war (7). Diese diente in Verbindung mit der Gradeinteilung am Außenband zur Messung der Sternhöhen. Später wurde sie auch für die verschiedensten astronomischen Positionsberechnungen verwendet, indem man sie auf die vordere *Safiha* aufsetzte.

Die Rückseite des Beispiel-Astrolabs ist in vier Quadranten aufgeteilt. Quadrant I enthält eine Sinus-Kosinus-Tabelle. So entspricht zum Beispiel der Sinus eines Winkels von 90° (*sinus totus*) dem ganzen Radius (1, oder »60 Teile«, wie er häufig von den Arabern aufgeteilt wurde). Der Sinus von 30° fällt genau mit der Mitte des senkrechten Durchmessers zusammen, und so weiter. Im Quadrant II stellen die konzentrischen Kreise die äquatorialen Parallelkreise zu jedem zehnten Tierkreisgrad dar. Die Namen oder Symbole der Tierkreiszeichen befinden sich über der waagrechten Radiuslinie. Die Bögen S und I, welche das System der Parallelkreise schneiden, geben *Qibla*-Richtungen für die Städte Schiraz (S) und Isfahan (J) an. (Die Richtung nach Mekka ist für das islamische Gebet unbedingt einzuhalten.) Exakter ausgedrückt, stellen jene Kurven die Höhe der Sonne zu jedem beliebigen Zeitpunkt im Jahr dar, wenn sie das Azimut, d. h. die Richtung der *Qibla*, passiert. Mit Hilfe der Alhidade kann man die Richtung an dem mit der Gradeinteilung versehenen Außenrand ablesen.

7

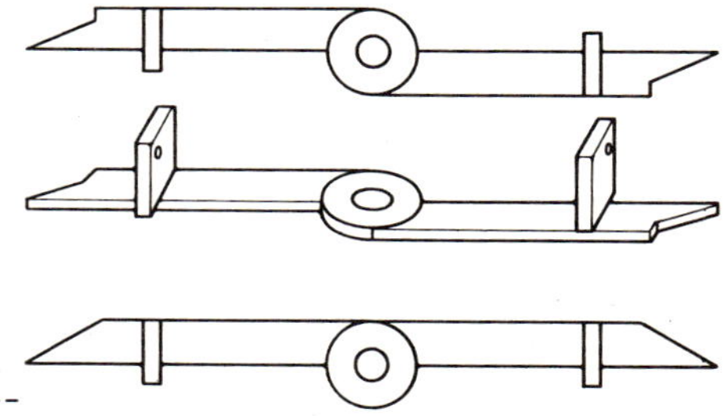

Das Kurven-System M, das gleichsam rechtwinklig zu dem vorher genannten verläuft, gibt die Mittagssonnenhöhe zu allen Jahreszeiten für die geographischen Breiten von 30°, 32°, 34°, 36°, 38° und 40° an. Dies waren für die Muslime die wichtigsten Zonen. Die Quadranten III und IV enthalten die sogenannten »Schattenquadrate«. Es handelt sich um eine direkte Methode, um Kotangenten und Tangenten von Winkeln zu bestimmen, wobei die Seitenlänge in Quadrant III in sieben »Fuß« und in Quadrant IV in zwölf »Finger« geteilt ist. Die horizontale Linie a gibt die *Umbra recta* (arabisch *Zill mabsut)* an, d. h. den Schatten, welchen ein vertikaler Gnomon auf eine horizontale Fläche wirft. Die vertikale Linie b gibt die *Umbra versa* (*Zill ma'kus*) an, welche von einem horizontalen Gnomon auf eine vertikale Fläche geworfen wird. Dabei bezeichnet erstere den Kotangens, und die zweite den Tangens. Wenn zum Beispiel die Schattenlänge 11/7 der Länge des Gnomons beträgt, wird die Alhidade auf den mit 11 gekennzeichneten Punkt am Außenrand des Quadranten III eingestellt und die Höhe des Gestirns auf der gegenüberliegenden Seite, das heißt am Außenrand des Quadranten II, abgelesen (nämlich 32° 30').

Es gibt überaus zahlreiche Arten von Astrolab-Rückseiten, die teilweise auch astrologische Angaben enthalten können.

Das Astrolabium ist weit entfernt davon »ein Instrument zur Bestimmung der Sternhöhen« zu sein – wie man zuweilen wiederholt. Es war ein regelrechter Analogrechner für die Positionsastronomie, der dem Kenner erlaubte, die verschiedensten Problemstellungen ohne Rückgriff auf geometrische Berechnungen zu lösen. Zum Beispiel: Welchen Anblick wird der Himmel am 21. April um 21 Uhr bieten? Drehen wir den Zeiger etwa dorthin, wo er auf der Abb. 1 zu sehen ist, das heißt etwa bei 30° des Widders. Jetzt bewegen wir den Zeiger mit der Spinne bis zu 45° südlich des Punktes W (rechts), das heißt drei Stunden nach der Sechs. Die Spinne zeigt nun die Höhe und das Azimut der verschiedenen zu dieser Stunde sichtbaren Sterne. Wann geht die Sonne am selben Datum auf? Drehen wir Zeiger und Spinne, bis der Schnittpunkt des Zeigers mit dem Tierkreis den Höhenkreis 0° (d. h. den Horizont) im Osten, das heißt auf unserer Abbildung links, berührt. Jetzt muß lediglich die Gradangabe des Randes (15° = 1 Stunde) in Stunden umgerechnet werden. Da die Zeitrechnung der Muslime auf dem Mondkalender beruht, verfügten viele Astrolabien über Tafeln, welche es erlaubten, die Stellung der Sonne innerhalb des Tierkreises in »syrische« bzw. »christliche« Daten umzurechnen und umgekehrt, die Entsprechung von Sonnen- mit Mondmonaten für bestimmte Perioden herzustellen, u. a. m.

Rechts: Vom Persischen Golf stammender Kompaß aus dem 16. Jahrhundert. Wie man weiß, war der Magnetkompaß den Chinesen schon lange vor seinem Auftauchen in der Mittelmeerschiffahrt bekannt. Es ist wahrscheinlich, daß die Araber an der Verbreitung dieses Instrumentes im Abendland beteiligt waren. Unten links: ein in seine Bestandteile zerlegtes persisches Astrolabium von 1420. Den Arabern ist, wenn nicht die Erfindung, so die Vervollkommnung und Verbreitung dieses »analogischen Rechners« zu verdanken. Auf der Abbildung oben sind drei austauschbare Scheiben zu sehen, die sich auf die verschiedenen Breitengrade beziehen, die sogenannte Alhidade und die »Spinne« (rechts). Unten rechts: die Rückseite eines Astrolabiums in einer lateinischen Handschrift (14. Jahrhundert) über Astronomie und Geographie, die aus dem Persischen übersetzt wurde.

19. Jahrhundert als Dichter entdecken sollte, der aber auch ein hervorragender Algebraiker war; und Ibn an-Nafis (13. Jahrhundert), der gut drei Jahrhunderte vor Harvey den Blutkreislauf entdeckte. Europa hat es also, wie wir gesehen haben, verstanden, das Angebot der islamischen Welt zu nutzen, und hat sein eigenes wissenschaftliches Erbe gewaltig bereichert.

»Turba Philosophorum«

»Wisset, daß diese Wissenschaft leichter ist als alles andere, aber die Namen und Regeln machen sie dunkel, da die Unwissenden unsere Worte gebrauchen, ohne sie zu verstehen. Wisset auch, daß jeder, der diese Kunst besitzt, fürderhin von Armut, Elend, Drangsal und körperlichem Gebrechen frei ist. Glaubt nicht, unsere Kunst sei Lüge. In dieser unserer kostbaren Kunst ist das Ende verborgen, und ihr müßt es all denjenigen, die danach verlangen, verbergen.« So spricht die »Schar der Philosophen«, eine sonderbare Versammlung, die außerhalb der Zeit unter dem Vorsitz des Pythagoras und unter Beteiligung der größten vorsokratischen Weisen abgehalten wurde.

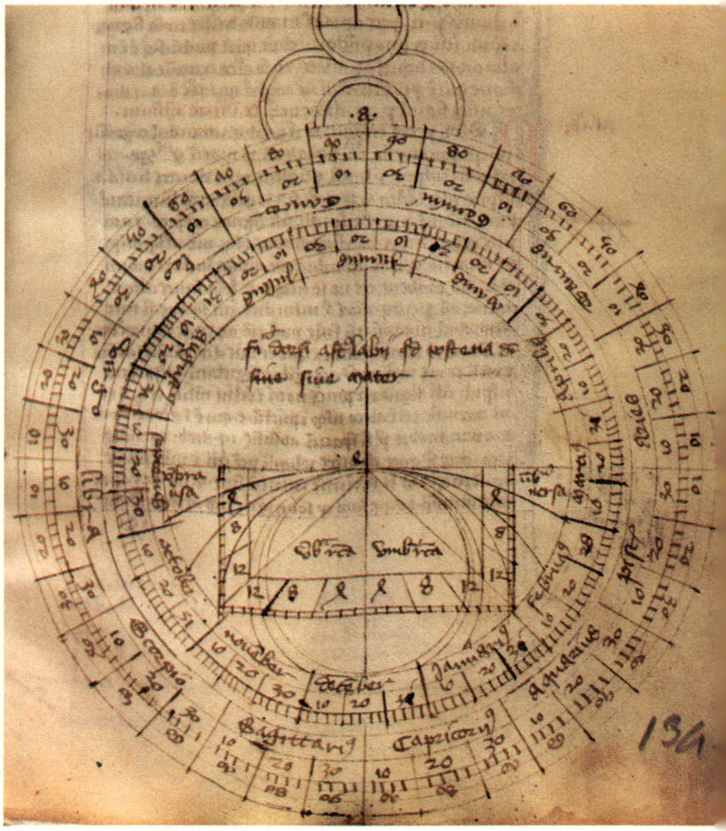

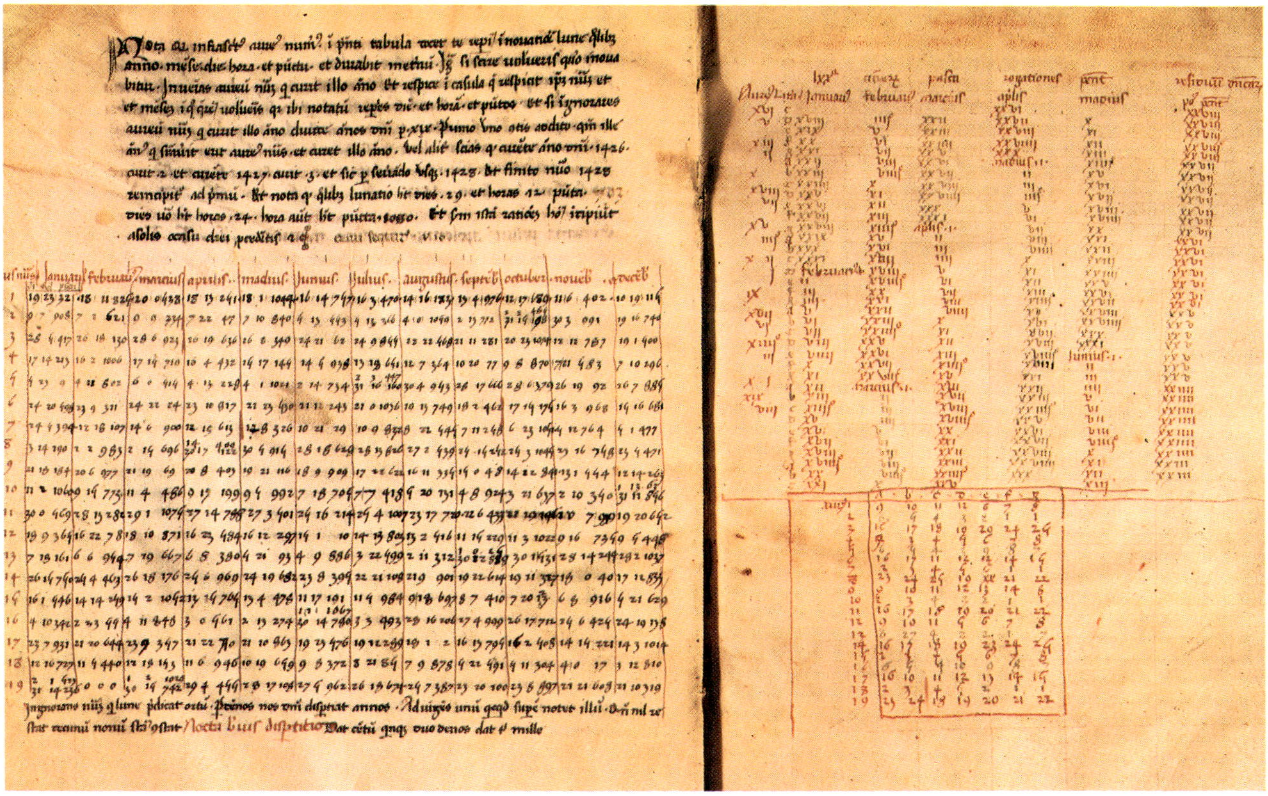

Rechts: Seite aus einer Handschrift des 14. Jahrhunderts, einer Darstellung der Werke des großen Mathematikers Leonardo Fibonacci aus Pisa, der um die Wende des 12. zum 13. Jahrhundert lebte. Fibonacci hat man die Verbreitung der Positionsziffern (der sogenannten arabischen Ziffern) in Europa zu verdanken; die Araber übernahmen sie aus Indien. Eigenartigerweise setzte sich diese praktische Schreibweise im Abendland schneller durch als in der islamischen Welt. In seiner Einleitung zum LIBER ABBACI *(1202) sagt Fibonacci, er sei in Bougie bei Algier, wo sein Vater beim Zoll beschäftigt war, »im Abakus nach Art der Inder« unterwiesen worden. Später habe er die Werke des Euklid und die mathematischen Schriften der Araber bei seinen Reisen im Mittelmeer »aus Geschäftsgründen« kennengelernt.*
Türkische Sonnenuhr an der Mauer der Iskele Dschami, der »Moschee der Anlegestelle« in Üsküdar, die im 16. Jahrhun-

dert von dem großen Architekten Sinan für Mihrimah, die Tochter Süleimans, erbaut wurde.

Das »Buch der Versammlung« (MUSHAF AL-DSCHAMÂ^CA), ein anonymer arabischer Text, der ein Protokoll dieser mythischen Sitzung enthält, wurde im Abendland auch unter dem Namen TURBA PHILOSOPHORUM bekannt; in der hermetischen Philosophie gewann er hervorragende Bedeutung.
Es ist nicht ganz einfach, die Prinzipien dieser Philosophie in knappen Worten zusammenzufassen. Allgemein läßt sich sagen, es handelt sich um eine Wissenschaft von der Natur, die deren verborgenste Aspekte und Beziehungen untersucht. Der hermetischen Lehre können also all die kosmologischen Wissenschaften, die im antiken und mittelalterlichen Denken einen breiten Raum einnahmen, zugerechnet werden. Ihr gemeinsames Ziel war es, das gefallene menschliche Individuum wieder in seine ursprüngliche Stellung als Mittelpunkt der Welt und als Herr über Zeit und Raum einzusetzen.
Die hermetische Philosophie, die ihren Namen vom Gott Hermes (der als *Trismégistos*, als der Dreimalgroße, bezeichnet wird) ableitet, hat ihre Ursprünge im frühesten Altertum. Zu verschiedenen Zeiten wurde sie unterschiedlichen Stammvätern zugeschrieben, wie eben dem griechischen Gott Hermes oder seinen mehr oder weniger genauen Entsprechungen: dem ägyptischen Toth, dem biblischen Henoch oder dem islamischen Idris. Auf der Grundlage dieser klassischen und gleichzeitig heterogenen Lehre entwickelten die Araber eine derart reiche und einheitliche Tradition, daß sie im Hochmittelalter als die alleinigen und unumstrittenen Meister in der hermetischen Kunst angesehen wurden. Bedenkt man, daß allein die hermetische Philosophie den Wissenschaften ihre Daseinsberechtigung verleihen konnte, so versteht man, warum selbst die muslimische Wissenschaft häufig durchdrungen war von hermetischen Elementen. In der Medizin konnten zum Beispiel Krankheiten als Störung des natürlichen Gleichgewichts angesehen werden, und die Behandlung war folglich nichts anderes als ein Mittel zur Wiederherstellung dieses Gleichgewichts. Zahlen wiederum waren Sinnbilder höherer Wirklichkeiten, weshalb die Mathematik eine vorzügliche Methode war, um eine metaphysische Wirklichkeit auszudrücken. Selbst der Ackerbau, jene uralte Wissenschaft, die dem Menschen bereits im Garten Eden offenbart worden war, wurde mit geistigen Inhalten bereichert, die ihn zu einem Sinnbild für die »Keimung« der Seele machten. Die Spuren der Hermetik waren also in allen Wissensgebieten zu finden, und die unterschiedlichsten Persönlichkeiten wurden als Meister dieser Kunst anerkannt: Adam und Mani, die Weisen Persiens und Indiens, Moses und seine

Schwester Maria, Pythagoras und Apollonius von Tyana.
Vor allem Apollonius, der den Arabern als Balinas bekannt war, genoß in der muslimischen Welt hohes Ansehen, da ihm das Verdienst zugeschrieben wurde, die Hermetik der antiken Welt dem Islam überliefert zu haben. Balinas soll eines Tages vor einer Bildsäule des Hermes gestanden und eine Inschrift entdeckt haben, die ihn aufforderte, um den Sockel des Standbildes herum die Erde aufzugraben: Er folgte der Aufforderung und befand sich mit einemmal in einer Krypta; dort saß in der Gestalt eines Greises, eine smaragdene Tafel in der Hand, Hermes persönlich. Der Gott überreichte dem Besucher ein Buch, das all seine Weisheit enthielt, und Balinas übernahm die Aufgabe, dieses Werk auf der ganzen Welt zu verbreiten.
Eine andere arabische Legende berichtet von einem viel umständlicheren Weg der Übermittlung, was wahrscheinlich der komplizierten Überlieferung der Hermetik in viel höherem Maße entspricht. Hermes soll danach sein Werk in einem unterirdischen Raum vergraben haben, um es vor der Sintflut zu retten. Balinas findet es und vertraut es dem Aristoteles an. Der Philosoph gibt es an seinen Lieblingsschüler Alexander den Großen weiter, der seinerseits auf dem Sterbebett König Antiochus I. befiehlt, es in den Mauern eines Klosters zu verstecken: Dort befördern es die Muslime viele Jahre später wieder ans Licht und setzen damit dem Irrweg dieses Werkes ein Ende.
Wie auch immer der Sachverhalt gewesen sein mag, um die Wende des 10. Jahrhunderts sah die islamische Welt ein riesiges hermetisch-alchimistisches Corpus wirksam werden, dessen Verfasser angeblich Dscha-

»Wer viele Ärzte befragen wird, wird viele Fehler machen.« Dies ist ein Aphorismus des großen arabischen Arztes ar-Razi oder Rhazes, unter welchem Namen er im Abendland bekannt ist (9.–10. Jh.). Auf diesen Seiten: die Heilpraxis in der islamischen Welt auf Miniaturen aus islamischen Handschriften. Von oben: die Behandlung eines Patienten, der unter dem »Wurm von Medina« leidet; ein Arzt, der die Pflanze anzeigt, die einen von einem Hund gebissenen Patienten heilen soll; ein Arzt, der eine Schlange tötet und ein weiterer zu Pferde.

Oben: Die Behandlung von Schlangenbissen (persische Handschrift aus dem 13. Jahrhundert); die Apotheke (Miniatur der Bagdader Schule, aus dem Dioskurides); rechts oben: Zubereitung einer Arznei. Die pharmakologische Abhandlung DE MATERIA MEDICA *des Pedanius Dioskurides, eines griechischen Arztes aus Anazarba in Kilikien, der im 1. Jahrhundert n. Chr. lebte, übte in Orient und Okzident einen dauerhaften Einfluß aus.*

bir ibn Hajjan war. Selbst wenn es diesen Mann tatsächlich gegeben haben sollte, war er bestimmt nicht der einzige Autor der dreitausend Traktate, die man ihm zuschrieb. Sein Name diente in gewisser Weise jedoch als Chiffre für eine ganze Schule, die unter dieser Firmierung wirkte und ihre eigenen Arbeiten zusammenfaßte. Diese Schule übte, wenn auch nicht immer in direkter Form, beträchtlichen Einfluß auf die entstehende europäische Alchimie aus: Der legendenumwobene *Geber* des mittelalterlichen Abendlandes entspricht aber nur teilweise dem Dschabir der orientalischen Überlieferung. Zahlreiche lateinische Schriften, die unter dem Namen *Geber* verbreitet wurden, konnten nur sehr indirekt mit den arabischen Originalen in Zusammenhang gebracht werden, während andere zwar keine direkten Übersetzungen, aber doch recht genaue Paraphrasen der Schriften des arabischen Dschabir waren. Auf jeden Fall baute die große alchimistische Tradition der mittelalterlichen Christenheit auf den Werken aus der Schule Dschabirs auf. Die bekanntesten Schriften der christlichen alchimistischen Überlieferung, wie die bereits erwähnte TURBA PHILOSOPHORUM, die TABULA SMARAGDINA, die TABULA CHEMICA, die PRACTICA MARIAE PROPHETISSAE, das LIBER DE COMPOSITIONE ALCHEMIAE, das LIBER SECRETORUM ALCHEMIAE und viele andere, waren mehr oder weniger wörtliche Übersetzungen islamischer Traktate. Es waren also nicht die griechischen, sondern die arabischen Werke, die der abendländischen Alchimie den Weg bahnten. Daß man für diese Kunst eine arabische Bezeichnung (*al-Kîmijâ*^{o}) wählte, weist noch heute beredt auf diesen Ursprung hin. Aber auch viele andere arabische Begriffe wurden in die Fachsprache der Alchimie aufgenommen: so zum Beispiel *Alkali*, *Elixier*, *Alkohol* und *Naphtha* und die Namen von Geräten wie *Atanor* (Alchimistenofen) und *Alembik* (»Helm« für Destillationsgefäße). Aus der arabischen Alchimie stammt auch der Brauch, bestimmte Geräte und Verfahrensweisen nach dem Namen berühmter Persönlichkeiten zu benennen: »Pythagorasofen«, »Zosimusbrunnen« und das noch heute gebrauchte »Marienbad« (zum Beispiel französisch: *bain-marie*, »Wasserbad«).

In der europäischen Alchimie entwickelten sich, ähnlich wie in der islamischen, zwei Richtungen, die einander praktisch widersprachen: Für die einen war die Alchimie eine Kunst für Eingeweihte, ein »Werk«, das ganz auf die geistige Vollendung des Menschen ausgerichtet war; die anderen verstanden sich als Experimentatoren, das heißt, sie wendeten die Prinzipien, die sie den alchimistischen Schriften entnommen hatten, in ihren Laboratorien auch an und mißdeuteten damit die eigentlichen Ziele dieser Kunst. Die moderne Chemie rechnet es sich bestimmt nicht als Ehre an, daß diese einfältigen Geheimniskrämer, die von der »spirituellen« Strömung verachtet wurden, ihre Vorläufer gewesen sein sollen. Tatsächlich waren es aber die buchstäbliche Auslegung der hermetischen Texte und das Geheimnis des Goldes, die dem alchimistischen Empirismus zu seiner Blüte verhalfen und so letzten Endes zur Entstehung unserer heutigen Chemie beigetragen haben. Obwohl die muslimischen Alchimisten eher zur geistigen als zur empirischen Richtung neigten und diese Entwicklung sicher mit Skepsis aufgenommen hätten, war es doch wieder einmal der, wenn auch indirekte und gleichsam unfreiwillige islamische Einfluß, der Europa den Zugang zu neuen Entdeckungen eröffnete.

Hinsichtlich des arabischen Beitrags zur medizinischen Wissenschaft herrscht Uneinigkeit. Der Medizinhistoriker Arturo Castiglioni schreibt, daß die Araber »nicht mit eigenständigen und innovatorischen Ideen zur Entwicklung des hippokratischen Denkens beitrugen. Aber in einer dunklen Zeit waren sie die Hüter der Tradition, verbreiteten weithin die profane medizinische Kultur, räumten den medizinischen Studien innerhalb ihrer Zivilisation einen sehr ehrenvollen Platz ein und waren ihrerseits die Vermittler, aus deren Händen das Abendland die wertvolle Hinterlassenschaft wieder aufnahm.« Galen und Hippokrates waren für die Araber ebenso wie für das Abendland die klassischen Quellen der mittelalterlichen Medizin. Oben: Galen und Hippokrates in einer italienischen Handschrift des 14. Jahrhunderts. Oben rechts: Ein Arzt gibt einer verschleierten Frau eine Anweisung, Miniatur des 15. Jahrhunderts aus einer Handschrift von Ibn Butlan, einem berühmten Bagdader Arzt. Rechte Seite: arabische Handschrift eines Werkes von Galen. Ein Teil der 108 erhalten gebliebenen Werke Galens ist durch arabische Handschriften auf uns gekommen.

Avicenna und Averroes

Ähnlich wie in den anderen wissenschaftlichen Disziplinen hinterließ die islamische Kultur auch auf dem Gebiet der Philosophie ein großartiges Werk der Wiederentdeckung: Nach dem Zusammenbruch des Römischen Reiches war von den klassischen philosophischen Lehren wenig übriggeblieben, und das Abendland kannte im Frühmittelalter die großen griechischen Philosophen kaum dem Namen nach. Im Orient wurde dagegen ein gewaltiges geistiges Erbe dadurch gerettet, daß zahllose Übersetzungen aus dem Griechischen (meist über das Syrische) ins Arabische angefertigt wurden. Die muslimische Welt bereicherte sich dadurch nicht nur selbst, sondern übte auch eine große Anziehung auf die europäische Kultur aus. Anders als im Bereich der materiellen Produktion und in den verschiedenen Naturwissenschaften sollten die Beziehungen auf philosophischer Ebene zwischen Islam und Abendland zahlreiche Probleme aufwerfen. Da im Mittelalter das philosophische und das religiöse Denken nicht zu trennen waren, konnte die Christenheit nicht tatenlos irgendeinen fremden Einfluß hinnehmen. Die tiefe Unwissenheit über die Vorstellungen der jeweils anderen Seite führten zu ersten heftigen Mißverständnissen, in deren Verlauf die streitenden Parteien sich zu rauhen Polemiken hinreißen ließen. Die Auseinandersetzung mit ihren unsinnigen Beschuldigungen, Phantastereien und Verleumdungen ist oft beschrieben worden, es gab jedoch auch Gruppen, die sich der rasenden Polemik zu entziehen vermochten und die jenseits aller Gegensätze zu einer Verständigung fanden. Diese Elite war jedoch derart in der Minderzahl, daß sie auf keinerlei Weise die herrschende Meinung verändern konnte.

Die Beziehungen zwischen Islam und Europa ließen sich also zunächst auf philosophischer Ebene denkbar schlecht an. Da man einen Gegner aber nur dann bekämpfen kann, wenn man ihn kennt, stand Europa vor der Notwendigkeit, sich in die Vorstellungen des Gegners zu vertiefen, sie zu studieren. Zunächst fast unmerklich begann das Abendland zu begreifen, wie tief es aus dem islamischen Denken schöpfen konnte. Das eigentliche und ursprüngliche islamische Erbe wurde zwar stets abgelehnt, unübersehbar war jedoch in diesem Erbe der Anteil der griechischen Kultur, die die Muslime weiterentwickelt hatten. Die Neubewertung der antiken Philosophie in Europa zog die Entdeckung jener Gelehrten nach sich, die diese Philosophie studiert und kommentiert hatten: Alkindus (al-Kindi), Alfarabius (al-Farabi), Algazel (al-Ghazali), vor allen anderen aber Avicenna (Ibn Sina) und Averroes (Ibn Ruschd).

Das Schicksal, das den Lehren dieser beiden Philosophen im Abendland zuteil wurde, und der Ruf, den sie jahrhundertelang genossen, führten dazu, daß ihre Namen in der Erinnerung der Europäer untrennbar miteinander verbunden sind. Dante stellte beide unter die »Spiriti Magni« der Vorhölle, und eine Legende, die noch zur Zeit der Renaissance weit verbreitet war, sprach ihnen eine gemeinsame Heimat im ruhmreichen Córdoba zu. Die beiden Philosophen waren jedoch in jeder Hinsicht grundverschieden: Averroes war zwar im Herzen von al-Andalus, in Córdoba, geboren, Avicenna stammte jedoch aus Chorasan, war also der Herkunft und der Sprache nach Perser. Denken und Werke der beiden standen in einem fast

[illegible]

وذلك أنه سمي هذا الدرياق بهذا الاسم لعلتين اذ كان قد وقعت عليه تجربتان ❀ احدهما انه ينفع من لدغ الهوام السبعة والهوام السبعة باليونانية ثريا
والثانية انه ينفع من الأدوية المشروبة السمومية والأدوية السمومية باليونانية فاجمع الاسمين فسماه ثرياقا لأنه ينفع من الوجهين ❀ ومن الفقه اياه
أنه كان يأخذ من حب الغار عشرين مثقالا ❀ ومن المر عشرين مثقالا ❀ ومن الجنطيانا عشرين مثقالا ❀ ومن القسط المر عشرين مثقالا ❀ فذلك ثمانون مثقالا
يعجنه بمثل هذا الوزن عسل منزوع الرغوة وهو بالرطل البابلي رطل واحد وكان يسقي منه الشربة مثقالا بماء حار ❀ وأندروماخس هذا
الدرياق وقد انت له اثنان وعشرون سنة فبقي يستعمله باقي حياته الى أن توفي ثماني عشرة سنة ❀ والى ان ولد ابراقليدس ثمانين سنة والى ان
برع في العلم خمسا وعشرين سنة ❀ والى ان الف الدرياق المنسوب اليه ثمان سنين ❀ وذلك جملة ما بقي هذا الدرياق يستعمل لم يزد به شيء ❀
والى الوقت الذي ابتدأ ابراقليدس في تأليفه مائة واحدى وثلثين سنة ❀

[illegible]

من السنين خمسة وعشرون سنة ❀ فنظر الى هذا الدرياق المنسوب الى اندروماخس فرآه جيد الصنعة والاحكام فاحب أن يزيد في أدويته أدوية تنفع
بمازجها لهذه الأدوية منافع أخر ❀ فزاد فيه أربعة أدوية فبلغت أدويته ثمنية وهي المزاده فيه فلفل أبيض ❀ دارصيني ❀ زعفران ❀ سليخة ❀

antinomischen Gegensatz zueinander, und ihre Philosophien erlebten in Europa auch ganz unterschiedliche Schicksale.
Avicenna (980–1037) gehörte zu den typischen Vertretern jener islamischen Philosophie, die das klassische griechische Denken im Lichte der späteren hellenistischen Umarbeitungen gedeutet hat. Der Aristoteles Avicennas erscheint daher in starkem Maße neuplatonisch gedeutet, weshalb das Denken Avicennas für die Gefolgsleute des hl. Augustinus, die im Neuplatonismus die Grundlage für eine neue christliche Philosophie entdeckt hatten, höchst attraktiv war. Es entstand ein regelrecht »avicennisierender Augustinismus«, der das ganze Mittelalter hindurch hervorragende Gefolgsleute fand, so den Erzbischof Johannes von Toledo im 12. Jahrhundert und die großen Philosophen des 13. Jahrhunderts, wie Wilhelm von Auvergne, Bonaventura, Robert Grosseteste und Roger Bacon. Wie G. C. Anawati hervorgehoben hat, beeinflußte Avicenna aber nicht nur die Vertreter des Augustinismus, sondern wir treffen auf seine Ideen auch bei Albertus Magnus, Thomas von Aquin und Johannes Duns Scotus. Trotzdem kann man im strengen Sinn nicht von einem Avicennismus in der abendländischen Welt sprechen, da die Werke des persischen Philosophen nie für sich rezipiert worden sind, sondern immer nur im Zusammenhang mit der griechischen Philosophie, die sie vermittelten.
Den Schriften Averroes' (1126–1198) widerfuhr ein völlig anderes Schicksal. Sein Werk war weit weniger vom Neuplatonismus geprägt, und er neigte dazu, einen authentischen Aristoteles zu präsentieren, der frei war von den vielfältigen hellenistischen Ergänzungen. Einige philosophische Schulen ließen sich

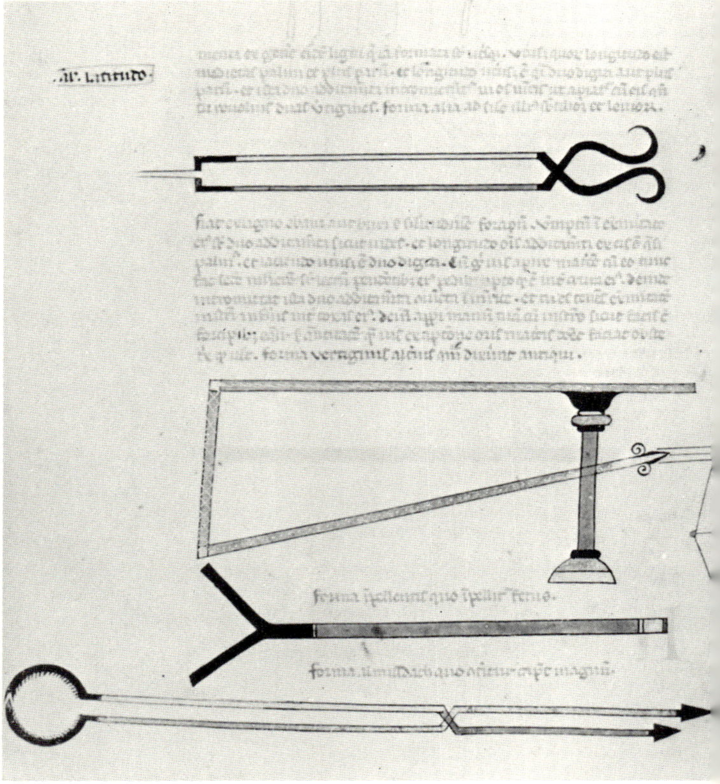

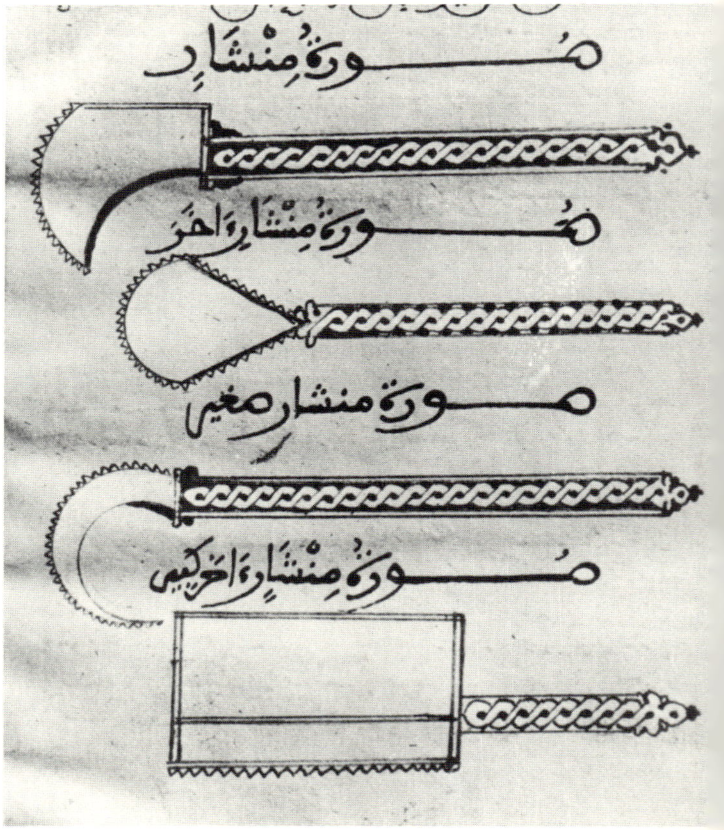

Unten: Besuch eines Arztes aus Bagdad bei einem Kollegen; Miniatur des 15. Jahrhunderts aus einer Handschrift des bereits erwähnten Arztes Ibn Butlan. Zwei weitere Aphorismen von Rhazes lauten: »Wenn Galen und Aristoteles in einem Punkt einig sind, ist die Entscheidung der Ärzte einfach, aber wenn ihre Meinungen auseinandergehen, ist es sehr schwer für sie, sich zu einigen« und »Die Wahrheit in der Medizin ist ein Ziel, das man nicht erreichen kann, und alles, was in den Büchern steht, ist viel weniger wert als die Erfahrung eines Arztes, der denkt und überlegt.«

Aus der Ärzteschaft Córdobas, die damals ihre Blüte erlebte (die medizinische Versorgung wurde durch mehr als 50 Spitäler gewährleistet), ging im 10. Jahrhundert jener Mann hervor, der als der größte islamische Chirurg angesehen wird. Der im Abendland unter dem Namen Abulcacis bekannte Abul-Qasim Qalaf ibn Abbas az-Zahrawi war der Verfasser einer medizinischen Enzyklopädie, die teilweise von Gerhard von Cremona ins Lateinische übertragen wurde. Der chirurgische Teil mit Abbildungen von mehr als 200 arabischen chirurgischen Instrumenten wurde am meisten geschätzt. Die beiden Abbildungen aus dem Werk des Abulcacis zeigen oben Geburtshilfewerkzeuge und unten chirurgische Sägen. Auf dieser Seite: zwei Abbildungen von Pflanzen aus arabischen Handschriften der De materia medica *des Dioskurides, die in Kairo und Paris aufbewahrt werden.*

von seiner Deutung derartig beeinflussen, daß man von einem eigenständigen lateinischen Averroismus sprechen kann. Bisweilen hat man seine Lehre auch etwas vorsichtiger als heterodoxen Aristotelismus bezeichnet. Auf jeden Fall war das Werk des Averroes umstrittener als die Lehren Avicennas und lösten eine Reihe heftiger Reaktionen aus: Die Pariser Verurteilung von 1210 (die 1270 und 1277 in noch härterer Form wiederholt wurde), die Widerlegung der Lehre vom Intellekt durch Thomas von Aquin, die Kritik Raimundus Lullus', all das trug dazu bei, das Denken Averroes' derart in Mißkredit zu bringen, daß die Bezeichnung »Averroist« fast zu einem Schimpfwort wurde. Siger von Brabant und die gesamte artistische Fakultät zu Paris mußten als entschiedenste Vertreter des lateinischen Averroismus wiederholt Angriffe und Verfolgungen durch den Klerus erdulden. Die Polemiken mündeten in einen unheilbaren Konflikt, der nur im Danteschen Paradies überwunden wird, wo das »ewige Licht« Sigers ausgerechnet von Thomas von Aquin, einem seiner entschiedensten Gegner, gepriesen wird. Da sie in Frankreich verfolgt wurden, verlegten die Averroisten ihre Wirkungsstätte nach Padua, aber auch hier lösten sie beträchtliche Opposition aus und hatten unter anderem gegen Francesco Petrarca zu kämpfen.

Trotz der vielfältigen Hindernisse vermochte die Lehre Averroes' in Europa tiefe Wurzeln zu schlagen, Während der Philosoph aus Córdoba in der muslimischen Welt fast unbekannt blieb, fand er im Abendland eine lange Reihe von Anhängern. Seine Werke erlebten in Europa zahllose Auflagen, und erst gegen Ende des 16. Jahrhunderts verebbte seine Popularität allmählich. Daß seine Schriften häufig zu antireligiösen Zwecken benutzt wurden, lag allerdings gewiß nicht in der Absicht des Autors.

Mit Avicenna und Averroes erlebte die muslimische Welt den Höhepunkt und beginnenden Niedergang der islamischen Philosophie. Eine sonderbare Fügung wollte es, daß gerade diese beiden Philosophen der islamischen Philosophie in Europa zum Durchbruch verhalfen und sie im Abendland am Anfang vieler komplexer Entwicklungen stehen sollte. Gerade, als im Islam al-Ghazali mit seinem Werk der Theologie zum Triumph über die Philosophie verhalf, setzte im Abendland eine entgegengesetzte Entwicklung ein; hier geriet die Theologie unter den Einfluß griechisch-muslimischer Philosophie. Daß die beiden Kulturkreise unterschiedliche Richtungen einschlugen, war sicher mit dafür verantwortlich, daß sie in der Folgezeit so unterschiedliche Entwicklungen durchliefen. Seither erscheint jede Beziehung, jegliche Art von

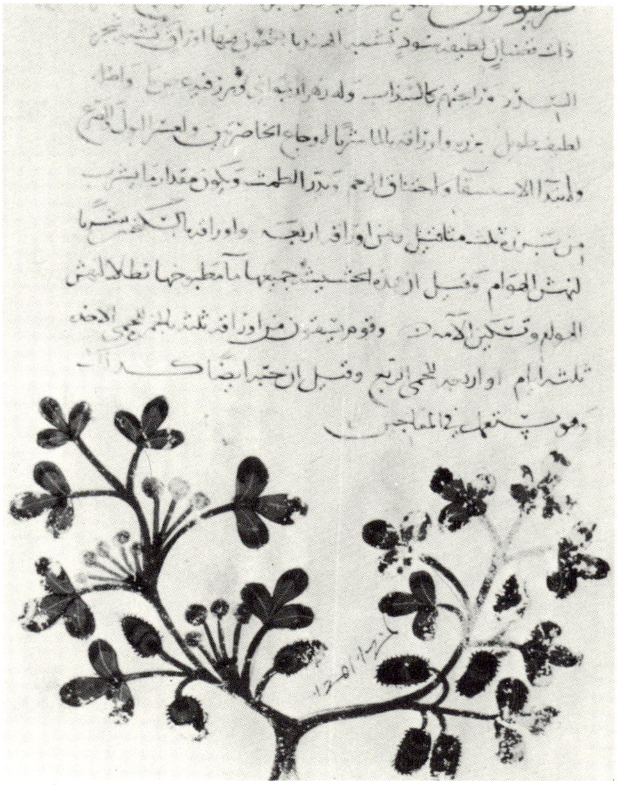

Austausch zwischen der islamischen und der europäischen Kultur mit Problemen behaftet. Eine lange und fruchtbare Periode, während der diese Kulturen trotz ihrer Gegensätze eine reiche und wirkungsvolle Zusammenarbeit gepflegt hatten, ging zu Ende.

Dante, die Göttliche Komödie und der Islam

1919 erschien in Madrid unter dem beziehungsreichen Titel La escatologia musulmana en la Divina Commedia ein Werk von Miguel Asín Palacios, das großes Aufsehen erregte. Der Autor versuchte darin, die engen Bindungen zwischen der Danteschen Vorstellung vom Jenseits und den eschatologischen Traditionen des Islam aufzuzeigen. Schon früher hatte man versucht, muslimische Einflüsse auf Dante und im weiteren Sinne auf die in Entstehung begriffenen romanischen Literaturen nachzuweisen. Diese Arbeiten hatten jedoch nur einen sehr kleinen Kreis von Fachleuten erreicht und deshalb nur ein begrenztes Echo ausgelöst. Das Buch von Asín dagegen machte viel von sich reden und provozierte eine Reihe heftigster Polemiken in Fachzeitschriften und sogar in der

DIE ALCHIMIE

Alchimie ist jene Kunst, die vorgab, unedle Metalle mit Hilfe des »Philosophensteins« (*Lapis Philosophorum*) in Gold verwandeln zu können. Diese ursprünglich als Sinnbild eines geistigen Prozesses verstandenen Verrichtungen wurden von manchen buchstäblich ausgelegt, woraus die »angewandte« Alchimie entstand. Diese letztgenannte gilt als Vorläuferin der Chemie, während in der »mystischen« Alchimie die Verwandlung der Metalle ein Symbol des inneren Vorgangs der Verwandlung (bzw. Veredelung und Läuterung) der Seele darstellt.
Als großer arabischer Alchimist galt ein »Dschabir ibn Haijan« (8. Jahrhundert?), der in Europa »Geber« genannt wurde. Er ist nicht zufällig auf einer abendländischen Buchmalerei des 15. Jahrhunderts dargestellt, zusammen mit Arnald von Villanova (gest. 1311), dem Araber Abu Bakr ar-Razi (9./10. Jahrhundert) und dem mythischen Begründer der Kunst, Hermes Trismégistos, welcher mit der Gottheit Toth des alten Ägyptens, einem der Ursprungsländer der Alchimie, identifiziert wird. Nach der Naturphilosophie des »Geber« verbinden sich die vier Elemente (Wasser, Luft, Erde und Feuer) mit den vier »Naturen« oder Qualitäten (kalt, heiß, trocken, feucht) zur »Materia Prima« aller Metalle, nämlich Quecksilber und Schwefel (1). Quecksilber und Schwefel erzeugen die einzelnen Metalle, wobei in einem jeden die vier »Naturen« entsprechend der Abfolge 1:3:5:8, was die Summe 17 ergibt, vertreten sind. Gold beispielsweise ist äußerlich heiß und feucht, innen kalt und trocken. »Geber« unterteilt die vier Naturen in vier Grade und jedes Grad in sieben weitere Unterabteilungen, so daß 28 den Buchstaben des arabischen Alphabets entsprechende Abteilungen entstehen. Im Magischen Quadrat (2), in dem die ersten neun Zahlen so verteilt sind, daß die geraden Zahlen in die Ecken kommen und sich 15 als Summe in jeder Richtung ergibt, lassen sich in der angegebenen Aufteilung die Zahlen 28 und 17 als Summen und die Folge 1,3,5,8 ablesen. Die Metalle sind unter dem Einfluß der sieben Planeten erzeugt, welche zu ihnen in festen Beziehungen stehen (6). Zusammengesetzte Symbole bestehen aus einfacheren: das Kreuz (Sinnbild der vier Elemente, dessen Mittelpunkt die *quinta essentia*, die Quintessenz, darstellt), der Kreis oder das »All-Eine« ist ein Zeichen für die Schlange Ouroboros, welche sich in den Schwanz beißt und die griechischen Worte *en to pan* »Eines in Allem« umgibt (4), und der Halbkreis bzw. Mond. Ebenso kann das Sigel Salomonis (5) als Synthese der Elemente aufgefaßt werden, indem es die Symbole für Feuer, Wasser, Erde und Luft

1

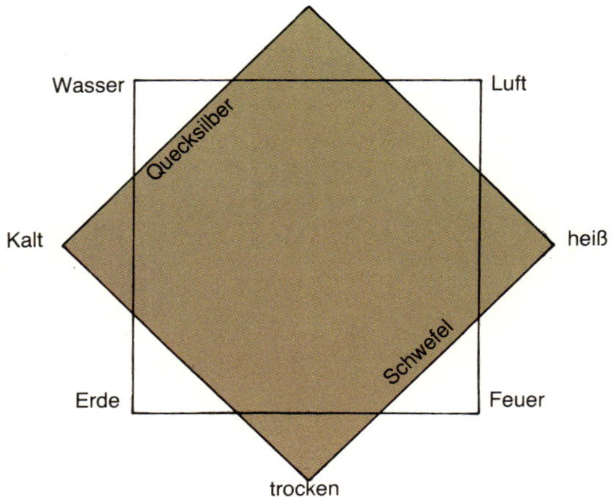

2

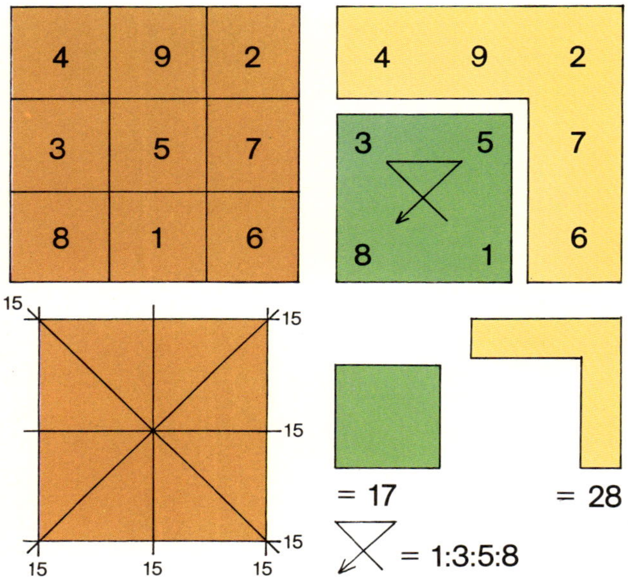

3

4

5

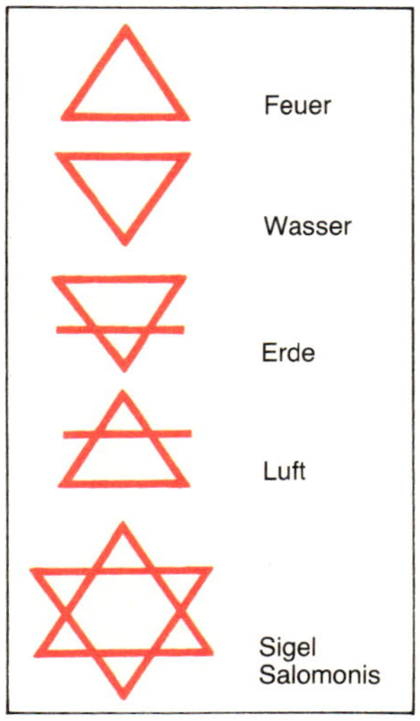

6

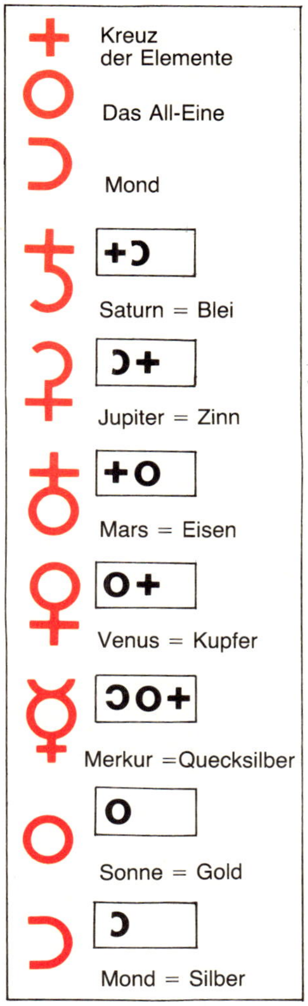

7

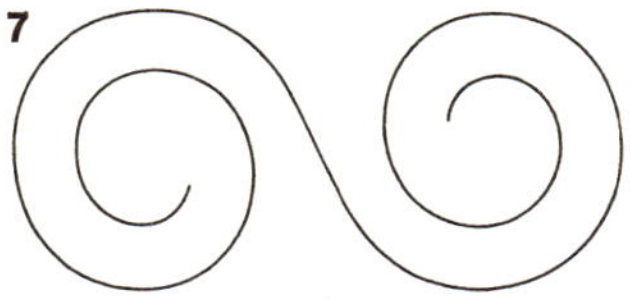

8

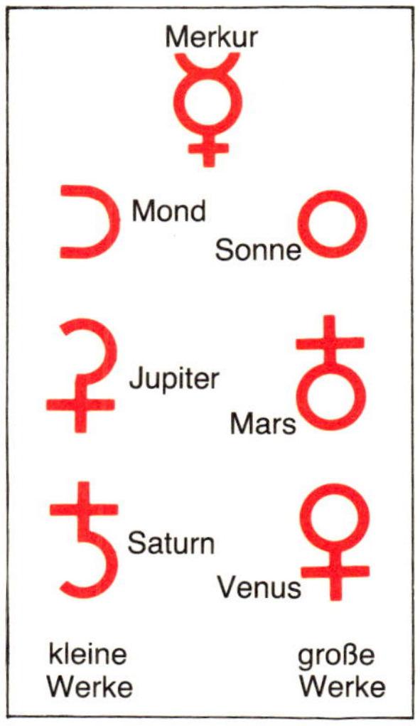

9

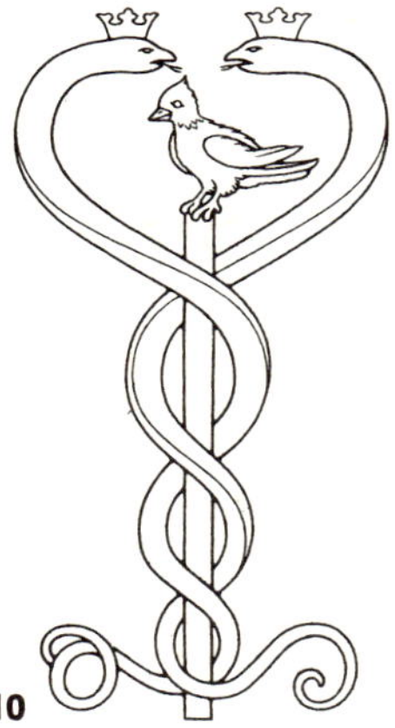

10

11

12

einschließt. Der Dualismus, Oppositionen (wie Sonne-Mond, Mann-Frau) und Synthesen stellen grundlegende Konzepte der Alchimie dar. Das Paar Schwefel-Quecksilber, die auf- und absteigende Phase der Sonne sind in der Doppelspirale ausgedrückt, welche zugleich das »Solve et coagula«, das Schmelzen und Sichauskristallieren bzw. das Trennen und Vereinigen der angewandten Alchimie ins Gedächtnis ruft (7). Derselbe Dualismus kommt beim Hermesstab (10) zum Ausdruck. Hier winden sich zwei Schlangen um den die Weltachse verkörpernden Stock. Dem entsprechen die gegenüberstehenden Drachen mit den ineinander verschlungenen Schwänzen auf einem arabischen Amulett (9). Zum praktischen Gerät der Alchimisten zählte das Destillationsgefäß mit seinem helmartigen Aufsatz, dem *Alembik* (11), und der *Athanor* (aus arabisch *at-tannur*, Ofen) genannte Ofen (12). Letzterer ist überall mit sinnfälliger Symbolik befrachtet: der wahre *Athanor* der mystischen Alchimie ist der menschliche Körper, der seinerseits ein Abbild des Kosmos darstellt. Die praktische Alchimie zielt auf die Ausführung großer und kleiner »Werke«, nämlich die Herstellung von Gold bzw. Silber. Das »Werk« war zugleich ein mystischer Vorgang. In alchimistischen Schriften findet man eine bestimmte Anordnung der Symbole für die Planeten (8), in der links die »Mond-« und rechts die »Sonnenplaneten« stehen. Erstere symbolisieren die Passivität (im mystischen Sinn machen die »kleinen Werke« die Seele bereit für die großen), zweitere die Aktivität (das »große Werk« führt zur geistigen Offenbarung). Darüber ruht das Zeichen des Quecksilbers bzw. Merkur, seiner Natur nach ein »Zwitter«. Diese Doppelnatur oder Vereinigung der Gegensätze stellt den Gipfel der mystischen Alchimie dar. Die Vermengung der angewandten mit der mystisch-astrologischen Symbolik kann auch am Beispiel der alchimistischen Entsprechungen zwischen den Tierkreiszeichen und den Verfahren gezeigt werden (13).

13

Die Illustrationen des Jahja al-Wasiti (13. Jahrhundert) zu den Maqâmât *des Hariri zeichnen ein lebendiges Bild des arabischen Alltags: hier z. B. das Innere einer öffentlichen Bibliothek mit den wohlgeordnet in Regalen liegenden Bänden. Die fünfzig* Makamen *des arabischen Philologen und Literaten al-Hariri (1054–1122) aus Basra, Skizzen und Sittenbilder in Reimprosa, die um einen einzigen Helden kreisen, werden als das Hauptwerk dieser literarischen Gattung angesehen.*

Tagespresse. Die Auseinandersetzung spielte sich allerdings in einer ungünstigen Atmosphäre ab: Die Feierlichkeiten zum sechshundertsten Todestag Dantes standen unmittelbar bevor, und es ist anzunehmen, daß die zahlreichen italienischen Reaktionen auf Asíns Buch einem falsch verstandenen Nationalstolz entsprangen. Ausgerechnet Dante, der Inbegriff des italienischen Dichters, sollte in seinem Hauptwerk aus fremden Quellen geschöpft haben? Das war aber offenbar nicht einmal der Hauptangriffspunkt. Um nicht eine Dankesschuld Dantes gegenüber dem Islam anerkennen zu müssen, gingen viele Gegner der islamischen These Asíns dazu über, nach anderen, außeritalienischen Quellen zu suchen. Neben diesen vorurteilsbehafteten Reaktionen gab es jedoch auch ernst zu nehmende Einwände, gegen die Asín seine These verteidigen mußte. Nur wenn man diese begründete Kritik berücksichtigt, gelangt man zu einer genauen Vorstellung der damaligen Problematik.

Asín hatte eine ungeheure Masse buntgemischter islamischer Quellen über Visionen des Jenseits und über außerirdische Reisen analysiert, bis er ein detailliertes Bild der Vorbilder entwerfen konnte, die den Verfasser der Divina Commedia möglicherweise beeinflußt haben. Da viele dieser islamischen Motive nach der These Asíns bereits vor der Zeit Dantes nach Europa gelangt und zu Bestandteilen verschiedener Erzählungen geworden waren, handelte es sich allerdings oft um indirekte Einflüsse. Visionen der Hölle, Paradieslegenden, Geschichten von wunderbaren Seereisen, all das verwies laut Asín mehr oder weniger stark auf islamische Ursprünge. In der Divina Commedia und der sogenannten »geistigen Struktur des Danteschen Universums« traten diese Elemente besonders deutlich hervor, und man ist in der Tat überrascht, welche Übereinstimmung oft zwischen bestimmten islamischen Erzählungen (insbesondere denjenigen, die sich auf die nächtliche Reise und die Himmelfahrt des Propheten Mohammed beziehen) und dem Werk Dantes bestehen. Die »Konstruktion« der Hölle ist jeweils die gleiche: Eine Reihe von Höllenkreisen, von denen jeder für die Verbüßung einer besonderen Art von Schuld bestimmt ist, bilden einen großen Trichter. Bei Dante und in der islamischen Überlieferung wird die Hölle unterhalb Jerusalems angesiedelt, und auch bestimmte Arten der Bestrafung sind sehr ähnlich. Der muslimische Pilger wird vom Engel Gabriel begleitet und unterwiesen, so wie Dante von Vergil geführt wird, und beiden Reisenden versperren anfänglich wilde Tiere den Weg. Das irdische Paradies Dantes und das der islamischen Erzählung haben zahlreiche Berührungspunkte, und die »Wohnungen« des himmlischen Paradieses, von denen jede mit einer besonderen Kategorie von Heiligen besetzt ist, erinnern ebenfalls sehr stark an die Himmel der Divina Commedia. Die seligmachende Vision am Ende ist dann fast identisch: In beiden Fällen handelt es sich um eine intensive Erscheinung des göttlichen Lichtes, das den Betrachter blendet und ihn das Gedächtnis verlieren läßt. Dies sind nur einige Beispiele aus der eindrucksvollen Reihe von Parallelen, Ähnlichkeiten oder sogar Übereinstimmungen, die Asín zwischen der muslimischen Legende und der Göttlichen Komödie feststellen konnte. Wie alle »Entdecker« erlag der spanische Autor der Versuchung, seine Vergleiche auszudehnen und zu überschätzen. Wo es sich nur um Ähnlichkeiten allgemeinster Art handelte, wollte er zum Beispiel eine unmittelbare Übertragung sehen. Der aufmerksame

Leser von Asíns Werk wird sich viele der zitierten Übereinstimmungen oder Ähnlichkeiten nur schwer erklären können, ohne den muslimischen Einfluß auf das Werk Dantes vorauszusetzen.

Wie kam dieser Einfluß aber zustande? Dies war die eigentlich strittige Frage, die die größten Zweifel und die gewichtigsten Einwände auslöste. Asín mußte sich zu Recht den Vorwurf gefallen lassen, er habe zu diesem Punkt keine überzeugenden Beweise für seine These vorlegen können. Der spanische Gelehrte konnte keine solide und glaubwürdige Erklärung dafür liefern, wie die islamischen Belege in eine europäische Umgebung gelangt sein konnten. Nach unserer Auffassung beharrte er zu sehr darauf, daß Spanien der entscheidende Träger der Überlieferung gewesen sei, und vernachlässigte andere mögliche, meist mündliche Quellen. Damit unterlief ihm derselbe »nationalistische« Irrtum, dem einige seiner Gegner erlagen. Auch die Entdeckung des LIBRO DELLA SCALA, einer mittelalterlichen Übersetzung einer der zahlreichen Versionen des *Miradsch*, daß heißt der Himmelfahrt des Propheten, lieferte nur im begrenzten Maße eine postume Bestätigung der These Asíns: Es ist nicht nur wahrscheinlich, daß Dante diesen Text kannte, sondern wir können mit Levi della Vida sogar davon ausgehen, daß er ihn gekannt haben muß. Trotzdem kann dieses LIBRO DELLA SCALA nicht die gesuchte Quelle sein, die uns in der Kette der Beweisstücke fehlt. Qualität und Quantität der in ihm enthaltenen Hinweise sind eher mager im Vergleich zu denen, die Asín aus umfangreicheren und vollständigeren Versionen der Legende erschlossen hat. Die Frage, welche Wege die Überlieferung genommen hat, bleibt also offen, und die »islamische These« findet bis zum heutigen Tag gleichermaßen entschlossene Gegner wie Befürworter.

Wenn wir von dem Sonderfall der DIVINA COMMEDIA absehen und uns der Frage zuwenden, in welcher Weise die muslimische Literatur die europäische allgemein beeinflußt hat, stoßen wir auf das gleiche Problem. Auch hierzu hat es lange und lebhafte Diskussionen gegeben, die allerdings nie in die scharfe Polemik abglitten, wie der Streit um Dante. Das Problem stellt sich folgendermaßen: Hat die arabische Literatur (und besonders ihre Poesie) zur Ausbildung gewisser Aspekte der romanischen Literaturen beigetragen? Wie kann dieser Einfluß, wenn es ihn gab, am besten bestimmt werden? Handelte es sich um rein formale Entlehnungen oder wurden im Zuge dieser Übermittlung auch besondere Inhalte übernommen? Es steht außer Zweifel, daß zahlreiche formale und begriffliche Analogien zwischen der arabischen Poesie und der jungen Literatur in den Volkssprachen entstanden. Wie wir aber bereits angemerkt haben, sollte man sich davor hüten, aus Ähnlichkeiten allgemeiner Art eine unmittelbare Übertragung abzuleiten. Eine bestimmte Gattung der arabischen Poesie dreht sich um sehr ähnliche Themen wie die Troubadourdichtung und die sizilianische und toskanische Poesie: die Idealisierung der Frau, der Liebesdienst als Unterwerfung und bestimmte Rituale, die eine Liebesszene umrahmen sollten: »Es scheint, sie habe ihre Wohnstatt im Paradiese und komme dann auf die

Averroes, »maestro di color che sanno« (Dante), der arabische Philosoph aus Spanien, der so großen Einfluß auf die europäische Kultur hatte, dargestellt in einem imaginären Gespräch mit dem Neuplatoniker Porphyrios (3.–4. Jahrhundert) in einer mittelalterlichen Handschrift in lateinischer Sprache. Unten: eine islamische Bibliothek auf einem abendländischen Druck.

Rechts: Eine Seite aus einem hebräischen Kodex des Canon *von Avicenna aus dem 14. Jahrhundert mit Miniaturen, die die Medizinschule von Salerno und die Normannen behandeln. Er stellt gleichsam einen symbolischen Ort der Begegnung und Verflechtung verschiedener kultureller Überlieferungen dar. Es ist bekannt, welches Gewicht der Philosoph Avicenna, Perser nach Stamm und Sprache, in der mittelalterlichen Kultur des Abendlandes als islamischer Interpret des klassischen griechischen Denkens im Lichte der späteren hellenistischen Umarbeitungen hatte. Dante stellt ihn mit Averroes und den anderen »Spiriti magni« in die Vorhölle. Insbesondere der von Gerhard von Cremona im 12. Jahrhundert ins Lateinische übersetzte* Canon *beherrschte zusammen mit Galen das medizinische Denken des Mittelalters, bis Paracelsus die Bücher der beiden alten Autoren öffentlich den Flammen überantwortete (1527). Links: Abfragen vor dem Lehrer der Moscheeschule, während ein Schüler den an der Decke hängenden Fächer bewegt; Unterhaltung in einem literarischen Zirkel, weitere zwei Illustrationen aus den* Makamen *des Hariri.*

Erde, um ein Wunder und eine Lehre zu sein.« Es liegt nahe, daß man bei Versen wie diesen von al-Abbas ibn al-Ahnaf (8./9. Jahrhundert), dem »Troubadour von Bagdad«, an bestimmte Abschnitte der Vita Nuova denkt. Und wenn Omar ibn al-Farid (12./13. Jahrhundert) sagt: »Beim Anblick der Geliebten ging mein Sinn hinweg, und ich trennte mich vom Sein meines Sehens ab«, dann erinnern wir uns sehr wahrscheinlich an Dantes »Spiriti del viso«, die beim Anblick Beatrices »außerhalb ihrer Werkzeuge« blieben. Bei Ibn Hazm aus Córdoba (10./11. Jahrhundert) finden wir schließlich, wie Gabrieli sagt, sowohl den Liebesbegriff des Troubadours wie auch die Geistigkeit des *»Dolce stil nüovo«* vorweggenommen: »Könnt' ich wissen, wer sie sei, oder wie die Nacht gekommen sei! War sie das Antlitz der Sonne oder des Mondes? War sie eine Erscheinung des Geistes, von seiner eigenen Betriebsamkeit geoffenbart, oder ein Bild des Geistes, das mir aus dem Gedanken geoffenbart wurde?
Oder ein Bild, das in der Seele Gestalt annahm, meiner eigenen Hoffnung, das der Blick wahrzunehmen glaubte?
Oder nichts von alledem, sondern es ist ein Vorfall gewesen, vom Schicksal bewirkt als Ursache meines Todes?«
Wir sollten diese Analogien eher als Ausdruck einer gemeinsamen Geisteshaltung werten, denn als Zeichen der direkten Abhängigkeit der einen von der anderen Tradition. So verwenden Jaufré Rudel und Giacomo da Lentini, Guido Guinizelli und Cino da Pistoia selbst da, wo sie sich vom Islam inspirieren ließen, eine eigene und unabhängige Liebessymbolik. Für uns liegt trotzdem ein weiterer Beweis dafür vor, wieviel den beiden Kulturen in einer weit zurückliegenden Periode ihrer Geschichte gemeinsam war.

הספר
השלישי מספר הקאנון
ראופן הראשון
פרק ראשון
אמר גליאנוס

PFLANZEN, DIE DIE ARABER NACH EUROPA BRACHTEN

Da die islamische Welt sich vom Atlantik bis zum Indischen Ozean ausdehnte, konnte innerhalb ihrer Grenzen ein Austausch materieller Kulturgüter stattfinden, von dem auch Europa profitierte. In gewissem Sinn läßt sich der zeitliche Ablauf dieser Weitergabe mit der Überlieferung kultureller Errungenschaften der Alten Welt an die Neuzeit vergleichen: in beiden Fällen trat zur Überlieferung ein eigener, kreativer und entwickelnder Beitrag. Kaum bekannt ist die Rolle der Übertragung von Pflanzen und Anbautechniken. Es gibt Fälle, in denen die Araber in die europäischen Mittelmeerländer für diese Umgebung völlig neue Pflanzen und Anbautechniken brachten, wie zum Beispiel den Reis. In anderen Fällen verdanken wir den Arabern die Wiederbelebung von Agrarprodukten, welche man schon in der Antike kannte, deren Anbau aber mit dem Ende des Römischen Reichs stark zurückgegangen war oder überhaupt aufgegeben wurde. Man glaubt, daß mit der islamischen Eroberung folgende Pflanzen nach Europa gekommen bzw. hier wieder aufgetreten sind: Pistazie, Orange, Zitrone, Dattel, Gerbersumach, Maulbeerbaum, Zuckerrohr, Papyrusstaude und Baumwollpflanze wurden über Sizilien importiert; Reis, Artischocke, Zuckerrohr, Johannisbrotbaum, Aprikose, Banane, Safran, Baumwolle und Dattel wurden über Spanien eingeführt; die Türken brachten den Reisanbau auf den Balkan. Die Karte veranschaulicht in schematischer Form die Übertragung der einzelnen Pflanzen. Hier erscheint auch die Seide, deren Vermittlung ebenfalls mit einer Pflanze, dem Maulbeerbaum, einhergeht. Die Seidenraupe ist bekanntlich von China nach Byzanz gelangt. Die Araber führten im 11. Jahrhundert die Seidenindustrie in Spanien ein. In Sizilien wurde die Seide dagegen 1146 von König Roger aus Griechenland übernommen. Von Sizilien aus gelangte die Seidenindustrie nach Venedig, das damals die europäischen Märkte kontrollierte.

Der Johannisbrotbaum, in der Levante und wahrscheinlich auch der Kyrenaika wild wachsend, wurde von den Griechen in Italien und von den Arabern in Spanien verbreitet.

Das Vorkommen von Dattelpalmen in Spanien, Sizilien und auf Sardinien ist wahrscheinlich auf arabische Vermittlung zurückzuführen.

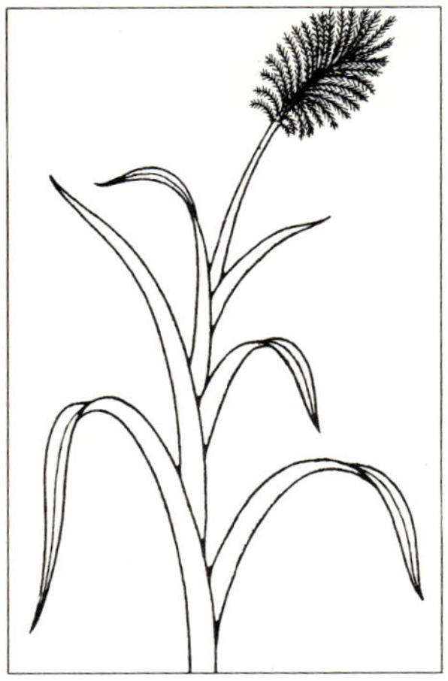

Das Zuckerrohr wurde von den Arabern nach Sizilien und Spanien gebracht. Sein Anbau ist später wieder aufgegeben worden.

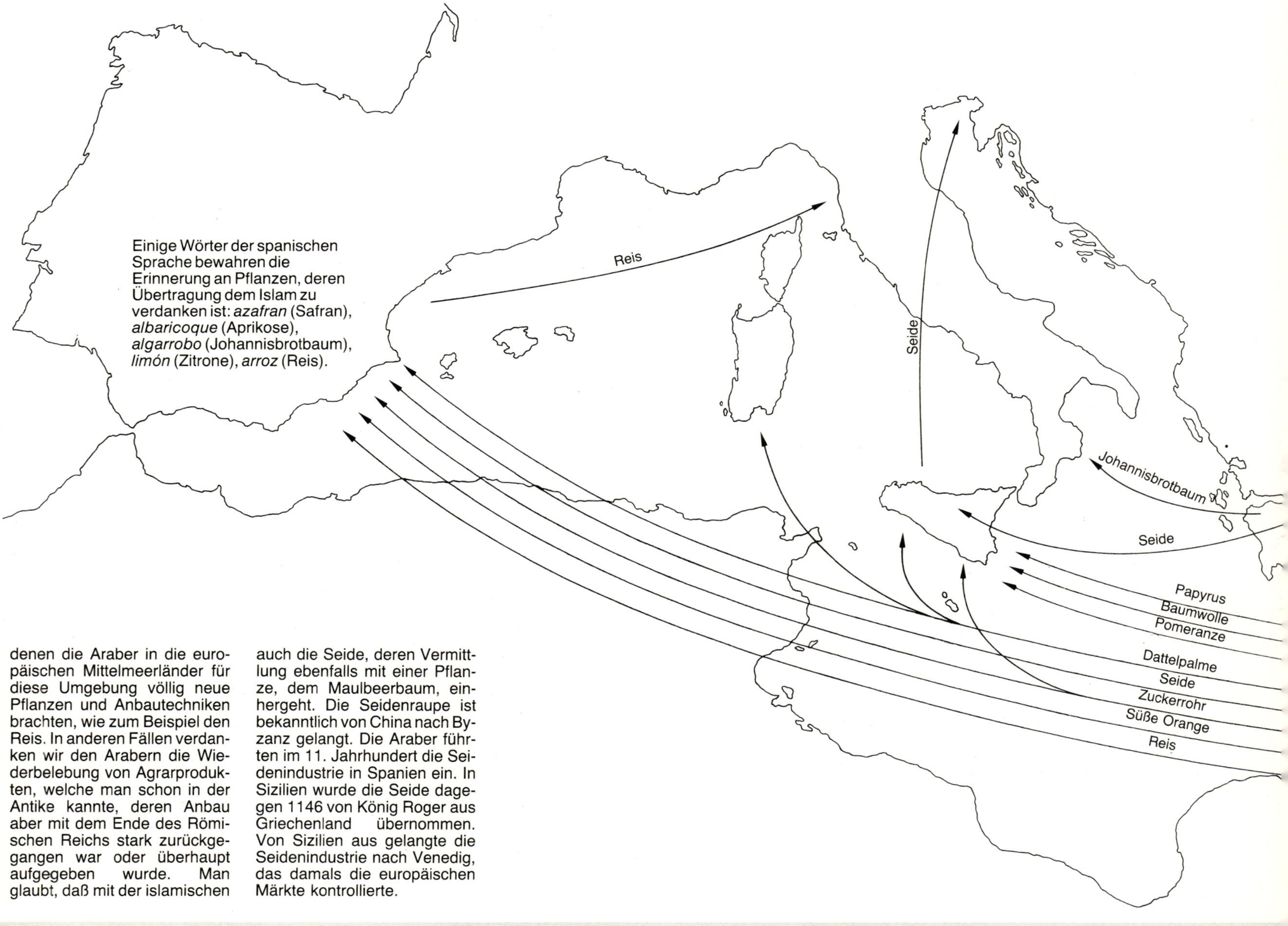

Einige Wörter der spanischen Sprache bewahren die Erinnerung an Pflanzen, deren Übertragung dem Islam zu verdanken ist: *azafran* (Safran), *albaricoque* (Aprikose), *algarrobo* (Johannisbrotbaum), *limón* (Zitrone), *arroz* (Reis).

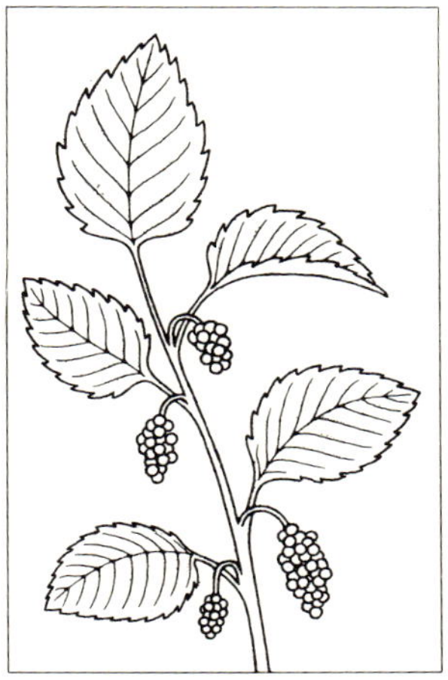

Der Maulbeerbaum: Sein Anbau ist mit der Seidenindustrie verbunden; er scheint durch die Araber nach Sizilien gebracht worden zu sein.

Die Papyrusstaude wächst bekanntlich auf Sizilien. Es ist allerdings umstritten, ob sie einheimisch ist oder von den Arabern eingeführt wurde.

Die Süße Orange war zwar vielleicht schon den Römern bekannt, erscheint aber durch arabische Vermittlung im 14. Jahrhundert auf der Iberischen Halbinsel.

Die Pomeranze wurde zur Zeit der arabischen Oberherrschaft nach Sizilien gebracht. Das Datum – 1002 – ist bekannt.

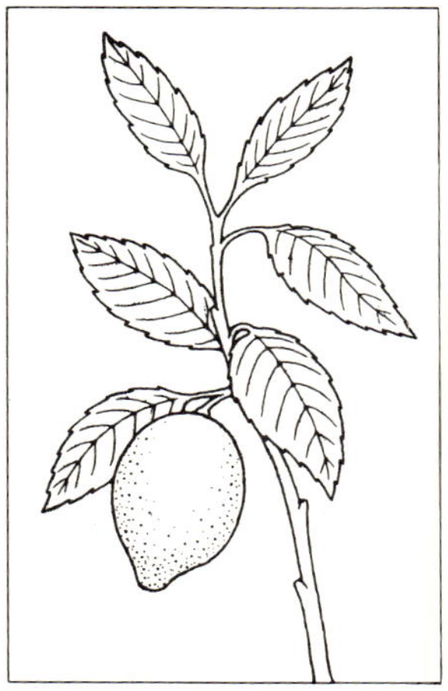

Die Zitrone wurde von den Arabern in Sizilien eingeführt. Ihr in vielen europäischen Sprachen geläufiger Name kommt vom arabischen *laimun*.

Die Einführung des Reisanbaus auf dem Balkan ist der wichtigste türkische Beitrag zur Übertragung neuer Pflanzen nach Europa.

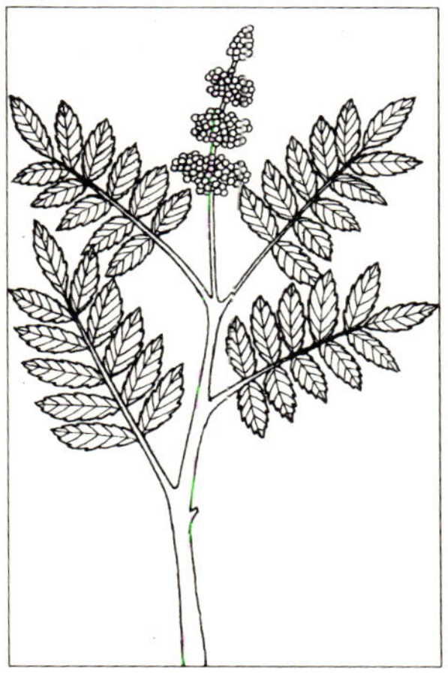

Der Sumach wird zum Gerben von Fellen und beim Färben verwandt. Er trägt den arabischen Namen *summaq*.

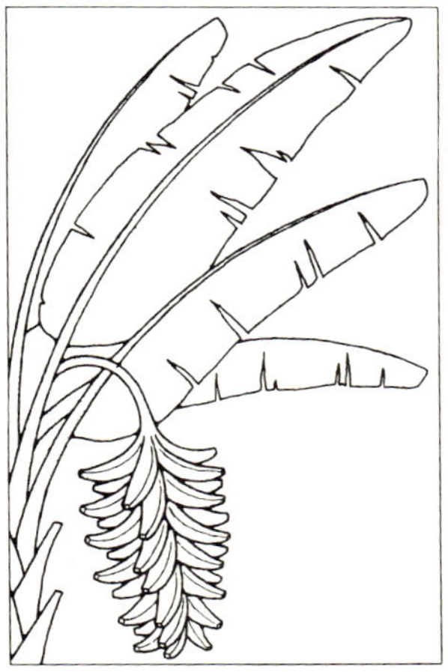

Die Banane kam wahrscheinlich mit den Arabern nach Spanien. Ihr botanischer Name *musa* kommt aus dem Arabischen.

Der Reis ist vielleicht die wichtigste unter den Pflanzen, welche die Araber als Vermittler bei ihrer Verbreitung haben. Die Antike kannte den Reis vermittels ihrer Beziehungen zum Orient. Diodoros aus Agyrion, ein Zeitgenosse des Augustus, beschreibt seinen Anbau nach Aristobulos, welcher am Alexander-Feldzug teilgenommen hatte. In den römischen Mittelmeerraum wurde der Reis zwar eingeführt, dort jedoch nicht angebaut. Möglicherweise wurde er vom Nildelta aus, wohin die Araber seine Kultur übertragen hatten, verbreitet. Die Araber brachten ihn später nach Spanien. Der spanische Name *arroz* stammt aus dem Arabischen, wird aber seinerseits auf das Sanskrit zurückgeführt. Es gibt Nachrichten über den Reisanbau in Italien aus dem 15. Jahrhundert (er soll 1468 bei Pisa kultiviert worden sein), jedoch scheint der Reis nach Italien (mit Ausnahme Siziliens) über Spanien gekommen zu sein. Die Türken schließlich bringen ihn auf den Balkan.

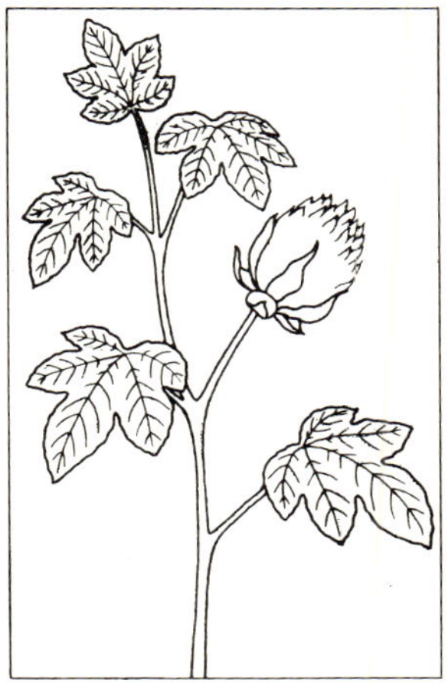

Die Baumwolle trägt im Italienischen, Englischen und anderen Sprachen den arabischen Namen (*Qutn*). Sie ist eine weitere Pflanze, an deren Verbreitung die Araber einen wichtigen Anteil haben. Die Anzahl der wilden Baumwollarten ist ungewiß, und auch unter den Kulturpflanzen gibt es verschiedene Spezies. Eine unter ihnen, *Gossypium herbaceum*, wird auch »arabische« oder »levantinische« Baumwolle genannt. Sie ist in Westasien und dem Mittelmeerraum beheimatet, von wo aus sie die Araber verbreiteten. Tatsächlich haben Anbau und Verwertung der Baumwolle eine lange Tradition und scheinen an mehreren voneinander unabhängigen Orten betrieben worden zu sein. Man weiß zum Beispiel, daß die Europäer nach ihrer Überquerung des Atlantik in Mittel- und Südamerika einen regelrechten Baumwollanbau vorfanden. Es scheint, daß in der Alten Welt die Baumwolle zuerst in Indien kultiviert wurde. Nach Sizilien kam sie im 9. Jahrhundert durch die Araber.

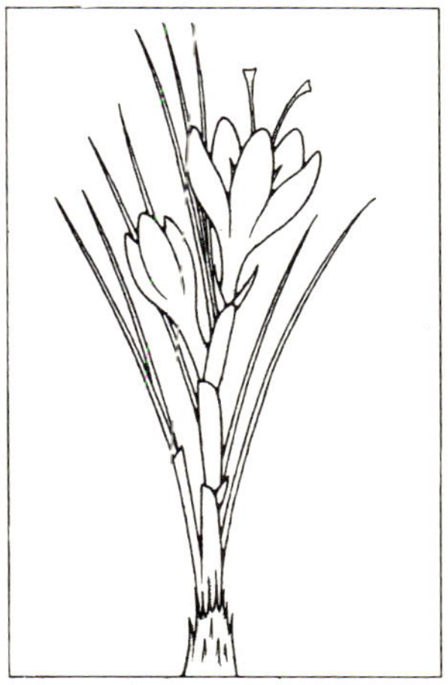

Der Safran wurde schon von den Römern verwandt. Die Araber brachten ihn nach Spanien. Seine Bezeichnung geht auf das Arabische zurück (*zafferano* bzw. *azafran*).

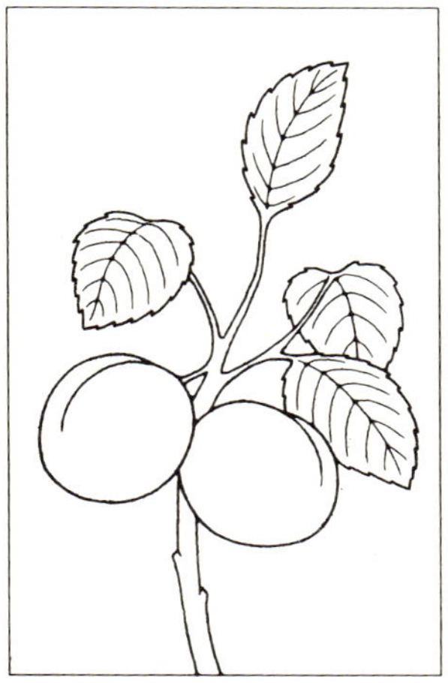

Die Aprikose wurde am Beginn unserer Ära in den Mittelmeerraum eingeführt. Plinius zitiert sie als *praecocum*. Heute gebrauchen wir den arabischen Namen, *al-Barquq*.

Sindbad der Seefahrer

Links: Die Rückkehr der Karawane. Miniatur von Jahja al-Wasiti zu den Makamen *des Hariri. Man reiste sehr viel, innerhalb und außerhalb der weiten Grenzen des riesigen Reiches. Es gab die unterschiedlichsten Gründe, sich auf den Weg zu machen; die meisten Reisen dienten der Religion oder dem Handel. Auf den Verbindungswegen begegneten sich Pilger aus den entferntesten Gegenden der islamischen Welt auf dem Weg nach Mekka, der Geburtsstadt des Propheten: Kaufleute, die Basare und Warenlager mit Porzellan, Seide, Papier und Tinte aus China, Gewürzen und Tinkturen aus Indien, Pelzen aus Skandinavien, Elfenbein, Gold und Sklaven aus Afrika zu beliefern hatten und umgekehrt Getreide und Textilien aus Ägypten, Glas und Metalle aus Syrien, Leder und Felle aus Arabien exportierten. Nicht von ungefähr hatte der Islam seinen großen Reichtum seinen lebhaften Handelsaktivitäten zu verdanken. Zuweilen war der Antrieb für die Reise auch eine geistige Unruhe, ein Drang, fremde Völker und Länder kennenzulernen und den Schleier über dem Unbekannten zu lüften.*

Mohammed im Eis

Da die muslimische Expansion innerhalb kurzer Zeit eine gewaltige Ausdehnung erreichte, kamen die Eroberer mit den verschiedensten geographischen und ethnischen Verhältnissen in Berührung. Von den äußersten Grenzen des Imperiums aus drangen Reisende, Kaufleute und Geographen in immer entferntere Regionen vor. Das »Land der Finsternis«, die »Provinz der Dunkelheit« Marco Polos, die nördlichen Gebiete Europas also mit ihrem für die muslimischen Reisenden so fremdartigen Klima und den Gebräuchen und Lebensweisen, zu denen dieses Klima zwang, muß für sie die seltsamste und geheimnisvollste Begegnung gewesen sein.

921 brach auf Anordnung des Abbasidenkalifen al-Muqtadir billah von Bagdad aus eine Expedition auf. Der Reisebericht ihres Schreibers Ahmad ibn Fadlan ist uns unvollständig erhalten geblieben. Über Buchara, den Amu Darja (Oxus) und die Länder der Türken gelangte der Zug im folgenden Jahr zur Stadt Bulghar, wohin sie dem Herrscher der Wolgabulgaren, Almusch, materielle Hilfe und religiöse Unterweisung, um die er gebeten hatte, brachten. Für die Völker, die erst kurz zuvor zum Islam bekehrt worden waren, war es genauso schwer, sich der aggressiven Nachbarn zu erwehren wie die Vorschriften ihrer neuen Religion genau kennenzulernen und anzuwenden. Neben der Entfernung zu den größeren Zentren der islamischen Kultur gab es auch noch andere Probleme, die die Erfüllung bestimmter Vorschriften selbst dann erschwerten, wenn man diese genau kannte. Der Breitengrad dieser Regionen, die beträchtlichen Schwankungen von Tag- und Nachtlängen machten die Verrichtung der fünf täglichen Gebete und die Einhaltung der Fastenzeiten während des Ramadan derart problematisch, daß muslimische Gelehrte dieses Problem in der Folgezeit von Grund auf untersuchten und darüber ganze Abhandlungen verfaßten. Noch schwieriger wurde die Situation offenbar, als die nunmehr bekehrten Bulgaren versuchten, in noch nördlicheren Regionen für den Glauben missionarisch tätig zu werden. Ibn Fadlan stieß bei seiner Expedition in den äußersten islamischen Norden nicht nur auf Türken, die bereit waren, den »wahren Glauben« anzunehmen, sondern auf noch viel ungewöhnlichere Typen von Europäern: »Ich habe die *Rus* gesehen, als sie bei ihren Handelsfahrten hierher gelangt waren und am Flusse Atil (Wolga) ihr Lager aufschlugen. Ich habe niemals Leute mit einem vollkommeneren Körperbau gesehen als sie. Sie sind groß wie Dattelpalmen, blond und rot, so daß sie weder Mäntel noch Kaftane zu tragen brauchen, vielmehr trägt der Mann bei ihnen ein Gewand, welches nur die Hälfte seines Körpers umhüllt und eine von seinen beiden Händen freiläßt. Jeder von ihnen hat eine Axt, ein Schwert und ein Messer bei sich, von denen er sich nicht trennt. Ihre Schwerter in fränkischer Art sind breit und mit einer Blutrinne versehen. Jeder von ihnen ist vom Rande des Fingernagels bis zum Hals in dunkelgrüner Färbung mit Bäumen, Figuren und anderen Ornamenten tätowiert.«

Über diese *Rus,* die Ibn Fadlan so lebendig beschrieben hat, wissen wir nur wenig. Die einen glauben, es habe sich um ein slawisches Volk gehandelt, während andere Theorien von Skandinaviern sprechen. Die Frauen der *Rus* beeindruckten den muslimischen Erzähler vor allem durch die verschiedenen Halsbänder, mit denen sie geschmückt waren, und durch die Anzahl ihrer Ketten, die unmittelbar dem Reichtum des Mannes entsprach. Was jedoch einen Muslim, der an die prächtigen Bäder Bagdads gewöhnt war und für den die Reinlichkeit zu den größten Vorzügen seiner Kultur zählte, am meisten erschüttern mußte, waren die hygienischen Gewohnheiten dieser »grünen Männer«: »Sie sind die schmutzigsten Geschöpfe Gottes. Sie schämen sich nicht beim Stuhlgang und Harnen, noch waschen sie sich nach der Befleckung durch

Samenerguß, noch reinigen sie ihre Hände nach dem Essen. Sie sind also wie verirrte Esel.« Diese Wirkung hinterließen also einige »echte« Europäer beim muslimischen Betrachter. Ibn Fadlan beschränkte sich in seiner Abscheu jedoch nicht auf diese wenigen Bemerkungen, sondern er beschreibt auch sexuelle und hygienische Gewohnheiten dieser Kaufleute, die selbst uns abstoßend erscheinen.

Zweihundert Jahre später hielt sich ein anderer muslimischer Reisender in derselben Gegend auf: Abu Hamid, der 1080 in Granada geboren worden war, brach 1130 von Bagdad aus auf und gelangte einige Zeit später nach Bulghar, Kiew und Ungarn. Die Berichte, die er uns über den hohen Norden Europas hinterlassen hat, sind genaue Beobachtungen aus erster Hand und deshalb für uns wertvolle Quellen über Sitten und Gebräuche der nordischen Völker. Ein weiteres Jahrhundert später besuchte der berühmteste islamische Reisende, Ibn Battuta, diese Gegenden. Er erreichte zwischen 1322 und 1333 Bulghar, das nunmehr Teil des Herrschaftsgebietes der Goldenen Horde war, und erfuhr dort von dem geheimnisvollen »Land der Finsternis«, das vierzig Tagesreisen entfernt lag. Er wagte nicht, diese schwierige und gefahrvolle Reise auf sich zu nehmen, hinterließ uns aber eine Reihe von Berichten über diese Gegend: »Man gelangt dorthin nur auf kleinen Wagen (Schlitten), die von großen Hunden gezogen werden, denn diese Ebene ist gefroren und weder der Fuß des Menschen, noch der Huf der Saumtiere vermögen dort Halt zu finden. Die Hunde mit ihren langen Krallen können jedoch den Fuß auf dem Eis halten. Nur reiche Kaufleute mit mehr als hundert Wagen dringen in dieses Land ein, und da es dort weder Bäume, noch Steine, noch bewohnte Ortschaften gibt, haben sie Nahrungsmittel, Getränke und Holz geladen. Einziger Führer in diesem Land ist ein Hund, der schon mehrere Male dort gewesen ist, und sein Wert kann deshalb bis auf tausend Dinar steigen. An seinem Hals werden drei weitere Hunde und der Wagen festgebunden. Er ist der Anführer. Die übrigen Hunde folgen ihm mit dem Wagen und halten an,

Oben: Ein Pilger (aus: Istoria dello stato presente dell'Imperio ottomano, *1671, von Ricaut, dem Botschafter des englischen Königs bei Mehmed IV. Italienische Ausgabe von 1673). Unten: Kamele, die einen Tragsessel transportieren (aus:* Le costume historique, *Paris 1888). Beim Aufbruch zur langen Reise nach Mekka wendet sich der Pilger mit folgenden Worten an seine Angehörigen: »Weine nicht, wenn ich dich verlasse; weine nicht, wenn ich nach Erfüllung der vorgeschriebenen Handlungen sterbe. Beweine vielmehr denjenigen, der stirbt, wenn er den Gebirgspaß erreicht (bevor er nach Mekka gelangt ist).« Der Koran (Sure XXII, 27–28) sagt: »Und ruf unter den Menschen zur Wallfahrt auf, damit sie entweder zu Fuß zu dir kommen, oder auf allerlei hageren Kamelen reitend, die auf jedem tief eingeschnittenen Paßweg daherkommen! Und sie sollen dabei bezeugen, daß sie allerlei Nutzen davon haben, und in einer bestimmten Anzahl von Tagen beim Schlachten den Namen Gottes über jedem Stück Vieh aussprechen, das er ihnen beschert hat. Eßt selber davon, und gebt auch dem Notleidenden und Armen davon zu essen!«*

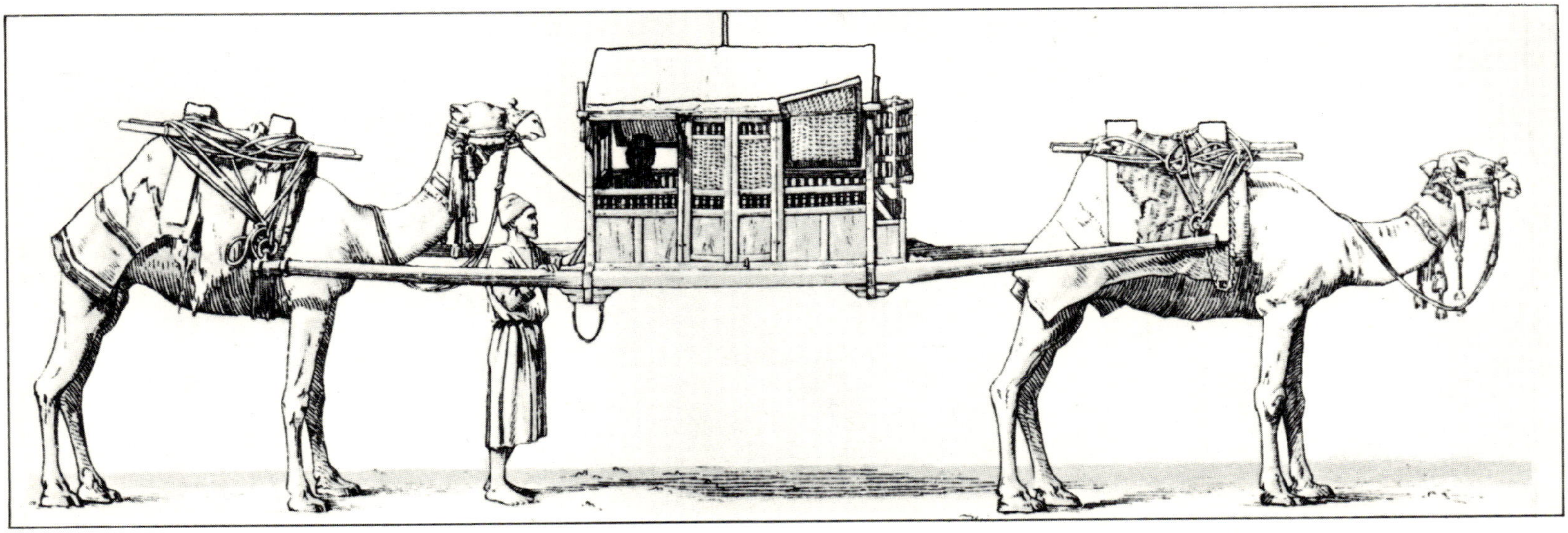

wenn er anhält. Ein solcher Hund wird von seinem Herrn niemals geschlagen oder getadelt. Wenn das Essen kommt, erhält als erster, noch vor den Menschen, der Hund, denn sonst wird der Hund wütend, entläuft und läßt den Menschen allein zugrunde gehen.
Wenn die Reisenden vierzig Etappen in dieser Wüste zurückgelegt haben, gelangen sie in die Finsternis. Dort hinterlegt jeder seine mitgebrachte Ware und kehrt zu einem vereinbarten Haltepunkt zurück. Am nächsten Tag kehrt er wieder, um seine Ware zu holen und findet statt dessen Zobel-, Eichhörnchen- und Hermelinfelle vor. Ist er mit der Gegenlieferung zufriedengestellt, nimmt er sie mit, andernfalls läßt er sie liegen und die aus der Finsternis geben weitere Felle hinzu. Andere Male sind es jedoch die aus der Finsternis, welche ihre Ware wieder mitnehmen und die der Kaufleute zurücklassen. Dies ist ihr System von Kauf und Verkauf, und diejenigen, die dorthin fahren, wissen nicht, ob jene, die ihnen etwas abkaufen und verkaufen, Menschen oder Geister sind, denn sie sehen nie jemanden.«
Es ist vielleicht kein Zufall, daß Ibn Battuta, der wie kein anderer durch seine Reisen die islamische Expansion repräsentiert, an dieser Grenze, von der man nicht einmal wußte, ob jenseits von ihr Menschen oder Geister hausten, halt machte. Hatte bereits die metaphorische »Mauer aus Eis« der muslimischen Expansion im Westen Europas eine Grenze gesetzt, so stellte die konkrete Kältebarriere im Osten Europas erst recht eine Grenze dar, die nicht überschritten werden konnte.

Einer der größten muslimischen Mystiker, Dschelaleddin Rumi, der im 13. Jahrhundert in der Türkei lebte, vergleicht Mekka mit einer Radnabe und die Wege, die sich dort treffen, mit den Speichen dieses Rades, die den verschiedenen »Pfaden« entsprechen, die die Propheten zur Erlangung der Wahrheit vorgezeichnet haben: »Auch wenn es sicherlich verschiedene Wege der Suche gibt, so ist die Suche stets die gleiche.« Die Wege sind verschieden, »aber wenn sie das Ziel erreichen, schwinden Streitigkeiten, Debatten und Verschiedenheiten des Standpunkts, da die Herzen sich vereinen«. Oben: Ein Imam, *der Leiter des Gemeinschaftsgebets. Unten: Ein muslimischer Gläubiger, Anhänger eines asketischen Ordens (aus:* Istoria dello stato presente dell'Imperio ottomano*).*

»Mirabilia Urbis«: Die Wunder der Erde

Die Muslime hatten es nicht nötig, ihre Beschreibungen der wundersamen nordischen Welt allzusehr einzufärben. Anders verhielt sich das mit Städten, die ihnen näher lagen und für sie eine ihrem Glauben feindlich gesonnene Macht symbolisierten. Subjektive Beschreibungen mußten jedoch nicht unbedingt das Produkt von Rivalitätsgefühlen sein, sie konnten auch der aufrichtigen Bewunderung und dem neugierigen Interesse für Kulturen, die anders und älter waren als die eigene, entspringen. Nicht, daß man sich kulturell unterlegen gefühlt hätte – Muslime hegten niemals den geringsten Zweifel daran, daß ihre Kultur das Recht und die Kraft zur Durchsetzung besäße –,

Oben: Die Weltkarte des Idrisi (hier – wie heute üblich – abgebildet mit dem Norden oben) in einer arabischen Handschrift der Pariser Nationalbibliothek. Unten: Eine Umsetzung derselben Karte, die im 19. Jahrhundert in Frankreich angefertigt wurde. Idrisi, der am Hofe Rogers II. in Palermo lebte, war der größte Geograph und Kartograph des Mittelalters. Rechts: Fragment einer Weltkarte des türkischen Seefahrers Piri Reis (1513), die den Atlantischen Ozean mit den Küsten der Iberischen Halbinsel, Westafrikas und Mittel- mit Südamerikas zeigt. Nach den Angaben des Autors stützte er sich bei der Anfertigung der Zeichnung auf die Karte von Christoph Kolumbus und auf portugiesische, arabische und »ptolemäische« Landkarten (Istanbul, Topkapi-Serail).

aber man umgab diese andersartigen Kulturen wegen ihres hohen Alters mit einer magischen Aura, die dann zum Teil auch deren Widerstand gegen den neuen Glauben erklären konnte. Nach einem Reisebericht al-Harawis (12./13. Jahrhundert) soll sich in Konstantinopel auf einer hohen Säule ein Reiterstandbild Kaiser Konstantins befunden haben, das

man vom Meer noch aus einer Entfernung von einer Tagesreise erblicken konnte. Die Figur des Kaisers hatte die Linke gen Himmel gestreckt und wies mit der offenen Handfläche auf die Länder des Islam, während sie in der Rechten eine Kugel hielt. Manch einer war der Meinung, sie stellte einen Talisman dar, der die Muslime am Einfall in das Gebiet der Christenheit hindern sollte. Auch dem anderen Eckpfeiler des Christentums, Rom, fehlte es nicht an magischen Verteidigungsmitteln. Nach dem Bericht des Geographen Jaqut, eines Zeitgenossen al-Harawis, war die königliche Residenz von hundert goldbedeckten Säulen umgeben, die angeblich Balinas (Apollonius von Tyana) den Römern geschenkt hatte. Auf jeder Säule soll sich eine Bronzestatue befunden haben, die eine Glocke in der Hand hielt, in die der Name einer Nation eingraviert war. Wenn eine dieser Glocken ertönte, war dies das Zeichen, daß der König der betreffenden Nation einen Angriff auf Rom vorbereitete und die Bürger sich zur Verteidigung rüsten mußten. Diese Gattung phantastischer Geschichten über Rom war nicht allein eine Erfindung der Araber, sondern sie basierte auf einem breiten Schrifttum lateinischer, byzantinischer oder hebräischer *mirabilia*, das große Verbreitung gefunden hat. Am häufigsten wurden in diesen Überlieferungen die Größe und die maßlosen Reichtümer thematisiert: Danach gab es in Rom zehntausend Klöster und dreißigtausend Säulen mit Heiligen; zwölftausend Sackgassen und ebenso viele Märkte, alle mit weißem Marmor gepflastert, dazu noch zwanzigtausend kleinere Märkte; es gab sechshundertsiebzigtausend Bäder, aber nur hundertzwanzig Versammlungsorte für Wissenschaftler, Ärzte und Astronomen; die »Kirche von Zion« (wahrscheinlich San Giovanni in Laterano) soll zwölfhundert Säulen aus Marmor und noch einmal die gleiche Anzahl aus Goldbronze gehabt haben, zwölfhundert Messingtore und vierzig große Goldtore, daneben auch noch Tore aus Elfenbein und Ebenholz; die Zahl der Bischöfe betrug angeblich sechshundertachtzehn, außerdem soll die Kirche fünfzigtausend Priester und Diakone unterhalten haben.

Es gibt unter diesen phantastischen Beschreibungen allerdings auch einige wenige, die keine Vorbilder außerhalb des islamischen Bereiches haben. So zum Beispiel die Behauptung, der Lauf des Tibers sei gepflastert und sogar mit Bronze ausgelegt gewesen. Eine andere Erzählung, deren Herkunft wir nicht kennen, berichtet, gegenüber der »Kirche von Zion« habe sich das goldene Standbild eines magischen Vogels befunden. Jaqut beschreibt es folgendermaßen: »Vor der Kirche befindet sich ein fünf Meilen

langes und ebenso breites Becken, in dessen Mitte eine Bronzesäule steht, fünfzig Ellen hoch, aus einem Stück gegossen. Darauf steht das goldene Abbild eines Vogels, der as-Sudani genannt wird und auf dessen Brust Zauberzeichen eingraviert sind. Im Schnabel und in jeder seiner Krallen hält er jeweils eine Nachbildung einer Olive. Wenn die Oliven reifen, fliegen alle Vögel mit einer Olive im Schnabel und jeweils einer in den Krallen herbei und werfen sie auf den Kopf dieses Zauberbildes. Das Öl und alle Oliven Roms kommen von dort her.« Natürlich war auch dieser wunderbare Talisman den Römern von dem allgegenwärtigen Balinas geschenkt worden. Rom hatte für die Muslime eine derartig magische, geheimnisvolle und vage Ausstrahlung, daß man nach einer Überlieferung, die auf den Gefährten des Propheten zurückging, die Sonne hätte auf- und untergehen hören können, wäre nicht der Lärm seiner Bewohner gewesen.
Wenden wir uns aber wieder Konstantinopel zu, das nach seinem berühmten Hippodrom bisweilen auch *Bidhrum* genannt wurde. Es gab dort mindestens ebenso viele Wunderdinge wie in seinem westlichen Gegenstück. Neben dem Reiterstandbild, das wir bereits erwähnt haben, seien noch die Beschreibungen des Kaiserpalastes genannt, die zwischen Bewunderung für seine Reichtümer und Verachtung für das, was er repräsentierte, schwankten: Einerseits wurden voller Bewunderung seine Marmorpflaster und die kunstvollen Standbilder, die den Palast schmückten, beschrieben, andererseits nannte man ihn »das Haus des Hundes«. Wenn sie den alten, von Konstantin gegründeten Palast beschrieben, beharrten die muslimischen Erzähler außerdem darauf, daß er von Geistern und Dämonen heimgesucht sei, die manchmal die seltsamsten Formen annahmen. Leider ist uns ein Werk al-Harawis, das er ausdrücklich den *mirabilia* gewidmet hatte und in dem er alle phantastischen Legenden, die unter der griechischen Bevölkerung der Stadt im Schwange waren, aufgezeichnet hatte, nicht erhalten geblieben.
Die muslimischen Reisenden und Geographen sammelten und erzählten derartige Geschichten mit neugierigem Vergnügen. Aber schon Jaqut, der sich, wie wir gesehen haben, ebenfalls mit dieser Art von Beschreibungen beschäftigte, hielt es für angebracht, seine Leser am Ende darauf aufmerksam zu machen, wie unwahrscheinlich die berichteten Wunderdinge seien. Im 16. Jahrhundert widmete der Schriftsteller Mehmed Sipahizade Sultan Murad III. ein geographisches Werk, das sich zwar auf frühere arabische Quellen stützte, in dem er aber die phantastischen und unglaubwürdigen Angaben über Rom zurechtrückte. Das bedeutet allerdings nicht, daß man in der muslimischen und christlichen Welt den Geschmack am Wunderbaren verloren hatte. So rankten sich um die erhoffte Eroberung Roms und um die geglückte Unterwerfung Konstantinopels eine Fülle von Prophezeiungen und Wunderberichten. Als 1434 das wichtigste Heiligtum der Byzantiner, die Kirche der heiligen

Links: Ein Ausschnitt aus der Seekarte des Maggiolo aus dem Jahr 1561 zeigt den »Großtürken« vor seinem Zelt sitzend. So ähnlich, wenn auch weniger prächtig, sollen die Unterkünfte ausgesehen haben, die die muslimischen Reisenden während ihrer langen Fahrten benutzten (Genua, Museo Navale).
Unten: Der Druck aus dem 19. Jahrhundert zeigt einen türkischen Vornehmen auf Reisen. In einem geschlossenen Tragsessel den Blicken Neugieriger entzogen, folgt auf einem Maultier eine Dame.

Jungfrau im Blachernen-Viertel, niederbrannte, verstand man das als ersten Hinweis darauf, daß Konstantinopel fallen würde. Als sich dann während der Belagerung durch die osmanischen Truppen Naturkatastrophen ereigneten, unbekannte Sterne plötzlich auftauchten und wieder verschwanden, Fixsterne am Himmel standen, die Rauch ausströmten, und der Mond sich verfinsterte, wußten die Protagonisten der Schlacht, daß die hl. Jungfrau endgültig der Stadt ihren Schutz entzogen hatte. Ein merkwürdiges Licht, das über der Kuppel der Sophienkirche kreiste, wurde von den Weisen im Gefolge des Sultans als ein Hinweis darauf gedeutet, daß der wahre Glaube nunmehr Konstantinopel erleuchten würde. Als zu Beginn des 17. Jahrhunderts erstmals wieder ein Kruzifix in Istanbul auftauchte, das eine habsburgische Gesandtschaft mitgebracht hatte, wurde das ängstlich als warnendes Vorzeichen für einen neuerlichen Fall der Stadt gewertet. Die Atmosphäre bedrohlicher Prophezeiungen rief altbekannte Schrekken wieder wach.

Nach bestimmten Überlieferungen sollten die Muslime Rom am Ende der Zeiten erobern. Ein Jahr vor der Ankunft des *Daddschâl* (des Antichrist) sollte die heilige Stadt des Abendlandes in die Hände des Mahdi, des Vorboten der zweiten Ankunft Christi, fallen. Eine andere muslimische Legende berichtet, der Gründer Roms habe seinen Mitbürgern einen Hinweis gegeben, wie die künftigen Eroberer der Stadt aussehen würden. Im Zentrum der Stadt befände sich eine Statue, die einen Mann auf einem Kamel darstelle, der mit einem Schwert bewaffnet sei; solange man dergleichen nicht gesehen habe, bräuchte Rom nichts fürchten.

Der eine kommt, der andere bereitet sich auf die Abreise vor. Reisende, Kaufleute und Saumtiere in einer türkischen Karawanserai (Druck aus dem 19. Jh.). Die Karawanserei, eine Art primitiver Herberge für Karawanen im Orient, war ein umfriedetes Geviert, wo die Benutzer die Nacht verbringen konnten. Auch Waren konnten dort zum Verkauf ausgelegt werden. Die am häufigsten anzutreffende Bauform bestand aus einem rechteckigen Hof, der von einem Laubengang umschlossen war.

Osmanische Reisende

Etwa vierhundert Jahre nachdem Osman seine Weissagung geträumt hatte, bescherte uns ein anderer Traum zwar kein neues Reich, aber den glücklichsten Schriftsteller, den das Reich Osmans jemals hervorgebracht hat. In einer Festnacht des Jahres 1630 träumte Ewlija Tschelebi, er befände sich in einer Moschee in Istanbul und könne bis vor das verehrte Antlitz des Propheten treten. In seiner starken inneren Bewegung kam ihm statt des Wortes »Fürsprache« (*Schefaat*) das Wort »Reise« (*Sejahat*) über die Lippen. Der Prophet lächelte und gewährte ihm alle Reisen, die er sich nur wünschen konnte. So begannen die ununterbrochenen Wanderfahrten Ewlija Tschelebis, der uns das SEJAHATNAME geschenkt hat, eines der umfangreichsten und faszinierendsten Reisebücher, die je geschrieben wurden.

Das Werk Ewlija Tschelebis führt uns eine Unzahl von Orten, Fakten und Personen vor Augen, die er bisweilen mit äußerster Genauigkeit beschreibt, bisweilen aber auch mit einer phantastischen Aura umhüllt. Das große Interesse, mit dem er Städte beschreibt, Denkmäler schildert, die Maße von Gebäuden wiedergibt und von den Inschriften auf den Gedenksteinen berichtet, gibt uns ein Beispiel für seine Fähigkeit, exakte Daten wahrzunehmen und wiederzugeben. Seine Beobachtungen sind aber auch auf anderen Gebieten von Nutzen, so zum Beispiel wenn er vom venezianischen Dukaten erzählt, der selbst für die Großen des Reiches eine Seltenheit darstellte und den sein Vater, der erste Hofgoldschmied, wegen der Reinheit des Materials schätzte und verwertete. Diese Erinnerung nahm er zum Anlaß, Betrachtungen über die Geldsituation im eigenen Land anzustellen und über die Notwendigkeit einer Geldreform nachzudenken, die später tatsächlich öfter versucht werden sollte. Bei anderen Gelegenheiten gleitet er allerdings ins Unglaubwürdige ab, und wir können seine Beschreibungen regelrecht als moderne *mirabilia* ansehen. Anläßlich eines Besuches auf dem Wiener Markt war Ewlija Tschelebi zum Beispiel sehr beeindruckt von der Perfektion mechanischer Uhren, deren selbstbewegliche Figuren nach seiner Aussage so gefertigt waren, daß sie dem Betrachter wie lebendig erschienen. Als noch wunderbarer beschrieb er einen Wagen, der von einer Art Uhrwerk angetrieben wurde, ohne daß dafür die Zugkraft von Tieren notwendig gewesen wäre. Das seltsame Transportmittel wurde angeblich mit einer Stange, die in zwei Griffen endete, bedient und konnte auf der Ebene große Lasten transportieren,

Krieg und Frieden auf See. Die hier abgebildeten Miniaturen zeigen einige der am weitesten verbreiteten Schiffstypen, die die Meere unter islamischer Flagge durchzogen. Links: Die türkische Miniatur aus dem 18. Jahrhundert, Replik einer älteren Abbildung, zeigt die Arche Noah in der Form eines Transportschiffs aus der Zeit der Renaissance. Rechts und darunter: Eine türkische Galeasse und eine Halbgaleere aus dem 16. Jahrhundert. Unten: Türkische Schaika, 15.–16. Jahrhundert.

aber keine Anhöhen bewältigen. Eine weitere »Perle« der Phantasie Ewlija Tschelebis ist der Bericht über den Einfall von 40000 Tataren, die über Österreich, Deutschland und Holland angeblich bis zur Nordsee vordrangen. Trotz der phantastischen Höhenflüge – oder vielleicht gerade deshalb – war dem Werk Ewlija Tschelebis in der osmanischen Welt stets ein großer Erfolg beschieden. Und selbst ein europäischer Gelehrter wie Hammer-Purgstall, der sich gewiß in der orientalischen Literatur auskannte, ließ sich von dem Buch bezaubern und stufte es als das gelungenste aller islamischen Werke ein. Darüber hinaus kann uns das SEJAHATNAME bei sorgfältiger Prüfung noch eine Fülle von historischen, geographischen und politischen Informationen liefern, die in anderen Quellen nur schwer auffindbar sind.

Neben den Leuten, die zu ihrem privaten Vergnügen reisten wie Ewlija Tschelebi, brachte der osmanische Staat mit seiner enormen Ausdehnung und seinen Kriegen auch berufsmäßige Reisende hervor. Der wohl berühmteste Vertreter dieser Gruppe ist der Admiral Piri Reis, der den Oberbefehl über die osmanischen Flotten im Roten und im Arabischen Meer innehatte. Seine Laufbahn fand 1552/53 in Kairo ein Ende, als er auf den Befehl des Sultans enthauptet wurde. Als Nachfolger seines Onkels Kemal Reis, eines Korsaren, der später Admiral Bajezids II. wurde, unternahm Piri Reis schon sehr früh seine ersten Kreuzfahrten. Sein kartographisches Werk, das aus einem großen Segelhandbuch für das Mittelmeer und zwei Amerikakarten besteht, ist für uns von besonderem Interesse. Das Segelhandbuch (KITAB-I BAHRIJE) enthält umfangreiche Wegweiser zu den Landeplätzen des Mittelmeeres, zahlreiche und detaillierte Küstenpläne und minuziöse Beschreibungen, die für den damaligen Seereisenden von großem Nutzen waren.

Das Werk beginnt mit einem sehr langen Gedicht, einer Art künstlerischer Selbstdarstellung, das einen interessanten Abschnitt über Christoph Kolumbus enthält: »Qolon«, so lautet sein Name im Text, wird als genuesischer Astronom bezeichnet, der nach der Lektüre eines Buches aus der Zeit Alexanders des Großen oder aus einer noch früheren Epoche, in dem die gesamte Wissenschaft der Meere enthalten war, die Antillen entdeckt hat. Piri Reis berichtet, er habe, unter anderem gestützt auf die Karte des Kolumbus, 1513 in Gallipoli eine Weltkarte angefertigt. Von diesem Werk ist uns leider nur noch ein Fragment erhalten. Dieses Bruchstück zeigt den Atlantik mit den Küsten der Iberischen Halbinsel, mit Afrika im Osten und der amerikanischen Küste im Westen.

Zu Beginn des 17. Jahrhunderts bereiste Nicolas de Nicolay, Kammerherr und Geograph des Königs von Frankreich, die Türkei. Sein Reisebericht wurde vielfach übersetzt, unter anderem auch 1630 in Venedig, wo er unter dem Titel LE NAVIGATIONI ET VIAGGI FATTI NELLA TURCHIA *erschien. Aus dieser Ausgabe stammen die Abbildungen von verschleierten bzw. von befransten Sonnenschirmen geschützten Damen, die wir hier wiedergeben.*

Außerdem finden sich auf dem Fragment zahlreiche Aufschriften, die einerseits Aufschluß geben über die Entstehung der Karte, andererseits die verschiedenen dargestellten Orte beschreiben. Die Geschichte von der Entdeckung Amerikas wird auf der Karte mit volkstümlicher Lebhaftigkeit wiedergegeben, ohne daß die klassischen Elemente der uns bekannten Berichte vernachlässigt würden: das Zusammentreffen des Kolumbus mit den spanischen Regenten, die Seereise selbst, die völlig nackten, Pfeile schleudernden »Wilden«, der Tausch von Plunder gegen Gold und Perlen. Neu ist für uns dagegen, was Piri Reis selbst über sein Werk sagt: »In diesem Jahrhundert besitzt niemand eine Karte, die dieser vergleichbar wäre. Sie wurde durch euren bescheidenen Diener zusammengestellt und bearbeitet. Diese Karte ist das Ergebnis eines vergleichenden Studiums von zwanzig Karten und Weltkarten, wie sie zur Zeit Alexanders des Großen zusammengestellt wurden. Sie zeigen das »bewohnte Viertel« der Erde, das die Araber DSCHA^{c}FARIJA nennen. Von diesen DSCHA^{c}FARIJA-Karten wurden acht verwendet; außerdem eine arabische Karte von Indien; dann Karten, die in unseren Tagen von vier Portugiesen erstellt worden sind, und die mit geometrischen Methoden Sind, Indien und China beschreiben; schließlich eine Karte, die Kolumbus im Westen gezeichnet hat ... So, wie die Karten dieser Länder für die Seeleute genau und zuverlässig sind, so ist auch diese Karte für die sieben Meere genau und zuverlässig.«

Auf dieser angeblich so zuverlässigen Karte finden wir jedoch viele Merkwürdigkeiten abgebildet, die fast den Eindruck erwecken, als habe sich Piri Reis von dem Bericht über Amerika und seine Küsten, die er persönlich gar nicht kannte, dazu verleiten lassen, seiner Einbildungskraft freien Lauf zu geben. Was wir in seinem peinlich genauen Segelhandbuch des Mittelmeeres nicht entdecken können, finden wir auf dieser Karte in Wort und Bild beschrieben: halbmenschliche Ungeheuer, Tiere mit einem einzigen und andere mit acht Hörnern, den heiligen Brandanus (genannt »Sanvolrandan«), der auf dem Rücken eines gewaltigen Fisches, den er als Anlegeplatz benutzt, das Feuer anzündet, schließlich in der Mitte des Atlantik eine große, geheimnisvolle, ganz in Rot gezeichnete Insel, die von einhörnigen Ochsen bewohnt ist. Besonders auffallend ist jedoch die merkwürdige Verlängerung der Küste Südamerikas, die einige Betrachter zu der Vermutung anregte, hier seien die antarktischen Küsten nachgezeichnet, wie sie aussahen, bevor das Eis sie bedeckte. Danach würde die Karte von Piri Reis zusammen mit anderen das kartographische Vermächtnis einer alten, untergegangenen Kultur in sich bergen. Es läßt sich leicht nachvollziehen, wie es möglich war, daß, ausgehend von dieser Hypothese, die zwar ungewöhnlich aber glaubwürdig klingt, phantastische Theorien entwickelt wurden, die selbstverständlich die unvermeidlichen außerirdischen Lebewesen einschlossen, welche in vorgeschichtlicher Zeit Luftaufnahmen von unserer Erde gemacht haben sollen. Es ist fraglich, ob Piri Reis, der als Kartograph stets Wert auf seine Exaktheit legte, diese Art von Interesse an seinem Werk gutgeheißen hätte. Er selbst unterwarf sich jedenfalls auch bei einer anderen von ihm erarbeiteten Karte Nordamerikas der Präzision und Vorsicht und beschränkte sich darauf, nur jene Küstenstriche einzutragen, von deren Entdekkung er sichere Kunde erhalten hatte.

Ewlija Tschelebi und Piri Reis stellten also die beiden Pole des geographischen Wissens der Osmanen dar. Während der Reisende der Phantasie uns auch viele konkrete Informationen lieferte, war der Reisende der Praxis nicht frei von Phantastereien. Wir können daraus schließen, daß man in der osmanischen Welt nicht klar zwischen diesen beiden Aspekten der Wirklichkeit trennte.

Bilanz einer Begegnung

Untersuchen wir die Gründe, die den muslimischen Reisenden zu seinen Wanderfahrten veranlaßten, so fallen neben anderen vor allem zwei Motive auf: Abenteuerlust und Handelsgeist. In der Gestalt Sindbads des Seefahrers, der allen Abendländern bekannt ist, auch denjenigen, die noch nie den Namen eines echten muslimischen Reisenden vernommen haben, finden wir beide Eigenschaften zusammengefaßt. Sindbad spricht von seinem Reisetrieb, einem Instinkt, der nicht bloß eine literarische Erfindung ist, sondern ein realer und wirkungsvoller Aspekt unseres Lebens. Die Geschichte der *Mugharrirûn* (die Verwegenen), acht junger Muslime aus Lissabon, die, wahrscheinlich im 10. Jahrhundert, aufs Geratewohl zur Erforschung des Ozeans aufbrachen, gibt ein anschauliches Beispiel dafür. Der Bericht dieser Reise, in deren Verlauf sie seltsame Inseln entdeckten, die von großen Männern und wunderschönen Frauen bewohnt waren, birgt wahrscheinlich, trotz der literarischen Ausschmückungen, ein Stück Wahrheit in sich und weist darauf hin, daß sie bei ihrer Ozeanfahrt auf den Kanarischen Inseln oder den Azoren anlegten.

Zu einer Zeit, in der man, um ins ferne Indien zu gelangen, nicht das Kap der Guten Hoffnung umschiffte, wurde die islamische Welt dank ihrer geographischen Lage zum natürlichen Bindeglied und zur obligatorischen Durchgangsstation für jeglichen Handel zwischen Ost und West. Die Abenteuerlust paarte sich mit einem eher materiellen Interesse, und beide Antriebskräfte beeinflußten sich wechselseitig. Die Bewegungsfreiheit, die der mittelalterliche Reisende sowohl im Orient wie im Abendland genoß, stellte sicher einen zusätzlichen Anreiz für muslimische Kaufleute dar, über die Grenzen des islamischen Machtbereiches vorzudringen. Anhand der Funde islamischer Münzen (insbesondere der Silbermünzen, *Dirhams*) im Abendland lassen sich die ungefähren Routen der großen Handelsstraßen von Zentralasien über die großen Flüsse Osteuropas ins Baltikum und von dort nach Mitteleuropa, nach Frankreich und ins muslimische Spanien rekonstruieren. Von den unzähligen Kaufleuten, die diesen weiten Weg auf sich nehmen mußten, besitzen wir nur diese spärlichen stummen Zeugnisse, denn von keinem von ihnen sind uns der Name oder die Lebenserinnerungen erhalten geblieben. Trotzdem besitzen wir Quellen, die uns Aufschluß geben über die Vielfalt der islamischen Reiseerfahrungen. Neben den Namen, die wir bereits genannt haben, sei hier noch auf Harun ibn Jahja, der im 9. Jahrhundert von Slawonien aus nach Italien reiste, und auf al-Muqaddasi, der uns nicht nur Beschreibungen der Länder, sondern auch der Menschen im muslimischen Europa hinterlassen hat, verwiesen. Ibn Hauqal und Ibn Dschubair sind wir bereits auf Sizilien begegnet. All diese Kenntnisse, sogar die der Abendländer, sammelte und kommentierte der berühmte al-Idrisi, der um die Mitte des 12. Jahrhunderts das ROGERBUCH kompilierte, ein geographisches Monumentalwerk, das, wie schon der Name sagt, dem großen Normannenkönig gewidmet war.

Wir können von dieser Zeit als von der klassischen Reiseepoche der Muslime sprechen, was aber nicht bedeutet, daß der Reisedrang Sindbads seit dem Ende des 13. Jahrhunderts erloschen gewesen wäre. Die großen osmanischen Reisenden des 16. und 17. Jahrhunderts haben wir bereits erwähnt; im darauffolgenden Jahrhundert schrieben türkische Gesandte Berichte über ihre Aufenthalte in Frankreich, Österreich und Preußen, und ein marokkanischer Botschafter, der auf der Rückreise von Neapel an die Küsten Siziliens verschlagen wurde, traf auf der Insel eine Welt an, die er mit höchster Wertschätzung beschreibt.

Im 19. Jahrhundert sandte man einige Studenten nach Europa, damit sie abendländische Methoden und Technologien erlernten. Am berühmtesten wurde von ihnen der Ägypter Rifa^{c}a at-Tahtawi, der 1826 eine Gruppe von jungen Männern anführte, die von Muhammad Ali nach Frankreich entsandt worden waren. Tahtawi schrieb seine Erfahrungen nieder und berichtete seinen Landsleuten von der Faszination, die die französische Kultur auf ihn ausgeübt hatte. 1867 reiste der Sultan Abdülaziz nach Paris, London und Budapest; er war der erste osmanische Herrscher, der nicht an der Spitze eines Heeres nach Europa kam. Als einziges Mitglied des Hauses Osman hatte sich vor ihm nur Dschem in christlichen Ländern aufgehalten. Von seinem Bruder Bajezid im Kampf um die Thronfolge besiegt, flüchtete Dschem nach Rhodos, von wo aus er zunächst nach Frankreich und anschließend nach Rom geschickt wurde. Während der ganzen Zeit garantierten seine »Gastgeber«, daß sein Status als Gefangener aufrechterhalten wurde, und bekamen dafür von seinem regierenden Bruder großzügige Entschädigungen. Dschem war folglich der einzige türkische Prinz, der am Sitz des römischen Pontifex ein Bankett abhalten konnte und sogar in ein Konsistorium aufgenommen wurde.

Da die Begegnungen der muslimischen Reisenden mit der europäischen Welt über einen riesigen Zeitraum hinweg stattfanden, ist es ein schwieriges Unterfangen, eine Bilanz dessen zu ziehen, was sie in der westlichen Welt erfahren und angenommen, geschätzt oder verworfen haben. Neben einer Vielzahl anderer Motive der Europareisenden war ein gemeinsamer Nenner mit Sicherheit das Interesse, das die islamische Welt bestimmten Aspekten der europäischen Welt entgegenbrachte. Die Neugierde und der Wunsch zu lernen waren immer gleich groß, gleichgültig, ob es sich um die phantastischen oder die technischen *mirabilia* handelte. Es fehlte aber auch nicht an kritischen Stimmen, so zum Beispiel wenn al-Muqaddasi im 10. Jahrhundert behauptete, es gäbe über die Länder der Ungläubigen nichts Nützliches zu berichten. Und noch zu Anfang unseres Jahrhunderts konnte Asma^{c}i, der im Gefolge einer ägyptischen Prinzessin Neapel und Sizilien bereiste, an Süditalien nur negative Seiten entdecken: Soweit er trotzdem Positives sah, war es seiner Ansicht nach auf das arabische Erbe zurückzuführen. Seine Eindrücke entsprachen wohl in umgekehrter Weise den Empfindungen, die heute einige europäische Touristen in der orientalischen Welt hegen. Es ist offenbar immer schwierig, nicht bei einer ersten negativen Reaktion auf alles Fremdartige stehen zu bleiben, sondern das Wesen einer Kultur zu begreifen.

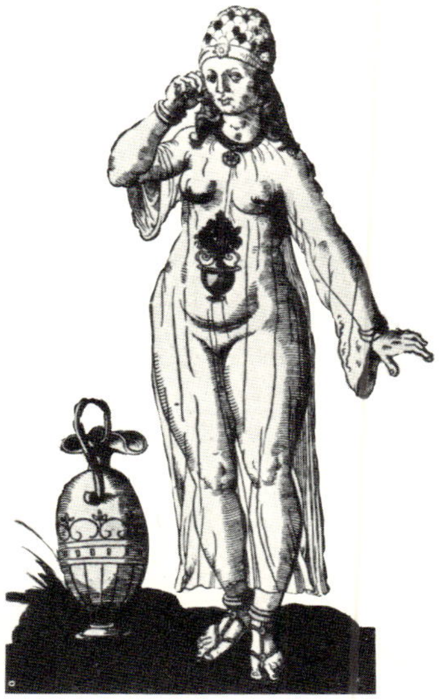

Noch einmal das »Ewig Weibliche« in einer exotischen Version, gesehen von abendländischen Illustratoren. Oben: Türkische Dame im Bad auf einem Stich des 16. Jahrhunderts. Unten: Frauengestalt, ebenfalls aus LE NAVIGATIONI ET VIAGGI *von Nicolas de Nicolay. Bemerkenswert sind die Schuhe mit den hohen Absätzen, die denen der venezianischen Frauen ähneln.*

Piraten und Korsaren im Mittelmeer

Seegefecht zwischen Spaniern und Barbareskenkorsaren mit Raub einer Christin in antikisierender Darstellungsweise mit Federbuschhelmen und römisch herausgeputzten Kommandanten. Ausschnitt aus einem anonymen Werk des 16. Jahrhunderts im Prado. Eine Allegorie über den dreihundert Jahre lang anhaltenden Zustand der Unsicherheit auf dem Mittelmeer; eine Zeit, die geprägt war von Barbareskenfreibeutertum und christlichen Vergeltungsschlägen, von Sklaverei und Grausamkeit, von zwielichtigen Handelsgeschäften und märchenhaften Gewinnen, eine Zeit voller romanhafter Schicksale. Durch ihre Wendigkeit und die Kunst des Überraschungsangriffs waren die Barbaresken überlegen. Cervantes, der davon ein Lied zu singen wußte, da er von den Korsaren gefangengenommen worden war, läßt einen von diesen in seinem Drama LOS TRATOS DE ARGEL *sagen: »Die Jagd der Spanier ist nicht ernstzunehmen . . . Wir sind leicht bewaffnet und frei wie die Flamme.«*

Seeräuberei, ein altes Gewerbe

Wir haben bereits auf die These des Historikers Fernand Braudel, wonach die Seeräuberei im Mittelmeer eine durchaus normale Erscheinung, »ein altes und allgemein verbreitetes Gewerbe«, gewesen sei, hingewiesen. Darüber hinaus sind, wie Salvatore Bono hervorhebt, die geographische Lage der Anrainerstaaten, die bevorzugte Stellung des Seeverkehrs und die soziokulturelle Rückständigkeit einiger Mittelmeervölker zu berücksichtigen. Im Spätmittelalter und in der Neuzeit spielen auch die religiösen, kulturellen und ideologischen Gegensätze zwischen Islam und Christentum eine entscheidende Rolle. Da beide Produktionssysteme auf der großangelegten Ausbeutung der menschlichen Person gründeten, unterlagen sie auch beide der Notwendigkeit, mit geringstem Kostenaufwand den Rohstoff menschlicher Arbeitskraft zu beschaffen. Hinzu kam, was je nach Empfindungs- und Sichtweise Abenteuerlust, Freiheitsdrang, anarchisches Lebensgefühl oder freie, private Initiative genannt wird. Es waren dies alles Motive, die über die Zugehörigkeit zu dieser oder jener Religion, zu diesem oder jenem Kulturkreis hinausgingen und zur Bildung jener Art von »Korsaren-Internationale« führten, in der an gleicher Front Christen, Muslime, Juden, Europäer, Afrikaner und Asiaten kämpften. In einer Welt, in der die starre gesellschaftliche Ordnung das, was man heute als distributive Gerechtigkeit bezeichnen würde, verhinderte, waren all diese Leute bereit, größte Risiken auf sich zu nehmen, um üppige Gewinne zu erzielen.

Eine zu Vereinfachungen neigende, voreingenommene Pseudogeschichtsschreibung hat oft zu beweisen versucht, daß das Phänomen der Seeräuberei und des Freibeutertums, zumindest soweit es den Mittelmeerraum betraf, Vorrecht und trauriges Monopol der Länder islamischer Religion gewesen sei. Man hatte dabei vor allem die Staaten des Maghreb im Auge, wo derartige Praktiken unbestreitbar bis zum 19. Jahrhundert lebendig blieben, und die große Zahl von Christen, die bei den zahlreichen Überfällen gefangen und in die Sklaverei geführt wurden. Da in den betreffenden Ländern der berberische Bevölkerungsteil vorherrschend war, sprach man im Abendland von den Barbareskenstaaten oder kurzerhand von der Barbarei.

Man sollte jedoch niemals vergessen, daß beide, die christliche und die muslimische Welt, die »besondere Einrichtung« der Sklaverei für legitim hielten. Das ganze 16. Jahrhundert über war das Halten von Haussklaven in Italien und Spanien eine geläufige Praxis. Nach der Übergabe von Málaga wurde die gesamte muslimische Bevölkerung unterschiedslos von den katholischen Königen versklavt. Und 1549 gestattete Papst Paul III. in einer Verlautbarung die Verwendung von Sklaven und Sklavinnen, die eindeutig muslimischer Herkunft waren, »zum allgemeinen Nutz und Frommen und für Einzelpersonen, die in dieser hehren Stadt Rom sich aufhalten und wohnen«. Neben gewöhnlichen Verbrechern wurden regelmäßig auch die Menschen, die bei den häufigen Zusammenstößen mit dem Feind gefangengenommen worden waren, an die Ruderbänke der Schiffe geschmiedet. Dieser Brauch war sowohl bei muslimischen wie bei christlichen Seemächten des Mittelmeeres üblich, selbst im Kirchenstaat und in Venedig, von dessen Toleranz so oft die Rede ist. Sogar im Jahr 1699, zu einer Zeit, als die Serenissima häufig beinahe frevlerischer Sympathien für die Osmanen bezichtigt wurde, befanden sich auf ihren Schiffen 894 Türken. Sie waren allerdings in einer glücklicheren Lage im Vergleich zu den Rudersklaven von Genua und Toulon, die oft das Brandeisen erdulden mußten, einen Brauch, der auf den türkischen und Barabareskenschiffen gegen christliche Sklaven niemals angewendet wurde.

Natürlich waren Istanbul, Algier, Tunis, Tripolis und

Salé wie viele andere zweitrangige Zentren im Maghreb florierende Sklavenmärkte, aber Cagliari, Livorno, Alicante, Almería oder La Valetta konnten sich damit durchaus messen. Während jedoch die Muslime ihrer religiösen Vorschrift, keinen Glaubensgenossen zum Sklaven zu machen, meistens gehorchten, sind derartige Skrupel auf christlicher Seite gegen Anhänger des eigenen Glaubens kaum festzustellen. Es ist deshalb nicht weiter verwunderlich, daß venezianische Schiffe bis zum 11. Jahrhundert Dalmatien anliefen, um die syrischen Harems mit Sklaven (Slawen, wie sie zu sagen pflegten), nach denen eine rege Nachfrage bestand, zu versorgen; und es ist auch nicht verwunderlich, daß die Katalanen im 13. und 14. Jahrhundert oft und gerne venezianische Schiffe angriffen. Uskoken, Griechen, Provenzalen, Mallorkiner, Katalanen, Kalabresen, Korsen, Neapolitaner, Malteser, Holländer, Flamen und Engländer waren für die christlichen Völker und deren Schiffe oft grausamere Feinde als ihre muslimischen Kollegen aus Kreta, der Türkei, der Barbarei oder anderen Gebieten.

Im Gegensatz zur Seeräuberei, die »so alt wie die Geschichte« (Braudel) ist, wird der Freibeuterkrieg erst in einer relativ späten Periode in den Quellen erwähnt. Die Theorie von Clausewitz, wonach der Krieg die Fortsetzung der Politik mit anderen Mitteln sei, gilt mit Sicherheit auch für den Freibeuterkrieg. Er entstand zwischen dem 12. und 13. Jahrhundert, als die europäischen Staaten dazu übergingen, Piratenschiffen »Freibeuterpatente« oder »Markenbriefe« auszustellen, die die Seeräuber autorisierten, in Kriegszeiten den Feind anzugreifen und seine Besitztümer zu rauben. In Friedenszeiten durften sie sich schadlos halten, wenn ihnen für eine erlittene Beleidigung keine Genugtuung gewährt wurde. Diese im Interesse des Staates zweckbestimmte und legitimierte Freibeuterei war nicht immer klar von der eigentlichen Seeräuberei abzugrenzen, und häufig war auch der *animus* eines Korsaren von dem eines Piraten nicht allzu verschieden. Es kam nicht selten vor, daß ein Korsarenschiff trotz des Friedensschlusses zweier Staaten seine Aktivitäten fortzusetzen suchte, sich aber nicht als Seeräuber einstufen lassen wollte, da dies rechtliche Risiken nach sich gezogen und eine ungestörte Rückkehr in die Heimat in Frage gestellt hätte. Man versuchte deshalb von irgendeinem anderen Staat neue »Freibeuterbriefe« zu erhalten, damit man dessen Feinde bekämpfen konnte. Aus Piraten wurden so Söldner des Meeres.

Im 16. und 17. Jahrhundert gab es zahlreiche Kommandanten französischer und englischer Schiffe, die

*Die stürmische Geschichte des Mittelmeers zwischen dem 16. und dem 19. Jahrhundert ist das Thema aller drei Abbildungen auf diesen Seiten: Links: Die Galeere des Korsaren Sinan Reis wird aufgebracht. Der Kampf fand 1586 in den Gewässern von Paola statt. Daran beteiligt war der Admiral Tommaso Medici mit den Galeeren der Ritter vom heiligen Stephan, die der Großherzog der Toskana, Cosimo I., 1521 zur Bekämpfung der Barbaresken gegründet hatte. Oben: Gefecht der Spanier mit den Barbaresken bei einem ihrer fortwährenden vergeblichen Versuche, die Inseln und Küsten ihres Herrschaftsgebietes von Seeräuberaktivitäten zu säubern (*limpiar las islas*). Das holländische Bild aus dem 17. Jahrhundert zeigt Hochbordschiffe, die langsamer, aber stärker waren und sich zuletzt gegen die Galeeren durchsetzten. Links oben: eine abenteuerliche Enterszene aus dem 19. Jahrhundert: diesmal sind es die Türken, die mit blanker Waffe einen griechischen Korsaren angreifen.*

auf diese Weise unter den Flaggen von Florenz, Neapel und Malta nach einträglichen Möglichkeiten für sich und ihre Besatzungen suchten. Es gab natürlich auch die Fälle, in denen ein Korsar gerne vergaß, daß er ausschließlich zur Bekämpfung eines bestimmten Landes ermächtigt war. Wenn eine gute Beute zu erwarten war, enterte so ein Korsar ohne große Skrupel jedes neutrale Schiff, das auf hoher See in seine Schußweite kam. Bisweilen wurden sogar Handelsschiffe, die sich bis dahin völlig friedlich verhalten hatten, zu Opfern dieser Vergeßlichkeit. König Jakob I. von England, der immerhin ein Verwandter Elisabeths, der großen Förderin (und vielleicht auch Teilhaberin) berühmter Korsare, die die Meere gegen Spanien durchkreuzten, war, wollte mit gutem Grund keine Freibeuterbriefe mehr ausstellen, da er nicht einsah, worin der Unterschied zwischen einem Seeräuber und einem Korsaren bestehen sollte.

Die Könige des Meeres in al-Andalus

Es gibt die These, wonach eine Ausweitung des Seehandels immer Seeräuberei nach sich zieht. Danach war es nicht verwunderlich, daß in einer Zeit, in der, nach dem Historiker Ibn Chaldun, das Mittelmeer ein unumschränktes Herrschaftsgebiet der Araber war, sich die ersten räuberischen Akte auf dem Meer gegen den Islam richteten.
Wie später dem muslimischen Sizilien, so war dem andalusischen Islam das Schicksal beschieden, von den sogenannten Nordmännern oder Normannen angegriffen zu werden. Nachdem sie 844 die Stadt Nantes geplündert hatten, segelten die skandinavischen Krieger mit vierundfünfzig Schiffen die asturische und galizische Küste entlang und versuchten vergeblich, in Lissabon Fuß zu fassen. Schließlich erreichten sie mit ihren wendigen Drachenschiffen die Mündung des Guadalquivir. Während eine kleine Gruppe von Schiffen sich gegen die Küste von Medina Sidonia wandte und den Hafen von Cádiz besetzte, zog der größere Teil der Flotte gegen Sevilla, eroberte es und überzog die Stadt sieben Tage lang mit Massakern und Plünderungen, bis der Emir Abd ar-Rahman sich entschloß, Truppen gegen die Piraten zu entsenden.
Der Kampf endete mit einem Blutbad unter den »Königen des Meeres«. Ein Teil der Überlebenden konnte auf die Schiffe flüchten und segelte nach Aquitanien. Eine kleinere Gruppe blieb jedoch zurück und wurde an der Flußmündung gefangengenommen. Da sich die Normannen zum Islam bekehrten, wurde ihnen das Leben geschenkt. Ihre Nachkommen sollten später in der Tiefebene des Guadalquivir weitaus friedlicher Pferdezucht und Milch- und Käsewirtschaft betreiben.
Nach diesem ersten Überfall ließ das Omaijadenemirat *Ribat* errichten, Bauten, die der Küstenüberwachung dienen sollten, ähnlich wie später in den christlichen Ländern die sogenannten Sarazenentürme. Man besetzte diese *Ribat* mit Freiwilligen, den *Murabitun*, die sich dorthin zurückzogen, um den göttlichen Lohn im Jenseits zu erlangen, indem sie das religiöse Gebot der geistlichen Übungen, der frommen Werke und des Heiligen Krieges befolgten.
Dank dieses Netzes von Signalanlagen und anderer kluger Maßnahmen zum Schutze der Küstenbevölkerung konnten neuerliche Angriffe der Wikinger 859 und 966 verhältnismäßig leicht abgewehrt werden. 859 ging allerdings die Große Moschee von Algeciras in Flammen auf. 966, als der Däne Harald Blauzahn auf Anregung des Herzogs der Normandie, Richard I. Ohnefurcht, in al-Andalus einfiel, mußten die Araber bei Lissabon eine schwere Niederlage hinnehmen. Im Verlauf dieser Schlacht, die schon im vorigen Jahrhundert Dozy beschrieben hat, kam es zu einer kuriosen Episode, die insofern für diese Zeit bezeichnend ist, als sie belegt, daß in beiden Lagern völlige Unkenntnis über den Feind herrschte. Die Muslime glaubten, sie stünden *Madschûs*, also Heiden bzw. Feueranbetern, gegenüber (was insofern stimmte, als die Wikinger davon überzeugt waren, Ymir, der Vorfahr ihrer höchsten Gottheit Odin, sei aus der Berührung zwischen dem Muspellfeuer und dem Eis

von Niflheim geboren worden); dem entsprach der weitverbreitete Glaube der Nordmänner, sie hätten es mit schwarzhäutigen Männern, mit *Blaamenn* zu tun. Wir können uns die Überraschung der Leichenfledderer vorstellen, als sie nach der Schlacht den Gefallenen die Kleider wegzogen und Physiognomien entdeckten, die keineswegs so dunkel waren, wie sie es erwartet hatten. Was für ein Wunder, eine derartige Entfärbung nach dem Tode!

Da die Araber die Bevölkerung so klug vor Angriffen zu warnen und zu schützen wußten, zogen es die Wikinger vor, ihre Schiffe gegen die Küsten Galiziens und Asturiens zu wenden, wo die Menschen zwar anders, aber doch ähnlicher waren und sich auf jeden Fall leichter ausräubern ließen. Die blutrünstigen Anhänger des einäugigen Gottes richteten fortan ihr Augenmerk auf christliche Heiligtümer, auf französische, spanische oder italienische Klöster. Nachdem Hasting, der Vater von Björn Eisenseite, die marokkanischen Küsten und die Balearen angegriffen hatte, kam er 959 mit seinem *Draken* nach Italien. Er ließ Fiesole, Pisa und Luni (das er für Rom hielt) plündern und zahlreiche Bewohner in die Sklaverei verschleppen. Sie wurden sofort auf italienischen, spanischen und nordafrikanischen Sklavenmärkten weiterverkauft.

Seit dem 10. Jahrhundert bildeten die muslimischen Korsaren in Fraxinetum und am Garigliano, von denen bereits die Rede war, und ihre Glaubensgenossen in der Camargue und auf Kreta ein Gegengewicht zu den normannischen Freibeutern. 869 ließen sich die ersten Korsaren in dem flachen und sumpfigen Gebiet des Rhônedeltas nieder und suchten innerhalb kürzester Zeit die gesamte Umgebung heim. Kreta fiel 823/24 dank der feindseligen Haltung der Bevölkerung gegen die Byzantiner den Korsaren in die Hand. Es handelte sich dabei um jene Exilierten aus Córdoba, die nach der »Revolte der Vorstadt« 818 aus dem Land vertrieben worden waren. Bald nachdem sie sich unter dem Kommando Omar Hafs al-Balluti organisiert hatten, begannen sie auf Kreta mit dem Bau einer neuen Stadt, Chandaq (Graben), die später Kandia heißen sollte. Über einhundertfünfzig Jahre lang war sie die Hauptstadt eines Staates, der hauptsächlich von seinen seeräuberischen Unternehmungen gegen den Handelsverkehr der Byzantiner und vom Sklavenhandel lebte. Bereits 840 war die Anwesenheit dieser Araber so lästig geworden, daß Kaiser Theophilos sich veranlaßt sah, eine Gesandtschaft zu Abd ar-Rahman II. nach Córdoba zu schicken. Byzanz wollte die Unterstützung des Emirs gegen das verderbliche Wirken der Korsaren gewinnen und gleichzeitig ein Bündnis gegen die Abbasiden anbahnen. Außer, daß er herzliches Einvernehmen demonstrierte, konnte der Omaijadenemir nichts weiter tun, als alle Operationen der Byzantiner zur Wiedereroberung der Insel, die übrigens die Oberhoheit Bagdads anerkannt hatte, gutzuheißen (wobei unklar bleibt, welchen Wert eine solche Autorisierung hatte). Die Gesandtschaft aus Konstantinopel war trotzdem nicht ganz abwegig. Kreta konnte sich nämlich einerseits dank der Beute, die es den Schiffen und den Bewohnern der Küstengebiete abnahm, behaupten, andererseits und in weit stärkerem Maße aber dank der Einnahmen aus Lösegeldern und dem Verkauf von Sklaven auf den syrischen, ägyptischen und vor allem andalusischen Märkten. Das muslimische Spanien hatte sogar in der gesamten islamischen Welt die Funktion eines Zentrums inne, wo weiße und schwarze Sklaven gesammelt und gemustert wurden. Konstantinopel mußte sich jedoch bis zum 7. März 961 gedulden, bis es die Kapitulation der Insel erleben konnte, die das Verdienst des Befehlshabers und künftigen Kaisers Nikephoros Phokas sein sollte. Nachdem zuvor zahlreiche Versuche, darunter einer, den der oströmische Kaiser Konstantin Porphyrogenetos persönlich geleitet hatte, gescheitert waren, konnte Nikephoros die Truppen des kretischen Emirs

Links: Ein abendländisches Porträt von Barbarossa, dem Schrecken des christlichen Mittelmeeres in der ersten Hälfte des 16. Jahrhunderts. Chidir, der Sohn eines Töpfers aus Mytilene, später dann Chaireddin (von den Christen Barbarossa) genannt, gründete die Korsarenherrschaft in Algier, die er geschickt dem Türkischen Reich unterstellte. Er wurde Admiral der gesamten osmanischen Flotte. Oben: Ein weiterer Barbareskenkorsar des 16. Jahrhunderts, bezeichnet als »Sim L'Ebreo«. Wahrscheinlich jener Sinan, genannt der Jude, den Guglielmotti in seiner STORIA DELLA MARINA PONTIFICA *als einen »großen Erfinder von Verkleidungen, Großmeister von Listen und großen Kenner aller Schlupfwinkel« beschreibt. Oben: Porträt des Arudsch, des Bruders von Chaireddin, der mit ihm Algier eroberte.*

Abd al-Aziz ibn Schu^caib (eines Nachkommen des al-Balluti) schlagen und erfolgreich gegen die Zitadelle von Chandaq stürmen.

Mamma li turchi!

Ihren Höhepunkt erlebten die Korsaren im 16. Jahrhundert, als sie von den muslimischen Städten Nordafrikas wie Tripolis, Tunis, Oran, Bougie, Salé und vor allem von Algier aus ihre Aktivitäten entfalteten. Die Erinnerung an die Raubzüge ihrer Schiffe ist im ganzen Mittelmeerraum lebendig geblieben, vor allem im westlichen Teil, wo die bevorzugten Ziele an den Küsten Italiens und seiner wichtigsten Inseln lagen. Die Spur ihrer verheerenden Raubzüge ist in der jeweiligen lokalen Toponymie erhalten geblieben, so mit Saracinesco in Latium, Saracena in Kalabrien, dem sizilianischen Porto dei Turchi, Il Turco Morto, la Punta Guardia del Turco, mit dem Monte Guardia Moro auf der Magdalenen-Inselgruppe oder den zahllosen Monti oder Torri del Turco in ganz Süditalien, aber auch in den volkstümlichen Legenden und Überlieferungen Mittelitaliens. Mit italienischen idiomatischen Ausdrücken wie dem wohlbekannten »Mamma li turchi« werden noch heute scherzhaft Gefühle zum Ausdruck gebracht, die damals, als die Segel oder Boote der Barbareskenkorsaren am Horizont auftauchten, Panik und wirklichen Schrecken beinhalteten, da man mit verwegenen Landungen, mit Gewalttaten und möglicherweise mit Sklaverei rechnen mußte.

Es gibt sehr unterschiedliche Gründe dafür, daß ganze Städte des Maghreb eine so eigentümlich korsarische Gestalt annahmen. Zum einen erlebte Ifriqija eine Invasion von Nomadenstämmen, nachdem die Fatimiden sie auf die rebellischen Ziriden, die Sachwalter ihrer Besitzungen in Ifriqija, gehetzt hatten. Zum anderen dezimierte die Pest von 1384 die Bevölkerung um dreißig bis fünfzig Prozent, so daß im 16. Jahrhundert in ganz Nordafrika nur noch drei Millionen Menschen lebten. Auch die Landwirtschaft war vor schwerwiegende Probleme gestellt, da sich der Boden zunehmend verschlechterte. Nicht einmal die massenhafte Einwanderung von *Moriscos,* die die Christen aus Spanien vertrieben hatten, konnte zur Überwindung der Krise beitragen; die *Moriscos* schufen vielmehr neue Probleme, da sie sich gegen eine Integration in die Gesellschaft des Maghreb hartnäckig sträubten. Seit dem 14. Jahrhundert kam dann auch noch der Saharahandel zum Erliegen.

Unter diesen Bedingungen konnte sich die Korsarengesellschaft der Barbaresken entfalten. Zahllose Versprengte, Rebellen oder einfach nur Unglückliche, die auf diesem Weg eine, wenn auch riskante Lösung ihrer Probleme zu finden hofften, fühlten sich von den Versprechungen auf Abenteuer und Beute angezogen. Einer von ihnen, ein in Mytilene geborener Renegat, führte die Barbaresken schließlich aus ihrem Schattendasein heraus. Zunächst begnügte sich Arudsch damit, als einfacher Seeräuber die Meere der griechischen Inselwelt zu durchkreuzen, und bekam dabei zwangsläufig auch Gelegenheit, das mühselige Geschäft eines Ruderers auf einer Galeere des Ordens des hl. Johannes von Jerusalem zu erleben. Im Jahr 1504 machte er jedoch einen bedeutenden Sprung in seiner Karriere. Der Hafsidenherrscher von Tunis erteilte ihm die Erlaubnis, mit seinen Schiffen den Hafen von La Goulette anzulaufen, und sprach ihm wenig später sogar die gesamte Insel Djerba zu. Damit hatte sich der Seeräuber Arudsch in einen Korsaren verwandelt. Als Gegenleistung überließ er seinem Gönner zunächst zwanzig Prozent aller Erträge seiner Beutezüge auf dem Meer; später, als seine Vertragskraft gestärkt war, wurden die Abgaben auf zehn Prozent gesenkt, was immer noch das Doppelte

Unten: Die Galeeren Barbarossas in den Gewässern vor Nizza auf einer türkischen Miniatur. Wie Guglielmotti schreibt, hielten die Barbaresken »die Stadt in der Hand, beschossen das Schloß und verwüsteten die Umgebung« (1543). Nach der Überwinterung auf der Reede von Toulon (Frankreich war Verbündeter des Großtürken) plünderte der Admiral im darauffolgenden Jahr Vado, Talamone, Porto Ercole, Il Giglio, Ischia, Pozzuoli, Procida, Lipari, Cariati und machte (angeblich allein auf Lipari) siebentausend Sklaven, bevor er nach Istanbul zurückkehrte. Es war der letzte der großen Raubzüge des Töpfersohns, der zwei Jahre später starb. Sein ehemaliger Stellvertreter Dragut fuhr sogleich fort, die christlichen Küsten heimzusuchen.

In einem sizilianischen Volkslied heißt es: »Allarmi! all'armi! la campana sona / li turchi sunnu giunti a la marina, / cu'havi scarpi rutti si li sola / ca io mi li sulavi stamattina« (zitiert von Renzo de Felice im Vorwort zur Studie I CORSARI BARBARESCHI *von Salvatore Bono). Die letzten beiden Verse sagen: »Wer kaputte Schuhe hat, soll sie neu besohlen, ich habe sie heute morgen besohlt.« Es stellt eine Aufforderung dar, vor den Barbareskenkorsaren als einzigen möglichen Ausweg die Flucht zu ergreifen. Auch die Drucke aus dem 17. Jahrhundert oben auf diesen Seiten legen von der Furcht vor Korsareneinfällen Zeugnis ab. Links: Eine junge Christensklavin der Korsaren wird einem Muslim zum Kauf angeboten. Rechts: Gefangene werden auf ein Barbareskenschiff gebracht.*

dessen war, was der Koran für die Beute, die während des Heiligen Krieges erzielt wurde, vorschrieb.
Von Djerba brach Arudsch mit seinen Schiffen auf, um Djidjelli und Cherchel zu erobern und Algier, Ténès und Tlemcen unter seine Botmäßigkeit zu bringen. Die Korsaren wurden dadurch schnell bekannt. Das eigentliche Verdienst an der Entstehung der Grundstruktur der Korsarengenossenschaft kommt jedoch dem Bruder Arudschs, Chïdïr, zu, der im Osten Chaireddin und im Westen Barbarossa genannt wurde.
Sein politisches Meisterstück lieferte Chaireddin kurz nach dem Tod seines Bruders, 1518, als er – entgegen den damaligen Gepflogenheiten – unaufgefordert Istanbul die Oberhoheit über seine Besitzungen zuerkannte und gleichzeitig der im Aufbau begriffenen osmanischen Marine technischen Beistand anbot. Zum Dank verlieh der Sultan Barbarossa den Titel eines *Beylerbeyis* von Algier, was ihn de facto in seiner Stellung als unumschränkten Herrn bestätigte. Dank der Verstärkung an Truppen und Material war es ihm dann möglich, innerhalb kurzer Zeit Collo, Bône und Constantine unter seine Kontrolle zu bringen und Algier samt seinem Hinterland endgültig zu unterwerfen.
Chaireddin war jedoch mehr als nur ein Korsarenführer. Als gewandter Politiker schaltete er sich neben seinen Einfällen an der Küste der Ewigen Stadt, im Golf von Genua, entlang der spanischen Küste, auf Korsika, Sardinien, Sizilien und in der Ägäis in höchst politische Unternehmungen ein. So übernahm er zum Beispiel die Rolle des Vermittlers zwischen Frankreich und der Hohen Pforte, deren politisches Bündnis die Zeitgenossen so sehr schockierte. Seine Flotte bestand fast immer aus mehreren Dutzend Einheiten und garantierte den Beteiligten wie der Stadt, aus der sie stammten, sichere Beute und einen reichen Zugewinn. Als er 1534 schließlich über vierundachtzig Schiffe gebot, war es ihm möglich, Bizerta und Tunis, das damals unter spanischem Schutz stand und von Mulay Hasan regiert wurde, zu erobern.
Es war die Zeit der großen kriegerischen und politischen Erfolge Barbarossas. Und obwohl er Korsar war, wenn auch einer von Format, verlieh ihm der osmanische Großwesir Ibrahim Pascha zur Belohnung den Titel *Qapudan Pascha*, Admiral der gesamten türkischen Flotte. Daß Barbarossa dieses Titels würdig war, stellte er wenig später unter Beweis, als er 1538 in den Gewässern von Prevesa einen eindeutigen Sieg über die Flotte einer christlichen Koalition, die von Andrea Doria recht zwielichtig geführt wurde, errang.
Als 1541 ein Angriff auf Algier, das damals von Hasan Sardo verteidigt wurde, der als Kind aus Sardinien geraubt worden war, abgewehrt werden konnte, war die Vorherrschaft Chaireddins und seiner Korsaren im westlichen Mittelmeer entgültig besiegelt. Sie sollte bis zum Tod des Korsarenkommandanten im Jahr 1546 andauern. Der Frieden, den er zu Lebzeiten so vielen Menschen geraubt hatte, sollte nach einer christlichen Legende auch seinem Leichnam verwehrt bleiben. Die Legende berichtet, sein Körper sei wiederholte Male außerhalb des Grabes aufgefunden worden, bis es durch den Rat eines griechischen Zauberers gelang, den Leichnam für immer unter die Erde zu bringen. Man gab ihm einen schwarzen Hund zur Seite (ein Tier, dem die Muslime ohnehin keine große Sympathie entgegenbrachten), als deutliche Anspielung auf die teuflische Wildheit, die dem Korsaren zu seinen Lebzeiten zugeschrieben worden war.
Der Zeit Chaireddins wurde trotzdem ein glorreiches Andenken bewahrt. Der beginnende Niedergang der osmanischen Seemacht und die Entschlossenheit, mit der das Janitscharenkorps und die Korsarenkorporation (*Ta'ifa*) auf ihrer völligen Selbständigkeit beharrten, brachten tiefgreifende Veränderungen in den Verwaltungen der Städte mit sich, die hauptsächlich vom Freibeuterkrieg gegen die Christen lebten. In Nordafrika konnten die Korsaren jedenfalls ihre Aktivitäten ungestört fortsetzen. Einer der Hauptanführer war Dragut (Verballhornung des türkischen Tur-

Unten: Der Druck aus dem 19. Jahrhundert zeigt einen grimmigen Barbareskenkorsaren in phantasievoller Aufmachung. Zu dieser Zeit war die Seeräuberei im Maghreb gerade erst zu Ende gegangen: Ein ex voto von 1828 in Trapani dankt für ein glückliches Entkommen vor zwei Piratenschiffen zwischen Sciacca und Agrigent.

ghut), der bereits der Stellvertreter Chaireddins gewesen war und in mehrfacher Hinsicht sein würdiger Nachfolger wurde. Er war einer der ganz wenigen gebürtigen Muslime unter den Korsaren. Gianettino Doria, der Neffe des großen Admirals, hatte ihn auf Korsika gefangengenommen und zum Kettensträfling auf seiner Galeere gemacht. Gegen ein Lösegeld von 3500 Dukaten kam er unerwartet wieder frei. Da Dragut sofort nach seiner Freilassung seine ursprüngliche Tätigkeit wiederaufnahm, ist anzunehmen, daß er sich die Summe bei seinen ersten Beutezügen im Überfluß wieder holte. Ein Jahr, nachdem Dragut in Toulon, wo Gianettino Doria mit seinem Schiff ankerte, auf den zukünftigen Großmeister des Ordens der Malteserritter, der für ihn den Gegner par excellence verkörperte, getroffen war, wollte es die Ironie des Schicksals, daß sich diese Begegnung in maghrebinischen Gewässern mit vertauschten Rollen wiederholte. Diesmal nahm ein Korsar mit Namen »der Lahme von Kandia« Jean Parisot de la Valette, der schon einmal an der Ruderbank einer Galeere Barbarossas gesessen hatte, gefangen. Der Chevalier de la Valette wurde erneut zum Sklaven, während Dragut, wie uns der Kapitän Orsini berichtet, »mehr als je zuvor zum Fürsten« geworden war.

Da Chaireddin in Istanbul weilte, war Dragut in die Barbarei zurückgekehrt und hatte das Kommando über die Flotte übernommen. Sein Ruf als geschickter, leidenschaftlicher Seefahrer und tollkühner Korsar und die Nachrichten über die Eroberungen von Sousse, Sfax, Monastir und des Hafens von Mahdijjah erreichten schon nach kürzester Zeit Europa. Weniger erfolgreich war die Teilnahme an zwei Belagerungen von Malta, mit denen der Sultan seine erbittertsten Gegner für immer ausquartieren wollte. Die erste Belagerung leitete Sinan, der auch »der Jude von Smyrna« genannt wurde, während Dragut als zweiter Befehlshaber teilnahm; beim zweiten Versuch, der von Mai bis September 1565 dauerte, fand der Korsar während des Sturmangriffs auf das Fort von St. Elmo den Tod. Nach dieser Belagerung, die man als die »große Belagerung« in Erinnerung behalten sollte, stellte sich für zweieinhalb Jahrhunderte ein relativ stabiles Gleichgewicht ein. Einen entscheidenden Anteil an dieser Entwicklung hatte der Sieg der Christen in der Seeschlacht von Lepanto (7. Oktober 1571) und in noch stärkerem Maße der Umstand, daß die Europäer ihr Interesse dem Verkehr über den Ozean zuwandten. Die Muslime konnten deshalb sehr lange ihre politische Krise und den Niedergang ihrer Marine verborgen halten, wobei ihnen die unglaublichen Rivalitäten und Auseinandersetzungen im christlichen Lager zustatten kamen.

Während dieser Periode gab es zahlreiche muslimische Korsarenkommandanten, die durchaus in der Lage waren, den verschiedenen Städten einen beträchtlichen Zugewinn aus Beutegütern und in der Folge davon eine verstärkte Handelstätigkeit zu garantieren. Neben dem Verkauf der Beute trugen auch die Lösegelder, die für Gefangene von Stand festgesetzt wurden, dazu bei, daß die Gesellschaft, die sich im Umkreis der Korsarenflotten herausbildete, sehr lebendig und offen war.

Diese These wird bestätigt durch den Umstand, daß allein in Algier Anfang des 17. Jahrhunderts an die 20000 christliche Sklaven lebten, die von einer stattlichen Zahl von Brüderschaften und religiösen Orden betreut wurden; so gab es die Trinitarier, die Merzenarier, die Erzbruderschaft des Banners von Rom für den Freikauf der Gefangenen in Palermo, die Lazaristen des hl. Vinzenz von Paul (der angeblich selbst Sklave der Muslime gewesen war), das Offizium der armen Sklaven und den Sklavenmagistrat in Genua und viele andere mehr. Die Beute wurde nur in geringem Umfang im Hinterland abgesetzt, da der einträglichste Markt dafür Europa selbst war. Die Laderäume ihrer Schiffe bereits voll von Erzeugnissen, von denen sie wußten, daß sie sie mühelos mit hohen Gewinnspannen verkaufen konnten (vor allem Schiffsbaumaterialien und Kriegsausrüstungen), legten genuesische, jüdische und florentinische Kauf-

Rechts: die beiden Hauptstützpunkte der Korsarengemeinschaft, Tunis (oben) und Algier. Die lateinische Aufschrift auf der Karte von Tunis erinnert an die nur kurze Besetzung der Stadt durch Kaiser Karl V. (Juli 1535). Einige Jahre später zog Karl V. mit 500 Schiffen und 24000 Soldaten auch gegen Algier (Oktober 1541). Ein Sturm brachte jedoch die gelandeten Truppen in Schwierigkeiten und zerstörte ein Drittel der Flotte, worauf sich die Spanier zurückziehen mußten. Die Barbareskenregentschaften blühten durch den Handel mit ihrer Beute, ein Handel, der in der Hand europäischer Kaufleute war. In der Relazione al doge di Venezia sulle reggenze di Algeri e Tunisi *von G.B. Salvago (1625) liest man: »Jedoch in Algier sitzen Kaufleute aus Livorno, Korsika, Genua, Frankreich, Flandern, England; Juden, Venezianer und solche aus anderen Staaten. Diese kaufen alle erbeuteten Waren und schicken sie an den völlig freien Hafen von Livorno, von wo aus sie in ganz Italien verbreitet werden.«*
Links: verschiedene Korsarenschiffe. Algier, das 1571 an die fünfzig, und 1634 mehr als 80 Schiffe besaß, war die stärkste Barbareskenmacht. Es war offenbar ein Holländer aus Dordrecht, Simon Dansa oder Danser, der zu Beginn des 17. Jahrhunderts Korsar geworden war, welcher bei den Kapitänen von Algier die hochbordigen Segelschiffe anstelle der früher im Mittelmeerraum üblichen offenen Segel- oder Ruderschiffe einführte. In Tunis tat dies ein englischer Korsar namens Edward.

leute, nachdem ihnen freies Geleit zugesichert worden war, regelmäßig in den Barbareskenhäfen an. Sie empfanden keinerlei Skrupel, alle erdenklichen Produkte, die die Piraten möglicherweise gerade ihren eigenen Mitbürgern geraubt hatten, sofort wieder auf ihre Schiffe zu verladen.
Einer der letzten berühmten Korsarenführer der Barbaresken war sicher Uludsch Ali, der christliche Occhiali, der lange Zeit als Rudersklave gedient hatte. Später wollte er sich im heimatlichen Kalabrien zum Priester weihen lassen, fiel aber aus Gründen, die nicht klar ersichtlich sind, wieder ab. Bald danach bewies er als Seemann und Kommandant außergewöhnliche Fähigkeiten, diente unter Dragut, wurde der Nachfolger des Sohnes von Barbarossa und stieg sogar in das Amt des *Beylerbeyi* von Algier auf. 1570 eroberte er Zypern. Diese Niederlage und das haarsträubende Ende Bragadins (der venezianische Kommandant Zyperns wurde unter anderem bei lebendigem Leib gehäutet) bei Famagusta veranlaßte die Serenissima, sich mit ihrer mächtigen Flotte der Koalition anzuschließen, die im Jahr darauf bei Lepanto dem Islam eine der verheerendsten Niederlagen zur See beibrachte. Diese Schlacht wurde aber auch für viele der siegreichen Mächte zu einer Art Schwanengesang, vor allem für Venedig, Genua und sogar Spanien. Sie mußten zusehen, wie Portugiesen, Holländer und Engländer ihre Macht immer weiter ausdehnten und den Mittelmeerraum zunehmend in eine zweitrangige Position abdrängten.

Die Renegatenkorsaren

Mit dem Tod von Uludsch Ali endete das Geschlecht der »Korsarenkönige«, die bewiesen hatten, daß sie zahlreiche Städte Nordafrikas mit der gleichen Meisterschaft zu führen verstanden wie ihre Schiffe. Die Barbaresken wären unweigerlich in eine Krise gestürzt, hätte nicht das christliche Europa unerwartet einen Beitrag geliefert, der, in erster Linie im Bereich der Freibeuterei, zu einer Revolutionierung der Seefahrtstechniken führte.
Es gab einen großen Kreis von Personen, die aus den verschiedensten Gründen der Religion ihrer Väter abschworen und »Türken« wurden. Dafür, daß sie die Korsaren unterrichteten, gewährten ihnen diese völlige Handlungsfreiheit und gestatteten ihnen nicht selten den Aufstieg in die höchsten politischen Ämter. So erlebte Algier eine Reihe von *Beylerbeyis* fremder Herkunft: Sarden, Korsen, Kalabresen, Engländer, Dänen und Albaner, die gemeinsam mit Franzosen, Dänen und Holländern die Entwicklung der Segelschiffahrt vorantreiben sollten – teilweise auf Kosten der klassischen Ruderschiffahrt mit Galeeren.
Abgesehen vom menschlichen Aspekt (das Leben der zahllosen ans Ruder geketteten Sklaven war oft unerträglich, vor allem wenn es galt, auf der Flucht oder bei einer Verfolgungsjagd unter Peitschenschlägen zuweilen einen ganzen Tag ununterbrochen zu rudern) machten auch die ernsten logistischen Probleme, die Galeeren mit sich brachten, die Einführung einer neuen Antriebskraft unumgänglich. Da auf den Galeeren pro Schiff bis zu zweihundert Ruderer notwendig waren, mußten große Mengen von Lebensmitteln mitgeführt werden, vor allem, wenn es (wie im Fall der Korsaren) ratsam war, nicht allzuoft Land anzulaufen. Den Galeeren mangelte es aber nicht nur an Autarkie, bei ungünstigen Wetterbedingungen waren sie außerdem in ihrer Seetüchtigkeit eingeschränkt. Das Schiff hatte allerdings auch seine Vorzüge: Es war einfach und wirtschaftlich gebaut und blieb auch in Flauten, die auf dem Mittelmeer häufig vorkamen, manövrierfähig. Aus diesem Grund sollte es auch nie völlig aus dem Arsenal der Korsaren verschwinden. Trotzdem war es auf die Dauer den »runden Schiffen«, die nach den Erfordernissen der Ozeanschiffahrt entwickelt worden waren, unterlegen. Die neuen Segelschiffe konnten mit weniger Besatzung und bei geringeren Kosten eine größere zahlende Ladung aufnehmen, erwiesen sich als unabhängiger, schneller und in Gefechten widerstandsfähiger.
Sowohl die Galeote, die gerade Uludsch Ali bis zu

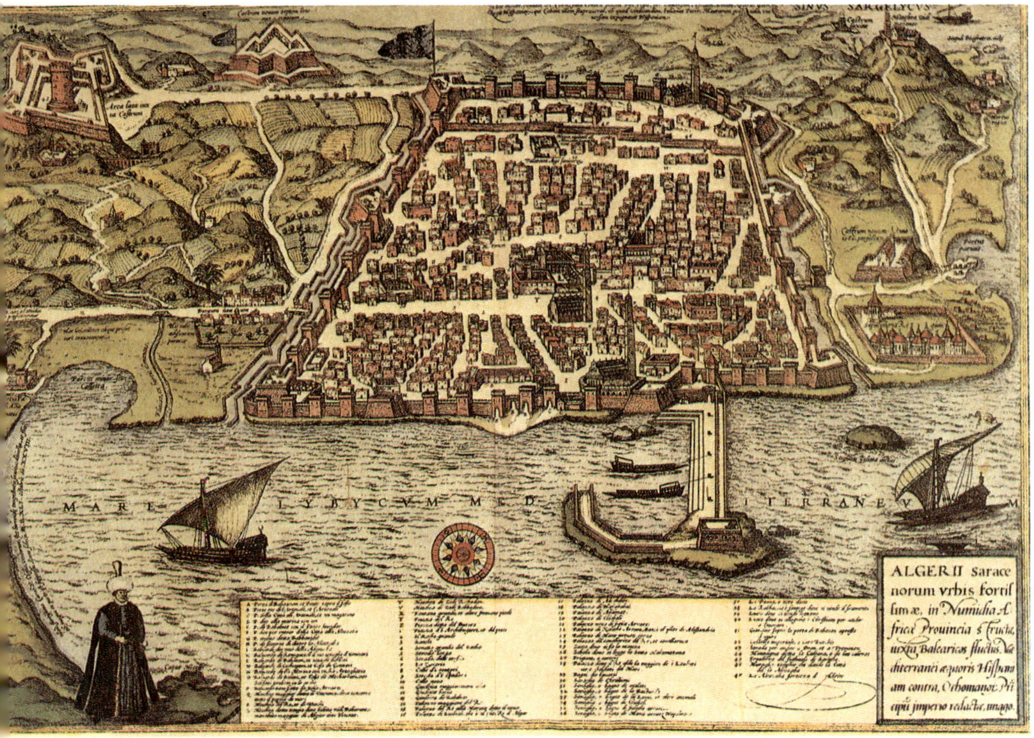

ihrer höchsten Vollendung weiterentwickelt hatte, wie auch die venezianische Galeasse, die bei Lepanto den Hauptstoß geführt hatte und deren Außenborde man nur erhöhen mußte, um zu verhindern, daß sie durch die langen aber niedrigen Galeeren geentert wurde, begannen seltener zu werden. Immer häufiger tauchten im Mittelmeer und in den Barbareskenhäfen dafür Galeonen, Karracken, Fliehboote und Rammschiffe auf. Bereits zu Beginn des 17. Jahrhunderts setzten sich die neuen Schiffsbautechniken durch. So gab 1606 Simon de Danser, ein Holländer aus Dordrecht, seine Kenntnisse an die Algerier weiter, während die Tunesier von dem Engländer John Ward lernten. Danser soll, nachdem er in Algier sein Glück als Seeräuber gemacht hatte, in die Heimat zurückgekehrt sein, wurde jedoch später das Opfer seiner früheren Kumpanen, als diese einen Mord, den er bei seiner Flucht begangen hatte, rächten. Ward soll dagegen nach einer, wenn zwar nicht glänzenden, so doch lukrativen und abenteuerlichen Laufbahn in Tunis gestorben sein. Sie waren die ersten in einer langen Reihe von Europäern, die ins Barbareskenland gingen, um ihr Glück zu versuchen. Wie der Engländer Sampson Denball oder der Holländer Jan Jansz (der 1627 bis nach Island vorgedrungen und sogar Reykjavík geplündert haben soll) zogen sie dem Leben in der Heimat den Islam vor, konvertierten und wurden Kapitäne von Korsarenschiffen. Ihre neuen Glaubensgenossen schätzten sie ob ihres Mutes und der unerhörten Wildheit, mit der sie zumeist ihrem Handwerk nachgingen. Berühmtheit erlangten ihre Expeditionen zur Themsemündung, nach Neufundland und ins ferne Brasilien, wo sie viele Menschen und Schiffe erbeuteten.

Neben den vielen Freibeutern, die aufgrund ihrer niedrigen Herkunft außer ihrem Leben nichts zu verlieren hatten, gab es auch adlige Abenteurer wie Sir Francis Verney oder den Edelmann Ambros Sayer aus Cornwall, die zu Beginn des 17. Jahrhunderts in Algier Korsarenschiffe kommandierten.

Die Muslime griffen die Ratschläge der Europäer unmittelbar auf und verstanden es in genialer Weise, auch die Segelschiffahrt zu erneuern. Ihre Schiffe waren nicht nur schöner, sondern vor allem auch schneller, da sie jeden Schnörkel vermieden und damit das Gewicht der Schiffe so niedrig wie nur eben möglich hielten. Die Schiffszimmerleute mußten ihre Phantasie im Zaum halten, da das primäre Ziel immer die größtmögliche Ausgewogenheit zwischen Zerstörungskraft, Widerstandsfähigkeit, Geschwindigkeit und Manövrierfähigkeit war. Die äußere Verkleidung gestaltete man mit größter Sorgfalt, obwohl es immer schwieriger wurde, die Schiffe sauberzuhalten. Im Vergleich zur leichten Galeere waren die neuen Schiffe größer und schwerer und deshalb nur mit Mühe an Land zu ziehen. Hinzu kam, daß es immer schwieriger wurde, Buchten zu finden, wo diese Arbeiten ungestört verrichtet werden konnten.

MITTELMEERSCHIFFE IN DER EPOCHE DER BARBARESKEN

Der *Sciabecco* (1) ist ein schnelles und manövrierfähiges Schiff, gleichsam ein Sinnbild für die Epoche der Barbaresken. Ab dem 17. Jahrhundert wird es von den Seeräubern der nordafrikanischen Küste für ihre Enterfahrten benutzt, seine Herkunft ist unbekannt. Es erlaubt, stärkeren aber langsameren Fahrzeugen davonzufahren. Die christlichen Flotten des Mittelmeers übernehmen es, um die Barbaresken mit ihren eigenen Waffen zu schlagen.

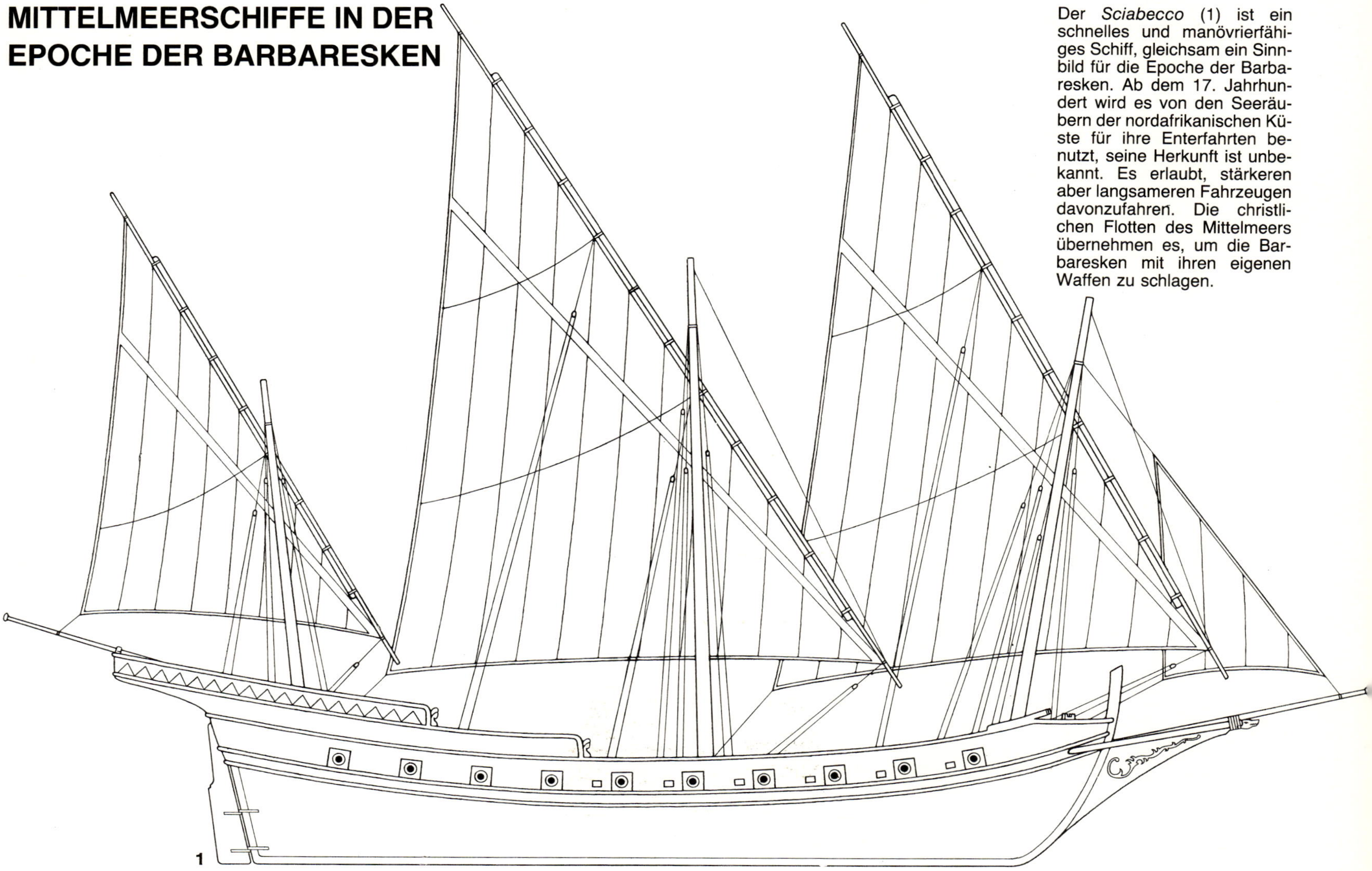

1

Das *Liuto* oder *Leudo* (2) war ein typisches Fischerboot bzw. ein Lastkahn der italienischen Küsten mit Lateinbesegelung. Die Lastenausführung diente zum Transport von Wein in Fässern. Das *Trekandini* (Trekanteri) (3) ist ein griechisches Schiff, dessen Rumpfform bis auf die Antike zurückgeführt werden kann; sein Takelwerk schließt ein Sprietsegel ein und wirkt malerisch, wenn es auch schwer zu handhaben war.

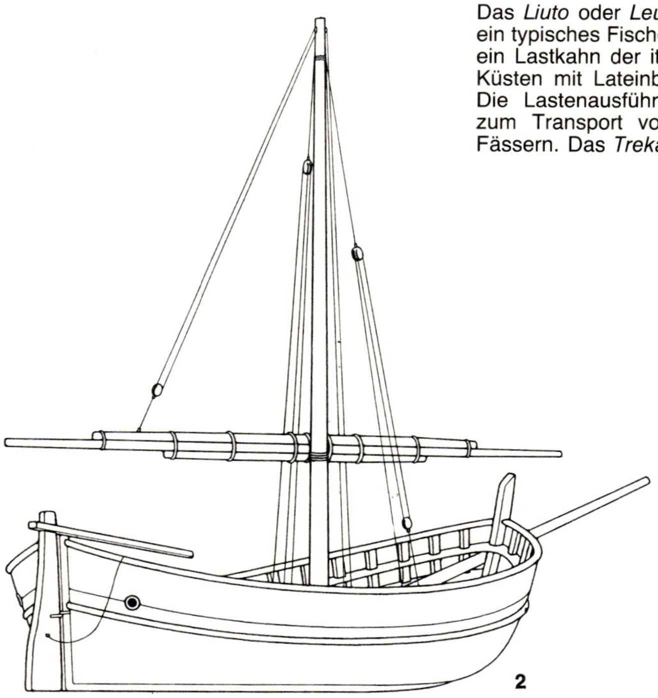

2

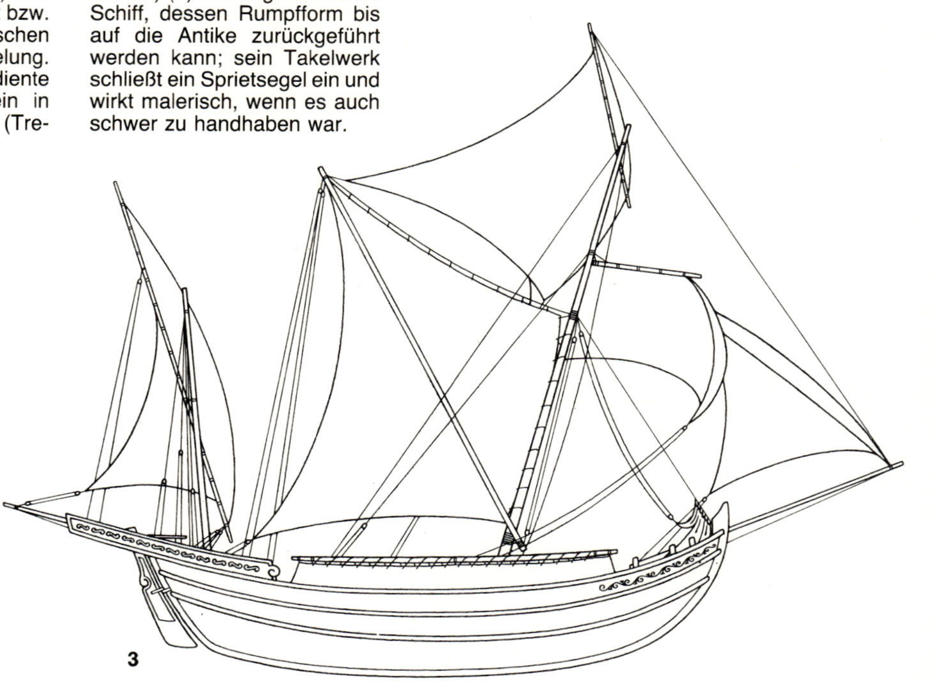

3

Die Chroniken der Barbaresken-Zeit erwähnen eine große Vielfalt von Schiffstypen unter den Angreifern und Opfern. Hier sind einige mittelmeerische Schiffstypen zusammengestellt, von denen manche bis in unsere Tage überdauert haben, und die charakteristisch für das Seewesen der Epoche waren. Ausgenommen seien die Galeere, das wichtigste Kriegsschiff des Mittelmeers (die türkischen Galeeren unterschieden sich nicht von den christlichen) und die Hochbordschiffe, die als wahre Artillerie-Depots in der Folgezeit die Galeere ersetzten.

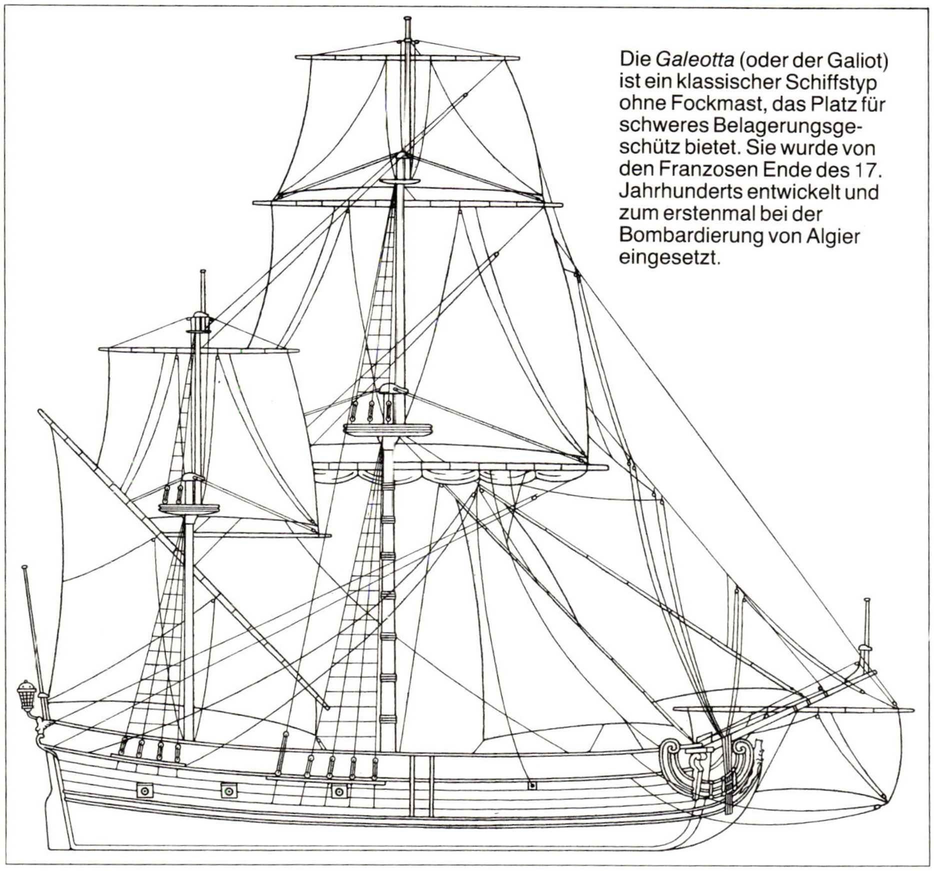

Die *Galeotta* (oder der Galiot) ist ein klassischer Schiffstyp ohne Fockmast, das Platz für schweres Belagerungsgeschütz bietet. Sie wurde von den Franzosen Ende des 17. Jahrhunderts entwickelt und zum erstenmal bei der Bombardierung von Algier eingesetzt.

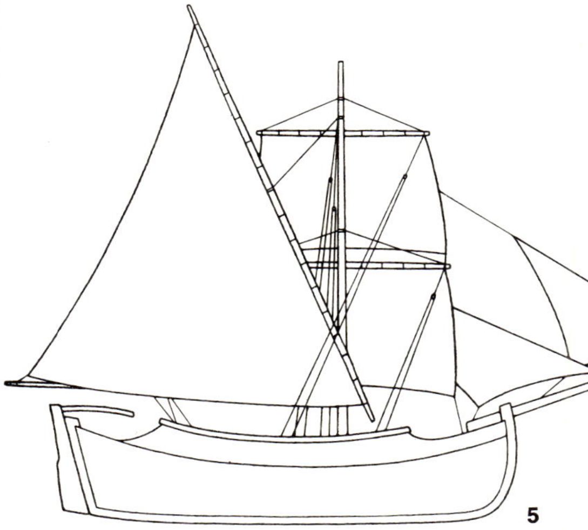

5

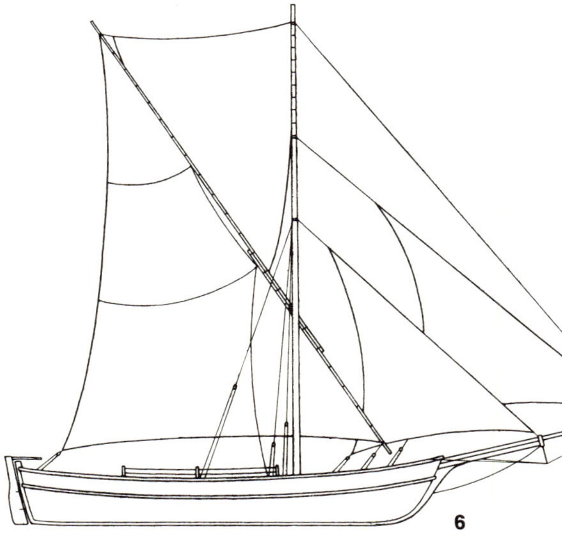

6

Die *Saccoleva* (4) war ein Bootstyp aus der Ägäis, die zum Herrschaftsbereich der Türken gehörte. Man bemerkt die Ähnlichkeit der Takelung mit dem *Trekandini* (3), welche aber weiter entwickelt ist. Auch der Kaik bzw. *Caicco* (5) vereinigt in seiner Takelung Rah-, Stag- und Gaffelsegel, in diesem Fall ein Lateinsegel mit Rahe und Baum. Im Falle der *Tartane* (6) wird behauptet, sie verdanke ihren Namen den Tataren, was aber auf Phantasie beruht. Sie war ein im ganzen Mittelmeer für die Fischerei und Transportfahrten verbreiteter Schiffstyp. Die Takelung ist klassisch mit Latein- und Stagsegel. Zwischen dem Mast und dem oberen Teil der Rahe ein *freccia* genanntes, dreieckiges Segel. Die Feluke (7: Beispiel einer sizilianischen *Feluca* aus der Zeit um 800 mit ausgespanntem Sonnensegel) konnte verschiedene Formen haben. Sie war eigens entwickelt worden, um den Piratenschiffen entkommen zu können und fand als Handelsschiff, zuweilen, mit Kanonen bestückt, auch als Kriegsschiff Verwendung.

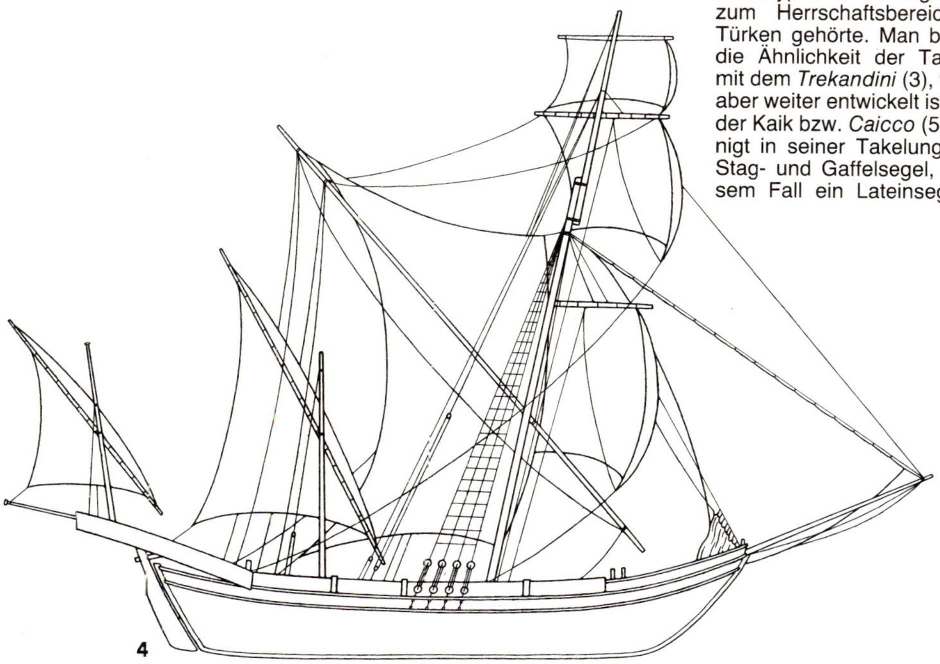

4

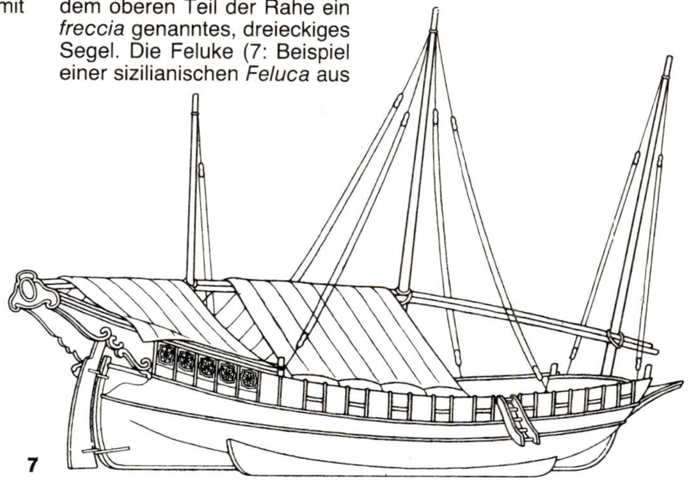

7

Seeschlacht zwischen Schiffen der Genuesen und der Barbaresken zu Beginn des 18. Jahrhunderts auf einem anonymen Gemälde, Museo Navale in Genua.

Trotz dieser Schwierigkeiten und obwohl die europäischen Flotten ihnen immer häufiger Verluste beibringen konnten, ließen sich die Korsaren nicht von den Meeren vertreiben. Ihre Präsenz nahm sogar zu, da die runden Schiffe im Winter auslaufen und bei ungünstiger Witterung auf See bleiben konnten. Der Verlust an Schiffen konnte durch die häufigeren Ausfahrten wieder wettgemacht werden. Die Märkte von Livorno, Marseille, London und Amsterdam konnten also weiterhin ihre lohnenden Geschäfte mit den Korsaren machen, indem sie deren Beute kauften und ihnen Ausrüstungen verkauften.

Murad Reis, von dem überliefert ist, daß er die Kanarischen Inseln überfallen und die dortigen Siedlungen ausgeraubt hat, und der ligurische »Renegat« Osta Morat, der 1615 Oberbefehlshaber der tunesischen Flotte und 1637 *Bey* von Tunis wurde, sorgten mit ihren Taten dafür, daß sich der Ruf der Barbareskenkorsaren bis ins 19. Jahrhundert hielt.
Das Schicksal Reis Hamidus zu Beginn des 19. Jahrhunderts war für das Freibeutertum exemplarisch. Der Kommandant der algerischen Flotte war wegen seiner großen Erfahrung und seiner Härte bekannt. Er kämpfte mit seinen Flottenverbänden gegen die

von Tunis, das sich damals gegen die Regentschaft Algiers auflehnte. Im Juni 1815 fiel Reis Hamidu im Gefecht gegen eine Flotte der Vereinigten Staaten, die vom Commodore Decatur befehligt wurde.
Im christlichen Abendland hatte die Epoche der industriellen Revolution begonnen, und man war nicht mehr auf die direkte Versklavung menschlicher Arbeitskraft angewiesen. Die jungen Industrien benötigten immer neue und ausgedehntere Absatzmärkte, die ihre Flotten absolut frei und sicher erreichen sollten. Hatten die muslimischen Korsaren in der Vergangenheit bereits schwerste Niederlagen hinnehmen müssen, so verfaßte der Pariser Friedenskongreß 1856 mit dem Grundsatz »la course est et demeure abolie« (»Die Freibeuterei ist und bleibt abgeschafft«) endgültig das Epitaph für sie. Die Freibeuterei hatte aufgehört zu bestehen, und auch die Welt, mit der diese jahrhundertealte Tradition aufs engste verbunden war, stand im Begriff sich aufzulösen.

Die christlichen Korsarenorden

Wir haben bereits erwähnt, daß Freibeuterei und Korsarenkriege in allen Anrainerstaaten des Mittelmeeres üblich waren. Europa hat sich immer gerne an den Horazschen Grundsatz *egomet me ignosco* gehalten und Nachsicht gegen das eigene Verhalten geübt. *Pro domo sua* stellte sich das Abendland immer falsch dar, indem es die eigenen Greueltaten als Antworten auf erduldete Beleidigungen oder als pflichtgemäße Präventivschläge gegen den Feind des Glaubens oder der Ideologie rechtfertigte. Die Leiden des Miguel de Cervantes, der 1575 im Rhône-Delta von dem albanesischen Renegaten Arnaut Mami gefangengenommen und von seinem Herrn Hasan Veneziano freigekauft wurde, erregen unser Mitleid. Wir kennen seine Geschichte, obwohl er sie in seinem Meisterwerk DON QUIXOTE geschickt hinter der Gestalt des Sklaven verborgen hat (die Odyssee der christlichen Sklaven im Maghreb hat er in ähnlicher Weise in der Komödie LOS BAÑOS DE ARGEL erzählt). Weit weniger empfindsam sind wir dagegen, wenn wir von den Leiden hören, die der Granadiner Hasan ibn Muhammad al-Wazzan 1517 erdulden mußte, als er von dem christlichen Korsaren Pietro Bovadiglia gefangengenommen wurde. Als Botschafter des Herrschers von Fes war er auf dem Weg zum osmanischen Sultan Selim I. gewesen. Nach seiner Gefangennahme wurde er Papst Leo X. zum Geschenk gemacht und war über ein Jahr in den düsteren Verliesen der Engelsburg zu Rom eingesperrt, bis er sich entschloß, sich von Papst Leo am 6. Januar 1520 in Sankt Peter taufen zu lassen. Er nahm den Namen Johannes Leo Medicis bzw. Leo Africanus an. Daß sein Übertritt vor allem von der Angst diktiert war, für immer die Freiheit zu verlieren, beweist der Umstand, daß er später ins *Dar al-Islam* heimkehrte und wieder den Glauben seiner Väter annahm. Seinen geographischen und sprachlichen Forschungen verdankte Europa die Kenntnis von der Existenz des sagenhaften Timbuktu in Afrika.
Der Korsarenkrieg war den christlichen Ländern also durchaus geläufig, und sie antworteten, wie Bono sagt, »auf einen Korsaren« mit eineinhalb Korsaren. Man erinnere sich vor allem an den Heiligen Seeorden der Ritter von St. Stephan und an den Souveränen Militärorden der Ritter von Malta. Der erste wurde am 15. März 1562 von den Medici mit der erklärten Absicht gegründet, den Islam auf den Meeren zu schlagen. Daß sich der Orden seines korsarischen Charakters durchaus bewußt war, beweist der Umstand, daß der Großherzog der Toskana, als er 1577/78 mit den Osmanen verhandeln wollte, seinen Großherzogtitel betonte, aus Opportunitätsgründen jedoch die Tatsache verschwieg, daß er auch Großmeister des Ordens von St. Stephan war (Braudel).

Das Bild des französischen Malers Adrien Manglard erinnert an eine historisch bezeugte Episode aus der Zeit der Korsarenunternehmungen der Barbaresken: 1748 wurde die Besatzung einer Barbareskengaleote durch ein Unwetter an die Küste verschlagen. In Maccarese, am rechten Ufer der Tibermündung, versuchte sie einen Überfall, wurde jedoch dabei überrascht und gefangengenommen. In Maccarese gab es einen Turm, der »sehr gut bewacht war, da ständig sehr viele Leute dort sind«; einen der zahlreichen Türme, die entlang der tyrrhenischen Küste zur Überwachung und zum Schutz vor Korsarenüberfällen errichtet worden waren.

»Ewig wird es den Herrschern der Christenheit, Katholiken wie Protestanten (das darf nicht verschwiegen werden), zur Schande gereichen, daß sie, anstatt ihre Kräfte zu vereinen, um jene Nester von verbrecherischen Korsaren auszuheben, wie sie es könnten, von Zeit zu Zeit von diesen mit Bitten und Geschenken, wenn nicht gar Tributen deren Freundschaft erbetteln, die, nach den Zeugnissen, oft zur Treulosigkeit neigt.« So schrieb im Jahre 1726 Ludovico Antonio Muratori in seinen Annali d'Italia. *Ein Dokument für diese Art von Beziehungen ist der »Friedensvertrag« von 1778 zwischen dem Großherzog der Toskana und dem »Impero di Marocco«. Man liest darin, »daß kein toskanischer Untertan in Marokko Sklave bleiben kann, und keiner aus dem Reich von Marokko Sklave in der Toskana«. Unten: Der Barbareskenkorsar, wie er in Cesare Vecellios* Habiti antichi et moderni *(16. Jahrhundert) wiedergegeben wird.*

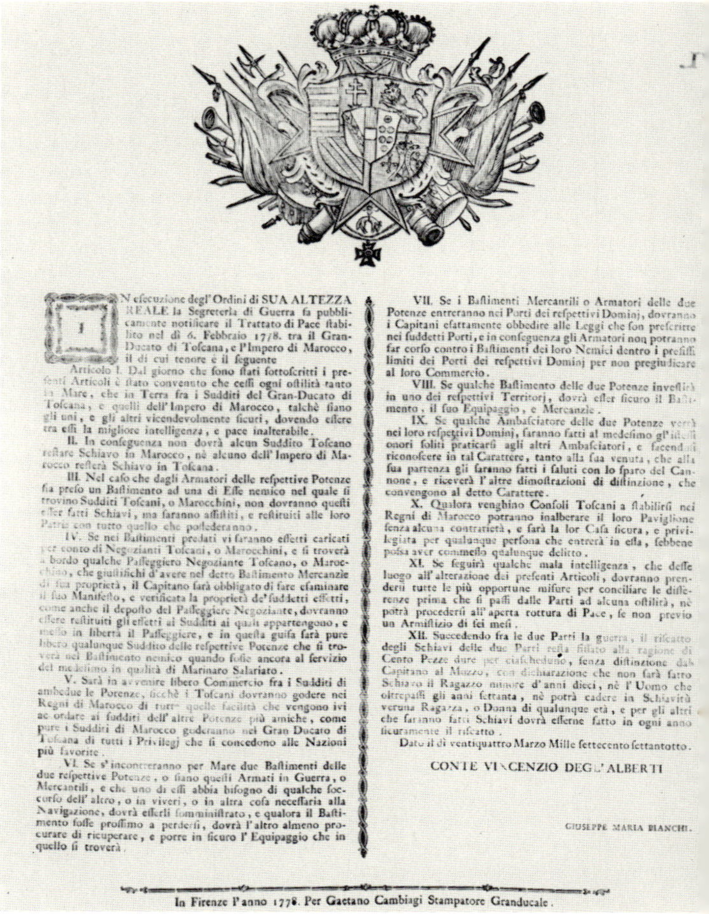

In esecuzione degl' Ordini di SUA ALTEZZA REALE la Segreteria di Guerra fa pubblicamente notificare il Trattato di Pace stabilito nel dì 6. Febbraio 1778. tra il Gran-Ducato di Toscana, e l'Impero di Marocco, il di cui tenore è il seguente

Articolo I. Dal giorno che sono stati sottoscritti i presenti Articoli è stato convenuto che cessi ogni ostilità tanto in Mare, che in Terra fra i Sudditi del Gran-Ducato di Toscana, e quelli dell' Impero di Marocco, talchè siano gli uni, e gli altri vicendevolmente sicuri, dovendo essere tra essi la migliore intelligenza, e pace inalterabile.

II. In conseguenza non dovrà alcun Suddito Toscano restare Schiavo in Marocco, nè alcuno dell' Impero di Marocco resterà Schiavo in Toscana.

III. Nel caso che dagli Armatori delle respettive Potenze sia preso un Bastimento ad una di Esse nemico nel quale si trovino Sudditi Toscani, o Marocchini, non dovranno questi esser fatti Schiavi, ma saranno assistiti, e restituiti alle loro Patrie con tutto quello che possederanno.

IV. Se nei Bastimenti predati vi saranno effetti caricati per conto di Negozianti Toscani, o Marocchini, e si troverà a bordo qualche Passeggiero Negoziante Toscano, o Marocchino, che giustifichi d'avere nel detto Bastimento Mercanzìe di sua proprietà, il Capitano sarà obbligato di fare esaminare il suo Manifesto, e verificata la proprietà de' suddetti effetti, come anche il deposto del Passeggiere Negoziante, dovranno essere restituiti gli effetti ai Sudditi ai quali appartengono, e messo in libertà il Passeggiere, e in questa guisa sarà pure libero qualunque Suddito delle respettive Potenze che si troverà nel Bastimento nemico quando fosse ancora al servizio del medesimo in qualità di Marinaro Salariato.

V. Sarà in avvenire libero Commercio fra i Sudditi di ambedue le Potenze, sicchè i Toscani dovranno godere nei Regni di Marocco di tutte quelle facilità che vengono ivi accordate ai sudditi dell' altre Potenze più amiche, come pure i Sudditi di Marocco goderanno nel Gran Ducato di Toscana di tutti i Privilegj che si concedono alle Nazioni più favorite.

VI. Se s' incontreranno per Mare due Bastimenti delle due respettive Potenze, o siano quelli Armati in Guerra, o Mercantili, e che uno di essi abbia bisogno di qualche soccorso dell' altro, o in viveri, o in altra cosa necessaria alla Navigazione, dovrà esserli somministrato, e qualora il Bastimento fosse prossimo a perdersi, dovrà l' altro almeno procurare di ricuperare, e porre in sicuro l' Equipaggio che in quello si troverà.

VII. Se i Bastimenti Mercantili o Armatori delle due Potenze entreranno nei Porti dei respettivi Dominj, dovranno i Capitani esattamente obbedire alle Leggi che son prescritte nei suddetti Porti, e in conseguenza gli Armatori non potranno far corso contro i Bastimenti dei loro Nemici dentro i prefissi limiti dei Porti dei respettivi Dominj per non pregiudicare al loro Commercio.

VIII. Se qualche Bastimento delle due Potenze investirà in uno dei respettivi Territorj, dovrà esser sicuro il Bastimento, il suo Equipaggio, e Mercanzìe.

IX. Se qualche Ambasciatore delle due Potenze verrà nei loro respettivi Dominj, saranno fatti al medesimo gl' istessi onori soliti praticarsi agli altri Ambasciatori, e facendosi riconoscere in tal Carattere, tanto alla sua venuta, che alla sua partenza gli saranno fatti i saluti con lo sparo del Cannone, e riceverà l' altre dimostrazioni di distinzione, che convengono al detto Carattere.

X. Qualora venghino Consoli Toscani a stabilirsi nei Regni di Marocco potranno inalberare il loro Paviglione senza alcuna contrarietà, e sarà la lor Casa sicura, e privilegiata per qualunque persona che entrerà in essa, sebbene possa aver commesso qualunque delitto.

XI. Se seguirà qualche mala intelligenza, che desse luogo all' alterazione dei presenti Articoli, dovranno prendersi tutte le più opportune misure per conciliare le differenze prima che si passi dalle Parti ad alcuna ostilità, nè potrà procedersi all' aperta rottura di Pace, se non previo un Armistizio di sei mesi.

XII. Succedendo fra le due Parti la guerra, il riscatto degli Schiavi delle due Parti resta fissato alla ragione di Cento Pezze dure per ciascheduno, senza distinzione dal Capitano al Mozzo, con dichiarazione che non sarà fatto Schiavo il Ragazzo minore d' anni dieci, nè l' Uomo che oltrepassi gli anni settanta, nè potrà cadere in Schiavitù veruna Ragazza, o Donna di qualunque età, e per gli altri che saranno fatti Schiavi dovrà esserne fatto in ogni anno sicuramente il riscatto.

Dato il dì ventiquattro Marzo Mille settecento settantotto.

CONTE VINCENZIO DEGL' ALBERTI

GIUSEPPE MARIA BIANCHI.

In Firenze l'anno 1778. Per Gaetano Cambiagi Stampatore Granducale.

Die Ritter sicherten ihre Teilnahme sowohl an den verschiedenen Expeditionen gegen den Islam (Belagerung des Peñon de Vélez 1564, Verteidigung von Malta 1565, Schlacht bei Lepanto), als auch gegen die Barbareskenkorsaren und ihre Städte zu. Der Orden sollte Gelegenheit bekommen, gegen die Barbaresken in vollendeter Korsarenmanier vorzugehen: Bei der Eroberung von Bône 1607 wurden beinahe 1500 Personen als Geiseln genommen, die man gegen christliche Gefangene der Muslime austauschte; drei Jahre zuvor waren etwa fünfhundert Männer, Frauen und Kinder westlich von Algier gefangengenommen und in die Sklaverei geführt worden. Gegen Ende des 17. Jahrhunderts verlor der Stephansorden seinen militärischen Charakter und betätigte sich nur noch kaufmännisch, bis er schließlich 1737 mit dem Tod Gian Gastones de' Medici aufhörte zu existieren.

Sehr viel größere Bedeutung erlangte der Orden von Malta, der im 11. Jahrhundert als Orden des hl. Johannes von Jerusalem im Heiligen Land gegründet worden war mit dem Ziel, Pilgern gastfreundlichen Beistand zu gewähren. Nach dem Fall Jerusalems siedelte er zunächst nach Akkon und nach dem Verlust auch dieser zweiten Stadt 1291 auf die Insel Zypern über.

Ein Generalkapitel des Ordens entschied in Limassol, daß die Schiffe, die zur Räumung des Heiligen Landes gedient hatten, in Kriegsschiffe umzuwandeln seien. Unter der Führung des Großmeisters Wilhelm von Villaret planten die Ritter, Rhodos, das damals von griechischen Rebellen und muslimischen Korsaren gehalten wurde, unter ihre Kontrolle zu bringen. Der Bruder Wilhelms, Folco von Villaret, vereinigte die Streitkräfte des Ordens mit denen des genuesischen Piraten Vignolo di Vignoli. Mit der Zustimmung Papst Klemens' V. und König Philipps des Schönen von Frankreich eroberte er 1308 an der Spitze von fünfundzwanzig Galeeren, die zum größten Teil von Genuesen und Sizilianern gestellt worden waren, die Insel. 1365 organisierten die Ritter von Rhodos gemeinsam mit König Peter I. von Zypern eine Korsarenoperation, die mit der Blockade und der Plünderung Alexandriens in Ägypten endete.

Wie jeder Korsarenstützpunkt wurde Rhodos ein blühendes Zentrum für den Handelsverkehr mit dem Orient. Da der Sklavenhandel von entscheidender Bedeutung war, wurden auch die Schiffe Venedigs nicht von Angriffen verschont. Die Serenissima protestierte gegen die erlittenen Schädigungen und erhielt zweideutige Schutzangebote. Die rhodische Flotte wurde von muslimischen Sklaven gerudert und bestand im wesentlichen aus sieben großen Galeeren, von denen sechs in leuchtendem Rot und die des Kommandanten schwarz gestrichen waren. Ihr bloßes Erscheinen rief Angst und Schrecken hervor, und der Ruf der Unbesiegbarkeit des Ordens gelangte bis zu den fernsten Häfen des Mittelmeeres. Die Muslime sollten bald lernen, diesem furchtbaren Gegner mit Respekt, Haß und Schrecken gegenüberzutreten.

1522 ging die Insel Rhodos trotz des zähen Widerstandes der Ritter an die Muslime verloren. Sultan Süleiman war von ihrer Tapferkeit so beeindruckt, daß er ihnen einen ehrenvollen Abzug gewährte. Der Orden verhandelte nun erfolgreich mit Kaiser Karl V., der 1530 den Rittern die Inseln Malta und Gozo als Lehen übergab. Er hoffte, so die Zudringlichkeit der Muslime in Schach zu halten und die Freiheit und Sicherheit der mächtigen spanischen Flotte gewährleisten zu können. Malta blieb bis 1798 der Sitz des Ordens; dann setzte Napoleon Bonaparte den seefahrerischen Aktivitäten der Ritter ein Ende.

In den zweihundertachtundsechzig Jahren seiner maltesischen Herrschaft führte der Orden unzählige

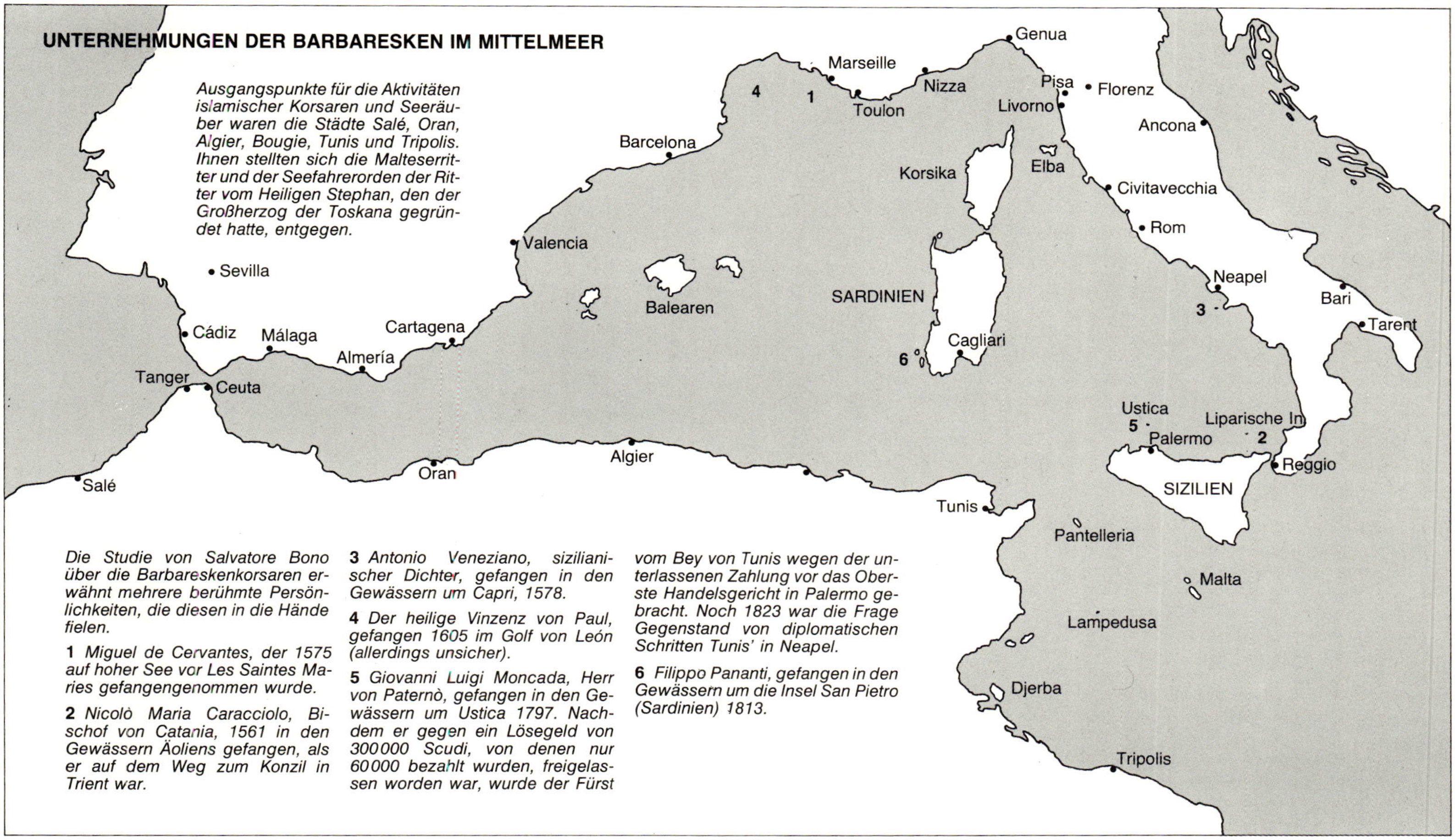

UNTERNEHMUNGEN DER BARBARESKEN IM MITTELMEER

Ausgangspunkte für die Aktivitäten islamischer Korsaren und Seeräuber waren die Städte Salé, Oran, Algier, Bougie, Tunis und Tripolis. Ihnen stellten sich die Malteserritter und der Seefahrerorden der Ritter vom Heiligen Stephan, den der Großherzog der Toskana gegründet hatte, entgegen.

Die Studie von Salvatore Bono über die Barbareskenkorsaren erwähnt mehrere berühmte Persönlichkeiten, die diesen in die Hände fielen.

1 *Miguel de Cervantes, der 1575 auf hoher See vor Les Saintes Maries gefangengenommen wurde.*

2 *Nicolò Maria Caracciolo, Bischof von Catania, 1561 in den Gewässern Äoliens gefangen, als er auf dem Weg zum Konzil in Trient war.*

3 *Antonio Veneziano, sizilianischer Dichter, gefangen in den Gewässern um Capri, 1578.*

4 *Der heilige Vinzenz von Paul, gefangen 1605 im Golf von León (allerdings unsicher).*

5 *Giovanni Luigi Moncada, Herr von Paternò, gefangen in den Gewässern um Ustica 1797. Nachdem er gegen ein Lösegeld von 300000 Scudi, von denen nur 60000 bezahlt wurden, freigelassen worden war, wurde der Fürst vom Bey von Tunis wegen der unterlassenen Zahlung vor das Oberste Handelsgericht in Palermo gebracht. Noch 1823 war die Frage Gegenstand von diplomatischen Schritten Tunis' in Neapel.*

6 *Filippo Pananti, gefangen in den Gewässern um die Insel San Pietro (Sardinien) 1813.*

Auf der obigen Karte: Das westliche Mittelmeer, der Hauptschauplatz der Unternehmungen der Barbareskenfahrer, mit einigen der bekanntesten »Fangplätze« von Abendländern, die als Sklaven zu den Stützpunkten in Nordafrika gebracht und später gegen Lösegeld freigelassen wurden.

Überfälle und Kaperfahrten auf offenem Meer durch. 1534 kam der Orden Tunis zu Hilfe, als es von Chaireddin angegriffen wurde, und 1538 unterstützte er den Herrscher von Tunis, als dieser Sousse belagerte. Kaum weniger bedeutend war die Kaperfahrt, die der Ordensgeneral Leone Strozzi bei Tripolis unternahm, nachdem sein Versuch, Zuara einzunehmen, mißglückt war; nachdem 1555 der Versuch des Korsaren Dragut gescheitert war, Malta zu belagern, führte der Großprior von Frankreich, Franz von Lothringen, einen Vergeltungsschlag gegen die maghrebinischen Küsten; 1602 wurde die Stadt Hamamet, ein berüchtigter Stützpunkt muslimischer Korsaren, eingenommen und ungefähr vierhundert Personen in die Sklaverei verschleppt. Besonders aktiv war der Orden in der Zeit von 1706 bis 1720, als er aus den Kaperfahrten so große Einnahmen hatte, daß er neue Schiffe anschaffen konnte, mit deren Hilfe es gelang, Algier und Tunis zu schlagen. Selbst 1798, als die größte christliche Korsarenorganisation am 10. Juni von der französischen Flotte zur Übergabe gezwungen wurde, war ihre wirtschaftliche Lage nicht schlecht. Die Franzosen fanden auf der Insel 1500 Artilleriegeschütze, 35000 Gewehre, 1200 Pulverfässer, Schiffe unterschiedlicher Tonnage, unermeßliche Reichtümer an Gold und Silber und gut 2000 Barbareskensklaven. Die militärischen Aktionen des Ordens hatten jedoch ihren Sinn verloren.

Aladins Wunderlampe

Schon lange vor der Entstehung des Exotismus, einer Erscheinung, die merkwürdig parallel zum Kolonialismus verläuft, zeigt sich in der Ikonographie der abendländischen Malerei ein bemerkenswerter Anteil von Elementen, die aus der islamischen Welt entlehnt sind. Das Phänomen tritt in der venezianischen Malerei der Renaissance zutage, was nicht überrascht, wenn man die lange und intensive Beziehung Venedigs zu den islamischen Völkern und Staaten der Levante berücksichtigt. Der links abgebildete »Türke« ist in Wirklichkeit einer der vier Gäste und Pilger der CENA IN EMMAUS *von Giovanni Bellini in der Kirche San Salvador in Venedig, eine Illustration zu der Episode im Evangelium (Lukas 24,13), in der Jesus nach dem Tod seinen Gefährten in dem »Dorfe mit Namen Emmaus, sechzig Stadien von Jerusalem entfernt« erscheint.*

Unvermutete Spuren

Eines der alltäglichsten und vertrautesten Symbole für die Wunder der islamischen Welt ist dem abendländischen Menschen sicherlich die Lampe Aladins. So, wie aus dieser Lampe, wenn man sie nur reibt, unversehens und unerwartet ein Geist hervortritt, so entdecken wir an vertrauten Gegenständen, die längst Bestandteil unserer Kultur geworden sind, bei genauerem Hinsehen unvermutet islamische Spuren. Diese Spuren springen dem Betrachter nur deshalb nicht sofort ins Auge, weil bestimmte orientalische Elemente, die ins Alltagsleben der Europäer eindrangen, von Anfang an wie selbstverständlich aufgenommen wurden, ohne daß man sie als besonders fremdartig empfunden hätte. Erst in jüngerer Zeit hat man damit begonnen, die Elemente, aus denen sich das Erbe der abendländischen Kultur zusammensetzt, zu untersuchen. Dabei stieß man auf Schwierigkeiten unterschiedlichster Art. So wurde zum Beispiel 1845 ein Gelehrter beschimpft, weil er nachgewiesen hatte, daß einige berühmte mittelalterliche Kunstwerke »Eindringlinge«, nämlich arabische Phantasiebuchstaben, enthalten. Das augenfälligste Beispiel hierfür ist vielleicht Giotto, der auf vielen seiner Bilder die Kleidersäume mit kufischen Buchstaben verzierte. Vor allem die heiligsten Persönlichkeiten der Christenheit tragen oft Gewänder mit diesen Buchstabenornamenten, wobei man mehr auf die ästhetische Wirkung achtete als auf eine genaue Wiedergabe. Wir finden diesen Brauch bei vielen Vertretern der italienischen Malerei, von Simone Martini bis zu Beato Angelico und von Filippino Lippi bis zu Gentile da Fabriano.

Das Abendland griff jedoch nicht nur muslimische Elemente auf, sondern verwendete sogar originale Schöpfungen muslimischer Künstler für seine heiligsten Zwecke, was die These bestätigt, daß das arabische Stilempfinden dem europäischen nicht widersprach. Selbst in der Scala Santa in Rom befanden sich islamische Handwerksarbeiten, vor allem ein Reliquienschrein, auf dem mehrmals der Name Gottes, Allah, eingearbeitet war. Noch erstaunlicher war, daß die Reliquien in der päpstlichen Privatkapelle *Sancta Sanctorum* aufbewahrt wurden, also am ehrwürdigsten Ort der Christenheit, auf dessen Cosmaten-Architrav geschrieben stand: »Non est in toto sanctior orbe locus« (Es gibt auf der ganzen Welt keinen heiligeren Ort). Die Volksfrömmigkeit machte später aus bestimmten muslimischen Gegenständen fälschlicherweise orientalische christliche Reliquien. So wurde ein fatimidisches Gewebe, das den Namen des Kalifen al-Mustaᶜli und sogar das muslimische Glaubensbekenntnis trägt, in Frankreich in der Kirche von Apt als verehrungswürdiger »Schleier der hl. Anna« aufbewahrt. Die islamischen Gegenstände verdanken ihre sakrale Verwendung häufig ihrer Schönheit und nicht dem Umstand, daß sie falsch identifiziert worden waren. In der Kirche von San Bartolomeo all' Jsola, die in Rom über den Ruinen des Äskulaptempels errichtet worden war, bewahrte man Reliquien eines Schutzheiligen auf, die angeblich in einem arabischen Bronzegefäß des 10. oder 11. Jahrhunderts überführt worden sind.

Der Teppich, der häufig auf sakralen wie auf profanen Bilddarstellungen als Hintergrund dient, ist ein weiteres islamisches Element. Mit seinen leuchtenden Farben und komplizierten Ornamenten hat er den mittelalterlichen Geschmack stark beeinflußt. Man benutzte ihn nicht nur als Bodenbelag, sondern verwendete ihn als Schmuck für Tische und Wände.

> ». . . und Untergrund und Zeichnung farbenreicher
> als Tücher von Tataren oder Türken
> oder Gewebe von Arachnes Kunst.«

Diese Worte Dantes vermitteln uns einen lebhaften Eindruck jener Farben, von denen behauptet worden ist, sie hätten anfangs in bestimmter Weise die Ent-

wicklung der Farbe in der venezianischen Kunst beeinflußt.
Die grotesken Riesenhüte, die auf zahlreichen Gemälden des 15. Jahrhunderts abgebildet sind, scheinen Verformungen oder Adaptionen orientalischer Kopfbedeckungen gewesen zu sein. Ähnlich diesem orientalischen Einfluß auf die Form der Kopfbedekkungen wurden in der Frauenmode lebhafte Farben bevorzugt, nachdem man im Krimkrieg mit der bunten islamischen Welt in Kontakt gekommen war.
Wie so häufig stützen wir uns vor allem auf die Malerei, um zu zeigen, welche Vorstellungen vom Islam das damalige Europa entwickelte. Während auf den byzantinischen Miniaturen des Hochmittelalters die »Sarazenen« nicht immer sofort von ihren christlichen Feinden zu unterscheiden sind, war man gegen Ende des Mittelalters und vor allem in der Renaissance daran interessiert, die dargestellten Personen genauer und weniger stereotyp zu charakterisieren. Nun wurde aus dem Orientalen der »Fremde«, auf dessen Darstellung man gerade wegen dieser Fremdartigkeit besonders viel Sorgfalt verwendete. Das berühmteste Beispiel sind der Sultan Dschem und andere Orientalen auf den Fresken Pinturicchios in den Borgiagemächern im Vatikan. Ein anderes Werk Pinturicchios in der Bibliothek von Siena zeigt uns wieder Sultan Dschem vor Papst Pius II. Piccolomini, als dieser die Kämpfer seines Kreuzzugs gegen die Türken erwartet. Pius II. gilt als der bedeutendste Verfechter der Idee einer christlichen Einheit angesichts der muslimischen Gefahr, die er jedoch gegen die vielen Sonderinteressen nicht verwirklichen konnte. Trotzdem veranstaltete die Stadt Florenz für diesen Paladin des Heiligen Krieges gegen den Islam, als er 1459 nach Mantua zog, um den Kreuzzug zu predigen, ein Fest, das viele islamische Elemente aufwies. Auf der Piazza della Signoria wurde eine Treibjagd veranstaltet, an der sogar ein Löwe beteiligt war, und wie ein Chronist der Zeit berichtet, »kam dieses Exercitium von einem Florentiner, welcher es in den Ländern des Soldan und in Syrien bereits gesehen hatte«.
Obwohl man im Begriff war, die islamische Welt zu bekämpfen, wußte man, jenseits politischer und religiöser Gegensätze, die Originalität und Geschicklichkeit dieser Kultur zu schätzen und ließ sich von ihr anregen. Im Kunsthandwerk und in der dekorativen Gestaltung wurden viele Ideen aus dem Morgenland übernommen, wie die an Arabesken inspirierten Flechtwerke Leonardos und Dürers beweisen. Was wir bei Abdurrahman Badawi hinsichtlich der Literatur lesen, mag uns noch mehr überraschen: Danach

Eine merkwürdige »türkische Präsenz« in der italienischen Malerei der Renaissance steht mit einer historischen Tatsache in Verbindung. Der osmanische Prinz Dschem, der Sohn Mehmeds II., hatte sich nach einem vergeblichen Versuch, dem Bruder den Thron streitig zu machen, zu den Johanniterrittern nach Rhodos geflüchtet. Von diesen wurde er dem König von Frankreich ausgeliefert, der ihn wiederum dem Papst schickte. In Wirklichkeit war er ein Faustpfand der europäischen Mächte bei ihren Verhandlungen mit dem Sultan Bajezid II. Pinturicchio porträtierte ihn (rechts) in der DISPUTA DI SANTA CATERINA *in den Borgia-Gemächern des Vatikans und auf seinen Fresken in der Bibliothek von Siena. Die erzählerische Ader Carpaccios bei seinen großen venezianischen Gemäldezyklen hat in sehr reichem Maße zur Aufnahme ikonographischer Elemente des Islam geführt; er siedelt seine Heiligengeschichten in einer zeitgenössischen orientalischen Umgebung an. Links oben: Minarette und verschleierte Frauen im Hintergrund der* PREDIGT DES HL. STEPHANUS VOR DEN TOREN VON JERUSALEM *(Paris, Louvre). Links unten: Türkische Musikkapelle, Ausschnitt aus* DER HL. GEORG TAUFT DIE BEWOHNER VON SELENE *aus den Gemälden in der Scuola di San Giorgio degli Schiavoni in Venedig. Rechts: Die türkisch gekleideten Steiniger des ersten Märtyrers Stephanus im* MARTYRIUM DES HL. STEPHANUS *(Stuttgart, Staatsgalerie).*

geht die Wette Pascals ebenfalls auf eine bedeutende muslimische Quelle zurück, nämlich auf einen Abschnitt aus dem MÎZÂN AL-ᶜAMAL (»Waage der Praxis«) des Theologen al-Ghazali (1058–1111); und LA FARCE DU MAÎTRE PATHELIN, die den Beginn des französischen Theaters im 15. Jahrhundert markiert, basiert auf einer Anekdote, die sich im BUCH DER TIERE des Gelehrten al-Dschahiz (9. Jahrhundert) findet.
Es versteht sich von selbst, daß wir in diesem Zusammenhang und bei einem so weiten Feld die Spuren, die die islamische Kultur in der europäischen Kunst hinterlassen hat, nur flüchtig skizzieren können. Andererseits haben wir uns bewußt auf einige Bereiche konzentriert, in denen der islamische Einfluß nicht ganz so augenfällig ist wie zum Beispiel in der Architektur. Wer jemals in Süditalien die berühmten normannischen Profan- oder Sakralbauten oder auch die weniger bekannten kleinen Kirchen von Gaeta gesehen hat, weiß, wovon die Rede ist. Die genaue Bestimmung des islamischen Einflusses auf die Entwicklung der Architektur im mittelalterlichen Abendland ist jedoch zu komplex und umstritten, als daß man ein kurzgefaßtes Urteil dazu abgeben könnte.

Der böse und der verliebte Türke

Wie in der bildenden Kunst können wir auch auf dem Gebiet der Literatur eine Entwicklungslinie in den Vorstellungen erkennen, die sich das Abendland von der muslimischen Welt gemacht hat. Auch hier scheint der Bruch zwischen den beiden Welten um so geringer, je weiter wir in der Zeit zurückgehen. So kam es in der großen mittelalterlichen Ritterepik zwar vor, daß sich die beiden gegnerischen Lager offen bekämpften, sie taten dies ideell aber immer auf der gleichen Ebene und mit der gleichen Würde, ohne daß der Feind als absolute Verkörperung des Bösen denunziert wurde. Die ausdrucksvollste Darstellung dieser teils friedlichen, teils kriegerischen Begegnung sind der christliche und der muslimische Ritter im Rolandsfenster der Kathedrale von Chartres, deren Lanzen zu einer Linie verschmelzen. Der »valentissimo signore Saladino«, wie ihn Boccaccio nannte, tritt also im Abendland in der Legende vom vollendeten Ritter an die Seite Friedrichs II., das heißt, daß auch ein Muslim zum Sinnbild edler Tugend werden konnte. Diese Auffassung sollte in den großen Ritterdichtungen des 15. und 16. Jahrhunderts noch späte Nachwirkungen haben: Trotz der veränderten Wirklichkeit kämpfen und lieben bei Boiardo, Ariost und

TÜRKISCHE KOSTÜME

1

2

3

Dank seiner ungeheuren Ausdehnung in Raum und Zeit hat der Islam die unterschiedlichsten Formen der Bekleidung kennengelernt. Eine zusammenfassende Vorstellung von islamischen Kostümen einer abgegrenzten Epoche können diese Seiten vermitteln: anmutige Illustrationen aus einem »Türkischen Album von Gewändern der Gesellschaft« aus der Laurenziana-Bibliothek in Florenz (17. Jahrhundert). Dieser Zeitraum ist wichtig, weil sich der Islam in diesem Jahrhundert einer gewissen Stabilität in bezug auf seine Ausdehnung in der Welt erfreute und weil sich das Osmanische Reich als Herzland dieser ausgedehnten Welt empfand. Deshalb werden nicht nur Muslime abgebildet, sondern auch einige »Ungläubige«, die in jener Zeit an den Schicksalen des Islam teilhatten. Die Abbildungen des Albums sind sowohl Dokumente der bunten Wirklichkeit des kosmopolitischen Reichs als auch der türkischen Neugier für das Fremde, die dem damals aufkommenden Interesse des Abendlandes an exotischen »Türkerien« entsprach. Ein zweiter Grund für das Interesse an der Bildersammlung liegt in dem Sinn für Realismus, der den osmanischen Türken zu eigen ist. Nur schwer ließen sich in besser bekannten islamischen Buchmalereien dieselbe Aufmerksamkeit für Details und derselbe Sinn für die alltägliche Wirklichkeit finden.

Der Sultan zu Pferd (8) steht an der Spitze der gesellschaftlichen Pyramide. Sein massiver Körperbau, ein Zug, der sich auf den Darstellungen immer wieder findet, scheint seine herausragende Stellung zu betonen. Von dem höchsten Ansehen gehen wir zum Gegenteil über, zu einer in Ungnade gefallenen Person: der betrügerische Kaufmann im Halseisen (4) mit einer Anzahl Schellen, die Aufmerksamkeit und Verachtung des Publikums auf seine Lage lenken sollen. Einen besseren Status genießt der Polizei-Intendant, auch wenn er keine besondere Rolle in der Geschichte gespielt hat; mit würdevoller Miene trägt er die Insignien und die Kleidung seines Amts (10). Ebenso würdevoll sieht der »Koch« (13) aus. Das wird jedoch gerechtfertigt durch die Tatsache, daß es sich um einen Soldaten handelt, genauer gesagt um ein Mitglied des Janitscharen-Korps. Noch unmißverständlicher kriegerisch ist die Pose des *Sekban* (14), dem Mitglied einer Abteilung der Janitscharen. Später wurde der Name auch auf in den Provinzen rekrutierte Soldaten ausgedehnt. Unter den europäischen *Sekbans* befanden sich auch viele Christen. Als Experte schreibt der Graf Marsigli in seinem STATO MILITARE DELL'IMPERIO OTTOMANO (1732): »Unter dieser Fahne werden nicht nur Türken und Schismatiker aufgenommen, sondern auch Katholiken, alle kunterbunt durcheinander, denn sie lassen sich freiwillig ausheben, um der Zwangsarbeit und Abgaben zu entgehen.« Einer der Kosaken ist offensichtlich spärlicher bewaffnet (2). Damit haben wir die Welt des Islam ver-

8

9

10

4

5

6

7

lassen, und wahrscheinlich immer noch außerhalb derselben treffen wir auf einen sogenannten »Johannes« (12), der, abgesehen von seiner merkwürdigen Kopfbedeckung, dasselbe Gewand trägt, mit dem die Siebenbürger auf türkischen Miniaturen abgebildet sind.

Aber man muß nicht die Grenzen des Islam überschreiten, um auf Gegensätze zu stoßen: Innerhalb der Welt des Islam genügt es, einen Algerier (9) einem Perser (11) gegenüberzustellen, um sich in zwei vollkommen unterschiedlichen Welten und Kulturen zu befinden. Die strenge Würde des ersteren kontrastiert mit einem in unseren Augen im Übermaß verfeinerten Gebärdenspiel des zweiten. Diese Verfeinerung ist auch bei der klassischen Darstellung des persischen Epheben (5) zu finden. Eine vermittelnde Stellung zwischen den beiden extremen Haltungen finden wir bei dem Tataren-*Mirza* (Fürst) mit seinem unvermeidlichen Bogen (7).

Der gleichen Vielfalt begegnen wir bei den Frauen-Darstellungen: Die »Schöne von Istanbul« (6) ähnelt in ihrer Haltung einer Frauenfigur der abendländischen Gotik. Die christliche Schöne aus Chios (3) erscheint dagegen deutlich »provinzieller« als jene aus der Hauptstadt, während die balkanisch gekleidete Frau (1) wiederum eine andere Art von Eleganz zur Schau trägt. Im großen und ganzen erscheinen die männlichen Kostüme viel phantasievoller, dies ist aber sicher nicht ein Anzeichen von Gefallsucht, sondern spiegelt vielmehr die hierarchische Schichtung, die ihrer eigenen und eindeutigen Sinnbilder bedarf.

Genau am Ende des 17. Jahrhunderts beginnt eine Umkehrung der Richtung des internationalen Textilhandels. Bis dahin hatten sich türkische Textilien einer solchen Gunst erfreut, daß sie (hauptsächlich über Venedig) nach Europa und sogar China exportiert wurden. Zu dieser Zeit jedoch beginnt Europa seine eigenen Stoffe ins Osmanische Reich zu liefern; sie haben orientalisches Design und sind billiger als die einheimischen Qualitäten. Eine weitere Auswirkung der ernsten Wirtschaftskrise des Osmanischen Reichs besteht darin, daß sich auch in der Kleidung langsam die Verwestlichung des 19. Jahrhunderts anbahnt.

11

12

13

14

In einer Zeit wie der unseren, in der der Konsum von Bildern durch Fotografien, Film und Fernsehen so sprunghaft angestiegen ist, kann man sich die Atmosphäre einer – gar nicht so weit zurückliegenden – Epoche nur noch schwer vorstellen, in der das wachsende Interesse an fremden Landschaften, Menschen und Kulturen nur durch die Berichte von Reisenden und eine kleine Zahl von Lithographien und Stichen befriedigt werden konnte. Die unmittelbare Frische der »Nachrichtenübermittlung«, die solche Bilder wie die hier abgebildeten hatten, läßt sich nur vermuten. Rechts: Türken beim Abendessen. Unten: Tatarisches Café; zwei Stiche aus dem 19. Jahrhundert. Auf Seite 215: TÜRKISCHE TÄNZERIN, *Stich aus dem späten 18. Jahrhundert.*

Tasso weiterhin muslimische und christliche Ritter als Interpreten ein und derselben Welt.
Als auf europäischem Boden die islamische Führung von den Arabern auf die Türken überging, vollzog sich auch in der Literatur des Abendlandes eine entscheidende Veränderung im »Feindbild«. Anfänglich hatte man wohl keine genaue Vorstellung davon, daß die Initiative auf die Türken übergegangen war, denn man benutzte nun auch für sie den alten Namen »Sarazenen«. Noch zur Zeit des Kreuzzugs von Nikopolis erzählt uns Froissart von einem riesigen Heer »de Sarrasins et de mecréans«.
Nach der Niederlage der Christen bei Nikopolis fing man jedoch an, die türkische Bedrohung ernst zu nehmen. Zunächst hatte man Mühe zu glauben, daß die angeblich unbesiegbaren Kreuzritter, die versprochen hatten, den Himmel mit ihren Lanzen zu stützen, eine so schreckliche Niederlage hatten hinnehmen müssen. Diejenigen, die als erste die Nachricht in Paris verbreiteten, wurden sogar als gefährliche Panikmacher ins Gefängnis geworfen. Mit der Eroberung Konstantinopels sollte jedoch endgültig jeder Zweifel an der tatsächlichen Macht der Türken schwinden. Nun war der Türke unwiderruflich »böse«, ja, er war sogar das Böse selbst, und immer häufiger debattierte man über den Islam als Waffe des Antichrist. Trotz der Verachtung, die er für die Abscheulichkeit der islamischen Religion empfand, war eine Persönlichkeit wie Martin Luther jedoch bereit, einige Aspekte dieser Religion neu zu bewerten, vor allem wenn er sie mit der abgrundtiefen »Bosheit« des Papstes und seiner Anhänger verglich. Um die Fehler des christlichen Gegners in Fragen der Ethik und der Frömmigkeit stärker hervortreten zu

lassen, scheuen sich absurderweise weder Katholiken noch Protestanten, den Islam aufzuwerten.
Die literarischen Darstellungen des Türken unterliegen ähnlichen Schwankungen wie die Urteile über den Islam im Bereich der politischen und religiösen Polemik. In der Renaissance wird die muslimische Welt vor allem als grausam beschrieben, eine Charakterisierung, die sicher in der Furcht vor jener Welt begründet lag. In der MANDRAGOLA von Machiavelli fragt zum Beispiel eine Frau Bruder Timotheus: »Glaubt Ihr, daß der Türke dieses Jahr in Italien landet?« Darauf antwortet der Bruder: »Wenn Ihr nicht betet, ja.« Die Frau erwidert: »Du liebe Güte! Gott steh uns bei gegen diese Teufeleien! Dieses Pfählen macht mir große Angst!«
Zur gleichen Zeit sind jedoch bereits gewisse Differenzierungen festzustellen. Ende des 16. Jahrhunderts berichtet uns Giovanni Battista Giraldi Cintio in seinen »Hundert Novellen« zwar von der Grausamkeit Sultan Selims II., erklärt sie jedoch mit dessen Eifersucht. Derlei negative Eigenheiten im Liebesleben hatte man bereits Mohammed unterstellt, von dessen Fähigkeiten als Liebhaber viel Aufhebens gemacht wurde. Allmählich verselbständigte sich diese Charakterisierung und verlor ihre negativen Aspekte.

> »Der Türke, den ihr vor euch seht.
> ist toll, doch nicht so sehr, daß man
> ihn hassen müßte;
> So setzt er, wenn er will, aufs Haupt der
> Eifersüchtigen,
> den hochverehrten Halbmond.«

Diese Verse wurden 1621 am französischen Hof in einem Ballett zitiert und weisen deutlich darauf hin,

wie sehr sich das Bild vom bösen Türken in das vom liebenden Türken verwandelt hatte. Die Mode, im Ballett Türken auftreten zu lassen, war gegen Ende des vorangegangenen Jahrhunderts gerade wegen der neuerlichen Auseinandersetzungen in Osteuropa aufgekommen. Aus einer historisch wie ethnisch verworrenen Sichtweise entstehen die Gestalten des »verliebten Türken« und des »galanten Mohren«. Parallel dazu bewirken die zeitgenössischen Ereignisse eine wahre Flut von Schauspielen, Komödien und Tragödien, die in der osmanischen Geschichte angesiedelt waren. Bereits Christopher Marlowe ließ sich von der islamischen Gestalt Tamerlan inspirieren. Und fast gleichzeitig mit dem tatsächlichen Ablauf der Ereignisse entstand ein ganzer Zyklus um die Gestalt Süleimans des Prächtigen. Der Erfolg von Prospero Bonarellis IL SOLIMANO in ganz Europa löste eine Mode aus: Zu nennen ist in diesem Zusammenhang vor allem Madeleine de Scudérys IBRAHIM OU L'ILLUSTRE BASSA, das später ihr Bruder Georges als Vorlage für das gleichnamige Theaterstück benutzte.
In diesem wie in vielen anderen Werken dieser Serie wird Süleiman, der so großen Einfluß auf die europäische Geschichte hatte, in seinen komplizierten Beziehungen zur Favoritin Roxelane, zu seinen rivalisierenden Söhnen und zu dem Großwesir Ibrahim dargestellt. Aber auch viele andere osmanische Persönlichkeiten inspirierten die abendländischen Schriftsteller; so widmete Tristan l'Hermite dem tragischen Osman II., dem ersten Sultan, der bei einer Janitscharenrevolte ums Leben kam, eine Tragödie; und Racine stellte den Sohn Murads IV., Bajezid, in den Mittelpunkt eines Dramas. Von der Tragödie gelangte man schließlich zum Rührstück und zur Posse: Im BOURGEOIS GENTILHOMME von Molière finden wir eine burleske türkische Zeremonie, in der ein Mufti, Türken und Derwische eine seltsame Sprache sprechen, in der echte türkische Ausdrücke wie die Verneinung *ioc* (yok) und arabische wie *Allah Ekber* und *Hi Valla, Hi Vallah (Vallahi* = Gott) mit einem merkwürdigen Venezianisch aus der Commedia dell'arte vermischt wurden:

»Se ti sabir / Ti respondir; / Se non sabir /
Tazir, tazir. / Mi star muphti; /
Ti qui star ti? /
Non intendir; / Tazir, tazir.«

Die Niederlage der Osmanen vor den Mauern Wiens am Ende des 17. Jahrhunderts nahm Europa endgültig die Furcht vor dem Türken: Nun konnte man sich beruhigt und auf allen Ebenen über den einst so gefürchteten Feind lustig machen.

Das raffinierte 18. und das perverse 19. Jahrhundert

Im 19. Jahrhundert war die Gefahr einer islamischen Aggression nur noch Erinnerung, und mit der kolonialen europäischen Ausdehnung hatte sich die Situation sogar völlig verkehrt. Nach den Entstellungen der Rührstücke und Possen ist es nunmehr möglich, die Wirklichkeit der islamischen Länder zu begreifen. Bereits im 18. Jahrhundert konnten Marsigli und d'Ohsson das Osmanische Reich persönlich erleben und hinterließen uns vorzügliches Anschauungsmaterial und genaue Beschreibungen. Selbst eine militärische Operation wie das ägyptische Abenteuer Napoleons gibt Anlaß für neue und vertiefte Studien. Aber obwohl die islamische Wissenschaft seit dem Mittelal-

Die ikonographischen Anreize durch den Orient lassen sich im Lauf der Jahrhunderte verfolgen: Unten: MUFTI, DER PAPST DER TÜRKEN, MIT DEM UNGEHEUER, *von Iacobo Ligozzi, einem Veroneser Maler, der zwischen dem 16. und 17. Jahrhundert im Florentiner Kreis wirkte (Florenz, Gabinetto disegni e stampi degli Uffizi). Links: Eine der Mägde der* GRIECHISCHEN FAVORITIN DES HAREMS, *ein faszinierendes Gemälde von Francesco Guardi (Lugano, Sammlung Thyssen Bornemisza). Unten: Einer der von Andrea Brustolon geschaffenen Mohrensklaven, ein Einrichtungsgegenstand aus dem 18. Jahrhundert von dauerhafter Verbreitung (Venedig, Museo del Settecento). Unten Mitte: Bemalter Becher des Wiener Biedermeier mit einer orientalischen Szene und der Aufschrift »Von Deinem Dich liebenden Vater« (1816).*

ter bekannt ist und man jetzt bemerkenswerte Fortschritte in der Kenntnis des islamischen Alltagslebens machte, blieben Kunst und Literatur des Islam, sieht man von Spezialinteressen ab, der abendländischen Welt völlig unbekannt. Allerdings muß man auch anmerken, daß ein ernsthaftes Interesse auf spärliches Material gestoßen wäre. Die einzigen Übersetzungen literarischer Werke, die einen gewissen Eindruck hätten hinterlassen können, waren die wenigen und nicht immer vollständigen Übertragungen, die man im 18. Jahrhundert unter anderem von TAUSENDUNDEINE NACHT und von den persischen Dichtungen Hafis' angefertigt hatte. Letztere wurden zur entscheidenden Quelle der Inspiration für die Entstehung des WEST-ÖSTLICHEN DIVAN. Daß Goethe in seiner Jugend sogar den Plan faßte, ein Bühnenstück über Mohammed zu schreiben, belegt, welche Sympathie er für den Gründer der muslimischen Religion hegte. Er stand mit dieser Meinung ganz im Gegensatz zu Voltaire, dem Napoleon vorwarf, er habe in seiner Tragödie den erhabenen Charakter Mohammeds durch die niedrigsten Intrigen bloßgestellt. Er lasse einen großen Mann, der das Antlitz der Erde verändert habe, wie den gemeinsten Verbrecher, der höchstens des Galgens würdig sei, handeln.

Auch die Erzählungen von TAUSENDUNDEINE NACHT hinterließen in der romantischen Einbildungskraft der Europäer ihre Spuren: Der VATHEK von William Beckford zum Beispiel, die phantastische Geschichte eines Abbasidenkalifen, der den magischen Künsten ergeben ist, entstand aus solcher Anregung und entsprach völlig dem Zeitgeschmack. Türkische Themen waren im 18. Jahrhundert groß in Mode, vor allem in der venezianischen Komödie, deren berühmtester Vertreter Goldoni wurde. Um die Lage der Frau in islamischen Ländern, um die Geheimnisse des Harems rankten sich, wie man sich unschwer vorstellen kann, phantastische Geschichten, und unter allen Themen konnte dieses die Neugierde des Publikums am besten fesseln: Mozart bietet und mit der ENTFÜHRUNG AUS DEM SERAIL eine musikalische Variante dieses Themas, und seinen berühmten TÜRKISCHEN MARSCH schrieb der Komponist aufgrund seiner Kenntnisse der türkischen Militärmusik.
Bereits die Kreuzfahrer hatten aus dem Orient das Schlaginstrument für die Militärmusik mitgebracht. Zwischenzeitlich geriet dieser Brauch in Vergessenheit, erlebte aber im 18. Jahrhundert einen neuen Höhepunkt. König August II. von Polen hatte zum Beispiel von den Türken eine vollständige Musikka-

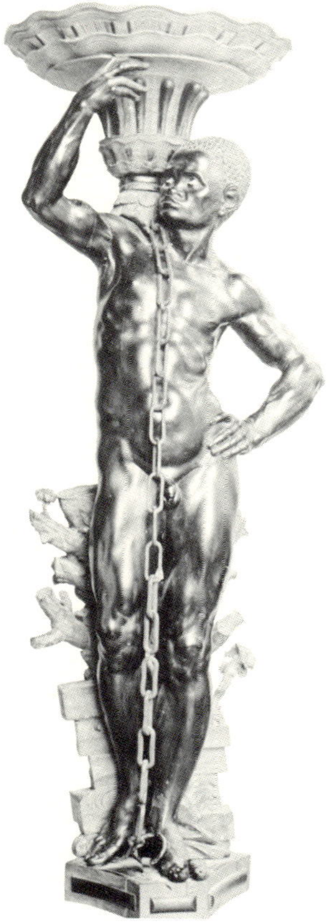

MUSIK-INSTRUMENTE

Während des Mittelalters und zu Beginn der Neuzeit ist die Mehrzahl der im Abendland benutzten Musikinstrumente – auch jenseits der von den Muslimen eroberten Grenzmarken – islamischen Ursprungs. Entsprechend groß ist der Einfluß auf die Instrumentierung, auf den Klang, auf die Modulation und die Rhythmik. In den verschiedensten und bisweilen zeitlich und räumlich weit entfernten Werken finden sich islamische Stilelemente, die zunächst durch die Araber, später durch die Türken übermittelt werden: In den traurigen Weisen Andalusiens ebenso wie in Werken des glanzvollen Wien des 18. Jahrhunderts. Das wichtigste Instrument der arabischen Musik ist das ^{c}*Ud* (aus *al-*^{c}*Ud* wird unsere »Laute«). Die Araber übernahmen es von den Persern. Es ist ein Saiteninstrument, das man zupft, in Andalusien wird es abgewandelt und verbreitet sich von dort aus in Europa. Als Laute erfüllt es im solistischen Repertoire als Begleitinstrument und im Ensemble eine grundlegende Funktion. Eine Abwandlung des ^{c}*Ud* ist das *Tanbur* (2), eine Laute mit langem Hals. Sie ist zunächst nur in der Türkei, und ab dem 14. Jahrhundert auf dem gesamten Balkan verbreitet. Ein weiteres Saiteninstrument, das aber mit einem Bogen zum Tönen gebracht wird, ist das *Kamandscha* (9) mit Flankenwirbeln und einem mit einer Tierhaut bespannten Resonanzkörper. Ein weiteres sehr verbreitetes Instrument ist das *Rabab*, von dem zwei Ausführungen bekannt sind: die eine hat Trapez- oder Trapezoidform mit Pergamentbespannung auf beiden Seiten, der Stimmwirbel des Halses ist frontal eingefügt (8), eine Anordnung, die später auf die Armleier überging. Die andere hat einen Resonanzkörper und einen breiten Hals, die aus einem einzigen Holz gefertigt sind. Von ihr rührt unser *Rebec* her, ein von den Troubadours und Spielleuten bevorzugtes Instrument. Wahrscheinlich über Spanien wird im Laufe des 14. Jahrhunderts die Gitarre eingeführt. Sie setzt sich im 17. Jahrhundert gegenüber der Laute durch, da sie leichter zu spielen ist. Auf einem ähnlichen Weg dringt das *Qanun* (11) ein. Es hat dreifache Saiten, die mit

1

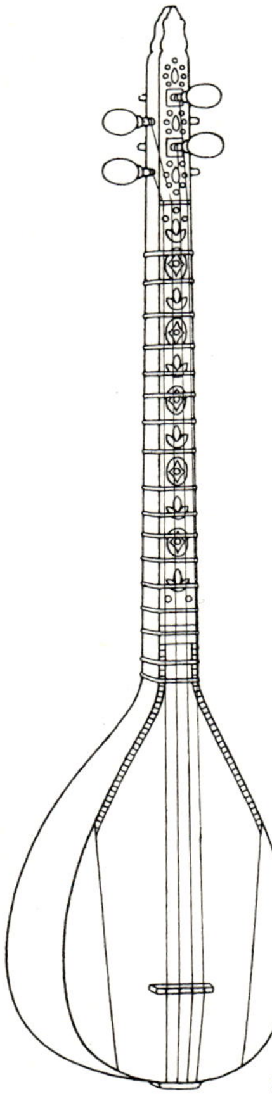

2

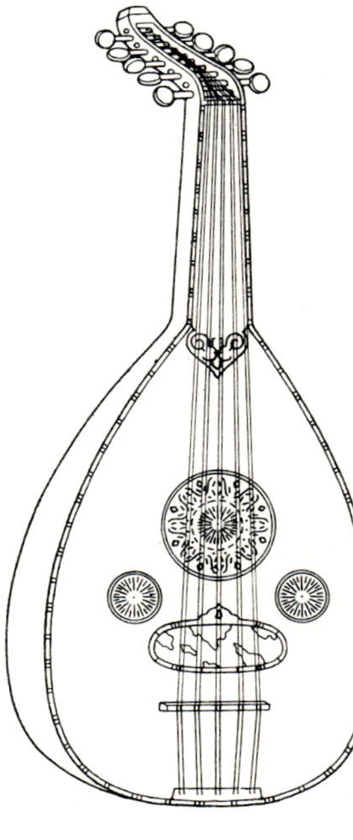

3

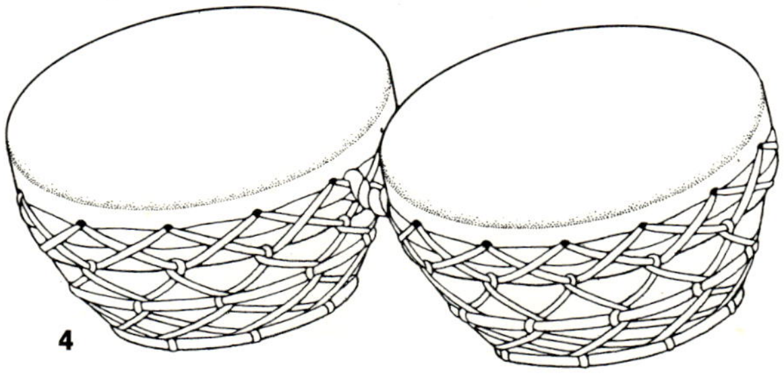

4

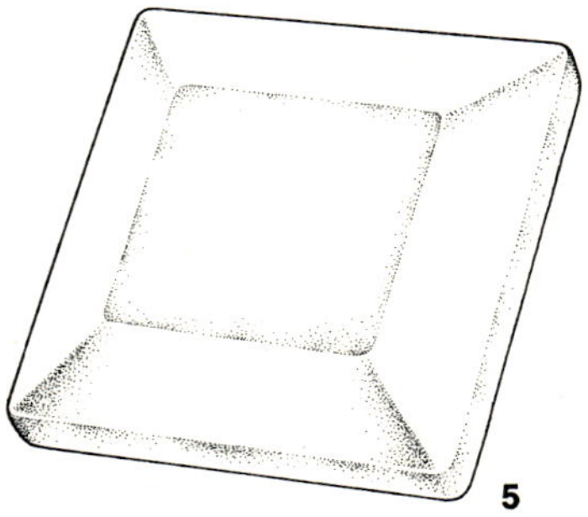

5

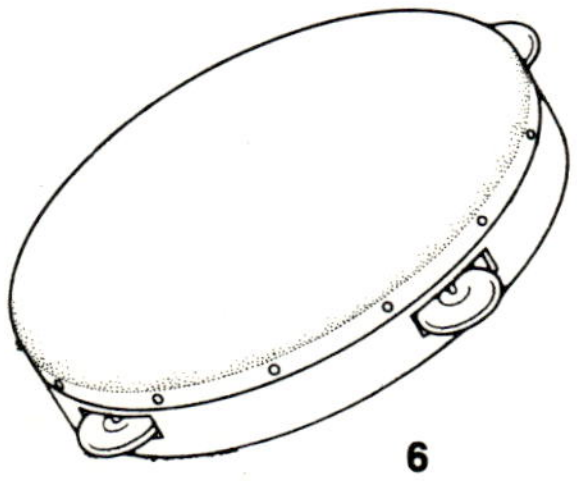

6

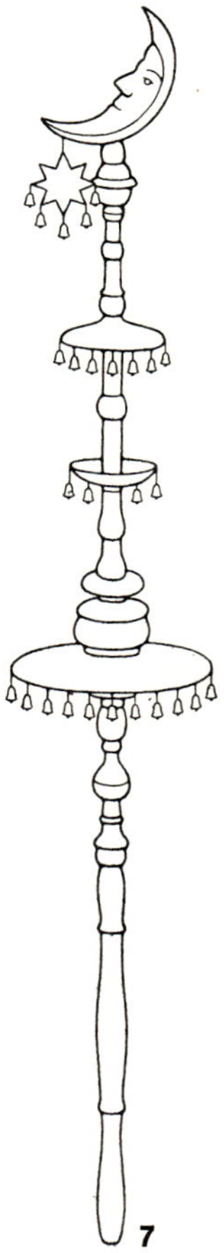

7

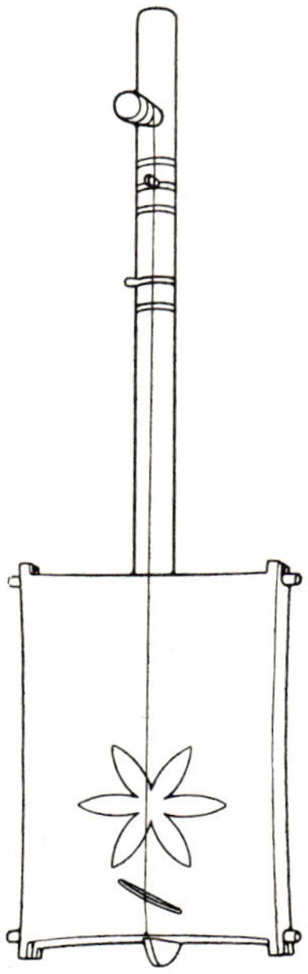

8

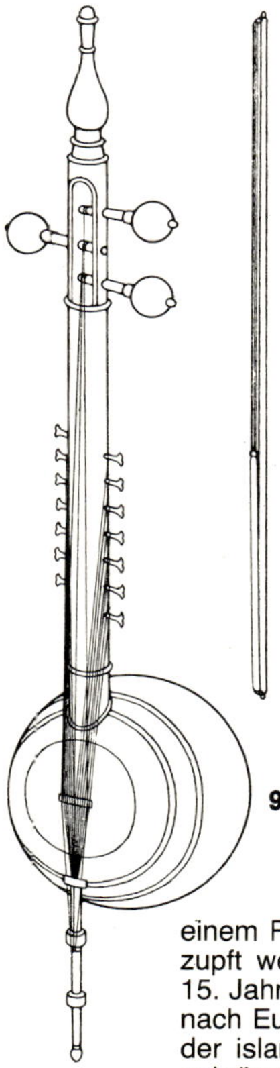

9

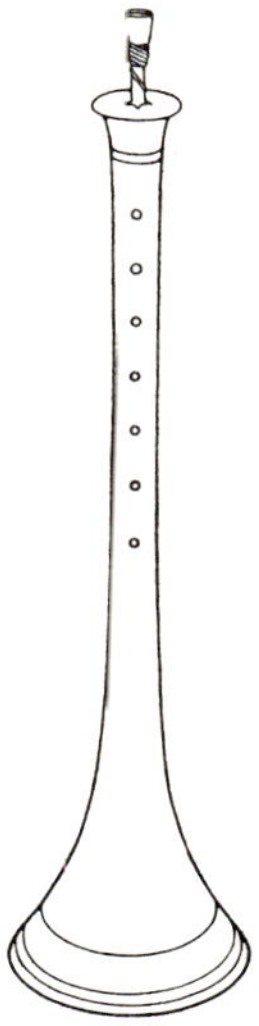

10

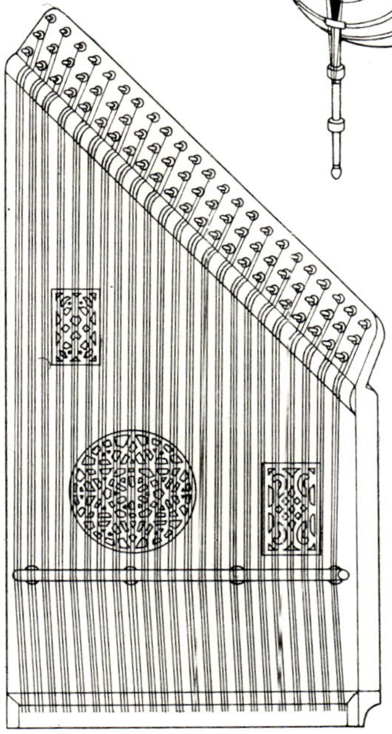

11

einem Plektron aus Metall gezupft werden, und gelangt im 15. Jahrhundert als Psalterium nach Europa. Die Harfe war in der islamischen Welt in einer gekrümmten Form bekannt (12) mit einem Schallboden, der in den runden Hals auslief. Unter den Perkussions-Instrumenten sind das *Duff*, ein rechteckiges Tamburin (5), und das *Tar* (6), eine Handtrommel mit kleinen Zimbeln im Rahmen, zu nennen. Die *Naqqara* (4) gelangte im Gefolge der Kreuzzüge nach Europa, ein Paar halbkugelförmige Pauken, Vorläufer unserer Orchester-Pauken. Das *Tabl-i turki* ist eine große Ausgabe der Pauke und geht unserer großen Trommel voraus. Unter den Blasinstrumenten ist das *Zamr* (10) hervorzuheben, eine Oboe, deren Doppelzunge in der Mundhöhle gehalten wird, so daß der Mund selbst einen Luftstrom erzeugt, welcher einen gleichmäßigen Ton hervorruft. Ein islamisches Erbe ist auch die weite Schallöffnung, die um das Jahr 1000 die Hörner der Trompeten ergänzt. Ein merkwürdiges Instrument ist der Schellenbaum (7), ein Stab, der Glöckchen und Schellen trägt und im 17. und 18. Jahrhundert von europäischen Kapellen übernommen wurde. Die Farbabbildungen 1 und 13 zeigen zwei Gelegenheiten, bei denen islamische Musik aufgeführt wurde. Links eine höfische Szene mit Tänzerinnen, die von Flöten-, *Kamandscha*-, Handtrommel-, Bogenharfen- und Kesselpauken-Spielern begleitet werden. Zur Rechten eine türkische Militärkapelle. Die Kapellen bestanden aus Trompeten, Becken, Doppelpauken, großen Trommeln, Oboen und Triangeln. Seit dem 16. Jahrhundert in Berührung mit Europäern, sollten diese Kapellen nicht nur die militärische Blechmusik stark beeinflussen, sondern auch die europäischen Orchester des 18. Jahrhunderts übernehmen in ihr Instrumentarium Große Trommel, Becken und Triangel. Das Zusammenspiel dieser Instrumente wurde »türkische Musik« genannt (ein Beispiel ist Haydns »Militärsinfonie« von 1794). Der Marschrhythmus wurde seinerseits im »Türkischen Marsch« von Mozarts Klaviersonate A-Dur KV 337 unsterblich.

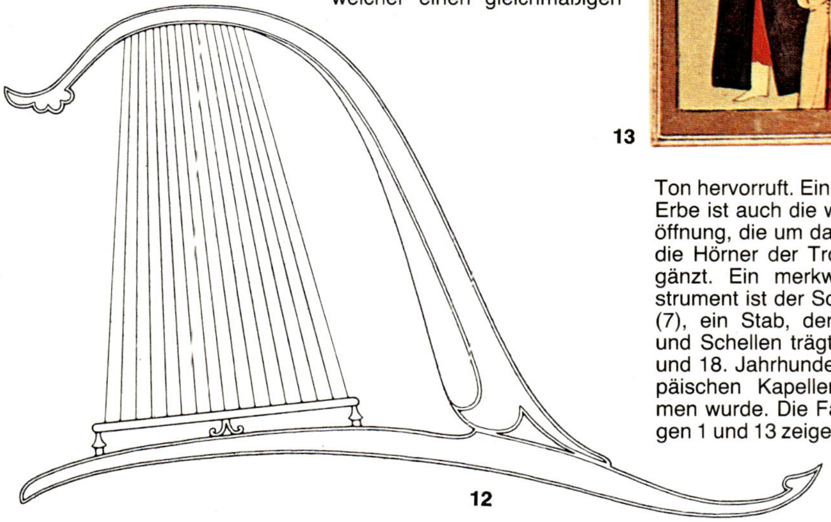

12

13

pelle erhalten, was in ganz Europa umgehend eine steigende Nachfrage nach orientalischen Musikern auslöste. Als man für diese »Jantischarenmusik« nicht genügend türkische Musiker heranschaffen konnte, hielt man Neger, die man in die exotischsten Gewänder steckte, für genauso passend. In »türkischer Manier« führte man bei den Militärkapellen Instrumente wie Tamburin, Tympanon, Zimbeln, Handtrommeln und eine bestimmte Art von Schellen ein, die dann *jingling johnnie (johnnie* ist eine Verballhornung des türkischen *tschagana*) genannt wurden. Selbst die Damen der feinen Gesellschaft ergötzten sich am Spiel mit Triangel und Handtrommel, und es wurden sogar passende Partituren für diese Instrumente als Begleitung zum Klavier verfaßt. Henry G. Farmer, der gezeigt hat, wieviel die abendländische der islamischen Musik verdankt, hat eine Liste von Komponisten aufgestellt, die Anregungen und Themen aus dem Orient in ihre Werke aufgenommen haben: Abgesehen von Mozart können wir diesem langen Verzeichnis unter anderen Cherubini mit seinem ALI BABA entnehmen, Félicien David, der eine gute und unmittelbare Kenntnis der islamischen Musik besaß, aber auch Edvard Grieg mit den »arabischen Tänzen« in PEER GYNT und Peter Tschaikowsky mit der NUSSKNACKER-SUITE, um für die musikalischen Affinitäten zum Islam noch zwei Beispiele aus neuerer Zeit zu nennen.

In der bildenden Kunst entstanden gerade diejenigen Werke, die uns besonders exotisch erscheinen mögen, aus einem mehr oder minder unmittelbaren Kontakt der Künstler mit der islamischen Welt. Gentile Bellini arbeitete in Istanbul im Auftrag des Sultans, und Vittore Carpaccio malte eine ihm durchaus vertraute Welt, da Venedig Handelsbeziehungen mit den Türken unterhielt. Im 18. Jahrhundert war Jean Baptiste Van Mour ein Günstling am Hofe Ahmeds III., und Jean-Etienne Liotard lebte in Smyrna wie ein Türke. Der erste richtige »Orientalist« in der Malerei war Rembrandt, denn er vermittelte eine exotische Sicht der behandelten Sujets. An der muslimischen Malerei war er insofern berufsmäßig interessiert, als er Moghulminiaturen kopierte. Nach Meinung Philippe Jullians beginnt in Frankreich der eigentliche »Orientalismus« mit zwei großen Gemälden: mit der SCHLACHT VON ABUKIR (1806) von Antoine-Jean Gros und mit dem AUFSTAND IN KAIRO (1810) von Anne-Louis Girodet de Roucy Trioson. Vor allem beim AUFSTAND IN KAIRO finden sich alle Elemente, die diese Art von Malerei so erfolgreich werden ließen: prunkvolle und raffinierte Gewänder, exotische und arabeskenverzierte Waffen, eine schwüle Sinnlichkeit, eine gewisse Gewalttätigkeit der Situationen und Farbgegensätze. Die Hauptwerke dieser Stilrichtung haben wir in den Werken von Delacroix vor uns, vor allem mit seinem Traumorient im TOD DES SARDANAPAL (1827).

Der »Orientalismus« speiste sich jedoch nicht nur aus Phantasievorstellungen, sondern im 19. Jahrhundert setzte eine wahre Mode von »Orientreisen« ein, und die Künstler konnten endlich ihre Sujets nach der Natur zeichnen. Bei diesem unmittelbaren Kontakt erlebten die Maler eigenartige Überraschungen. So sollte Delacroix während seiner Reise nach Marokko 1832 die Entdeckung machen, daß der *Harem* so schön wie ein Frauengemach aus der Zeit Homers war, und Ingres, der wiederholt türkische Frauen im Bad malte, fand in den türkischen Bädern die Tradition der Bäder des klassischen Griechenland fortgesetzt. Er muß um so überraschter gewesen sein, als die Muslime damals als die Unterdrücker des neuen Griechenland, in dem die Europäer einen Widerhall der antiken Tugenden zu entdecken glaubten, angesehen wurden. Zum Orient der »Orientalisten« gehörten also genauso auch jene Territorien Europas, die im Begriff waren, aus dem osmanischen Herrschaftsbereich herauszutreten. Lord Byron ist durch viele seiner Themen und schließlich durch seinen Tod vielleicht das beste Beispiel für dieses Interesse. Seine Sicht des Orients war unter anderem von dem bereits zitierten VATHEK von Beckford beeinflußt worden.

Am Theater ist der Orientalismus eine häufig wiederkehrende Modeströmung mit einer langen Tradition und Entwicklungsgeschichte. Auf den Abbildungen dieser Seiten: Szenenausschnitte aus Schauspiel, Oper und Ballett. Rechts: Aquarell einer Szene im orientalisierenden Biedermeierdekor, einer Aufführung des Wiener Burgtheaters von 1834: Franz Grillparzers dramatisches Märchen DER TRAUM EIN LEBEN. *Unten: Die Lithographie erinnert an das heitere Drama in zwei Akten von Gioacchino Rossini,* DIE ITALIENERIN IN ALGIER, *das am 22. Juni 1813 am Teatro San Benedetto in Venedig uraufgeführt wurde. Der Verfasser des Libretto, Angelo Anelli, scheint von einem historischen Fall inspiriert worden zu sein: Die Mailänder Edelfrau Antonietta Frapolli Suini wurde 1805 von Korsaren gefangengenommen und später freigelassen.*

Unten: Der Einzug des Großherrn und seines Gefolges im Ballet de la douairière de Billebahaut, *ein höfisches Ballett, das im Februar 1626 im Louvre aufgeführt wurde. Unter den Tänzern befand sich auch der König Ludwig XIII. Aus einem »erdumspannenden« Exotismus stammte die Vorstellung, daß Amerika, Asien, Europa und Afrika ihre Vertreter zum großen Verlobungsball für die »Erbin von Bilbao« entsenden, die den karikierenden Namen Fanfan de Sotteville trug. Auch der Großtürke wurde als komische Figur gegeben.*

Der Orient zog im übrigen so viele abendländische Schriftsteller an, daß es sinnlos und langweilig wäre, ein blutleeres Verzeichnis aller Schriftsteller, die seiner Faszination erlagen, zu erstellen. In manchen Fällen wie bei Coleridge oder Gérard de Nerval war diese Faszination ein reines Produkt der Phantasie; in anderen Fällen, wie zum Beispiel bei den Übersetzungen und Reiseberichten Burtons, lagen unmittelbare Studien und Beobachtungen zugrunde. In der zweiten Hälfte des 19. Jahrhunderts hat Pierre Loti große Erfolge beim breiten Publikum, indem er über den geheimnisvollen und dekadenten Orient einen Schleier der Sentimentalität breitet: »Je weiter man in das alte Stambul eintaucht, je weiter man sich dem ehrwürdigen Stadtteil von Eyoup und den großen Friedhöfen nähert, um so mehr verdunkelt sich das Bild. Letzte Strahlen beleuchten das blaue Bahrtuch des Marmarameeres und die Berge Asiens, aber die wenigen Vorübergehenden, die tristen Häuser – Siegel ehrwürdigen Alters und Mysterium – und die äußeren Dinge berichten von den wilden Geschichten aus der alten Türkei.«

Einen ganz anderen Orient, oder besser gesagt, eine

DER TEPPICH: EINE ISLAMISCHE KUNST

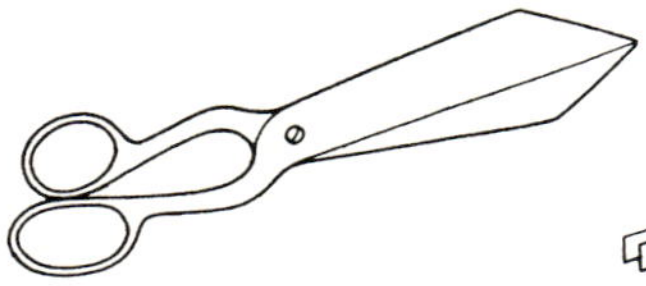
1

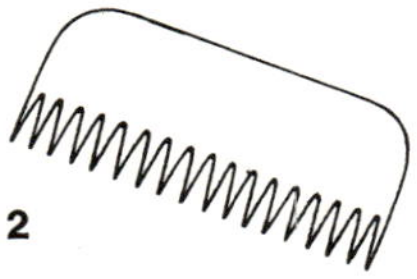
2

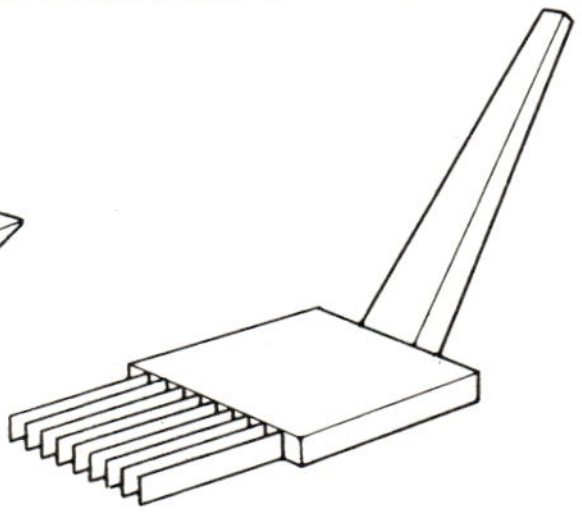
3

4

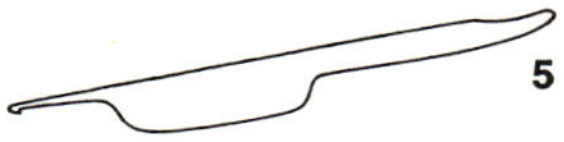
5

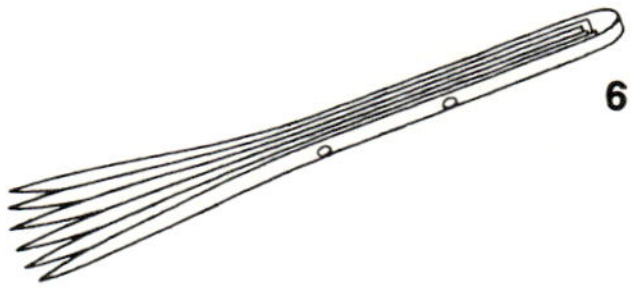
6

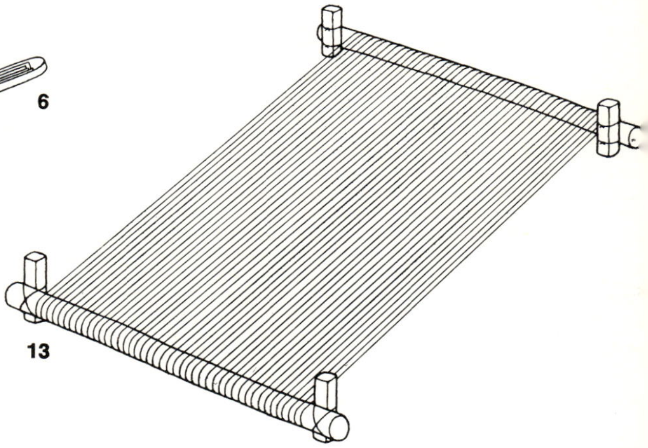
13

Obwohl es Beweise dafür gibt, daß es Teppiche vor dem Auftreten des Islam gab und obwohl Teppiche auch außerhalb der islamischen Welt hergestellt werden, ist Teppichknüpfen in erster Linie ein islamisches Kunsthandwerk und steht im engsten Zusammenhang mit den Überlieferungen und der Kultur des Islam. Wenn wir dem Zeugnis der abendländischen Malerei Glauben schenken, kannte und schätzte man diesen Bestandteil der islamischen Kultur spätestens seit dem 14. Jahrhundert. Der Teppich ist sowohl mit der nomadischen Kultur (in der wahrscheinlich sein Ursprung zu suchen ist) als auch mit der Kultur seßhafter Dorfbewohner verbunden. Sein Dekor vereinigt und abstrahiert im Geiste der islamischen Kunst Elemente, die zum Teil auf ältere Ursprünge zurückzuführen sind, und räumt auch figurativen Strömungen Platz ein. Es zeugt von dem Beitrag von Meistern, die zwar entsprechend der islamischen kunsthandwerklichen Tradition anonym, aber gewiß schöpferisch sind, und von ihrer Fähigkeit auf dem Gebiet der Technik und Mustergebung. Der Teppich ist ein Gewebe, das die beiden Grundbestandteile jedes Gewebes, Kette und Schuß, mit einem dritten Element, den Knoten, die das Vlies bilden, vereinigt. Die Dichte der handgeknüpften Knoten steht in direktem Verhältnis zum Handelswert des Erzeugnisses. Man kennt das Fragment eines indischen Teppichs aus dem 17. Jahrhundert, welches 39 000 Knoten auf den Quadratdezimeter enthält. Ein guter Handwerker knüpft an

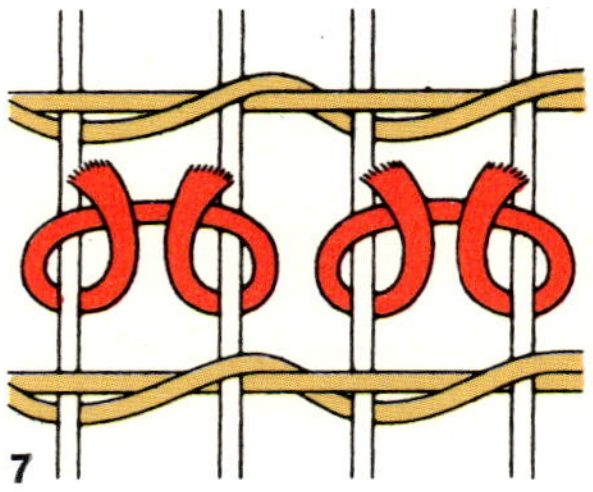
7

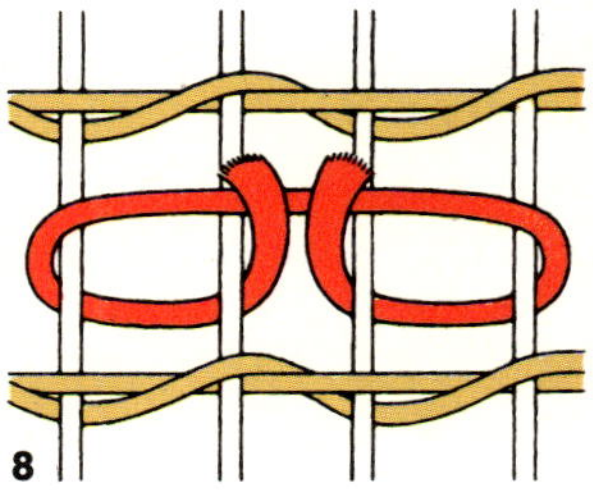
8

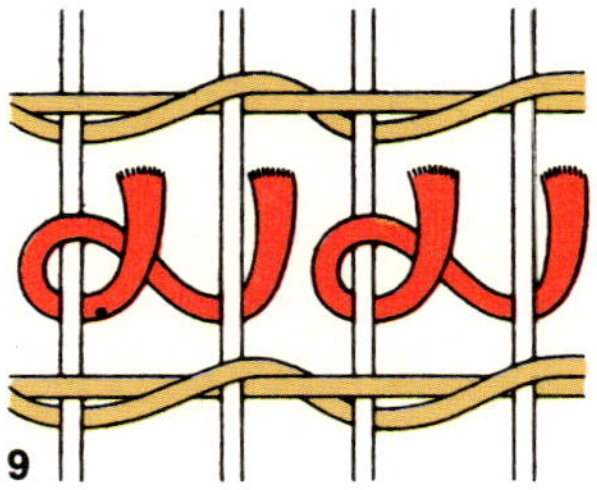
9

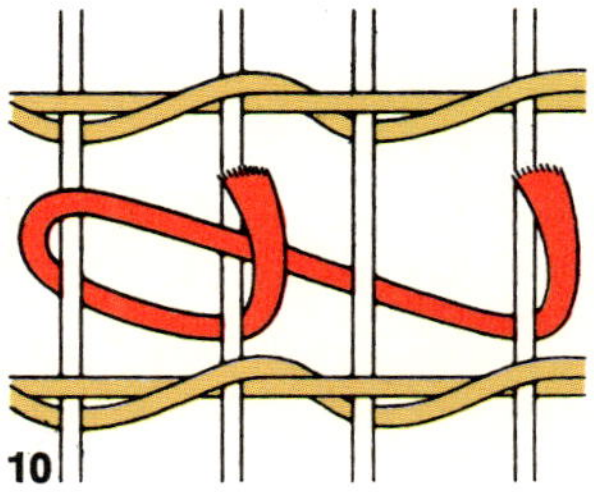
10

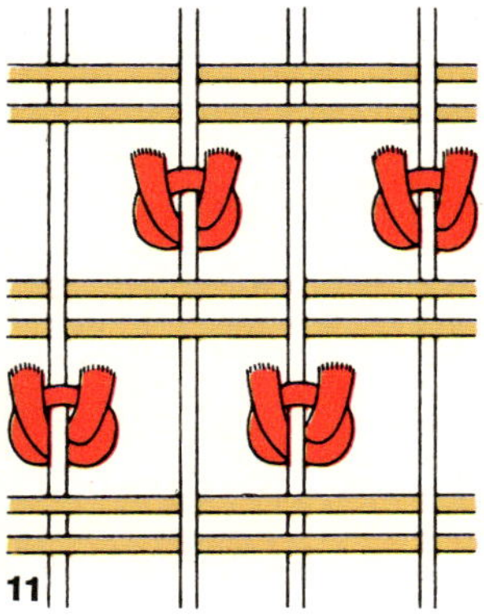
11

12

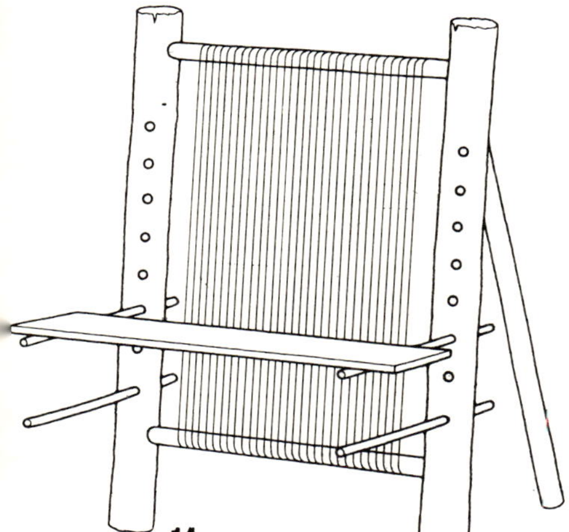
14

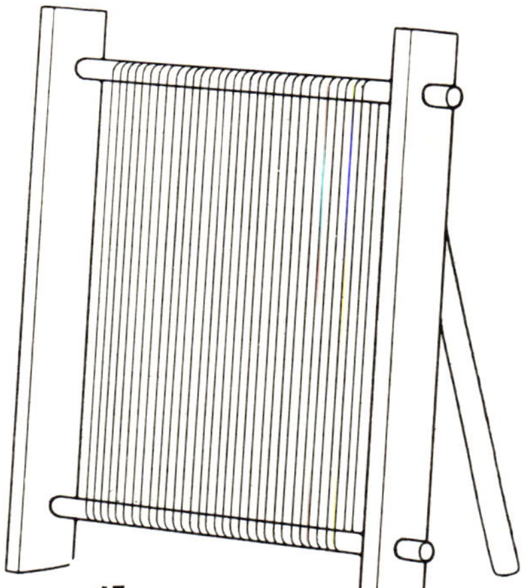
15

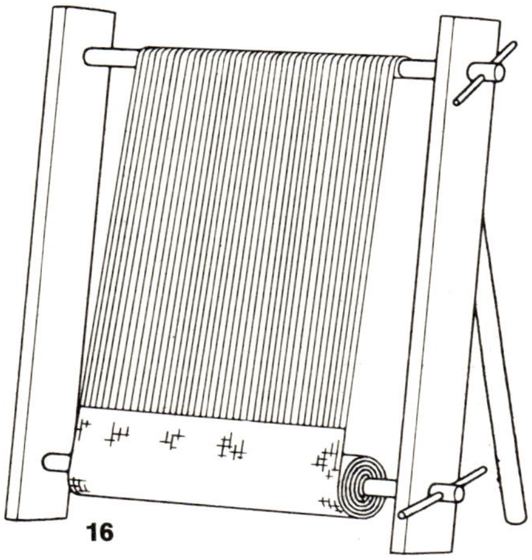
16

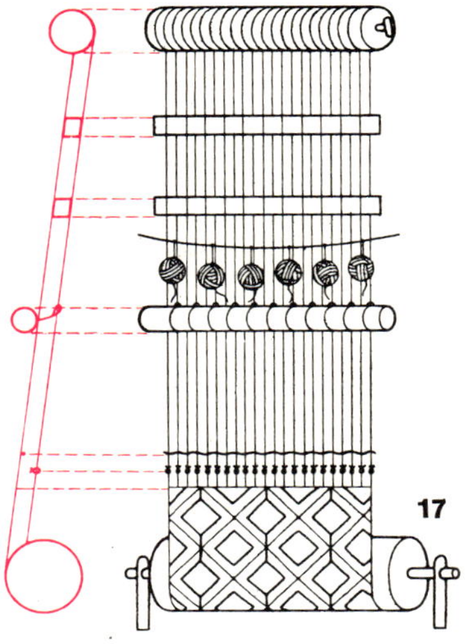
17

einem Arbeitstag bis zu 14000 Knoten. Der berühmte Perserteppich im Museo Poldi-Pezzòli in Mailand (6,92 x 3,60 m) muß mindestens eineinhalb Jahre Arbeit durch sieben oder acht Handwerker gekostet haben. Es gibt zwei Arten von Knoten: den *Turkibaft*- oder *Gördes*-Knoten (türkischer K.) (7) und den *Farsibaft*- oder *Senneh*-Knoten (persischer K.) (9). Diese beiden Knoten werden um zwei benachbarte Kettfäden geschlungen. Im ersten Fall treten die zwei freien Enden zwischen den beiden Kettfäden heraus, im zweiten Fall kommt jedes der beiden freien Enden nach einem Faden hervor. Beide Knotenarten können auch in der *Dschufti*-Weise ausgeführt werden (8,10), welche vier Fäden der Kette miteinander verbindet. Diese Art der Herstellung ist schneller, weil die Anzahl der zu knüpfenden Knoten geringer ist, doch ergibt sich dadurch ein weniger dichter Flor und ein weniger klares Muster. Der dritte Knotentyp, der spanisch-arabische (11), umschlingt einen einzigen Kettfaden, wobei abwechselnd die gerad- bzw. ungeradzahligen Fäden ausgespart werden. Nach der Vollendung jeweils einer Reihe von Knoten werden auf den Kettfäden mehrere waagrechte Fäden »eingeschossen«, bevor man zur nächsten Reihe übergeht. Zum Knüpfen benötigt man Webstühle. Vier Arten stellen wir hier schematisch dar: Der erste (13) ist der waagrechte Webstuhl der Nomaden, bei dem die Kettfäden zwischen zwei Balken gespannt sind. Man arbeitete in hockender Stellung, das Ergebnis der Arbeit konnte durch Versetzung des Webstuhls aufgerollt werden. Der zweite ist der senkrechte Webstuhl des Bauern (14), hier sind die Kettfäden zwischen zwei Stangen oder sogenannten »Bäumen« aufgespannt. Die Handwerker arbeiten auf einem Brett sitzend, wobei sie am unteren Ende des Stuhls beginnen. Das Brett wird während der Arbeit fortlaufend höher angebracht. Beim dritten Typ eines Webstuhls, dem sogenannten Täbriser (15), vielleicht weil er von Handwerkern aus dieser Stadt erdacht wurde, verlaufen die Fäden der Kette von einem Baum zum anderen, an der Vorder- und Rückseite. Die Kette wird während der Herstellung eines Teils des Teppichs von oben nach unten verschoben. So lassen sich Teppiche von einer Länge bis zum doppelten Abstand der Bäume herstellen. Die letzte Entwicklung des Webstuhls ist der mit einem drehbaren unteren Baum, dem sogenannten Zeugbaum (16), auf den nach und nach die Fäden der Kette vom oberen Querbalken, dem Kettbaum, aufgerollt werden. Das Schema 17 zeigt unten einen schon ausgeführten Teil des Teppichs, die Kette, eine Reihe von Knoten, welche auf die vorausgehende aufgeschoben werden wird, den Schußfaden, der sie von der folgenden Reihe trennt, die Stangen zwischen den Kettfäden, den Stab, der durch Schlingen mit jedem zweiten Kettfaden verbunden ist, die Fäden der Kette (die gemeinsame Anwendung von Stangen und Stab erlaubt, einen Zwischenraum zur Durchführung der Schußfäden freizuhalten und die Kette mit den Schußfäden zu verschlingen) und schließlich die Schnur, an der verschiedenfarbige Knäuel, aus denen die Knoten ausgeführt werden, hängen. Das Zubehör ist äußerst schlicht: metallene Messer (4,5), um die Fäden der Knoten abzuschneiden, Kämme (2,3,6), um die Schußfäden gegen jede einzelne Knotenreihe zu pressen, Scheren (1) für die Schur des Flors.

Die Enden der Knoten werden während des Knüpfvorgangs bis auf eine Länge von einigen Zentimetern belassen: eine erste Schur erfolgt am Stuhl nach der Vollendung einiger weniger Knotenreihen, die endgültige Schur, eine schwierige Abschlußarbeit, die man besonderen Spezialisten anvertraut, wird am Ende der Herstellung vorgenommen.

Die Muster entstehen aus farbiger Wolle, wobei Knoten verschiedener Farben nach einer Vorlage bzw. nach monoton gesungenen Anweisungen des Handwerkers, der die Knüpfung überwacht, geknüpft werden. Man kann zwei große Mustertypen unterscheiden: die Teppiche mit geometrischen Mustern, bei denen die verschiedenen Motive zum kulturellen Erbe der einzelnen Volksgruppen gehören (der hier abgebildete Teppich, 12, ist ein typischer anatolischer Nomadenteppich mit kaukasischen Motiven und gehört zu dieser Gruppe), und die Teppiche mit kurvigen und floralen Mustern, die das Werk persischer Meister zur Zeit der Safawiden sind. Auf den sogenannten Gebetsteppichen gibt das Muster einen *Mihrab* wieder, der in der Moschee die Mekka-Richtung markiert. Hier sind einige Typen von *Mihrabs* auf Gebetsteppichen aus verschiedenen Herstellungsgebieten Anatoliens zu sehen: Gördes (18–20), Kula (22–24), Ladik (25), Bergama (26, 27), Milas (28, 29), Mucur (30), Konya (31–33).

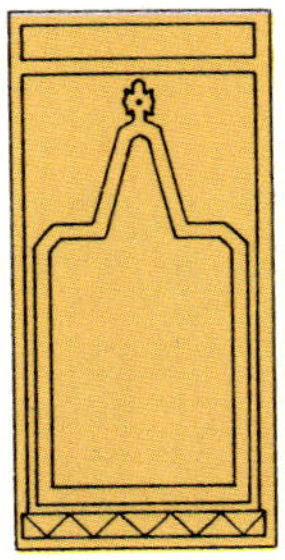
18

19

20

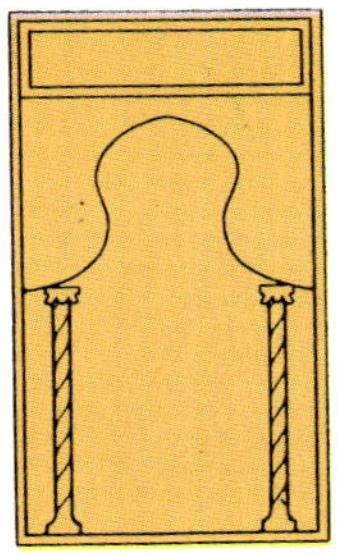
21

22

23

24

25

26

27

28

29

30

31

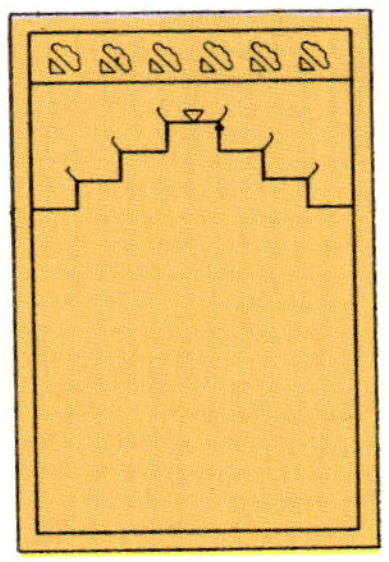
32

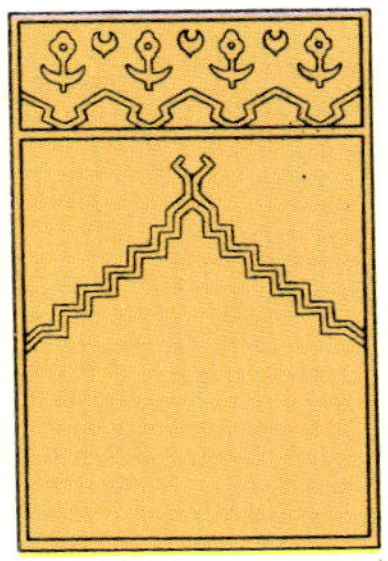
33

Das Motiv der islamischen Tänzerin mit all seinen erotischen Anspielungen und heimlichen Sehnsüchten gehört zu den beständigsten bildlichen Darstellungen der islamischen Welt in abendländischer Sicht. Hier ein Beispiel für den exotisierenden Geschmack der späten zwanziger Jahre auf einer Illustration von Leon Carré für eine Ausgabe von TAUSENDUNDEINE NACHT.

andere Quelle der Inspiration für denselben Typ von »Orientalismus« finden wir bei einigen Schriftstellern Osteuropas. Ihre Nationen pflegten engere Beziehungen zu den Tataren oder sogar zu der Welt Zentralasiens. Puschkin schreibt zum Beispiel über Tataren und Kalmücken: »Oh, Freunde! Macht es etwa einen Unterschied, ob man sich in einem glitzernden Saal, in einer modischen Theaterloge oder einem Nomadenwagen vergißt?«, und der Pole Mickiewicz wendet sich mit folgenden Worten an den Tschatirdagh:
»Zitternde Muselmanen küssen deine steinernen Füße / Mast des Krimschiffs, großer Tschatirdagh. / Oh, Minarett der Welt, oh, Padischah der Berge. / Dort oben, den Felsen entflohen, zwischen den Wolken / Sitzt du an den Pforten des Himmels wie ein riesiger / Gabriel, der das Gebäude von Eden bewacht; / ein dunkler Wald ist dein Mantel, wie furchtbare Janitscharen / schmücken Ströme von Blitzen deinen Wolkenturban.«
Ein anderer polnischer Autor, Sienkiewicz, der durch seinen Roman QUO VADIS? weltberühmt wurde, schrieb zur Lobpreisung seiner eigenen Heimat einen dreiteiligen historischen Roman über die Kämpfe, von denen sein Land im 17. Jahrhundert erschüttert wurde. Daß in diesen Romanen tatarische Reiter und ihre Welt eine Rolle spielen, ist nicht so exotisch, wie es zunächst scheinen mag. Tataren gehörten zum geographischen und geschichtlichen Umfeld Polens, und man hat sogar behauptet, der Verfasser stamme von Tataren ab, die sich in Litauen niedergelassen hatten. Frühere Kriege, wie diejenigen zwischen den Reitern der Tataren und Kosaken, scheinen uns selbstverständlich geeignet, in literarischer Form wiederbelebt zu werden. Für die modernen Kriege, in denen die Technik eine beherrschende Rolle spielt, dürfte dies weit weniger zutreffen. Trotzdem feierte Emilio Roncaglia den Krimkrieg in einem kleinen Gedicht in höfischer Form:
»Aber stark ist der Arm des Pascha, und auf dem Felde, / den Rücken zu kehren ist nicht der wilde Brauch / und des Krummsäbels Blitz / gar sehr wütet er in der Phalanx Christi.«
(»Ma forte il braccio del pascià, né in campo / A volgere le spalle uso è il feroce, / e della curva scimitarra il lampo / assai di Cristo alle falangi nuoce.«)
Diese Verse, die eher zur Eroberung Jerusalems als zur Belagerung Sewastopols passen, dürften die letzte Gelegenheit genutzt haben, die moderne Kriege der Poesie zugestehen. Zu Beginn des 20. Jahrhunderts sollte jedoch der italienische Futurismus mit seiner Verherrlichung der Maschine neue Anlässe zu litera-

rischer Produktion liefern. Der Begründer der Bewegung, Marinetti, der als Kriegsberichterstatter in Libyen und bei der Belagerung von Edirne dabei war, schrieb anläßlich dieser Ereignisse seine PAROLE IN LIBERTÀ FUTURISTE:

»villages turcs incendiés

grand T

rrrrronrrronnant d'un monoplan (pla-pla-pla-pla-pla-pla) bulgare + neige lente de petits manifestes.«

Es sollte lange dauern, bis die islamische Welt literarische Experimente dieser Art wahrnahm, obwohl sie seit langem dem materiellen Einfluß der technischen Kultur des Abendlandes ausgesetzt war. Die Osmanen hatten einige kulturelle Elemente der vergangenen abendländischen Periode von Europa übernommen, und es entstand so eine Art »orientalischer Orientalismus«. Wir finden daher türkische Maler, die unter dem Einfluß europäischer Kunst paradoxerweise ihre Welt nach dem Geschmack eines Abendländers wiedergeben. So kam es, daß die Ornamente des Jugendstils, die eigentlich den islamischen Dekors sehr ähnlich sind, im Istanbul des *Fin de siècle* große Mode wurden. Dem Architekten Raimondo d'Aronco gelang, ebenfalls in Istanbul, eine faszinierende Verschmelzung des europäischen Baustils mit phantastischen orientalischen Elementen. Der großartige Eingang zur Pariser Weltausstellung von 1900 symbolisiert in hervorragender Weise diese Symbiose. Der Stil, in dem die verschiedensten exotischen Elemente zusammenflossen und der den Traum vom Orient widerspiegelte, kehrte nunmehr, stärker von einheimischen Elementen geprägt, an die Ufer des Bosporus zurück.

Am 25. Januar 1832 landete Eugène Delacroix auf der Korvette Perle *in Tanger. Er war der diplomatischen Mission des Grafen Charles Edgar de Mornay, die Louis Philippe an den Sultan von Marokko schickte, zugeteilt. Die Reise in das islamische Nordafrika dauerte sechs Monate (der Maler, der Meknès und auf der Rückfahrt Algier besuchte, brachte davon eine herrliche Sammlung von Aufzeichnungen und Skizzen mit) war ein wichtiger Beitrag für die Malerei und ein früher Anstoß für die Modeströmung des Exotismus.*
Auf der Seite 224 oben: Vorstudien zu LES FEMMES D'ALGER DANS LEUR INTÉRIEUR *(1849) aus dem Louvre. Die endgültige Fassung befindet sich im Musée Fabre, Montpellier. Auf dieser Seite unten: Studie zu demselben Bild aus einem Skizzenheft der Reise von 1832 (Louvre). Links: Aquarell einer Jüdin aus Algier.*

»Flog ein weißer Falke . . .«

Alte und neue Mythen auf dem Balkan

Das Osmanische Reich in Europa wurde aus Schlachten geboren, die bald zu Mythen wurden. Schischman, der letzte Bulgarenzar, wurde ebenso zum Helden epischer Gesänge, wie vor ihm der grausame und mutige Momtschil, der mit den Seinen trotz wunderbarer Tapferkeit 1345 im Kampf gegen die türkischen Söldner des byzantinischen Reiches gefallen war. Der Krieg zwischen Türken und Bulgaren wurde als Kampf der Religionen angesehen, in dem die Christen zur Strafe für ihre Sünden unterlagen. Unter den großen Schlachten des 14. Jahrhunderts sollte die auf dem Amselfeld (1389) für den ganzen Balkan zum Symbol werden. Ihre Geschichte wurde in einem großen Zyklus von epischen Liedern, dem Kosovo-Zyklus, verewigt. Den tragischen Grundton gaben die widersprüchlichen Berichte vom Tod Murads I., der möglicherweise von Milosch Obilić getötet worden war, und vom Ende des Zaren Lazar, der entweder vor dem sterbenden Sultan getötet worden oder in der Schlacht gefallen war, an. Zar Lazar wurde zum Heiligen, dessen Leib angeblich nicht zerfiel, sondern Düfte ausströmte, und die *Türbe*, das Mausoleum Murads I., blieb für die Türken ein Ort besonderer Verehrung. Aber auch andere Gestalten gingen in den Mythos ein, so die Mutter der neun Brüder Jugović, die alle gefallen waren und deren jüngster, bevor er niedergeschlagen wurde, »die Türken zu Haufen noch ins Verderben stürzt / wie ein Falke die Tauben«; oder das junge Mädchen, das nach dem Kampf über das Schlachtfeld streift; oder der Verräter – nicht für alle! – Vuk Branković. Wie bei dem Sieg über die muslimischen Schiiten unter Husain bei Kerbela nahm die Niederlage kosmische Dimensionen an, denn der König Lazar sollte zwischen Niederlage und Sieg, zwischen himmlischem und irdischem Reich wählen.
Es flog ein weißer Falke / vom Heiligtum Jerusalems / Und trägt eine Schwalbe / Es war jener kein weißer Falke / Sondern der heilige Elias / Er trägt auch keine Schwalbe / Sondern einen Brief der heiligen Jungfrau: / Bring ihn zum Herrn in Kosovo / Leg ihn dem Herrn aufs Knie / Von selbst sprach der Brief zum Herrn: / Herr Lazar, berühmter Herrscher. / Welches Reich willst du wählen? /Willst du das himmlische Reich? / Oder willst du das irdische Reich? / Wenn du das irdische Reich willst, / Sattle die Pferde / lege den Gürtel an / Hängt die mächtigen Schwerter um / Und greift die Türken an / Das ganze Türkenheer wird zugrunde gehen. / Aber wenn du das himmlische Reich willst / Und du in Kosovo ein Gotteshaus errichtest / Mach ihm keine Fundamente aus Marmor / Sondern aus reiner Seide und Scharlach / Dann gib den Befehl und ordne das Heer: / Zugrunde gehen wird dein ganzes Heer / Und du mit ihm.
Zar Lazar sollte das himmlische Reich wählen: »Kurz nur währt das irdische Reich / Und das himmlische währet ewig.« So lautete die Wahl Lazars und glich damit der Husains.
Es mag uns verwundern, daß dieses alte Heldenlied frei ist vom Haß gegen den Feind, aber es existiert sogar parallel zur christlichen eine serbisch-muslimische Dichtung, die gleichfalls die Feinde versöhnt. Am Zyklus vom Sohn des Königs Vukaschin, Marko Kraljević »von wildem und edlem Mut«, dem größten serbisch-christlichen Helden, fällt uns ebenfalls auf, daß er frei ist von Haß: Marko war historisch gesehen ein Vasall des Sultans und kämpfte für ihn. Nach einer Legende soll der Held nicht gestorben sein, sondern hat sich in eine Höhle zum Schlafen zurückgezogen, als in den Balkanschlachten erstmals Feuerwaffen auftauchten. Er soll bereit sein zu erwachen, wenn sein Schwert von selbst aus der Scheide springt. Dann wird Marko erneut für sein Volk kämpfen, so wie der Held eines anderen, diesmal griechischen Epenzyklus, Digenis Akritas, der der Sohn einer edlen Griechin und eines arabischen Emirs war und die Grenzen

Kiosk im Topkapï-Palast, von dem aus man einen Überblick über die Stadt Istanbul mit dem Goldenen Horn hat. Der weitläufige und prächtige Kaiserpalast besteht aus einer Ansammlung von Gebäuden und Pavillons, die über Höfe und Gärten verteilt sind. Der Komplex erhebt sich über der Serail-Spitze, dort, wo sich früher die Akropolis von Byzanz befand.

von Byzanz gegen den Islam (der christliche *Ghazi*) verteidigte.
Die Tradition der Heldenepen sollte in Griechenland mit den Klephten fortgesetzt werden, den »Gesetzlosen«, die »den Türken« bekämpfen wie die Haiduken in Serbien oder die Haiduten in Bulgarien. Aber nun befinden wir uns in moderneren Zeiten, und die Feinde sind wirkliche Feinde. Die militärischen Formationen der *Jamaq*, die aus kleinen Handwerkern oder Kaufleuten bestanden, unterstützten die Janitscharen bei ihren Erpressungen. Um der Ausbeutung und dem Treiben der Spekulanten zu entgehen, wanderten viele Menschen aus oder schlossen sich in Banden zusammen, um sich mit Gewalt der Unterdrückung zu widersetzen. Diese »Banditen« genossen beim Volk den Ruf von Robin Hood, von Verteidigern der Schwachen. Es waren sicher keine nationalen Empfindungen im modernen Sinn dieses Wortes, die diese frühen Kämpfe und die Epik, die aus ihren Taten entstand, motivierten. Trotzdem konnten diese Ereignisse dem neuzeitlichen Nationalismus dienlich sein, nachdem die Französische Revolution und Napoleon das Ideal der Unabhängigkeit auch auf den Balkan getragen hatten.
Während der napoleonischen Kriege ließ sich das Osmanische Reich in bemerkenswerter Weise vom Kräftespiel der Politik in die Irre führen und traf stets im falschen Augenblick die falsche Wahl. Süleiman der Prächtige konnte dem Politiker Franz I. wie ein Kaiser begegnen. Als aber der unglückliche Reformer Selim II. den trügerischen Worten Napoleons, der ihn in einem Brief den Kaiser der Muselmanen nannte und ihm seine Siege anbot, Glauben schenkte, konnten ihn nur Enttäuschungen erwarten.
Das glorreiche Unternehmen Napoleons ging jedoch zu Ende, ohne daß es in der osmanischen Welt des Balkans eine Umwälzung hätte bewirken können. Mit den Serben an der Spitze waren allerdings seit 1804 die Völkerschaften des Gebietes in Aufruhr geraten. Zunächst rebellierten die Serben jedoch nicht gegen ein Übermaß an Autorität, sondern gegen eine zu schwache Herrschaft. Sie forderten eine Regierung wie diejenige, die »die Befreiung der armen Leute« herbeigeführt hatte und Übergriffe wie die der Janitscharen zu verhindern wußte. Erst als der Führer der Erhebung, Georg Petrović, genannt Karadjordje (der schwarze Georg), gegen den Autonomievorschlag des Sultans russische Hilfe in Anspruch nahm, erhielt die Revolte neue, separatistische Züge.
Mit dem Berliner Kongreß von 1878 erlangten alle balkanischen Nationen außer Albanien weitgehende Unabhängigkeit. Ihre sehr ähnlichen Erfahrungen können in sieben Punkten zusammengefaßt werden.
Der erste Punkt betraf die bedeutende Rolle, die die orthodoxe Kirche für die Bewahrung einer kulturellen Identität spielte. Der Patriarch von Konstantinopel war zwar einerseits Würdenträger des osmanischen Staates, und die griechische Kirche, die einzige kulturelle Macht der Christenheit, verfolgte eine Politik der Assimilation an das Griechentum, so daß der bulgarische Aufstand zugleich antitürkisch und antigriechisch sein sollte. Trotzdem gewann die Politik der griechisch-orthodoxen Kirche in der folgenden Zeit wesentliche Bedeutung für die Entstehung der nationalen Bewegungen.
Der zweite Punkt betraf die schrittweise Gewährung der Unabhängigkeit. Um allzu starke Erschütterungen der internationalen Lage zu vermeiden, sollten

Oben links: Mahmud II. an Bord seiner Prunkgaleone. Dieser Sultan gab den Anstoß zu bedeutenden Staatsreformen und versuchte vom Westen das, was für sein Land von Nutzen sein konnte, zu übernehmen. Unter anderem verfügte er eine Änderung der Kleiderordnung, übernahm den berühmten Fes.
Oben: Dolma-Baghtsche, »der aufgefüllte Garten«, der diesen Namen erhielt, weil er errichtet wurde, indem man Erdreich ins Meer füllte. Der Palast wurde in dieser Form 1853 von dem armenischen Architekten Balian für Abdülmedschid erbaut und war, außer für Abdülmedschid II., die Residenz der letzten Sultane.
Rechts: Der Großwesir empfängt im Topkapï eine europäische Gesandtschaft (Gemälde aus dem Topkapï-Museum).

die neuen Staaten zunächst eine Phase der Autonomie innerhalb des Reiches durchlaufen.
Der dritte Punkt betraf die Gegensätze und Spannungen zwischen den Großmächten. Die Geschicke der im Entstehen begriffenen Nationen hingen letztlich von Ereignissen, auf die sie keinen Einfluß hatten, ab. Als sich 1821 die Griechen erhoben, hatte man in Europa den Eindruck, als seien mitten im 19. Jahrhundert die Helden des antiken Griechenland wieder zum Leben erstanden. Da aber die europäischen Regierungen wenig Neigung zeigten, sich von klassischen Erinnerungen bewegen zu lassen, mußte der Aufstand für sie nur zusätzliche Probleme mit sich bringen. Als englische, russische und französische Schiffe die osmanisch-ägyptische Flotte in der berühmten Bucht von Navarino vernichteten, wollte man dieses Ereignis wie einen Zwischenfall erscheinen lassen, um nicht das europäische Gleichgewicht zu stören. Europa dagegen entsetzte sich ob der »Bulgarengreuel«, als osmanische Irreguläre, die an Ort und Stelle rekrutiert worden waren, 1876 einen Aufstand, dem zuvor viele türkische Bürger zum Opfer gefallen waren, blutig unterdrückten.
Aber als es den Großmächten nützlich war, das Osmanische Reich zu stützen, empörte sich die europäische Öffentlichkeit über das »Massaker von Sinop« (1853), obwohl es sich nur um einen kleinen Zusammenstoß handelte, bei dem die russischen den osmanischen Schiffen eine Niederlage beibrachten.
Der vierte Punkt bestand in der Notwendigkeit, die neu entstehenden Nationen von außen zu unterstützen, denn sie wurden immer dann besiegt, wenn sie den Truppen des Sultans allein gegenüberstanden. Im Ersten Balkankrieg konnten sie, zum Bündnis vereint, die osmanischen Truppen schlagen. Die militärische oder diplomatische Hilfe einer europäischen Macht konnte ebenso eine Unterstützung sein, wie die nationalistischer Kreise, die vom Ausland aus agierten. Auf diese Weise arbeiteten die Serben, die während des Krieges von 1690 nach Südungarn geflüchtet waren, und die griechischen Kaufleute von Odessa, die die »Gesellschaft der Freunde« (»Filikí hetairía«) gegründet hatten, die den Unabhängigkeitskampf einleiten sollte. Zu Trägern neuer Ideen wurden auch balkanische Soldaten, die in den napoleonischen Kriegen gedient hatten, und sogar Mönche, die seit dem 16. Jahrhundert vor allem nach Rußland gezogen waren und aus einem noch ferneren Osten den Widerhall der abendländischen Kultur mitbrachten.
Auch nach der Erlangung ihrer Unabhängigkeit sollten die jungen Nationen teilweise ein ähnliches Schicksal erleben. Der fünfte Punkt betrifft deshalb die Bruderkriege. Wir haben bereits gesehen, daß die ersten Schlachten der Osmanen in Europa Teil europäischer Bürgerkriege waren. Im 19. Jahrhundert kämpften in Griechenland gegnerische Nationalregierungen um die Vorherrschaft, und in Serbien sollten sich die Familien der Väter der Unabhängigkeit, die Karadjordjević und die Obrenović, auf lange Zeit befehden.
Der sechste Punkt handelt von der Ausbeutung der Bevölkerung. An die Stelle der osmanischen Ausbeuter traten nun einheimische Gruppen, und für den Bauern sollten diese neuen Herren, die sich in seiner Welt natürlich besser auskannten, noch schwerer zu ertragen sein. Die neuen Pflichten gegen die Nation mußten ohnehin für denjenigen, der in die Kultur, aus der die nationale Ideologie entstanden war, nicht integriert war, unverständlich erscheinen. Zu derartigen Konflikten kam es immer häufiger, als die Prosa der Friedenszeit an die Stelle der Poesie des Befreiungskampfes trat.

GIAUR *lautet der Titel eines kleinen Gedichts von Byron, in dem der christliche Held seinen türkischen Herrn Hasan, der seine Frau ermordet hatte, tötet. Das Thema, das von Delacroix wiederaufgenommen wurde (links), stand stellvertretend für die Gefühle, die durch die nationale Erhebung der Griechen hervorgerufen worden waren. Hier die romantische Darstellung zweier Episoden (unten): Die Seeleute von Samos greifen die Türken an (1821), und, darunter: Alexander Ypsilanti gründet die* Hetairia *(1820), eine Gesellschaft für die Befreiung Griechenlands.*

Der siebte und letzte Punkt betrifft das ausländische Kapital, das in den neuen Nationen ein reiches Feld der Ausbeutung sah und massiv in die Länder des Balkan vordrang. Dieser Punkt beweist, daß selbst die erstaunlichsten politischen Veränderungen nicht ausreichen, um Realitäten, die sich in Jahrhunderten herausgebildet haben, zu verändern. 1878 schien es so, als habe der Berliner Kongreß viele Probleme gelöst oder doch einer Lösung nahe gebracht. In Wirklichkeit schuf er aber die Voraussetzungen für neue Kriege, indem er für neuen Zündstoff zwischen den jungen Staaten sorgte. In vielen Regionen lebten die verschiedensten Völkerschaften nebeneinander. Krassestes Beispiel war Mazedonien (im Italienischen wird dieser Begriff für etwas Angenehmes gebraucht, nämlich für einen »Obstsalat«), wo das Zusammenleben von Mazedonen, Serben, Bulgaren, Türken, Juden, Griechen, Walachen, Albanern und Zigeunern die Lösung des Problems erschwerte. Mazedonien mußte deshalb für die neuen Nationen zum Zankapfel werden, da jedes Land auf seinen Rechten bestand und Gründe zur Rechtfertigung seiner Ansprüche fand. Die mazedonischen Widerstandskämpfer, die je nach dem Standpunkt Terroristen oder Patrioten waren, erfanden den modernen Guerilla-Krieg – aber auch Methoden, eine Bank zu überfallen, die in einen James-Bond-Film passen würden.
Albanien stand zunächst außerhalb des Befreiungsprozesses und sollte erst spät in Bewegung geraten. Dem Osmanischen Reich treu ergeben, lieferte es ihm einige seiner besten Kämpfer. Im Krieg von 1877 konnten die Russen nicht zuletzt dank des Opfermutes der albanischen Soldaten bei Plewna zum Stehen gebracht werden. Als der albanische Nationalismus aufkam, beeinflußte die Erinnerung an ihr damaliges Verhalten die Politik der europäischen Mächte. Einer der großen Soldaten Albaniens, Mohammed Ali, wurde mächtiger als sein Herr, der Sultan, und hatte in Ägypten die Macht an sich reißen können. Er führte den letzten absurden arabischen Versuch an, auf europäischem Boden eine Eroberung zu machen; dafür, daß ihm die »Verwaltung« des Peloponnes und Kretas gewährt würde, unterstützte sein Sohn Ibrahim die Osmanen im Kampf gegen die griechischen Aufständischen. Seit Gibraltar und Mazara waren jedoch zu viele Jahrhunderte vergangen, und den Kämpfern für den Islam standen nicht mehr die bisweilen einfältigen christlichen Ritter gegenüber, sondern die wirtschaftliche und militärische Macht der großen europäischen Nationen. Trotz aller Versuche, ihre europäischen Feinde nachzuahmen, konnten sich die Muslime nicht gegen sie durchsetzen.

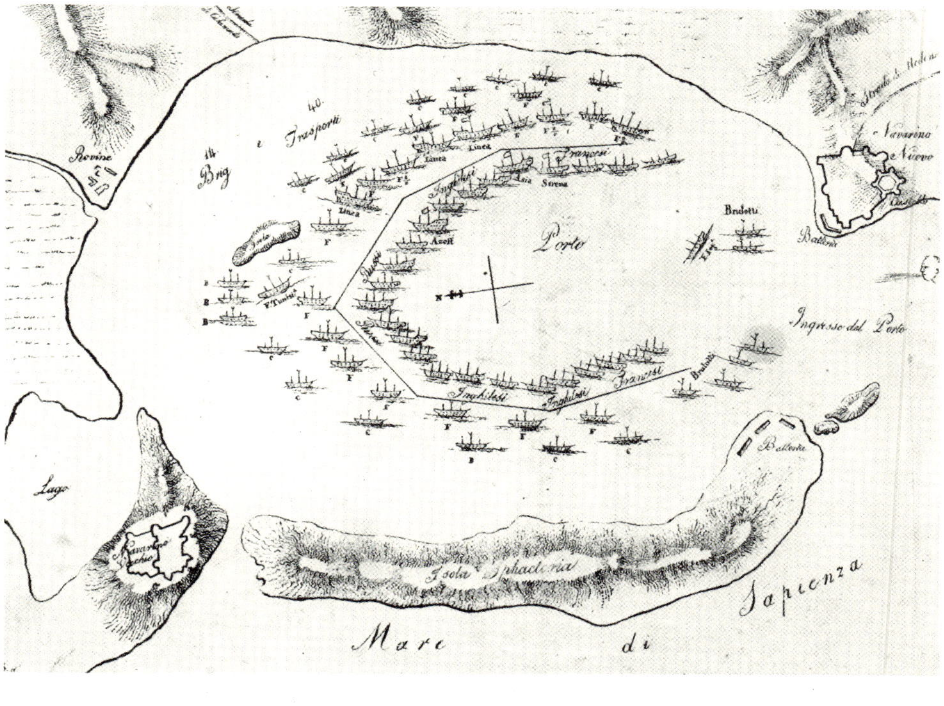

Oben: Schlachtordnung und Verlauf der Seeschlacht von Navarino, in der die englischen, russischen und französischen Seestreitkräfte am 20. Oktober 1827 die osmanisch-ägyptische Flotte unter dem Oberbefehl Ibrahim Paschas vernichteten.

Die osmanische Antwort

Angesichts seiner Staatskrise und der lokalen, partikularistischen Strömungen, die sich bald in Nationalismus verwandelten, entdeckte das Osmanische Reich, daß es »osmanisch« und islamisch zugleich war, oder besser gesagt, entwickelte es bewußt eine osmanisch-islamische Ideologie. Die osmanischen

Reformer hatten immer auf militärische Reformen gesetzt, und auch Sultan Selim III. war der Meinung, zur Überwindung der wesentlichsten Schwierigkeiten sei ein starkes Heer vonnöten. Angeregt von der »Neuen Ordnung«, die die Ereignisse in Frankreich hervorgebracht hatten, leitete Selim III. den *Nizam-i Dschedid* (Neue Ordnung) ein, der eine Reihe von Reformen umfaßte, deren wichtigste die Erneuerung des Heeres war. Er weckte jedoch allerorten Widerstand, vor allem bei den Janitscharen, die inzwischen nur noch eine gefährlich mächtige Interessengruppe waren, der vor allem daran lag, ihre eigenen Ziele durchzusetzen. Reformen waren zwar bislang stets von oben durchgeführt worden, hatten sich aber nicht immer am Westen orientiert, wie man bislang geglaubt hat. Denn lange bevor Peter der Große Rußland europäisierte, versuchten Osman II. und Murad IV. bereits militärische Reformen durchzuführen.
Auch im 19. Jahrhundert, als die Anstöße dann eindeutig aus dem Westen kamen, sollten solche Veränderungen jedoch rein formaler Natur bleiben, da sie nur dazu dienten, die überlieferten Strukturen zu verteidigen. Die Janitscharen, die in pervertierter Form die alte Ordnung symbolisierten, sollten als erste untergehen. Das Massaker, dem sie zum Opfer fielen, wurde merkwürdigerweise als »nutzbringendes Ereignis« bezeichnet: Die Janitscharen wurden, als sie auf einem öffentlichen Platz in Istanbul versammelt waren, von der »Neuen Truppe« praktisch ausgelöscht. Unter den führenden Persönlichkeiten der Reformer kam es zu Veränderungen, da mehr und mehr Personen aktiv wurden, die in den osmanischen Botschaften im Ausland Dienst getan und sich dank ihrer Fremdsprachenkenntnisse (englisch und französisch) weitergebildet hatten. Hatten in der Vergangenheit vor allem Griechen, dank ihrer guten Fremdsprachenkenntnisse, den diplomatischen Dienst versehen, so traten inzwischen immer mehr Türken in den diplomatischen Dienst ein. Diese Intellektuellen führten seit 1839 die großen Reformen westlichen Typs durch, mit denen sie in Wirklichkeit versuchten, die staatliche Ordnung der veränderten inneren Wirklichkeit des Reiches anzupassen. Man wollte als gleichberechtigtes Mitglied am Konzert der »fortschrittlichen« Nationen teilnehmen und entschied sich deshalb für den nationalistischen Weg. Die nationalstaatliche Ideologie wurde allerdings einem supranationalen Reich mit besonderen Eigenheiten, ähnlich dem der Habsburger, übergestülpt. Osmanen wie Habsburger glaubten, sie könnten den Nationalismus als Verteidigungswaffe benutzen und leisteten damit beide ihrer Auflösung Vorschub. Der islamische Staat wollte sich mit westlichem Antlitz präsentieren, als ein Staat also, in dem alle Bürger vor dem Gesetz gleich waren. Die *Dschizja* wurde abgeschafft, und man reformierte sogar das äußere Erscheinungsbild der Bürger: in den Jahren um 1830 wurde der *Fes*, der ursprünglich aus Afrika stammte und damals in Österreich hergestellt wurde, eingeführt. Er ist nicht nur für uns zum Symbol des Türken geworden, sondern wurde von ihnen selbst so uneingeschränkt angenommen, daß Konservative ihn, als er nach der Gründung der türkischen Republik abgeschafft werden sollte, wie ein althergebrachtes und unverzichtbares Kleidungsstück verteidigten.
Für die *Ulema* und für das muslimische Volk war der Staat immer ein traditionell islamischer gewesen, weshalb sie Neuerungen wie die Gleichstellung aller Bürger als umstürzlerische Ketzerei empfanden. Persönliche Interessen, die Angst, es könnte die göttliche Ordnung erschüttert werden, die Feindseligkeit gegen den Westen, der immer aggressiver und zudringlicher wurde, all das mußte den Versuch, sich gegen den Nationalismus zu wehren, indem man seine Ideologie übernahm, zum Scheitern bringen. Die osmanische Nation hatte bewußt keine Einheit von Religion und Sprache gesucht. Es war eine der positivsten Eigenschaften des europäischen Islam, daß er von einer Assimilationspolitik, wie sie in den Anfängen vielleicht noch möglich gewesen wäre, immer abgesehen hat. Im 19. Jahrhundert war es dafür auf jeden Fall zu spät. Alle Irrtümer und Greuel der Folgezeit entstanden aus dem trügerischen und irrealen Traum von der Einheit. Die »Neuen Osmanen« (*Jeni Osmanlílar*) waren davon allerdings noch weit entfernt. Sie hielten sich für Revolutionäre wie die *Carbonari* in Italien, waren in Wirklichkeit aber bloß Reformisten, die für eine osmanisch-islamische Nation eintraten, die eine konstitutionelle und parlamentarische Verfassung mit dem Sultan an ihrer Spitze haben sollte.
Diese frühen Verschwörer mußten 1867 emigrieren und konnten erst wieder Hoffnung schöpfen, als es Midhat Pascha, einem Großwesir, der zum neuen Typus des türkischen Diplomaten gehörte, 1876 gelang, Sultan Abdülhamid II. dazu zu bewegen, eine Verfassung zu erlassen. 1877 ließ Abdülhamid dann Wahlen durchführen, die ersten überhaupt in einem islamischen Land. Obwohl diese Wahlen unter Pressionen durchgeführt wurden und die Mitglieder des Parlaments über keinerlei parlamentarische Erfahrung verfügten, versuchten sie doch, unabhängig zu handeln. Daraufhin benutzte der Sultan den Kriegszustand mit Rußland als Vorwand, das Parlament wieder aufzulösen und die Verfassung außer Kraft zu

Die letzten Jahrzehnte des Osmanischen Reiches wurden durch die Gestalt Abdülhamids II. entscheidend geprägt. 1876 gewährte er eine Verfassung, die er zurückzog, aber 1908 auf Betreiben der Jungtürken wieder einsetzen mußte. 1877/78 erlitt er eine schwere Niederlage gegen Rußland. Mit Nachdruck verfolgte er eine panislamistische Politik, die jedoch den Niedergang des Reiches nicht aufhalten konnte. Verschiedene Aspekte des letzten, wirren und widersprüchlichen Jahrhundert des Reiches. Unten: Ein Artillerist mit einem Geschütz, das auf einem Kamelsattel angebracht ist (1816). S. 233 oben: Die prunkvolle Schaluppe des Sultans vor dem Dolma-Baghtsche-Palais. Unten: Das türkische Admiralsschiff im Jahre 1840.

setzen. Der Prozeß der Konstitutionalisierung konnte erst dreißig Jahre später wiederaufgenommen werden. Nach einer Phase der Zugeständnisse war es Abdühlhamid II. gelungen, die Macht des Sultanats wieder zu festigen. Trotzdem wollte er auf Reformen und eine teilweise Verwestlichung nicht verzichten, da der Staat nur so in der Lage war, dem Druck und den Aggressionen von außen zu widerstehen. Wieder einmal sollte das Instrumentarium des Feindes benutzt werden, um ihn abzuwerten. Neben dem osmanischen Nationalismus setzte sich jedoch eine neue Idee durch, die des Panislamismus. Als einziger unabhängiger islamischer Herrscher an der Spitze eines zumindest in seiner territorialen Ausdehnung noch immer beeindruckenden Reiches erhob sich der Sultan zum einzigen Verteidiger der Muslime der ganzen Welt und gewann so immer mehr an moralischer Kraft.
In der Folge davon setzte sich immer stärker die Vorstellung durch, der Sultan sei der Kalif aller Gläubigen, da sie ja nur noch von ihm die Schaffung eines Gottesreiches auf Erden erwarten konnten. Diese Idee kam solange nicht zum Tragen, solange der *Ghazi*staat seine beeindruckende Kraft dafür einsetzte, die heilige Verpflichtung zum *Dschihad* zu erfüllen, womit jeder Anspruch auf Überlegenheit gerechtfertigt war.
Im 19. Jahrhundert entstanden die unterschiedlichsten Ideologien. 1889 wurde in der militärischen Medizin-Akademie von Istanbul eine Geheimgesellschaft gegründet, die Gruppe der Jungtürken (*Jön Türkler*), der Albaner, Tscherkessen, Kurden und Türken aus Aserbaidschan angehörten. Wie die Jung-Osmanen hatte sich auch diese Organisation von den italienischen *Carbonari* inspirieren lassen und wurde

nach Europa ins Exil vertrieben, wo sie zahllose Zeitschriften ins Leben rief. Die Organisation zerfiel schließlich in viele Splittergruppen, die sich teilweise gegenseitig bekämpften. Die Jungtürken nahmen die kulturellen Anregungen, vor allem die französischen Einflüsse, die sich ihnen im Exil boten, begierig auf. Der Positivist Ahmed Rïza, der Begründer der Zeitschrift *Meschweret* (Beratung), wurde in Paris Schüler von Auguste Comte und oft des Atheismus bezichtigt; Murad Bey, der in Ägypten die Zeitschrift *Mizan* (Waage-Gerechtigkeit) gegründet hatte, verfiel dagegen in einen immer starreren Traditionalismus, so daß er schließlich auf Einladung Abdühlhamids nach Istanbul zurückkehren konnte. Dieser Standpunkt war mehr die äußerste Konsequenz der Haltung der reformistischen Revolutionäre, die wie der Sultan für die Stärkung der osmanischen und islamischen Nation eintraten.
Selbst die Familie Osmans wurde von den neuen Ideen infiziert. Prinz Sabah ed-Din bekannte sich zu den Ideen der »Sozialwissenschaft« Edmond Desmolins und befürwortete für die einzelnen Nationalitäten eine weitgehende Dezentralisierung der Verwaltung. Da für ihn die angelsächsische Denkweise der Inbegriff moderner Geisteshaltung war, plädierte Sabah ed-Din für ein Bildungssystem, das die Initiative des einzelnen förderte, da seiner Meinung nach nur so die Voraussetzungen für eine Veränderung des angeblich unwandelbaren Orients geschaffen werden konnten. Am Ende war die osmanische Antwort auf all diese Probleme ein Splitterwerk von zahllosen unzusammenhängenden Reformvorschlägen. Der Sultankalif und die verschiedenen Oppositionsgruppen verfolgten zwar im Prinzip das gleiche Ziel, nämlich die Rettung des Staates, da sie aber zu keiner Übereinstimmung gelangen konnten, unter welchen Modalitäten das Ziel zu erreichen sei, wurden die Reformen nicht verwirklicht. Bereits 1839 und 1856 waren die Reformen selbst auf staatlicher Ebene durch die Vielfalt der Meinungen behindert worden. Ende des 19. Jahrhunderts war es noch aussichtsloser geworden, die Probleme zu bewältigen, selbst wenn man seine äußere Erscheinung an die des Feindes soweit anpaßte, daß man seine eigene Identität verlor. Die Revolutionäre gingen dazu über, innerhalb des Militärs Zellen zu bilden, und der ersten Zelle in Damaskus gehörte ein junger Offizier namens Mustafa Kemal an, der der Vater der Türken (Atatürk) werden sollte, als er eine andere Utopie verwirklichte. Zunächst machten sich auch diese revolutionären Zellen Illusionen über ihre Erfolge. Nachdem früher die Diplomaten gescheitert waren, übernahmen nun die Militärs die Gewalt, übertrugen 1908 dem »Komitee für Einheit und Fortschritt« die Macht und setzten die Verfassung wieder in Kraft. Endlich setzte sich die Revolution durch.
Aber auch nach der Machtübernahme brachen die alten Gegensätze wieder auf, und bereits im darauffolgenden Jahr kam es zu einem konterrevolutionären Umsturzversuch islamischer Integristen oder »Fundamentalisten«, wie sie uns aus der Berichterstattung der Gegenwart bekannt sind.
Der Inspirator der Bewegung, ein *Scheich* der Bektaschije, sprach von einem »revolutionären islamischen Internationalismus«, ein Begriff, der uns ebenfalls vertraut ist. Die Auseinandersetzungen gingen auch in der neuen Führungsgruppe weiter, bis sich am Vorabend des Ersten Weltkriegs mit dem Triumvirat Enver, Talaat und Dschemal Pascha eine regelrechte Diktatur durchsetzen konnte. Aber der Versuch, die nationalistische Ideologie einem Vielvölkerstaat überzustülpen, mußte scheitern. Als logische Konsequenz wurde aus der osmanischen Antwort allmählich eine türkische.

Schon während der Sitzungen des Wiener Kongresses begannen die europäischen Staaten von der »Orientalischen Frage« zu sprechen. Der Ausdruck verdeckte das Problem der Zerstükkelung des Osmanischen Reiches: Die Großmächte wetzten die Messer für die Aufteilung der Überreste des »Kranken Mannes«. Die Witzblätter nahmen mit schwarzem Humor an der Totenwache teil. Oben ganz links: Der Rotterdamer UILENSPIEGEL *(1903) stellt die erwartungsvoll um das Bett des »Kranken« versammelten Großmächte dar. Ganz links unten: Der Wiener* KIKERIKI *läßt die anmutigen Odalisken sagen (1908): »Nieder mit den alten Türken, wir sind für die Jungtürken!« Nebenstehend links oben: Aus den Berliner* LUSTIGEN BLÄTTERN*: »Sag mir, Osman, was soll auf der Konferenz erreicht werden?« – »Die Umwandlung der Türkei in ein Zigarettendepot.« (Dies bezieht sich wohl auf den Kongreß, den die Jungtürken 1907 in Paris abhielten.) Mitte: Caran d'Ache,* LE JOURNAL *aus Paris, 1903: »Es stimmt, daß Mazedonien ein Pulverfaß ist, aber es besteht keine Gefahr...« Die rauchenden Pfeifen zeigen gleichzeitig die drohende Gefahr an. Unten: Aus dem Pariser* CHARIVARI*, 1861: Die Schwierigkeiten der Türkei, eine internationale Anleihe zu bekommen, lassen die Wirtschaft des Landes zusammenbrechen. Rechts oben: Der Pariser* TÉMOIN *von 1908, dem Jahr der neuen Verfassung: »›Meine Teure‹, sagt der Sultan, ›wer konnte denken, daß du eine so schöne Konstitution hast?‹« Darunter: In der Warschauer* MUCHA*, 1901, werden Zweifel über den Gesundheitszustand des »Kranken Mannes« geäußert.*

Die türkische Antwort

Das Osmanische Reich hatte versucht sich zu erneuern, indem es die Bindungen, die die verschiedenen Völkergruppen einen konnten, stärkte. Auf dieser Basis sollte eine moderne osmanische Nation entstehen. Der Kern dieses Staates bestand jedoch aus türkischen Intellektuellen, die ein immer stärkeres Selbstbewußtsein entwickelten. Als das jungtürkische »Komitee für Einheit und Fortschritt« 1908 die Macht übernahm, war es seine erklärte Absicht, alle Nationalitäten mit den gleichen Rechten auszustatten und ihre jeweilige Entwicklung zu fördern. Aber der Zeiger der Waage schwankte noch zwischen dieser Form des Osmanismus und der immer stärker werdenden Tendenz, der türkischen Bevölkerung die Vormachtstellung einzuräumen und, was eigentlich inzwischen unmöglich geworden war, nämlich die übrigen Völkergruppen zu assimilieren.
Die christliche Antwort auf den Sieg der Jungtürken war, daß Österreich Bosnien-Herzegowina endgültig annektierte, Kreta sich mit Griechenland vereinigte und Bulgarien seine Unabhängigkeit erklärte. Damit nicht genug führte Italien 1911 einen Eroberungskrieg in Libyen, und 1912 griffen die Balkanstaaten im Ersten Balkankrieg das Reich, zu dem sie so lange gehört hatten, an. Lediglich dem Zwist unter den Siegern und dem daraus entstehenden Zweiten Balkankrieg verdankten es die Osmanen, daß sie ein eigenes Territorium auf europäischem Boden behalten durften.
Der erste Weltbrand der Geschichte stand kurz bevor, und der Funke, der den Brand auslösen sollte, kam ausgerechnet vom Balkan. Am Gedenktag der ersten Kosovoschlacht tötete ein serbischer Nationalist den Erzherzog Franz Ferdinand. Schauplatz des Attentats war Sarajewo, die Hauptstadt Bosniens, das so viele Konversionen zum Islam erlebt hatte und erst vor kurzem von Österreich-Ungarn annektiert worden war. Der Erzherzog trat zwar für eine größere Autonomie der Slawen ein, allerdings unter der Oberhoheit der Habsburger. Es war jedoch der Zeitpunkt gekommen, wo die modernen Nationalstaaten die traditionellen Vielvölkerstaaten verdrängten. Der Abgrund stand offen – für alle. Das Osmanische und das Habsburgerreich stürzten gemeinsam hinein, und Bulgarien folgte ihnen.
»Nennt uns Hunnen, Türken, Tataren«, hatten die Bulgaren nach dem Berliner Kongreß 1878 gefordert, nachdem ihre ehrgeizigen Pläne zunichte gemacht wurden. Auch in der Türkei gab es Leute, die die Bulgaren von den Slawen unterschieden, da die alten Bulgaren, nach denen sich die neue Nation ihren Namen gegeben hatte, Türken gewesen waren. Nachdem sie sich in den Balkankriegen bekämpft hatten, fanden sich jetzt Bulgarien und die osmanische »Nation« in einem schwierigen Unternehmen vereint.
Der große ungarische Orientalist Arminius Vambéry hat Ende des 19. Jahrhunderts, als er die osmanischen Soldaten durch die Straßen von Istanbul defilieren sah, festgestellt, daß ein Zusammenbruch des Reiches nur unter großem Blutvergießen hätte erfolgen können. Die osmanischen, oder zu diesem Zeitpunkt genauer, die anatolischen Soldaten bewiesen noch einmal ihre Widerstandskraft und ihre Fähigkeit, die ihnen anvertrauten Positionen zu verteidigen. Von April 1915 bis Januar 1916 wurden auf Betreiben Churchills die Meerengen angegriffen. So wie sie seinerzeit (1878) im Kampf gegen die Russen an der Donau, bei Plewna und in Silistria Europa überrascht hatten, verteidigten sich die Osmanen jetzt auf dem äußersten Zipfel von Europa, von dem aus der balkanische Islam seinen Ausgang genommen hatte. Mustafa Kemal konnte die Alliierten zur Aufgabe zwin-

DIE FINANZEN DES SULTANS

1

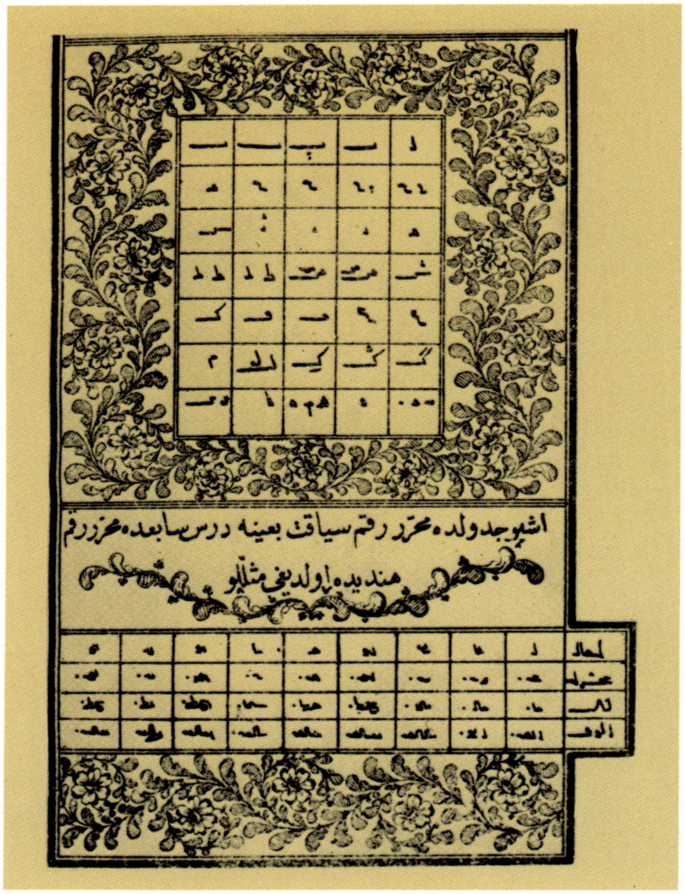

2

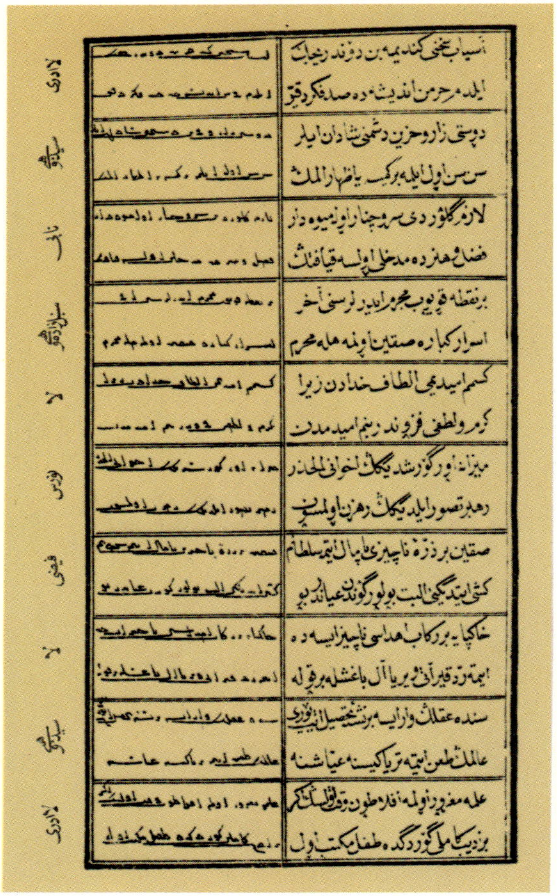

Das osmanische Wirtschaftssystem kann als eine Art »imperiale Autarkie« definiert werden. Um die Einheit und den politischen Zusammenhalt des buntgescheckten Reiches zu bewahren, zielte die osmanische Wirtschaftspolitik darauf ab, die Ressourcen des Reichtums innerhalb des Landes auszuschöpfen und die verschiedenen Landesteile in einer sich ergänzenden Weise zu entwickeln – bis es zur wirtschaftlichen Durchdringung und Ausbeutung durch europäische Mächte wie Venedig oder Genua kam. Nach dem türkischen Wirtschaftshistoriker Ömer Lütfi Barkan (seine Ausführungen sind auf den Tafeln 3, 4, 5, 7 zitiert) funktionierte das System so lange, bis es nicht mehr mit den Auswirkungen des wirtschaftlichen Wandels in Europa im Zeitalter der großen Entdeckungen und des aufkommenden Kapitalismus Schritt halten konnte. Die »Revolution der Preise« in Europa (Verdrei- bis Vervierfachung der Preise für Güter und Dienstleistungen im letzten Viertel des 16. Jahrhunderts im Vergleich zum Beginn des Jahrhunderts) führte unter anderem zu einer erhöhten Ausfuhr von Grundstoffen wie Getreide, Blei oder Wolle aus dem Osmanischen Reich, die mit den ernsten Erscheinungen des Schmuggels und dem Niedergang der örtlichen Manufakturen, wie der für Seide in Bursa oder für Mohair in Ankara, zusammentraf. Durch die Ausdehnung des europäischen Handels wurde der »Levantehandel« zum »Kolonialhandel«, der aus der Türkei einen Kunden der europäischen Industrie machte, der nur Rohstoffe anstelle von fertigen Produkten exportierte. Anhand der Ausgabe-Verzeichnisse für die *Imarets* (Öffentliche Küchen für das Personal Frommer Stiftungen und z. T. Arme) läßt sich die durch den Preisanstieg im Abendland hervorgerufene Inflation feststellen (7). In der osmanischen Silberwährung, dem *Aktsche*, ausgedrückt, steigt der 1490 mit 100 angesetzte Preisindex 1585 auf 182 und 1606 auf 631. Nachdem es einmal vom Strom der großen internationalen Inflation mitgerissen wurde, versuchte das Osmanische Reich vergeblich, der schwierigen Situation mit Abwertungen zu begegnen, in-

Saldo von vier Bilanzen des 16.–17. Jahrhunderts (in Millionen *Aktsche*)

3

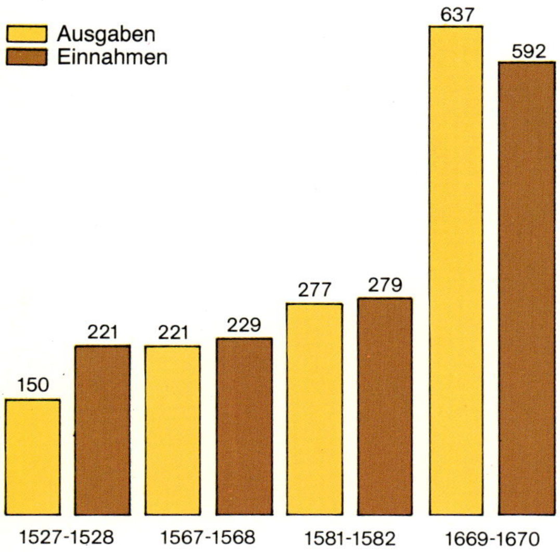

Prozentsätze der Ausgaben für Janitscharen und Sipahis der Staatsbudgets in vier Vergleichsjahren im 16.–17. Jahrhundert und Zahlen der in den Stammrollen eingetragenen Janitscharen und Sipahis

4

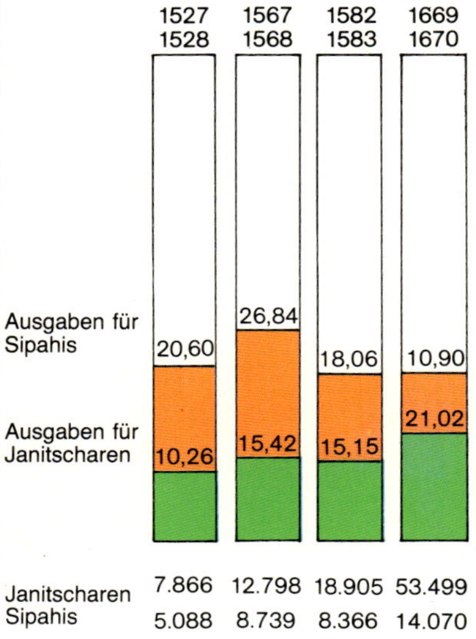

Verteilung der Staatsausgaben (in *Aktsche*)

5

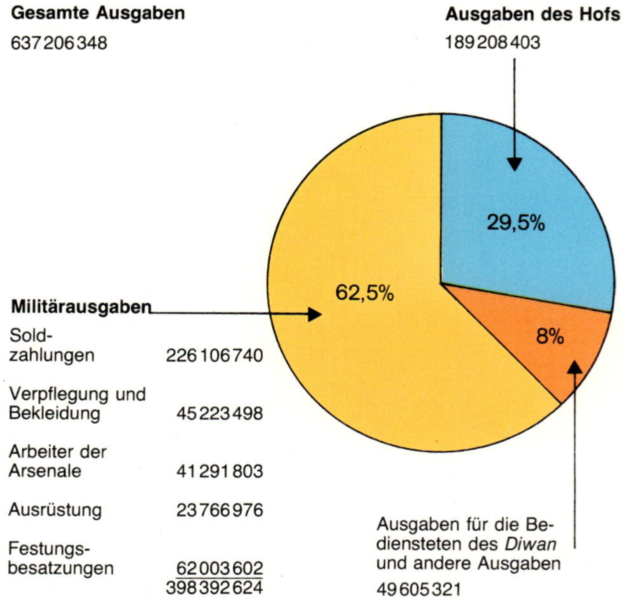

Analyse der Budgets des 19. und 20. Jahrhunderts (in tausend Pfund Sterling) **6**

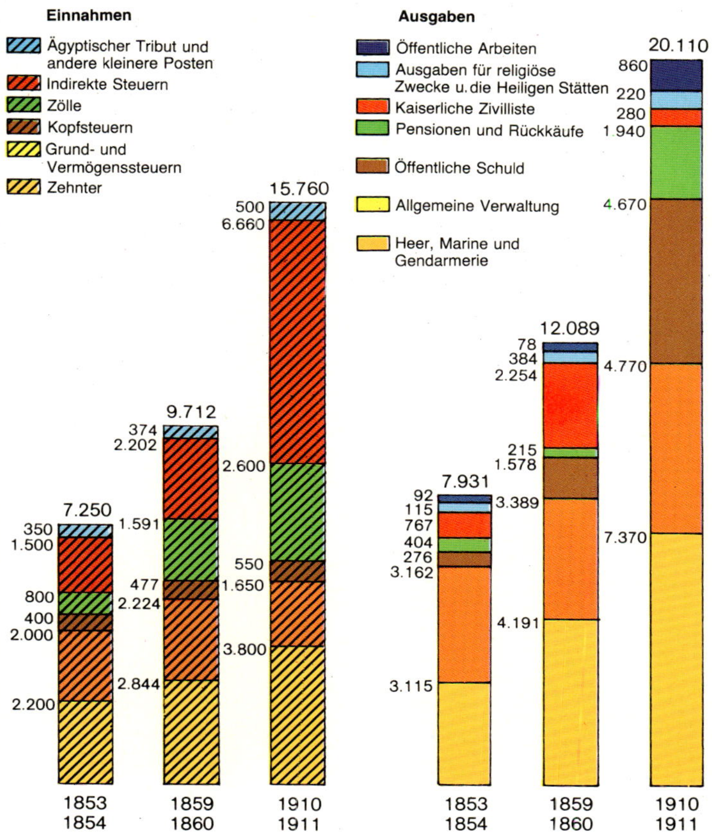

dem es den Silbergehalt der Münzen herabsetzte. Dennoch liegt auch der Index für den Silberpreis im Jahr 1585 bei 162 und im Jahr 1606 bei 265. Auf der anderen Seite scheint es nicht festzustehen, daß die großen Landgewinne dem osmanischen Staat wachsende finanzielle Mittel zur Verfügung gestellt haben. Die Tabelle 3 zeigt die Einnahme- und Ausgabeübersicht, welche die Finanzverwaltung am Ende jedes Jahres dem Sultan vorlegte. Sie enthält, wie wir aus anderen Dokumenten wissen, nicht alle Einnahmequellen. So scheinen die für 1669–1670 registrierten Einnahmen nur ein Viertel des Ganzen auszumachen. Die Einnahmen aus Grenzgebieten wurden von den Militärbefehlshabern unmittelbar vor Ort ausgegeben, falls sich Kriege länger hinzogen. »In Wirklichkeit erschöpften die Kriege die finanziellen Ressourcen des Reiches immer mehr – ungeachtet der spektakulären Eroberungen und des Gewinns ausgedehnter Gebiete.« Es ist bedeutsam, daß im Jahre 1669–1670 auch die Konten der Zentralverwaltungg gegenüber den Vorjahren, einen Fehlbetrag ausweisen. Ein beträchtlicher Teil der Mittel, über die die Zentralverwaltung verfügte, wurde für militärische Zwecke bestimmt. Der Sold für die »Sklaven des Sultans«, vor allem für die Janitscharen und Sipahis, d. h. die aktiven Soldaten, ist nicht der einzige Posten innerhalb der militärischen Ausgaben der Zentralverwaltung. (4, die Ausgaben für die Janitscharen steigen stärker an als die für die Sipahis.) In dem Budget von 1669–1670 ergeben die 226 Millionen *Aktsche* Soldzahlungen 62,5% der insgesamt 398 Millionen Aufwendungen für das Militär. Neben diesen wirtschaftlichen und finanziellen Daten aus der Epoche von Süleiman I. und seiner Nachfolger, bis etwa zur Zeit der Belagerung Wiens von 1683, sind auch einige Angaben, die das letzte Jahrhundert des Reichs betreffen, aufschlußreich; Die Budgets aus den letzten Jahren des Reichs (6, nach einem Artikel von Zvi Yehuda Hershlag) zeigen neben einer negativen Bilanz die fortschreitende Vergrößerung eines Defizits, welches wahrscheinlich schon vor dem Krimkrieg aufzutreten begann (8). Die osmanische Finanzverwaltung auf einem Stich des 18. Jahrhunderts. Die Schreiber sind mit der Arbeit an Registern beschäftigt. Die Türken verfügten über eine eigene Finanzschrift (1). Diese Sonderform der arabischen Schrift heißt *Siyaqat*. Bei der außerordentlichen Schwierigkeit, die das Entziffern dieser Schrift bereitet, hat man das Erlernen und den Gebrauch durch eigens dafür bestimmte Handbücher der Schriftkunde (wie Abbildung 2) erleichtert. In ihnen standen die Verse bekannter Dichter rechts in gebräuchlicher, links in *Siyaqat*-Schrift. Gegen Mitte des 19. Jahrhunderts versucht das Osmanische Reich, seine Finanzen durch die Aufnahme von Schulden im Ausland auszugleichen (9, nach den Zahlenangaben eines Artikels von Şevket Pamuk). Am 6. Oktober 1875 sah sich die Regierung außerstande, die Zinsen zu zahlen, wodurch sie einen regelrechten Staatsbankrott auslöste. In der Folge wurde die sogenannte »Allgemeine Schulden-Verwaltung« gegründet (1881). Sie wurde von einem aus englischen, holländischen, französischen, deutschen, italienischen, österreichisch-ungarischen und osmanischen Vertretern zusammengesetzten Vorstand geleitet und verwaltete unmittelbar einige der wichtigsten Einnahmearten des osmanischen Staats. Auf diese Weise wurde die Souveränität des Staates auf ein Minimum reduziert.

7

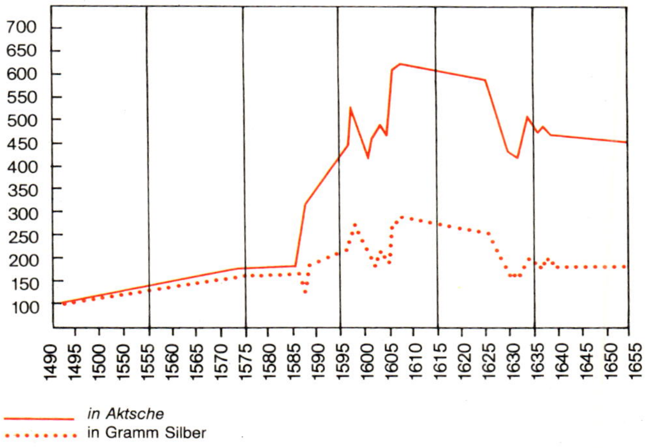

8

Summen der Auslandsanleihen in den letzten Jahrzehnten des Osmanischen Reiches (in tausend Pfund Sterling) **9**

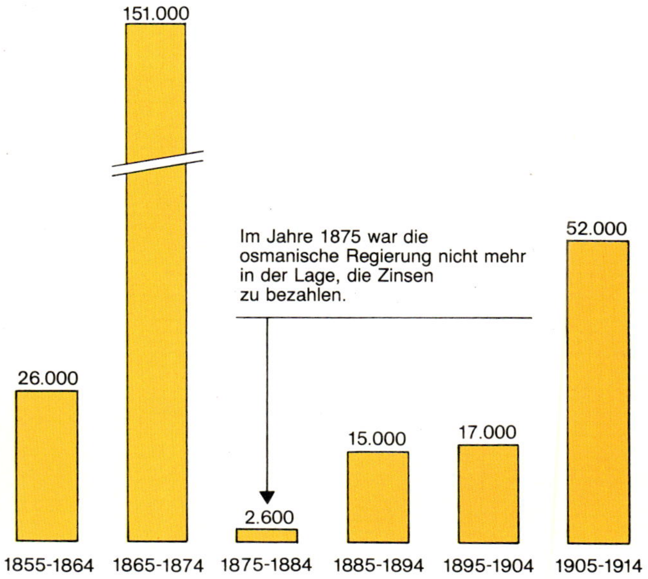

Parade des Sultans in Istanbul, Ende des 19. Jahrhunderts; Illustration aus einer französischen Zeitschrift.

gen und schrieb so die erste bedeutende Seite seiner eigenen Legende. Die Osmanen sollten noch einige Teilerfolge gegen die Russen und die Briten erringen, aber dann brachen die Mittelmächte zusammen und damit auch das orientalische Reich. Istanbul wurde von den Ausländern besetzt, und so waren die Ungläubigen nach viereinhalb Jahrhunderten zurückgekehrt. Von den Mitgliedern des herrschenden Triumvirats flohen Talaat und Dschemal und wurden später ermordet. Enver dagegen ging nach Zentralasien, um dort den großen Traum vom Panturanismus weiterzuverfolgen, und kam schließlich bei einem unbedeutenden Zusammenstoß mit einer sowjetischen Patrouille ums Leben.

Der türkische Nationalismus war endgültig von der Last des Osmanismus befreit. Obwohl die Türken nach der Vertreibung der Griechen aus Anatolien wieder nach Europa übersetzten, verlagerte sich das Zentrum der Ereignisse nach Anatolien, wo auch die Heldentaten des türkischen Befreiungskrieges vollbracht wurden. Mustafa Kemal, der als letzter den Beinamen *Ghazi* erhielt, bevor er zum »Vater der Türken« wurde, führte diesen Krieg an. Ismet Pascha, der sich nach der Ortschaft, bei der er einen seiner größten Siege errungen hatte, später Inönü nannte, verwandelte sich, wie wir das schon öfter in der osmanischen Geschichte erlebt haben, vom Kämpfer zum Diplomaten. In den Friedenskonferenzen verteidigte er hartnäckig die Existenz einer türkischen Nation.

Hätte 1920 der Vertrag von Sèvres Anwendung gefunden, wäre den Türken vermutlich nur ein kleiner anatolischer Reststaat unter dem Mandat einer Großmacht geblieben. Unabhängig von der Revolte Mustafa Kemals, die schließlich entscheidend war, sprach sich auch das osmanische Parlament im von den Alliierten besetzten Istanbul für die Erhaltung einer türkischen Nation aus. Außer in der Zone um Antalya, wo die italienischen Besatzer die muslimische Bevölkerung beschützten, hatte die militärische Besetzung Anatoliens und Thrakiens offenen antitürkischen Charakter. Der Sieg Mustafa Kemals ermöglichte schließlich die Gründung einer neuen Türkei, die auf europäischem Boden ihre Präsenz aufrechterhalten konnte, da ihr in Ostthrakien die letzten beiden osmanischen Hauptstädte, Istanbul und Edirne, verblieben. Die Hauptstadt des neuen türkischen Staates wurde jedoch ins Herz Anatoliens, nach Ankara, verlegt. Mit dem Abkommen von Lausanne 1923 erreichte man auch, daß ein Bevölkerungsaustausch zwischen Griechenland und der Türkei stattfinden konnte, so daß die beiden Nationen ethnisch einheitlicher wurden und zu einer Trennung nach Religionen zurückkehrten.

Der Sultan-Kalif war für die neue Türkei zu einem Ärgernis geworden, aber der *Ghazi* ging behutsam vor und handelte erst, nachdem er seine Position gesichert hatte. Man verfiel daher in den alten Irrtum, im Kalifen lediglich einen Träger geistiger Autorität zu sehen, und ließ das Kalifat bis 1924 bestehen. Auch mit dieser Einschränkung schien der osmanische Kalif für die Muslime in aller Welt eine unverzichtbare Symbolfigur, was die deutlichen Reaktionen aus dem fernen Indien bestätigten. Im November 1923 veröffentlichten einige türkische Zeitungen den Brief zweier indischer Muslime, Agha Khans und Ameer Alis, die sich respektvoll an den Premierminister Ismet Pascha wandten, um ihn auf die Bedeutung des Kalifats für die Muslime hinzuweisen. Sie erinnerten ihn daran, daß die Regierenden auch dann, als der Kalif aller materieller Macht beraubt war, sich zur Legitimierung ihrer tatsächlichen Macht um seine Investitur bemüht hätten. Wollte der Islam seine Weltstellung als große moralische Kraft behalten, durfte der Kalif in seiner Stellung und Würde nicht dem Oberhirten der römischen Kirche unterlegen sein. Die Verfasser erinnerten an die Freundschaft, die die indischen Muslime, die seit dem italienisch-türkischen Krieg

auch praktisch zugunsten der Türken aktiv gewesen waren, bewiesen hatten. Die Tatsache, daß der Kalif ein Angehöriger des türkischen Volkes und Nachkomme des Gründers der türkischen Nation war, wies der Türkei im Rahmen der islamischen Welt eine Vorrangstellung zu. Gerade diese Bemerkung, die dem türkischen Leser hätte schmeicheln müssen, bewies, wie notwendig es war, sich der Institution, die die Neue Türkei an ihre islamische Vergangenheit band, zu entledigen. 1924 ließ Mustafa Kemal folgerichtig das Kalifat durch die Große Nationalversammlung der Türkei abschaffen, und das Geschlecht Osmans wurde von der Erde vertrieben, auf der es sein Reich errichtet hatte.
So wie es im 20. Jahrhundert unmöglich geworden war, die supranationale osmanische Welt zu retten, so war es auch unmöglich geworden, die Institution des Kalifats aufrechtzuerhalten, und sei es nur als Symbol der Einheit einer islamischen Welt gegenüber den aggressiven Tendenzen des Westens. Bei den islamischen Kongressen in Jerusalem 1931 und Kairo 1935 und auch bei anderen Gelegenheiten scheiterten die Versuche, zu einer Einigung über die Wahl eines neuen Kalifen zu gelangen, der von allen Muslimen akzeptiert würde. In einer zunehmend gespaltenen islamischen Welt mußte der Traum von einem Kalifat, das alle wahren Gläubigen in einem Staat vereint, illusionär sein. Trotzdem haben die Sunniten diesen Traum bis heute lebendig gehalten. Moderne islamische Nationen können dieses Ideal jedoch nicht akzeptieren, ohne sich selbst zu verleugnen.
Im Grunde war es jener Traum vom islamischen Universalreich, einer Einheit der Welt unter der Leitung des heiligen Gesetzes, der zu Entstehung des europäischen Islam geführt hat. Dieser Islam besteht noch heute, eine Tatsache, der wir uns meist nicht ausreichend bewußt sind; allein in der Sowjetunion und auf dem Balkan lebt heute eine bedeutende Minderheit von Muslimen. Sie gehören zu der Geschichte unserer Gegenwart, deren Entwicklungstendenzen wir vielleicht besser einschätzen können, wenn wir die Existenz des europäischen Islam zur Kenntnis nehmen.

Der Islam im Heiligen Rußland

Nachdem die Russen im 16. Jahrhundert die Tatarenchanate erobert hatten, lebten die Muslime im Zarenreich unter sehr schwierigen Bedingungen. Man könnte nun vermuten, daß als Antwort darauf die Sultane den Christen ein schweres Los bereitet haben. Bertold Spuler hat jedoch darauf hingewiesen, daß es keinen Zusammenhang gab zwischen dem Verhalten der Sultane gegenüber den orthodoxen Christen und dem der Zaren gegenüber den Tataren. Vielleicht wußte man, daß das Verhalten des Sultans vom Koran diktiert war und nicht von der weltlichen Politik der Herrschenden dieser Erde.
Sofort nach der Eroberung Kazans versuchten die Überlebenden des Blutbades den Widerstand zu organisieren, und unter den Tataren brachen Aufstände los. Muslime durften Kazan nicht mehr betreten, die orthodoxen Missionen bemühten sich um Bekehrungen, die tatarischen Adligen wurden ihrer Ländereien beraubt, und noch 1743 riß man an die fünfhundert Moscheen nieder. Da in der tatarischen Gesellschaft die Leibeigenschaft wenig verbreitet war, genossen die Tataren gegenüber den Russen einige Vorteile. Trotzdem beteiligte sich das tatarische Volk gemeinsam mit benachbarten türkischen Völkern, wie zum Beispiel den Tschuwaschen und den Baschkiren, an den Bauernaufständen von Stenka Razin bis zu Pugatschow. Nur die tatarischen Adligen, unter denen die Missionare einige Erfolge hatten erzielen können, unterstützten die bestehende Ordnung. Deshalb widersetzten sich die tatarischen Adligen, im Gegensatz

Landung türkischer Truppen an der Küste Dalmatiens während des Aufstands in der Herzegowina. Ein Jahrhundertende voller Drangsale auf dem Balkan. Der Aufstand bricht 1875 in Bosnien und der Herzegowina aus. Der Sturm weitet sich schnell aus. 1876 rebelliert Bulgarien. Serbien und Montenegro erklären der Pforte den Krieg. Das alte Reich wankt vor dem Ansturm der neuen nationalistischen Kräfte, erschüttert durch den entschlossenen Willen der christlichen Völker (Griechen, Serben, Bulgaren, Rumänen), sich ein vom türkischen Joch unabhängiges nationales Leben zu schaffen. Der Zerfall des Kolosses weckt wiederum die Begehrlichkeit der Großmächte.

Wir können den alten Jules Verne sicherlich nicht für diese Denkhaltung verantwortlich machen, da derartige Ideen zu seiner Zeit auf allen Ebenen verbreitet waren. Auch heut noch läßt man die Kinder Cowboy spielen, damit sie als Erwachsene die Beweggründe und bisweilen auch die komplexe Kultur der Rothäute entdecken können. Filme über die bösen Tataren hat es jedoch nie gegeben und folglich auch nicht die Alternativen ihnen freundlich gesonnener Darstellungen. Da sich also die Tataren im Gegensatz zu den Rothäuten offensichtlich für eine kommerzielle Verwertung nicht eignen, müssen die tatarischen Reiter weiterhin Barbaren bleiben, die noch der einzig wahren Kultur bedürfen.

Trotz der Niederlage Pugatschows konnten die Tataren auf ihre Probleme aufmerksam machen und erlangten unter Katharina II. Zugeständnisse. In Orenburg und später in Ufa wurde sogar eine geistliche Verwaltung für die Muslime errichtet, die der Leitung eines von der Regierung ausgewählten *Müfti* unterstellt wurde. Im Orienthandel wurden ihnen Privilegien gewährt. Dank ihrer sprachlichen Verwandtschaft mit den Turkvölkern Zentralasiens konnten sie sich deren Mentalität mühelos anpassen und waren deshalb die wertvollsten Werkzeuge für die Ostexpansion Rußlands. Sie erhielten deshalb gleichsam das Monopol im Handel mit Zentralasien. Der tatarische Adel hatte sich von den Verfolgungen nicht mehr erholt, aber es entstand eine neue Klasse, die Bourgeoisie (unter die sich auch Adlige mischten), die durch Handel und Industrie reich geworden war. Es gab sogar einige tatarische Millionäre und Großunternehmer, die in westlichen Hauptstädten Niederlassungen unterhielten.

Unterdessen entstand weiter nordwestlich auf dem europäischen Kontinent eine andere, besondere Art von Islam. In Litauen behielten die Tataren zwar ihre Religion bei, übernahmen aber viele Bräuche und sogar die Sprache ihres Gastlandes. Wie wir bereits gesehen haben, wurde Hadschi Giraj in Litauen geboren, wo allmählich eine Tatarengemeinde entstanden war, die nach einem Bericht Rüstems, des Großwesirs Süleimans des Prächtigen, 200000 Menschen zählte. Sie genossen dieselben Rechte wie die Christen und durften sogar deren Frauen heiraten, wenn diese ihre Religion behalten durften. Als sie sich diskriminiert fühlten, richteten sie an den polnischen König Sigismund folgenden Appell: »Der ruhmreiche Witold ist nicht mehr. Er befahl uns, den Propheten nicht zu vergessen, dessen Namen wir wiederholen, indem wir uns gegen die heiligen Stätten wenden, genau wie es unsere Kalifen tun. Bei unserem Schwert haben wir

Tanzende Tataren (oben) und die Stadt Baghtschesarai (unten) auf kolorierten Drucken des letzten Jahrhunderts, Zeugnisse für die Präsenz des Islam im Heiligen Rußland. Ursprünglich gab man den Namen Tataren den Angehörigen eines Mongolenstammes. In der Folgezeit wurde der Name für die Mongolen Dschingis Chans, des Gründers des größten Reiches, das die Welt je gesehen hat, verwendet. Im Westen waren nach der Zersplitterung des riesigen mongolischen Herrschaftsgebietes die Tataren mit den türkischen Völkern verschmolzen und hatten den Kern der Goldenen Horde gebildet.

zum gemeinen Volk, auch den polnischen Invasoren in der Zeit der Wirren zu Beginn des 17. Jahrhunderts, und russische Adlige, wie zum Beispiel Boris Godunow, rühmten sich ihrer tatarischen Vorfahren. Das einfache Volk hingegen rebellierte gegen die Assimilierungspolitik, ein Motiv, das heute in der öffentlichen Meinung als Grund für einen Aufstand weithin akzeptiert ist. Zu den Gestalten Jules Vernes, dessen Bücher wir als Jugendliche begeistert gelesen haben, gehört auch der geliebte Michael Strogoff, ein Sibirier, der im Sinne einer Assimilierungspolitik gegen die Turktataren kämpft. »Für die Kultur«, würde Jules Verne sagen. Seinem Kapitän Nemo von der Nautilus wollte er folgerichtig die polnische Nationalität geben, da ein Pole als östlicher Angehöriger dieser Kultur das Recht zum Aufstand hat – ein »Barbar« hat dieses Recht nicht.

geschworen, die Litauer zu lieben, als das Kriegsgeschick uns zu ihnen brachte und sie uns sagten, während wir ihr Territorium betraten: ›Dieses Land, diese Gewässer, dieser Sand und diese Wälder werden uns gemeinsam gehören.‹ Unsere Jungen kennen den Namen Witolds wohl, und als Nachbarn der salzigen Seen wissen sie, daß wir auf eurer Erde keine Fremden sind.«

Später kam es dennoch zu einem Rückschlag, in dessen Folge die Tataren alle ihre Privilegien verloren und zum Teil auf die Krim und ins Osmanische Reich auswanderten. In der zweiten Hälfte des 17. Jahrhunderts wurden jedoch die alten tatarischen Rechte größtenteils wiederhergestellt, eine Geste, die Polen nicht zu bereuen hatte, da sich an den polnischen Aufständen von 1831 und 1863 viele Tataren beteiligten; 1900 sollte ein Tatar, Alexander Sulkiewicz, die Flucht Pilsudskis aus Petersburg organisieren. Nach dem Ersten Weltkrieg wurden die wenigen tausend Tataren, die noch in dieser Region lebten, zwischen Rußland, Polen und Litauen aufgeteilt. Auf der Krim, die 1783 ebenfalls Teil des Russischen Reiches geworden war, schien die Lage auf den ersten Blick günstiger, da die verschiedenen Religionen toleriert wurden. Die Tataren wurden jedoch aus einigen Regionen zwangsevakuiert, damit russische Kolonisten und andere Völker des Reiches angesiedelt werden konnten. Dieses Verhalten der russischen Behörden und die verbreitete Missionierungstätigkeit trieb viele Tataren in die Emigration ins Osmanenreich. Infolge des Krimkrieges (1854–1856), der anfangs sowohl bei den Krim- wie bei den Wolgatataren Hoffnungen geweckt hatte, kam es zu weiteren Auswanderungen.

Im Wolgagebiet erlebten die Tataren im 19. Jahrhundert neben der politischen eine bedeutende kulturelle Entwicklung. In den Druckereien von Kazan, Orenburg und Ufa wurde eine Mehrzahl der türkischen Bücher, die im Russischen Reich veröffentlicht wurden, gedruckt; zwischen 1854 und 1869 erschienen mehr als eine Million Bände. Bereits 1807 war an der Universität von Kazan die erste Fakultät für orientalische Sprachen in Rußland eröffnet worden, was zeigt, welche Avantgardefunktion dieser Stadt für die Entstehung eines russisch-orientalischen Reiches zukam. In einem tatarischen Volkslied aus Ufa heißt es: »Erschienen ist der Mond in den Fichtenwäldern /Oh! Sträucher in den Fichtenwäldern. / Er wartet weiter, während es dunkel wird, / wir sind die Gäste der Dunkelheit.«

Mit ihrer kulturellen Wiedergeburt waren diese Gäste der Nacht aus einer zweieinhalb Jahrhunderte währenden Finsternis wieder ans Licht getreten; aber dieses Licht war immer noch vom Dunkel der Akkulturierung bedroht. Mit dem Aufkommen panislamischer und pantürkischer Ideen beschritt die tatarische Kultur in den Augen der Russen gefährliche Wege. Da die große Mehrheit der islamischen Völker des Russischen Reiches turkstämmig war, verbanden sich die beiden Ideologien in diesen Regionen aufs beste. So wie Kazan seine ehemalige Funktion als Handelszentrum, ähnlich dem alten Bulghar, wiedergewann, so nahmen die Wolgatataren mit einem gewissen Erfolg ihre islamische Missionstätigkeit, die in dieser Region seit der Zeit der Bulgaren üblich gewesen war, wieder auf. In einer Gegend, in der der Panslawismus entstanden war und wo man eine eigene slawisch-orthodoxe Kultur verbreiten wollte, konnte es nicht hingenommen werden, daß benachbarte Turkvölker wie die Tschuwaschen oder die Finnougrier sich bereitwillig missionieren ließen. Die wachsende Sympathie für das Osmanische Reich und der Umstand, daß so viele Menschen sich von der Orthodoxie, zu der sie bekehrt worden waren, wieder ab- und dem Islam zuwandten, provozierte neue Anschläge auf die kulturelle Identität der Tataren. Nach 1860 setzte man neue Erziehungsmethoden ein, mittels derer eine vollständige Russifizierung erreicht werden sollte. 1860 wanderten Kazaner Tataren nach Finnland aus, wo noch heute eine kleine muslimische Gemeinde von etwa tausend Personen besteht, zu der auch Türken aus anderen geographischen Regionen stießen. In sehr kleinem Maßstab hat damit der Islam sein angestrebtes Ziel, auch im hohen Norden Fuß zu fassen, erreicht.

Wenden wir uns aber wieder dem 19. Jahrhundert zu. Die Tataren antworteten auf die neuen Repressionen

Unten: Tatarische Schule auf einem Druck aus dem 19. Jahrhundert. Die Nachkommen der ehemaligen tatarischen Eroberer verschmolzen teils mit Slawen und Kaukasiern, teils bewahrten sie ihr Volkstum und entwickelten in einer fremden Umgebung die charakteristischen Eigenheiten ihrer Kultur. Als Beweis mag der Hinweis genügen, daß im Wolgagebiet in einigen Druckereien in Kazan, Orenburg und Ufa, die den Großteil der türkischen Bücher des Russischen Reiches herausgaben, zwischen 1854 und 1869 mehr als eine Million Bücher gedruckt wurden.

Links: Mustafa Kemal, später Atatürk (»Vater der Türken«) genannt, auf den Schlachtfeldern Anatoliens im September 1922. Auf der gegenüberliegenden Seite oben: Atatürk im Gespräch mit dem Oberbefehlshaber der türkischen Armee, General Ismet Pascha, im September 1922. Unten: Atatürk mit seiner Frau Latife. 1918 brach das Osmanische Reich zusammen und wurde von den siegreichen alliierten Streitkräften besetzt. Mehmet VI. akzeptierte die alliierte Kontrolle und den Vertrag von Sèvres, der das ehemalige Reich zerschlug. Mustafa Kemal aber, ein brillanter Offizier des türkischen Heeres mit einem eisernen Willen, empörte sich gegen den Sultan und organisierte die Widerstandsbewegung gegen die fremden Heere. Er setzte eine Nationalbewegung mit Sitz in Ankara ein. Die entscheidenden Siege, die er auf den anatolischen Hochebenen über die Griechen davontrug, erlaubten ihm die Absetzung des Sultans am 12. November 1922. Nach Abschluß des Vertrags von Lausanne mit den Alliierten im Jahr darauf konnte er die Republik, deren erster Präsident er wurde, ausrufen. Der Weg war nunmehr frei für eine Reihe von Reformen, die der Türkei das Aussehen eines modernen Staates verliehen. Nach der Übernahme des Schweizer Bürgerlichen Gesetzbuches, des gregorianischen Kalenders, des metrischen und Dezimalsystems, des lateinischen Alphabets, nach der Abschaffung des Schleiers für Frauen, der Laisierung der Schulen, der Abschaffung der geistlichen Gerichte und der Derwischorden führte er eine strenge Trennung von Staat und Religion durch. So wie Mahmud II. das Tragen des Turbans verbot und den Fes zur Vorschrift gemacht hatte, so schaffte Kemal den Fes ab und ersetzte ihn durch den europäischen Hut mit Krempe.

zwar mit lokalen Aufständen, wesentlich bedeutsamer wurde jedoch auch überregional ihre kulturelle Antwort. 1883 gründete Gaspiralï Ismail (oder Ismail Bey Gasprinski) in Baghtschesarai auf der Krim die Zeitschrift TERDSCHÜMAN (Dolmetscher), die den Untertitel »Einheit der Sprache, des Denkens, der Tat« trug. Sie hatte sich zum Ziel gesetzt, die Modernisierung der Lebensgewohnheiten der Tataren voranzutreiben und eine gemeinsame Hochsprache zu entwikkeln. Es entstand dadurch ein gewisses kulturelles Gleichgewicht, das trotz der periodisch auftauchenden Verfolgungen weitere Fortschritte zu ermöglichen schien. Der Erste Weltkrieg sollte dann diese Entwicklung erneut in Frage stellen.
Das Jahr 1905 markiert für die orientalischen Völker einen entscheidenden Einschnitt. So, als ob nicht Jahrhunderte vergangen gewesen wären und die schrecklichen Reiter Dschingis Chans noch immer kämpfen würden, besiegte Japan, das Reich der aufgehenden Sonne, Rußland, das heißt, ein orientalischer Imperialismus überwand einen europäischen. Es waren vor allem zwei Erkenntnisse, die die orientalischen Völker erschütterten: Einerseits mußten sie einsehen, daß diese Jahrhunderte tatsächlich vergangen waren, andererseits begriffen sie, daß die orientalische Welt, von der man geglaubt hatte, sie sei für immer in ein dunkles Mittelalter verbannt, siegen konnte, indem sie sich der modernen Techniken bediente. Vor allem im Osmanischen Reich sollte der Sieg große Auswirkungen haben. Die Jungtürken schöpften daraus Zuversicht und träumten davon, die Japaner der islamischen Welt zu werden. Rußland erlebte infolge der Niederlage eine Periode größerer Freizügigkeit, so daß die Muslime zwischen 1905 und 1906 – auch ohne Genehmigung der Regierung – ihre ersten Kongresse abhalten konnten.
In der Praxis repräsentierten diese ersten Kongresse allerdings nur die Krim- und Wolgatataren und die Türken aus dem kaukasischen Aserbaidschan, und von diesen wiederum nur das liberale Bürgertum. Unter den Muslimen fanden sich jedoch alle politischen Gruppierungen, die uns aus der politischen Geschichte Rußlands jener Jahre, die die Entstehung der Sowjetunion vorbereiteten, bekannt sind. In der ersten *Duma*, jener kurzen Periode parlamentarischen Lebens in Rußland, setzten die Tataren die russischen Politiker in Erstaunen, denn anstelle der barbarischen Erben der Mongolen trat eine Gruppe von Intellektuellen auf, die vollendete Vertreter der europäischen Kultur waren. Nach der Revolution von 1905 hatten mehr als 15000 Tataren, die gewaltsam zum Christentum bekehrt worden waren, ihre offizielle Anerkennung als Muslime gefordert, und eine weitere, nicht unerhebliche Zahl konnte den erforderlichen Schritt nur deshalb nicht vollziehen, weil die Periode der Freizügigkeit zu kurz war. Wir haben damit einmal mehr einen Beweis dafür, daß es schwierig, wenn nicht sogar unmöglich war, die muslimischen Völker zu missionieren. Zwar kam es nach der Eroberung Kazans zu Übertritten vom Christentum zum Islam; und es wäre unsinnig zu glauben, daß etwa auch die Adeligen Bosniens allein aus materiellen Interessen zum Islam konvertiert sind. Wäre es anders gewesen, würde der Islam heute in Bosnien vermutlich nicht mehr existieren. Dasselbe läßt sich allerdings auch von den Übertritten der adligen Tataren zum Christentum behaupten.
Trotz der neuen Ideen, die die Tataren aufnahmen, sollte der Islam für sie die grundlegende Bindung bleiben, so, wie sie auch der russischen Nation die Treue hielten. Ähnlich den Christen auf dem Balkan kündigten sie diese Treue erst auf, als sich ihre Lage endgültig verschlechterte und die Zentralregierung ihre Macht verlor. In den napoleonischen Kriegen hatten sich die Muslime noch tapfer für das Heilige Rußland geschlagen. Als sich 1813 der französische Oberst Marbot zur Schlacht bei Leipzig rüstete, war er auf alles Erdenkliche gefaßt, sicher jedoch nicht darauf, von einem Pfeil verwundet zu werden. Gemeinsam mit den Russen kämpften jedoch *les Amours*, das heißt Cupidos, wie man die tatarischen und baschkirischen Reiter nannte. In den immer stärker technisierten Kriegen des 19. Jahrhunderts gaben sie, mit Pfeil und Bogen bewaffnet, auf den blutgetränkten europäischen Schlachtfeldern eine surrealistisch anmutende Vorstellung.

Auch im Ersten Weltkrieg schlugen sich die Tataren, diesmal allerdings mit modernen Waffen, tapfer für das Zarenreich. Für ihre politischen Aktionen wie den ersten Kongreß aller Muslime Rußlands, zu dem Teilnehmer aus dem ganzen Reich kamen, war auch 1917 noch der Islam die Hauptantriebskraft. Auf diesem Kongreß wurde vor allem darüber diskutiert, ob die Muslime eigene Bundesstaaten bilden oder nach einer kulturellen Autonomie streben sollten, die den Zusammenhalt innerhalb eines russischen Einheitsstaates aufrechterhalten konnte. Daß gegen den Widerstand der türkischen Delegierten aus Zentralasien und Aserbaidschan Erklärungen zur Gleichberechtigung der Geschlechter und zum Verbot der Polygamie abgegeben werden konnten, zeigt, wie weit bereits westliche Ideen übernommen worden waren. Die grundsätzlichste Auseinandersetzung unter den Türken des Russischen Reiches, in der die Tataren sich als die intellektuelle Elite empfanden, ging um die Frage, wer die pantürkische Einheitsbewegung anführen sollte. Die Oktoberrevolution riß auch unter den Türken weitere Grundsätze auf, da der Bürgerkrieg bei ihnen wie bei allen anderen russischen Völkern zu schmerzlichen Spaltungen führte.
An der Niederwerfung des berühmten Aufstands der Matrosen von Kronstadt 1921 waren überraschenderweise auch tatarische Divisionen beteiligt. Auf Verlangen Stalins hatte der erste Botschafter der Neuen Türkei in Moskau die Tataren zu diesem Unternehmen überredet, indem er das moralische Gewicht, das der letzte *Ghazi*staat, der neu entstehende türkische Staat, in der islamischen Welt besaß, geltend machte. Es war den Erben Dschingis Chans also bestimmt, sich in die neue sowjetische Welt einzufügen und an ihr teilzuhaben. So teilen sie mit uns die Probleme der Gegenwart. Die letzten Ereignisse, die hier nur noch angedeutet werden konnten, führen uns scheinbar in eine völlig andere Welt, die der traditionellen Welt des europäischen Islam fremd ist. Daß dieser Islam trotzdem in Europa überleben konnte, beweist, welche Macht er über die Völker hat.

Islamische, türkische und osmanische Kultur

Die türkische Kultur genoß – zumindest in der Vergangenheit – kein besonders hohes Ansehen, da sie nur als zweitklassige Nachahmerin der arabischen und persischen Kultur galt. Die arabische Kultur war der Nährboden für die Entstehung der islamischen Welt, und der Koran, das unnachahmliche Wort Gottes, wurde von jeher in arabischer Sprache und Schrift niedergelegt. In dieser Form mußten ihn die wahren Gläubigen auch studieren. Der persischen Kultur verdankt der Islam seine dichterische und künstlerische Verfeinerung und darüber hinaus eine besondere Form der Religiosität, die viele Abendländer faszinieren sollte. Trotzdem haben die Völker türkischer Sprache ihre eigenständige Kultur, deren Wurzeln in die vorislamische Zeit zurückreichen. Eine Inschrift aus der Zeit des zweiten osttürkischen Reiches (7./8. Jahrhundert), die im Norden der heutigen Mongolei gefunden wurde, lautet: »Ich, der Türke Bilgä Qagan, dem Himmel gleich und aus dem Himmel geboren, bin in dieser Zeit auf den Thron gekommen . . . Nie hat es ein Land gegeben, das besser war als die Berge von Ötükän . . . Die Worte der Chinesen sind immer süß gewesen, und die Stoffe der Chinesen sind immer weich gewesen . . . Man erzählt, daß die Chinesen die fernen Völker zu sich kommen lassen und sie mit ihren süßen Worten und ihren weichen Stoffen täuschen . . . Wenn du zu diesen Orten gehst, o türkisches Volk, wirst du zugrunde gehen. Wenn du im Lande Ötükän bleibst, und von dort Karawanen aussendest, wirst du immer leben . . .« Diese Worte weisen darauf hin, daß die Turkvölker von Anfang an einen Willen zur kulturellen Unabhängigkeit besaßen. Deshalb sollten sich die Türken, auch nachdem sie ein wesentlicher Bestandteil der islamischen Welt geworden waren, eine eigene Identität bewahren, die es ihnen, als sie sich auf anatolischem Boden ansiedelten, möglich machte, die reichste und umfassendste ihrer Kulturen, die osmanische, zu entwickeln.
Im Islam genossen das Arabische als Sprache der Wissenschaft und das Persische als Sprache der Kunst höchstes Ansehen. Daß die Türken nicht umhin kamen, sich an diesen Vorbildern zu orientieren, ist damit zu erklären, daß im Islam die Wiederholung, die Treue zu vorgegebenen und ein für allemal akzeptierten Vorbildern einen anderen Wert besitzt als in unserer zeitgenössischen abendländischen Kultur. Im traditionellen Islam ist das menschliche Wesen nur der Abglanz Gottes auf Erden. Die wahre Schönheit ist als Widerspiegelung der göttlichen Schönheit einzigartig und kann von demjenigen, der sie darstellen will, nicht wiederholt werden (sie ist unveränderlich, wie der Reflex in einem Spiegel). Eine alte Sammlung von Bektaschije-Dichtungen erinnert uns daran, daß der Spiegel (*âine*) in der *Sufi*literatur mehrfache Bedeutung haben kann: Die einen behaupten, Gott sei ein Spiegel, in dem er sich selbst offenbare, die anderen, die Welt sei ein Spiegel, in dem sich die

Existenz Gottes offenbare. Der »vollkommene Mensch«, der das Wesen der Welt darstellt, ist ebenfalls ein Spiegel. Diese Auffassungen leiten sich aus den Koranworten her: »Blicke nehmen ihn nicht auf, aber er nimmt die Blicke auf.«
Wirklichkeit und wahre Schönheit können daher nur Widerspiegelungen sein und wurden nicht ursprünglich erschaffen. Wenn aber die Wiederholung bereits bekannter Leitgedanken Gewißheit schenkt, so ermöglicht gerade diese Art von Gewißheit, wenn sie Wesentliches umfaßt, dem Menschen, frei er selbst zu sein. Wir kennen in unserem Kulturkreis ein vergleichbares Beispiel für diese Haltung, nämlich die bedeutende manieristische Malerei des 16. Jahrhunderts, die gerade in der Wiederholung von Schemata, die für vollendet gehalten wurden, ihre eigene Originalität fand. Die türkisch-osmanische Kultur besitzt darüber hinaus zwei Seelen: die kultivierte und die volkstümliche, wobei die Werke der Mystiker häufig der volkstümlichen nahe standen. Die Volksliteratur war in der Sprache der gewöhnlichen Leute geschrieben und verwendete eigene, türkische Formen, die nicht von arabisch-persischen Vorbildern abgeleitet waren. Die Hochliteratur verwendete dagegen eine besondere Sprachform, das Osmanisch-Türkische, das viele arabische und persische Elemente aufgenommen hatte und so zu einem geschmeidigen Instrument geworden war, das geeignet war, in der Kunst wie in den Kanzleien verwendet zu werden. Diese »Hof«-Kultur erlebte »romantische« Perioden, so zum Beispiel zur Zeit Murads II., als ein starkes Interesse an der Geschichte und Literatur der Türken Zentralasiens vorhanden war. Im 16. Jahrhundert entstand eine Dichterschule, die in »einfachem Türkisch« schreiben wollte. Es gibt die These, wonach die verfeinerte Kunst des beginnenden 18. Jahrhunderts aus der freien Entfaltung der im eigentlichen Sinne türkischen Elemente, die in der osmanischen Welt vorhanden waren, entstanden sei. In dieser sogenannten »Tulpenzeit«, die so genannt wurde, weil zu jener Zeit in Istanbul eine Leidenschaft für diese Blume aufkam, gab es nicht nur ein verfeinertes und elegantes Hofleben, sondern auch auf allen anderen Gebieten des gesellschaftlichen Lebens wurden Fermente der Erneuerung wirksam. Das Interesse an der abendländischen Welt kam am deutlichsten darin zum Ausdruck, daß man Gefallen an der Anmut des Rokoko fand und dieser Stil in der Türkei Eingang fand. Es ist daher nicht verwunderlich, daß man im darauffolgenden Jahrhundert fast nahtlos zu den anmutigen Spielereien des Jugendstils übergehen konnte.
Die Protagonisten jener glücklichen »Tulpenzeit«, Sultan Ahmed III., der Großwesir Damad Ibrahim Pascha und der Dichter Nedim kamen 1730 in den Wirren einer heftigen Janitscharenrevolte, die von einem gewissen Patrona Chalil angeführt wurde, um. Diese Zeit hatte aufmerksamen abendländischen Beobachtern wie Lady Mary Wortley Montagu (die Gattin des englischen Botschafters) die Möglichkeit gegeben, den Schleier über der geheimnisvollen türkischen Welt ein wenig zu lüften.
Unter dem Einfluß der französischen Kultur entstand dann im 19. Jahrhundert die eigentliche »romantische« Periode, und so, wie aus der Bedrohung der eigenen kulturellen Identität der deutsche und slawische Nationalismus geboren worden war, so sollte auch ein türkischer Nationalismus entstehen. Wie seine Vorläufer nahm er totalitäre Züge an, denn als Panturanismus strebte er nach der Einheit aller türkischen Völker. Diese Ideologie verwandelte sich bisweilen in einen noch weitschweifigeren Traum mit gänzlich unbestimmten Grenzen, die im Nebel eines Mythos versanken, der von Türken und Mongolen bis zu Ungarn und Finnen alle als »Turanisch« bezeichneten Völker umfaßte.
Gespalten zwischen Islamismus, Turkismus und Tatarentum hingen die Tataren im 19. und 20. Jahrhundert demselben Traum nach. Daher wurden die nationalistischen Ideologien der Türken des Reiches nicht nur von ungarischen und polnischen politischen Flüchtlingen im 19. Jahrhundert, sondern auch von diesen tatarischen Einwanderern genährt.
1910 veröffentlichte eine Schriftstellerin, Chalide Edib, einen Roman, DAS NEUE TURAN, der in nationalistischen Kreisen großen Erfolg haben sollte. Sie hatte in diesem Buch das Bild eines durch die türkischen Intellektuellen erneuerten osmanischen Reiches entworfen, in dem die einzelnen Nationalitäten, dank einer weitgehenden Dezentralisierung der Verwaltung, sich frei entfalten konnten. Auch die Türken, das türkische Volk, derjenige Bevölkerungsteil, dem man im Dienste des Reiches die meisten Opfer abverlangt hatte, sollte so seine eigene Identität finden können. Aber auch in dieser Utopie von einem Bundesstaat sollten, wie in der Realität, einige Nationalitäten geopfert werden, eine Bestrebung, die nicht zu rechtfertigen ist, wenn das nationale Prinzip übernommen wird. Die gegenwärtigen Leiden haben unter anderem hierin ihre Ursache.
In der Utopie wie in der Wirklichkeit ist es den Türken erst im letzten Augenblick gelungen, eine eigene Nation zu gründen.

Zeittafel, Kalifen, Emire und Sultane

Zeittafel

Die arabischen Eroberungen und Spanien

570 n. Chr. (?). Mohammed, der künftige Prophet des Islam, wird in Mekka geboren.

622. Auswanderung (*Hidschra*) der Muslime aus dem ihnen damals noch feindlich gesinnten Mekka nach Jathrib, dem späteren Medina. Mit diesem Jahr beginnt die islamische Zeitrechnung.

628. Feldzug von Muʾta an der Grenze zu Byzanz. Als Rache für den Schlachtentod einiger Muslime bei einem früheren Gefecht greift ein von Chalid ibn al-Walid geführter Trupp byzantinische Grenzposten an, wird aber geschlagen. Für sein Organisationstalent beim Rückzug erhält Chalid den Namen »Schwert Gottes«.

632. Der Prophet Mohammed stirbt in Medina. Der Islam setzt sich von nun an in einem großen Teil der Arabischen Halbinsel durch. An die Spitze der islamischen Gemeinde wird als Nachfolger und Statthalter (*Chalifa*) Mohammeds sein Schwiegervater Abu Bakr berufen.

633. Die arabisch-muslimischen Heere schlagen die Byzantiner in den Schlachten von Adschnadain, Baisan und Fihl und belagern Jerusalem und Damaskus.

634. Abu Bakr stirbt. Auf ihn folgt Omar ibn al-Chattab.

636. Sieg der Muslime an den Ufern des Jarmuk über ein byzantinisches Heer unter Kaiser Heraklius.

640. Sieg der Muslime über die Byzantiner in Ägypten.

642. Alexandria öffnet dem islamischen Heer seine Tore.

644. Omar stirbt. Sein Nachfolger ist Othman ibn Affan aus dem omaijadischen Zweig der Quraisch in Mekka.

656. Othman stirbt. Auf ihn folgt Ali ibn Abi Talib.

657. Schlacht von Siffin zwischen Ali und dem aufständischen Statthalter von Damaskus, Muawija, der den Tod seines Onkels, des Kalifen Othman, rächen wollte; einige behaupteten, Othman sei auf Anstiftung Alis ermordet worden.

661. In Kufa, wohin er seinen Regierungssitz verlegt hatte, stirbt Ali ibn Abi Talib, der letzte der ar-Raschidun (»die Rechtgeleiteten«) genannten Kalifen. Muʿawija ibn Abi Sufjan wird zum Kalifen ausgerufen. Mit ihm beginnt die Omaijaden-Dynastie von Damaskus.

710. Einfall des Berbers Tarif ibn Malluk in das westgotische Gebiet Spaniens.

711. Spanienfeldzug des Berbers Tariq ibn Ziyad, Klient des Wali von Ifriqija, Musa ibn Nusair. Um weitere Krieger verstärkt besiegen seine Truppen am 19. Juli das westgotische Heer unter König Roderich am Rio Barbate und erobern kurz darauf Toledo. Im Lauf des gleichen Jahres wird Córdoba dasselbe Schicksal ereilen.

712. Musa ibn Nusair geht in Algeciras an Land, um die Eroberung Spaniens abzuschließen.

713. Nach Medina-Sidonia und Sevilla ergeben sich nach langer Belagerung die letzten Anhänger Roderichs in der wichtigen Festung Mérida.

714. Musa, der sich mit Tariq in Toledo vereinigt hat, erobert Saragossa, León und Asturien.

714–716. Verwaltung von al-Andalus durch Musas Sohn, Abd al-Aziz ibn Musa ibn Nusair.

716. Ajjub ibn Habib al-Lachmi, Musas Neffe, wird zweiter Statthalter von al-Andalus.

716–719. Der dritte Wali von al-Andalus, al-Hurr ibn Abd ar-Rahman ath-Thaqafi, verlegt den Sitz des Statthalters nach Córdoba. Auf ihn folgen bis 756 weitere 17 Walis von al-Andalus.

719. Der Wali von al-Andalus, as-Samh ibn Malik al-Chaulani, unternimmt einen Feldzug gegen Toulouse, wird aber 721 von Eudo, dem Herzog von Aquitanien, geschlagen.

725. Der Wali von al-Andalus, Anbasa ibn Suhaim al-Kalbi, befestigt Narbonne, erobert Carcassonne und zieht in Nîmes ein. Dann wandte er sich gegen das Rhône-Tal, marschierte die Saône aufwärts nach Burgund, eroberte Autun und stieß bis Luxeuil vor.

732. Schlacht von Tours und Poitiers. Ein Expeditionskorps des Wali von al-Andalus, Abd ar-Rahman al-Ghafiqi, wird vom Majordomus des fränkischen Hofes, Karl, gestoppt und geschlagen; Karl erhält den Beinamen »Martell« (der Hammer).

734. Der arabische Statthalter von Narbonne, Jusuf ibn Abd ar-Rahman, unternimmt einen Feldzug ins Rhône-Tal und erobert nacheinander Arles, Saint-Rémy-de-Provence und den Felsen von Avignon.

750. In Abu Futrus, dem antiken Antipatris, werden am 14. August fast alle Mitglieder der Kalifenfamilie von den Abbasiden getötet. Das abbasidische Kalifat beginnt.

755. Dem vierundzwanzigjährigen omaijadischen Emir Abu al-Mutarrif Abd ar-Rahman ibn Muawija ibn Hischam, der dem Massaker von Abu Futrus entkommen war, gelingt die Flucht aus Syrien über Nordafrika nach Andalusien.

756. Die Anhänger von Abd ar-Rahman ibn Muawija besiegen am 15. Mai die dem Wali von al-Andalus, Jusuf ibn Abd ar-Rahman al-Fihri, ergebenen Truppen bei Córdoba und rufen den Omaijaden zum ersten Emir von al-Andalus aus.

763. Die Abd ar-Rahman ergebenen Truppen besiegen die Anhänger des Abbasidenfreundes al-Ala ibn Mughith, der sich im Bezirk von Beja in Südportugal erhoben hatte.

776–777. Die Omaijaden Spaniens werden des Berberaufstands Herr, den Schakja ibn Abd al-Walid al-Miknasi 768 entfacht hatte.

778. Die Nachhut eines fränkischen Expeditionskorps des späteren Karl des Großen wird von Basken und einigen ihrer muslimischen Verbündeten am Paß von Roncesvalles aufgerieben.

798. Aufstand zweier Onkel des Emirs al-Hakam I., die bei Karl dem Großen in Aachen vergeblich um tatkräftige Hilfe nachsuchen.

818. Unter al-Hakam I. kommt es in der Vorstadt von Córdoba zu einem schweren Aufruhr. Die Bewegung droht das gesamte Emirat zu ergreifen, wird aber von dynastietreuen Truppen blutig niedergeschlagen.

850. Omar ibn Hafsun setzt sich mit einer Bande von Gesetzlosen in Bobastro fest. Hier zeigt sich die erste Rebellion in den Auseinandersetzungen mit Córdoba, die sich bis 928 hinziehen werden.

851. Die mozarabische Opposition von Córdoba wird wegen ihrer offenen Feindseligkeit in den inneren Auseinandersetzungen des Islam von den Behörden immer härter verfolgt.

854. Die Truppen des Emirs Mohammed I. besiegen in der Schlacht von Guadalete die toledanischen Rebellen, die von den asturischen Truppen von Ordoño I. unterstützt werden.

875. Abd ar-Rahman ibn Marwan ibn Junus, genannt al-Dschilliqi, beginnt einen Aufstand gegen die omaijadische Herrschaft, der bis 930 andauern wird.

917. Der Herrscher von Asturien, Ordoño II., besiegt am 4. September die Muslime bei San Esteban de Gormaz.

918. Das Heer von Abd ar-Rahman III. besiegt die Truppen Ordõnos II. auf Leoneser Territorium.

919. Erneuter Sieg Ordoños II. durch Niederlage Abd ar-Rahman III.

920. Am Ende des »Feldzugs von Muez«, in dessen Verlauf er ungestraft das gesamte leonesische Territorium plünderte, zerschlägt Abd ar-Rahman III. am 26. Juli die vereinten navarresischen und asturo-leónesischen Truppen im Junquera-Tal.

924. Um ein erneutes Bündnis zwischen León und Navarra zu verhindern, verläßt Abd ar-Rahman III. Córdoba zum »Feldzug von Pamplona«, in dessen Verlauf er am 27. April die navarrensischen Streitkräfte im Tal des Ireti besiegt.

929. Nachdem er die diversen Brutstätten des Aufruhrs bezwungen und die omaijadische Macht gestärkt hat, erklärt sich der Emir Abd ar-Rahman III. zum Kalifen.

933. Der neue König von León, Ramiro II., besiegt die Muslime bei Osma.

939. Im Verlauf des sogenannten »Feldzugs der Allmacht« erleidet Abd ar-Rahman am 1. August eine schmähliche Niederlage in Simancas durch das Eingreifen der Asturo-Leonesen von Ramiro II.

957. Das Heer von Abd ar-Rahman III. besiegt den asturo-leonesischen Herrscher Sancho I., der sich geweigert hatte, einen Vertrag einzuhalten, den sein Vorgänger, Ordoño III., in Córdoba unterzeichnet hatte.

958. Der abgesetzte asturo-leonesische König Sancho I. begibt sich mit seiner Großmutter, der Regentin Toda und deren Sohn García Sánchez I. an den Hof von Madinat az-Zahrâ', um dem Kalifen Abd ar-Rahman III. zu huldigen.

962. Am 8. April huldigt der asturo-leonesische Herrscher Ordoño IV. in Madinat az-Zahrâ' dem neuen Kalifen al-Hakam II. al-Mustansir billah.

973. Sancho von Navarra, Elviras von Leon und zahlreiche Galizier besuchen al-Hakam II. um ihm zu huldigen.

975. Ein islamisches Heer unter al-Hakams II. General Ghalib besiegt am 28. Juni die Kastilier des Grafen Garci Fernández unter den Mauern von Gormaz.

978. Ibn Abi Amir, der spätere Almansor, wird am 26. März *Hadschib* von al-Andalus.

979. Die Arbeiten zur neuen Stadt Mâdinat az-Zahira sind eingeleitet. Zwei Jahre später wird sich Ibn Abi Amir dort niederlassen und von dort aus die Angelegenheiten des Kalifats leiten.

981. Ibn Abi Amir besiegt am 10. Juli in der Nähe von San Vincence bei Atienza den General Ghalib, der sich dessen hegemonistischer Herrschaft widersetzen wollte. Im gleichen Jahr nimmt Ibn Abi Amir den *Laqab* al-Mansur billah an und erobert Zamora und Simancas.

985. Almansor erobert Barcelona und steckt es in Brand.

987. Almansor erobert Coimbra.

988. Almansor nimmt León ein und macht es dem Erdboden gleich.

989. Almansor bemächtigt sich Osmas und Alcobas de la Torre.

990. Almansor läßt seinen Sohn Abdallah töten, der ihn verraten wollte und bei Garci Fernández Gastfreundschaft gefunden hatte.

992. Der baskische Herrscher Sancho Garcés II. Abarca begibt sich nach Madinat az-Zahira, um seinem Schwiegersohn Almansor zu huldigen.

994. Almansor marschiert gegen Sancho García, den Sohn von Garci Fernández, und erobert San Esteban de Gormaz, Clunia und Avila zurück.

995. Almansor greift den asturo-leonesischen Herrscher Bermudo II. an und erobert dessen neue Hauptstadt Astorga.

997. Almansor erobert und zerstört Santiago de Compostela; dabei verschont er nur das angebliche Apostelgrab.

1000. Almansor zerschlägt am 30. Juli in Peña Cervera das Heer des Grafen von Kastilien, Sancho García.

1002. Abd al-Malik, Sohn Almansors, folgt am 11. August seinem Vater im Amt des *Hadschib* nach. Vier Jahre später erhält er den *Laqab* al-Muzaffar (der Siegreiche).

1007. In seinem berühmtesten Feldzug besiegt al-Muzaffar in Kastilien eine christliche Koalition unter dem Grafen Sancho García.

1008. Am 20. Oktober stirbt al-Muzaffar im Alter von vierunddreißig Jahren. Als *Hadschib* folgt ihm sein Stiefbruder Abd ar-Rahman Sanchuelo, der an seinem Told vielleicht nicht unschuldig war, und der den *Laqab* al-Ma'mun (der von Gott Beschützte) annehmen wird. Wenig später wird sich Sanchuelo geradezu zum Erben und Nachfolger des Kalifats von Hischam II. ernennen lassen.

1009. Ein Aufstand gegen Sanchuelo und Hischam hat vollen Erfolg. Während der Zerstörung von Madinat az-Zahira wird Hischam II. zur Abdankung gezwungen; der neue Kalif, Mohammed II., nimmt den *Laqab* al-Mahdi billah (der von Gott Geleitete) an. Nach einer Reihe von Umwälzungen sieht sich der Kalif zur Flucht gezwungen, auf ihn folgt Sulaiman ibn al-Hakam ibn Sulaiman, der Kandidat der Berbergruppe; er nimmt den *Laqab* al-Musta'in billah (der von Gott Hilfe erhält) an. Im Verlauf des Jahres wird jedoch al-Mahdi im Alcázar von Córdoba ermordet, und Hischam II., der als Geisel gehalten worden war, wird ein zweitesmal Kalif von al-Andalus.

1013. Nach einer langen Belagerung zieht Sulaiman al-Musta'in wieder in Córdoba ein und wird erneut zum Kalifen ausgerufen. Während seine Berbersoldaten die Stadt plündern, wird Hischam II. – wahrscheinlich auf Befehl al-Musta^cins erdrosselt.

1016. Der Idrisiden-Herrscher von Ceuta, Ali ibn Hammud, zieht am 1. Juli in Córdoba ein, tötet al-Mustafa'in, und läßt sich mit dem *Laqab* an-Nasir li-din Allah zum Kalifen ausrufen.

1018. Am 21./22. März wird Ali ibn Hammud in Córdoba ermordet. Am 29. April wird der Omaijade Abd ar-Rahman ibn Mohammed ibn Abd al-Malik zum Kalifen ernannt; er nimmt den Beinamen al-Murtada an (der sich der Zustimmung erfreut). Noch bevor er sich von seiner Residenz in Valencia nach Córdoba begeben konnte, wurde al-Murtada bei einem Feldzug gegen Granada von den Seinen verraten und ermordet. Der Sieger Zawi ibn Ziri, Begründer der Ziriden-Dynastie von Granada, erkannte den Idrisiden al-Qasim ibn Hammud als Souverän von al-Andalus an.

1021. Al-Qasims Neffe, Jahja ibn Ali ibn Hammud, der gegen seinen Onkel ins Feld gezogen war, wird am 13. August zum Kalifen ausgerufen; er nimmt den *Laqab* al-Mutali billah an (den Gott erhob). Sein Onkel verläßt Córdoba.

1023. Am 6. Februar erobert sich al-Qasim ibn Hammud Macht und Kalifentitel zurück, wird aber am 9. September endgültig gezwungen, diese aufzugeben; die Bevölkerung Córdobas wählt am 2. Dezember den Omaijaden Abd ar-Rahman ibn Hischam Abd al-Dschabbar zum Kalifen, einen Bruder Mohammeds II., der den Beinamen al-Mustazhir billah (der von Gott Hilfe empfängt) annimmt.

1024. Am 17. Januar wird al-Mustazhir bei einer Rebellion getötet; Mohammed ibn Abd ar-Rahman ibn Ubaidallah wird zum Kalifen ernannt. Er nimmt den *Laqab* al-Mustakfi billah an (der von Gott belohnt wird).

1025. Beim Anmarsch von Jahja ibn Ali ibn Hammud auf Córdoba verläßt al-Mustakfi am 26. Mai die Stadt; Jahja wird es jedoch vorziehen, in Málaga seine Residenz aufzuschlagen.

1027. Die Cordobaner wählen und ernennen den älteren Bruder al-Murtadas, Hischam ibn Mohammed ibn Abd al-Malik, zum Kalifen, der mit dem *Laqab* al-Mutadd billah (der von Gott geschätzt wird) zu Hischam III. wird.

1031. Ein Aufstand führt am 30. November zur Ermordung Hischams III. Ein Rat von Notabeln beschließt, das Kalifat für abgeschafft zu erklären. Es kommt bald zur Entstehung der *Reinos de taifas* (kleine lokale Königreiche).

1085. Die von Ferdinand I. von León und Kastilien eingeleitete Reconquista erzielt unter Alfons VI. ihren bis dahin größten Erfolg: nach einer fünfjährigen Belagerung zieht Alfons durch eine Reihe geschickter Manöver friedlich in Toledo ein. Der christliche Souverän wird Herr über das Spanien der *Reyes de taifas*. Im gleichen Jahr wird Valencia durch den kastilischen Ritter Rodrigo Díaz de Vivar, genannt der Cid Campeador, erobert, einem Vasallen Alfons'VI. des Tapferen.

1086. In Zallaqa besiegen am 2. November die Almorawiden des Jusuf ibn Taschfin und ihre andalusischen Verbündeten Alfons VI.

1090. Jusuf ibn Taschfin landet zum zweitenmal in Spanien.

1091–1094. Nach der Besetzung Granadas erobern die Almorawiden Sevilla, Almería, Murcia, Dénia, Játiva und Badajoz.

1099. In Valencia stirbt der Cid Campeador.

1102. Die Almorawiden erobern Valencia zurück.

1108.Die Almorawiden besiegen die christlichen Truppen Alfons' VI. bei Uclés in der »Schlacht der sieben Grafen«.

1110. Die Almorawiden entreißen Saragossa dem Hudiden-Herrscher Imad ad-Daula.

1118. Der König von Aragon, Alfons I., El Batallador, erobert Saragossa zurück. Zwei Jahre darauf schlägt derselbe Alfons die Almorawiden in Cutanda.

1125–1126. Andalusien-Feldzug Alfons' I., El Batallador.

Die große Moschee von Córdoba, ein Werk des Omaijaden-Emirs Abd ar-Rahman (786–787).

Der Patio de las Doncellas genannte Hof im Alcázar von Sevilla, eine almohadische Anlage, die Peter I. 1364 erneuerte.

1133. Alfons VII. von Kastilien fällt wiederholt in Andalusien und Estremadura ein.

1144. In der Algarve beginnt der Aufstand der *Muridin*, der den Almohaden das Eindringen nach Spanien erleichtern wird.

1148. Ramón Berenguer IV. von Barcelona erobert Tortosa und im Jahr darauf Lérida. Die Almohaden entfesseln eine Judenverfolgung in Kastilien und Katalonien.

1162. Die Kronen von Kastilien und Aragon schließen den Vertrag von Cazola, der die Aufteilung des zu erobernden islamischen Territoriums festlegt.

1195. In der Schlacht von Alarcos werden die kastilischen Truppen Alfonsos' VIII. von den Almohaden besiegt.

1212. Alfons VIII. von Kastilien, Peter II. von Aragonien und Sancho VII., der Starke, von Navarra zerschlagen am 16. Juli die islamischen Truppen in der Schlacht von Las Navas de Tolosa.

1229. Eine Flotte Jakobs I., des Eroberers, König von Aragonien, erobert am 31. Dezember Mallorca.

1236. Ferdinand III., der Heilige, von Kastilien, erobert Córdoba.

1237. Auf Einladung der Einwohner Granadas zieht Mohammed ibn Jusuf ibn Nasr in die Stadt ein.

1238. Jakob I. von Aragon, der Eroberer, nimmt am 28. September Valencia ein.

1248. Am 22. September bemächtigt sich Ferdinand III. von Kastilien, der Heilige, Sevillas.

1264. Merinidische Freiwillige gelangen von Marokko aus nach Tarifa, um das nasridische Kalifat von Granada zu stärken,

1275. Merinidische Truppen treffen in Tarifa ein; ein Sieg über die Christen in Écija und bei Sevilla schlägt nur knapp fehl.

1281. Zwei Angriffe auf Granada werden von Sultan Mohammed II. und seinen merinidischen Verbündeten abgeschlagen.

1285. Am 12. April treffen weitere Meriniden in Granada ein.

1295. Alle merinidisch kontrollierten Festungen Andalusiens werden Granada unterstellt.

1300. Mohammed II. fällt am 24. Juni in Kastilien ein, aber kurz danach ziehen sich seine Truppen hinter die eigenen Grenzen zurück.

1319. Der Nasriden-Sultan Ismail I. schlägt am 26. Juni die kastilischen Streitkräfte in der Vega-Schlacht.

1333. Ein Waffenstillstand beendet eine Art Kreuzzug, den spanische, französische, englische und böhmische Christen gegen Granada führten.

1340. Eine arabische Flotte zerstört am 30. Oktober die kastilisch-katalanische vor Algeciras, während zu Land Alfons XI. von Kastilien mit seinen portugiesischen Verbündeten den Muslimen am Salado-Fluß in der Nähe von Tarifa eine blutige Niederlage bereitet.

1344. Am 27. März erobert Alfons XI. von Kastilien Algeciras nach zweijähriger Belagerung.

1362. Mohammed VI. von Granada besiegt am 15. Januar in Guadix die kastilische Streitmacht von Peter I., wird aber einen Monat später seinerseits vom kastilischen König und dessen Verbündetem, dem abgesetzten Sultan Mohammed V., geschlagen.

1394. Die Bogenschützen Granadas vernichten am 26. April die »300 Lanzen« des Großmeisters des Ordens von Alcántara, Martin Yáñez de la Barbuda.

1405. Um den Plänen Heinrichs III. von Kastilien zuvorzukommen, greift Granada Murcia an.

1410. Das kastilische Heer von Ferdinand, dem Regenten Johannes' II., stoppt mit der siegreichen Belagerung Antequeras am 25. September die Offensive Granadas und fügt den Muslimen schwere Verluste zu.

1431. Johann II. von Kastilien erringt am 1. Juli in der Schlacht von Higueruela einen wichtigen Sieg, den er jedoch kaum auskosten kann.

1478. Eine verheerende Überschwemmung in Granada fügt der Wirtschaft des Sultanats im April schwere Schäden zu.

1479. Am 4. September endet in Kastilien mit dem Vertrag von Alcáçobas der Bürgerkrieg, der Granada eine Periode der Ruhe ermöglicht hatte.

1483. In der Schlacht von asch-Scharqijja am 20. und 21. März zerstört Granada die Blüte des kastilischen Adels. Am 20. April mißlingt in Lucera ein Unternehmen des Sultans Abu Abdallah (Boabdil); der Sultan gerät in Gefangenschaft.

1484–1485. Die christlichen Streitkräfte brechen den Widerstand Granadas an den Westgrenzen des Sultanats.

1486. Am 29. Mai erobern die Christen Loja.

1497. Die christlichen Truppen nehmen Málaga ein.

1489. Nach fünfmonatiger Belagerung ergibt sich Baza am 28. November.

1491. Im April beginnt die Belagerung Granadas. Am 25. November unterzeichnet der Wesir Abu'l-Qasim al-Mulih die Dokumente zur Übergabe der Stadt.

1492. Am 6. Januar ziehen die katholischen Könige in Granada ein und befehlen am 29. Juni die Vertreibung der starken jüdischen Kolonie aus der Stadt.

1500. Muslimischer Aufstand in Granadas Albaicín-Viertel.

1568. Erhebung der Moriscos im Gebiet der Alpujarras wegen der diskriminierenden Maßnahmen, denen sie unterworfen wurden.

1609. Philipp III. unterzeichnet die Order zur Verbannung aller muslimischer Untertanen aus seinem Reich.

1610. Die Muslime Aragoniens und Andalusiens verlassen ihre spanische Heimat.

1611. Auch die Muslime Kataloniens trifft das Schicksal ihrer Glaubensbrüder.

1614. Die muslimischen Einwohner Murcias verlassen Spanien und erklären die islamische Präsenz auf der Iberischen Halbinsel für beendet.

Die Muslime in Italien

652. Unter der Herrschaft des dritten Kalifen, Othman, erfolgt der erste islamische Angriff auf Sizilien, von dem wir Kenntnis haben. Statthalter in Syrien ist Muawija ibn Abi Sufjan, Befehlshaber des Feldzugs sein Namensvetter Muawija ibn Hudaidsch. Der byzantinische Exarch von Ravenna, Olympios, eilt den Sizilianern zu Hilfe, erliegt aber einer Krankheit. Der islamische Zug kehrt mit reicher Beute in die Heimat zurück.

668–669. Muawija ibn Abi Sufjan ist nun Kalif; unter seiner Herrschaft kommt es zu einem zweiten Einfall in Sizilien mit Ibn Qais als Anführer. Seit dem Verlust Nordafrikas ist Sizilien der äußerste byzantinische Vorposten im westlichen Mittelmeer.

700–740. Eine lange Reihe arabischer Angriffe auf Sizilien, teilweise in jährlichem Abstand.

710. Um diese Zeit beginnen islamische Einfälle nach Sardinien, die sich in mehr oder minder regelmäßigen Abständen bis ins folgende Jahrhundert fortsetzen.

740. Unter der Regierung von Ibn al-Habhab in Ifriqija erfolgt der vielleicht erste ernsthafte Versuch einer definitiven Eroberung Siziliens, der jedoch abgeschlagen wird.

800. Beginn der Aghlabiden-Dynastie, die von ihrer Hauptstadt Kairuan aus Ifriqija praktisch selbständig regiert.

827. Der byzantinische Beamte Euphemios fordert den aghlabidischen Emir von Kairuan aus unbekannten Gründen zum Eingreifen in Sizilien auf. Mit siebzig bis hundert Schiffen und siebzehntausend Mann (nach islamischen Quellen) schiffen sich die arabischen Streitkräfte am 14. Juni ein und gehen am 17. in Mazara an Land. Der byzantinische Heerführer »Balata« (so nennen ihn die arabischen Historiker; sie allein führen seinen Namen an) erleidet eine schwere Niederlage durch das von Asad ibn al-Furat angeführte islamische Heer, vermutlich am linken Belice-Arm.

828. Die Araber versuchen erfolglos, Syrakus zu erobern und müssen den Tod ihres Heerführers miterleben. Die byzantinische und venezianische Flotte (Kaiser Michael II. hatte in der Tat den Dogen Giustiniano Partecipazio zu deren Entsendung überredet) schneiden die arabischen Streitkräfte auf der Insel ab, die in der Zwischenzeit Mineo besetzen und Castrogiovanni (das heutige Enna) erfolglos belagern.

829. Nur Mazara und Mineo sind in arabischer Hand. Jedoch trifft Verstärkung aus Nordafrika ein und gleichzeitig ein Trupp aus Spanien unter dem Berber Farghalusch.

830. Beginn der Belagerung Palermos.

831. Palermo ergibt sich und wird zur islamischen Hauptstadt Siziliens. Nun beginnt die Reihe der tatsächlichen Statthalter der Insel.

835. Die Muslime Siziliens schließen mit dem Konsul Neapels, Andrea, ein Bündnis.

837. Die Araber marschieren in Castrogiovanni ein, können aber die Zitadelle nicht einnehmen; es folgt ein kurzlebiger Waffenstillstand mit den Byzantinern.

838. Die Muslime Siziliens besetzen vorübergehend Brindisi.

840. Besetzung Tarents. Die Muslime der apulischen Stadt fangen eine venezianische Flotte ab, die auf dem Weg nach Sizilien war, besiegen sie und verfolgen sie bis Istrien.

842–843. Messina fällt durch die entscheidende Hilfe neapolitanischer Truppen in arabische Hand.

845. Die Araber erobern Modica.

846. Angriff auf Rom, Verwüstung Fondis und Belagerung Gaetas, das von Cesario Napoletano verteidigt wird, dem Sohn des Herzogs Sergio von Neapel.

847. Aus Sizilien kommend besetzt der Berber Chalfun Bari.

849. Die Araber erobern Ragusa. Schlacht von Ostia. Angriff auf die toskanische Küste: Plünderung von Luni.

859. Die Festung Castrogiovanni fällt schließlich in arabische Hände. Die Flotte der Muslime Siziliens schlägt in der Nähe von Syrakus eine Flotte von dreißig Schiffen des byzantinischen Kaisers Michael III.

864. Arabische Eroberung Notos.

869. Die Muslime Nordafrikas besetzen Malta, das sie mit der ausdauernden Hilfe der Muslime Siziliens gegen byzantinische Gegenangriffe verteidigen.

871. Der fränkische Kaiser Ludwig II. und der Langobarde Adelchis erobern Bari von den Muslimen zurück. Abdallah ibn Jaqub (von den Christen »Abdili« genannt) greift Salerno erfolglos an.

877. Beginn der arabischen Belagerung von Syrakus.

878. Am 21. Mai fällt Syrakus in islamische Hand.

880. Unter der Führung von Aristippos erobern die Byzantiner Tarent zurück. Ungefähr in dieses Jahr fällt die Niederlassung der Sarazenen in Agropoli.

881. Niederlage der Muslime gegen die Byzantiner in Caltavuturo.

882–882. Docibile, der »Ipata«, das Oberhaupt des Herzogtums von Gaeta, ruft die Muslime zu Hilfe, um sich gegen seinen Rivalen Capua und den Papst Johannes VIII. zu verteidigen: die Muslime setzen sich an der Mündung des Garigliano fest.

um 885. Unter der Führung von Nikephoros Phokas (dem Großvater des späteren Kaisers gleichen Namens) endet ein massiver byzantinischer Gegenangriff mit der Vertreibung der schwachen islamischen Truppen aus Kalabrien.

886–887. In Sizilien bricht ein Bürgerkrieg zwischen Arabern und Berbern aus.

889. Ungeachtet der Schlacht von Poitiers wird eine muslimische Abteilung in der Provence stationiert, die die Kolonie Fraxinetum gründet.

902. Der aghlabidische Emir Ibrahim II. kommt persönlich nach Sizilien und erobert Taormina; nach Durchqueren der Meerenge belagert er Cosenza, unter dessen Mauern er im Oktober stirbt. In der Zwischenzeit fallen in Sizilien die letzten christlichen Hochburgen in muslimische Hände: Rametta, Demona und Aci.

909. Ende der Aghlabiden-Dynastie in Nordafrika. Die Fatimiden kommen an die Macht.

913–916. Anti-fatimidischer Aufstand des Ibn Qurhub in Sizilien.

915 oder 916. Schlacht am Garigliano.

918. Vorübergehende Einnahme von Reggio di Calabria durch die Fatimiden.

925. Fatimidische Truppen gelangen quer durch Kalabrien nach Oria, das sie einnehmen.

935. Eine fatimidische Flotte unter Jaqub ibn Ishaq trifft in Genua ein, greift es an und plündert es.

948. Hasan al-Kalbi gründet in Sizilien die Kalbiten-Dynastie.

952. Hasan al-Kalbi fällt in Kalabrien ein und besiegt am 8. Mai in der Umgebung von Gerace das byzantinische Heer des Generals Malakenos; die Byzantiner suchen um einen Waffenstillstand nach. Der Vertrag erlaubt den Muslimen die Errichtung einer Moschee in Reggio di Calabria.

962. Niederschlagung eines christlichen Aufstands in Taormina. Die Stadt wird zu Ehren des Fatimidenkalifen al-Mu'izz in al-Mu'izzija umbenannt. Zu dieser Zeit geht eine aus Armeniern, Russen und Thrakern bestehende byzantinische Abteilung unter dem Oberbefehl des Eunuchen Niketas in Messina an Land, wird aber zur See und zu Lande geschlagen.

965. Nach einer kurzfristigen byzantinischen Rückeroberung nehmen die Araber Rametta wieder ein, bei der Belagerung aber stirbt Hasan al-Kalbi.

973. Die fatimidischen Kalifen verlegen ihre Residenz nach Ägypten. Die Verwaltung Ifriqijas wird der Dynastie der Ziriden übertragen.

975. Zerstörung der Kolonie Fraxinetum.

982. Unter der Führung des kalbitischen Emirs Abu'l-Qasim fügt das islamische Heer in Kalabrien den Truppen Kaiser Ottos II. in der Schlacht von Cotrone (vermutlich Punta Stila) eine schwere Niederlage zu. Der Emir fällt im Kampf, aber die Niederlage des deutschen kaiserlichen Adels und der mit ihm verbündeten Langobarden ist vollkommen.

983. Beginn des zweiten Zweiges der Kalbiten-Dynastie in Sizilien.

1004. Die Araber greifen Pisa an. An der Adria schlägt die venezianische Flotte unter der persönlichen Führung des Dogen Pietro II. Orseolo die Araber zurück, die noch einmal versucht hatten, Bari einzunehmen.

1015. Mudschahid (Mugetto), ein Freigelassener Almansors, versucht nach einem ersten Sieg über die lokalen Streitkräfte auf Sardinien eine dauernde islamische Herrschaft zu errichten.

1016. Niederlage Mudschahids zur See durch Eingreifen Genuas und Pisas. Sardinien fällt den Christen zu.

1035. Der Kampf zwischen den Ziriden von Ifriqija und den Kalbiten Siziliens beginnt.

1038. Einer der letzten aus der Kalbiten-Dynastie, al-Achal, verbündet sich mit den Byzantinern, um sich der ziridischen Intervention entgegenzustellen; er wird aber während des Aufstands getötet. Die Ziriden beginnen auf diese Weise, die Dinge auf Sizilien zu kontrollieren. In dieses kurze Interregnum fällt die Zeit des byzantinischen Generals Maniakes (1038–1040).

1040–1050. Anfang des Phänomens der Machtteilung auf Sizilien unter verschiedene Lokalherrscher *(Qa'id)*.

1042. Die Araber nehmen das wieder ein, was sie durch Maniakes verloren hatten.

Um 1053. Absetzung des letzten Kalbiten, Hasan as-Samsam, in Palermo.

1060. Erster normannischer Angriff auf Messina ohne Erfolg.

1061. Der *Qa'id* Ibn ath-Thumna fordert die Normannen zur Intervention in Sizilien auf. Roger und Robert Guiscard gehen in Messina an Land. Schlacht von Castrogiovanni: der *Qa'id* der Stadt, Ibn al-Hawwas, wird in offener Schlacht besiegt, aber die Stadt hält stand.

1064. Die Ziriden greifen gegen die Normannen ein, beginnen einen Bürgerkrieg gegen Ibn al-Hawwas; dieser wird besiegt und erschlagen.

1068. Die Normannen schlagen die ziridischen Truppen in Misilmeri. Die Ziride Ajjub schifft sich wieder nach al-Mahdija ein und überläßt Sizilien seinem Schicksal.

1072. Nach längerer Belagerung erobern die Normannen im Januar Palermo. Wenig später fällt ihnen auch Mazara in die Hände.

1077. Die Normannen erobern Trapani.

1078. Die Normannen erobern Taormina.

1086. In den Gewässern von Syrakus trifft die Flotte des Grafen Roger auf die des Rebellen Ibn Abbad (Benavert), der besiegt wird und stirbt. Wenige Monate darauf ergibt sich Syrakus den Normannen.

1091. Mit der Einnahme Notos endet die normannische Eroberung. Auch Malta ergibt sich den Streitkräften Rogers.

1101. Graf Roger stirbt.

1194. Mit dem Tode Tankreds von Hauteville endet die normannische Herrschaft in Sizilien, und es beginnt die schwäbische mit dem Hohenstaufer Heinrich VI.

1198. Friedrich II. wird im Alter von vier Jahren zum König von Sizilien gekrönt.

Um 1220. Aufstand des Ibn Abbad (Mirabetto) in Iato und Entella. Auslieferung und Hinrichtung Mirabettos.

Um 1222/1223. Die Tochter Mirabettos, das »Mannweib von Entella«, lehnt sich gegen Friedrich II. auf. Mit dem Tod der Heldin und der Niederlage der letzten Aufständischen beginnt die Deportation der Muslime nach Lucera.

1300. Der von Johannes von Barletta angeführte und von Karl II. von Anjou angeregte antiislamische Kreuzzug zerstört die Kolonie Lucera.

1472. Die Osmanen greifen Udine an. Die entsetzte Bevölkerung flieht in die Kirchen und in die Burg.

1477. Osmanische Truppen fallen ins Gebiet westlich des Tagliamento ein; Angriff auf die Grafschaft Pordenone.

1478. Ein reguläres osmanisches Heer (30000 Mann) überschreitet den Isonzo, macht achttausend Gefangene und nimmt zehntausend Stück Vieh mit.

1480. Am 28. Juli landet die osmanische Flotte unter Ahmed Gedik Pascha bei Otranto. Die Stadt kapituliert am 11. August, aber schon am 4. September marschiert Ferrante von Aragón mit einem starken Heer von Neapel ab. Am 16. desselben Monats wird die anti-osmanische Liga gegründet.

1481. Am 10. September werden die Osmanen aus Otranto verjagt.

1486. Boccolino Guzzone, der sich Osimos bemächtigt hat, bittet Bajezid II. um Unterstützung gegen den Papst, aber Lorenzo de' Medici blokkiert seinerseits jedes Unterfangen.

1488–1489. Von ihrem Stützpunkt Valona aus greifen die Osmanen die Adriastädte Ancona und Pesaro an.

1499. Im September fallen die Osmanen im Veneto ein und bedrohen Treviso und Mestre; viele Bewohner der Region suchen in Venedig Zuflucht.

1509. Venedig wirbt 400–500 türkische Reiter an und schickt sie in den Kampf gegen Padua an die Front.

Um 1510. Eine aus Türken und Albanern bestehende Abteilung fällt im Auftrag des venezianischen Senats im Padovano und Veronese ein.

1537. Zweiter osmanischer Einfall in Apulien. Lütfi Pascha, ein Untergebener des Admirals Chaireddin Barbarossa, verübt Angriffe in Übereinkunft mit dem »Verräter« Troilo Pignatelli.

Begegnung venezianischer und türkischer Hochbordschiffe und Galeeren in der Schlacht bei Sapienza im Jahre 1499. Die Türken schießen vom Mastkorb aus Brandpfeile ab. Sie sind von venezianischen Schiffen, ihren gefährlichsten Widersachern auf dem Mittelmeer, eingeschlossen.

Der Krieg im Mittelmeer

1501. Angriff von Kemal Re'is (Camali) auf Pianosa.

1505. Die Küstenstreifen Siziliens werden von Barbaresken-Korsaren beschossen.

1508. Aktionen der Barbaresken-Korsaren gegen die ligurische und apulische Küste. An der Küste von Latium wird eines der beiden Schiffe der päpstlichen Garde gekapert.

1516. Erneuter Barbaresken-Angriff auf die Küste von Latium in der Umgebung von Lavinio.

1534. Chaireddin, genannt Barbarossa, plündert die tyrrhenische Küste bis zur Mündung des Tiber, in dessen Gewässern er einige Zeit vor Anker geht.

1538. Am 27. September besiegt Chaireddin die christliche Flotte unter Andrea Doria bei Preveza.

1543. Nach Verwüstung der tyrrhenischen Küste und der Einnahme Reggios in Kalabrien plündert Chaireddin Villafranca und belagert Nizza zusammen mit der Flotte des Herzogs von Enghien. Dann überwintert er mit Erlaubnis Franz' I. von Frankreich in Toulon.

1544. Piratenunternehmungen Barbarossas an der ligurischen, toskanischen und kalabrischen Küste. Betroffen sind unter anderem Ischia, Procida, Pozzuoli und Lipari.

1547. Dragut plündert die spanische Küste, Sardinien und Sizilien.

1550. Dragut plündert Rapallo.

1551. Muslimische Korsaren greifen in Kalabrien Reggio, in Sizilien Augusta an.

1560. Uludsch Ali (Occhiali) verwüstet die ligurische Küste.

1565. Große Belagerung Maltas. Durch Barbaresken-Korsaren verstärkt, belagern die Türken vergeblich die Insel, die von Rittern und ihrem Großmeister Jean Parisot de La Valette verteidigt wird.

1571. Sieg der Christen über die türkische Flotte und die Barbaresken-Korsaren in der Schlacht von Lepanto.

1578. Quartu auf Sardinien wird von muslimischen Korsaren geplündert.

1579. Korsaren vom Orden des heiligen Stephan greifen die Festung Collo an der algerischen Küste an.

1586. Korsarenangriff des Ordens des heiligen Stephan auf Monastir in Tunesien.

1588. Barbaresken-Korsaren greifen Pratica di Mare in der Nähe von Rom an.

1602. Korsarenangriff des Malteser-Ordens gegen die tunesische Stadt Hammamet.

1610. Korsarenunternehmung vom Orden des heiligen Stephan an der Westküste Algeriens.

1611. Angriffe christlicher Korsaren des Malteser-Ordens aus Neapel, Genua und Sizilien gegen die Insel Kerkenna in der kleinen Syrte.

1617. Angriff muslimischer Korsaren auf die Insel Madeira.

Lord Exmouth und Admiral Van der Capellen lassen den Barbaresken-Stützpunkt Algier durch englische und holländische Schiffe beschießen (1816).

1620. Plünderung Manfredonias in Apulien durch muslimische Korsaren.

1622. Die britische Flotte beschießt den Korsaren-Stützpunkt Algier.

1627. Island sieht sich Angriffen muslimischer Korsaren ausgesetzt.

1631. Der Korsarenhauptmann Murad Reis plündert die Südküste Irlands.

1636. Barbareskeneinfall ins Palermitano.

1645. Cornwall wird von einer Barbareskenflotte angegriffen.

1650. Barbaresken-Korsaren dringen in den Bristol-Kanal ein.

1681. Eroberung von al-Mamura, einem marokkanischen Stützpunkt christlicher und muslimischer Piraten und Korsaren.

1762. Eine Barbareskenunternehmung trifft die Insel Ustica. Muslimische Korsaren gehen an der Küste von Orosei und Siniscola auf Sardinien an Land.

1816. Der spätere Lord Exmouth, Admiral Edward Pellew, Kommandant der britischen Mittelmeerflotte, führt einen Angriff gegen die Korsaren Algiers und bombardiert die Stadt.

1825. Die savoyische Flotte schießt die Schiffe der Korsaren von Tripolis in Brand.

1827. Die französische Flotte zerstört die Schiffe der Korsaren von Tunis.

1828. Die neapolitanische Flotte bombardiert Tripolis.

1829. Die österreichische Flotte versenkt die Schiffe der marokkanischen Korsaren.

Osteuropa

X. Jahrhundert. Beginn der Islamisierung der Bulgaren, eines Turkvolkes, das sich am Zusammenfluß von Kama und Wolga niedergelassen hat. Von hier aus gelangt der Islam auch zu den Baschkurt Ungarns.

964–985. Feldzüge der russischen Fürsten von Kiew gegen die Chasaren; der Fall ihres Chanats ermöglicht den Bulgaren die volle Unabhängigkeit. Wegen wirtschaftlicher Rivalitäten werden die Bulgaren oft mit den Russen kämpfen.

1224. Die Bulgaren locken die mongolische Vorhut in einen Hinterhalt.

1236–1242. Die türkisch-mongolischen Heere zerschlagen den bulgarischen Staat. Nachdem sie bis ins Herz Europas vorgedrungen waren, ziehen sie sich zurück und gründen das Chanat der Goldenen Horde an der unteren Wolga mit der Hauptstadt Alt-Sarai, später Neu-Sarai.

1257. Berke ist der erste Chan der Goldenen Horde, welcher sich zum Islam bekehrt.

1267. Genuesische Kaufleute gewinnen großen Einfluß in Sarai und an der Küste der Krim.

1281. Osman folgt auf seinen Vater Ertughrul und erweitert den Herrschaftsbereich um Söğüt. Der Überlieferung nach kam die Familie Osmans im 13. Jahrhundert nach Anatolien, möglicherweise aber war sie bereits im 11. Jahrhundert nach dem Sieg der Seldschuken über die Byzantiner bei Malazgirt dorthin gekommen. Der von Osman gegründete neue Staat muß allmählich von den Ilchanen Persiens unabhängig geworden sein, wenngleich er der Überlieferung zufolge 1299 seine Unabhängigkeit erhalten haben soll.

1313. Der Muslim Özbeg wird Chan der Goldenen Horde.

1332–1345. Unternehmungen zu Meer und in Europa durch Umur Beg von Aydin, der sich mit Johannes Kantakuzenos verbündet. Papst Clemens VI. kündigt einen Kreuzzug gegen ihn an.

1346. Orchan heiratet Theodora, die Tochter von Johannes Kantakuzenos; damit treten die Osmanen praktisch zum erstenmal in Europa auf.

1349. Zweiter osmanischer Auftritt in Europa, um Kantakuzenos zu helfen, und Besetzung von Tzympe an den Dardanellen um 1352. Orchan stellt den Genuesern Soldaten zur Verfügung.

1354. Eroberung Gallipolis. Vertrag der Osmanen mit Genua.

1361. Eroberung von Adrianopel (Edirne), das nach Bursa und Dimetoka osmanische Hauptstadt wird.

1365. Ragusa (Dubrovnik) zahlt Tribut an die Osmanen.

1366. Der Papst verkündet den Kreuzzug; eine Flotte unter dem »Grünen Grafen«, Amadeo VI. von Savoyen, nimmt Gallipoli ein und gibt es den Byzantinern zurück. Der bulgarische König Schischman verbündet sich mit den Osmanen, um sich gegen die anderen christlichen Mächte zu verteidigen.

1371. *Sirpsindiği*, die »Vernichtung der Serben«, bei Tschirmen an der Maritza, wo der Despot von Serres, Johannes Ugljescha und sein Bruder Vukaschin, König der Serben, den Tod finden. Bulgarien und das Byzantinische Reich werden osmanische Vasallen, die Walachei bittet letztere um Hilfe.

1376. Gallipoli wird den Osmanen zurückgegeben.

1380. Die Tataren der Goldenen Horde unter Mamai werden auf dem Schnepfenfeld (Kulikovo Polje) vom Großfürsten von Moskau geschlagen. Dieser Sieg wird den Anlaß zu einem russischen epischen Zyklus abgeben.

1382. Mit der Zerstörung Moskaus durch die Goldene Horde stellt Chan Tochtamisch die tatarische Oberherrschaft wieder her; auch besiegt er die Litauer.

1385. Die Osmanen erobern Sofia, im Jahr darauf Nisch, und zwei Jahre später Saloniki.

1388. Vertrag mit Venedig.

1389. Erste Schlacht auf dem Amselfeld (Kosovo Polje) und großer osmanischer Sieg über den serbischen Fürsten Lazar.

1391. Erster osmanischer Feldzug gegen Ungarn.

1393. Der ungarische Einfluß auf dem Balkan wächst. Bajezid I. annektiert Donau-Bulgarien.

1394. Die Osmanen schneiden Konstantinopel bis 1402 ab. Sie erobern Thessalien, unternehmen Streifzüge nach Morea und einen Feldzug gegen Albanien.

1395. Mircea der Alte, Fürst der Walachei, schlägt sich in Argesch tapfer gegen die Osmanen und ihre christlichen Vasallen (wie den serbischen Fürsten Stephan Lazarević und Marko Kraljević, der in dieser Schlacht fällt), aber die Walachei wird dennoch für eine gewisse Zeit tributpflichtig. Der bulgarische König Schischman wird hingerichtet.

1395. Tamerlan besiegt Tochtamisch.

1396. Die Osmanen schlagen bei Nikopolis Sigismund von Luxemburg, den ungarischen König, und die christlichen Ritter.

1399. Der Fürst von Litauen, Witold (Vytautas), wird von Edigü, Haushofmeister der Goldenen Horde, an der Vorskla geschlagen.

1402. In der Schlacht von Ankara wird Bajezid I. von Tamerlan besiegt und gefangengenommen. Von diesem Zeitpunkt bis 1413 reicht das Interregnum, in dem die Söhne Bajezids, nämlich Musa, Isa, Süleyman und Mehmed, miteinander um die Macht kämpfen. 1411 belagert Musa Konstantinopel, aber die Macht fällt schließlich Mehmed Çelebi zu. Westeuropa hatte ein Bündnis mit Timur gegen die Osmanen versucht; auch in der Folgezeit wird es oft (mit Schah Ismail, Schah Tahmasp oder Abbas dem Großen) derartige diplomatische Manöver geben, um die Osmanen zwischen zwei Feuer zu bringen.

1408. Edigü belagert Moskau.

1415–1417. Die Osmanen begründen die Provinz Albanien.

1416. Im ersten Krieg der Osmanen gegen Venedig ist die venezianische Flotte noch weit überlegen.

1420. Osmanischer Einfall nach Transsilvanien.

1422. Belagerung Konstantinopels, da die Byzantiner Düzme Mustafa (»der falsche Mustafa«), den Onkel Murads II., unterstützt hatten.

1423–1430. Krieg mit Venedig, aber die osmanische Flotte ist immer noch unterlegen. Die Osmanen erobern Saloniki zurück, das von Byzanz auf Venedig übergegangen war.

1428. Waffenstillstand der Osmanen mit Ungarn, das ihnen die Vorherrschaft über den Balkan bestreitet.

1428–1429. Die Fürsten Bosniens zahlen Tribut an die Osmanen.

1428–1430. Der Dschingischanide Hadschi Girai gründet mit Hilfe von Witold und Tekin Mirza, dem Oberhaupt des Tatarenclans der Schirin, das Chanat der Krim.

1437. Der Dschingischanide Ulugh Mohammed gründet das Chanat von Kazan.

1439. Die Osmanen annektieren Serbien, aber Belgrad bleibt in den Händen der Ungarn, die ein Jahr darauf dort Murad II. besiegen.

1441–1443. Feldzüge der Osmanen nach Transsilvanien und Ungarn, aber der Woiwode Transsilvaniens, Johannes Hunyadi, schlägt sie und es gelingt ihm, im Gegenangriff Edirne zu bedrohen. Murad II. stoppt ihn in Zlatitsa.

1443. Der Albaner Georg Kastriota, genannt Skanderbeg, lehnt sich gegen die Osmanen auf.

1444. Waffenstillstand zwischen Murad II., dem ungarischen König Ladislaus und dem serbischen Despoten Georg Branković; Murad tritt den Thron an seinen Sohn Mehmed II. ab, aber die Christen – mit Ausnahme von Branković – brechen die Vereinbarungen und dringen bis Varna vor. Der venezianischen Flotte zum Trotz helfen genuesische Schiffe den Osmanen. Murad II., der die Regierung wieder übernommen hat, schlägt die Invasoren.

1445. Kazan besiegt in der Nähe von Suzdal den Großfürsten von Moskau, der damit tributpflichtig wird.

1446. Murad II. kehrt auf den Thron zurück.

1448. Hunyadi wird in der zweiten Kosovo-Schlacht von Murad II. besiegt.

1452. Mehmed II. läßt in der Nähe von Konstantinopel die Burg Rumeli Hisarï errichten.

1452–1456. In dieser Zeit gründet Qasim das Chanat Qasim; der Sohn Ulugh-Mohammeds hatte beim Zaren in Moskau Zuflucht gesucht und war so der einzige muslimische Vasall der Christen gewesen. Die Herrscher des Chanats führten den Titel Zar. Türkische Autoren bestätigen, daß Qasim das Chanat 1445 nach dem Sieg von Kazan gegründet habe, um Moskau zu kontrollieren, aber bald wurde er selbst zu dessen Vasall.

1453. Letzte und entscheidende Belagerung Konstantinopels durch Mehmed II. vom 6. April bis zum 29. Mai. Rund 80000 Mann belagern die Stadt, dazu kommen sehr viele irreguläre Truppen, in der Mehrheit christliche Söldner, die von der Aussicht auf Beute angezogen wurden. Auf der Seite der Osmanen stehen auch die Serben unter Georg Branković. Etwa 7000 Mann verteidigen die Stadt, vom Genueser Giovanni Giustiniani organisiert, der mit seinen 700 Mann der Stadt zu Hilfe geeilt war. An der Seite der Christen stehen auch Türken unter der Führung von Orchan, einem osmanischen Thronprätendenten. Nach dem Sieg wird Konstantinopel zur Hauptstadt des Osmanischen Reiches, und am Ende des 17. Jahrhunderts wird es (die Vorstädte mitgerechnet) mit 800000 Einwohnern die größte Stadt Europas sein.

1454. Die genuesischen Kolonien am Schwarzen Meer zahlen Tribut. Frieden mit Venedig.

1455. Die Moldau zahlt den Osmanen Tribut. Um diese Zeit wird die erste osmanische Gesetzessammlung erlassen (ein *Qanun-name* mit Verwaltungsvorschriften und Strafrecht).

1456. Hunyadi und der Franziskanermönch Johannes von Capistrano schlagen den Angriff Mehmeds II. auf Belgrad ab.

1459. Definitiver Sieg der Osmanen über Serbien. Das Patriarchat von Peć wird abgeschafft.

1460. Osmanische Eroberung eines großen Teils der Morea und des Herzogtums Athen.

1463–1476. Osmanische Eroberung Bosniens mit Ausnahme des nördlichen Teils; die Herzegowina wird 1482 vollständig annektiert.

1463–1479. Der lange Krieg mit Venedig beginnt. Mehmed II. läßt zwei Festungen an den Ufern der Meerenge bauen, damit die venezianischen Schiffe vor den Dardanellen abgefangen werden können.

1466. Der Dschingischanide Qasim Chan gründet das Chanat Astrachan.

1468. Skanderberg, der sich gegen die Osmanen gehalten hatte, stirbt; diese können mit der endgültigen Eroberung Albaniens beginnen.

1475. Mehmed II. erobert die genuesische Kolonie Caffa und beendet damit die italienische

Präsenz am Schwarzen Meer. Der Krimchan Mengli Girai unterwirft sich der osmanischen Oberherrschaft.

1476. Nach einem osmanischen Feldzug gegen Ungarn und die Walachei wird letztere zum Vasallen.

1477–1479. Die *Aqïndschïs* nähern sich Venedig bis auf Sichtweite; dieses schließt einen Friedensvertrag, in dem es sich zu einem jährlichen Tribut von 10000 Dukaten verpflichtet und der ihm gestattet, im Osmanischen Reich weiterhin Handel zu treiben. Die Osmanen erobern Kruja, Shkoder, Lemnos und Negroponte.

1480. Die Osmanen nehmen Otranto ein, das ein Jahr später von den Christen zurückerobert wird. Die Belagerung von Rhodos wird von den Rittern des Malteser-Ordens abgeschlagen.

1484. Bajezid II. erobert Kilia und Aqkerman von Stephan dem Großen von der Moldau, der polnischer Vasall wird, sich aber wieder dem Sultan zuwenden muß, um sich gegen die anderen christlichen Mächte zu verteidigen.

1495. Dschem Sultan, der rebellische Bruder Bajezids II., stirbt in Neapel während des Kreuzzuges Karls VIII., der ihn in diesen Plan einbeziehen wollte.

1494–1499. Die Osmanen stehen in Montenegro.

1498. Osmanen, Tataren und Moldauer unternehmen zwei Streifzüge nach Polen und gelangen bis Lemberg.

1499–1503. Krieg mit Venedig; die beiden Flotten sind nun einander ebenbürtig. Mailand, Florenz, Ferrara und Mantua hatten Bajezid bereits gegen Frankreich und Venedig um Hilfe gebeten. 1502 bis 1503 besteht ein Waffenstillstand mit Venedig, das auf Modon, Koron, Lepanto, Navarino und Durazzo verzichtet. Die Osmanen haben auch eine Donauflotte aufgestellt.

1502. Mengli Girai I. vernichtet Sarai und löscht die Große Horde aus (so nannte man die Reste der Goldenen Horde).

1512. Die Moldau wird osmanischer Vasall.

1521. Süleiman I. erobert Belgrad, das »Bollwerk Ungarns«, das zum »Sitz des Heiligen Krieges« (*Dar al-dschihâd*) wird. An der ungarischen Grenze hat sich inzwischen eine typische Gesellschaft von Grenzkriegern entwickelt, die sich auf beiden Seiten ähnelt. Die Osmanen, unter denen viele ehemalige Christen sind, leben verstreut entlang der Grenze in *Palangas,* Befestigungen aus Holz und Erde, und führen – wie ihre Gegner – ständige Streifzüge, unter Mißachtung der offiziellen Friedensverträge. Der Grieche Ibrahim Pascha, seit 1523 Großwesir, reformiert das Reich. Dem Krimchan Mehmed Girai I. gelingt es, seinen Bruder Sahib Girai auf den Thron von Kazan zu bringen; nach einem Feldzug gegen Moskau zahlt ihm dieses Tribut. 1523 wird er Astrachan erobern.

1522. Osmanische Eroberung von Rhodos.

1526. Süleiman I. schlägt die Ungarn bei Mohács, König Ludwig wird in der Schlacht getötet, die Osmanen besetzen Buda. In Transsilvanien wählt die nationalistische Partei Szápolyai zum König von Ungarn, während die Parteigänger Habsburgs Ferdinand, den Bruder Karls V., wählen. Der Sultan will Szápolyai als seinen Vasallen verteidigen.

1527. Eroberung Nordbosniens.

1529. Süleiman I. erobert Buda zum zweitenmal; am 26. September beginnt er die erste Belagerung Wiens. Sie endet am 16. Oktober; Süleiman lehnt Ferdinands Angebot einer Tributzahlung ab.

1532. Süleiman I. nimmt Günz ein. Im folgenden Jahr zahlt Ferdinand Tribut für seinen Teil Ungarns.

1535. Bündnis zwischen dem Osmanischen Reich und Frankreich. 1536 werden Frankreich Wirtschaftsprivilegien eingeräumt, ein Vertrag wird aber erst 1569 ratifiziert. Nach der osmanischen Eroberung Ägypten waren Frankreich für dort Wirtschaftsprivilegien zugesagt worden.

1537–1540. Krieg mit Venedig und Feldzug gegen Apulien. 1538 kommt die erste Heilige Liga zwischen dem Papst, Karl V. und Venedig zustande, aber Chaireddin schlägt die alliierte Flotte vor Preveza im Golf von Arta. Im Friedensvertrag verliert Venedig seine Stützpunkte auf der Morea, der Tribut für Zypern wird erhöht.

1541. Französische Artilleristen helfen den Osmanen in Ungarn. Dritte Eroberung Budas durch Süleiman I.

1545. Der Waffenstillstand mit Ferdinand von Habsburg wird auch von Karl V. unterzeichnet. 1547 kommt es zum Frieden zwischen Ferdinand und den Osmanen, an dem auch Frankreich, der Papst und Venedig beteiligt sind. Sahib Girai I. führt das System der *Qapï qulu* ein.

1551–1562. Krieg mit Ferdinand von Habsburg.

1552. In einem Brief an die Protestanten versucht Süleiman I. diese für eine Allianz gegen den Papst und Habsburg zu gewinnen. Andererseits konnte es nur die osmanische Politik sein, die Habsburger zu Zugeständnissen an die Protestanten zu bewegen. Es ist bemerkenswert, daß das Calvinistenmassaker der Bartholomäusnacht in Frankreich im Osmanischen Reich zu heftigen Reaktionen führte. Zar Iwan IV., der Schreckliche, erobert Kazan.

Die Seeschlacht von Preveza am Eingang zum Golf von Arta in Griechenland (1538). Barbarossa, der Großadmiral der türkischen Flotte, besiegt die Seemacht der Heiligen Liga.

1552–1556. Von Tschalim ausgehend kommt es unter den Wolga-Tataren zu Aufständen. An ihrer Spitze seien erwähnt Mamisch Birdi, Sarï Batïr, Ahmed Batïr, Zein Sejjid.

1554–1557. Iwan erobert Astrachan, der tatarische Widerstand besteht aber weiter.

1557. Wiedereinrichtung des Patriarchats von Peć dank Sokullu Mehmed Pascha.

1559. Erster Kosakenangriff auf Asow.

1562. Friedensschluß mit Ferdinand, Kaiser seit 1558, er verpflichtet sich, den Osmanen einen Tribut zu zahlen.

1565. Belagerung von Malta mit siegreicher Abwehr durch den Johanniter-Orden.

1565–1579. In dieser Periode ist es der bosnische Groß-Wesir Sokullu Mehmed Pascha, welcher in Wirklichkeit die Staatsgeschäfte leitet. Ihm widersetzt sich Joseph Nasi, ein reicher Jude, der den Unterdrückungsmaßnahmen in Portugal entflohen war. Als Günstling Selims II. kontrolliert er die Zolleinnahmen. Seine Machenschaften schaden der Währungsstabilität. Nasi, als Gegner der Abendländer, tritt für die Eroberung Zyperns, aus dem er eine Heimstatt für die Juden machen will, ein. Seit den Zeiten Mehmeds II. ist das Osmanische Reich der europäische Staat, welcher den Juden die größten Freiheiten einräumt. Viele flüchten sich dorthin, wobei das sephardische Element vorherrscht, doch finden sich auch unter den Aschkenasim viele einflußreiche Persönlichkeiten am osmanischen Hof. Sokullu, an sich Gegner des Zypern-Unternehmens, setzt sich, einmal entschieden, bis zum Letzten für seinen Erfolg ein. Er ist es, der den Wolga-Don-Kanal und endlich auch den Suez-Kanal plant, was bei den technischen Möglichkeiten der Zeit nicht ausführbar ist.

1566. Süleiman I. stirbt während der Belagerung von Szigetvár, das vergeblich von dem heldenhaften Nikolaus Zrinyi verteidigt ist.

1569. Osmanische Expedition gegen die Russen mit dem fehlgeschlagenen Versuch, einen Kanal für den Transport einer Flotte zwischen Don und Wolga zu bauen. Astrachan wird belagert, doch werden die Osmanen zu einem schwierigen winterlichen Rückzug gezwungen. Die großen Vorhaben Sokullus scheitern: der Don-Wolga-Kanal, der Suez-Kanal, die Unterstützung der spanischen Muslime, die eine Abordnung mit der Bitte um Hilfe nach Istanbul gesandt hatten.

1571. Einnahme Famagustas am 1. August. Die zweite Heilige Liga mit Papst Pius V., Spanien und Venedig erzielt einen Sieg mit ihrer Flotte (zu der Einheiten des Herzog von Savoyen und der Johanniter gestoßen sind) unter Don Juan d'Austria gegen die osmanische Seemacht, die am 7. Oktober bei Lepanto vernichtet wird. Doch wird die osmanische Flotte im folgenden Jahr wieder aufgebaut, und die Christen wagen es nicht, erneut anzugreifen. Der Krimchan Devlet Girai verfolgt seine eigene Politik, greift Moskau an und steckt es zum Teil in Brand.

1573. Friedensschluß mit Venedig, das auf Zypern verzichtet und eine Entschädigung zahlt. Mehmed Girai II. versucht die Vorherrschaft der Krim über Kazan und Astrachan wiederherzustellen und verbündet sich mit Stephan Bátory, König von Polen und Wojewode von Siebenbürgen, doch machen die tatarischen Streifzüge in Polen eine wirkliche Zusammenarbeit unmöglich. Auch versucht der Chan eine Allianz mit Papst Gregor XIII., wobei er einen möglichen Übertritt der Tataren zum Katholizismus vorspiegelt.

1583. Einräumung von Handelsprivilegien an England, für das Osmanische Reich eine wichtige Voraussetzung, um Kriegsmaterialien zu erhalten. Die Gewährung solcher Privilegien ist ein einseitiger Akt aus der Sicht der Osmanen, ein Ausdruck ihres noch lange andauernden Überlegenheitsgefühls.

1586–1593. Als Antwort auf die fortgesetzten wolga-tatarischen Aufstände verschärfen die Russen ihre repressiven Maßregeln.

1588–1620. Verschlimmerung der Lage der Tataren Litauens. Sie verlieren alle ihre Privilegien und beginnen ins Osmanische Reich auszuwandern.

1591. Kaiser Rudolf II. von Habsburg unterbricht die Tributzahlungen an die Osmanen. Der Krimchan Ghazi Girai II. *Bora* (Sturm) verbündet sich mit den Schweden, wird aber selbst bei einem Angriff auf Moskau verwundet.

1593–1606. Langer Türkenkrieg der Osmanen gegen Österreich. Sigismund Báthory, Fürst von Siebenbürgen, stellt sich auf die Seite Rudolfs II., ebenso die Moldau und die Walachei. Michael der Tapfere vereinigt als Fürst der Walachei für kurze Zeit die Walachei mit der Moldau und Siebenbürgen, also etwa ein Gebiet, das dem heutigen Rumänien entspricht.

1596. Sultan Mehmed III. wird wegen der vorausgehenden Niederlagen vom Heer genötigt, einen bei Mezö Keresztes siegreichen Feldzug anzuführen. Infolge der Flucht der anatolischen *Sipahis* während der Schlacht werden sie ihrer Lehen entledigt und beteiligen sich deshalb an den sogenannten Dschelali-Aufständen, die so nach dem Führer einer früheren Revolte in Anatolien genannt werden.

1605. Stephan Bocskai wird von den Osmanen als Wojewode Siebenbürgens unterstützt.

1606. Friedensschluß von Zsitvatorok mit Österreich. Bocskai bleibt in Siebenbürgen, und die Habsburger behalten ihren Anteil an Ungarn, ohne Tribut zu leisten.

1612. Einräumung von Handelsprivilegien an die Niederlande.

1614. Plünderung Sinops durch Zaporoger Kosaken.

1620–1621. Polenfeldzug Sultan Osmans II.

1624. Erste Auseinandersetzung der Osmanen mit den Krimtataren. Diese nähern sich den Zaporoger Kosaken an.

1625. Sultan Jahja, der behauptete, ein Sohn Mehmeds III. zu sein, obwohl er wahrscheinlich ein Betrüger war, entwickelt konkrete Pläne gegen das Osmanische Reich und trägt zur Allianz zwischen Tataren und Kosaken bei. Jahja führt mit einer Flotte leichter Fahrzeuge der Zaporoger und Don-Kosaken Operationen an den Küsten des Schwarzen Meeres aus und bedroht selbst Istanbul. Der damalige englische Konsul in Izmir betonte, daß die Einwohner der Stadt von einem Schrecken erfüllt waren, vergleichbar dem der Londoner, als die Holländer später in der Themse-Mündung erschienen.

1623–1640. Murad IV. (ab 1632 tatsächlicher Herrscher), der letzte an Feldzügen teilnehmende Sultan, bemüht sich um Verwaltungs- und Militärreformen.

1638. Um diesen Zeitpunkt wird die »Knabenlese« (*Dewschirme*) eingestellt.

1645–1669. Zweiter langer Krieg gegen Venedig.

1648. Der Kosaken-Hetman Bohdan Chmel'nyćkyj schließt in Baghtschesarai ein Bündnis mit den Tataren gegen Polen und damit indirekt gegen die Osmanen.

1654. Chmel'nyćkyj unterwirft sich Moskau, während die Krimtataren mit Polen zusammengehen.

1655–1660. Die Tataren nehmen in den Katastrophen-Jahren, die Polen durchmacht, an dessen Kriegen gegen seine zahlreichen Gegner teil. Doch beendet der Waffenstillstand von Andrusewa (1667) zwischen Polen und Moskau die tatarisch-polnische Allianz.

1656. Venezianische Schiffe bedrohen die Dardanellen. Köprülü Mehmed Pascha, albanischer Abstammung, wird Großwesir und stärkt und reorganisiert das Reich.

1660. Verhandlungen über ein Bündnis zwischen Osmanen und Engländern gegen die katholischen Mächte.

1661. Köprülü Fazïl Mehmed Pascha, der Sohn Mehmeds, wird Großwesir. Nach Unabhängigkeitsbestrebungen der Fürsten Siebenbürgens übernimmt der von den Osmanen unterstützte Michael Apafi die Macht.

1663. Österreichisch-osmanischer Krieg.

1664. Der Großwesir Köprülü Fazïl Ahmed erleidet bei Sankt Gotthard an der Raab eine Niederlage gegen Montecuccoli, aber der Frieden von Eisenburg erlaubt den Osmanen, ihren Besitzstand zu halten.

1668. Die Osmanen verbinden sich mit dem Kosakenführer Peter Doroschenko.

1669. Osmanische Eroberung von Kandia. Venedig verzichtet 1670, mit Ausnahme dreier kleiner Häfen, auf Kreta.

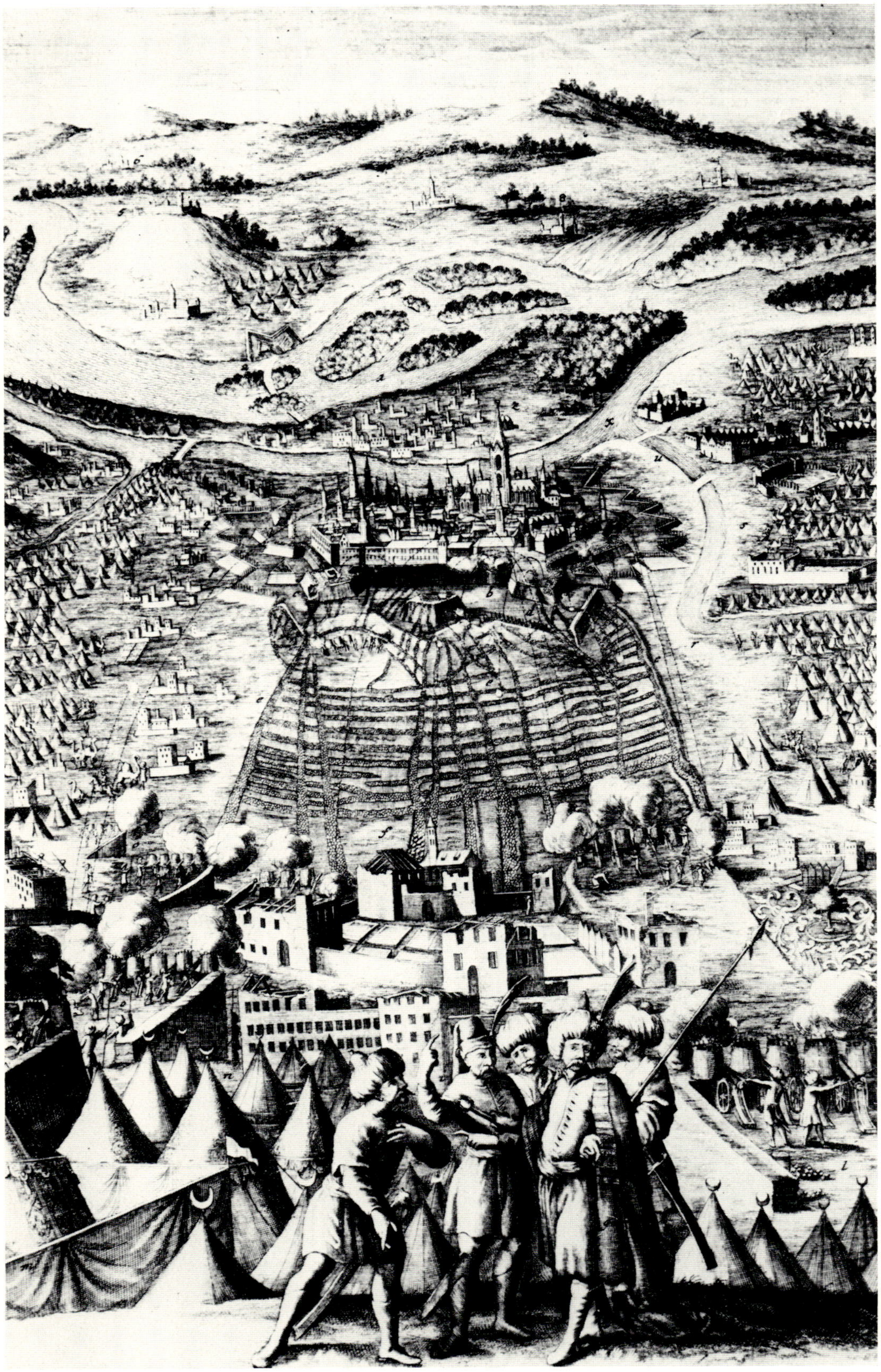

1672–1676. Osmanisch-polnischer Krieg um die Kontrolle über die Ukraine. Doroschenko erkennt die Oberherrschaft des Sultans an. Im Vorfrieden von Zórawno (am Dnjestr) 1676 wird der Tribut Polens aufgehoben und einige 1672 abgetretene Gebiete werden von den Osmanen zurückgegeben. Doroschenko verbündet sich mit Rußland.

1677–1681. Erster Krieg zwischen Rußland und dem Osmanischen Reich. Die Osmanen verlieren im Vertrag von Baghtschesarai die östliche Ukraine, womit sie zum erstenmal einen endgültigen Gebietsverlauf erleiden.

1678–1683. Murad Girai versucht eine unabhängige Politik der Krim. Er will das Recht Dschingis Chans (*Yasa*) anstelle der *Scheri*^{c}*a* setzen, wird jedoch von den Osmanen nach Bulgarien verbannt.

1681. Zwangskonfiskationen von Ländereien der Wolga-Tataren und Konversionen zum Christentum. Im Abendland kommt nach Jahrhunderten zum erstenmal wieder die Furcht vor einem muslimischen Angriff auf Sizilien auf.

1682–1699. Österreichisch-osmanischer Krieg. Die Osmanen erkennen Imre Thököly als König von Ungarn an.

1683. Der Großwesir Merzifonlu Qara Mustafa Pascha belagert zwischen 17. Juli und 12. September Wien, erleidet aber eine Niederlage.

1684. Dritte Heilige Liga aus Österreich, Polen und Venedig, von Papst Innozenz XI., der »die Türken nach Asien zurückschicken« will, gefördert; Rußland schließt sich ebenfalls an. Zwischen 1684 und 1690 spielt der Krimchan Selim Girai I. eine herausragende Rolle bei der Rettung des Osmanischen Reichs vor seinen Feinden.

1686–1687. Karl von Lothringen nimmt Buda ein und besiegt die Osmanen in der zweiten Schlacht bei Mohács. Venezianische Siege unter Morosini auf der Peloponnes sowie auf Chios und in Dalmatien.

1688–1689. Die Kaiserlichen nehmen Belgrad, Vidin und Nisch ein.

1690. Wiedereroberung von Nisch und Belgrad durch den Großwesir Köprülü Fazïl Mustafa. Serbische Massenauswanderung nach Mittelungarn.

1681. Köprülü Fazïl Mustafa wird in der Schlacht von Slankamen durch Ludwig von Baden besiegt.

1696. Der Zar Peter der Große erobert Azow.

1683 wird Wien zum zweitenmal belagert. Dies ist der letzte türkische Vorstoß ins Herz Europas (links: türkische Belagerungsgräben vor den Mauern der Habsburger-Residenz). Ein Jahr später wird die Heilige Liga unter dem Protektorat von Papst Innozenz XI. gebildet, an ihr beteiligen sich Österreich, Polen und Venedig.

1697. Sieg des Prinzen Eugen von Savoyen bei Zenta. Eugen marschiert bis Sarajewo und äschert es ein.

1699. Als Ergebnis der Heiligen Liga kommt es zum Vertrag von Karlowitz. Hier wird durch englische und holländische Vermittlung Ungarn, Siebenbürgen, Kroatien und Slawonien an Österreich abgetreten, Venedig erwirbt die Peloponnes und einen großen Teil von Dalmatien, Polen erhält Podolien und wird von Tributzahlungen an die Krim befreit, Rußland zahlt nach dem Vertrag von Istanbul 1700 ebenfalls keinen Tribut mehr an die Krim und erwirbt Azow.

1710–1711. Der Krimchan, Frankreich und der Schwedenkönig Karl XII., der sich zum Sultan flüchtet, drängen den Sultan zum Krieg gegen Rußland. Peter der Große präsentiert sich als Befreier der Christenheit, nimmt Jassy ein, wird jedoch allein von den Montenegrinern unterstützt. Er wird am Pruth umzingelt und u.a. gezwungen, Azow zurückzugeben. Ein Ergebnis des Krieges ist eine striktere osmanische Aufsicht über die Donaufürstentümer durch phanarotische, das heißt aus dem Phanar stammende, dem Sitz des orthodoxen Patriarchats, griechische Statthalter.

1714–1718. Krieg zwischen Venedig und den Osmanen; diese erringen mit der Eroberung der Insel Tinos ihren letzten Sieg. 1716 tritt Österreich in den Krieg ein. Prinz Eugen siegt bei Peterwardein und erobert im folgenden Jahr Belgrad. Der Vertrag von Passarowitz (1718) sichert Österreich das Banat, die Kleine Walachei und Belgrad, die Osmanen erhalten die Peloponnes zurück, Venedig behält die Ionischen Inseln, die Vorposten Santa Maura (Levkas) und Cerigo (Kythera) und erwirbt einige Gebiete in Dalmatien.

1730. Bei dem Aufstand des Patrona Chalil stirbt der Dichter Nedim und wird der Großwesir Nevschehirli Ibrahim Pascha hingerichtet. Absetzung von Sultan Ahmed III.

1736–1739. Osmanisch-russischer Krieg, an dem seit 1737 auch Österreich teilnimmt. Rußland erobert Azow zurück, fällt auf der Krim ein und setzt Baghtschesarai mit dem Palast der Chane und der großen, von Selim Girai begründeten Bibliothek in Brand. Die Osmanen konzentrieren ihre Kräfte gegen Österreich und zwingen dieses zum Friedensschluß von Belgrad, mit dem diese Stadt an den Sultan zurückfällt. Auch die Russen, welche unter General Münnich vorstoßen, müssen Frieden schließen und erklären sich bereit, die Befestigungen von Azow zu schleifen und keine Schiffe ins Schwarze Meer zu entsenden.

1761. Friedrich II. von Preußen, eingeschlossen im Lager von Bunzelwitz, bemüht sich um ein Bündnis mit den Osmanen.

1766. Aufhebung des Patriarchats von Peć und des Erzbistums Ohrid.

1768–1774. Russische Truppen verletzten bei

Der Druck oben ist den OPTIMIS PRINCIPIBUS PIO FEDERE COLLIGATIS gewidmet. Die Bibelsprüche auf den Bändern sind aus 1684 Buchstaben zusammengefügt – entsprechend dem Gründungsjahr der Heiligen Liga, nach den Siegen des Prinzen Eugen von Savoyen, die bis zum Frieden von Karlowitz (1699) besteht.

der Verfolgung polnischer Konföderierter osmanisches Territorium, was zum ersten Krieg der Osmanen gegen Katharina II. von Rußland führt. Im Jahre 1770 besiegt die russische Flotte, die aus der Ostsee eintrifft und englische Offiziere an Bord hat, bei Tscheschme die der Osmanen. Im Vertrag von Kütschük Kainardscha wird die Krim unabhängig, die Donaufürstentümer Moldau und Walachei bleiben dem Sultan, dessen Autorität auch als Chalif anerkannt wird. Dagegen erhält der Zar die Schutzherrschaft über die Christen der Donaufürstentümer, strategische Punkte am Schwarzen Meer und darf eine Kirche in Galata bauen. Die Osmanen behalten Özü (Otschakov an der Dnjepr-Mündung). Der Chan Schahin Girai (der durch seine Ausbildungsjahre in Venedig einen italienischen Hintergrund hatte) lehnt sich an Rußland an, um Reformen westlichen Stils durchzuführen. Beginn der Auswanderung der Tataren ins Osmanische Reich, sie werden durch andere Volksgruppen ersetzt. Österreich nimmt die Bukowina ein. Nun ist das Osmanische Reich unstrittig der »Kranke Mann am Bosporus«.

1783. Rußland annektiert nach den Eroberungen Potemkins und Massakern unter den Tataren die Krim. Schahin Girai wird in seinem osmanischen Exil auf Rhodos 1787 hingerichtet.

1787–1792. Zweiter Krieg der Osmanen gegen Katharina II. Österreich tritt 1788 in den Krieg ein, im folgenden Jahr verständigen sich Katharina II. und Joseph II. über die Teilung des Osmanischen Reichs. Im osmanischen Heer kämpfen als Oberhaupt der Tataren und mit dem Titel »Chan« Schehbaz Girai und später Baht Girai. Preußen bemüht sich um den Frieden und tritt dem Vertrag von Swischtow (Sistowa, 1791) bei. Österreich gewinnt lediglich den Paß des Eisernen Tors. Die Russen schließen 1792 den Frieden von Jassy, erhalten Özü, der Dnjestr bildet nun die Grenze zwischen beiden Reichen.

1789–1807. Sultan Selim III. bemüht sich um militärische und administrative Reformen.

1798–1802. Krieg der Osmanen gegen Frankreich.

1799. Der Sultan erklärt zum erstenmal die Unabhängigkeit Montenegros.

1804. Serbischer Aufstand.

1806. Das Osmanische Reich erklärt Rußland, welches die Donaufürstentümer einnimmt, den Krieg. Im folgenden Jahr führen die Engländer einen fruchtlosen Angriff auf die Dardanellen aus. 1807 wird Selim III. von Reform-Gegnern abgesetzt. Napoleon läßt die Osmanen im Stich.

1808. Bairaqdar Mustafa Pascha, der *Ayan* (»Lokalfürst«) von Rustschuk und Befürworter von Reformen, ergreift die Macht und wird Großwesir. Im *Sened-i Ittifaq* (Einigungs-Dokument) werden die Rechte der *Ayan* garantiert und die Macht des Sultans beschnitten. Doch wird Bairaqdar während eines Aufstands getötet.

1809. Vertrag über die Dardanellen zwischen den Osmanen und Engländern, fremden Kriegsschiffen wird die Durchfahrt der Meerengen in Friedenszeiten untersagt.

1812. Vertrag von Bukarest zwischen Osmanen und Russen. Letztere erhalten Bessarabien.

1813. Die von den Russen im Stich gelassenen Serben werden besiegt.

1815–1817. Die Serben erheben sich erneut unter Milosch Obrenowić, der von den Osmanen als Fürst von Serbien anerkannt wird.

1821–1830. Griechischer Unabhängigkeitskrieg. Der Albaner Mohammed Ali, der Machthaber Ägyptens, unterstützt den Sultan gegen die Griechen.

1822. Ali Pascha von Janina, der sich praktisch für unabhängig erklärt hatte, wird geschlagen und hingerichtet.

1826. Fall der griechischen Festung Missolunghi, wo Lord Byron 1824 starb. Massaker an den Janitscharen, die sich einer Heeresreform widersetzen, in Istanbul. Auflösung ihres Korps zusammen mit dem Bektaschi-Orden, welcher im Untergrund weiterexistiert. Sultan Mahmud II. gelingt es, sich gleichfalls von der Opposition der Provinz-Notabeln zu befreien.

1827. In der Bucht von Navarino wird die osmanisch-ägyptische Flotte von den vereinigten Marinen Englands, Rußlands und Frankreichs vernichtet.

1828. Rußland erklärt den Krieg, bevor die Osmanen ihr Heer neu organisiert haben. Die osmanischen Donaufestungen leisten dennoch größten Widerstand, doch gelingt den Russen 1829 die Einnahme Edirnes, wo ein Friedensvertrag geschlossen wird: den Donaufürstentümern wird eine beachtliche Unabhängigkeit eingeräumt, und im Falle Griechenlands werden die Entscheidungen der Großmächte hingenommen.

1830. Die Londoner Protokolle garantieren die Unabhängigkeit Griechenlands durch die Großmächte.

1832. Eine russische Flotte trifft im Bosporus ein, um den Sultan gegen Mohammed Ali zu unterstützen. Das Abkommen von Chünkar Iskelesi, das eine gegenseitige Hilfeleistung zwischen Zar und Sultan vorsieht, alarmiert die übrigen europäischen Mächte.

1838. Osmanisch-englisches Abkommen von Balta Limanï. Die sogenannten Kapitulationen waren ursprünglich einseitig vom Sultan gewährte kommerzielle und sonstige Privilegien und wurden später zum deutlichsten Merkmal der Unterlegenheit des Reichs gegenüber den anderen europäischen Mächten. In Nachahmung dieses Abkommens wurden weitere mit den übrigen Großmächten geschlossen.

1839. Am 3. November wird das *Chatt-i Scherif* (»Erhabenes Handschreiben«), ein Werk Mustafa Reschid Paschas, verkündet. Es bezweckt eine Reform von Verwaltung und Rechtsprechung, legt den Grundsatz der Gleichheit aller Untertanen vor dem Gesetz fest und erkennt die Notwendigkeit neuer Institutionen an. Die sogenannte Reform-Zeit (die *Tanzimat*-Periode) datiert ab diesem Jahr.

1840. Redaktion eines ersten osmanischen Rechtskodex aufgrund ausländischer Quellen: das Strafgesetzbuch basiert zu großen Teilen auf dem französischen von 1810. Weitere Überarbeitungen erfolgen 1851 und 1858, die Strafprozeßordnung datiert 1861, das Handelsgesetzbuch 1850. Die erste Festschreibung des Zivilrechts von einem gewissen Umfang ist das Bodenrecht von 1858. Der Kodex über den Seehandel datiert von 1863. Zwischen 1869 und 1879 erscheint das erste islamische Zivilgesetzbuch, die *Medschelle*, welches sich auf das hanafitische Recht gründet und zum Teil noch im Nahen Osten Gültigkeit hat. 1860 werden Zivilgerichtshöfe, welche an die bestehenden religiösen Gerichte angeschlossen sind, gegründet, während die erste Zivilprozeßordnung von 1880 datiert.

1848–1851. Im Gefolge eines Aufstands in den Donaufürstentümern gegen russische Einmischungen besetzt Rußland mit osmanischer Zustimmung die Moldau und die Walachei. Internationale Krise von 1849 wegen der Forderung nach Auslieferung der ungarischen Aufständischen, die sich ins Osmanische Reich geflüchtet hatten.

1853–1855. Krimkrieg. Rußland besetzt infolge der seit 1850 schwelenden Streitigkeiten um die Aufsicht über die Heiligen Stätten die Donaufürstentümer. 1854 erklären Frankreich und England Rußland den Krieg, welches sich auf preußischen und österreichischen Druck aus den beiden Fürstentümern zurückzieht. Österreich marschiert in die Fürstentümer ein. Krimfeldzug, bei dem auch Piemont vertreten ist. 1855 wird Sewastopol erobert, und man schließt einen Frieden.

1856. Am 18. Februar verkündet der Sultan ein *Chatt-i Hümayun* (»Kaiserliches Handschreiben«), den sogenannten *Islahat-Ferman* (»Reform-Edikt«), das Werk von Ali Pascha und Fuad Pascha, in dem die 1839 festgelegten Grundsätze bekräftigt werden. Im Vertrag von Paris vom 30. März wird die territoriale Unverletzlichkeit des Osmanischen Reichs von den Großmächten garantiert: das südliche Bessarabien wird mit der Moldau vereinigt, und diese wird, wie die Walachei, unter internationales Mandat gestellt. 1862 wird der Staat Rumänien, der aus der Vereinigung beider Fürstentümer entstand, proklamiert.

1866–1869. Kretischer Aufstand, in dessen Verlauf der Zusammenschluß mit Griechenland erklärt wird, unterdrückt.

1870. Anerkennung der Selbständigkeit der bulgarischen Kirche durch den Sultan.

1874. Wirtschaftlicher Zusammenbruch des Osmanischen Reichs wegen seiner Auslandsschul-

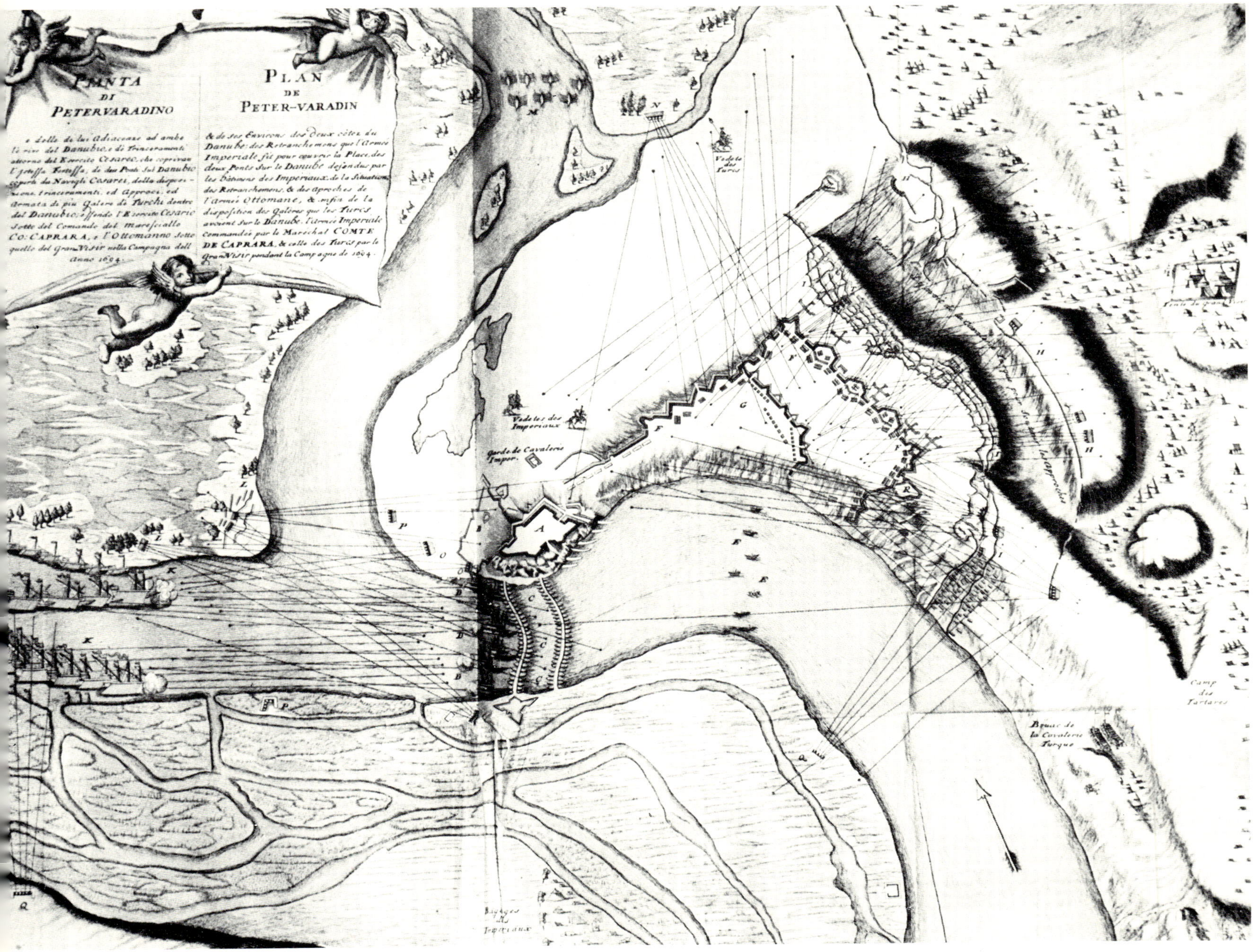

Die Türken werden 1716 bei Peterwardein an der Donau von den Österreichern eingeschlossen und besiegt. Illustration aus Marsiglis Werk STATO MILITARE DELL'IMPERIO OTTOMANO (1732).
Diese schwere Niederlage führt zum Frieden von Passarowitz (1718), in dem der Kaiser das Banat (von Temeschwar), die Kleine Walachei und den nördlichsten Teil von Serbien gewinnt.

den. 1881 wird die »Allgemeine osmanische Schulden-Verwaltung«, welche von den ausländischen Gläubigern kontrolliert wird, gegründet. An sie werden zahlreiche offizielle Einnahmequellen des Staates abgetreten.

1875–1876. Aufstände in Bosnien-Herzegowina und in Bulgarien. Serbien und Montenegro erklären dem Osmanischen Reich den Krieg, welches die Serben schlägt, während sich die Montengriner zurückziehen.

1876. Am 23. Dezember wird die erste türkische Verfassung, ein Werk des Großwesirs Midhat Pascha, verkündet, jedoch wird ihr Vater im folgenden Jahr verbannt. Das erste osmanische Parlament tritt am 19. März 1877 zusammen. Sultan Abdülhamid II. löst es 1878 auf, weil »die Zeiten nicht geeignet seien« für das Funktionieren eines Parlaments.

1877–1878. Rußland erklärt den Osmanen den Krieg, doch wird sein Vormarsch durch Osman Pascha bei Plewna, das erst nach einer heldenhaften Verteidigung fällt, aufgehalten. Der Waffenstillstand von Edirne führt zum Frieden von San Stefano, wo die Gründung eines Groß-Bulgariens, welches im russischen Einflußbereich bleiben sollte, beschlossen wird. Doch Österreich und England lassen den Berliner Kongreß zusammentreten. Das Territorium Bulgariens wird verkleinert, es bleibt unabhängig, untersteht aber formell dem Sultan, dem nur Makedonien und Thrakien bleiben. Rumänien, Serbien und Montenegro erklären sich unabhängig. Bosnien-Herzegowina wird einem österreichisch-ungarischen Protektorat unterstellt. Griechenland erhält lediglich Zusagen. In der Folge werden die Briten die Verwaltung Zyperns übernehmen.

1881. Abtretung Thessaliens und eines Teils des Epirus an Griechenland.

1881. Aufstand in Ostrumelien und Krieg zwischen Bulgarien und Serbien.

1889. Aufstand auf Kreta. Revolutionäre Unternehmungen in allen Reichsteilen, veranstaltet von Angehörigen der Minderheiten. Die folgenden Massaker an Armeniern sollten im Ersten Weltkrieg ein tragisches Nachspiel haben.

1897. Kretischer Aufstand, von Griechenland, das so den Krieg mit den Osmanen provoziert, unterstützt. Griechenland unterliegt, aber die Großmächte, die an einer Erhaltung des *status quo* interessiert sind, veranlassen den Friedensschluß. Kreta wird 1912 formell an Griechenland angeschlossen. Die revolutionären Umtriebe in Mazedonien führen zur Intervention der europäischen Mächte, aber erst 1909 tritt eine gewisse Beruhigung ein.

1902 und 1907. Kongresse der Jungtürken in Paris.

1905. Im August wird der erste Kongreß der russischen Muslime in Nischni-Nowgorod (Gorki) eröffnet.

1906. Zweiter Kongreß der russischen Muslime in Petersburg vom 13. bis zum 23. Januar. Man beschließt bei der Wahl zum ersten russischen Parlament (der *Duma*) die Kadetten (»Konstitutionelle Demokraten«) mit einer gemeinsamen Liste zu unterstützen. Zwischen dem 16. und 21. August tagt der Dritte Kongreß der russischen Muslime in Nischni-Nowgorod, wo man die Gründung einer Partei der muslimischen Völker beschließt. Es wird auch die Einführung einer einzigen »Sprache der Muslime« auf der Grundlage des osmanischen Türkisch beschlossen.

1908. Revolution der Jungtürken, um das Zerbröckeln des Reiches zu verhindern, ausgelöst von Niyazi Bey in Mazedonien. Am 24. Juli setzt Abdülhamid die Verfassung von 1876 erneut in Kraft. Im Oktober erklärt Bulgarien seine Unabhängigkeit, und Österreich annektiert Bosnien-Herzegowina. Im Dezember tritt das sich neu konstuierende osmanische Parlament zusammen.

1909. Gegenrevolutionäre Aktivitäten traditioneller Kräfte und albanischer Soldaten in Istanbul, aber ein Einsatzheer, in dem sich auch Mustafa Kemal befindet, besetzt die Hauptstadt erneut und stürzt Abdülhamid.

1910. Unterdrückung des albanischen Aufstands. Neue Unruhen im Jahre 1912.

1911–1912. Krieg um Libyen gegen Italien, das die Inselgruppe des Dodekanes besetzt. Im Abkommen von Ouchy bzw. Frieden von Lausanne verlieren die Osmanen Libyen, doch wird die religiöse Autorität des Sultans anerkannt. Der Dodekanes muß den Osmanen zurückgegeben werden, doch beharrt Italien auf seiner Okkupation.

1912. Erster Balkankrieg, in dem das Osmanische Reich gegen Bulgarien, Montenegro und Griechenland kämpfen muß. Albanien erklärt sich unabhängig. Das Osmanische Reich erleidet schwere Niederlagen, doch führt 1913 der Gegensatz unter den Siegern zum Zweiten Balkankrieg. Bulgarien kämpft gegen Griechenland, Serbien, Montenegro, Rumänien und das Osmanische Reich, letzteres kann Edirne wiedergewinnen. Im Vertrag von Bukarest können die Osmanen ihre europäische Präsenz aufrechterhalten.

1914. Geheime Allianz des Osmanischen Reichs mit Deutschland, welches mit Liman von Sanders schon die Reorganisation der osmanischen Streitkräfte betrieben hatte. Die deutschen Kriegsschiffe »Goeben« und »Breslau« nehmen in den Dardanellen Zuflucht und werden in die osmanische Flotte samt ihrer Besatzung eingegliedert. Rußland, Großbritannien und Frankreich erklären dem Osmanischen Reich den Krieg, Großbritannien annektiert Zypern. Am 11. November ruft der Sultan-Chalif zum »Heiligen Krieg« auf.

1915. Alliierte Angriffe zu See gegen die Dardanellen. Britische Landungstruppen werden am 25. April auf der Halbinsel von Gelibolu (Gallipoli) ausgesetzt, wo sie auf den unüberwindlichen Widerstand der Osmanen stoßen. Ein wichtiger Frontabschnitt wird von Mustafa Kemal befehligt.

1917. Kodifikation des von der *Medschelle* ausgesparten Familienrechts. Eröffnung eines tatsächlich allrussischen muslimischen Kongresses in Moskau. Er verlangt eine Zentralverwaltung für Kultur- und Religionsangelegenheiten sämtlicher Muslime im Rahmen einer russischen Föderation. In der Zwischenzeit soll sich ein provisorischer nationaler Zentralrat der Muslime mit den politischen Fragen befassen. In den Grund- und Sekundarschulen sollte in den Turksprachen der verschiedenen Nationalitäten unterrichtet werden, während das »Gemeintürkische« oder Osmanische für die Sekundar-Schulen als Pflichtstoff und Unterrichtssprache für die Hochschulen vorgesehen war. In Kazan findet am 17. Juli ein Kongreß muslimischer Soldaten statt und am 21. der Zweite allrussische Kongreß der Muslime, aber die Tataren von der Wolga und aus dem Ural stehen bei der Entscheidung über die kulturelle Autonomie der Muslime des inneren, d.h. europäischen, Rußlands und Sibiriens allein da. Die tatarische Nationalversammlung erklärt im November in Ufa die territoriale Autonomie des Staates Idel-Ufa, während die Baschkiren in Orenburg ihre Unabhängigkeit ausrufen. In den ersten Monaten des Jahres 1918 haben die Bolschewiken die Macht ergriffen und den Wunsch ausgesprochen, eine tataro-baschkirische Republik einzurichten, deren Verwirklichung durch den Bürgerkrieg aufgeschoben wird. Am 23. März 1919 konstituiert sich die Baschkirische Autonome Sozialistische Sowjet-Republik (1922 vergrößert) und am 25. Juni 1920 die Tatarische ASSR. Auf der Krim, wo weniger als 200000 Tataren zurückgeblieben waren, hatte sich unter der deutschen Besatzung eine Regierung etabliert, welche 1918 stürzt. 1921 konstituiert sich die Krimtatarische ASSR, welche mit der Zwangsumsiedlung der Tataren im Zweiten Weltkrieg nach Mittelasien aufgelöst wird.

1918. Das Osmanische Reich wird gezwungen, den Waffenstillstand von Mudros zu unterzeichnen, und sein Gebiet wird von den siegreichen Alliierten besetzt. Am 19. Mai 1919 landet Mustafa Kemal in Samsun. Er wurde von der Regierung in Istanbul mit der Demobilisierung der anatolischen Truppen beauftragt, doch organisiert er den Widerstand und den nationalen Unabhängigkeitskrieg. Nach dem Kongreß von Erzurum beschließt der Kongreß von Sivas am 13. September den sogenannten »Nationalpakt«, welcher auch vom Parlament in Istanbul angenommen wird (28. Januar 1920). Eine nationale Regierung wird in Ankara gebildet. Sie schließt einen Freundschaftsvertrag mit Sowjetrußland. Der Friedensvertrag von Sèvres (1920) wird so durch die Ereignisse überholt.

1921. Die Große Nationalversammlung in Ankara beschließt ein Grundgesetz. In den Monaten Februar und März findet die Konferenz von London statt.

1922. Nach dem Sieg Mustafa Kemals über die in Westanatolien einmarschierten Griechen wird der Waffenstillstand von Mudanya geschlossen.

1922. Die türkische Regierung schafft am 1. November das Sultanat ab. Das Kalifat bleibt unter Abdülmedschid II. als rein spirituelle Institution bis zum 3. März 1924 erhalten. Im Vertrag von Lausanne wird der neue türkische Staat international vorbehaltlos anerkannt. Am 29. Oktober 1923 wird die Republik mit Ankara als Hauptstadt ausgerufen.

Kalifen, Emire und Sultane

Eine feine Malerei auf vergoldetem Leder in einem Gewölbe der Sala de los Reyes in der Alhambra von Granada. Die zehn Figuren stellen Mauren-Könige dar oder aber die Sitzung eines Staatsrats (*Diwan*).

Omaijadische Emire von al-Andalus

Abd ar-Rahman I., 756–788
Hischam I., 788–796
al-Hakam I., 796–822
Abd ar-Rahman II., 822–852
Mohammed I., 852–886
al-Mundhir, 886–888
Abd Allah, 888–912
Abd ar-Rahman III., 912–929

Omaijadische und hammudidische Kalifen von Córdoba

Abd ar-Rahman III. *an-Nasir li din Allah*, 929–961
al-Hakam *al-Mustansir billah*, 961–976
Hischam II. *al-Mu'ajjad billah*, 976–1009
Mohammed II. *al-Mahdi*, 1009
Sulaiman *al-Musta'in*, 1009–1010
Mohammed II. *al-Mahdi* (erneut), 1010
Hischam II. *al-Mu'ajjad billah* (erneut), 1010–1013
Sulaiman *al-Musta'in* (erneut), 1013–1016
Ali ibn Hammud, 1016–1018
Abd ar-Rahman IV. *al-Murtada*, 1018
al-Qasim ibn Hammud, 1018–1021
Jahja ibn Ali ibn Hammud, 1021–1023
al-Qasim ibn Hammud (erneut), 1023
Abd ar-Rahman V. *al-Mustazhir billah*, 1023–1024
Mohammed III. *al-Mustakfi*, 1024–1025
Jahja ibn Ali ibn Hammud (erneut), 1025–1029
Hischam II. *al-Mu'tadd*, 1029–1031

Emire von Sizilien

Bei den spärlichen und häufig widersprüchlichen Quellenaussagen können die Namen und Regierungszeiten der Emire nicht immer mit Sicherheit bestimmt werden. Wir beschränken uns deshalb auf die Wiedergabe der grundlegenden Rekonstruktion durch Michele Amari in seinem Werk BIBLIOTECA ARABO SICULA.

Militärische Kommandanten

Asad ibn al-Furat, 827
Mohammed ibn Abi'l-Dschawari, 828
Othman ibn Qurhub (?), 829

Aghlabidische Emire

Mohammed ibn Abd Allah ibn al-Aghlab, genannt Abu Fihr, 832
Abu'l-Aghlab Ibrahim, 835
al-Abbas ibn al-Fadl ibn Jaqub ibn Fazara, 851
Ahmad ibn Jaqub (der Onkel des Vorigen), 861
Abd Allah ibn al-Abbas ibn al-Fadl, 861
Chafadscha ibn Sufjan, 862
Mohammed ibn Chafadscha, 869
Ahmad ibn Jaqub ibn al-Muda ibn Salma (oder Mohammed ibn Abi'l-Husain), 871
al-Husain (der Sohn des Vorigen), 871
Rabah ibn Jaqub, 871
Abu'l-Abbas ibn Jaqub Abd Allah, 871
al-Husain ibn Rabah, 871
Abu'l-Abbas Abd Allah ibn Mohammed ibn Abd Allah ibn al-Aghlab (der Sohn von Abu Fihr, dem ersten Emir von Palermo), 873
Ahmad ibn Jaqub ibn Omar ibn Abd Allah ibn Ibrahim ibn al-Aghlab, genannt Abu Malik und al-Habaschi, 873 (?)
Dschafar ibn Mohammed, 878
al-Aghlab ibn Mohammed al-Aghlab, 878
al-Husain ibn Rabah (erneut), 878
al-Hasan ibn al-Abbas, 881
Mohammed ibn al-Fadl, 882
al-Husain ibn Ahmad, 885
Sawada ibn Mohammed ibn Chafadscha, 885
Abu'l-Abbas ibn Ali, 887
Ahmad ibn Jaqub ibn Omar ibn Abd Allah ibn Ibrahim ibn al-Aghlab (erneut), 887
Sawada ibn Mohammed ibn Chafadscha (erneut), 890
Mohammed ibn al-Fadl (erneut), 892
Abd Allah ibn Ibrahim ibn Ahmad, genannt Abu'l-Abbas, 900
Zijadat Allah ibn Abd Allah, genannt Abu Mudar, 902
Mohammed ibn as-Sarqusi, 903
Ali ibn Mohammed ibn Abi'l-Fawaris, 903
Ahmad ibn al-Husain ibn Rabah, 903
Ali ibn Mohammed ibn Abi'l-Fawaris (erneut), 909

Fatimidische Emire

al-Hasan ibn Ahmad ibn Abi Chinzir, 910
Ali ibn Omar al-Balawi, 912
Ahmad ibn Zijadat Allah ibn Qurhub, 913
Abu Sa'id Musa ibn Ahmad, genannt ad-Daif, 916
Salim ibn Raschid (oder Ibn Asad), 917
Abu'l-Abbas Chalil ibn Ishaq ibn Ward, 937
Ibn al-Kufi, zusammen mit Ibn Attaf, 941

Die kalbitische Dynastie

al-Hasan ibn Ali al-Kalbi, 948
Abu'l-Husain (der Sohn des Vorigen), 954
Ja'isch (der Freigelassene des al-Hasan ibn Ali), 969

Die osmanischen Sultane in chronologischer Folge von links nach rechts (Gemälde aus dem Topkapï-Serail in Istanbul von Kapïdaghïlï).

Osman	Orchan	Murad I
Mehmed II	Bajezid II	Selim I
Mehmed III	Ahmed I	Mustafa I

Bajezid I, Süleiman I, Osman II
Mehmed I, Selim II, Murad IV
Murad II, Murad III, Ibrahim

Abu'l-Qasim Ali ibn al-Hasan (anfangs Stellvertreter seines Bruders Ahmad, später Titular-Emir) (?)
Dschabir (der Sohn des Vorigen), 982
Dschafar ibn Mohammed ibn al-Hasan (der Vetter des Vorigen), 983
Abd Allah ibn Mohammed (der Bruder des Vorigen), 985
Abu'l-Futuh Jusuf (der Sohn des Vorigen), 989
Ahmad (der Bruder des Vorigen), 1019
Abd Allah ibn al-Mu'izz ibn Badis (Interregnum eines Fürsten der Ziriden-Dynastie), 1036
al-Hasan as-Samsan (Bruder der oben genannten Dschafar und Ahmad), 1040 (?), 1053 (?) abgesetzt.

Osmanische Sultane

Osman, genannt *Ghazi* (der Glaubenskämpfer), Sohn des Ertoghrul, 1281–1324
Orchan, *Ghazi*, Sohn des Osman, 1324–1360
Murad I., *Chüdawendigar* (»Herr, Meister«), Sohn des Orchan, 1360–1389
Bajezid I., *Jïldïrïm* (der »Wetterstrahl«), Sohn Murads I., 1389–1402 (starb 1403)
Interregnum, in dem sich die Söhne Bajezids I., Mehmed *Tschelebi*, Musa *Tschelebi*, Isa *Tschelebi* und *Emir* Süleiman die Herrschaft streitig machen, 1402–1413
Mehmed I., *Tschelebi*, Sohn Bajezids I., 1413–1421
Murad II., Sohn Mehmeds I., 1421–1444
Mehmed II., Sohn Murads II., 1444–1446
Murad II. (erneut), 1446–1451
Mehmed II. *Fatih* (der Eroberer), (erneut), 1451–1481
Bajezid II., *Veli* (der Fromme), Sohn Mehmeds II., 1481–1512
Selim I., *Javuz* (der Grimme), Sohn Bajezids II., 1512–1520
Süleiman I., *Qanuni* (der Gesetzgeber), Sohn Selims I., 1520–1566
Selim II., Sohn Süleimans I., 1566–1574
Murad III., Sohn Selims II., 1574–1595
Mehmed III., *Egri Fatihi* (der Eroberer von Erlau), Sohn Murads III, 1595–1603
Ahmed I., Sohn Mehmeds III., 1603–1617
Mustafa I., Sohn Mehmeds III., 1617–1618
Osman II., *Gendsch*, Sohn Ahmeds I., 1618–1622
Mustafa I. (erneut), 1622–1623 (starb 1639)
Murad IV., *Baghdad Fatihi* (der Eroberer von Bagdad), Sohn Ahmeds I., 1623–1640
Ibrahim, *Deli* (der Verrückte), Sohn Ahmeds I., 1640–1648
Mehmed IV., *Awdschï* (der Jäger), Sohn des Ibrahim, 1648–1687 (starb 1693)
Süleiman II., Sohn des Ibrahim, 1687–1691
Ahmed II., Sohn des Ibrahim, 1691–1695

Mustafa II., *Ghazi*, Sohn Mehmeds IV., 1695–1703
Ahmed III., Sohn Mehmeds IV., 1703–1730 (starb 1736)
Mahmud I., Sohn Mustafas II., 1730–1754
Osman III., Sohn Mustafas II., 1754–1757
Mustafa III., Sohn Ahmeds III., 1757–1774
Abdülhamid I., Sohn Ahmeds III., 1774–1789
Selim III., Sohn Mustafas III., 1789–1807 (starb 1808)
Mustafa IV., Sohn von Abdülhamid I., 1807–1808
Mahmud II., *Adli* (der Gerechte), Sohn Abdülhamids I., 1808–1839
Abdülmedschid, *Ghazi*, Sohn Mahmuds II., 1839–1861
Abdülaziz, Sohn Mahmuds II., 1861–1876
Murad V., Sohn Abdülmedschids, 1876 (starb 1904)
Abdülhamid II., Sohn Abdülmedschids, 1876–1909 (starb 1918)
Mehmed V. *Reschad* (»der rechtschaffen Handelnde«), Sohn Abdülmedschids, 1918 bis 1922 (starb 1926)
Abdülmedschid (II.), der letzte Chalif, Sohn von Abdülaziz, 1922–1924 (starb 1944)

Die osmanischen Sultane in chronologischer Folge von links nach rechts (Gemälde aus dem Topkapï-Serail in Istanbul von Kapïdaghïlï und anderen).

Mehmed IV Osman III Abdülmedschid	Süleiman II Mustafa III Abdülaziz	Ahmed II Abdülhamid I Murad V

Bedeutende Persönlichkeiten der islamischen Welt

Mustafa II
Selim III
Abdülhamid II

Ahmed III
Mustafa IV
Mehmed V

Mahmud I
Mahmud II
Mehmed VI

Abubacer (Abu Bakr Mohammed Ibn Tufail). Arzt und Philosoph, geboren wohl zu Beginn des 12. Jahrhunderts in Cádiz, lebte in Spanien und Marokko, wo er 1185 starb. Sein Ruhm gründet vor allem auf dem philosophischen Roman Haij Ibn Jaqzan (»Der Lebende, der Sohn des Wachenden«): Sein allegorischer Held wird auf einer menschenleeren Insel geboren und wächst dort auf. Von einer Gazelle gesäugt, gelangt er durch das Studium der Natur über eine immer tiefere Erkenntnis der Wahrheit bis zu einer vollständigen Schau des Einen. Dieser »Robinson Crusoe der Philosophie« erlebte im Abendland einen großen Erfolg. Pico della Mirandola übersetzte ihn aus einer hebräischen Fassung zum persönlichen Gebrauch ins Lateinische, doch erlangte der Roman einen noch größeren Erfolg durch die ebenfalls lateinische Übersetzung von Edward Pocock jr. (Oxford, 1671). Danach wurden zahlreiche englische, niederländische, deutsche, spanische und französische Ausgaben verfaßt.

Abulcacis (Abu l-Qasim az-Zahrawi). Geboren in Madinat az-Zahra bei Córdoba, soll er Leibarzt Abd ar-Rahmans III. gewesen sein, er starb um 1010/3. Er war ein berühmter Arzt, vor allem aber ein bedeutender Chirurg. Sein Werk wurde in der Welt des Islam nicht allzusehr geschätzt, fand jedoch im Abendland zahlreiche Bewunderer. Die bedeutenden technischen Neuerungen, die Abulcacis in die Chirurgie einzuführen verstand, machten ihn für viele europäischen Chirurgen bis zum Ausgang der Renaissance zum unbestrittenen Vorbild. Er war unter anderem der erste, der den Gebrauch und die Einsetzung künstlicher, aus Rindsknochen gefertigter Zähne beschrieb.

Albatenius (al-Battani, Mohammed ibn Dschabir ibn Sinan). Wird als einer der größten muslimischen Astronomen angesehen. Er wurde vor 858 geboren und starb 929 in der Nähe von Samarra. Sein Hauptwerk ist ein astronomisches Tafelwerk mit Erläuterungen, genannt az-Zidsch. Der Text wurde im 12. Jahrhundert ohne die Tabellen ins

Lateinische übersetzt und später zweimal gedruckt (Nürnberg 1537 und Bologna 1645). Der italienische Orientalist C. A. Nallino hat 1899–1907 eine vollständige Ausgabe hergestellt. Das Werk von al-Battani wurde in Europa viel herangezogen und sehr geschätzt und diente lange Zeit als Ausgangspunkt für neue Entdeckungen, bis ins 18. Jahrhundert hinein.

Albumasar (Abu Ma'schar, Dschafar ibn Muhammed ibn Umar al-Balchi). Er galt im Abendland als der berühmteste islamische Astrologe. 787 in Chorasan geboren, wirkte er vor allem in Bagdad und starb 886 in Wasit. Seine Werke, ausnahmslos in arabischer Sprache, sind zahlreich, und ihr Einfluß auf die mittelalterliche Astrologie in Byzanz und im Westen war bedeutend. Einige seiner Schriften wurden in Europa gedruckt, so das bedeutende INTRODUCTORIUM IN ASTROLOGIAM (Augsburg 1489, Venedig 1495 und 1506).

Alchindi (al-Kindi, Abu Jusuf Ja'kub). Er gehörte dem arabischen Stamm der Kinda an und gilt als der Vater der peripatetischen islamischen Philosophie, und wird deshalb »der Philosoph der Araber« genannt. Er lebte im Irak des 9. Jahrhunderts und starb um das Jahr 866. Sein enzyklopädisches Wissen erlaubte ihm, sich als Wissenschaftler und vor allem als Philosoph durchzusetzen. Der größte Teil seiner Schriften ist bedauerlicherweise verlorengegangen, aber er hat sich dennoch eines außerordentlichen Ruhms im Europa des Mittelalters und der Renaissance erfreut.

Alchoarismi (al-Chwarizmi), Muhammed ibn Musa. Er wird als der erste große Mathematiker des Islam betrachtet. Aus seinem Leben weiß man nur wenig, außer daß er im 9. Jahrhundert lebte, einige Zeit am Hofe des Chalifen von Bagdad, al-Ma'mun, war und um 846/847 starb. Al-Chwarizmi führte die »indischen« Zahlzeichen in die islamische Wissenschaft ein und war der erste muslimische Algebraiker, ja, der Name »Algebra« stammt vom Titel seiner Abhandlung AL-DSCHABR WA-L-MUQABALA (»Wiederherstellung und Gegenüberstellung« der Glieder einer Gleichung). Er schrieb daneben über Geographie und Astronomie. Im Abendland wurde er sehr geschätzt, und sein Ruhm wird durch den mathematischen Terminus »Algorithmus«, der nichts anderes als eine lateinische Verballhornung seines Namens darstellt, bestätigt.

Alfraganus (al-Farghani). Er stammt aus dem Ferghana-Tal (im heutigen Sowjetisch-Zentralasien), von dem sein Name abgeleitet ist. Er war ein bedeutender Astronom und wirkte vor allem in Bagdad unter dem Chalifen al-Ma'mun. Er soll nach 861 gestorben sein. Sein Ruhm in der islamischen und christlichen Welt ist mit einem großen astronomischen Werk verbunden, dem man in einer lateinischen Übersetzung den Titel ELEMENTA ASTRONOMICA gegeben hat. Es ist in 32 Kapitel eingeteilt und wurde ab dem 12. Jahrhundert übersetzt und ab 1493 wiederholt gedruckt. Das Mittelalter schätzte ihn außerordentlich, und Dante erwähnt ihn im CONVIVIO (II,6).

Algazel (al-Ghazali). Er wurde 1058 in Tus (Chorasan) geboren, wurde aber bald nach Bagdad gerufen, um dort Theologie zu unterrichten. Nach einer Zeit mystischer Versenkung wirkte er erneut in der Öffentlichkeit und starb 1111. Der Einfluß al-Ghazalis auf die islamische Welt war überaus groß, sie betrachtet ihn als ihren führenden Religionslehrer. Er schrieb unter vielen anderen Werken eine Abhandlung über DIE ABSICHTEN DER PHILOSOPHEN, in der er, ohne Partei zu ergreifen, die Lehren der Peripatetiker darlegt, um sie in einer weiteren Schrift um so besser widerlegen zu können. Im Abendland wurde dieses Buch jedenfalls als eigenständige Abhandlung der Philosophie betrachtet und al-Ghazali in die Tradition der islamischen Philosophie eingereiht: ein merkwürdiges Schicksal für eine Persönlichkeit, der der Islam das Verdienst zuschreibt, die Philosophie widerlegt zu haben.

Alhazen (Ibn al-Haitham). Der Ruhm dieses Mathematikers, Mediziners und Astronomen beruht in erster Linie auf seinen Forschungen auf dem Gebiet der Physik, deren größter Vertreter er im islamischen Mittelalter war. Er wurde gegen 965 in Basra geboren, doch fällt der größte Teil seiner Tätigkeit in das fatimidische Ägypten. Die Bedeutung seines Werkes für das Morgen- und Abendland ist unschätzbar, auch wenn es unmöglich ist, nur einige Gesichtspunkte kurz zu streifen. Wir begnügen uns mit der Erwähnung zweier Traktate Ibn al-Haithams, die in Europa besonders gut bekannt waren. Das LIBER DE CREPUSCULIS wurde zum erstenmal in Lissabon 1542 gedruckt. Vor allem sein THESAURUS OPTICUS, ein Hauptwerk der mathematischen Optik, erfreute sich bis zum Ende des 16. Jahrhunderts großer Beliebtheit, wie seine Veröffentlichung in Basel 1572 beweist.

Alpetragius (al-Bitrudschi). Ein arabisch-spanischer Philosoph und Astronom, der gegen 1204 gestorben sein soll. Er war ein Freund und Schüler des Philosophen Ibn Tufail. Sein Werk BUCH DER ASTRONOMIE hatte in Europa ein großes Echo. Er kritisiert, wie einige seiner Religionsgenossen in Spanien (Ibn Tufail, Ibn Baddscha, Averroes), verschiedene Aussagen der ptolemäischen Astronomie, wo sie in Widerspruch zur aristotelischen Physik stehen. Das Werk von al-Bitrudschi übte in seiner lateinischen und hebräischen Übersetzung großen Einfluß auf spanische, provenzalische und italienische Wissenschaftler aus.

Alpharabius (al-Farabi, Abu Nasr). Dieser große Philosoph wurde in Turkestan geboren und erhielt dort seine erste Ausbildung, später ging er nach Bagdad und Aleppo, wo er 950 starb. Al-Farabis Verdienste auf dem Gebiet der Philosophie sind zahlreich. Er war in der Tat der erste große Logiker der islamischen Welt, was ihm den Beinamen eines »zweiten Meisters« (nach Aristoteles) einbrachte. Er befaßte sich auch mit der Musik und schrieb eine Anzahl bedeutender Abhandlungen über die mathematische Musik-Theorie und die Instrumentenlehre. Im Abendland war eines seiner Werke über die Einteilung der philosophischen und naturwissenschaftlichen Disziplinen von besonderer Bedeutung. Es regte ähnliche Abhandlungen in lateinischer Sprache an. Gleichfalls viel gelesen wurde eines seiner Werke, das in der lateinischen Übersetzung unter dem Titel DE INTELLECTU ET INTELLECTIS bekannt ist.

Arzachel (Ibn az-Zarqala) bzw. az-Zarqali. Die Lebensdaten dieses großen spanischen Astronomen, der im 11. Jahrhundert zum größten Teil in Toledo lebte, sind nicht genau bekannt. Er verdankt seinen Ruhm vor allem zwei Werken: in erster Linie den TABULAE TOLETANAE genannten berühmten astronomischen Tafeln, welche sowohl ins Lateinische als auch Spanische übersetzt wurden. An zweiter Stelle einem neuen Astrolab-Typ, den man das »Blatt des az-Zarqali« (SAFIHA ZARQALIJJA, daraus Spanisch AÇAFEA und Lateinisch SAPHEA) nannte. Dieser war sehr erfolgreich, weil er leichter als die bis dahin üblichen zu bedienen war. Az-Zarqali war einer der in Europa bekanntesten spanischen Astronomen, sein Ruhm reicht bis in die Mitte des 16. Jahrhunderts, wovon auch die verschiedenen Verballhornungen seines Namens (Azarquiel, El Zarquiel, Arzachel, Azarchel) zeugen.

Avempace (Ibn Baddscha). Er wurde Ende des 11. Jahrhunderts in Saragossa geboren, kurz vor der Rückeroberung dieser Stadt durch die Christen ging er nach dem Süden. Er ließ sich in Sevilla nieder, übte den Arztberuf aus und verfaßte gleichzeitig seine philosophischen Werke. 1138 starb er in Fez. Sein Hauptwerk ist DIE HERRSCHAFT DES EINSAMEN, eine Art Anweisung für das richtige Verhalten des einzelnen, beziehungsweise für ein ideales Regierungssystem. Die großen Philosophen der Scholastik wie Albertus Magnus und Thomas von Aquin zitieren ihn.

Averroes (Abu l-Walid Mohammed Ibn Ruschd). Wurde 1126 in Córdoba geboren und lebte überwiegend in Spanien, wo er die Berufe eines Richters und Arztes ausübte. Er starb am 10. Dezember 1198. Averroes gilt als der reinste Vertreter des islamischen Aristotelismus. Als großer Verehrer des Aristoteles wollte er den islamischen Peripatetismus von allen neoplatonischen Einflüssen freihalten. Darüber hinaus hat er Bedeutendes auf dem Felde des Rechtes, der Medizin und der Astronomie geleistet. Während er in der islamischen Welt verhältnismäßig unbekannt war, wurde Averroes der in Europa am besten bekannte islamische Philosoph. Diese Tatsache wird dadurch bestätigt, daß viele seiner im Original verlorengegangenen Schriften ausschließlich in lateinischer Übersetzung überliefert sind. Ein Teil dieser Wirkung des Averroes in Europa, namentlich in jüngerer Zeit, hat allerdings mit einer Fehldeutung seiner Gedankenwelt zu tun, die aus ihm einen erbitterten Gegner des Offenbarungsglaubens macht – was auch zu politischen Zwecken ausgeschlachtet wurde.

Avicenna (Ibn Sina). Er wurde 973/980 in der Nähe von Buchara geboren. Sein Lebenslauf war recht bewegt: Er hatte nämlich mehrere politische Ämter inne, unter anderem war er Minister des Buwaihiden-Herrschers Schams ad-Daula. 1037 starb er in Hamadan (Iran). Avicenna ist einer der bedeutendsten islamischen Philosophen, und sein Beiname Schaich ar-ra'is (bzw. MAGISTER PRINCEPS) zeugt davon. Er befaßte sich so gut wie mit allen Wissenszweigen und schrieb Grundlegendes zur Medizin, Logik, Zoologie, Botanik und Mineralogie. Während sein Hauptwerk, das zwanzigbändige KITAB AL-INSAF, verlorenging, ist sein Name fest mit dem »Kanon der Medizin« (QANUN FI T-TIBB) und einer philosophischen Enzyklopädie, dem »Buch der Genesung« verbunden. Es ist müßig, hier an den gewaltigen Einfluß zu erinnern, den Avicenna auf Europa ausgeübt hat. Seine vielfach übersetzten Werke hinterließen bei Denkern wie Albertus Magnus, Thomas von Aquin und Roger Bacon mehr oder weniger ausgeprägte Spuren.

Hafis. Wurde in Schiraz geboren, wo er, hochbetagt, 1389 starb. Er gilt als der bedeutendste persische Poet. Die Gedichtform des Ghasels wurde von ihm auf einen unerreichten Höhepunkt geführt. Er erfreut sich noch heute einer ungeheuren Popularität, überall dort, wo man Persisch liest. Im Westen wurde er erst im 19. Jahrhundert »entdeckt« und zwar durch Übersetzungen, Nachahmungen und Nachdichtungen der romantischen Schule, vor allem in Deutschland. Man denke an Goethes WEST-ÖSTLICHEN DIVAN, Bodenstedts LIEDER DES MIRZA SCHAFFY und die GHASELEN von Rückert und Platen.

Mohammed (Muhammad). Der Prophet des Islam wurde um 570 in Mekka geboren. Er gehörte einem verarmten Zweig der Handelsaristokratie der Quraischiten an und wurde nach dem Tod der Eltern zuerst vom Großvater, dann von seinem Onkel Abu Talib aufgezogen. Er heiratete die reiche Witwe Chadidscha und empfing, als er etwa 40 Jahre alt war, den göttlichen Auftrag für seine Botschaft. Er zog mit seiner ersten kleinen Schülerschar die Feindschaft der mekkanischen Gesellschaft auf sich und wurde gezwungen, sich nach Athrib bzw. Medina (das später MADINAT AN NABI, Stadt des Propheten, genannt wurde) zu flüchten. Die Muslime zählen ihre Ära mit dem Beginn dieses »Auszugs«. Mohammed organisierte in Medina sein Gemeinwesen von Gläubigen, und nach manchen Wechselfällen, auch kriegerischer Art, gelingt es ihm, in seine Geburtsstadt als Sieger zurückzukehren. Von nun an ist Mekka der Mittelpunkt des Islam und sein Heiligtum das Ziel für Millionen von muslimischen Pilgern. Mohammed starb am 8. Juni 652 in Medina in den Armen seiner Lieblingsfrau Aischa. Seit den Anfängen seiner Mission wurde ihm der Koran (QURÂN) abschnittweise offenbart. Die Muslime halten ihn für das Wort Gottes selbst. Diese verstreuten Abschnitte wurden nach dem Tod des Propheten von seinen Schülern zu der Form zusammengestellt, die wir heute kennen. Die erste lateinische Übersetzung des Koran stammte von Robertus Ketenensis. Sie war von Petrus Venerabilis, dem Abt von Cluny, in Auftrag gegeben worden (vollendet 1143).

Omar Chajjam. Einzigartig ist das Schicksal des in Nischapur geborenen Persers, welcher um die Wende des 11. zum 12. Jahrhundert lebte. Er war in erster Linie ein bedeutender Wissenschaftler, bekannt wegen eines wichtigen algebraischen Werks und für seine Beiträge zur Kalender-Reform. Dennoch kannte ihn das Abendland in dieser Eigenschaft überhaupt nicht, »entdeckte« ihn dagegen im 19. Jahrhundert als Dichter. Seiner persischen Vierzeiler, die in der englischen Nachdichtung Fitzgeralds zum erstenmal 1859 erschienen, erlebten einen riesigen Widerhall und wurden später in zahlreiche andere europäische Sprachen übersetzt. Das europäische 19. Jahrhundert betrachtete Omar Chajjam, in nicht ganz zutreffender Weise seine Gedankenwelt auslegend, als den Sänger des Skeptizimus und des Pessimismus, der sich dem Genuß des Augenblicks hingibt, um die sinnlichen Freuden des Lebens zu genießen.

Rhazes (ar-Razi). Er wurde 865 in Raiy im Süden des heutigen Teheran geboren. Er entschied sich verhältnismäßig spät für den ärztlichen Beruf und wurde dennoch zum bedeutendsten Kliniker des Islam. Als Direktor der Hospitäler von Raiy und später Bagdad arbeitete und lehrte er bis zu seiner völligen Erblindung. Er zog sich wahrscheinlich in seine Heimatstadt zurück, wo er um 925 starb. Im Abendland, wo er als »arabischer Galen« galt, verdankte er seinen Ruhm vor allem seinem Hauptwerk (CONTINENS), das auch persönliche Beobachtungen dieses großen Mediziners enthält.

Die religiösen Parteibildungen im Islam

Gegen die Mitte des ersten Jahrhunderts nach der Hidschra bezeichnet sich die überwiegende Mehrheit der Muslime als »Anhänger der Sunna« (*ahl as-Sunna*), um sich von bestimmten politischen bzw. religiösen Richtungen abzugrenzen. *Sunna* bedeutet wörtlich »gewohnte Handlungsweise«; das heißt, die »Anhänger der *Sunna*« bemühen sich, die vom Propheten Mohammed und seinen Gefährten geübte kultische und rechtliche Praxis getreulich nachzuvollziehen. Noch heute heißt aus demselben Grund die Mehrheit der Muslime Sunniten. Nach ihrer Auffassung ist Mohammed als letzter Gesandter Gottes »das Siegel der Propheten«. Die Gemeinschaft der Gläubigen hält nach ihm die Lehre des wahren Glaubens durch Konsensus lebendig. Dies schließt die Existenz eines sichtbaren Oberhaupts der Gemeinde (das im übrigen der Anerkennung durch sie bedarf) nicht aus. Dieses Oberhaupt ist für die Durchsetzung des göttlichen Rechts verantwortlich und wird Kalif (*Chalifa* = Stellvertreter) genannt.
Der Prophet hatte vier Nachfolger, die die Sunniten als »rechtgeleitete Kalifen« bezeichnen, nämlich Abu Bakr, Omar, Othman und Ali. Nach dieser ersten Folge von Kalifen geht das Amt auf die Omaijaden-Dynastie von Damaskus über. Sie wird von dem Abbasiden-Kalifat von Bagdad abgelöst, welches seinerseits mit dem Mongoleneinfall und der Besetzung Bagdads 1258 zu Ende geht. Seit diesen Tagen gab es die verschiedenartigsten Bewerber und Dynastien, die nach dieser höchsten Würde strebten. Ihre Legitimität begründeten sie jeweils mit unterschiedlichen juristischen Auffassungen vom Amt des Kalifen. Aber schon in den frühesten Zeiten des Islam gab es Unstimmigkeiten über die Rechtmäßigkeit bestimmter Nachfolger des Propheten.
Am folgenreichsten war der Zwiespalt, den die Anhänger des Propheten-Neffen und -Schwiegersohns (über Mohammeds Tochter Fatima) Ali auslösten. Sie verlangten, daß allein den Nachkommen des Propheten über Ali die Leitung der Gemeinde übertragen werden dürfe. Nicht der Konsensus der Gemeinde sollte also die Richt-

schnur für die Gläubigen bilden, sondern ein leiblicher Nachfolger des Propheten ihr Oberhaupt darstellen. Dies sind die Grundlagen der schiitischen Lehre, deren Name vom arabischen *Schi^ca* »Partei« (Alis) abgeleitet ist. Die zahlenmäßig bedeutendste schiitische Gruppe sind heute die sogenannten »Zwölferschiiten«, die sich auf 12 *Imame* (geistige Führer) von Ali an gerechnet, berufen. Einem der Söhne Alis, Husain, wird besondere Verehrung entgegengebracht, weil er in der Schlacht von Karbala (680) gegen die Omaijaden fiel. Der Jahrestag dieser Schlacht wird noch heute von den Schiiten der ganzen Welt begangen.

Die zwölferschiitische *Imam*-Folge setzt sich so zusammen: 1. Ali ibn Talib, der auch »Fürst der Gläubigen« (*Amir al-mu'minin)* genannt wird; 2. sein Sohn Hasan, »der Auserlesene«; 3. dessen Bruder Husain, der »Herr der Glaubenszeugen«; 4. sein Sohn Ali, genannt Zain al-Abidin (»Schmuck der Frommen«); 5. dessen Sohn Mohammed al-Baqir; 6. dessen Sohn Dscha'far as-Sadiq; 7. dessen Sohn Musa al-Kazim; 8. dessen Sohn Ali ar-Rida; 9. dessen Sohn Mohammed at-Taqi; 10. dessen Sohn Ali an-Naqi; 11. dessen Sohn Hasan al-Askari; 12. dessen Sohn Mohammed al-Mahdi (»der Rechtgeführte«). Der letztgenannte, dessen Mutter vielleicht eine byzantinische Prinzessin war, schließt nach der Überzeugung der Zwölferschiiten die dynastische Folge. Sie glauben nicht an seinen Tod, sondern daß er zwischen 873/4 bis 940 in der »kleinen Verborgenheit« lebte. In dieser Zeit leitete er die Geschicke der Gemeinde durch unmittelbar entsandte »Botschafter«. In der ab 940 bis heute währenden »großen Verborgenheit« bleibt der *Imam* für die Gläubigen ganz unzugänglich. Der verborgene *Imam*, der *Mahdi*, errichtet am Ende der Zeiten das Reich Gottes auf Erden. Dagegen glauben die Sunniten lediglich, daß der Mahdi im Kampf gegen den Antichrist (*Daddschal*) ein Vorkämpfer ist und als solcher der zweiten Wiederkehr Christi vorausgeht.

Für die Schiiten existiert also, im Gegensatz zu den Sunniten, wie wir sahen, auch heute noch ein – wenn auch verborgener – Mittelpunkt der Macht und der Lehre. Dagegen endet bei den Sunniten mit dem 10. Jahrhundert jede freie Auslegung des heiligen Gesetzes. Seit dieser Zeit ist lediglich eine Anwendung des bereits von den älteren Rechts- und Religionsgelehrten Festgelegten zu erwarten. Die Schiiten nehmen gerade wegen der Gegenwart des verborgenen *Imam* an, daß sie die kanonischen Texte weiterhin frei auslegen können, freilich sind zu dieser Deutung nur durch außergewöhnliche Gelehrsamkeit herausragende Persönlichkeiten, welche vom *Imam* unmittelbar inspiriert werden, befugt. Den hervorragendsten unter ihnen steht der Titel eines *Ayatullah* (»Zeichen Gottes«) zu. Bekanntlich ist die Zwölferschia die Staatsreligion des Iran. Hier hat sie sich mit der turkmenischen Safawiden-Dynastie zu Beginn des 16. Jahrhunderts durchgesetzt, zählt aber in der Gegenwart auch im Irak, Indien, Pakistan und Sowjetisch-Asien zahlreiche Anhänger.

Wenn auch die Zwölferschiiten heute die stärkste Gruppe bilden, hat es im Verlauf der Jahrhunderte zahlreiche andere Verzweigungen der sich auf Ali berufenden Parteiungen (Aliden) gegeben. Diese Verzweigungen sind meistens aus Unstimmigkeiten über die rechte Nachfolge hervorgegangen und dadurch entstanden, daß sich der Verfechter eines *Imam* selbst zum *Imam* ausrief. Die bedeutendste dieser innerschiitischen Parteibildungen ist die Gruppe der »Ismailiten«. Sie spaltete sich nach dem sechsten *Imam*, Dschafar as-Sadiq, vom Hauptzweig ab. Ihnen zufolge ist Dschafars Sohn Ismail, der 760 noch zu Lebzeiten des Vaters starb, der rechtmäßige 7. *Imam*, weil ihn sein Vater als solchen nominierte. Andere »Ismailiten« glauben, daß Ismail das Amt nicht ausübte, sondern an seinen Sohn Mohammed weitergab. Die Vorstellung, daß Ismail bzw. Mohammed ibn Ismail als *Mahdi* wiederkehren, ist bei verschiedenen Gruppen dieser »siebenerschiitischen« Richtung vertreten. Auf die Abstammung von Alis Gattin, Fatima, berief sich die ismailitisch-schiitische Dynastie der Fatimiden in Nordafrika (909–1171).

Spätere fatimidische Hauptrichtungen sind die Anhänger von Musta^cli und die von Nizar. Aus den zuerst genannten gingen vor allem in Indien weitere Untergruppierungen hervor. Die Nizariten sind im Abendland unter dem Namen Assassinen bekannt geworden, eine Bezeichnung, die auf das arabische Wort für Haschisch-Esser zurückgeht (daraus entstanden die italienischen und französischen Wörter für Mörder – *assassino* bzw. *assassin*). Ihr Begründer, Hasan ibn Sabah, übte von seiner unzugänglichen Felsburg Alamut in Nordpersien und anderen Stützpunkten einen bedeutenden Einfluß als Mittelpunkt der antisunnitischen Propaganda im späten 11. und während des 12. Jahrhunderts aus. Das heutige Oberhaupt der Nizari-Ismailiten führt seit 1834 den Titel *Agha Chan.*

Schon diese zuletzt genannten Verzweigungen der Ismailija besitzen einen besonderen Charakter, der sie an den äußersten Rand des Islam versetzt. Die islamische Orthodoxie nennt sie nicht umsonst »extremistisch«. Zu diesen Strömungen, deren Lehre sich gelegentlich an die hellenistische Gnostik anlehnt, gesellen sich weitere Sekten, die sich durch eine mehr oder weniger übersteigerte Verehrung für Ali und seine Familie auszeichnen. Zuweilen ist die Lehre dieser Sekten ein unauflösliches Gemenge heterogener Elemente aus islamischen, vorislamischen und regionalen Ursprüngen. Zu diesen Gruppen kann man beispielsweise die Drusen des Libanon und Syriens, die syrischen Nusairer und die anatolischen Alewiten rechnen. Andere Gemeinschaften, wie die berühmten »Teufelsanbeter« des Irak und der Türkei, die sogenannten Jaziden, können kaum noch dem Islam zugerechnet werden, obwohl in ihrem Synkretismus auch islamische Elemente enthalten sind.

Diese summarische Beschreibung kann nicht abgeschlossen werden, ohne auf die sufischen Bruderschaften einzugehen. Hier handelt es sich nicht um Sekten oder Parteiungen, sondern um Gemeinschaftsformen, deren Ziel die Vervollkommnung des menschlichen Seins bildet. Der Name Sufismus geht auf das arabische Wort für das härene Gewand des Asketen (*suf*) zurück. Mystische Orden bilden sich erst im Spätmittelalter heraus. Sie haben eine feste Organisationsform, in der sich die Schüler (*murid*, Mehrzahl *muridun*) um den Lehrmeister (*schaich*) versammeln. Der »Weg« (das arabische Wort *tariqa* entspricht nur ungefähr unserem Wort »Orden«) steht jedem, Mann und Frau, zum Eintritt offen, vorausgesetzt sie bringen bestimmte geistige Voraussetzungen ein. Jede dieser Gemeinschaften leitet sich letztendlich vom Propheten Mohammed ab, und zwar über eine ununterbrochene Kette von spirituellen Führern. Heute hat der Qadirijja-»Orden«, welcher auf Abd al-Qadir al-Gilani zurückgeht, die meisten Anhänger in der islamischen Welt. Bedeutende Orden sind daneben die Naqschbandijja, die Schadhilijja und – fast ausschließlich im Bereich des osmanischen Reiches tätig – die Mewlewijja und Bektaschijja.

Inneres der Hagia Sophia, der justinianischen Hauptkirche von Konstantinopel. Mehmed II. wandelte sie nach der Eroberung der Stadt in eine Moschee um. Die Schrift auf dem Rundschild bezeichnet den Namen des vierten Kalifen Ali. Die großen Auseinandersetzungen zwischen Sunniten und Schiiten betreffen vor allem die Frage der rechtmäßigen Nachfolge des vierten Kalifen.

علي

Lehnwörter islamischen Ursprungs oder islamischer Vermittlung

Admiral – aus arabisch *Amir (ar-rahl?)*: Befehlshaber (der Transportflotte)
Albatros – aus arabisch *al-Qadus* (?) : Art Schöpfkrug
Alchimie – aus arabisch *al-Kimija*
Algebra – aus arabisch *al-Dschabr:* das Einrenken (gebrochener Teile)
Algorithmus – vom Personennamen al-Chwarizmi
Alkohol – aus arabisch *al-Kuhl*: Augenschminke aus Bleiglanz, feinere chemische Stoffe im allgemeinen
Amalgam – aus arabisch *al-Malgham*: erweichende Salbe
Aprikose – aus arabisch *al-Barquq* (Verballhornung von lateinisch *praecoquus*: vorzeitig Früchte tragend)
Arsenal – aus arabisch *Dar as-Sina^{c}a:* Haus des Gewerbes
Azimut – aus arabisch *as-Sumut:* die Richtungen

Babusche, Pampusche – aus persisch *Pabusch*: Fußbekleidung
Bakschisch – aus persisch *Bachschisch*: Geschenk
Baldachin – über die ältere italienische Form für Bagdad »Baldacco«
Bergamotte aus türkisch *Begarmudu*: die Birne des Herrn

Chiffre – siehe **Ziffer**

Diwan – aus persisch oder arabisch *Diwan*: Sammlung von beschriebenen Blättern, Gedichtband, Kanzlei. Davon ist auch das französische *Douane* abgeleitet.

Elixier – aus arabisch *al-Iksir* (vom griechischen *xerion*: trocken)

Fakir – aus arabisch *Fakir*: arm
Fellach – aus arabisch *Fallah*: Bauer

Gamasche – aus arabisch *(Dschild) Gadamasi*: Leder aus (der libyschen Stadt) Ghadames
Gazelle – aus arabisch *Gazala*

Haschisch – aus arabisch *Haschisch:* Gras, Kraut. Vom *Haschisch*-Abhängigen (*Haschschasch)* hat die Geheimsekte der Assassinen ihren Namen, der wiederum für die französischen und italienischen Wörter für »morden« den Ausgangspunkt bildet.
Havarie – aus arabisch *Awarija*: (durch Seewasser) beschädigte Ware
Horde – aus türkisch *Ordu*: Heer(lager)

Joghurt – aus türkisch *Joghurt*: »gepreßte, dicke Milch«
Joppe – aus arabisch *Dschubba*: weites, offenes Gewand für Männer

Kaffee – aus arabisch *Qahwa*: Grundbedeutung »Wein«
Kalfatern – aus arabisch *Qafr*: Asphalt
Kali – aus arabisch *al-Qali*: die Pottasche (vgl. Alkali)
Kaliber – aus arabisch *Qalib* oder *Qalab*: Form, Modell
Karawane – aus persisch *Karwan*: Zug, Reisegesellschaft
Karat – aus arabisch *Qirat* (ursprünglich griechisch *keration:* »Hörnchen«=Same des Johannisbrotbaumes)
Kattun – aus arabisch *Qutun*: Baumwolle, vgl. englisch *cotton*
Kiosk – aus persisch-türkisch *Köschk*: Gartenpavillon

Laute – aus arabisch *al-^{c}ud* (portugiesisch *alaude)*
Limone – aus persisch-arabisch *Laimun*

Magazin – aus arabisch *Machzan*: Warenlager (Mehrzahl *Machazin)*
Marabu – aus arabisch *Murabit*: Bewohner eines *Ribat*, frommer Einzelgänger
Maske – aus arabisch *Mas-chara*: Maskerade
Matratze – aus arabisch *Matrah*: Kissen am Boden (wörtlich »Ort, an den man etwas hinlegt«)
Mokka – von der jemenitischen Hafenstadt *Mucha*
Monsun – aus arabisch *Mawsim*: Jahreszeit (die sich für die Seefahrt eignet)
Mulatte – aus arabisch *Muwallad*: Unechte Araber
Mumie – aus arabisch *Mumiya* (von persisch *Mum*: Wachs)

Nabob – aus arabisch *Nuwwab* (Mehrzahl von *Na'ib*: Stellvertreter)

Odaliske – aus türkisch *Odalïq*: »für das Zimmer bestimmt«
Orange – aus persisch-arabisch *Narandsch*

Razzia – aus arabisch *Ghazija*: Stammeskrieg

Saffian – aus persisch *Sachtijan*: feines Ziegenleder
Schach – aus persisch *Schah*: König
Schal – aus persisch *Schal*
Sofa – aus arabisch *Suffa*: Kissen, Bank
Spinat – aus arabisch-persisch *Ispanadsch*

Tambour – aus arabisch *Tabl* oder persisch *Tabir*: Trommel
Tara – aus arabisch *Tarh*: Abzug (für Verpakkung)
Tarif – aus arabisch *Tarif*: Beschreibung, Bekanntmachung (von Gebühren, Preisen usw.)
Tulpe – aus türkisch-persisch *Tülbend*: Kopfschmuck, Turban
Turban – wie *Tulpe*

Ulan (Lanzenreiter) – aus türkisch *Oghlan*: Knabe.

Zenit – aus arabisch *Samt (ar-Ra's)*: Richtung (des Kopfes) (vom selben Wort *Samt* ist auch *Azimut* abgeleitet)
Ziffer (Chiffre) – aus arabisch *Sifr*: Null
Zucker aus arabisch *Sukkar*

Ein großer Teil der aufgezählten Beispiele wurde den Arabern ihrerseits aus dem Griechischen, Aramäischen oder Indischen vermittelt. Die meisten unter ihnen sind auf dem Weg über die romanischen Sprachen ins Deutsche eingedrungen.

Literaturhinweise

Allgemeines

The Cambridge History of Islam Band 1-2 (Cambridge 1970–1971); *Enzyklopaedie des Islam* 1. Aufl. Band 1–4, Supplement-Band (Leiden 1913–1936); *The Encyclopaedia of Islam* Band 1- (Leiden 1960-) [1983 beim Buchstaben »K« angelangt]; *Islâm Ansiklopedisi* Band 1- (Istanbul 1950-) [1982 mit 12 Bänden fast abgeschlossen]; *Lexikon der islamischen Welt* Band 1-3 (Stuttgart 1974) [Taschenbuchausgabe]; Cahen, C., *Vom Ursprung bis zu den Anfängen des Osmanenreichs*. In: *Der Islam* I (Frankfurt 1974 = Fischer Weltgeschichte 14); Watt, M. u. A. Welch, *Mohammed und die Frühzeit* (Stuttgart 1980 = Die Religionen der Menschheit 25.1.); Nagel, T.: *Staat und Glaubensgemeinschaft im Islam. Geschichte der politischen Ordnungsvorstellungen der Muslime* Band 1-2 (Zürich 1981); *Das Vermächtnis des Islams* Band 1-2 (Zürich 1980); Watt, W.M., *The influence of Islam on medieval Europe* (Edinburgh 1972).

Byzanz und der Islam

Ostrogorsky, G., *Geschichte des byzantinischen Staates* (München 1963); Vasiliev, A.A.: *Byzance et les Arabes* Band 1-2 (Brüssel 1935–1950).

Das muslimische Spanien

Lévi-Provençal, E., *Histoire de l'Espagne musulmane* Band 1-3 (Paris 1950–1953) [reicht bis zum Jahr 1031]; Dozy, R., *Histoire des Musulmans d'Espagne* 2. Aufl. Band 1-3 (Leiden 1931); Hoenerbach, W., *Islamische Geschichte Spaniens. Übersetzungen der Aᶜmal al-Aᶜlam und ergänzender Texte* (Zürich 1970); Watt, W.M., und P.Cachia, *A History of Islamic Spain* (Edinburgh 1965); Sánchez Albornoz, *La España musulmana (Madrid 1974–78), Una ciudad de la España cristiana hace mil años. Estampas de la vida en León* (Madrid 1926); Castro, A., *La realidad historica de España* (Mexiko-Stadt 1954); De Valdeavellano, L.G., *Historia de España. De los orígenes a la baja Edad Media* Band 1-2 (Madrid 1980); Gonzales Palencia, A., *Historia de la España musulmana* 3. Aufl. (Barcelona 1932); Menendez-Pidal, R., *La España del Cid* (Madrid 1947).

Die Emirate in Italien

Amari, M., *Storia dei Musulmani di Sicilia* 2. Aufl. Band 1-3 (Catania 1933–1938); ders. *Biblioteca Arabo-Sicula* (ital. Ausgabe) Band 1-2 (Turin 1880–1881); Gabrieli, F. und U. Scerrato, *Gli Arabi in Italia* (Mailand 1979); Rizzitano, U., *Storia e cultura nella Sicilia saracena* (Palermo 1975); Rizzitano, U., *La conquista musulmana,* in: *Storia della Sicilia* Band 3, S. 97–176 (Neapel 1980); Ahmad, A., *A History of Islamic Sicily* (Edinburgh 1975); Norwich, J.J., *The Normans in the South 1016–1130; The Kingdom in the Sun 1130–1194* (London 1967–1970) =*Die Wikinger im Mittelmeer* (1968), *Die Normannen in Sizilien* 1971); Musca, G., *L'Emirato di Bari (847–851)* 2. Aufl. (Bari 1978); Luppi, B., *I Saraceni in Provenza, in Liguria e nelle Alpi occidentali* 2. Aufl. (Bordighera 1973); Tucciarone, R., *I Saraceni nel Ducato di Gaeta (842–916)* (Gaeta 1971).

Das osmanische Reich und die tatarischen Türken

Hammer, Josef v., *Geschichte des Osmanischen Reichs* Band 1-10 (Pesth 1827–1835); Inalcik, H., *The Ottoman Empire. The Classical Age 1300–1600* (London 1973); ders., *The Ottoman Empire: Conquest, Organisation and Economy* (London 1978) [Aufsatzsammlung]; Gibb, H., und H. Bowen, *Islamic Society and the West. A Study of the Impact of Western Civilization on Moslem Culture in the Near East* Band 1: *Islamic Society in the Eighteenth Century* (Oxford 1950–1957 und öfter, mehr nicht erschienen); Sugar, P.F., *Southeastern Europe under Ottoman Rule. 1354–1804* (Seattle 1977); Stavrianos, C.S., *The Balkans since 1453* (New York 1966); Vaughan, D.M., *Europe and the Turk, a Pattern of Alliances. 1350–1700* (Liverpool 1954); Shaw, St. J., *History of the Ottoman Empire and Modern Turkey* Band 1-2 (Cambridge 1976–1977); Cvetkova, B.A., *Les institutions ottomanes en Europe* (Wiesbaden 1978); Lewis, B., *The Emergence of Modern Turkey* (Oxford 1961 und öfter); Kreutel, R.F. (Hrsg.), *Osmanische Geschichtsschreiber* Band 1–10 (Graz 1955–1981); Pertusi, A. (Hrsg.), *La Caduta di Constantinopoli* Band 1-2 (Mailand 1976); Spuler, B., *Geschichte der Mongolen* (Zürich 1968); ders., *Die Goldene Horde. Die Mongolen in Rußland 1223–1502* 2. Aufl. (Wiesbaden 1965); Fisher, A., *The Crimean Tatars* (Stanford 1978); Bennigsen, A., u.a., *Le Khanat de Crimée dans les Archives du Musée du Palais de Topkapï* (Paris 1978); Zenkovsky, A.S., *Pan-Turkism and Islam in Russia* (Cambridge/Mass. 1960); *Philologiae Turcicae Fundamenta* Band 1-2 (Wiesbaden 1959–1964).

Islamische Wissenschaft

Rosenthal, F., *Das Fortleben der Antike im Islam* (Zürich 1965); Haskins, Ch.H., *Studies in the History of Mediaeval Science* (Cambridge 1927); Sarton, G., *Introduction to the History of Science* (Baltimore 1927–1948, Reprint 1962).

Reisende und Geographen

Gabrieli, F., *Viaggi i viaggiatori arabi* (Florenz 1975); Miquel, A., *La géographie humaine du monde musulman* (Paris 1967).

Piraten und Korsaren im Mittelmeer

Bono, S., *I Corsari barbareschi* (Turin 1964); Senior, C.M., *A Nation of Pirates* (London 1976); Cipolla, C.M., *Guns and Sails in the Early Phase of European Expansion* (London o.J.)

Das Bild des Islam im Abendland

Preto, P., Venezia e i Turchi (Florenz 1975); Malvezzi, A., *L'Islamismo e la Cultura Europea* (Florenz 1956); Daniel, N., *Islam and the West. The Making of an Image* (Edinburgh 1960); Rouillard, C.D., *The Turk in French History, Thought and Literature (1520–1660)* (Paris 1941); Southern, R.W., *Das Islambild des Mittelalters* (Stuttgart 1981, zuerst Cambridge/Mass. 1962); Fück, J., *Die arabischen Studien in Europa* (Leipzig 1955); Rodinson, M., *La fascination de l'Islam. Les étapes du regard occidental sur le monde musulman. Les études arabes et islamiques en Europe* (Paris 1981).

Register

Im vorliegenden Register ist die Vokallänge arabischer und persischer Namen und Ausdrücke durchgehend bezeichnet.

Bildnachweis

Bibliotheken, Sammlungen, Institute und Museen

(Die Abkürzungen o, u, m, l, r, bezeichnen die Anordnung der Abbildungen auf der jeweiligen Seite – oben, unten, Mitte, links, rechts)

Amsterdam, Seefahrtsmuseum, 254.
Arezzo, Museo della Cattedrale, 93 u.
Barcelona, Museum katalanischer Kunst, 58 u., 59; Keramikmuseum, 54 o.
Bern, Bürgerbibliothek, 33 o., 105.
Bologna, Museo Civico Medievale, 92 o.l., 93 o.
Cagliari, Pinacoteca, 94 u.
Castres, Musée Goya, 40 o.
Dublin, Chester Beatty Library, 14.
Edinburgh, University Library, 8, 73 o.
Florenz, Biblioteca Laurenziana, 104, 212; Gabinetto dei disegni e delle stampe degli Uffizi, 217 r; Museo Nazionale del Bargello 49 r; Museo degli Uffizi, 196 o. l.; Museo delle Scienze, 161 u.
Gerona, Kathedralmuseum, 48 u. r.
Istanbul, Universitätsbibliothek, 152; Museum für Türkisch-Islamische Kunst, 15; Topkapï Saray Müzesi, 2, 24 u., 25, 110, 114 u. r., 115, 116, 117, 118, 119, 122, 123 o. m., 124, 125, 131, 150, 151, 184, 262, 263, 264, 265.
Jerusalem, L. A. Memorial Institute for Islamic Art, 11 m. (ill. 5, 6).
London, British Museum, 172 o., 253.
Lugano, Sammlung Thyssen Bornemisza, 216.
Madrid, Nationalbibliothek, 26, 27, 42, 43, 82, 83 o.; Archäologisches Museum Granadiner Kunst, 49 u.l.; Pradomuseum, 192; Escorialmuseum, 20, 52 m.
Mailand, Biblioteca Ambrosiana, 50 m; Civica Raccolta delle Stampe Achille Bertarelli, 10 m., 18 u. r., 112, 122 (ill. e, g), 123 (ill. c,d,h,i,l,m), 135 a, 139 u.l., 142, 143, 149 u., 175 u., 182 o., 183, 187, 190, 191 u., 206 u., 220, 237, 240, 241, 256, 259.
Neapel, Biblioteca dei Gerolamini, 164 u.r., 165 o.
Oxford, Bodleian Library, 113.
Pistoia, Museo Diocesano, 101 u.l.
Paris, Bibliothèque de l'Arsenal, 40 m., Bibliothèque Nationale, 30 u., 32 l, 166 o. l., 169, 170 o., 171 o., 174, 176, 180, 221u., 225 o., 230 o.; Louvre, 167 o. r., 210 o., 224 o.; Musée de Cluny, 39 o.; Musées Nationaux 215.
Ravenna, Museo Nazionale, 102.
Rom, Biblioteca Apostolica Vaticana, 12, 108, 109, 154 u.; Musei Vaticani, 83 u., 211 o.
Sarajevo, Orientalisches Institut, 160 o.
Turin, Biblioteca Nazionale Universitaria, 154 o., 155 l.
Valencia, Instituto Valencia de Don Juan, 54 m., 54 u.
Venedig, Biblioteca Museo Correr, 114 u.l., 130, 189; Biblioteca Marciana, 24 o., 40 u., 41.
Wien, Zeughaus, 148 o.; Museen der Stadt, 147, 221 o.; Museum für angewandte Kunst, 217 m.
Stuttgart, Staatsgalerie, 211 u.

Fotografen und Bildagenturen

Action Press – Berengo Gardin, Milano, 72.
ADN Cronos, Rom, 18 u.l., 19 o.l., 122 (ill. a.), 126, 135 m., 135 u.r., 138, 149 o., 149 m., 257, 261.
AGE Fotostock, Barcelona, 44 o., 62 (ill.2), 63 (ill. 7, 9, 10), 68 o. l., 69 r., 69 l., 70 l.
AGE Fotostock (A. Gutierrez), 60 u.r.
Akademische Verlagsdruckerei, Graz, 108, 109.
Alinari, Florenz, 99 o.
Archivio B - Ricciarini, Mailand, 36, 40, 76 l.
Archivio Fotografico Arnoldo Mondadori Editore, Milano, 8,9,16,19 r., 23 o., 23 m., 30 u., 32 r., 33 o., 52 o., 52 u., 69 o.r., 71 r., 85, 88, 89 u., 97, 98, 101 o., 102 o., 107 u., 113, 122 (ill.f), 123 (ill.n), 122, 123 o., 128, 134 u., 135 u.l., 141 l., 148 u., 149 u., 154 u., 157 l., 158 u.r., 160 o., 160 u.r., 161 u., 162 o., 166 m.l., 166 u., 166, 167 o., 166, 167 m., 167 u., 168 l., 170 u. r., 175 o., 182, 183, 186 u., 191 o., 192, 194, 195, 198, 199, 206, 210 u., 211, 214, 215, 217 r., 220, 221 u., 224, 225, 228, 230 o., 238, 239, 242, 243, 258, 259, 264, 265, 266, 267.
Archivio Fotografico Fabbri, Milano, 48 u.r., 49 r., 93 u., 94 u., 158 l.
Archivio Fotografico della Soprintendeza per i Beni Ambientali e Architettonici della Romagna e Ferrara, 102 u.
Archivio MAS, Barcelona, 16, 20, 26, 27, 31 o., 42, 43, 45, 46 o., 46 u.l., 49 o.l., 52 m., 54, 57, 58 o., 64, 65 o., 66, 70 r., 71 o.l., 76 r., 77, 82, 83 o.
Giovanni Berengo Gardin, Mailand, 61, 71 u.l., 96, 141 r., 145 u., 249, 250.
Giancarlo Costa, Mailand, 10 m.r., 15, 17, 24 o., 30 o., 39 u., 50 m., 53, 62 (ill. 1,3,4,5,6), 94 o., 112, 114 u.l., 120, 121, 130, 134 u.r., 135 o., 139 o., 139 u., 148 o., 157 o., 157 u. l., 157 u. r., 159 o. l., 159 u., 168 r., 170 u. l., 175 u., 187, 189, 196, 200, 201, 218, 230 m., 230 u., 231, 232, 237, 240, 241, 253, 254, 256.
De Antonis, Rom, 83 u.
Mario De Biasi – Archivio Fotografico Arnoldo Mondadori, 88, 98.
Sergio Del Grande – Archivio Fotografico Arnoldo Mondadori, 60 u.l.
Documentation Photographique de la Réunion des Musées Nationaux, Paris, 225 u.
Foto Cer. Co. Mi., Rom, 10 o., 10 u., 50 o., 51 u., 143 u.l., 234, 235, 236 o.
Foto Cine Brunel, Lugano, 216.
Foto Fiore, Turin, 67, 68 u.l., 69 r.u.
Foto Fisa, Barcelona, 47.
Foto Giacomelli, Venedig, 106 u., 208, 217 l.
Foto Giraudon, Paris, 39 o., 55.
Giraudon – Lauros, Paris, 48 u.l., 60 o.r., 63 (ill. 8), 184 u.
Ara Güler, Istanbul, 2, 24 o., 25, 110, 116, 117 o., 117 u.r., 118, 119, 124 o., 124 u.l., 125, 127, 131 o., 132, 133, 136, 137, 150, 151, 185, 226, 229.
Gerhard Howald, Bern, 105.
Arsenjie Jovanovic, Belgrad, 28, 29
Kondasha Ltd., Tokio, 56, 91, 129.
Giorgio Lotti, Mailand, 6.
Giorgio Lotti – Archivio Fotografico Arnoldo Mondadori, 3, 44 u.r., 46 l., 50 u.l., 50 u.r. 69 o.r.
Mandel-Dimt, Mailand, 13, 113.
Gabriele Mandel, Mailand, 10 m.l., 23 o., 31 o., 41, 44 u.l., 48 o., 51 o., 144 l., 145 o.l., 154 o., 155 l., 158 o.r., 159 o.r., 164, 165, 188, 219, 271.
Michaud – Rapho, Paris, 152, 155 r., 156.
Walter Mori – Archivio Fotografico Arnoldo Mondadori Editore, 101 o.
Parisio, Neapel, 95, 101 u.r.
Pieterse Davison International Ltd., 14.
Pizzi e Chiari, Mailand, 58 u., 59, 60 u.l., 65 u., 73, 99 u., 100 m., 140 o., 160 u.l., 166 o.l., 167 o.r., 169, 170 o., 171, 184 o., 205, 263.
Publifoto, Palermo, 80, 86, 87, 89, 90, 92 o.r., 100 o.l., 100 o.r.
Sansoni, Florenz, 104, 212, 213.
Scala, Florenz, 32 r., 101 u.l., 103.
Simion – Ricciarini, Mailand, 161 o., 177.
Služba, Belgrad, 145 o. r.
Thames and Hudson, London, 33 u., 172 o.,
Todorovic, M., Sarajevo, 140 u., 144 u.
Tomsich – Ricciarini, Mailand, 114 o.l., 114 o.r., 114 u.r., 115, 117 u.l., 124 u.r., 131 u., 186 o., 197, 204, 233.
Villani, Bologna, 92 o.l., 93 o.

DANKSAGUNG

Für die Unterstützung bei der Suche nach Bildmaterial dankt der Verlag besonders der Civica Raccolta delle Stampe Achille Bertarelli in Mailand, der Bibliothek in Mailand, der Bibliothek des Istituto per l'Oriente in Rom und der Biblioteca Laurenziana in Florenz. Besonders zu Dank verpflichtet sind wir Professor Alessandro Bausani, der die Erläuterung zum Astrolabium verfaßt hat (Seite 162f.) und unsere Arbeit auch sonst unterstützte.

Schließlich möchten wir Oxford University Press für die Zeichnungen auf den Seiten 162f. danken. Sie stammen aus dem Werk *A Survey of Persian Art.* Dank gilt auch dem *Quarterly Journal of the Library of Congress,* Washington, USA, dem wir die Beispiele für arabische Schrift (ill. 1, Seite 50) entnahmen. Dem Verlag Archè, Mailand, danken wir für die Überlassung der Zeichnungen 9, 10, 11 und 12 auf Seite 173, sie entstammen dem Werk *Alchimie* von Titus Burckhardt. Armenia Editore, Mailand, danken wir für die Abdruckmöglichkeit der Zeichnung 4 auf Seite 172, sie stammt aus dem Buch *Alchimia, il cammino della potenza* von Edy Minguzzi.

Zur Umschrift der Wörter und Namen aus orientalischen Sprachen

Hier wurde versucht, eine der deutschen Rechtschreibung und Aussprache so weit wie möglich entgegenkommende Form zu finden. Für die wissenschaftliche Umschrift des Arabischen und Türkischen vergleiche man die Tafel auf S. 51. Im Deutschen eingebürgerte Ausdrücke (wie z.B. »Janitschar«) wurden nicht transkribiert. Dasselbe gilt für den Namen Mohammed (statt Muhammed). Auf die Angabe von Längen und Betonungen wurde weitgehend verzichtet. *Z* steht in allen Fällen für »stimmhaftes **S**« (wie in deutsch »Ro**s**e«) und verwandte Laute.